教育部哲学社会科学研究重大课题攻关项目

北京大学儒学研究院
北京大学《儒藏》编纂与研究中心
承担

汤一介 李中华 主编

隋唐卷

陈启智 著

中国儒学史

北京大学出版社

总 序

一、儒学与中华民族的复兴

(一) 儒学的"反本开新"

我们为什么要编著一部《中国儒学史》,这是由于中华民族正处在伟大民族复兴的进程之中。民族的复兴必然与民族文化的复兴相关联,而"儒学"在我国的历史上曾居于主流地位,影响着我国社会生活的方方面面。因此,儒学的复兴和中华民族的复兴是分不开的,这是由历史原因形成的。儒学自孔子起就自觉地继承着夏、商、周三代的文化,从历史上看它曾是中华民族发育、成长的根,我们没有可能把这个根子斩断。如果我们人为地把中华民族曾经赖以生存和发展的根子斩断,那么中华民族的复兴就没有希望了。因此,我们只能适时地在传承这个文化命脉的基础上,使之更新。就目前我国发展的实际情况看,我估计在二十一世纪儒学作为一种精神文化在中国、甚至在世界(特别是在东亚地区)将会有新的发展。为什么儒学会有一个新的发展?原因当然是多方面的,有政治的、经济的原因,更与"西学"(主要指作为精神文化的西方哲学等等)对中国传统文化(特别是儒学)所进行的全方位的冲击有着更密切的关系。回顾百多年来中国的历史,在相当长的时期里,中国文化("中学")在与西方文化("西学")的搏击中节节败退,"全盘西化"(或"全盘苏化")占尽上风,甚至"打倒孔家店"成为某些中国知识分子标榜"进步"的口号。可是在这样艰难的"中学"日衰的形势下,中国仍然有一代又一代的学人,一方面坚忍地传承着中国文化的优秀传统,另一方面又以广阔的胸怀融合着"西学"的精华。他们深信"中学",特别是"儒学"不会断绝,自觉地承担着中国传统文化"存亡继绝"和复兴中国文化的使命。因此,正是由于"西学"对中国文化的冲击,使得我国学者得到了对自身文化传统进行自我反省的机会。我们逐渐知道,在我们的文化传统中应该发扬什么、应该抛弃什么,以及应该吸收什么。因而在长达一百多年中,我们中国人在努力学习、吸收和消化"西学",这为儒学从传统走向现代奠定了基础。新的现代儒学必须是能为中华民族的复兴、能为当今人类社会"和平与发展"的前景提供有意义的精神力量的儒学;应该是有益于促进各民族结成团结、友好、互信、互助、和睦相处的大家庭的儒学;新的现代儒学该是"反本开新"的儒学。"反本"才能"开新","反本"更重要的是为了"开新"。"反本"必须要对儒学的源头有深刻的了悟,坚持自身文化的主体性。我们对儒学的来源及其发展了解得越深入,它才会越有对新世纪的强大生命力。"开新"要求我们全面、系统地了解当今人类社会所面临的亟待解决的生存和发展的重大问题和思想文化发展的总趋势,这必须对儒学作出适时的、合乎时代的新解释。"反本"和"开新"是不能分割的,只有深入发掘儒家思想的真精神,我们才可能适时地开拓儒学发展的新局面;只有敢于面对当前人类社会存在的新问题,才能使儒学的真精神得以发扬和更新,使儒家在二十一世纪的"反本开新"中"重新燃起火焰",以贡献于人类社会。

(二) 儒学与"新轴心时代"

当今世界处于全球化的形势下,人类社会面临着的是一个大变动的时代,正因为在这人类社会处于全球化的时代,使得各国、各民族在政治、经济、文化诸多方面处在错综复杂、矛盾重重的关系之中。人类社会如何从这种复杂的矛盾关系之中找出一条出路? 在进入第三个千年之际,世界各地的思想界出现了对"新轴心时代"的呼唤,这就要求我们更加重视对古代思想智慧的温习与发掘。回顾我们文化发展的源头,希望从人类的历史文化智慧中找出一条能使世界走上健康合理的"和平与发展"道路,这无疑是各国人民所希望的前景。"轴心时代"的概念是由德国哲学家雅斯贝尔斯(1883—1969)提出的。他认为,在公元前500年前后,在古希腊、以色列、印度、中国、古波斯都出现了伟大的思想家。在古希腊有苏格拉底、柏拉图,以色列有犹太教的先知,印度有释迦牟尼,中国有老子、孔子,古波斯有索罗亚斯特,等等,形成了不同的文化传统。这些文化起初并没有互相影响,都是独立发展起来的。这些文化传统经过两千多年的发展,在相互影响中已成为人类文明的共同精神财富。雅斯贝尔斯说:"人类一直靠轴心时代所产生、思考和创造的一切而生存,每一次新的飞跃都回顾这一时期,并被它重新燃起火焰。自那以后,情况就是这样。轴心期潜力的苏醒和对轴心期潜力的回忆,或曰复兴,总是提供了精神力量。对这一开端的复归,是中国、印度和西方不断发生的事情。"① 例如,我们知道,欧洲的文艺复兴就是把其目光投向其文化的源头古希腊,而使欧洲文明重新燃起新的光辉,并对世界产生重大影响。中国的宋明理学(新儒学)在印度佛教文化的冲击后,充分吸收和消化了佛教文化,再

---

① 〔德〕卡尔·雅斯贝尔斯:《历史的起源与目标》,魏楚雄、俞新天译,华夏出版社,1989年,第14页。

次回归先秦孔孟,把中国儒学提高到一个新的水平,并对朝鲜半岛、日本、越南的文化发生过重大影响。

在人类社会进入新千年之际,人类文化是否会有新的飞跃?雅斯贝尔斯为什么特别提到中国、印度和西方对轴心期的回忆,或曰"复兴"的问题?这是不是意味着,中华文化又有一次"复兴"的机会?我认为,答案应是肯定的。当前,中华民族正处在民族复兴的进程之中,而民族的复兴要以民族文化的复兴为精神支柱。毋庸讳言,"国学热"的兴起,可以说预示着我们正在从传统中找寻精神力量,以便创造新的中华文化,以"和谐"的观念贡献于人类社会。我们可以看出,自上个世纪末,我国学术界出现了对中国传统文化研究重视的趋势;而进入二十一世纪则逐渐成为一种社会潮流,"读经"、"读古典诗词",恢复优良的道德修养传统,蔚然成风,不少中小学设有读《三字经》、《弟子规》、《论语》、《老子》等等的有关课程内容。社会各阶层、团体、社区也办起了读古代经典的讲习班和讲座等等。这一潮流,也影响着我国的高层领导人。胡锦涛总书记在十七大的报告中提出"弘扬中华文化,建设中华民族共有精神家园",将对有力地推动中华文化的发展产生重要影响。我们应特别注意的是,中国一批知识分子在深入研究中国自身文化传统的同时,对当今世界文化发展的总趋势更加关注,并已有较深的研究。他们知道,中国文化必须在传承中更新,这样中国文化才能得以真正的"复兴",而"重新燃起新的火焰"。我们还可以看到,世界各国人民对中国文化的重新认识和欢迎,两百多所"孔子学院"的建立,儒学经典将要被译成外国的八种文字,这无疑可以说是儒学在"新轴心时代"得以"复兴"的明证。我认为,中国文化必须在坚持自身文化的主体性中"复兴",必须在吸收其他各民族文化、特别是西方先进文化的优秀成果中"复兴",必须在深入发掘中国文化的特殊价值以贡献于人类社会中复兴,当然也必须在努力寻求我们民族文化中具有"普世价值"意义的资源中"复兴"。因此,我们期待着和各国的学者一起,为建设全球化形势下文化的"新轴心时代"而努力。在欧洲,经过解构性的后现代主义对"现代性"思潮的批判之后,出现了以过程哲学为基础的"建构性的后现代主义",他们认为:"建设性的后现代主义对解构性的后现代主义的立场持批判态度,……以建构一个所有生命共同福祉都得到重视和关心的后现代世界。"①建构性的后现代主义还认为,在崭新的时代,每个人的权利都获得尊重,如果说第一次启蒙的口号是"解放自我",那么新世纪的第二次启蒙的口号则是尊重他者,尊重差别,他们提出"人和自然是一生命共同体"的宇宙有机整体观,以此反对"现代二元论的科学主义和工具理性"。里夫金在他的《欧洲梦》中强调,在崭新的时代,每个人的权利都获得尊重,文化的差异受到欢迎,每个人都在地球可以维持的范围内享受着高质量生活(不是奢侈生活),而人类生活在安定与和谐之中。②因此,他们认为,必须对自身前现代传统的某些观念加以重视,要重视两千多年前哲人的智慧。印度在1947年取得了独立。在争取独立的过程中,许多民族运动的领袖都把印度的传统思想作为一种精神武器。国大党的领袖甘地采取把印度教和民族运动结合在一起的策略,因此国大党在指导思想和人员构成上都有明显的印度教特征。③二十世纪中期印度思想家戈尔瓦卡就提出:印度必须建立强大的印度教国家,他特别强调"印度的文明是印度教的文明"。④他们认为,只有把印度人民的宗教热忱和宗教精神注入到政治中,才是印度觉醒和复兴的必要条件。因此,印度民族的复兴必须依靠其自身印度教的思想文化传统。印度人民党同样崇奉印度教,它是一种以"印度文化为核心的民族主义或者

---

① 《为了共同福祉——约翰·科布访谈》(王晓华访问记),上海:《社会科学报》,2002年6月13日。
② 参见〔美〕杰里米·里夫金:《欧洲梦》序言,杨治宜译,重庆出版社,2006年,第8页。
③ 参见丁浩:《浅析印度国大党的教派主义倾向及其影响》,见于《重庆科技学院学报(社会科学版)》,2007年第1期。
④ 参见汝信总主编:《世界文明大系·印度文明卷》,中国社会科学出版社,2004年,第554页。

称为'印度教特性'"。他们认为,"可将印度现在同过去的光辉连接起来","以印度教意识和认同来重建印度"。[1] 人民党的思想家乌帕迪雅耶提出的"达磨之治论",就是要把印度教"种姓达磨"观念与现代人道主义思想结合起来,其目的是要用这种学说来捍卫印度教的传统文明和精神,抵御西方文化的侵袭和影响。国大党和人民党交替执政,就说明印度教在印度的复兴。[2] 这有力地说明印度正是"新轴心时代"兴起的一个重镇。这是不是可以说,在全球化的情况下,中国、印度和欧洲都处在一个新的变革时期,他们都将再一次得到"复兴"的机会?我认为,雅斯贝尔斯的看法是有远见的。这里,我必须说明,我并没有要否定其他民族文化也同样将会得到"复兴"的机会,如拉美文化、中东北非地区的伊斯兰文化等等。但是,无论如何,中国、印度、欧洲(欧盟)的"复兴"很可能预示着"新轴心时代"的到来。

(三) 儒学的三个视角

在这可能即将出现的"新轴心时代",面对着的与两千多年前的那个"轴心时代"的形势是完全不同了。全球化已把世界连成一片,任何国家、任何民族所要解决的不仅是其自身社会的问题,而且要面向全世界。因此,世界各国、各民族理应将会出现为人类社会走出困境的大思想家或跨国大思想家集团。实际上,各国各民族的有些思想家已在思考和反省人类社会如何走出当前的困局、迎接一个新时代的种种问题。在此情况下,各国、各民族的历史文化经验和智慧,无疑是十分重要的。因此,对影响中国社会两千多年历史的主流文化"儒学"应有一总体的认识和态度是很必要的。

由于儒学是历史的产物,又有两千多年的历史,对它有种种不同的看法应说是很自然的。在今天全球化、现代化的时代,我们应该或

---

[1] 参见曹小冰:《印度特色的政党和政党政治》,当代中国出版社,2005年,第237页。
[2] 参见汝信总主编:《世界文明大系·印度文明卷》,第555—558页。

可能怎样看儒学,我认为也许可以从三个不同的角度来考察儒学:一是政统的儒学,二是道统的儒学,三是学统的儒学。(一)政统的儒学:政治化的儒学曾长期与中国历代专制政治结合,所提倡的"三纲六纪"无疑对专制统治起过重要作用。儒家特别重视道德教化,因而对中国社会在一定程度上起着稳定的作用。但是,把道德教化的作用夸大,使中国重"人治"而轻"法治",而且很容易使政治道德化,从而美化政治统治;又使道德政治化,使道德成为为政治服务的工具。当然,在专制政治统治的压迫下,儒家的"以德抗位"、"治国平天下"的"王道"理想也并非完全丧失。不过总的说来,政治的儒学层面对当今的社会而言可继承的东西并不太多,它存在着较多的问题。(二)道统的儒学:任何一个成系统有历史传承的学术派别,必有其传统,西方是如此,中国也是如此。从中国历史上看,儒、道、释三家都有其传统。儒家以传承夏、商、周三代文化为己任,并且对其他学术有着较多的包容性,他们主张"万物并育而不相害,道并行而不相悖"。但既成学派难免就会有排他性。因此,对"道统"的过分强调就可能形成对其他学术文化的排斥,而形成对异端思想的压制。在历史上某些异端思想的出现,恰恰是对主流思想的冲击,甚至颠覆,这将为新的思想发展开辟道路。(三)"学统的儒学"是指其学术思想的传统,包括它的世界观、思维方法和对真、善、美境界的追求等等。虽不能说儒学可以解决人类社会存在的一切问题,但儒学在诸多方面可为人类社会提供有意义的、较为丰厚的资源是无可否认的,应为我们特别重视。我这样区分,并不是说这三者在历史上没有关系,甚至可以说在历史上往往是密不可分的,只是为了讨论方便,为了说明我们应该更重视哪一个方面。基于此,我认为,当前甚至以后,儒学的研究不必政治意识形态化,让学术归学术;而且儒学应更具有"海纳百川"的气度,在与各种文化的广泛对话中发展和更新自己。

既然我们对儒学要特别重视的是其"学统",那么我们应该如何从

"学统"的角度来看儒学,我有以下四点看法:(一) 要有文化上的主体意识。任何一个民族的生存与发展必须植根于自身文化土壤之中,必须有文化上的自觉,只有对自身文化有充分的理解与认识,保护和发扬,它才能适应自身社会合理、健康发展的要求,它才有吸收和消化其他民族文化的能力。一个没有能力坚持自身文化的自主性的民族,也就没有能力吸收和融化其他民族的文化以丰富和发展其自身文化,它将或被消灭,或被同化。(二) 任何文化要在历史长河中不断发展,必须不断地吸收其他民族文化,在相互交流与对话中才能得到适时的发展和更新。罗素说得对:"不同文明的接触,以往常常成为人类进步里程碑。"① 在历史上,中华文化有着吸收和融化外来印度佛教文化的宝贵经验,应该受到重视。在今天全球化的时代,面对西方的强势文化,我们应更加善于吸收和融合西方文化和其他各民族的优秀文化,以使中华文化更具有世界意义。(三) 社会在不断发展,思想文化在不断更新,但古代思想家提出和思考的文化(哲学)问题,他们的思想的智慧之光,并不因此就会过时,有些他们思考的问题和路子以及理念可能是万古常新的。雅斯贝尔斯认为:在科学方法的运用上,我们可以说我们所处的时代是超过了亚里士多德,但就哲学本身而言,我们很难再达到苏格拉底和柏拉图的水准。哲学历史的某些发展是显而易见的,但我们并不能由此得出结论说,后代的哲学家就一定超过前代。② (四) 任何历史上的思想体系,甚至现实存在的思想体系,没有完全正确的,没有放之四海而皆准的绝对真理的学说,它必然有其局限性,其体系往往包含着某些内在矛盾,即使其中具有普遍意义(价值)的精粹部分也往往要给以合理的现代诠释。恩格斯在《反杜林论》草稿片断中说:"在黑格尔以后,体系说不可能再有了。十分明显,世

---

① 《中西文明的对比》,见罗素:《中国问题》,学林出版社,1996年,第146页。
② 参见《论雅斯贝尔斯的世界哲学及世界哲学史的观念——代"译序"》,载〔德〕雅斯贝尔斯:《大哲学家》,李雪涛等译,社会科学文献出版社,2005年,第12页。

界构成一个统一的体系,即有联系的整体。但是对这个系统的认识是以对整个自然界和历史的认识为前提的,而这一点是人们永远也达不到的。因而,谁要想建立体系,谁就得用自己的虚构来填补无数的空白,即是说,进行不合理的幻想,而成为一个观念论者。"[1]这里所说的"体系"是指那种无所不包的、自以为是放之四海而皆准的"绝对真理"。"绝对真理"往往都是谬误之论。罗素在其《西方哲学史》中说:"不能自圆其说的哲学决不会完全正确,但是自圆其说的哲学满可以全盘错误。最富有结果的各派哲学向来包含着显眼的自相矛盾,但是正为了这个缘故才部分正确。"[2]我认为这两段话对我们研究思想文化都很有意义。因为任何思想文化都是在一定历史条件下产生的,它不可能完全解决人类社会今天和明天的全部问题,就儒学来说也是一样的。正因为儒学是在历史中的一种学说,才有历代各种不同诠释和批评,而今后仍然会不断出现新的诠释,新的发展方向,新的批评,还会有儒家学者对其自身存在的内在矛盾的揭示。在人类社会进入全球化的时代,不断反思儒学存在的问题(内在矛盾),不断给儒学新的诠释,不断发掘儒学的真精神中所具有的普遍性意义和特有的理论价值,遵循我们老祖宗的古训"日日新,又日新",自觉地适时发展和更新其自身,才是儒学得以复兴的生命线。

(四)儒学与"忧患意识"

"儒学"在中国传统文化中相对于佛道有一特点,即它的"入世"精神,并基于此"入世"精神而抱有较为强烈的忧患意识。《周易·系辞

---

[1] 〔德〕恩格斯:《世界是有联系的整体·对世界的认识》,载《恩格斯著〈反杜林论〉参考资料》附录,北京大学哲学系编,1962年,第137页。
[2] 〔英〕罗素:《西方哲学史》下册,马元德译,商务印书馆,1963年,第143页。

下》中说:"作《易》者,其有忧患乎?"①自孔子以来,从中国历史上看,儒家学者多对社会政治抱有"以天下为己任"的忧患意识。儒家的这种"忧患意识"也许可以说是儒家不同于现代知识分子的一种对社会政治的中国士大夫特有的批判精神。它是由于儒家始终抱有的对天下国家一种不可推卸的社会责任感和历史使命感而产生的。孔子生活在"天下无道"的春秋时代,《说苑·建本篇》说:"公扈子曰:春秋,国之鉴也。春秋之中,弑君三十六,亡国五十二。"孔子对此"礼坏乐崩"的局面有着深刻的"忧患意识",我们查《论语》,有多处讲到"忧"(忧虑,忧患),其中"君子忧道不忧贫"可说是代表着孔子的精神。"道"是什么?就是孔子行"仁道"的理想社会,其他富贵贫贱等等对孔子是无所谓的。《论语·阳货》中有一段表现孔子"忧国忧民"的抱负:"公山弗扰以费畔,召,子欲往,子路不悦,曰:'末之也,已,何必公山氏之之也!'子曰:'夫召我者,而岂徒哉! 如有用我者,吾其为东周乎!'"孔子认为,假若有人用他治世,他将使周文王、武王之道在东方复兴。可见,孔子所考虑的问题是使"天下无道"的社会变成"天下有道"的社会。在《礼记·檀弓下》有一则孔子说"苛政猛于虎"的故事,这深刻地表现着他"忧国忧民"的"忧患意识"。这种"忧患意识"体现着孔子"仁民"的人道精神,同时也表现了他对"苛政"的批判意识。孟子有句常为人们所称道的"名言":"生于忧患而死于安乐",这种"忧患意识"正是因为他要"以天下为己任",而批判那些"入则无法家拂士,出则无敌国外患"的诸侯君王。我们读《孟子》也许只有十分深切地感受到中国士大夫所有的"富贵不能淫,贫贱不能移,威武不能屈"的精神,才能真正地立于天地之间而无愧。我认为,这不能不说是中国儒者特有的批判精神。有这种精神,就可以抵制和批判一切邪恶,甚至可以"大义灭亲"、

---

① 《周易·系辞下》中还说:"君子安而不忘危,存而不忘亡,治而不忘乱,是以身安而国家可保也。"司马迁《报任安书》中说:"盖西伯拘而演《周易》,……大氐圣贤发愤之所为作也。"周文王演《周易》正是基于其"忧患意识"。

"弑父弑君"。① 周公不是为了国家百姓杀了他的亲兄弟吗?② 管仲不是初助公子纠,后又相桓公,孔子还说他"如其仁,如其仁"吗?③ 当齐宣王问孟子:"汤放桀,武王伐纣,有诸?"孟子回答说:那些残害"仁义"的君王之被杀只是杀了个"独夫"吧!④

在中国古代的传统社会中,君王对社会政治无疑起着极大的作用,因此臣下能对君王有所规劝是非常重要的。《郭店楚简·鲁穆公问子思》一条:

> 鲁穆公问于子思曰:"何如而可谓忠臣?"子思曰:"恒称其君之恶者,可谓忠臣矣。"公不悦,揖而退之。成孙弋见,公曰:"向者吾问忠臣于子思,子思曰:'恒称其君之恶者,可谓忠臣矣。'寡人惑焉,而未之得也。"成孙弋曰:"噫,善哉言乎!夫为其君之故杀其身者,尝有之矣。恒称其君之恶,未之有也。夫为其君之故杀其身者,效禄爵者也。恒称其君之恶者,远禄爵者也。为义而远禄爵,非子思,吾恶闻之矣。"

这段故事说明,历史上有些儒者总是抱着一种"居安思危"的情怀,为天下忧。子思认为能经常批评君王的臣子才是"忠臣",成孙弋为此解释说:只有像子思这样的士君子敢于对君王提出批评意见,这正因为他们是不追求利禄和爵位(金钱与权力)的。中国历史上确有一些儒学者基于"忧国忧民"的"忧患意识"而能持守此种精神。汉初,虽有文景之治,天下稍安,而有贾谊上《陈政事疏》谓:"进言者皆曰天下已安已治矣,臣独以为未也。曰安且治者,非愚则谀,皆非事实知治乱之体者也。"贾谊此《疏》义同子思。盖他认为,治国有"礼治"和"法治"两套,"夫礼者禁于将然之前,而法者禁于已然之后,是故法之所用

---

① 事见《左传》隐公四年。
② 事见《史记·管蔡世家》。
③ 见《论语·宪问》,又见《左传》庄公八年和九年。
④ 见《孟子·梁惠王下》。

易见,而礼之所为生难知也。"他并认为此"礼治"和"法治"两套对于治国者是不可或缺。此"礼法合治"之议影响中国历朝历代之政治制度甚深。在中国历史上有"谏官"之设,《辞源》"谏官"条说:"掌谏诤之官员。汉班固《白虎通·谏诤》:'君至尊,故设辅弼置谏官。'谏官之设,历代不一,如汉唐有谏议大夫,唐又有补阙、拾遗,宋有左右谏议大夫、司谏、正言等。"按:在中国历史上的"皇权"社会中,"谏官"大多虚设,但也有少数士大夫以"忧患意识"之情怀而规劝帝王者,其"直谏"或多或少起了点对社会政治的批判作用。此或应作专门之研究,在此不赘述。

宋范仲淹有《岳阳楼记》一篇,其末段如下:

> 嗟夫!予尝求古仁人之心,或异二者之为,何哉?不以物喜,不以己悲;居庙堂之高则忧其民,处江湖之远则忧其君。是进亦忧,退亦忧。然则何时而乐耶?其必曰"先天下之忧而忧,后天下之乐而乐"乎。噫!微斯人,吾谁与归!

这段话可说是表达出大儒学者之心声。盖在"皇权"统治的专制社会中,儒学之志士仁人无时不能不忧,其"忧民"是其"仁政"、"王道"理想之所求,而此理想在那专制制度下,是无法实现的,故不能不忧。其"忧君",则表现了儒家思想之局限,仅靠"人治"是靠不住的。在"皇权"的专制制度下,仁人志士之"忧"虽表现其内在超越之境界,但终难突破历史之限度。儒学者可以"杀身成仁"、"舍生取义",但不仅不能动摇"皇权"专制,反而可能在某种程度上帮助巩固了皇权统治。这或是历史之必然,不应责怪这些抱有善良理想良知之大儒,他们的主观愿望是可歌可泣的。个人的善良愿望必须建立在变革这专制制度上才可能有一定程度上之实现。

儒家的"忧患意识"虽说对"皇权"专制有一定的批判作用,但它毕竟不同于现代社会中知识分子的"批判意识"。这是因为现代知识分子的"批判意识"是建立在"人人平等"的基础之上。现代知识分子的"批判意识"不仅仅是对某个个人批判,而必须是根据理性对某种制度的批判。面对今日中国社会风气败坏、信仰缺失之现实,必须把儒家原有的具有一定程度批判精神的"忧患意识",提升至对社会政治制度的批判,而不能与非真理或半真理妥协,因此它应当是得到"自由"和"民主"保障的有独立精神的批判。[①] 可是话又要说回来,无论如何,儒家这种"居安思危"的"忧患意识"中包含的某种程度的批判精神和勇气,仍然是我们要在继承的基础上认真总结,并把它提高到现代知识分子的批判精神上来的。在中华民族伟大复兴的过程之中,儒家基于社会责任感和历史使命感的"忧患意识"在我们给以新的诠释的情况下,将使我民族能够不断地反省,努力地进取,并使儒学得以日日新,又日新,中华民族得以常盛不衰。

(五)儒学与"和谐社会"建设

在二十一世纪初,我国提出建设"和谐社会"的要求,这将对人类发展的前景十分重要,并会对人类社会健康合理生存产生深远影响。我们知道,"和谐"是儒学的核心概念,在我国传统儒学中包含着"和谐社会"的理想以及可以为建设"和谐社会"提供的大量有意义的思想资源。《礼记·礼运》中的"大同"思想可以说已为中华民族勾画出一幅"和谐社会"的理想蓝图。《论语》中的"礼之用,和为贵",将会对调节

---

① 参见拙作《五四运动的反传统与学术自由》,台湾联经出版事业公司,1989年。该文中有如下两段:"中国知识分子大都对社会有着强烈的社会责任感和历史使命感;'天下兴亡,匹夫有责',他们为了尽社会责任和完成历史使命可以'杀身成仁'、'舍生取义'。中国知识分子这种对国家和民族命运的关怀,无疑是十分可贵的。但是也正因为这种过分强烈的社会责任感和历史使命感,而使他们陷于'急功近利',而要直接参与政治,去从政做官了。我不知道这对中国社会是'幸'还是'不幸',不过我私以为'不幸'的成分为多。照我看,知识分子应该是以创造知识和传播知识为谋生手段。他们对政治的意义在于批判、议论,他们应有不与非真理和半真理妥协的良心。""中国知识分子由于超强的社会责任感和历史使命感往往由'不治而议'走向'治而不议',把'做官'看成是他们最重要的使命,从而失去他们对社会政治的批判功能,并且很可能成为政治权利的附庸。"

人们社会生活之间的关系有着重要的意义;"和而不同",又可以为不同民族和民族之间的"和平共处"提供某种理据。《中庸》中的"中和"思想,要求在各种关系之间掌握适合的度,以达到万事万物之"和谐"的根本。特别是《周易》中的"太和"①观念经过历代儒学思想家的阐发,已具有"普遍和谐"的意义。"普遍和谐"包含着"人与自然"、"人与人"(人与社会、国家与国家、民族与民族)、"人的自我身心内外"等诸多方面"和谐"的意义,所以王夫之说"太和"是"和之至",意即"太和"是最完美的"和谐"。所有这些包含在儒家经典中的"和谐"思想,为中国哲学提供了一种对人类社会极有价值的世界观和思维方式。

  复兴儒学要有"问题意识"。当前我国社会遇到了什么问题,全世界又遇到了什么问题,都是复兴儒学必须考虑的问题。对"问题"有自觉性的思考,对"问题"有提出解决的思路,由此而形成的理论才是有真价值的理论。当前,我国以及全世界究竟遇到些什么重大问题?近一二百年来,由于对自然界的无量开发,残酷掠夺,造成了生态环境的严重破坏。由于人们片面物质利益的追求和权力欲望的无限膨胀,造成了人与人之间以及国家与国家之间的矛盾与冲突,以至于残酷的战争。由于过分注重金钱和感官享受,致使身心失调,人格分裂,造成自我身心的扭曲,吸毒、自杀、杀人,已成为一种社会病。因此,当前人类社会需要解决,甚至今后还要长期不断解决的"人与自然"、"人与人"(人与社会、国与国、民族与民族)、"人自我身心"之间的种种矛盾问题,无疑是人类要面对的最大课题。其中"人"的问题是关键。

  针对上面提出的三个方面的问题,我认为,儒学可以为当今人类社会提供若干有益的思想资源。

  (一) 儒家"天人合一"(合天人)的观念将会为解决"人与自然"之间的矛盾提供某些有意义的思想资源。1992 年世界一千五百七十五

---

① 《周易·乾卦·象辞》:"乾道变化,各正性命,保合太和,乃利贞。"

名科学家发表的《世界科学家对人类的警告》说:"人类和自然正走上一条相互抵触的道路。"造成这种情况不能说与西方哲学曾长期存在"天人二分"的思维模式没有关系。罗素在《西方哲学史》中说:"笛卡尔的哲学,……它完成了、或者说极近乎完成了由柏拉图开端而主要因为宗教上的理由经基督教哲学发展起来的精神、物质二元论……笛卡尔体系提出来精神界和物质界两个平行而彼此独立的世界,研究其中之一能够不牵涉另一个。"[①]这就是说,在西方哲学中长期把"天"和"人"看成是相互独立的,研究"天"可以不牵涉"人";研究"人"也可以不牵涉"天",这可以说是一种"天人二分"的思维模式(但进入二十世纪,西方哲学有了很大变化,已有西方哲学家打破"天人二分"的定式,如怀德海[②])。而中国"天人合一"是说在"天"和"人"之间存在着相即不离的内在关系,研究其中一个必然要牵涉另外一个。《周易》是我国一部最古老重要的大书,它是中国哲学的源头。《郭店楚简·语丛一》:"易,所以会天道人道也。"《周易》是一部会通天道、人道所以然的道理的书。也就是说它是一部讲"天人合一"的书。对如何了解"天人合一"思想,朱熹有段话很重要,他说:"天即人,人即天。人之始生,得于天也;既生此人,则天又在人矣。"[③]"天"离不开"人","人"也离不开"天"。人初产生时,虽然得之于天,但是一旦有了人,"天"的道理就要由"人"来彰显,即"人"对"天"就有了责任。"天人合一"作为一种世界观和思维模式,它要求人们不能把"人"看成是和"天"对立的,这是由

[①] 〔英〕罗素:《西方哲学史》下册,马元德译,商务印书馆,1988年,第91页。
[②] 《怀德海的〈过程哲学〉》(刊于2002年8月15日上海《社会科学报》)中说:"(怀德海)的过程哲学(process philosophy)把环境、资源、人类视为自然中构成密切相连的生命共同体,认为应该把环境理解为不以人为中心的生命共同体。这种新型生态伦理,对于解决当前的生态危机具有重要的现实意义。过程哲学是生态女性主义的思想之根,因为生态女性主义的哲学基础是彻底的非二元论,是对现代二元思维方式的批判,而怀德海有机整体观念,正好为它提供了进行这种批判的理论根据。"可见,现代一些西方哲学家已经对"天人二分"的二元对立的思维模式作出反思,并且提出了"自然"与"人"构成"密切相连的生命共同体"。
[③] 《朱子语类》,中华书局,1986年,第387页。

于"人"是"天"的一部分,破坏"天"就是对"人"自身的破坏,"人"就要受到惩罚。因此,"天人合一"学说认为,"知天"(认识自然,以便合理地利用自然)和"畏天"(对"自然"应有所敬畏,要把保护自然作为一种神圣的责任)是统一的。① "知天"而不"畏天",就会把"天"看成一死物,不了解"天"乃是有机的生生不息的刚健大流行,所以《周易·乾·象》中说:"天行健,君子以自强不息。"这即是说"天"与"人"为持续发展着的"生命的共同体"。"畏天"而不"知天",就会把"天"看成外在于"人"的神秘力量,而使人不能真正得到"天"(自然)的恩惠。所以"天人合一"思想要求"人"应担当起合理利用自然,又负责任地保护自然的使命。"天人合一"这种思维模式和理念应该说可以为解决当前"生态危机"提供某些有意义的思想资源。

(二)"人我合一"(同人我)的观念将会为解决"人与人(社会)"之间的矛盾提供某些有意义的思想资源。"人我合一"是说在"自我"和"他人"之间存在着一种相即不离的内在关系。为什么"自我"和"他人"之间存在着相即不离的内在关系?《郭店楚简·性自命出》中说:"道始于情。"人世间的道理(人道)是由情感开始的,这正是孔子"仁学"的出发点。孔子的弟子樊迟问"仁",孔子回答说"爱人"。这种爱人的品质由何而来呢?《中庸》引孔子的话说:"仁者,人也,亲亲为大。""仁爱"的品德是人本身所具有的,爱自己的亲人是最根本的。但孔子的儒家认为"仁爱"不能停留在只是爱自己的亲人,而应该由"亲亲"扩大到"仁民"以及"爱物"。孟子说:"亲亲而仁民,仁民而爱物。"②

---

① 康德的墓志铭上写着:"有两样东西,我们愈经常愈持久地加以思索,它们愈使心灵充满不断增长的景仰和敬畏:在我们之上的星空和我心中的道德法则。"是不是说,康德也认为应对"天"有所敬畏呢? 这和孔子的"畏天命"是不是有相通之处呢?

② 见《孟子·尽心上》。《中庸》中说:"唯天下至诚,为能尽其性;能尽其性,则能尽人之性;能尽人之性,则能尽物之性;能尽物之性,则可以赞天地之化育;可以赞天地之化育,则可以与天地参矣。"此可以为孟子"亲亲而仁民,仁民而爱物"之开展。因此,孔孟之"仁爱"学说,不仅可以为解决"人与人"之间关系,也可以为解决"人与自然"之间关系,提供有意义的思想资源。

所以《郭店楚简》中说:"孝之杀,爱天下之民","亲而笃之,爱也;爱父其继爱人,仁也"。如果把爱自己的亲人扩大到爱他人,那么社会不就可以和谐了?如果一个国家、一个民族把爱自己国家、自己民族的"爱"扩大到对别的国家、别的民族的爱,那么世界不就可以和平了吗?把"亲亲"扩大到"仁民",就是要行"仁政"。在《论语》中虽然没有出现"仁政"两字,但其中却处处体现着"仁政"思想,如"博施于民,而能济众","举贤才","泛爱众","导之以德,齐之以礼"等等,都是讲的"仁政"。孔子的继承者孟子讲"仁政",意义也很广泛,我认为最重要的是他说:"民之为道也,有恒产者有恒心,无恒产者无恒心。"意思是说,对老百姓的道理,要使老百姓都有一定的固定产业,他们才能有一定的道德观念和行为准则。没有一定的固定产业,怎么能让他有相应的道德观念和行为准则呢!所以孟子说:"夫仁政,必自经界始。""仁政",首先要使老百姓有自己可以耕种的土地。我想,我们今天要建设"和谐社会",首要之事就是要使我们的老百姓都有自己的固定产业,过上安康幸福的生活。就全人类说,就是要使各国、各民族都能自主地拥有其应有的资源和财富,强国不能掠夺别国的资源和财富以推行强权政治。所以"人"与"人"、"国家"与"国家"之间的协调和相互爱护的"人我合一"思想对建设"和谐社会"、"和谐世界"应是有意义的。

(三)"身心合一"(一内外)将会为调节自我身心内外的矛盾提供某些有意义的思想资源。"身心合一"是说肉体生命与精神生命之间存在着一种相即不离的和谐关系。儒家认为达到"身心合一"要靠"修身"。《郭店楚简·性自命出》中说:"闻道反己,修身者也。"意思是说,知道了做人的道理,就应该反求诸己,这就是"修身"。所以《大学》认为,"修身"、"齐家"、"治国"、"平天下","自天子以至于庶人,壹是皆以修身为本,其本乱而末治者否矣。"《中庸》里面也说:"为政在人,取人以身,修身以道,修道以仁。"社会靠人来治理,让什么人来治理要看他自身的道德修养,修养是以符合不符合"道"为标准,做到使社会和谐就要有"仁爱"之心。这里,把个人的道德修养(修身)与"仁"联系起来,正说明儒家思想的一贯性。《郭店楚简·性自命出》中说:"修身近至仁"。修身是为达到实现"仁"的境界的必有过程。因此,儒家讲"修身"不是没有目标的,而是为了"齐家"、"治国"、"平天下",即希望建设"和谐社会"。《礼记·礼运》中所记载的"天下为公"的"大同"社会就是儒家理想和谐社会的蓝图。如果一个社会有了良好的制度,再加之以有道德修养的人来管理这个社会,社会上的人都能"以修身为本",那么这个社会也许就可以成为一个"和谐的社会",世界就可以成为一个"和谐的世界"吧!

冯友兰先生把"人生"分成四种"境界":自然境界,功利境界,道德境界,天地境界。所谓有"自然境界"是说人和动物一样,只是为活着,对于人生的目的没有什么了解(觉解)。所谓有"功利境界",是说一切为了"利益",为他自己的利益(私利)。所谓"道德境界"是说,他的行为是为了"行义",也就是为了"公利",也可以说他的行为是为了"奉献"。"天地境界"的人,他的行为也可以说是"奉献",但他不仅是"奉献"于社会,而且"奉献"于宇宙。如果人能达到"道德境界"、"天地境界",那么他不仅与"他人"(社会)和谐了,与宇宙和谐了,而且"自我身心内外"也和谐了。孔子有一段话,也许可以作为"修身"的座右铭,他说:"德之不修,学之不讲,闻义不能徙,不善不能改,是吾忧也。"意思是说,不修养道德,不讲求学问,听到合乎正义的话不能去身体力行(实践),犯了错误而不能改正,是孔子最大的忧虑。孔子这段话告诉我们的是做人的道理,"修德"并不容易,那就必须有崇高的理想,有为人类长远利益考虑的胸怀;"讲学"同样不容易,它要求人们天天提高自己的知识和能力,这样才可以负起增进社会福祉的责任;"徙义"是说人生在世,听到合乎道义的话应努力跟着做,应日日向着善的方向努力,把"公义"实现于社会生活之中;"改过",人总是会犯这样那样的错误,问题是要勇于改正,这样才可以成为合格的人。"修德"、"讲学"、"徙义"、"改过",是做人的道理,是使人自我身心内外和谐的路径。这就要求"修身",以求得一"安身立命"处。①

在儒家看,想要解决上述的种种矛盾,"人"是关键。因为,只有人才可以"为天地立心,为生民立命,为往圣继绝学,为万世开太平"。是不是我们可以说,当今人类社会遇到的问题,儒学可以为其提供某些有意义的思想资源?善于利用儒学的思想资源来解决当今人类社会存在的种种问题,是不是可以说为儒学的复兴提供了机会?当然,我们必须注意到,孔子的儒家思想并不是十全十美的,它并不能全盘解决当今人类社会存在的诸多复杂问题,它只能给我们提供思考的路子和有价值的理念(如世界观、人生观、价值观等等的理念),启发我们用儒学的思维方式和人生智慧,在给这些思想资源以适应现代社会和人类社会发展前途新诠释的基础上,为建设和谐的人类社会作出它可能作出的贡献。

司马迁说的"居今之世,志古之道,所以自镜也,未必尽同"是很有道理的名言。我们生活在今天,要了解自古以来治乱兴衰的道理,把它当作一面镜子,但是古今不一定都相同,需要以我们的智慧在传承前人有价值的思想中不断创新。因此,我们今天的任务是对自古以来的有价值的思想(包括儒家思想)进行现代诠释,创造适应现代社会需要的新学说、新理论。

二、儒学与"普遍价值"问题

如果说儒学能为解决"人与自然"、"人与人(社会)"、"人自身的身

---

① 朱熹《四书或问》说:"但能致中和于一身,则天下虽乱,而吾身之天地万物不害为安泰;其不能者,天下虽治,而吾身之天地万物不害为乖错。其间一家一国,莫不皆然,此又不可不知耳。"盖人生在世,必有一"安身立命"之原则和境界。黄珅校点,上海古籍出版社、安徽教育出版社,2001年,第56页。

心内外"的矛盾提供某些有意义的思想资源,那么我们能不能说这些思想资源针对某些特定的问题包含着"普遍价值"的意义呢? 我认为,这应是肯定的。"价值论"是当今一种很流行的学说,[①]它涉及各个学科,如宗教、哲学、文学、艺术、政治、经济,甚至科学技术,等等,而其中"价值哲学"是讨论"价值问题"最重要的学科。"价值哲学"是一种什么样的学科呢? 概括起来说,它是讨论某种哲学学说,如孔子的"仁学";某一哲学命题,如"天人合一"、"道法自然";某一哲学概念,如"忠恕"(朱熹说"尽己谓之忠"、"推己谓之恕")等等的价值问题。我认为,必须承认世界上各不同民族文化中都有某些"普遍价值"意义的因素。这是在当今全球化境域下,多元文化中寻求文化中的"普遍价值"的意义所要求的。当前,在我国学术界对文化(哲学)中的"价值"问题已不少讨论,而比较集中的是讨论文化(哲学)中是否存有"普遍价值"的问题,有些学者或政治家对文化(哲学)中存有"普遍价值"持否定的态度。我认为,这是大成问题的。这是因为,不承认在各个不同民族的文化中都具有"普遍价值"意义的因素,那么很可能走上文化的"相对主义",认为没有什么"真理"(哪怕是相对意义的"真理"),只能是"公说公有理"、"婆说婆有理",这样在不同文化之间很难形成对话,很难找到共同语言,很难对遇到的共同问题的解决达成"共识"。这种看法对当前世界全球化将是一种极为有害的消极力量,是不利于人类社会健康合理发展的。同时,如果我们不讲文化中具有"普遍价值",那么其他文化,特别是西方文化却大讲他们文化中的"普遍价值",这岂不是把我们讲"普遍价值"的权利给了西方文化,这将有助于西方某些学者和政客鼓吹有利于他们的"普遍主义"大行其道,而使他们具有了

[①] 冯平在《现代西方价值哲学经典》(北京师范大学出版社,2009年)的"序言"中说:"现代西方价值哲学是一场哲学运动,这场运动发轫于19世纪40年代,起始于新康德主义。"最早将现代西方价值哲学介绍到中国来的是张东荪先生。张东荪先生在1934年出版了以他在燕京大学的讲义为基础的《价值哲学》一书。

"话语霸权"。因此,发掘各个不同民族文化中的"普遍价值",对促进全世界各个民族、各个国家共同发展将是十分有意义的。

(一) 藉文化沟通与对话寻求共识

自上个世纪九十年代以来,在中国逐渐掀起了"国学热"的浪潮,相当多的学者,特别注意论证中国文化的民族特性和它的特殊价值之所在。为什么会发生这种情况,我认为这和世界文化发展的形势有关。因为自上世纪后半叶,西方殖民体系逐渐瓦解,原来的殖民地民族和受压迫民族为了建立或复兴自己的国家,有一个迫切的任务,他们必须从各方面自觉地确认自己的独立身份,而自己民族的特有文化(宗教、哲学、价值观等等)正是确认自己独立身份的最重要的因素。在这种情况下,正在复兴的中华民族强调应更多关注自身文化的主体性和特有价值,是完全合理的。但与此同时,西方一些国家已经成功地实现了现代化,而且许多发展中国家也正在走着西方国家已经完成的工业化和现代化的道路。因此,西方发达国家出现了一种"普遍主义"(universalism)的思潮,认为只有西方文化中的理念对现代社会才具有"普遍价值"(universal value)的意义,而其他各民族的文化并不具有"普遍价值"的意义,或者说甚少"普遍价值"的意义,或者说非西方的民族文化只有作为一种博物馆中展品被欣赏的价值。我们还可以看到,某些取得独立的民族或正在复兴的民族,也受到"普遍主义"的影响,为了强调他们自身文化的价值而认为他们的文化可以代替西方文化而成为主导世界的"普世"文化。例如,在中国就有少数学者认为,二十一世纪的人类文化将是"东风"压倒"西风",只有中国文化可以拯救世界,这无疑也是一种受到西方"普遍主义"思潮影响的表现,是十分错误而有害的。因此,当前在中国,在发展中国家,更多地关注各民族文化的特殊价值,各发展中国家更加关注自身文化的"主体性",以维护当今人类社会文化的多元发展,反对西方的"普遍主义",

反对"欧洲中心论",是理所当然的。当然也要防止在民族复兴中受西方"普遍主义"影响而形成的民族文化的"至上主义"或"原教旨主义"。

现在的问题是,我们反对"普遍主义",是不是就要否定各个民族文化中具有的"普遍价值"? 所谓"普遍主义"可能有种种不同的解释。本文把"普遍主义"理解为:把某种思想观念(命题)认定为是绝对的、普遍的,是没有例外的,而其他民族的文化思想观念(命题)是没有普遍价值甚至是没有价值的。"普遍价值"是说:在不同民族文化之中可以有某些相同或相近的价值观念,而这些相同或相近的价值观念应具有"普遍价值"的意义,它可以为不同民族普遍地接受,而且这些具有"普遍价值"意义的观念又往往寓于特殊的不同民族文化的"价值观念"之中。正是具有"普遍价值"意义的思想往往是寓于某些不同民族文化的"特殊价值"之中,才需要我们去努力寻求其蕴含的"普遍价值"的意义。这在哲学上是"共相"与"殊相"的问题。在我看来,在各个不同民族文化中可以肯定地说存在着"普遍价值"的因素。所以我们必须把"普遍价值"与"普遍主义"区分开来。在强调各民族文化的特殊价值的同时,我们应努力寻求人类文化中的"普遍价值"的因素及其意义。当前人类社会虽然正处在经济全球化,科技一体化的形势下,但是由于二战后殖民体系的瓦解,"欧洲中心论"的消退,文化呈现着多元化的趋势。因此,要求在不同文化中寻求"普遍价值"必须通过不同文化间的沟通与对话,以致达成某种"共识",这大概是我们寻求不同文化间"普遍价值"的必由之路。

(二) 寻求不同文化间"普遍价值"的途径

为什么我们要寻求各民族文化的"普遍价值"? 这是因为同为人类,必然会遇到需要共同解决的问题,在各种不同文化中都会有对解决人类社会遇到的问题有价值的资源。这些能解决人类社会所遇到的"共同问题"的有价值的思想资源,我认为就具有"普遍价值"的意义。

如何寻求人类文化中的"普遍价值",也许有多条不同的途径,我在这里提出三条可以考虑的途径供大家批评指正:

(一)在各民族的文化中原来就有共同或者是相近的有益于人类生存和发展的理念,这些共同理念无疑是有"普遍价值"的意义。1993年在美国芝加哥召开的世界宗教大会,在寻求"全球伦理"问题的讨论中提出寻求伦理观念上的"最低限度的共识",或者叫做"底线伦理"。为此,在闭幕会上发表了一份《走向全球伦理宣言》,认为"己所不欲,勿施于人"在各民族文化中都有与此相同或相似的理念,它可以被视为"道德金律"。在《宣言》中特别举出佛经所说:"在我为不喜不悦者,在人亦如是,我何能以己之不喜不悦加诸他人?"佛经中这句话可以说十分深刻而精确地表述了具有"普遍价值"意义的"道德金律"。在《宣言》中还列举了一些宗教和思想家的思想中对"己所不欲,勿施于人"的各种表述,[①]因此认为它具有"普遍价值"的意义。又如,恩格斯在《反杜林论》中提出"勿盗窃"应具有"普遍价值"的意义。这类思想、理念在人类各种文化中是并不少见的。例如佛教的"五戒"中的"不盗、不邪淫、不妄语"和基督教《摩西十戒》中的"不可奸淫"、"不可偷盗"等等都有"普遍价值"的意义。

(二)在各不同民族文化的不同理路中寻求"普遍价值"。例如中国儒家的"仁",西方基督教的"博爱",印度佛教的"慈悲",虽然形式不同,出发点不同,甚至理路中也有差异,但却都具有"普遍价值"的意义。

孔子的"仁",是把"亲亲"作为出发点,作为基础,樊迟问仁,孔子曰"爱人"。为什么要爱人,"爱人"的出发点是什么?《中庸》引孔子的话

---

① 在孔汉思和库舍尔编、何光沪译的《全球伦理——世界宗教议会宣言》中《全球伦理普世宣言的原则》罗列了许多与孔子"己所不欲,勿施于人"相同或相近的话,如《圣经·利未记》:"要爱自己的人,像爱自己一样。"犹太教的主要创立者希勒尔说:"你不愿施诸自己的,就不要施别人。"《摩诃婆多》:"毗耶婆说:你自己不想经受的事,不要对别人做。"第149、150页。

"仁者,人也,亲亲为大"。① "仁爱"是人本身所具有的,爱自己的亲人是最根本的。但儒家认为,"亲亲"必须扩大到"仁民"以及于"爱物",② 才是完满的真正的"仁"(仁爱),所以《郭店楚简》中说:"孝之盍,爱天下之民。""爱而笃之,爱也;爱父其继爱人,仁也。"且儒家也有以"博爱"释"仁"者。③ 这就是说,孔子的"仁"虽是从爱自己的亲人出发,但它最终是要求爱天下老百姓,以实现其"治国平天下"的目标。因此,我们可不可以说,孔子的"仁"的理念具有某种"普遍价值"的意义。

基督教的"博爱",当然我们可以从多方面理解它的涵义,但它的基础是"在上帝面前人人平等",而由"在上帝面前人人平等",可以引发出来的"在法律面前人人平等",这对人类社会也应是具有"普遍价值"的意义,因为这样人类社会才能有公平和正义。"在法律面前人人平等"从表现形式上看是近代西方法律制度的一条重要原则,但其背后支撑的伦理精神理念则是"博爱",把所有的人都看成是上帝的儿子。④

佛教的"慈悲",《智度论》卷二十七中说:"大慈与一切众生乐,大悲拔一切众生苦",其出发点是要普度众生脱离苦海,使众生同乐在极乐世界。《佛教大辞典》的"普度众生"条谓:"佛谓视众生在世,营营扰扰,如在海中。本慈悲之旨,施宏大法力,悉救济之,使登彼岸也。"⑤ 由小乘的"自救"到大乘的"救他",这种"普度众生"的精神,我认为也是具有某种"普遍价值"的意义。

---

① 《郭店楚简》中的《性自命出》说:"道始于情。"人与人之间的关系开始是建立在"情感"的基础上。

② 《中庸》:"唯天下至诚,为能尽其性。能尽其性,则能尽人之性。能尽人之性,则能尽物之性。能尽物之性,则可以赞天地之化育。可以赞天地之化育,则可以与天地参矣。"

③ 《孝经·三才章》:"'君王'则天之明,因地之利,……是故先之以博爱,而民莫遗其亲。"如果能使"博爱"(即如天地一样及人、及物)成为社会伦理准则,那么就不会发生违背家庭伦理的事。

④ 《圣经·加拉太书》:"你们因信基督耶稣都是神的儿子。你们受洗归入基督的,都是披戴基督了。并不分犹太人和希腊人,自由人和奴隶,男人和女人,因为你们在基督里都成为一了。"《圣经·马太福音》记有耶稣的《登山教训》中说:"使人和睦的人有福了,因为他们必称为上帝的儿子。"

⑤ 丁福保编:《佛教大辞典》,文物出版社,1984年,第1046页。

孔子的"仁"、基督教的"博爱"、佛教的"慈悲"虽然出发点有异,理路也不大相同,而精神或有相近之处。故而是不是可以说有着某种共同的价值理念,这种共同价值的理念核心就是"爱人"。① "爱人"对人类社会来说无疑是有着极高的"普遍价值"的意义。

(三)在各不同民族文化中创造出的某些特有的理念,往往也具有"普遍价值"的意义。

要在各民族文化的特有的理念中寻求"普遍价值"的意义,很可能有不同的看法。我想,这没有关系,因为我们仍然可以在"求同存异"中来找寻某些民族文化特有理念中的"普遍价值"的意义。因为我对其他民族文化的知识了解不在行,我只想举一两个中国儒家哲学中的某些理念谈谈我的一点想法。

在不同民族文化中存在着不同的思想观念(如宗教的、哲学的、风俗习惯的、价值观的等等),这是毫无疑义的,而且可能因文化的不同而引起矛盾和冲突,这不仅在历史上存在过,而且在当今世界范围内也存在着。在这种情况下,"和而不同"的观念是不是对消除"文明的冲突"会有"普遍价值"的意义?"不同"而能"和谐"将为我们提供可以通过对话和交谈的平台,在讨论中达到某种"共识",这是一个由"不同"达到某种程度的相互"认同",这种相互"认同"不是一方消灭另一方,也不是一方"同化"另一方,而是在两种不同文化中寻求交汇点,并在此基础上推动双方文化的提升,这正是"和"的作用。就此,我们是不是可以说"和而不同"对当今人类社会的"文明共存"具有某种"普遍价值"的意义?

前面我们曾引用过 1992 年世界一千五百七十五名科学家发表的一份《世界科学家对人类的警告》在开头的一句话:"人类和自然正走

---

① 在佛教的"十二因缘"中有"爱",但"十二因缘"中的"爱"是指"欲望"的意思,有"占有"义,而"慈悲"是一种无"占有欲"、无功利目的的"爱",是"普度众生"的"博爱"。这里可能有翻译问题。

上一条相互抵触的道路。"为什么会发生这种情况,就是因为人们对自然无序无量的开发,残暴的掠夺,无情的破坏,把"自然"看成是与"人"对立的两极。针对这种情况也许中国的"天人合一"的理论会对解决这种情况提供某些有意义的思想资源。王夫之《正蒙注·乾称上》中有一段话讲到"天人合一",大意是说:我考察自汉以来的学说,都只抓到先秦以来《周易》的外在表象,不知《周易》是"人道"的根本,只是到了宋朝周敦颐才开始提出了"太极图说",探讨了"天人合一"道理的根源,阐明了人之始生是"天道"变化的结果,是"天道"运动的实在表现。在"天道"的变化中把精粹部分给了人,使之成为"人"之"性",所以"人道"的日用事物当然之"理"与"天道"阴阳变化之秩序是一致的,是统一的,这个道理不能违背。王夫之这段话,可以说是对儒学"天人合一"思想,也是对"易,所以会天道人道也"很好的解释。"人道"本于"天道",讨论"人道"不能离开"天道",同样讨论"天道"也必须考虑到"人道",这是因为"天人合一"的道理既是"人道"的"日用事物当然之理",也是"天道"的"阴阳变化之秩序"。"人道"本于"天道","人道"是"天道"的显现,因此"人"对"天"有着不可推卸的责任。这样的思想理论对当前遭受惨重破坏的"自然界",可以说是很有意义的,因而也可以说它有"普遍价值"的意义。其实这种观点,在当今西方学术界也有,例如过程哲学的怀德海曾提出"人和自然是一生命共同体"这样的命题,这个命题深刻地揭示着人和自然之不可分的内在关系,人必须像爱自己的生命那样爱护自然界。这个理念应该说有着重要的"普遍价值"的意义。

《论语·颜渊》记载着孔子的一段话,他说:"克己复礼为仁。一日克己复礼,天下归仁焉。为仁由己,而由人乎哉?"这句话,在中国历朝历代就有着不同的诠释,而这种种"诠释"都是与诠释者所处时代和他个人的学养、境界息息相关的。那么,我们今天是否可以给它以一种新的诠释呢?费孝通先生对"克己复礼"有一新的诠释,他说:"克己才能复礼,复礼是取得进入社会、成为一个社会人的必要条件。扬己和克己也许正是东西文化的差别的一个关键。"[1]这样的诠释是有其特殊意义的。朱熹对"克己复礼为仁"的解释说:"克,胜也。己,谓身之私欲也。复,反也。礼者,天理之节文也。"这就是说,要克服自己的私欲,以便在进入社会的人际关系中很好地遵循合乎"天理"(宇宙大法)的礼仪制度。"仁"是人自身所具有的内在品德,"爱生于性","性自命出","命由天降",[2]"礼"是规范人的社会行为的外在礼仪制度,它的作用是为了调节人与人之间关系,使之和谐相处。"礼之用,和为贵。"要人们遵守合乎"天理"的礼仪制度必须是自觉地,出乎内在的爱人之心,它才合乎"仁"的要求,所以孔子说:"为仁由己,而由人乎哉?"仁爱之心是发自内心的,不是由外力来强迫而有的。因此,孔子认为有了追求"仁"的自觉要求,并把人们具有的"仁爱之心"按照合乎"天理"的规范实践于社会生活中,这样社会就会和谐安宁了。"一日克己复礼,天下归仁焉。"《论语·颜渊》中孔子所说的这段话是为"治国安邦"说,"治国安邦"归根结底就是要行"仁政"。"治国平天下"应该行"仁政",行"王道",不应行"苛政"、"霸权"。行"仁政"行"王道"才能使国泰民安,使不同民族、国家和睦相处,而共存共荣。孔子儒家的"仁政"对"现代化"是否也可以有所贡献呢?如果我们对此有所肯定,那是不是也可以说具有一定的"普遍价值"的意义呢?因此,如果各国学者一起努力发展各民族、各国家文化中存在的"普遍价值"的资源,而不要坚持唯我独尊的"普遍主义",那么世界和平就有希望了。实际上,在各民族、各国家的文化中都存在着"普遍价值"意义的因素,问题是需要我们去发掘它,并给以合理的诠释。这是因为各民族、各国家文化中所具有的"普遍价值"意义的因素往往是寓于其特殊理论体系的形式

---

[1] 费孝通:《文化论中人与自然关系的再认识》,见北京大学中国社会与发展中心、北京大学社会学系、北京大学社会学人类学研究所《ISA 工作论文》,2002 年。

[2] 见于《郭店楚简》中的《语丛》和《性自命出》。

之中,这就要我们善于从中揭示其有益于人类社会发展的内在价值资源。有责任感的学者应该是既能重视和保护自身的文化"普遍价值",同时又能尊重和承认其他民族和国家文化中的"普遍价值"。"有容乃大"的精神也许是有活力的文化能得以不断发展的原则。

(三)"多元现代性"的核心价值

最后,我想谈谈"多元现代性"的问题。对"多元现代性"可能有多种说法,至少有两种很不相同的解释:一种是,现代性是多元的,不同民族有不同的"现代性";另一种看法是,"多元现代性"就是"现代性",有着共同的基本内涵,只是不同民族进入现代化的道路不同,形式有异,实现方法更可能千差万别。我个人的意见,也许第二种意见较为合理。我们知道,"现代性"就其根源性上说是源自西方,因为西方早已实现了现代化,而且现在许多发展中国家也正在走现代化的道路。因此,就"现代性"说必有其基本相同的核心价值。什么是作为根源性的"现代性"核心价值?这里我想借用严复的观点谈谈我的看法。

严复批评"中学为体,西学为用",他认为,不能"牛体马用",这是基于中国哲学的"体用一源"("体"和"用"是统一的)而言。① 他基于此"体用一源"的理念,认为西方近现代社会是"自由为体,民主为用"的社会。② 我想,严复所说的"西方近现代社会"不仅仅是指"西方近现代社会",而是说的人类社会的"近现代社会"。那么,我们能不能说"近现代社会"的特征是"自由为体,民主为用"的社会,而"自由"、"民主"从根源性上说是"现代性"的核心价值?我认为是可以这样说的。对现代社会而言,"自由"是一种精神(包括自由的市场经济和个体的

---

① 严复在《与〈外交报〉主人书》中说:"善夫金匮裘可桴孝廉之言曰:体用者,即一物而言之也。有牛之体,则有负重之用;有马之体,则有致远之用。未闻以牛为体,以马为用者也。……故中学有中学之体用,西学有西学之体用,分之则并立,合之则两亡。"见《严复集》第三册,中华书局,1986年,第558—559页。

② 语见严复:《原强》,《严复集》第一册,中华书局,1986年,第11页。

"人"的"自由"发展,因为"自由"是创造力),而"民主"从权力和义务两个方面来使"自由"精神的价值得以实现。就这个意义上说,"自由"和"民主"虽源自西方,但它是有着"普遍价值"的意义。我们不能因为它源自西方就认为不具有"普遍价值"的意义。当然,如何进入"近现代社会",所走的道路,所采取的方法,所具有的形式可能是不同的。但它不可能是排除"自由"和"民主"的社会。

如果我们用中国哲学"体用一源"的思维模式来看世界历史,也许会有一个新的视角。我们可以把"现代社会"作为一个中间点,向上和向下延伸,我们可以把人类社会分成"前现代社会"、"现代社会"和"后现代社会",如果用中国的"体用一源"的观点看,我们是不是可以说"前现代社会"是以"专制为体,教化为用"类型的社会;"现代社会"是以"自由为体,民主为用"类型的社会;"后现代社会"是以"和谐为体,中庸为用"类型的社会。

人类社会在前现代时期,无论是中国的"皇权专制"或是西方中世纪的"王权专制"(或"神权专制"),虽然形式不同,但都是"专制"社会,要维持其"专制"就要用"教化"作为手段。中国在历史上自汉以来一直是"皇权专制",它把儒学政治化用来对社会进行"教化"以维持其统治。① 当前中国社会可以说正处在由"前现代"向"现代"过渡之中。其他许多发展中国家大概也都是如此。西方中世纪"王权或神权"的"专制"社会,他们用基督教伦理作为"教化"之手段,以维持他们的统治。②因此,当时的世界是一个"多元的前现代性"的世界。关于"现代性"的价值问题上面已经说过,在这里再多说一点我的看法。"自由"是一种

---

① 《白虎通义·三纲六纪篇》说:"《含嘉文》曰:君为臣纲,父为子纲,夫为妻纲。又曰:敬诸父兄,六纪道行,诸舅有义,族人有序,昆弟有亲,师长有尊,朋友有旧。……所以理上下,整齐人道也。……是以纲纪为化,若罗网之有纪纲,而万目张也。"

② 恩格斯在《费尔巴哈与德国古典哲学的终结》中说:"在中世纪,随着封建制度的发展,基督教形成为与封建制度相适应的宗教,……中世纪把哲学、政治、法律等思想体系的一切囊括在神学之内,变成神学的分科。"张仲实译,人民出版社,1949年,第46页。

精神,"民主"应是一种维护"自由"得以实现的保证。但是,在现代社会中"自由"和"民主"也不是不可能产生种种弊病。因为任何思想体系都会在其自身体系中存在着矛盾。① 任何制度在一时期都只有相对性的好与坏,"自由"、"民主"等等也是一样。但无论如何"自由"和"民主"对于人类社会进入"现代"是有着根本性意义的。② 人们重视"自由",因为"自由"是一种极有意义的创造力。正因为有"自由经济"(自由的市场经济)才使得工业化以来人类社会的财富极大增长,使人们在物质生活上受益巨大。正因为有"自由思想",使得科学、文化日新月异。但不可讳言,"自由经济"却使贫富(包括国家与国家的、民族与民族的以至于同一国家、民族内部)两极分化日益严重;特别是自由经济如果不受到一定程度的控制,将会引起经济危机和社会混乱,近日发生的金融危机就是一明证。③ "科学主义"、"工具理性"的泛滥扼杀着"人文"精神,弱化了"价值理性"。"现代性"所推崇的"主体性"和主客对立哲学,使得"人和自然"的矛盾日益加深,因而出现了对"现代性"的解构思潮,这就是"后现代主义"。关于"后现代"问题,我没有多少研究,只能粗略地谈点看法。在上个世纪六十年代兴起的后现代主义是针对现代化在发展过程中的缺陷提出的,他们所作的,是对"现代"的解构,曾使一切权威性和宰制性都黯然失色,同时也使一切都零碎化、离散化、浮面化。因此,初期的后现代主义目的在于"解构",企图粉碎一切权威,这无疑是有意义的。但是它却并未提出新的建设性主张,也并未策划过一个新的时代。到二十世纪末,以"过程哲学"为

---

① 罗素:《西方哲学史》中说:"不能自圆其说的哲学决不会完全正确,但是自圆其说的哲学满可以全盘错误,最富有结果的各派哲学向来包含着显眼的自相矛盾,但正因为了这个缘故才部分正确。"见《西方哲学学》下册,第143页。罗素这段话应说对任何哲学都有意义。

② 《北京晚报》2007年3月16日刊温家宝总理答法国《世界报》记者问说:"民主、法制、自由、人权、平等、博爱,这不是资本主义所特有的,这是整个世界在漫长的历史过程中共同形成的文明成果,也是人类共同的追求的价值观。"

③ "自由主义既使人免于市场经济之前时代的束缚,也使人们承受着金融和社会灾难的危机。"见耶鲁大学教授保罗·肯尼迪:《资本主义形式会有所改变》,《参考消息》,2009年3月16日。

基础的"建构性后现代"提出将第一次启蒙的成绩与后现代主义整合起来,召唤"第二次启蒙"。例如,怀德海的过程哲学(process philosophy)认为,不应把"人"视为一切的中心,而应把人和自然视为密切相连的生命共同体。他并对现代西方社会的二元思维方式进行了批判,他提倡的有机整体观念,正好为他提供了批判现代二元论(科学主义)的理论基础。过程研究中心创会主任约翰·科布说:"建设性后现代主义对解构性的后现代主义的立场持批判态度,……我们明确地把生态主义维度引入后现代主义中,后现代是人与人,人与自然和谐相处的时代。这个时代将保留现代性中某些积极性的东西,但超越其二元论、人类中心主义、男权主义,以建构一个所有生命共同福祉都得到重视和关心的后现代世界。""今天我们认识到人是自然界的一部分,我们生活在生态共同体中,……"①这种观点,也许会使中国儒家的"天人合一"思想与之接轨。他们还认为,如果说第一次启蒙的口号是"解放自我",那么第二次启蒙的口号是尊重他者,尊重差别。例如里夫金在他的《欧洲梦》中强调,在崭新的时代,每个人的权利都获得尊重,文化的差异受到欢迎,每个人都在地球可维持的范围内享受着高质量的生活(不是奢侈生活),而人类能生活在安定与和谐之中。他们认为,有机整体系统观念"都关心和谐、完整和万物的互相影响"。② 上述观点,在某种程度上也许和中国儒家中的"和谐"观念有相通之处。过程哲学还认为,当个人用自己的"自由"专权削弱社会共同体的时候,其结果一定会削弱其自身的"自由"。因此,必须拒绝抽象自由观,走向有责任的深度自由,要把责任和义务观念引入自由中,揭示出"自由"与义务的内在联系。这与中国传统文化所强调的人只能在与他人

---

① 《为了共同的福祉——约翰·科布访谈》(王晓华访问记),上海《社会科学报》,2002年6月13日。

② 参见杰里米·里夫金:《欧洲梦》,第326页。

的关系中才能生存的观点有着某种相似之处。① 因此,有见于建构性的后现代主义在西方逐渐发生影响,那么相对于"现代社会",后现代社会将可能是以"和谐为体,中庸为用"的社会。"和谐"作为一种理念它包含着"人与自然的和谐"、"人与人的和谐"(社会的和谐)、"人自我身心的和谐"等极富价值的意义。在这种种"和谐"中必须不断地寻求平衡度,这就要求由"中庸"来实现。如果中国社会能顺利地走完现代化过程,这当然是非常困难而且漫长的。但是由于在儒家文化中,有着丰富的关于"和谐"和"中庸"的思想资源,如果我们给这些有意义的思想资源以适应人类社会发展的新的诠释,②也许我国社会很可能比较容易进入"建构性的后现代社会"。正如科布所说:"中国传统思想对建设性后现代主义是非常有吸引力的,但我们不能简单的回到它。它需要通过认真对待科学和已经发生的变革的社会来更新自己。前现代传统要对后现代有所裨益,就必须批判地吸收启蒙运动的积极方

---

① 在中国传统文化的儒家思想中,特别是先秦儒家思想认为,人与人之间有着一种相互对应的关系,如"君仁臣忠"、"父慈子孝"、"兄友弟恭"等等。《礼记·礼运》:"何谓人义?父慈子孝,兄良弟弟,夫义妇听,长惠幼顺,君仁臣忠,十者谓之人义。"《左传·昭公二十六年》:"君令臣共,父慈子孝,兄爱弟敬,夫和妻柔,姑慈妇听,礼也。"

② 关于"和谐"观念在中国典籍中论述颇多,如《周易·乾卦·彖辞》:"乾道变化,各正性命,保合太和,乃利贞。"《张子正蒙注》:"太和,和之至。"《论语》中有"礼之用,和为贵";"和而不同"。《国语·郑语》:"夫和实生物,同则不继。"在西方,莱布尼兹哲学被称为是一种"和谐的体系"(system of Harmony),他的思想建立在所谓普遍的和谐(universal Harmony)之上,他的"单子论"是视宇宙整体为和谐系统的一种学说,而在分殊性中看出统一性来。关于"中庸"的观念,如《书经·大禹谟》:"允执厥中。"《论语》:"子曰:中庸之为德也,其至矣乎,民鲜久矣。"朱熹《四书集注·论语集注》:"中者,不偏不倚无过不及之名,庸,平常也。"《中庸》中的"中和"("中也者,天下之大本也;和也者,天下之达道也。"),郑玄《礼记·中庸》题解:"名曰中庸者,以其记中和之用也。庸,用也。""执其两端,用其中于民。"西方哲学中有"mean"一词,我们把它译成"中庸"。亚里士多德把"中庸"和节制相联系,并提出一套系统的理论。他认为,万物皆有其中庸之道,如"10"这个数"5"居其中;人的心理状态、情感中,欲望过度是荒淫,不及则是禁欲,节制是适度。中庸有两种,自然界的中庸是绝对的,人事的中庸则是相对的。在伦理学上,人的一切行为都有过度、不及和适度三种状态,过度和不及都是恶行的特征,只有中庸才是美德的特征和道德的标准。美德是一种适中,是以居间者为目的。他还把这种中庸原则运用于政治国家学说。他认为,由中等阶级治理的国家最好,因为拥有适度的财产是最好的,最容易遵循合理的原则,最不会逃避治国的工作或拥有过分的野心,是国家中最安稳的公民阶级;由中等阶级的公民组成的城邦,是结构最好的和组织最好的,因此有希望把国家治理得很好。

面,比如对个体权利的关注和尊重。"①科布的这段话,对我们应该说是很有教益的。因而,寻求不同文化中的"普遍价值"必将成为当前学术界关注的一个重点。

让我们回到"多元现代性"的问题。前面我们已经说过,就"现代性"来说必有其基本相同的核心价值,但不同民族、不同国家如何进入"现代社会",它们所走的道路,所采取的方法,所具有的形式可能很不相同。为什么会出现这种情况,我认为这是由不同民族、不同国家的历史文化原因所造成的,不可能要求完全相同。因此,我们可以设想,中国的儒家思想是不是可以在接受"自由"、"民主"等现代性的核心价值的情况下,创造出不同于西方的道路,并为此补充某些新的内容,从而可以对消除"现代性"所带来的弊端起积极作用。

我认为,儒学的"民本"思想、"宽容"精神以及责任意识应可成为接引"自由"、"民主"、"人权"等现代精神进入中国社会的桥梁。儒家的"民本"思想虽不即是"民主",但它从本质上并不是反民主的,其根据就在于"民为邦本"。"民为邦本"虽仍是由"治人者"的角度出发的,但它却知道"民"作为国家根基的重要性,因此从理论上说"民主"进入中国社会应不太困难。又,儒学有着对其他文化较为宽容的精神,如它主张"道并行而不相悖",因此"自由"应比较容易被容纳。中国许多儒者都有着"居安思危"、"先天下忧而忧,后天下乐而乐"的社会责任感,这种特殊的批判精神和责任伦理引入"民主"、"人权"等现代意识应是有意义的。在历史上,中国接受印度佛教文化就是一例。如果我们能把儒学的"民本"思想,"宽容"、"责任"意识等精神融合在"自由"、"民主"、"人权"之中,那么是不是可以走出一条新的进入"自由为体,民主为用"的现代社会呢?我想,它也许是一条使中国较快而且较稳

---

① 《为了共同的福祉——约翰·科布访谈》(王晓华访问记),上海《社会科学报》,2002年6月13日。

妥实现现代化的路子。

西方现代社会发展到今天,它的种种弊病已经显现,而且如不改弦易辙,那么将使人类社会走向毁灭其自身的道路。因而在西方有"后现代主义"思潮的出现。如果我们从儒家学者所具有的社会责任感和历史使命感中总结出某种"责任伦理",这是不是可以减轻"现代化"所带来的弊病呢?如果"自由"、"民主"是一种负责任的"自由"、"民主",这样的社会也许是可以比较合理的发展。法国人类进步基金会的主席卡拉梅就提出过"责任伦理"的问题,并认为除"人权合约"之外,应有一"责任公约",这是很有见地的。① 同时,实际上中国的学者也已经注意到这个问题。我最近注意到西方的某些"中国学"专家已开始从儒家思想发掘有益于人类社会合理发展的思想因素。如法国当代大儒汪德迈在他的《编纂〈儒藏〉的意义》中说:"面对后现代化的挑战,……曾经带给世界完美的人权思想的西方人文主义面对近代社会的挑战,迄今无法给出一个正确答案。那么,为什么不思考一下儒家思想可能指引世界的道路,例如'天人合一'提出的尊重自然的思想,'远神近人'所提倡的拒绝宗教的完整主义以及'四海之内皆兄弟'的博爱精神呢?"② 美国学者安乐哲、郝大维在《通过孔子而思》一书中说:"我们要做的不只是研究中国传统,更是要设法使之成为丰富和改造我们自己世界观的一种文化资源。儒家从社会的角度来定义'人',这是否可用来修正和加强西方的自由主义模式?在一个以'礼'建构的社会中,我们能否发现可利用的资源,以帮助我们更好理解哲学根基不足却颇富实际价值的人权观念?"③ 法国索邦大学查·华德教授认为:"孔子思想中充满信仰、希望、慈悲,具有普遍性。在二十一世纪的

---

① 参见《建设一个协力、尽责、多元的世界》,《跨文化对话》第九集,上海文化出版社,2002年。
② 该文见于《光明日报》,2009年8月31日。
③ 〔美〕郝大维、安乐哲:《通过孔子而思》中译本序,何金俐译,北京大学出版社,2005年,第5页。

今天不仅有道德的示范作用,更有精神的辐射作用。"①"自由"、"民主"、"人权"等等是现代社会的财富,"责任"、"民本"、"宽容"等等同样是现代社会的财富。现在社会不能没有"自由"、"民主"、"人权"等等,这是"现代性"社会必具备的核心价值,否定它们就没有现代社会。但是,某些民族和国家的文化中不仅会有丰富"自由"、"民主"、"人权"的内涵的思想因素,甚至会存在着制约"自由"、"民主"、"人权"等等可能发生的负面作用的思想资源。正是因为有可能制约"自由"、"民主"、"人权"可能产生的弊病,也许在人类社会发展到后现代时,各个民族和国家文化中具有特殊价值的因素将会成为更重要的"普遍价值"的资源。

我们编著《中国儒学史》,其目的之一也是希望揭示中国儒学的特殊价值中所存在的对人类文化具有"普遍价值"意义的因素以贡献于世界。

三、儒学与经典诠释

《中国儒学史》是2003年教育部哲学社会科学研究重大课题攻关项目《〈儒藏〉编纂与研究》中的一个子项目,共分九册:先秦儒学,两汉儒学,魏晋南北朝儒学,隋唐儒学,宋元儒学,明代儒学,清代儒学,近代儒学和现代儒学。这部《中国儒学史》仍是把研究的重点放在儒家的哲学思想方面,但同时我们也多少注意到不要把"儒学"仅仅限在哲学思想方面,因此希望在写作中也力图扩大"儒学"的某些研究内容。当然,我们做得如何,有待读者的评论。在写作本书时,我们特别考虑到它应包含某些"经学"的内容。

---

① 《中法学者沪上共论孔子思想》,上海《文汇报》,2009年4月18日。

1938年,马一浮应浙江大学校长竺可桢约至该校为学生讲论"国学",后集为《泰和会语》。在《楷定国学名义(国学者六艺之学)》中说:"六艺者,即是《诗》、《书》、《礼》、《乐》、《易》、《春秋》也。此是孔子之教,吾国二千余年来普遍承认一切学术之原皆出于此,其余都是六艺之支流。故六艺可以该摄诸学,诸学不能该摄六艺。今楷定国学者,即是六艺之学,用此代表一切固有之学术,广大精微,无所不备。"①马一浮这个说法确有其独特见地。盖"六艺之学"即"六经",它为中国学术之源头,而其后之学皆原于此,并沿此之流向前行,是"源头"与"支流"的关系。正因在我国历史上"六艺之学"("经学")代有大儒发挥之,并吸取其他文化以营养之,故作为中华学术文化之源头的"六艺",其中必有其"普遍价值"之意义。任何民族的学术文化都是在特定的历史环境中形成的,都是有其特殊意义的学术文化,而学术文化的"普遍价值"往往寄寓其"特殊价值"之中。如孔子的"仁者,爱人",基督的"博爱",释迦的"慈悲",虽出发点不同、理路不同,但"爱人利物"则有着相同的"价值",而具有"普遍价值"的意义。既然学术文化之"普遍价值"往往寄寓"特殊价值"之中,那么马一浮所说"六艺不唯统摄中土一切学术,亦可统摄现在西方一切学术",应亦可解。盖因"人同此心,心同此理"也。人类所遇到的问题常是共同的,人类对解决这些问题的思考往往也是大同小异的。因此,我中华民族当然应由其自身学术文化中寻求有益于人类社会生活的"普遍价值",这并不妨碍在其他民族学术文化中寻求"普遍价值",古云"道并行而不相悖"也。所以马一浮说:弘扬"六艺之学"并不是狭义地保存国粹,也不是单独发挥自己的民族精神,是要使此种文化普遍地及于人类。

　　六十多年之后的2001年,著名学者、国学大师饶宗颐先生在北京大学的一次演讲中提出应重视"经学"的研究和经典的整理,他说:"经

---

① 马一浮:《马一浮集》第一册,浙江古籍出版社、浙江教育出版社,1996年,第10页。

书是我们的文化精华的宝库,是国民思维模式、知识涵蕴的基础;亦是先哲道德关怀与睿智的核心精义,不废江河的论著。重新认识经书的价值,在当前是有重要意义的。'经学'的重建,是一件繁重而具创辟性的文化事业,不应局限于文字上的校勘解释工作,更重要的是把过去经学的材料、经书构成的古代著作成果,重新做一次总检讨。'经'的重要性,由于讲的是常道,树立起真理标准,去衡量行事的正确与否,取古典的精华,用笃实的科学理解,使人的生活与自然相调协,使人与人的联系取得和谐的境界。"①现在我们编撰《中国儒学史》必须注意"经学"的研究,以期使"经学"能成为此书的重要部分。

如果我们把孔子看作是儒家的创始人,那么可以说,自孔子起就自觉地继承着夏、商、周三代的文化,而"六经"正是夏、商、周三代文化的结晶。("六经"又称"六艺"②)虽然从文献考证的角度上说,"六经"(或"五经",因"乐经"早已失传)并非成书于夏、商、周三代之时,但"六经"所记却可被视为记载夏、商、周三代文化的基本传世文本。1993年于湖北出土的"楚简"中有一段关于"六经"的重要记载:

  礼,交之行述也。
  乐,或生或教者也。
  书,□□□□者也。
  诗,所以会古今之诗也。
  易,所以会天道、人道也。

---

  ① 见于饶宗颐先生近日所写的《〈儒学〉与新经学及文艺复兴》一文,《光明日报》,2009 年 8 月 31 日。
  ② "六艺"之名始见《史记》中《伯夷传》、《李斯传》等,后刘歆编纂《七略》,其一为《六艺略》。马一浮先生把"国学"定为"六艺之学"甚有道理。参见拙作《论马一浮的历史地位与思想价值》,见《儒学天地》,2009 年 1 期。

春秋，所以会古今之事也。①

这段话说明了战国中期对"六经"的看法：《礼》，是人们（各阶层或谓各种人际关系）规范交往的行为规则的书；《乐》，是陶冶人的性情（生者，性也）和进行教化的书；《书》，因缺字，但据其他文献可知应是"记事"之书；《诗》，是把古今的诗会辑在一起的一部"诗集"；《易》，是会通天道人道所以然的道理的书，即司马迁所说的"通天人之际"的书；《春秋》，是会通古今历史变迁之轨迹的书，即司马迁所说的"达古今之变"的书。从古代文献记载，可以说"六经"包括了夏、商、周三代的器物文化、制度文化、思想文化。《论语·述而》中说："子曰：述而不作，信而好古，窃比于我老彭。"意思是说，孔子所"述"、所"好"是古代的典籍文献，即"六经"。《庄子·天运》："孔子谓老聃曰：丘治《诗》、《书》、《礼》、《乐》、《易》、《春秋》六经，自以为久矣。"又，《论语·述而》："子曰：加我数年，五十以学《易》，可以无大过矣。"②《孟子·滕文公下》："孔子成《春秋》，而乱臣贼子惧。"这样的材料在先秦文献中还有多处，不一一详列。孔子把"六经"作为自己治学、为人、行事所依的典籍，同时也把"六经"作为教学的基本教材。③ 从今天看来，恐怕离开了"六经"，我们很难了解中国文化的源头，更难了解儒学的精神。但到汉朝，《乐经》失传，而只有"五经"了。汉武帝"罢黜百家，独尊儒术"，并于建元五年（前136年）设"五经博士"，使《易》、《书》、《诗》、《礼》、《春秋》在我国确立了"经"的地位。此后的历史上虽有"七经"（或"六

---

① 《庄子·天下》："《诗》以道志，《书》以道事，《礼》以道行，《乐》以道和，《易》以道阴阳，《春秋》以道名分。"《荀子·儒效篇》："圣人也者道之管也。天下之道管是矣，百王之道一是矣，故《诗》、《书》、《礼》、《乐》之道归是矣。《诗》言是其志也，《书》言是其事也，《礼》言是其行也，《乐》言是其和也，《春秋》言是其微也。"

② 《史记·孔子世家》："孔子五十而学《易》，韦编三绝。"

③ 《礼记·经解》："孔子曰：入其国，其教可知也。其为人也，温柔敦厚，《诗》教也；疏通知远，《书》教也；广博易良，乐教也；絜静精微，《易》教也；恭俭庄敬，《礼》教也；属辞比事，《春秋》教也。"

经")、"九经"、"十经"、"十一经"、"十二经"以及"十三经"之设,①但其中《易》、《书》、《诗》、《礼》、《春秋》在儒学中的根本性地位是不言而喻的。

近几年来,"北京大学《儒藏》编纂与研究中心"承担着教育部《〈儒藏〉编纂与研究》重大攻关研究项目。"中心"已联合我国二十余所高校和研究院以及韩、日、越三国学者编纂《儒藏》精华编,并为以后编纂《儒藏》大全本作准备。《儒藏》精华编收书近五百种,按四部分类,其中"经部"有二百余种。另外尚专设"出土文献类"。《儒藏》精华编还有一特色,即我们还把日本、韩国、越南儒学者以汉文写作的儒学典籍有选择的收入,约有一百五十余种。预计2015年完成校点。同时组织我校各方面力量编辑《儒藏总目》,现在《总目·经部》已经完成,所著录者有一万四千余种之多。从中我们可以看到,历代儒学大家无不对"五经"的"注疏"、"论述"、"考订"等等方面用力甚勤。这次我们编著《中国儒学史》虽注意到"经学"方面,但很难说比较完满,因在这方面的研究成果不多,对此我们将会继续关注这个方面的新进展,以便再版时对这方面有所加强。学术研究是无止境的,从总体上说定是"日日新,又日新"地前进着。

儒家的"经书"不仅应包括已有的"五经"或"十三经",而且应包括自上个世纪末出土的儒家文献。饶宗颐先生在前面提到的演讲中说:"现在出土的简帛记录,把经典原型在秦汉以前的本来面目,活现在我们眼前,过去自宋迄清的学人千方百计求索梦想不到的东西,现在正如苏轼诗句'大千在掌握'之中,我们应该再做一番整理工夫,重新制订我们新时代的'圣经'(Bible)。"这是2001年饶先生说的一段话,意思是说新出土的先秦文献更能表现秦汉以前经典原型的本来面目。在2001年,我们能看到的重要出土文献主要是长沙马王堆出土的"帛

---

① 参见《中国儒学大观》,北京大学出版社,2001年,第24页。

书"和1993年在湖北荆门地区出土的《郭店楚简》;其后1994年,上海博物馆于海外购得战国竹简一千二百多支;2008年清华大学又由海外购得战国竹简两千余支,如此等等。这批简帛虽非全为儒家典籍,但可以说归属于儒家者占首位。这批归属于儒家的典籍其价值自不待言,应可与传世"五经"的地位相当,例如其中的《帛书周易》、上博《周易》、《五行篇》、《孔子诗论》以及与《尚书》的篇章等等有关的文献。这批文献又可补自孔子至孟子之间儒学之缺。因此,它是我们研究儒家思想要给以特别重视的。

我国历代儒家学者都十分重视对"五经"的诠释,因而可以说我们有着十分雄厚的诠释经典的资源。中国自古就是一个非常重视历史传统的国家,故有"六经皆史"的说法。孔子说他自己对"经典"是"述而不作,信而好古"。这就是说,孔子对三代经典("六经")只是作诠释,而不离开经典任意论说;对经典信奉而且爱好,以至于"不知老之将至"。孟子以"祖述尧舜"、"宪章文武"、"述仲尼之志"为己任。荀子认为"仁人"之务,"上则法尧舜之制,下则法仲尼、子弓之义"。实际上,孔、孟、荀及先秦儒学者所述严格地说都是对"六经"的诠释。如先秦之《易传》是对《易经》的诠释;《大学》中则多有对《书经》、《诗经》的诠释;上博《战国楚竹书》中的《孔子论诗》是对《诗经》的一种诠释(《中庸》和《五行》同样包含着对《诗经》的诠释);《礼记》可说是对《礼经》的诠释;《春秋》三传是对《春秋》经的诠释。现试以《左传》对《春秋经》和《易传》对《易经》的解释为例说明先秦儒家对经书的诠解方式。

《左传》是对《春秋》的解释,相传是由左丘明作的,但近人杨伯峻考证说"我认为,《左传》作者不是左丘明","作者姓何名谁已不可考","其人可能受孔丘影响,但是儒家别派"。杨伯峻并认为:"《左传》成书于公元前403年魏斯为侯之后,周安王十三年(前386年)以前。"这里我们暂且把杨伯峻先生的论断作为根据来讨论《左传》对《春秋》的解释问题。据杨伯峻推算《左传》成书的时间,我们可以说《左传》是目前知道的最早一部对《春秋经》进行全部诠释的书,或者也可以说是世界上现存最早的解释性的著作之一。这就说明中国的经典解释问题至少有着两千三四百年的历史了。

《春秋》隐公元年记载:"夏五月,郑伯克段于鄢。"《左传》对这句话有很长一段注释,现录于下:

> 初,郑武公娶于申,曰武姜,生庄公及共叔段。庄公寤生,惊姜氏,故名曰寤生,遂恶之。爱共叔段,欲立之。亟请于武公,公弗许。及庄公即位,为之请制。公曰:"制,岩邑也,虢叔死焉。佗邑唯命。"请京,使居之,谓之京城大叔。祭仲曰:"都,城过百雉,国之害也。先王之制,大都,不过参国之一;中,五之一;小,九之一。今京不度,非制也,君将不堪。"公对曰:"姜氏欲之,焉辟害?"对曰:"姜氏何厌之有?不如早为之所,无使滋蔓!蔓,难图也。蔓草犹不可除,况君之宠弟乎?"公曰:"多行不义,必自毙,子姑待之。"既而大叔命西鄙、北鄙贰于己。公子吕曰:"国不堪贰,君将若之何?欲与大叔,臣请事之;若弗与,则请除之,无生民心。"公曰:"无庸,将自及。"大叔又收贰以为己邑,至于廪延。子封曰:"可矣。厚将得众。"公曰:"不义,不暱。厚将崩。"大叔完聚,缮甲兵,具卒乘,将袭郑,夫人将启之。公闻其期,曰:"可矣。"命子封帅二百乘以伐京。京叛大叔段。段入于鄢。公伐诸鄢。五月辛丑,大叔出奔共。书曰:郑伯克段于鄢。段不弟,故不言弟;如二君,故曰克;称郑伯,讥失教也,谓之郑志。不言出奔,难之也。①

《左传》这样长长一段是对经文所记"郑伯克段于鄢"六个字的注释,它是对历史事件的一种叙述。它中间包含着事件的起始,事件的曲折过程,还有各种议论和讨论以及事件的结尾和评论等等,可以说是一相

---

① 杨伯峻:《春秋左传注》,中华书局,1981年,第1册,第10—14页。

当完整的叙述式的故事。《左传》这一段叙述如果不是对《春秋》经文的铺陈解释,它单独也可以成为一完整历史事件的叙述,但它确确实实又是对《春秋》经文的注释。如果说"郑伯克段于鄢"是事件的历史(但实际上也是一种叙述的历史),那么相对地说上引《左传》的那一段可以说是叙述的历史。叙述的历史和事件的历史总有其密切的关系,但严格说来几乎写的历史都是叙述的历史。叙述历史的作者在叙述历史事件时必然都和他处的时代、生活的环境、个人的道德学问,甚至个人的偶然机遇有关系,这就是说叙述的历史都是叙述者表现其对某一历史事件的"史观"。上引《左传》的那一段,其中最集中地表现作者"史观"的就是那句"多行不义,必自毙"和最后的几句评语。像《左传》这种对《春秋》的解释,对中国各种史书都有影响。我们知道中国有"二十四史",其中有许多"史"都有注释,例如《三国志》有裴松之注,如果《三国志》没有裴注,这部书就大大逊色了。裴注不专门注重训诂,其重点则放在事实的解释和增补上,就史料价值说是非常重要的。《三国志·张鲁传》裴注引《典略》"熹平中,妖贼大起,三辅有骆曜。光和中,东方有张角,汉中有张修。骆曜教民缅匿法,角为太平道,修为五斗米道"云云一长段,大大丰富了我们对汉末道教各派的了解。裴注之于陈寿《三国志》和《左传》之于《春秋》虽不尽相同,但是都是属同一类型,即都是对原典或原著的历史事件的叙述式解释。

《易经》本来是古代作为占卜用的经典,虽然我们可以从它的卦名、卦画、卦序的排列以及卦辞、爻辞等等中分析出某些极有价值的哲理,但我们大概还不能说它已是一较为完备的哲学体系,而《易传》中的《系辞》对《易经》所作的总体上的解释,则可以说已是较完备的哲学体系了。① 《系辞》把《易经》看成一个完整的整体性系统,对它作了整

---

① 《易传》中除《系辞》,还包含其他部分,都可作专门讨论,但限于篇幅,本文只讨论《系辞》对《易经》的解释问题。

体性的哲学解释,这种对古代经典作整体性的哲学解释,对后世有颇大影响,如王弼的《老子指略》是对《老子》所作的系统的整体性解释,《周易略例》则是对《周易》所作的系统的整体性解释。① 何晏有《道德论》和《无名论》都是对《老子》作的整体性解释,如此等等在中国历史上还有不少。② 《系辞》对《易经》的解释,当然有很多解释问题可以讨论,本文只就其中包含的本体论和宇宙生成论两大问题来略加探讨,而这两个不同的解释系统在实际上又是互相交叉着的。

《易经》的六十四卦是一个整体性的开放系统,它的结构形成为一个整体的宇宙架构模式。这个整体性的宇宙架构模式是一生生不息的有机架构模式,故曰:"生生之谓易。"世界上存在着的事事物物都可以在这个模式中找到它一一相当的位置,所以《系辞》中说:《易经》(或可称"易道")"范围天地之化而不过,曲成万物而不遗"。在宇宙中存在的天地万物其生成变化都在《易经》所包含的架构模式之中,"在天成象,在地成形,变化见矣。"天地万物之所以如此存在都可以在《易经》中的架构模式中找到其所以存在的道理,找到一一相当的根据,"天下之理得,而成位于其中。"因此,"易与天地准,故能弥纶天地之道。"《易经》所表现的宇宙架构模式可以成为实际存在的天地万物相应的准则,它既包含着已经实际存在的天地万物的道理,甚至它还包含着尚未实际存在而可能显现成为现实存在的一切事物的道理,"故神无方易无体","易"的变化是无方所的,也是不受现实存在的限制的。这就说明,《系辞》的作者认为,天地万物之所以如此存在着、变化着都可以从"易"这个系统中找到根据,"易"这个系统是一无所不包的宇宙模式。这个模式是形而上的"道",而世界上已经存在的或者还未

---

① 王弼大概还有专门对《系辞》作的玄学本体论解释,这不仅见于韩康伯《周易系辞注》中所引用的王弼对"大衍之义"的解释,还见于杨士勋《春秋穀梁传疏》中引用王弼的话。
② 《世说新语·文学篇》"裴成公作《崇有论》"条,注引"晋诸公赞曰:自魏太常夏侯玄、步兵校尉阮籍等皆著《道德论》"云云。

存在而可能存在的东西都能在此"易"的宇宙架构模式中找到其所以存在之理,所以《系辞》中说:"形而上者谓之道,形而下者谓之器。"在中国哲学中,从现有的文献资料看,最早明确提出"形上"与"形下"分别的应说是《系辞》。我们借用冯友兰先生的说法,可以说"形而上"的是"真际","形而下"的是"实际","实际"是指实际存在的事物,而"真际"是实际存在事物之所以存在之"理"(或"道",或"道理")。① 这就是说,《系辞》已经注意到"形上"与"形下"的严格区别,它已建立起一种以"无体"之"易"为特征的形而上学体系。这种把《易经》解释为一宇宙架构模式,可以说是《系辞》对《易经》的形而上本体论的解释。

这种对《易经》本体论的解释模式对以后中国哲学的影响非常之大,如王弼对《系辞》"大衍之数"的解释,王弼《老子指略》对《老子》的解释。韩康伯《周易系辞注》"大衍之数五十,其用四十有九"条中说:"王弼曰:演天地之数所赖者五十也,其用四十有九,则其一不用也。不用而用以之通,非数而数之以成,斯易之大极也。四十有九,数之极也,夫无不可以无明,必因于有,故常于有物之极,而必明其所由之宗也。""宗"者,体也。这里王弼实际上用"体"与"用"之关系说明"形上"与"形下"之关系,而使中国的本体论更具有其特色。②《老子指略》中说:"夫物之所以生,功之所以成,必生乎无形,由乎无名。无形无名者,万物之宗也。"用"无"和"有"以说"体"和"用"之关系,以明"形上"与"形下"之关系,而对《老子》作一"以无为本"之本体论解释。

在《系辞》中还有一段对《易经》的非常重要的话:"易有太极,是生两仪,两仪生四象,四象生八卦,……""易"包含着一个生成系统。这

---

① 冯友兰先生所用"真际"一概念,在佛教中已普遍使用,如《仁王经》上说:"以诸法性即真际故,无来无去,无生无灭,同真际等法性。"《维摩经》说:"非有相非无相,同真际等法性。"丁福保《佛学大辞典》谓"真际"即至极之义。"道"虽不是实际存在的事物,但它并不是"虚无",而是"不存在而有"(non-existence but being),这是借用金岳霖先生的意思。(参见冯友兰:《中国现代哲学史》,第217页,广东人民出版社,1999年)陆机《文赋》:"课虚无以责有,叩寂寞而求音。"正是"不存在而有"的最佳表述。

② 《周易王韩注》第三十八章:"万物虽贵,以无为用,不能舍无以为体也。"

个生成系统是说《易经》表现着宇宙的生生化化。宇宙是从混沌未分之"太极"(大一)发生出来的,而后有"阴"(--)"阳"(—),再由阴阳两种性质分化出太阴(==)、太阳(⚌)、少阴(==)少阳(==)等四象,四象分化而为八卦(☰、☱、☲、☳、☴、☵、☶、☷),这八种符号代表着万物不同的性质,据《说卦》说,这八种性质是:"乾,健也;坤,顺也;震,动也;巽,入也;坎,陷也;离,丽也;艮,止也;兑,说也。"这八种性质又可以用天、地、雷、风、水、火、山、泽的特征来表示。由八卦又可以组成六十四卦,但并非说至六十四卦这宇宙生化系统就完结了,实际上仍可展开,所以六十四卦最后两卦为"既济"和"未济",这就是说事物(不是指任何一种具体事物,但又可以是任何一种事物)发展到最后必然有一个终结,但此一终结又是另一新的开始,故《说卦》中说:"物不可穷也,故受之以未济终焉。"天下万物就是这样生化出来的。"易"这个系统是表现着宇宙的生化系统,是一个开放性的系统。《系辞》中还说:"天地絪缊,万物化醇,男女构精,万物化生。"《序卦》中说:"有天地,然后有万物;有万物,然后有男女;有男女,然后有夫妇;有夫妇,然后有父子;有父子,然后有君臣;有君臣,然后有上下;有上下,然后礼仪有所错。"这种把《易经》解释成为包含着宇宙的生化系统的理论,我们可以说是《系辞》对《易经》的宇宙生成论的解释。这里有一个问题需要作些分疏,照我看"太极生两仪……"仅是个符号系统,而"天地絪缊,化生万物……"和"有天地,然后有万物"就不是符号了,而是一个实际的宇宙生化过程,是作为实例来说明宇宙生化过程的。因此我们可以说,《系辞》所建立的是一种宇宙生化符号系统。这里我们又可以提出另一个中国哲学研究的新课题,这就是宇宙生成符号系统的问题。汉朝《易经》的象数之学中就包含宇宙生成的符号问题,而像"河图"、"洛书"等都应属于这一类。后来又有道教中的符箓派以及宋朝邵雍的"先天图"、周敦颐的"太极图"(据传周敦颐的"太极图"脱胎于道士陈抟的"无极图",此说尚有疑问,待考)。关于这一问题需另文讨论,非本文所应详论之范围。但是,我认为区分宇宙生成的符号系统与宇宙实际生成过程的描述是非常重要的。宇宙实际生成过程的描述往往是依据生活经验而提出的具体形态的事物(如天地、男女等等)发展过程,而宇宙生成的符号系统虽也可能是依据生活经验,但其所表述的宇宙生成过程并不是具体形态的事物,而是象征性的符号,这种符号或者有名称,但它并不限定于表示某种事物及其性质。因此,这种宇宙生成的符号系统就象代数学一样,它可以代入任何具体形态的事物及其性质。两仪(--和—)可以代表天地,也可以代表男女,也可代表刚健和柔顺等等。所以我认为,仅仅把《系辞》这一对《易经》的解释系统看成是某种宇宙实际生成过程的描述是不甚恰当的,而应了解为可以作为宇宙实际生成系统的模式,是一种宇宙代数学,我把这一系统称之为《系辞》对《易经》解释的宇宙生成论。像《系辞》这类以符号形式表现的宇宙生成论,并非仅此一家,而《老子》的"道生一,一生二,二生三,三生万物,万物负阴而抱阳,冲气以为和",也是一种宇宙生成的符号系统,也是一种宇宙代数学,其中的数字可以代以任何具体事物。"一"可以代表"元气",也可以代表"虚霩"(《淮南子·天文训》谓"道始于虚霩",虚霩者尚未有时空分化之状态)。"二"可以代表"阴阳",也可以代表"宇宙"(《天文训》谓"虚霩生宇宙",即由未有时空分化之状态发展成有时空之状态)。"三"并不一定就指"天、地、人",它可以解释为有了相对应性质的两事物就可以产生第三种事物,而任何具体事物都是由两种相对应性质的事物产生的,它的产生是由两种相对应事物交荡作用而生的合物。① 然而汉朝的宇宙生成论与《系辞》所建构的宇宙生成论不同,大都是对宇宙实际生成过程的描述,此是后话,当另文讨论。②

我们说《系辞》对《易经》的解释包括两个系统,即本体论系统和宇宙生成论系统,那是不是说《系辞》对《易经》的解释包含着矛盾?我想,不是的。也许这两个系统恰恰是互补的,并形成为中国哲学的两大系。宇宙本身,我们可把它作为一个平面开放系统来考察,宇宙从其广度说可以说是无穷的,郭象《庄子·庚桑楚》注:"宇者,有四方上下,而四方上下未有穷处。"同时我们又可以把它作为垂直延伸系统来考察,宇宙就其纵向说可以说是无极的,故郭象说:"宙者,有古今之长,而古今之长无极。"既然宇宙可以从两个方面来考察,那么"圣人"的哲学也就可以从两个方面来建构其解释宇宙的体系,所以"易与天地准"。"易道"是个开放性的宇宙整体性结构模式,因此"易道"是不可分割的,是"大全",宇宙的事物曾经存在的、现在仍然存在的或者将来可能存在的都可以在"易"这个系统中找到一一相当的根据。但"易道"又不是死寂的,而是一"生生不息"系统,故它必须显示为"阴"和"阳"(注意:但"阴"和"阳"纲缊而生变化,"阴阳不测谓之神")相互作

---

① 关于"三"的问题,庞朴同志提出"一分为三"以区别于"一分为二",这点很有意义。如果从哲学本体论方面来考虑,"一分为三"的解释或可解释为在相对应的"二"之上或之中的那个"三"可以是"本体",如"太极生两仪",合而为"三","太极"是"本体",而"两仪"是"本体"之体现。我在一篇文章中讨论过,儒家与道家在思想方法上有所不同,儒家往往是于两极中求"中极",如说"过犹不及"、"叩其两端"、"允执其中",而道家则是于"一极"求其对应的"一极",如"天下皆知美之为美,斯恶已"。(参见《论〈道德经〉建立哲学体系的方法》,《哲学研究》,1986年第一期)儒家"两极"中求"中极",这"中极"并不是和"两极"平列的,而是高于"两极"之上的。就本体意义上说,这"中极"就是"中庸",就是"太极"。因此,就哲学上说,"一分为三"与"一分为二"都是同样有意义的哲学命题。就哲学意义上说"一分为三"实是以"一分为二"为基础。

② 例如《淮南子·天文训》中说:"道始于虚霩,虚霩生宇宙,宇宙生元气,元气有涯垠,清阳者薄靡而为天,重浊者凝滞而为地。"《孝经纬·钩命诀》:"天地未分之前,有太易、有太初、有太始、有太素、有太极,是为五运。形象未分,谓之太易。元气始萌,谓之太初。气形之端,谓之太始。形变有质,谓之太素。质形已具,谓之太极。五气渐变,谓之五运。"可见,汉朝的宇宙生成论大体上都是"元气论"。

用的两个符号(不是凝固的什么东西),这两个互相作用的符号代表着两种性质不同的势力。而这代表两种不同性质的符号是包含在"易道"之中的,"易道"是阴阳变化之根本,所以说"一阴一阳之谓道"。杨士勋《春秋穀梁传疏》中引用了一段王弼对"一阴一阳之谓道"的解释,文中说:"《系辞》云:一阴一阳之谓道。王弼云:一阴一阳者,或谓之阴或谓之阳,不可定名也。夫为阴则不能为阳,为柔则不能为刚。唯不阴不阳,然后为阴阳之宗;不柔不刚,然后为刚柔之主。故无方无体,非阴非阳,始得谓之道,始得谓之神。"阴和阳代表着两种不同的性质,此一方不能代表彼一方,只有"道"它既不是阴又不是阳,但它是阴阳变化之宗主(本体),故曰"神无方,易无体也"。就这点看,《系辞》把《易经》解释为一平面的开放体系和立体的延申体系的哲学,无疑是有相当深度的哲学智慧的。再说一下,《系辞》对《易经》的整体性哲学解释和《左传》对《春秋》的叙述事件型解释是两种很不相同的解释方式。

　　李零教授说:"汉代的古书传授有经、传、记、说、章句、解故之分。大体上讲,它们的区分主要是,'经'是原始文本,'传'是原始文本的载体和对原始文本的解说(类似后世所说的'旧注')。'经'多附'传'而行,'传'多依'经'而解,……'记'(也叫'传记')是学案性质的参考资料,'说'则可能是对'经传'的申说(可能类似于'疏'),它们是对'传'的补充(这些多偏重于义理)。'章句'是对既定文本,……所含各篇的解析,……'解故'(也叫作'故'),则关乎词句的解释。"李零教授说清了"经"与诠释"经"的"传"、"记"、"说"、"解"、"注"、"笺"、"疏"等等之间的关系。① 今天,我们要读懂"五经",是不能不借助历代儒学大家的注疏的。同时,在我国对经典的诠释中常需具备"训诂学"、"文字学"、"音韵学"、"考据学"、"版本学"、"目录学"等等的知识,也就是说具备这些方面的知识才能真正把握中国诠释经典的意义。

---

① 李零:《郭店楚简校读记》,北京大学出版社,2002年,第72页。

1998年，我曾提出"能否创建中国解释学"的问题，其后写了四篇文章讨论此问题。① 在中国，自先秦以来有着很长的诠释经典的历史，并且形成了种种不同的注释经典的方法与理论。而各朝各代诠释经典的理论与方法往往也有所不同。例如在汉朝有用所谓"章句"的方法注释经典，分章析句，一章一句甚至一个字一个字地详细解释。据《汉书·儒林传》说，当时儒家的经师对"五经"的注解，"一经之说，至百余万言。"儒师秦延君释"尧典"二字，十余万言；释"曰若稽古"四字，三万言。当时还有以"纬"（纬书）证"经"的方法，苏舆《释名疏证补》谓："纬之为书，比傅于经，辗转牵合，以成其谊，今所传《易纬》、《诗纬》诸书，可得其大概，故云反复围绕以成经。"此种牵强附会的解释经典的方法又与"章句"的方法不同。至魏晋，有"玄学"出，其注释经典的方法为之一变，玄学家多排除汉朝繁琐甚至荒诞的注释方法，或采取"得意忘言"，或采取"辨名析理"等简明带有思辨性的注释方法。王弼据《庄子·外物》以释《周易·系辞》"言不尽意，书不尽言"，作《周易略例·明象章》，提出"得意忘言"的玄学方法，而开一代新风。② 此是一典型解释儒经的新方法。郭象继之而有"寄言出意"之说，其《庄子·逍遥游》第一条注说：

> 鹏鲲之实，吾所未详也。夫庄子之大意，在乎逍遥游放，无为而自得，故极大小之致，以明性分之适。达观之士，宜要其会归，而遗其所寄，不足事事曲与生说，自不害其弘旨，皆可略之。

这种"寄言出意"的注释方法自与汉人注释方法大不相同。《大慧普觉禅师语录》卷二十二中说："曾见郭象注庄子，识者云：却是庄子注郭

---

① 此五篇论文均收入拙著《和而不同》一书中，辽宁人民出版社，2001年。
② 王弼《周易略例·明象》："夫象者，出意者也；言者，明象者也。尽意莫若象，尽象莫若言。言生于象，故可寻言以观象；象生于意，故可寻象以观意。意以象尽，象以言著。故言者所以明象，得象而忘言；象者所以存意，得意而忘象。"参见汤用彤先生《魏晋玄学论稿》中之《言意之辨》。《汤用彤全集》第四卷，河北人民出版社，2000年，第22页。

象。"如果说汉人注经大体上是"我注六经",那么王弼、郭象则是"六经注我"了。

郭象注《庄子》还用了"辨名析理"的方法,这种方法和先秦"名家"颇有关系,盖魏晋时期"名家"思想对玄学产生有所影响。郭象《庄子·天下注》的最后一条谓:

> 昔吾未览《庄子》,尝闻论者争夫尺棰连环之意,而皆云庄生之言,遂以庄生为辩者之流。案此篇较评诸子,至于此章,则曰:其道舛驳,其言不中,乃知道听途说之伤实也。吾意亦谓,无经国体致,真所谓无用之谈也。然膏粱之子,均之戏豫,或倦于典言,而能辨名析理,以宣其气,以系其思,流于后世,使性不邪淫,不犹贤于博弈者!故存而不论,以贻好事也。

这里郭象把"辨名析理"作为一种解释方法提出来,自有其特殊意义,但"辨名析理"几乎是所有魏晋玄学家都采用的方法,所以有时也称魏晋玄学为"名理之学"。如王弼说:"夫不能辨名,则不可言理;不能定名,则不可以论实也。"嵇康《琴赋》谓:"非夫至精者,不能与之析理也。"就这点看,魏晋玄学家在注释经典上已有方法论上的自觉。至宋,有陆九渊提出"六经注我,我注六经"的问题,①实在魏晋时已开此问题之先河,不过当时并未把它作为一问题提出。至清,因考据之学盛,有杭世骏论诗而对"诠释"有一说:"诠释之学,较古昔作者为尤难,语必溯源,一也;事必数典,二也;学必贯三才而穷七略,三也。"②意思是说,诠释这门学问,就今人对诗文的诠释说比古昔作者更加困难,原因是首先应了解其原意,其次要知道所涉及的典故;再次是必学贯天、地、人三学而对"七略"知识有所了解。杭世骏所言之"诠释"虽非今日

---

① 陆九渊著,钟哲点校:《陆九渊集》,中华书局,1980年,第522页。《陆氏年谱》记载有杨简曾闻:"或谓陆先生云:'胡不注六经?'先生云:'六经当注我,我何注六经。'"
② 杭世骏:《李义山诗注序》,《道古堂全集·文集》卷八。

所说之西方"诠释学"(Hermeneutics)之"诠释",但也可看到自先秦两汉以来,我国学者在各学科中均意识到对著作之文本是需要通过解释来理解的。因此,对中国儒学的研究,必须注意历代对"经书"的注释,以使人们了解在我国的历史传统确有对"经典"诠释颇为丰富的理论与方法的资源。通过《中国儒学史》的撰写,对儒家经典的诠释历史加以梳理,总结出若干有意义的理论与方法,也许对创建"中国诠释学"大有益处。①

四、儒学与外来文化的传入

罗素说:"不同文明的接触,以往常常成为人类进步里程碑。"②在两千多年的儒学发展史中,我们可以清楚地看到,"儒学"的每一次发展除其自身内在自觉地更新外,都是在与我国国内存在的各学派交流中得到发展的,汉儒吸收了道家、法家、阴阳家的学说而有"两汉经学";魏晋南北朝时期,诸多玄学家均有注儒家经典者,而"以儒道为一"。③ 儒学在我国历史上与我国原有各学派之间的相互影响无疑是在研究儒学史时应予注意的。这方面已有论述较多,兹不详述。也许更应关注的是外来文化传入对儒学发生重大影响的问题。

在儒学发展史上,可以说有两次重大的外来文化传入对我国儒学

---

① 参见拙作《论创建中国解释学问题》,《中国哲学》第二十五辑,辽宁教育出版社,2004年。
② 《中西文明的对比》,见罗素:《中国问题》,第146页。
③ "向子期(秀)以儒道为一。"(谢灵运《辨宗论》),汤用彤《王弼之〈周易〉、〈论语〉新义》说:"陈寿《魏志》无王弼传,仅于《钟会传》尾附叙数语,实太简陋。然其称弼'好论儒道','注《易》及《老子》',孔老并列,未言偏重,……盖世人多以玄学为老、庄之附庸,而忘其亦系儒学之蜕变。"汤著《向郭义之庄周与孔子》中说:"郭序曰,《庄子》之书'明内圣外王之道'。向、郭之所以尊孔抑庄者,盖由此也。"其时有王(弼)韩(康伯)《周易注》、何晏《论语集解》、王弼《论语释疑》、向秀《周易注》、郭象《论语体略》《论语隐》、皇侃《论语义疏》等等。

产生过重大影响,第一次是自公元一世纪以下,印度佛教文化的传入,它成为宋明理学(道学)产生的重要原因之一。如果不算唐朝传入的景教和在元朝曾发生过一定影响的也里可温教,因为这两次外来文化的传入都因种种原因而中断了。第二次文化外来是西方文化大规模的进入中国。自十六世纪末,特别是自十九世纪中叶西方文化全方位的传入,大大地影响和改变了儒学在中国社会生活中的地位。那么,我们需要问,今天应该如何看儒学与西学的关系?我想,这也许涉及到文化发展中"源"与"流"的关系问题。

我们知道,任何历史悠久且仍然有着生命力的民族文化必有其发生发展的源头,也就是说有其发源地,它可被称为该民族文化之"源"。例如今日欧洲文化的源头可以说主要是源自古希腊,印度文化的发源地在南亚的恒河流域。中华文化源远流长,有五千年的历史,它的源头在东亚的黄河、长江流域。在这些有长久历史的民族文化发展过程中总是在不断吸收着其他地区民族文化以滋养其自身,而被吸收的种种文化对吸收方说则是"流"。一个有长久历史仍然有着生命力的文化就像一条不断流着的大江大河,它必有一个源头,它在流动之中往往会有一些江河汇入,这些汇入主干流的江河常被称为"支流",甚至某些支流在一定情况下其流量比来自源头的流量要大,但"源"仍然是"源","流"仍然是"流"。因此,我们在讨论一种文化的发展时必须注意处理好文化的"源"与"流"的关系。

(一) 儒学与印度佛教的传入

儒学自孔子起就自觉地继承着源自中华大地的夏、商、周三代的文化,在长达两千多年的历史中曾是中华文化的主体,因而也可以说它的学说是来自中华大地文化的源头。印度佛教文化在一世纪传入中国之后曾对中国社会的宗教、哲学、文学、艺术、建筑、医学等等诸多方面有着重大影响,这一事实是中外学界所公认的。但是,上述的所有学科在历史上仍然体现着中华文化内在的精神面貌。因此,中国固有文化仍然是"源",而印度佛教文化只是"流"。佛教传入中国的历史很长,在魏晋时有着广泛的影响,然就其与"魏晋玄学"的关系说,并非因佛教的传入而有"玄学",而恰恰相反,是因有"玄学"而佛教才得以在我国比较顺利地流行。印度佛教对魏晋南北朝时期中国的思想文化起着重大作用,但它只是一个"助因",并不能改变中国思想文化的根本性质和发展方向。"玄学是从中国固有学术自然的演进,从过去思想中随时演进的'新义',渐成系统,玄学的产生与印度佛教没有必然关系。易而言之,佛教非玄学生长之正因。反之,佛教倒是先受玄学的洗礼,这种外来思想才能为我国所接受。所以从一个方面讲,魏晋时代的佛学也可以说是玄学。但佛学对玄学为推波助澜的助因是不可抹杀的。"①例如在中国有影响的佛教学说僧肇和道生所讨论的许多问题仍是中国原本在"玄学"中所讨论的问题,如僧肇四论:动静、有无、知与无知、圣人人格等问题都是自王弼、郭象以来玄学讨论的主题,可以说《肇论》是接着"玄学"讲的。而道生之顿悟,"实是中印学术两者调和之论,一扫当时学界两大传统冲突之说,而开伊川谓'学'乃以至圣人学说之先河。"②到隋时,据《隋书·经籍志》记载:当时"民间佛经,多于六经数十百倍",但也未能改变儒学在社会上的正统地位。因而至隋唐,在我国出现了若干受我国固有的儒、道学术文化影响的佛教宗派,其中在我国最有影响的天台、华严、禅宗实是中国化的佛教宗派。另虽有玄奘大师提倡的唯识宗,流行三十余年后则渐衰。天台、华严、禅宗所讨论的重要问题是心性问题。"心性问题"本来是中国儒家思想所讨论的问题(近期出土文献对此问题讨论甚多)。天台有所

---

① 参见汤用彤:《魏晋玄学的发展》,见《汤用彤全集》第四卷,河北人民出版社,2000年,第112页。

② 参见:汤用彤《谢灵运〈辨宗论〉书后》,《汤用彤全集》第四卷,第96—102页。

谓"心生万法"；①华严宗有融"佛性"于"真心"；禅宗则更认为"佛性"即人之"本心"（本性）。由于佛教的中国化,使得中国化的佛教宗派、特别是禅宗大大改变了印度佛教的原貌；佛教在中国从"出世"走向世俗化,认为在日常生活中就可以成佛,因而原来被佛教排斥的儒家"忠君"、"孝父母"②和道家的"顺自然"③等等思想也可以被容纳在禅宗里面。在世界历史上,文化也曾发生过异地发展之问题,印度佛教文化在中国的发展就是一例。公元八、九世纪佛教在印度已大衰落,然而在中国却大发展,而有天台、华严、禅宗等。中国佛教这些宗派直接影响着朝鲜半岛、日本等地。因此,我们可以说中国文化曾受惠于印度佛教,而印度佛教又在中国得到发扬光大。

至宋,理学兴起,一方面批评佛教,另一方面又吸收佛教。本来中国儒学是入世的"治国平天下"之道,而非如佛教的"出世"寻求"西方极乐世界",两者很不相同,但理学不仅吸收了华严宗"理事无碍"、"事事无碍"的思想,而有"人人一太极,物物一太极"和"理一分殊"等思想,有助于程颐、朱熹传承先秦孔孟的"心性"学说,而建立了以"理"为本的形而上学。④ 陆九渊、王阳明则更多地吸收禅宗的"明心见性"等思想,传承先秦儒家"尽心、知性、知天"的思想,而有"吾心便是宇宙"和"心外无物"等思想,建立了以"心"为体的形而上学。⑤ 程朱的"性即

---

① 智顗《修习止观坐禅法要》："一切诸法,皆由心生。"
② 契嵩本《坛经·无相颂》："恩则孝养父母,义则上下相怜。"宋宗杲大慧禅师说："予虽学佛者,然爱君忧国之心,与忠义士大夫等。""学不至,不是学；学至而不用,不是学；学不能化物不是学。学到彻头处,文亦在其中,武亦在其中,事亦在其中,理亦在其中,忠义孝道乃至治身治人安国安邦之术无不在其中。"
③ 无门和尚《颂》："春有百花秋有月,夏有凉风冬有雪,若无闲事挂心头,便是人间好时节。"
④ 《朱子语类》卷一中,朱子曰："太极只是天地万物之理。在天地言,则天地中有太极,在万物言,则万物中各有太极。未有天地之先,毕竟是生有此理。""伊川说得好,曰'理一分殊'。合天地万物而言,只是一个理,及在人,则又各有一个理。"
⑤ 《陆九渊集》中《与曾宅之》写到："盖心,一心也；理,一理也；至当归一,精义无二,此心此理,实不容二。"王阳明《传习录上》中说："心即理也,天下又有心外之事,心外之理乎？……心即理也,此心无私欲之蔽,即是天理,不须外面添一分。"

理"和陆王的"心即理"虽理路不同,但都是要为"治国平天下"的理想找一形而上学的根据;这样就使宋明理学较之先秦儒学有了更加完善的理论体系。这一发展正是由于理学吸收、消化和融合了隋唐以来中国化的佛教宗派而形成的。但是,从根本上说,理学仍然是先秦以来儒家"心性"学说的发展,佛教只是助因。从这里我们也可以看出文化的"源"和"流"的关系。

(二)儒学与"西学"的传入

在十九世纪末,由于西方列强的入侵,大大有利于西方文化(西学)在中国的传播。因此,引起了"中西古今之争",此"中西古今之争"一直延续至今。所谓"中西古今之争"无非是说中国文化面临着三个相互联系的问题:如何对待西方文化;如何看待我国本民族的固有文化;在现时代如何创建我国自身的新文化。一个多世纪以来,西方学术思想像潮水一般地涌入我国,最早有影响的西方学说是严复翻译的《天演论》,因而进化论思想影响着中国几代人。其后,继之而有叔本华哲学、尼采哲学、康德哲学、古希腊哲学、无政府主义、马克思主义,英国经验主义、欧洲大陆理性主义、十九世纪德国哲学、实用主义、实在论、分析哲学、现象学、存在主义、结构主义、解构主义、解构性后现代主义以至建构性后现代主义等等,先后进入我国。中国学界面对如此众多的学术派别(西学),我们如何接受,如何选择,无疑是个大难题。

我们是不是可以根据百多年来的历史,对"西学"输入中国作一些分析?照我看,从中国社会发展的情况看也许可以把"西学"对中国学术思想的影响分成:中国社会迫切需要的思想、有利于促进中国哲学更新和发展的思想,以及和中国哲学较相近,能对中国社会发生巨大影响的思想等几类。当然也还有其他西方学术派别影响着我国学术界,此处就不一一详谈了。

第一，中国社会迫切需要的思想：自鸦片战争以来，中国社会迫切需要的是如何改变我国落后、挨打的局面。为了自强图存，再守着过时的思想文化传统，提倡什么"奉天承运"、"三纲六纪"、"中学为体，西学为用"已经不行了，中国社会必须"进化"，于是西方的"进化论"思想自严复的《天演论》译出之后无疑成为影响中国社会的主要思潮。其时，中华民国的缔造者孙中山即是"进化论"的信徒。至于我国学术文化界，无论是激进派的，如陈独秀、鲁迅、郭沫若等等，自由主义派的，如张东荪、胡适、丁文江等等都接受了"进化论"思想，甚至保守派的，如梁漱溟、杜亚泉等也不反对"进化"。① 其后，尼采的"重新估价一切"的思想深深地影响中国学术界，这正适合中国社会急遽变化之需要。中国必须改变，因而需要对过去的一切进行重新评估。1904年，王国维介绍尼采时，指出尼采学说的目的是要"破坏旧文化而创造新文化"，为"弛其负担"而"图一切价值之颠覆"，并"肆其叛逆而不惮"，盛赞尼采的"强烈之意志而辅以极伟大之知力"。其后，鲁迅、陈独秀、沈雁冰（茅盾）、郭沫若等等无不要求以"强固的意志"去对旧传统"进行战斗"。特别是蔡元培在一次演讲中说："迨至尼采（原注：德国之大文学家），复发明强存弱亡之理，……弱者恐不能保存亦积极进行，以与强者相抵抗，如此世界始能日趋进化。"而傅斯年在《新潮》杂志上号召："我们须提着灯笼沿街找超人，拿着棍子沿街打魔鬼"，赞扬尼采是一个"极端破坏偶像家"。所以尼采思想在"五四运动"前后都有过重大影响。② 其他如无政府主义思想也曾发生过一定影响，盖因其反对"专制政权"甚激烈。

第二，有利于中国哲学得到更新和发展的思想：宋明理学在中国

---

① 杜亚泉《接续主义》中说："国家之接续主义，一方面含有开进之意味，一方面又含有保守之意味。盖接续云者：以旧业与新业相接续之谓。有保守而无开进，则拘墟旧业，复何用其接续乎！"
② 参见乐黛云：《尼采与中国现代文学》，收入《比较文学与中国现代文学》，北京大学出版社，1987年。

统治了近千年,这一学说日愈僵化,逐渐成为束缚人们思想的教条。因此,有了现代新儒学的出现。人们一向以自熊十力开创,而经牟宗三等发展,至今而有第三代如杜维明、刘述先等为现代新儒学的代表。但是,实际上在中国另外还有一些企图吸收"西学"来发展儒学的学派,例如以冯友兰为代表的"新理学"派和以贺麟为代表的"新心学"派。

熊十力的"新唯识论"体系虽颇有创见,但相对地说还是比较传统地继承着儒家哲学,不过我们已可以看出,他对"西学"确颇有认识,如他说:"西学以现象为变异,本体为真实,其失与佛法等。"同时熊先生也看到中国哲学在"认识论"有不重"思辨"之缺点,故"中国诚宜融摄西洋而自广",使两者结合而成"思修交尽之学"。① 可见,熊十力已注意到必须吸收西方哲学之长而为中国哲学开拓新的方面。其后,牟宗三则多吸收与融合康德哲学;而杜、刘等则以开放的心态面对西方哲学,而维护儒学传统则未变。

冯友兰的"新理学"之所以新正是在把柏拉图的"共相"与"殊相"和"新实在论"(如"潜在"的观念)引入中国哲学。他把世界分成"真际"(或称之为"理",或称之为"太极")和"实际",实际的事物依照所以然之理而成为其事物。冯先生之创建"新理学",其意图主要是使中国哲学中的"形上学"更加凸显,以说明宋明理学可发展为与西方哲学媲美的形上学。②

贺麟的"新心学"的思想也许可以说包含在《儒家思想的新开展》一文中。他认为:(1) 必须以西洋的哲学发挥儒家理学(此"理学"指"性理之学")。由于中国哲学特别重视的在于道德精神的建构,而并非一种注重学说知识体系建构的哲学,如能会合融贯、吸收借鉴西洋

---

① 参见《熊十力全集》第五卷,第 57、58、63 页,第四卷,第 105、111 页,湖北教育出版社,2001年。

② 可参见冯友兰:《三松堂全集》第四卷《新理学》,河南人民出版社,1986年。

哲学,不仅可作道德可能的理论基础,且可奠定科学可能的理论基础。(2)必须吸收基督教的精华以充实儒家的礼教。(3)必须领略西洋艺术而使新诗教、新乐教、新艺术与新儒学一起复兴。① 为什么贺麟要从这三个方面来讨论"儒家思想的新开展"? 我认为,正是因为西方哲学一向重视对"真"、"善"、"美"问题的讨论,而贺麟正是希望在吸收西方文化的基础上发展"新儒学"。因此,他在《中国哲学与西洋哲学》中说:"今后中国哲学的新发展,有赖于对西洋哲学的吸收与融会,同时中国哲学家也有复兴中国文化、发扬中国哲学,以贡献于全世界人类的责任。"②

汤用彤先生为什么在写完《汉魏两晋南北朝佛教史》之后,就开始研究"魏晋玄学",主要是要梳理中国哲学自汉至魏晋南北朝之变化。他认为,中国哲学就思想上说自有其自身发展内在逻辑,印度佛教的传入虽对"玄学"的发展有推进作用,但它只是"助因",而非正因。③ 这也就是文化发展的"源"与"流"的问题吧! 但这一研究的结果,却说明中国哲学自有其"本体之学",而其"本体论"或与西方哲学不同,④其"道"、"无"、"理"、"太极"等虽为"超越性"的,但它不离万事万物,而内在于万事万物,故"体用如一",⑤而其人生境界又是"即世间而出世

---

① 贺麟:《儒家思想的新开展》,见《文化与人生》,商务印书馆,1988年,第8—9页。
② 见贺麟《哲学与哲学史》,商务印书馆,1990年,第127页。
③ 参见《魏晋思想的发展》,《汤用彤全集》第四卷,第112页。
④ 汤用彤:《魏晋玄学流派略论》中指出,魏晋玄学与东汉有根本之不同,他说:"魏晋玄学已不复拘拘于宇宙运行之外用,进而论天地万物之本体。汉代寓天道于物理,魏晋黜天道而究本体,以寡御众,而归于玄极(王弼《易略例·明象章》);忘象得意,而游于物外(《易略例·明象章》)。于是脱离汉代宇宙论(Cosmology or Cosmogony)而留连于存存本本之真(Ontology or Theory of Being)。"按:张东荪否认中国有"本体论"(参见张耀南:《张东荪知识论研究》,台湾洪叶文化事业有限公司,1995年)。又,俞宣孟教授也反对中国有本体论(参见上海《社会科学报》,2004年9月9日)。这是由于他们企图用西方本体论学说规范中国哲学之故。
⑤ 《周易注》引王弼曰:"演天地之数,所赖者五十也。其用四十有九,则其一不用也。不用而用以通,非数而数之以成,斯易之太极也。四十有九,数之极也。夫无不可以无明,必因于有,故于有物之极,而必明其所由之宗也。"郭象《庄子注》:"夫圣人虽身在庙堂之上,然其心无异于山林之中,世岂识之哉!"

间"的。

从以上几例可以看出,上个世纪中叶中国哲学的研究者们特别注意自身哲学研究所未展开的方面,如认识论、形上学(本体论)、宗教精神、纯艺术精神,从而努力吸收西方哲学"以自广"。

第三,和中国哲学较相近而对中国社会发生较大影响的思想:

中国哲学的创造者,无论儒、道还是先秦其他诸子,都是有社会关怀的"士",这一传统十分久远,我们从《尚书·说命》中"非知之艰,行之惟艰"就可以看到儒家的精神是入世的,要"明明德"于天下。要"明明德"于天下,就不仅是个理念问题,必须实践,必须身体力行,必须见之于事功。所以孔子说:"吾岂匏瓜也哉?焉能系而不食?"所以儒家哲学是一种"治国平天下"的实践的哲学。① 马克思《关于费尔巴哈的提纲》中说:"哲学家们只是用不同的方式解释世界,问题在于改变世界。""全部社会生活在本质上是实践的。"②因此,他们在"实践"问题上可有相同之处。马克思主义自上个世纪以来一直影响着中国社会,除了中国社会确实需要一巨大的变革外,我认为这和儒家思想重视"实践"(道德修养的实践,社会政治生活的实践)有着密切的关系。毛泽东的《实践论》就是证明,这是大家都了解的。同时,儒学与马克思主义又都是带有理想主义的学派。儒学有其"大同"社会的理想;马克思

---

① 参见拙作《论知行合一》,收入《反本开新——汤一介自选集》中,首都师范大学出版社,2008年。
② 《马克思恩格斯全集》第三卷,人民出版社,1960年,第8页。

主义有其共产主义的理想。① 他们的理想主义或许带有某种"空想"成分,但无疑都有对人类社会发展前景的乐观主义的期盼,我们必须珍视。

中国学术界无疑都十分关心马克思主义中国化的问题,从哲学这个层面讲,我认为做得比较成功的应该是冯契同志。已故的冯契同志是一位有创造性的马克思主义者,他力图在充分吸收和融合中国传统哲学和西方分析哲学的基础上使马克思主义哲学成为中国化的马克思主义哲学。他的《智慧说三篇》可以说是把马克思主义的实践唯物辩证法、西方的分析哲学和中国传统哲学较好结合起来的尝试。② 冯契同志在他的《智慧说三篇·导论》中一开头就说:"本篇主旨在讲基于实践的认识过程的辩证法,特别是如何通过'转识成智'的飞跃,获得性与天道的认识。"冯契同志不是要用实践的唯物主义辩证法去解决西方哲学的基本问题,而是要用实践的唯物主义辩证法解决中国哲学的"性与天道"的问题;而如何获得"性与天道"的认识,又借用了佛教哲学中的"转识成智",以此来打通"天"与"人"的关系问题。他说:"通过实践基础上的认识世界与认识自己的交互作用,人与自然、性与天道在理论与实践的辩证统一中互相促进,经过凝道而成德、显性以宏道,终于达到转识成智,造成自由的德性,体验到相对中的绝对、有限中的无限。"接着冯契同志用分析哲学的方法,对"经验"、"主体"、"知

---

① 《礼记·礼运》:孔子曰:"大道之行也,与三代之英,丘未之逮也,而有志焉。大道之行也,天下为公,选贤与能,讲信修睦。故人不独亲其亲,不独子其子,使老有所终,壮有所用,幼有所长,矜、寡、孤、独、废、疾者皆有所养,男有分,女有归。货,恶其弃于地也,不必藏于己;力,恶其不出于身也,不必为己。是故谋闭而不兴,盗窃乱贼而不作,故外户而不闭。是谓大同。"《马克思、恩格斯、列宁、斯大林论共产主义社会》:"在共产主义社会高级阶段,迫使人们奴隶般的服从社会分工的现象已经消失,脑力劳动和体力劳动的对立也随之消失,劳动已不仅仅是谋生的手段,而且成了生活的第一需要,生产力已随着每个人的全面发展而增长,一切社会财富的资源都会充分地涌现出来,……只有在那时候,才能彻底打破资产阶级法权的狭隘观点,社会才能把'各尽其能、各取所需'写在自己的旗帜上。"(人民出版社,1958年,第11页)

② 参见拙作《读冯契同志〈智慧说三篇〉导论》,上海《学术月刊》1998年增刊。

识"、"智慧"、"道德"等等层层分析,得出如何在"认识世界和认识自己的过程中转识成智"。首先,冯契同志把金岳霖先生的"以经验之所得还治经验",扩充为"得之以现实之道还治现实",而这个"得之以现实之道还治现实"必须有一个主体,这个"主体"即"我"。我认为这点很重要,因为没有离开"主体"的"现实"("现实"已不是自在的,而是"为我之物"了),必须有一个主体,才可以在"认识世界和认识自己的过程中转识成智"。而"我"这个主体在现实生活中,必定是一"知识"的主体,又是一"道德"的主体。我想这里可能产生两个必须回答的问题:第一个问题是:"转识成智",即是由"知识"领域进入"智慧"领域(境界),也就是说要由"以物观之"进入到"以道观之"。由此就要超越这个作为主体的"我",这样,作为主体的我必须达到"与道同体"(王弼语)的境地,才是"以道观之"。第二个问题是:作为知识的主体(认识世界的主体)和自由道德人格的主体(认识自己的主体)在"转识成智"的过程中是同一的还是不同一的?如果是不同一的,"转识成智"将不可能,因为这样就不可能在"自证中体认道(天道、人道、认识过程之道)"。我认为,冯契同志正是运用实践唯物主义辩证法解决这两个问题的,也就是说用实践唯物主义辩证法来解决"性与天道"这一古老又常新的哲学问题。

冯契同志有一非常重要的命题:"化理论为方法,化理论为德性。"他对这个命题解释说:"哲学理论一方面要化为思想方法,贯彻于自己的活动,自己的研究领域;另一方面又要通过自己的身体力行,化为自己的德性,具体化为有血有肉的人格。"而无论"化理论为方法",还是"化理论为德性",都离不开实践。照我的理解,"化理论为方法"不仅是取得"知识"的方法,而且也是达到"智慧"的方法。冯契同志说:"知识和智慧、名言之域和超名言之域的关系到底如何,便成为我一直关怀、经常思索的问题。""知识"的取得无疑离不开实践,而"智慧"是否也只能靠实践才能体证呢?冯契同志说:"在实践的基础上认识世界和认识自己的交互作用中如何转识成智,获得关于性与天道的认识?这样一种具体的认识是把握相对中的绝对,有限中的无限,有条件的东西中的无条件的东西。这里超名言之域,要通过转识成智,凭理性的直觉才能把握的。"这里可以注意的是:认识世界和认识自己都必须在实践的基础上实现。世界和自我都是一个实在的发展过程,人生活在这个过程之中离不开实践的活动,没有实践就没有人的"世界"和人的"自我",当然也就没有"性与天道"的问题;只有在实践中人才可以把"世界"和"自我"内化,而有"性与天道"的问题。对"性与天道"的证悟,是把握相对中的绝对、有限中的无限。当然,我们说"转识成智"这种具体的认识是把握"相对中的绝对、有限中的无限"也是具有相对性的。对于一个哲学家来说,他可以完成"转识成智",但是对于人类来说,由于只要有人类存在,人们的实践活动总是要继续下去的,而且要不断地使人们的认识在实践的基础上,由具体到抽象,再由抽象上升到具体。因此,实践的唯物主义辩证法作为一种方法,它不仅是取得"知识"的方法,而且也是体证"智慧"的方法。但是,正如冯契同志所说,"知识"和"智慧"不同,"知识"所及为可名言之域,而"智慧"所达为超名言之域,这就要"转识成智"。照冯契同志看,"转识成智"要"凭理性的直觉才能把握"。对这一点冯契同志也有一个解释:"哲学的理性的直觉的根本特点,就在于具体生动地领悟到无限的、绝对的东西,这样的领悟是理性思维和德性培养的飞跃。"(按:这有点像熊十力先生所提出希望建立"思修交尽"的"量论"那样)"理性的直觉"这一观念很重要,照我看,它是在逻辑分析基础上的"思辨的综合"而形成的一种飞跃。如果没有逻辑分析,就没有理论的说服力;不在逻辑分析基础上作"思辨的综合",就不可能形成新的哲学体系。因而,"理性的直觉"不是混沌状态的"悟道",而是清楚明白的自觉"得道"。我们从冯契同志许多论文中,特别是《导论》中,可以体会他运用逻辑分析和思辨综合的深厚功力,正由于此,实践唯物主义辩证法才更具有理论的力量,这也说明他研究的目的归根结底是为了用实践唯物辩证法来解决"性与天道"这一古老又常新的中国哲学问题,以贡献于世界。

前面我们已经讲到,冯契同志的"智慧"学说就是要解决"性与天道"问题的学说,他说:"关于道的真理性认识和人的自由发展内在地联系着,这就是智慧。"这里冯契同志非常注重"道的真理性的认识"和"人的自由发展"的内在联系。从这一点看,冯契同志的"智慧"学说也是颇具有中国哲学的特色的。"涵养须用敬,进学在致知"。前者是属于道德修养的问题,后者是属于知识学问的问题。在中国哲学史中,特别是在儒家哲学中,"道德"和"学问"是统一的,学以进德。朱熹说:"为学,须思所以超凡入圣。"[1]冯契同志认为,"转识成智"是在实践基础上认识世界和认识自己交互作用所达到的飞跃。我认为这里有两点很重要:第一是认识世界和认识自己都必须在实践的基础上才有可能实现;第二是认识世界与认识自我是一个统一的过程。只有在它们的交互作用中才能实现"转识成智"。对此,冯契同志把"德性之知"引入他的哲学体系。他特别申明:"我不赞成过去哲学家讲德性之智时所具有的先验论倾向,不过,克服了其先验论倾向,这个词还是可以用的。"在中国哲学史中,张载首先提出"德性之知",他说:"见闻之知,乃物交而知,非德性所知;德性所知,不萌于见闻。"[2]张载把"见闻之知"与"德性之知"割裂开来,因此确有先验论倾向。为什么在张载的哲学里会发生这样的问题呢?我认为,他没有认识到在实践的基础上"见闻之知"和"德性之知"可以统一起来。而冯契同志解决了这个问题,他说:"主体的德性自在而自为,是离不开化自在之物为我之物的客观实践活动过程的。"我认为冯契同志的这个看法是接着中国哲学的问题讲的,对中国哲学中关于"知识学问"与"德性修养"的关系给了更为

---

[1] 《朱子语类》,第135页。
[2] 《正蒙·大心篇》,《张载集》,中华书局,1978年,第24页。

合理的解决。

从中国哲学的传统看,"做学问"与"做人"应是统一的,一个人学问的高下往往是和他境界的高低相联系的。冯契同志认为,"做学问"首先要"真诚"。《中庸》说:"唯天下至诚,为能尽其性;能尽其性,则能尽人之性;能尽人之性,则能尽物之性;能尽物之性,则可以赞天地之化育;可以赞天地之化育,则可以与天地参矣。"学问要作到"转识成智",要达到"参天地,赞化育"的境界,必须有一至诚的心。"做学问"要"真诚","做人"同样要"真诚",真诚的人才可以作到"化理论为方法,化理论为德性"。这无疑是儒家理想的生活态度,也是马克思主义者理想的生活态度。冯契同志在这两方面都为我们作出了榜样,而且他的"智慧学说"之所以有其理论的力量也正在于此。

近半个世纪以来,要想作一个真正有创造性的哲学家是很难的,这点我们大家都有体会,正因为如此,《智慧说三篇》就更有其特殊的价值。我之所以用比较长的篇幅来讨论冯契同志的《智慧说三篇》,这是因马克思主义中国化对当前中国哲学的发展是个最重大的问题。司马迁作《史记》对自己有个要求,这就是要求他的书能"究天人之际,通古今之变,成一家之言",冯契同志的《智慧说三篇》不正也是一部努力追求"究天人之际,通古今之变,成一家之言"的智慧书吗？有真诚之心做学问的学者们多么希望有更为宽松的学术环境,使他们能充分发挥自己的才智,创作更多更好的体现我们这个时代的哲学著作来。

从印度佛教文化(哲学)的传入到西方文化(哲学)的传入毕竟有一个"源"与"流"的关系。我认为,从文化(哲学)发展的"源"与"流"的关系看,中国文化(哲学)的前景可以有两个不同的提法:一是新的中国文化(哲学)将沿着中国化的马克思主义发展;另一是新的中国文化将会是吸收马克思主义和其他各民族的优秀文化(哲学)的中国自身的文化(中国哲学)。说法或有差异,前者的重点是在马克思主义吸收了中国特有文化而成为新的中国文化;后者是说中国自身文化传统吸收了马克思主义而成为新的中国文化。我认为,这两个发展方向也许并不对立,或可互补?但是,中国文化毕竟应是中国自身的文化,这样才有"根",才是由其源头发展下来的中国文化。无论如何,建设新的中国哲学、新的儒家哲学是需要我们长期、深入不断研究的。

《中国儒学史》是由多位学者合力撰写的,在学术思想上不可能完全一致,甚至可能是很不一致,如何办?我认为,或许不一致并不是坏事,而是好事,因为这样可以留下继续讨论、更加深入研究的余地。我们只要求史料有根有据,论说"持之有故,言之成理",表达清楚明白,并有自己的创新见解,这样就可以了。也就是说,《中国儒学史》虽是一部书,但仍应可体现"百家争鸣"的精神。当然,在写作的"体例"上,我们希望能尽可能地一致。

这篇"总序"并不代表参与《中国儒学史》编撰的众多学者的看法,也没有经过大家讨论,因此它只是我个人的一些看法,所以不能算是一篇真正的"总序"。欢迎大家批评指正。

汤一介
2010 年 4 月 3 日完成

目 录

绪 论 …………………………………………………… 1

第一章 隋代的儒学 …………………………………… 38
第一节 隋代儒学与政治 ………………………………… 38
第二节 隋代儒学源流概貌 ……………………………… 53
第三节 刘焯的生平与学术思想 ………………………… 72
第四节 刘炫的生平与学术思想 ………………………… 89
附 录 二刘的经学与《五经正义》 …………………… 113

第二章 河汾之学的兴起 ……………………………… 125
第一节 王通事迹考辨 …………………………………… 125
第二节 王通的思想体系 ………………………………… 171
第三节 河汾之学的兴起 ………………………………… 188
第四节 河汾之学与《中说》的历史意义 ……………… 209

第三章 初唐的儒学 …………………………………… 219
第一节 唐初对儒家正统地位的确认 …………………… 219
第二节 唐太宗的政治及礼乐教化思想 ………………… 236
第三节 魏征的谏诤精神与政教思想 …………………… 252
第四节 颜师古与陆德明 ………………………………… 273

第四章　唐代的经学成就
——从《五经正义》、九经正义到《开成石经》 … 294
第一节　孔颖达与《五经正义》的撰修 … 294
第二节　《五经正义》的学术思想 … 305
第三节　九经正义的续成 … 353
第四节　从《五经壁本》到《开成石经》 … 376

第五章　唐代儒家的史学理论 … 382
第一节　唐初修史的指导思想 … 383
第二节　吴兢与《贞观政要》 … 391
第三节　刘知几的社会史论及对儒学传统的发扬 … 405
第四节　杜佑《通典》的史学及"礼法刑政"思想 … 429

第六章　盛唐时期的儒学及其制度化 … 446
第一节　唐玄宗的崇经《孝经注》及其影响 … 448
第二节　张说的复古思想与封禅泰山 … 467
第三节　《大唐开元礼》在礼制史上的地位与意义 … 490
第四节　《唐律疏议》与《大唐六典》的儒家法制精神 … 501

第七章　中唐儒家的经世思想 … 520
第一节　经世济民——刘晏的经济改革 … 521
第二节　絜矩之道——陆贽的政治理想 … 539
第三节　春秋大义——中唐的经学新风 … 566
第四节　极深研几——唐儒对汉晋易学的继承与整合 … 591

第八章　唐代古文运动——儒学复兴 … 616
第一节　韩愈、李翱的生平 … 617

第二节　韩愈的道论与道统说 …………………………………… 622
　　第三节　李翱的复性论 …………………………………………… 632
　　第四节　韩愈、李翱在儒学史上的地位 ………………………… 639

第九章　柳宗元、刘禹锡的儒学思想 ……………………………… 643
　　第一节　柳宗元、刘禹锡的生平 ………………………………… 643
　　第二节　柳宗元的道论与天论 …………………………………… 649
　　第三节　刘禹锡的天人之辨 ……………………………………… 660
　　第四节　柳、刘融佛入儒及其在儒学史上的意义 ……………… 667

第十章　晚唐五代的儒学改革 ……………………………………… 674
　　第一节　林慎思、张弧的儒学思想 ……………………………… 674
　　第二节　皮日休及其儒学思想 …………………………………… 690
　　第三节　罗隐的思想及其特色 …………………………………… 698
　　第四节　陆龟蒙的思想及其特点 ………………………………… 709

后　记 ………………………………………………………………… 721

绪　论

　　隋唐时代,是中国社会再度由分裂、动乱走向统一、安定的时期。也是政治、经济、文化重新调整、发展,国力空前强盛,文化大放异彩的时代。然而隋朝竟然重蹈秦代二世而亡的覆辙,在正当国富兵强之时,忽然土崩瓦解。其原由究竟安在?唐代建立了我国历史上规模空前的统一大帝国,从政治、经济、文化、科技各个领域都展现出繁荣富强的景象和恢宏阔大的气度,乃至成为世界经济文化交流的中心。其原因又在何处?千百年来,人们在追缅贞观、开元之治的同时,也在不断地追寻造成大唐盛世的根本原因。可是,自晚清以来,学术史研究一致认定隋唐属于儒学衰敝佛学昌盛的时代,不知这一"佛学时代"何以会在隋唐两代造成截然相反的两种结果?近年则有三教并重,思想开放之说。这固然亦是唐代宗教、文化政策的事实,然而,三教并重之时,思想开放之际,中国文化还有没有其赖以存在的固有根基,还有没有一凭以开放并吸纳外来文化的主体或曰发展的主轴?亦有认为唐代儒学的最大成就,就是经学的统一,而这又恰恰成为禁锢人们思想的桎梏。好像大唐的文治武功、富甲天下、恩威远被、万国来朝,都是从佛家的诵呗声中、道教的符箓青烟里演绎出来,惟与儒学的民本思想、治国安邦之策没有任何联系。余自从学以来,疑之久矣。及受师命,从事于隋唐思想研究,观史论世,方知世势之隆污,与儒学之兴衰息息相关。则此书之作,实即研读此一过程之记录。是耶非耶?还望大方之家予以斧正。

一、隋唐时期的社会思潮

隋朝与唐初是中国社会再度由分裂、动乱走向统一、安定的时期。也是政治、经济、文化重新调整和发展的时期。政治的统一,经济文化的发展,表现在学术上,便是南北经学的回归终至统一;表现在宗教上,便是佛教的复兴以至昌盛,道教也被提高到前所未有的地位。为三教各自的发展以及三教间的斗争融合,提供了一个新的起点和新的历史条件。文化的全方位发展,在总体上展现了与政治经济形势相适应的繁荣与盛大景象。

隋朝的建立,结束了南北分裂的政治局面,使祖国复归统一,为社会、经济、文化的发展,带来了新的契机。隋文帝注意与民休息,厉行节俭,恢复汉魏制度,修订礼乐,减省刑律。这些措施都有助于使经济得以迅速恢复与长足发展。而在文化上最足称道的是创立科举制度,魏晋及南朝的九品中正制及北朝的贵族制,从此得以废除。

隋初官吏多是北周旧贵族,南朝与北齐的士族只能保持社会声望,而失去了政治上的特权,于是实行考试选官制度。文章优美的士人,由州保荐应秀才科。但不久发现,这样不利于改变虚浮华美的文风,又改加志行修谨、清平济干二科,以德才取士。后来隋炀帝又诏定十科举人,其中即有进士科,以考试诗赋为主。进士科的创立,不仅消除了南北士族界限,也为出身寒素的士人提供了进身之路。这在历史上是具有进步意义的。

在文化政策上,隋朝标举三教并重,而实际上佞佛甚于尊儒。隋文帝对儒学未始不予重视。观其"整万乘,率百僚,遵问道之仪,观释奠之礼",亲临太学听博士们辩论经义,并且"超擢奇儁,厚赏诸儒"。①一再"诏天下劝学行礼"称:"武力之子,俱可学文,有功之臣,降情文艺,家门子侄各守一经,令海内翕然,高山仰止。京邑庠序爰及州县,生徒受业,升进于朝,未有灼然明经高第,此则教训不笃,考课未精,明勒所由,隆兹儒训。"②甚至在政治上行德政而缓刑诛,崇节俭以化民俗,又何尝不是按儒家的要求而行。但是从实质上看,仍然是为巩固政权的需要加以表面利用而已。《隋书·儒林传》说他平一宇内之后,对儒生"顿天网以掩之,贲旌帛以礼之,设好爵以縻之"③,旌帛好爵都不过是天网一类羁縻人才、牢笼人心的手段。隋文帝所重视的儒学,只不过是朝仪礼制以及烦琐的经学罢了,一点也不敢接触儒学的实质,包括大义名分、忠孝节义之类。这与他以禅让的形式,夺取北周的政权有关。当其废周自立时,儒臣颜之仪誓死不从,正色抗议,使"文帝大怒,命引出,将戮之。然以其人望乃止"④。所谓禅让,只不过是自欺欺人罢了,在儒家典籍中找不到这种禅让的根据。所以他即位后,"每谓群臣曰:'我兴由佛法。'"⑤并颁《立舍利塔诏》曰:"朕皈依三宝,重兴圣教,思与四海之内,一切人民俱发菩提,共修福业。使当今见在,爰及来世,永作菩因,同登妙果。"于是在"海内诸州选高爽清静三十余处,各起舍利塔"⑥。

中国古代历史上,最高统治者获得政权的方式,对当代儒学学风的影响是巨大的。凡以禅让之名行篡夺之实的政权,就只把名教当作伪饰。儒臣宣扬大义名分等理论,就可能招致杀身之祸,成为禁忌。遂导致儒生纷纷投入烦琐的经义探索之中,真可谓"碎义逃难"了。⑦

---

① ③ 《隋书·儒林传》卷七十五,中华书局,1975年版,第1706页。
② 《隋书·文帝本纪》卷一,中华书局,1975年版,第19页。
④ 《北史·文苑传》卷八十三,中华书局,1975年版,第2797页。
⑤ 《广弘明集》卷一七,王劭《舍利感应记》中,上海古籍出版社,1991年版,第220页。
⑥ 《广弘明集》,隋文帝《立舍利塔诏》上,第220页;王劭《舍利感应记》下,文长近万字,亦属罕见。
⑦ 《汉书·艺文志》卷三十,中华书局,1962年版,第1723页。

隋朝有此先天不足，其尊崇佛道甚于儒学，使官方儒学仅局限于远离现实的经义与礼制一隅，也就并非不好理解了。才冠一世的刘焯、刘炫，遍注群经，在经学发展史上，成就卓著，成为《五经正义》的张本，然而生前却丝毫得不到重视，屡遭贬抑，终至穷困潦倒。大儒王通见儒家学术不为时之所用，乃退居乡野，遍续六经，对儒家学理的发挥，多所创见；以高瞻远瞩的学术眼光，提出"三教可一"的主张；① 为重建新的治世，培养了大批经世致用的杰出人才，反为大唐的开国与贞观盛世的创建，做出彪炳史册的贡献。当时有位隐者李士谦与客论"三教优劣"说："佛，日也；道，月也；儒，五星也。"② 佛教之辉煌如日中天，道教亦如朗月普照，惟儒学仅如天际的星辰闪烁，然亦足以指引夜行的方向。这一形象的比喻，足以反映隋时的三教政策及三教的实际地位。

据《隋书·经籍志·道经后论》载：周武帝时，道教"与佛法俱灭，开皇初又兴。隋高祖雅信佛法，于道士蔑如也"。但这可能是就佛道两教的比较而言，文帝登基后，重用禅位时曾献符命的道士张宾，任其为司天监等要职；又"于都下畿内造观三十六所，名曰玄坛，度道士二千人"以扶持道教发展。③《经籍志·佛经后论》又载："开皇元年，高祖普诏天下；任听出家，仍令计口出钱，营造经像。而京师及并州、相州、洛州等诸大都邑之处，并官写一切经，置于寺内；而又别写，藏于秘阁。天下之人，从风而靡，竞相景慕，民间佛经，多于六经数十百倍。"④ 遂使北方被周武帝废毁的佛、道教得以复兴。炀帝更有过之而无不及，甚至达到了崇道佞佛的程度。"大业中，道士以术进者甚众。其所以讲

---

① 《文中子集解·问易篇》，广益书局，1936年版，第32页。王通所谓的"三教可一"，是指三教可一于儒学。
② 《隋书·隐逸传·李士谦传》卷三十九，中华书局，1975年版，第1754页。
③ 以上见《道藏》第11册，文物出版社、上海书店、天津古籍出版社，1988年联合出版，第1页。
④ 《隋书·经籍志·佛经后论》，中华书局，1975年版，第1099页。

经,以《老子》为本,次讲《庄子》及《灵宝》、《升玄》之属"。①还曾让嵩山道士潘诞为其合炼丹药,"炀帝迁都洛阳,复于城内及畿甸造观二十四所,度道士一千一百人"。②"郡县佛寺,改为道场,道观改为玄坛,各置监、丞。"③将佛道设置正式纳入到官制之中。对道士徐则、王远知等以"商山四皓"和"淮南八公"相期,"皆为炀帝所重"。④又同天台宗创始人智顗交往密切,从之受菩萨戒。"其在两都及巡游,常以僧、尼、道士、女官自随,谓之四道场"。"帝每日于苑中林亭间盛陈酒馔,敕燕王倓与钜、晷及高祖嫔御为一席,僧、尼、道士、女官为一席,帝与诸宠姬为一席,略相连接,罢朝即从之宴饮,更相劝侑,酒酣殽乱,靡所不至。"⑤略有积极意义的是:文帝于长安大兴善寺,炀帝于东都上林园开设译场,名僧大德群集京师,南北佛理会聚一堂,展开正面的论辩研讨,有力地促进了佛学的演进及中国化过程。

炀帝同时尊崇佛道,但无论其如何虔诚地崇信佛道,都没有能够约束其思想和行为,仍然成为历史上有名的暴君。他既没有遵奉佛道的教诲,修身养性,也没有凭借文帝积蓄的富强国力,发展文教促进生产,扩大与邻邦的友好关系,而是继续奉行专横的法家政经政策,以保证其无限度的骄奢淫逸,矜己拒谏,杀人如麻,凿堑为牢,视民如仇。但在三教政策上,却是毫无主见,曾屡下敕令僧侣须"礼敬王者",但因佛僧抗议,竟"夷然无何而止",表示屈服;⑥广建寺观,取媚僧道以祈福,于是佛道逾加昌炽。炀帝的暴虐淫逸,终于导致全国农民大起义,诛灭了这个独夫民贼。隋朝最重佛教,但佛教并没有挽救他失败的命运;隋朝最轻儒学,而隋末起义军中儒生之多,在历史上亦属罕见。李

---

① 《隋书·经籍志·道经后论》卷三十五,中华书局,1975年版,第1094页。
② 《隋书·隐逸传·李士谦传》卷三九,中华书局,1975年版,第1754页。
③ 《隋书·百官志下》卷二十八,中华书局,1975年版,第802页。
④ 《隋书·隐逸传·徐则传》卷七十七,中华书局,1975年版,第1759、1760页。
⑤ 《资治通鉴》卷一百八十一,中华书局,1956年版,第5650页。晷(音 xiǎo),皎洁意。
⑥ 《广弘明集·福田论序》卷二十五,上海古籍出版社,1991年版,第292页。

世民幕府中的儒士,襄赞军机,攻取天下,谋划最多。说明儒学绝非仅为谙习典章,空谈义理的玄虚学问。去残除暴,建功立业方是其主要特点。只是当儒家的建议不被采纳,才迫使儒生退居乡野讲学授徒,如王通、刘炫等,他们的弟子则多成为义军的首领与谋士。

中国古代社会至唐代才真正进入全面鼎盛时期,经济空前繁荣,文化高度发展,国力极为强盛,在意识形态上也表现出了宽宏开放的气度。唐前期儒、释、道三教并存以及容纳西域文化的局面,就是唐帝国开放姿态的明证。

隋朝的败亡,给唐朝立国者提供了许多经验教训和启示。高祖、太宗利用政治安定、经济恢复的条件立即举办文教事业。史称高祖"初定京邑,虽得之马上,而颇好儒臣"。[1] 采取一系列崇儒措施,遂造成"学者慕向,儒教聿兴"的局面。太宗也是在战事一息,"海内无事,乃锐意经籍"。但他们不是把儒学经义研究当作太平政治的粉饰和摆设,而是作为立国宏规的指导。太宗即位后,"又于正殿之左,置弘文学馆,精选天下文儒之士","各以本官兼署学士,令更日宿直。听朝之暇,引入内殿,讲论经义,商略政事,或至晓夜分乃罢"。[2] 正是这样,唐初以民本思想为立国基础,以勇于纳谏为政治风格,以仁义礼让为社会习俗的"贞观之治",便在儒学的设计下形成了。

唐代统治者以开明的态度,开放的姿态,容许各家各派的发展,对儒、释、道三教采取调和的态度,力争使三者和平相处,形成和谐的关系。如唐高祖在武德七年(625)借"幸国学"释奠之际,"堂置三坐,拟叙三宗","时五都才学,三教通人,星布义筵,云罗绮席,天子下诏曰:'老教孔教,此土先宗,释教后兴,宜从客礼。令老先、次孔、末后释

---

[1] 《旧唐书·儒学传上》卷一百八十九,中华书局,1975年版,第4940页。
[2] 《旧唐书·儒学传上》卷一百八十九,第4941页。

宗。'当尔之时,相顾无色",①"相顾无色"的当然是佛教高僧,隋时的风光从此不再,然而也从此确立了唐代三教共存并行的宗教政策。

经学是儒学的核心,为达到儒学经世致用的目的,必先统一自汉魏以来,聚讼纷纭的经义,以适应大一统政治的需要。唐初官定《五经正义》的完成,标志着儒学进入了一个统一、稳定的发展阶段。作为各级学校统一的教科书和科举考试的统一标准,以及人们思想行为的统一规范,其意义与作用是积极的。《五经正义》的学术倾向,是不能以所据注本来确定的,所谓经学本来只是传注之学,而南北朝经学又只是为传注作解的义疏之学。只是北朝谨守名物制度的训诂传统,南朝偏向于义理的自由发挥。《五经正义》主要是将南北义疏加以比较取舍,谓之"正义"。注本虽多取南学,而疏义却多沿北学传统。基本上是沿着隋代南北融合的学术成果,加以融会统一的。这表现了唐初君臣这样一种学术观点:南朝的华美文风与玄虚学理,只不过是亡国之音。

唐代虽号称三教并重,但唐初重的只是儒学。出于政治的需要,表面上奉道教为第一,因为道教的始祖老子姓李,而传说孔子又是老子的学生。因而颁下"老先、次孔、末后释宗"的诏令。②但高祖、太宗并不崇信佛教,高祖甚至有毁废佛教之意。太宗未曾废佛,仅是为了俯顺民情,他曾于战地立寺,也是为了悼念阵亡的将士。他还下过限制佛教发展的诏书。只是到晚年,受玄奘学问风仪的影响,才留心佛法。佛教的昌盛是由于武后的掀动,至中唐而达于高潮,晚唐武宗毁佛之后,佛教就再也没有达到过往昔的盛况。唐代佛教的昌盛不仅指寺庙的壮观,教派的林立,以及信奉者的众多与热烈;而在于佛教学说的发展,以及其中国化过程的完成。隋唐的大一统局面,将北朝重禅

---

①② (唐)释道宣:《续高僧传·释慧乘传》卷二十四,《大正新修大藏经》第五十册,东京大正新修大藏经刊行会,1924年版,第634页。《唐高祖文集辑校·先老后释诏》卷四,三秦出版社,2002年版,第254页。文集辑校者,据《唐会要》定此事于武德七年。

定的佛理与南朝重思辨的佛理结合起来,以中国固有的思维方式加以再创造,逐渐形成了中国本土的佛学,华严宗、天台宗、禅宗,都是在融会儒道两家的理论形式,又以佛理加以改造深化而形成的。佛学的昌明还在于,唐朝取士专以《五经正义》所规定的经义考试,不允许自由发挥;玄虚的义理又被视为亡国之音,当然也在禁止之列。加之每年招收的人数有限,下第者高达十之八九,这样便迫使一些喜爱探索哲理的才智之士,放弃选官的仕途,投向选佛的乐土。遂使中国特色的佛学发扬光大起来,唐代儒学较佛学相形见绌,这也是一重要原因。有唐各朝反佛的儒生代不乏人,大多指斥佛徒是蠹国害政,靡费民财的寄生虫,只有韩愈、李翱等少数人接触到佛学理论。儒家的批评反对,是促成佛教中国化的重要外因。禅宗不仅理论完全中国化,其组织形式也改行退避山林、自食其力的丛林制度。因此禅宗流传的历史也最久。

  唐代经济的繁荣,儒释道三教学术的交汇,促成了文化上的全方位发展。文学文面的诗歌、散文及其创作理论;史学方面的历代纪传,杜佑《通典》、刘知几《史通》之于制度史及史学理论;自然科学方面,李淳风的天文学、算学,贾耽、李吉甫的地理学,僧一行的历法,孙思邈的医药学;艺术方面的书法、绘画、石窟雕塑以及音乐舞蹈等成就,无不达到空前甚至绝后的高度。苏轼曾评价唐代文化说:"君子之于学,百工之于技,自三代历汉至唐而备矣。故诗至于杜子美,文至于韩退之,书至于颜鲁公,画至于吴道子。而古今之变,天下之能事毕矣。"[①]儒释道三学便是在如此广阔的文化背景中,争夺着学术的主导权。儒学的范围也随之渗透扩大到各个文化领域,不再限于高高在上的政治与狭小琐屑的经训之中。杜甫教人学诗曰"法自儒家有",[②]"应须饱经

[①] 《苏轼文集·书吴道子画后》卷七十,中华书局,1986年版,第2210页。
[②] 《全唐诗·杜甫·偶题》卷二百三十,中华书局,1960年版,第2509页。

术"。[①] 韩愈所领导的古文运动,则将文风改革与儒学复兴结合起来,故而取得巨大的成功。唐人本来只注重三《礼》中的《礼记》,韩愈和李翱又加以简化,只从中抉发出《大学》与《中庸》两篇文章,作为儒学核心精神之所在,以便于人们领会把握。《大学》、《中庸》和啖助、陆淳的《春秋》学以及孔颖达、李鼎祚的《易》学,后来都成为宋人发挥义理之学的重要经典依据。

从唐代文化总体趋向来看,儒释道三教逐渐趋向于调合,朝廷也组织过几次三教论辩。据《南部新书》说,三教论辩"初若矛盾相向,后类江海同归"。儒生好佛信道,僧徒道士学儒,在晚唐五代逐渐形成三教合流的倾向。但是由于三教学说具有根本的歧异,这种合流只能孕育出新的学派,产生大批诗僧文僧和学贯三教的学者,而不可能达到完全的合一。

二、隋唐经学的统一

所谓经学,主要是指解释经典的传疏之学。中国上古时代,自虞夏商周以来,记载政治事件、朝章制度、帝王言行、歌咏风俗以及认知自然,以利民生的几部历史、哲学著作,经过孔子的整理、讲授,被后世的儒家奉为经典。所谓经典,经训常、恒、法、度,谓恒常不变之法度;典,诂训多与经通,本训书册,合而言之,即记载恒常法度的高文大册,引申而有准则之义。这些经典包括:《易》、《诗》、《书》、《礼》《乐》《春秋》,谓之六经,《乐》至汉失传,成为五经。孔子以六经为弟子所作的讲解,即是首次为经典所作的传注,并亲自为《易经》作有十个"大传",谓之《易传》,由弟子所记录者,则谓之《记》。后学者沿着孔子的道路,继续注释讲解。于是,就产生了传、章句、注、解等释经文体,一般而言,初次诠释经义者,谓之《传》,多产生于先秦及汉初;诠解《传》义者,谓之注,产生于两汉之际;为《注》所作之诠解,则谓之《疏》。至此释经

[①] 《全唐诗·杜甫·示宗武》卷二百三十一,中华书局,1960年版,第2535页。

之文体已经大备,自刘炫于《疏》后加《议》,则又出现孔颖达的《正义》,《正义》亦《疏》之一体,唯其可以纠前疏之失,而发挥新解,是其所长,故为后世学者所习用。但两汉经学的章句师法之学,割裂经义,破碎大道,沉浸于章句训释的泥潭之中,白首难于通一经,更无论通习五经,把握儒学精神了。魏晋学风一反其弊,引进道家思想方法,专务约取经文大义,而且注重天人之学的哲理阐述,吸取佛教讲疏的形式,新创一种诠释性的文体,谓之疏或义疏。"传须遵经,注宜从传,疏不破注",传统儒学就是通过注疏之学的形式得到发展与普及。在中国,儒学是传统思想文化的核心;五经(包括传、记,后增《论》、《孟》、《孝经》与《尔雅》,成为十三经)是儒学的元典。由经典和经典诠释所构成的经学,则是儒学的基石与核心,而且也是传统思想文化的主体。

中国古代经学,并非仅是讲述天人之道和纲常制度的儒家学说,实为以经传原典为经,以注疏为纬,所形成的世界上最早最大而且不断修订的百科全书。是举凡天文、地理、社会、经济、礼乐、律历、职官、法律、军事、宗教、伦理、哲学、历史、文学、艺术,乃至道德、性命、人情、物理以及农田水利和器物制作等所有有关古代人文、自然学科知识的渊薮。所谓训诂,实即对这些知识的追寻和解说;所谓义理,则是对这些知识的意义进行抉发和阐扬。正因如此,所以自古有"通经致用"之说。如何认识贯通并引导利用这些天人之学,为现实人生境界的提升、为理想社会秩序的建构、为民生精神物质需求的改善,即是蕴含于经学中的所谓义理。博大精深无所不包的经学,正是宋儒"为天地立心,为生民立命,为往圣继绝学,为万世开太平"的基础。这才是为什么经学受到历代士子和英明统治者重视而历传不息的真正原因。

隋唐经学是承袭汉魏南北朝经学而来,由于政治的隔绝,南北文化逐渐产生差异,自然也影响到经学的发展变化,使之在不同的政治环境中沿着不同的方向发展。北学继承两汉注重名物制度的训诂传统,保持质朴深邃的特色;南学则沿着魏晋玄学方向,崇尚清通简要和华美的风格。南北朝后期,南北文化已经发生交流与相互影响,北方学者对南朝经学吸收尤多。不仅因为南朝的义理之学与华赡文风具有极强的说服力或吸引力,实亦因为南朝在北方学者的心目中,为"中国礼仪正朔所在"而致。所以自隋文帝恢复汉族政权,统一南北之后,南北经学的会通与统一的进程便正式启动了。

南北朝儒学的分野延至隋朝,南、北学者各持己见,议论纷纭,莫衷一是。开皇初年,"上令国子生通一经者,并悉荐举,将擢用之。既策问讫,博士不能时定臧否,祭酒元善怪问之,晖远曰:'河南、河北,义例不同,博士不能遍涉。学生皆持其所短,称其所长,博士各各自疑,所以久而不决也。'"[①]经义注疏如此混乱造成并日益加深儒者之间的矛盾,如《隋书·刘焯传》记载:刘焯"后因国子释奠,与(刘)炫论义,深挫诸儒,咸怀妒恨,遂为飞章所谤,除名为民"[②]。类此事例在《隋书·元善传》中亦有记载。这更铸成儒学自身发展的内在障碍:"陵夷至于近代,去正转疏,无复师资之法。学不心解,专以浮华相尚,豫造杂难,拟为雠对,遂有芝角、反对、互从等诸翻竞之说。驰骋烦言,以紊彝叙,浇浇成俗,而不知变,此学者之蔽也。"[③]

经学南北学风迥异会造成思想观念的歧见,这与统一王朝所要求的思想意识形态的高度统一不相符合。隋统一南北后,中央集权的君主专制国家更是要求意识形态、学术思想的统一,于是南北学风的合流成为势所必然。隋朝虽短,但文帝和炀帝对经学进行了两轮大的整治,经学出现了两期繁荣。当时隋朝政府出面组织学术论辩,经常"征天下儒术之士,悉集内史省,相次讲论"[④],展开争鸣。辩论内容多为领略经义短长,考定经本,争论时由"纳言定其差次,一以闻奏"[⑤],通过辩

---

① 《隋书·房晖远传》卷七十五,中华书局,1975年版,第1716页。
② 《隋书·刘焯传》卷七十五,中华书局,1975年版,第1718页。
③ 《隋书·经籍志一》卷三十三,中华书局,1975年版,第948页。
④ 《隋书·褚辉传》卷七十五,中华书局,1975年版,第1723页。
⑤ 《隋书·儒林传序》卷七十五,中华书局,1975年版,第1707页。

论讲论得失,求同存异,这对于统一歧义滋生的南北经学,效果极为显著。

二刘经术渊源,本于北学。后得南朝费甝《古文尚书孔传义疏》等书,崇信传习之,其学遂亦兼通南学。经学而外,二刘还精通天文、律历、地理、算术诸学。二人群经皆有义疏,撰述各类著作各有十余部上百卷之多,后多散佚。

由于二刘均相信"伪书",亦即是传习南学。所以皮锡瑞批评他们:"择术不若遵明之正。"①殊不知徐遵明专守郑学,固有"抱残守阙"之功,而二刘的学术倾向,更代表了时代的学术潮流。隋朝短暂的统一,更出现了许多博通各个领域,淹贯南北经学的学者,已为儒学范围的扩大,经学南北的统一,作好了充分的准备。可惜隋文帝"暮年精华稍竭,不悦儒术,专尚刑名","废天下之学,唯留国子一所"。炀帝即位,虽"复开庠序、国子、郡县之学",并征辟经师,"使相与讲论得失",但不过是粉饰升平,虚应故事而已。不久便"外事四夷,戎马不息,师徒怠散,盗贼群起,空有建学之名,而无弘道之实,其风渐坠,以至灭亡"。②

唐代开国君臣,检讨隋亡的教训,非因其经济之凋敝,实因其外儒内法的驭民之术和文化政策。于是在战事方殷之际,即已开始筹划全面复兴儒学,兴办教育,制定礼法,修撰史书,统一经学。其中经学即是儒学的核心也是儒学的源头所在,秦火之后历代学者为恢复经典原义,发扬儒家精神,做出不懈努力,但由于政治的昏暗乃至国家的分裂,文化的隔绝,佛道思想的浸染,经学的诠释产生巨大的歧异,则是必须认真检视,以求一是的。这无论作为立国定法的依据,还是为统一国人的思想,以及为培养治世的人才,都是十分必要的。

经学自汉代以迄唐初,凡经四变。首先是西汉以今文经学为主体

---

① (清)皮锡瑞:《经学历史·经学分立时代》,中华书局,1963年版,第190页。
② 《隋书·儒林传》卷七十五,中华书局,1975年版,第1707页。

的师传家法之学，其优点为"通经致用"，其流弊则为破碎大道，甚至流为谶纬之学。其次为西汉末年传出的古文经学，其主体即为孔氏家学，但不为今文经学派所承认，至东汉得以兴起，一反今文经学的"妖妄"之气，而以"经以载道"相标榜，其流弊则为拘泥守文。两汉之际今古文经学斗争激烈，影响深远。东汉经学大师郑玄的训诂之学，已经今古文学并用，逐渐融合两派之间的分歧。其后北朝的经学，实即东汉训诂之学的继续。第三变为魏晋玄学经学，即何晏、王弼、皇侃引老庄之学以释儒家经典的玄学。其特点是"援道入儒"，大开经学义理的新视野，其流弊则为耽于清谈妨务的浮华风气。四变而为南北朝之际的义疏经学，其特点是以汉魏以来经学传注为基础，对经传所蕴含的义理作进一步的疏解和发挥，其流弊则为流荡忘返，甚而流入佛老之学。至孔颖达所作《正义》，亦义疏之流亚，而能使其经义之义理一归于正，故谓之"正义"。《正义》所据之底本皆前朝公认的权威之作，已能初步融合并超越南北之学的差异；而参预《正义》斯役的学者，亦皆唐初大儒，其对旧疏所作之删削、纠正乃至新义，亦能代表义疏之学的最高水平。复经历次修订，更使之具有一定的学术权威性，加之太宗、高宗两次以诏令的形式颁行天下，作为此后明经考试的依据和太学的教材，遂又使之具有了法定的权威性。《五经正义》有此两大权威性在，遂使众说纷纭的诸多旧疏因此而废止，此即所谓的经学统一也。

经学之发展、演变，自有其内在的逻辑。当一种形态的经学发展至极致，流弊产生，则必有另一种与之对立的学术应运而兴起，取而代之。姜广辉《中国经学思想史》第四十五章论隋唐经学的统一云："中国经学思想发展的内在逻辑一直受两个观念支配演绎着：一是'统一性'，二是'义理性'。前者与中国古代'大一统'政治相表里，后者体现着儒家经学发展的内在趋势。"是颇为深刻而准确的论断。予稍变其说，以为儒家经学既为中国上古文化精华之所萃聚，便先天地带有其"人文化成"之外在客观普适性；此种文化的普适性，经过孔子儒家的总结与诠释,遂又赋予其"内圣外王"的内在主观理想性。我们知道,客观的事物具有其持久不变的恒定性,而主观的事物则带有一定随时偕行的变化性。在这样一对矛盾的相互作用下,便使得中国经学也展现出合久必分,分久必合的发展轨迹。而文化轨迹的变化是与历史的律动相一致的,故而,"分"每伴随着政治的动乱,而"合"或曰统一,则是政治清平的必然表现("分"指隔绝之殊途发展而言,而安定环境下不同见解的正常讨论,则不属此列)。"人文化成"是儒家经学乃至中国文化的先天属性,必然将赋予儒家文化以与生俱来的人文关怀;儒家"内圣外王"的理想,是可以使"人文化成"在内外亦即个人和社会两个方面得以落实的必然途径。然而,"内圣外王"既为主观理想,虽有其无限发展的广袤空间和前景,然其亦可能言人人殊,即所谓的"义理追询",是必须经过各种发挥论辩、长期筛选判断,然后终归一是。因此,学术的殊途发展,只要虽远能复,却也是必要的过程。经学的本义包含着其自身所指称的事物及其意义两部分内容,"义理追询"的弊病也许正在"得鱼而忘筌",而实际情况则是历史的剧烈变化,造成文物制度的丧失与破坏,以致经学所指称的文物制度乃至词语也变得模糊不清,于是诂训的追寻,成为秦火之后文化重整,经学复振的紧迫需要,这便是汉学产生的主要依据。

汉学致力于文物制度的恢复与执守,表现而为以天下自任的大丈夫精神和以名教相激的士君子操守,及至蔚然成风,舆论压迫遂有滥竽充斥之发生。虚伪的名教总是伴随着政治的动乱而大行其道,强权的迫害,迫使哲人反思名教之不足,既不能放弃操守,又耻于与之为伍,则必须另谋出路,以求取身心的安顿,于是乎"越名教而任自然"的命题出而解围,不拘外在形迹,而纯任本性之善的人生哲学,与"尽弃象数而独钟义理"的形上理论相为表里,儒家经学理论遂进入一片新天地,当然也是"顾鱼兔而忘筌蹄"之新一轮循环的开始。这是经学在南朝文化相对稳定发展环境下的变化。

在北朝战争更为惨烈,文化丧亡尤其严重的情势下,若没有经学的持重保守,那就不仅仅是亡国灭族的耻辱,势将招致亡天下亦即文明灭绝的危机。不要沉缅甚至美化输血大融合的虚幻构想,民族融合的唯一途径是文化浸润的交流感染,而非武力侵暴的杀戮征服。经学提供的"华夷之辨",应是古代唯一正确的指导原则。北学当此之际,抱残守缺,坚持汉学诂训传统,乃是必须而必然的结局。当危机缓解,文化进一步复苏,经学的名物诂训达到一定限度,义理追询的需求就会上升为主要发展趋势,这的确是经学内在而必然的发展规律,不尽是受南学的影响。

经学之名物制度与深层义理的互释依存、平衡一致,是儒家内圣外王理想的内在要求之一,亦是其发皇展现的内在依据,凡于义理不通的名物制度,则不可能落实展现为现实;凡于诂训无据的义理,即属奢华妨务空泛无根的游谈。殊途发展的南北经学差异,恰恰给隋唐经学的融合统一提供了丰富互补的两面资料。而汉魏六朝之际乘间兴起的道教与西域传来的佛教,以不同的流派形态适应了南北分立现实的不同需要,积极与负面的影响,都给中国文化打下深刻的烙印,基本与此时儒家文化的南北形态、文化倾向相一致,这是由其各自面临的现实问题所决定的。至此,便成为文化整合统筹解决的问题和可以借鉴的外缘因素。唐初的经学统一是和三教并举、儒学独尊政策同步进行的。看似没有联系的两件事物,其实关系非轻。既欲以儒学为主,以调整三教关系,整合文化,则必先整顿其自身,未有内不整而外可以服人者。于是经学的统一,遂成为文化整合的先决条件。

儒家大一统理想自与法家不同,其实质乃文教的普及与愚民的差异。文教的普及,礼教社会的构建,需要持续不断的治世人才进入社会管理的官僚阶层,也必须有统一标准的教材和考察制度。作为经学统一标志的《五经正义》,便成为科举考试,国家抡才,甚而是上下所有人群行为准则的依据(因此要求佛、道可以有不同特色,但不能与之相悖谬。如礼敬父母君长)。

唐初诸帝善于总结历史经验,惩于往代亡国灭族的教训,深刻认识到只有儒学才能有效地维护社会统治秩序的正常运转,能为全社会稳定提供必不可少的纲常名教,其治国安民之术比起申韩法家及黄老之道更为切实可行,并引佛、道两教以为辅翼。因此而大力发展儒学教育,有调控地佛道并举。于是在"国学增筑学舍四百余间,国子、太学、四门、广文亦增置生员,其书算各置博士、学生,以备众艺","太宗又数幸国学,令祭酒、司业、博士讲论。四方儒生负书而至者,盖以千数。俄而吐蕃及高昌、高丽、新罗等诸夷酋长,亦遣子弟请入于学。于是国学之内,鼓箧升讲筵者,几至万人。儒学之兴,古昔未有也。"①这种盛况一直持续到盛唐,影响更远达于东瀛、西域之外。如此规模确实令人惊异,岂止"古昔未有",几乎也是后无来者的。这种现实形势的客观需要,也是经学必须统一的促成条件。

唐初诸帝决定实行以儒学治国,三教并举的根本大计,君臣戮力为治,尤为重视思想文化建设,重视经籍的收集及经学的统一。重臣魏征在受命编撰的《隋书·经籍志序论》中说:"夫经籍也者,机神之妙旨,圣哲之能事,所以经天地,纬阴阳,正纪纲,弘道德,显仁足以利物,藏用足以独善。""其教有适,其用无穷,实仁义之陶钧,诚道德之橐籥也。其为用大矣,随时之义深矣!"②经学为时所用,是其为唐初君臣所重视的主要原因。被魏征称之为"开政化之本源,凿生民之耳目,百王损益,一以贯之"③的儒学,对于贯彻国家政治教化,维护世间的人伦关系,树立仁义忠信的社会风尚,及礼法社会稳定秩序的奠定,都具有决定性的指导作用。因此,必然要受到政权稳定而又励精图治的为政者重视,而儒学事业的繁荣又势必引发对儒家经典的需求旺盛起来。特

---

① 《贞观政要集校·崇儒学第二十七》卷七,中华书局,2003年版,第376页。
② 《隋书·经籍志一》卷三十二,中华书局,1973年版,第903页。
③ 《隋书·儒林传序》卷七十五,中华书局,1975年版,第1705页。

别是唐朝进一步完善发展了科举制度,儒家经典既是学校的教材,又是科举考试的基本内容,还有礼仪及法律的制定及理狱判案,也须以儒家的基本经义作为评判的依据。于是,儒家经学在文字和解释上的一致性便被作为一个突出的问题提了出来。

唐初修撰与颁布的《五经正义》,标志着唐代义疏经学,进入了一个规范化标准化的新时代。是一次对历代先贤丰厚的经学成就,进行总结性清理的集大成之作,不仅在经学史上具有经学统一的学术意义,而且结束了一个经学"此扬彼抑,互诘不休","师训纷纶,无所取正",[1]思想混乱,人心涣散的时代,具有实现思想主流大体一统的划时代意义。

唐初除官定《五经正义》之外,著名的经学著作还有陆德明的《经典释文》、杨士勋的《春秋穀梁传疏》、贾公彦的《周礼注疏》和《仪礼注疏》。贾、杨的经疏,可以视为官定经义的继续。

由于官定《五经正义》受体例所限,即所谓"注不违经,疏不破注",不能离开前人的注解作义理的发挥。所以其所作义疏,多为注文所囿,虽然博引各家各派,但出入较大的诂释义训就只好遗落。所以在学界渐渐生出不满。中唐时便有人开始纠正其偏失。李鼎祚《周易集解》及啖助《春秋》学派的出现,可为其代表。

《周易正义》推崇王弼,虽于南北义疏皆有提取,但毕竟详于王学而略于汉《易》。李鼎祚起而"刊辅嗣之野文,补康成之逸象"[2],作《周易集解》以纠其弊。其书虽重汉《易》,但也颇引王弼,录存大量汉魏《易》说。《四库全书总目提要》称:"盖王学既盛,汉《易》遂亡,千百年后学者得考见画卦之本旨者,惟赖此书之存耳。是真可宝之古籍也。"

中唐时期给经学带来新风的,是啖助所创立的《春秋》学派。《新

---

[1] 《四库全书总目提要·周易正义》卷一,中华书局,1965年版,第3页中。《北史·儒林传》卷八十一,中华书局,1974年版,第2707页。

[2] 《周易集解序纂疏·周易集解序》卷首,中华书局,1994年版,第8页。

唐书·儒学传》称啖助"淹该经术",尤善《春秋》。曾"考三家长短,缝绽漏阙,号《集传》,凡十年乃成"。《春秋》学派的志趣,在于通经致用。"《春秋》者,救时之弊,革礼之薄。""夫文者,忠之末也,设教于本,其弊犹末;设教于末,弊将若何!"①阐述《春秋》尊王室正名分之义,全是针对藩镇割据的政局,颇具对现实的批判精神。《公羊传》有言:"拨乱世,反诸正,莫近于《春秋》。"该派专以《春秋》名家,其意于此可见。《春秋》学派在治学方法上,也颇有创新精神,融会三《传》,变专家而为通学。一反专门名家尊《传》甚于尊《经》,从而主张以《经》击《传》,自谓契于圣人之旨,实开宋人舍《传》以求《经》的先路。其学既多异说,故被史称为"异儒"。②陆淳曾参与永贞革新,柳宗元等改革派新锐之士多拜其为师,都说明新《春秋》学已经成为改革的指导思想。

中晚唐时期是经学逐渐衰落、子学兴起的时代。唐文宗诏令郑覃等人校定九经文字,刊石立于长安国子监,这就是历史上著名的开成石经,但其"所刊石经,不满人意,史臣以为名儒不窥"。③加之财政困难,以致"国学荒毁日久,生徒不振"。④朝廷儒臣虽然提出一些挽救措施,但始终未能挽回这一颓势。经学的统一时代早已结束,儒家学者纷纷著书立说,阐述自己的经国济民主张,使这一时期呈现了儒家子学复兴的局面。仅郑樵《通志·艺文略》所收唐代中晚期的儒家子书,就有一二十种之多,参照《新唐书·艺文志》以及晁公武《郡斋读书志》儒家类和杂家类所收,可以考见的唐代儒家子书,计有:《正论》十卷,储光羲撰;《元子》十卷,元结撰;《元和子》二卷,杜信撰;《冀子》五卷,冀重撰;《樊子》三十卷,樊宗师撰;《素履子》三卷,张弧撰;《续孟子》二卷、《伸蒙子》三卷,林慎思撰;《致理书》十八卷,朱朴撰;《理源》二卷,牛希济撰;《商子新书》二卷,商子逸撰;《鱥子》一卷,赵邻几撰;《法语》

---

① 《春秋集传纂例》卷一,《丛书集成初编》,商务印书馆,1936年版,第1页。
② 《旧唐书·陆淳传》卷一百八十九,中华书局,1975年版,第4977页。
③ 皮锡瑞:《经学历史·经学统一时代》,中华书局,1963年版,第212页。
④ 《旧唐书·郑余庆传》卷一百五十八,中华书局,1975年版,第4165页。

二十卷,刘鹗撰;《东莞子》十卷,著者佚名;《儒玄论》三卷,崔觊撰;《康教论》一卷,丘光庭撰;《两同书》二卷,罗隐撰。这还没有计入大量别集和家训家诫之类的儒家子学著作。在中晚唐至五代之际,出现了如此众多的儒家子书,绝不是偶然现象。说明儒学思想内在的改革,发展到一个新的阶段。可惜这些子书至今硕果仅存的,只有林慎思的《续孟子》《伸蒙子》,张弧的《素履子》和罗隐的《两同书》等为数不多几部专书,使我们不能得窥全貌。但是,如果将古文运动诸子的议论文章计算在内,这一子学的理论成果,无论就规模数量还是声势而言,可谓蔚为壮观。由此可见当时儒学思潮之一斑。

三、儒学在排佛融佛中探索改革

儒学在两汉时代已基本完成对先秦以来道、墨、名、法、阴阳之学的综合吸取,扩大了学术包容的范围而成为文化的宗主。除了转化为道教的道家之学,再也没有一个学派可与儒学抗衡,也正因如此,当经学发展至鼎盛之时,也即是儒学走向衰落之日。至汉魏之后,中国学术的沉寂局面开始有了新的转机,先是玄学的兴起,继而是佛学的弘扬,道教也得到长足发展,从而冲击和动摇了儒学独尊的地位。

佛学虽然借助道家方术和魏晋玄学的接引,因缘适会地在中国扎下根基,与儒、道并立而形成鼎足之势。但其作为一种外来文化,在组织形式、学术宗旨以及思维方法上,都与中国固有的学术文化,尤其是儒学存在着极大的甚至是根本的差异,所以无论其怀有如何慈悲的动机和采用如何和平的方式,自传入之日起,即是对中国固有文化的一种挑战。儒道两学的应战也因之而起,中国传统文化的固有格局从此发生巨大变化,儒、释、道三学之间的激荡融摄,在学术史上不断开出风云诡谲、波澜壮阔的新局面。并以两个并行而又纠结在一起的过程表现出来,一是佛教在儒道排拒压力的影响下,通过对印度佛学的改造而逐渐中国化;一是儒道两学经过因应佛教挑战的磨砺,增强并完成了各自学说体系的哲理性建设。

儒、释、道三学的关系如此复杂，以至于在三者之间几乎没有平直的联系可寻。就儒学而言，其对佛学的排拒，往往引道家以为援；对佛学的融摄，又往往以道家之学为之中介；而对佛道两学的排拒，则更是采取"入其垒，夺其辎"的方法，在坚持儒家基本原则的前提下，吸收两学的理论资养，不断地探索着改革自身、完善学说体系的道路。在隋唐以前，儒佛之间关于形神问题的论争，范缜便是在综合并具备了道家自然主义世界观与玄学名理方法论的学养，才最终取得理论上的胜利。周武帝有鉴于北魏太武帝暴力毁佛，引起更大反弹的教训，采取辩论说理，成立通道观的方式，置儒、释、道于一处为学士，目的虽在于废佛，但客观上起到了推动前述两个过程的作用。无疑应视为官方儒学一次尝试的改革。

周隋之际，主张援佛入儒的学者是颜之推。他笃信佛教，但又坚持儒家的立场，主张全面吸收佛学，认为儒、释在本源上是一致的，并将儒家的五常与佛家的五戒作了比较。颜之推处于北齐鲜卑政权的野蛮统治下，儒家积极向上的五常是得不到遵行的，只好以佛家的五戒对统治者作最低程度的限制，他这所以融佛入儒，明显带有神道设教的性质。他还承认佛家的许多义理，如在"剖析形有"诸方面的"辨才智慧"，是周孔之教所不及的，认为两者应该并行而不悖。

隋朝末年的大儒王通也具有融合三教的倾向。与颜之推推崇以致归心佛教不同，王通对佛教的评价就更为客观平允。他认为佛教是西方圣人之教，在中国是难于通行的。但将梁国破灭归罪于佛教，也有欠公允。如借用政令和暴力去废除佛教，反而会助其发展。佛、道两教存在的事实既然已是不可否认，那么只有以儒家思想为主导，使其向有益的方向发展，"三教于是乎可一矣"[①]。王通是儒家第一次正视佛教，并明确提出"三教可一"意向的学者，可惜他还没有在理论与实践上提出具体的改革措施，就过早地去世了。

[①] 《文中子集解·问易篇》，广益书局，1936年版，第32页。

唐代佛教最盛,儒家反佛的呼声也最高。唐初反佛的儒臣主要是傅奕和姚崇。初唐时曾任太史令的傅奕向唐高祖上《废省佛僧表》,历数佛教"剥削民财,割截国贮"的弊害,揭露信徒"布施一钱,希万倍之报;持斋一日,冀百日之粮"的贪痴,指出"生死寿夭,由于自然;刑德威福,关之人主,乃谓贫富贵贱,功业所招",是"窃人主之权,擅造化之力"。"于百姓无补,于国家有害",所以应"请故佛邪教退还天竺,凡是沙门放归桑梓"。这样就可使"四海免蚕食之殃,百姓知威福所在,则妖惑之风自革,淳朴之化还兴"。傅奕反佛的态度是坚决的,其主张对唐初的文化政策也产生了一定的影响,获得朝野的许多支持,但由于当时佛教势力强盛及统治阶级利益的需要,没有也不可能得到执行。傅奕反佛目的虽在于维护纲常名教,但能从国赋民役上着眼,具有一定现实意义。当时的佛教为争取民众,多采用通俗的语言进行宣传。傅奕也一反自六朝以来骈偶用典的文体,用平易生动的文笔,对佛教进行揭露,在社会上造成广泛的影响,在理论上虽没有新的建树,但有一点是值得注意的,即直接将道家思想接纳为名教的一个组成部分,他在《戒子书》中说:"老、庄玄一之篇,周、孔六经之说,是为名教,汝宜习之。"①完全是出于反对佛教的需要。

姚崇反佛,除指明历朝崇佛不免于亡国、破家、杀身之祸的事实,还能深入佛理之中,以子之矛,攻子之盾。他说:"佛不在外,求之于心。佛图澄最贤,无益于全赵;罗什多艺,不救于亡秦。何充、苻融,皆遭败灭;齐襄、梁武,未免灾殃。但发心慈悲,行事利益,使苍生安乐,即是佛身。何用妄度奸人,令坏正法?"②肯定了佛教的道理,而否定其形迹,因而更令人折服,这无论是从理论上还是方法上,都有所改进。

吕才是唐初以博学多通著称的奇才。他不仅"研味于六经,探赜

---

① 《旧唐书·傅奕传》卷七十九,中华书局,1975年版,第2717页。
② 《旧唐书·姚崇传》卷九十六,中华书局,1975年版,第3022页。

于百氏"①,于天文、地理、律吕、历算、阴阳、五行、龟筮、医药、军事等诸多领域皆有所建树,而且能本着儒家的基本精神,将这些学科的学问,全部纳入到儒学的领域之内。所以史传称赞说:"吕才核拘忌之曲学,皆有经据,不亦贤乎?"②"才于持义,儒而不俚,以经谊推处其验术。"③他对佛教的态度,也是本着这一基本精神予以反对与汲取的。他奉命撰《议僧道不应拜俗状》,坚定地维护王权而反对佛、道的教权;当玄奘译介佛家因明学说时,他又立即加以研习。自称:"其论既近至中夏,才实未之前闻。耻于被试不知,复为强加披阅。于是依'极成'而探深义,凭'比量'而求微旨,反复再三,薄识宗趣。"④他独具慧眼地看到因明在认识事理逻辑中的重要意义,给予很高的评价:

> 理则包括于三乘,事乃牢笼于百法,研机空有之际,发挥内外之宗。虽词约而理宏,实文微而义显。⑤

并进而为《因明正理门论》或《因明入正理论》作破注解,对玄奘门下已有的三家义疏,"所说善者,因而称之;其有疑者,立而破之"。⑥就其中的"生因了因"、"差别为性"、"宗依宗体"、"喻体喻依"等七个论题,与沙门慧立等往复辨难,还和诸僧、学士共往慈恩寺与玄奘当面对定。吕才欣赏因明,却反对佛教的根本学说,因而对佛教所谓的外道六派哲学深感兴趣。他为数论和声论提出新的解释,又将胜论和《易传》互相诠释,以寻求"言异义同"之故。引发了一场儒佛之间,关于逻辑方法和世界本原方面的理论论战。可惜吕才的著作散佚殆尽,仅从佛家反驳的文献中,已难窥见其汲取佛家逻辑和外道哲学的全貌了。从他对当时流行的《禄命》说和《葬书》的批驳和分析来看,已经很娴熟地在运用因明逻辑的方法了。吕才之后,随着唯识宗的消逝,儒、佛两学都很少再研究和运用因明,只是到近代为了和西学抗衡,才再度引

---

① ④ ⑤ ⑥ 《因明注解立破义图序》,《全唐文》卷一六〇,中华书局,1983年版,第1638、1637页。
② 《旧唐书·吕才传》卷七十九,中华书局,1975年版,第2727页。
③ 《新唐书·吕才传》卷一百七,中华书局,1975年版,第4062页。

起儒、佛两家学者的重视与研习。

自中唐以后,儒家对佛学的排拒和融合才渐渐深入到理论的层面,儒学也因之有了新的生机。这一时期援佛入儒的学者有梁肃、白居易和柳宗元等。梁肃是天台宗中兴九祖湛然的弟子,作为佛门弟子,对佛教之崇信不可谓不笃,作为儒门文人,受儒学之熏陶不可谓不深,于是在其所著宣扬天台法门的《止观统例》中,就不期而然地出现了对两者的沟通。提出了"由本以垂迹"、"循迹以反本"的新说。"理谓之本,迹谓之末。本也者,圣人所至之地也;末也者,圣人所示之教也。"表现了儒、佛两学在理论上的融合。

但是从总的趋向来看,儒释道三教逐渐趋向于调合,朝廷也组织过几次三教论辩。据《南部新书》说贞元十二年,"诏儒官与缁黄讲论。初若矛盾相向,后类江海同归。三殿谈经,自此始也"。① 诏三教硕学于殿堂之上,讲经论辩自此成为常例。每次都有记录,名之曰"三教论衡"。文宗大和元年的一次,由白居易所作之《三教论衡》保存了下来。其《对僧》文曰:"夫儒门、释教,虽名数则有异同,约义立宗,彼此亦无差别。所谓'同出而异名,殊途而同归'者也。"据史书记载,此类论辩起源甚早,南北两朝历有发生。周武帝"天和(566—572)中,复于紫极殿讲三教义,朝士儒林桑门道士至者二千余人"②。"武帝又以佛道儒三教不同,诏(韦)夐辨其优劣。夐以'三教虽殊,同归于善,其迹似有深浅,其致理殆无等级'。"③又如《陈书·马枢传》:"梁邵陵王纶闻其名,引为学士。纶时自讲《大品经》,令枢讲《维摩》、《老子》、《周易》。同日发题,道俗听者二千人。王欲极观优劣,乃谓众曰:'与马学士论义,必使屈伏,不得空立主客。'于是数家学者各起问端,枢乃依次剖判,开其宗旨,然后枝分流别,转变无穷,论者拱默听受而已。"④据《周书·武帝

---

① 《南部新书》卷乙,中华书局,2002年版,第16页。
② 《周书·儒林·沈重传》卷四十五,中华书局,1971年版,第810页。
③ 《周书·韦夐传》卷三十一,中华书局,1971年版,第545页。
④ 《陈书·马枢传》卷十九,中华书局,1972年版,第264页。

纪》载：周武帝还经常亲自升坐，"集百僚及沙门道士等亲讲《礼记》"和"讨论释老义"。"辨释三教先后，以儒教为先，道教为次，佛教为后。"①儒生好佛信道，僧徒道士学儒，在晚唐五代逐渐形成三教合流的倾向。但是由于三教学说具有根本的歧异，这种合流只能孕育出新的学派，产生大批诗僧文僧和学贯三教的学者。所谓三教融合，只能是在保持各自根本学理或教旨的原则下，融通吸纳其余两教为我所用，而不可能达到三教的完全合一。

作为古文运动实即儒学复兴运动主将之一的柳宗元，对佛学也持融合的观点，他说："儒以礼立仁义，无之则坏；佛以律持定慧，去之则丧。"②"浮图诚有不可斥者，往往与《易》、《论语》合"，"不与孔子异道"。③ 梁、白、柳诸人援佛入儒，与一味废佛毁僧的帝王以及佞佛礼僧的官僚，有着本质上的不同，他们对于儒、释两学以及儒学的改革，是持积极态度的。

这一时期，能够借鉴和汲取佛学而又坚决反佛的儒家代表，是韩愈和李翱。韩愈仿照佛教传法世系的"法统"，相应地提出了儒家传承道义的"道统"，粗略地建立了一个与佛道相抗衡的理论体系。他作《原道》、《原性》、《原人》、《原思》、《原毁》等一系列论文，都是针对佛道所涉及的领域，提出儒家与之不同的原则与范畴，成为古文运动亦即儒复兴运动的理论纲领。韩愈撇开枝节问题，首先指明儒学与佛教理论的根本区别，为以后的融合佛学确立了原则基础，无论如何，比只从政治和伦理方面反佛以及不加区别地融合佛学的儒家，都是一种巨大的进步。

韩愈注重儒家基本理论的建设，突出孟子在儒家道统中的地位，又从《礼记》中发掘出《大学》的道德修养方法和人生境界，也是借鉴了

---

① 《周书·武帝纪》卷五，中华书局，1971年版，第75、76、83页。
② 《南岳大明寺律和尚碑》，《柳宗元集》卷七，中华书局，1979年版，第170页。
③ 《送僧浩初序》，《柳宗元集》卷二十五，中华书局，1979年版，第673页。

佛家注重禅定修习以提高精神境界的路向，与佛家相对抗。他的学生李翱正是沿着他借鉴、融合佛学以反佛教的路向，将反佛与儒学复兴运动引向深化。

李翱的三篇《复性书》堪称这一路向的代表作。韩愈论述了"性"与"情"的关系，但没讲清善恶的起源。李翱则发挥了孟子的性善说，又依据子思的《中庸》，提出了"性善情恶"的观点，认为性本是善的，有了喜、怒、哀、惧等七情，遂使"性"昏蔽，从而有了恶。只有遏制情欲，才能恢复善性。然则如何遏情以至复性呢？李翱说："弗虑弗思，情则不生。"还要进一步作到"不动心"，使心处于"动静皆离，寂然不动"，不为外界所诱，以达到"诚"，亦即最高的修养境界。显然是借鉴天台宗的"止观"、禅宗的"无念"以及道教"主静"学说的架构，建立起儒家的修养学说和修养方法的。

韩、李突出《孟子》和《大学》、《中庸》的理论地位，不仅使儒家排佛更有典据，而且拉近了儒家经典与现实的距离。强调并重新解说儒家的性命之学，不仅可以与佛家佛性学说相对抗，也使道德修养与社会现实紧密地联系在一起。在理论形式和修养方法上，借鉴、融合佛道两家，而在理论原则或为学宗旨上，与佛学划清界限并坚持排佛的路线和策略，不仅给儒学带来新的生气、新的内容，而且仍然保留甚至发扬了儒学的基本性格。这是唐代儒学在排佛与融佛的过程中，不断探索改革所取得的成功经验与最高成果。为后来宋明理学的产生，并最终在理论上战胜、超越佛学，开启了新的路线和方向。

四、儒家思想的制度化

礼乐制度，几乎与中华民族文明史的发展相始终，甚至可说就是中华文明的主要标志。远古的礼制，已经踪迹渺然，春秋时代孔子已经叹息夏、商两代的礼制文献"不足征"。对于礼的起源后人只能作些合理的推测，由于礼的内容涵盖社会生活的各个方面，涉及人与天地自然的多重关系，所以它不可能只有一种起源。如《礼记·礼运》篇有言曰:"夫礼之初,始诸饮食,其燔黍捭豚,污尊而抔饮,蒉桴而土鼓,犹若可以致其敬于鬼神。"①描写的是远古社会初民因饮食而感戴天地、荐享先人(鬼神)的祭祀活动,所言乃是祭祀礼的起源。《礼记·内则》云:"礼始于谨夫妇。"②《周易·序卦》曰:"有夫妇,然后有父子。"说的是人伦之礼的起源。"有父子然后有君臣;有君臣,然后有上下;有上下,然后礼仪有所错"③,这是君臣上下之礼的起源。《礼记·乐记》又说:"礼者,天地之序也","序,故群物皆别"。④ 人间的秩序既然是受天地自然秩序的启发而建立起来,于是由君臣之礼的进一步规范,便产生了官制之礼。荀子曰:"人生而有欲,欲而不得,则不能无求,求而无度量分界,则不能不争。争则乱,乱则穷。先王恶其乱也,故制礼义以分之。"⑤这是五刑之礼的起源。《管子·心术上》"登临揖让,贵贱有等,亲疏有体谓之礼"⑥,则是宾朋群会之礼的起源。《论衡·订鬼》引《山海经》曰"黄帝乃作礼以时驱之",⑦注引《庄子》佚文有"逐疫出魅,击鼓噪呼"、"沐浴斋戒"、"鸣鼓振铎"等语,说明无论驱疫还是出征,部署誓师,隆重其事,应该视为军礼的起源。《国语·郑语》载"虞幕能听协风以成乐物生者也",⑧辨识天地间木石金革诸物不同的声响,用以制成不同乐器,加以协奏合鸣,便成音乐。所以说:"乐者,天地之和也。"⑨《荀子·乐论》亦云:"故乐者,审一以定和者也,比物以饰节者也,合奏以成文者也。"⑩这应该视为音乐制度的起源。

进入阶级社会之后,礼成为维系社会秩序的制度规范,区分了阶级的界限,规定了社会各个等级的尊卑贵贱,有了鲜明的阶级性。与

---

① 《礼记集解·礼运》卷二十一,中华书局,1989年版,第586页。
② 《礼记集解·内则》卷二十八,中华书局,1989年版,第759页。
③ 《周易正义·序卦传》卷九,《十三经注疏》整理本,北京大学出版社,2000年版,第397页。
④⑨ 《礼记集解·乐记》卷三十七,中华书局,1989年版,第990页。
⑤ 《荀子集解·礼论》卷十三,中华书局,1988年版,第346页。
⑥ 《管子校注·心术上》卷十三,中华书局,2004年版,第759页。
⑦ 《论衡校释·订鬼》卷二十二,中华书局,1990年版,第939页。
⑧ 《国语·郑语》卷十六,上海古籍出版社,1988年版,第511页。
⑩ 《荀子集解·乐论》卷十四,中华书局,1988年版,第379页。

原始社会的礼有了本质的区别,然其礼意却一直沿袭下来。阶级的出现与存在,是一个客观必然的事实,而礼的制作与产生,固然有其肯定尊卑之分、贵贱之等的一面;却也包含着对社会优势阶层在内的所有个人的限制。虽曰:"亲亲也,尊尊也,长长也,男女有别,此其不可得与民变革者也。"① 要亦必有其可亲可尊者在,所谓"尊尊"之所尊者,并非专指其阶级地位之尊,实亦包含是否具有按照礼制的规定,以约束自我的自尊,能够恪尽职守并以礼对待上下人等的尊贵者,方能博得人们的尊敬。所以礼乐之设,其意主要还是在于消解阶级与人际间的恶性对立,用来协调包括同阶层在内的各阶层上下左右关系,使其互不侵凌和谐相处;避免社会纷争动乱,维护社会秩序的工具。由此看来,礼的实质即是为使社会秩序文明和谐发展,而在各阶级、阶层与人际间达成的协约,并以天地鬼神作为监督人和最高裁决者。这后者虽仅是个虚拟的存在,却可以真实地内化为人的自我约束,如曰仰不愧于天,俯不怍于地之属;因而其又是现实而不可或缺的存在,儒家神道设教的意义与价值也许正在于此。

　　目前我们能够看到的三代礼制,可以上溯到周代。周礼是在总结损益夏商两代礼制的基础上,制作而成的有系统成体系的典章制度。周礼因之成为后世礼制的渊源。传统礼制的内容一向分为吉礼、凶礼、军礼、宾礼、嘉礼五类,称作五礼,这一分类即起源于《周礼》一书。《周礼·春官·大宗伯》言及大宗伯的职责及五礼的宗旨曰:"大宗伯之职,掌建邦之天神、人鬼、地示之礼,以佐王建保邦国。以吉礼事邦国之鬼神示","以凶礼哀邦国之忧","以宾礼亲邦国","以军礼同邦国","以嘉礼亲万民"。② 《隋书·礼乐志》则说是"周公救乱,弘制斯文,以吉礼敬鬼神,以凶礼哀邦国,以宾礼亲宾客,以军礼诛不虔,以嘉礼合姻

---

① 《礼记正义·大传第十六》卷三十四,《十三经注疏》整理本,北京大学出版社,2000年版,第1166页。
② 《周礼正义·春官·大宗伯》卷十八,《十三经注疏》整理本,北京大学出版社,2000年版,第529、543、546、548、550页。

好,谓之五礼"①。这五类典礼遂为后来历代礼制所沿用。五礼在行施的过程中还要配合相应的鼓乐,故而合称礼乐制度。

吉礼,即祭祀的典礼。在古代"国之大事,在祀与戎"②,祀为常设,故又重于戎,故而把吉礼列为五礼之首。当时祭祀的种类繁多,据《周礼》及《春秋》经传所列,计有昊天上帝、日月星辰、天子宗庙、先祖陵寝、风云雨师、四季烝尝、五岳川泽、四方百物,以及天子视学、国学释奠、学生束修、郊祀、大雩、禘祫、社稷、先农、先蚕等项,均属吉礼。吉礼一般具有规格高贵规模盛大的场面,足以表现国家统驭四海的威权、帝王俯临万类的尊严,以及政权受命于天而慈育于民的合法性。

凶礼,一般指丧葬典礼。如天子崩葬、公侯薨葬、东宫后妃和各品级官员的殡葬之礼。以及讣奏、临丧、致奠等仪节及守丧期间的禁乐和五服制度等;丧事以外,凶礼还用于吊慰家国忧患方面的礼仪活动。比如对灾荒、战败、寇乱等天灾人祸的哀悼吊唁仪式,也属于凶礼的范围。丧礼和丧服制度,虽然体现了贵贱、尊卑的阶级区别,主要还是表达了由血缘远近亲疏所区别的自然情感和社会责任,以及对死者的尊重及其人生的缅怀。《开元礼》将凶礼改置"五礼"之末,而将"凶年振抚、劳问疾苦",置于凶礼之首。则体现了"事有本末,知所先后"和以生民为本的礼乐观念。

军礼,即有关国家军事战争方面的礼仪活动。如《周礼》所举有:大师(召集整顿军队)、大均(校正户口,调节赋征)、大田(检阅车马人众,亲行田猎)、大役(因建筑城邑征集徒役)、大封(整修疆界、道路、沟渠);《春秋会要》所列举:校阅、搜狩、出师、乞师、致师、献捷、献俘等项。《大唐开元礼》则规约为:告太庙、命将、出师、宣露布、劳军、讲武、观射、马祭、大傩(即驱疫)等。以及因此而需动员调集的大量人力活动,如建造城邑、畋猎,即大规模的狩猎活动,因其依照军事程序进行,

---

① 《隋书·礼仪志一》卷六,中华书局,1973年版,第105页。
② 见《春秋左传注·成公三年》,中华书局,1981年版。

狩猎同时,亦具有检阅和训练军队的意义,因之亦属于军礼。

宾礼,指诸侯对天子的朝觐,天子遣使迎劳诸侯,邦国之间的聘问、会盟等外交往来及接待宾客的礼仪活动。如《春秋会要》所记,有朝聘周王,王聘诸侯,锡命,公朝大国、大夫出聘或来聘等类事例;王公以下直至士人相见礼仪,也属宾礼。宾礼有时并非单独行施的礼仪,往往与其他典礼相伴随。据《仪礼·士相见礼》郑玄注:"士相见于五礼属宾礼。"①至唐代则将接待番国礼仪纳入其中。如《新唐书·礼乐志六》:"二曰宾礼,以待四夷之君长与其使者。"②包括蕃国主及其使者来朝,遣使迎劳、蕃国主奉见等礼仪。

嘉礼,即国家以及乡党、家族甚至个人,具有喜庆、纪念意义或用于联络感情,亲睦人际关系的礼仪活动。如君主登基、册立太子、策拜王侯、节日受朝贺、天子纳后、太子纳妃、公侯大夫士的婚礼、冠礼、宴飨、乡射、乡饮酒等。《周礼·大宗伯》:"以嘉礼亲万民,以饮食之礼亲宗族兄弟,以昏冠之礼亲成男女,以宾射之礼亲故旧朋友,以飨燕之礼亲四方之宾客,以贺庆之礼亲异姓之国。"③诸侯间的庆贺,朋友间的宾射,也都属于嘉礼。

古代所谓礼,不仅指社会生活中的规定和仪式,还包括国家政治制度在内。许多政制、法律方面的规定都属于礼的范围,所以自古礼法并称。诚如章太炎所说:"礼者,法度之通名,大别则官制、刑法、仪式是也。"④秦汉以后,官制和法律逐渐从礼制中分出独立,礼就成为章氏所指的"仪式",亦即礼仪了。可是章氏又说:"《传》曰:'礼,经国家,定社稷,序民人,利后嗣。'此非独官制、刑法、仪式云云也。阖置善人,

---

① 《仪礼正义·士相见礼第三》卷七,《十三经注疏》整理本,北京大学出版社,2000年版,第126页。
② 《新唐书·礼乐志六》卷十六,中华书局,1975年版,第381页。
③ 《周礼正义·大宗伯》卷十八,《十三经注疏》整理本,北京大学出版社,2000年版,第550页。
④ 《检论》卷二,《章太炎全集》第三册,上海人民出版社,1984年版,第399页。

慎固封守,一切会归于礼。其在氓俗,大者务施报,次即尊贤敬耇。是之不务,而责青黄黼黻之间,故老子云:'礼者,忠信之薄,而乱之首也。'"①可见礼和"仪式"还是应该是有所区别的,礼毕竟还包含着礼制和礼意两方面的内容,亦即礼首先是按照一定的礼意而制定的制度,"仪式"只是体现这种制度的形式和仪节。孔子认为礼乐的内在实质是仁德,礼乐只是仁德外在的表现形式。他说:"礼云礼云,玉帛云乎哉;乐云乐云,钟鼓云乎哉。"②认为礼乐应体现仁爱之情,正义之行,而其目的在于营造社会的和谐,非仅是赏心悦目的仪节和鼓乐而已。

礼制与礼仪,含有大量祭祀天地祖先风雨山川的内容,这与三代以来的尊天敬祖思想有关。古人认识到"万物本乎天,人本乎祖","郊之祭也,大报本反始也",③日月星辰,风雨山川,"以为皆有功于民,故祭之也"④。"有益于人则祀之。"⑤感激报本之心和敬畏之情,所表现与解决的是人与自然的关系;但礼的意义侧重在规范社会秩序,和节制人的行为,使人的自然情感通过具有美感的礼仪形式,从而得到适当的表达。但其主要功用还是在于调节社会各阶层以及相同阶层之间的人际关系,消解矛盾,使之如何和谐相处。如《礼记·曲礼上》就说:"夫礼者,所以定亲疏、决嫌疑、别同异、明是非也。"⑥从积极的方面看,礼可以使整个社会秩然有序;从消极的方面看,礼又是防范社会动乱的堤防。《礼记·坊记》记载孔子的话说:"君子之道,辟则坊欤?坊民之所不足者也;大为之坊,民犹逾之,故君子礼以坊德,刑以坊淫,命以坊欲。""坊"是水的堤防,而礼则是限制"民"逾越的一种堤防。又说:"贫而好乐,富而好礼,众而以宁者,天下其几矣。《诗》云:'民之贪

---

① 《检论》卷二,《章太炎全集》第三册,上海人民出版社,1984年版,第401页。
② 《论语集注·阳货》卷九,中华书局,1983年版,第178页。
③ 《礼记正义·郊特牲》卷二十八,《十三经注疏》整理本,北京大学出版社,2000年版,第934页。
④ 朱彝尊:《经义考·五经通义》卷二百三十九。中华书局,1998年版,第1211页。
⑤ 《旧唐书·礼仪志一》卷二十一,中华书局,1975年版,第816页。
⑥ 《礼记集解·曲礼上》卷二,中华书局,1989年版,第6页。

乱，宁为荼毒。'故制国不过千乘，都城不过百雉，家富不以百乘，以此坊民，诸侯犹有畔者。"①很明显，这里所谓的"民"，是指包括诸侯公卿大夫士在内的所有人群。甚至要求富贵者对待平民也要以礼相待，不可侵侮。如说："夫礼者，自卑而尊人，虽负贩者，必有尊也，而况富贵乎！"②如此看来，礼之设，就是为了调节社会人群上下左右的关系，避免冲突造成横决的堤防，并非防民如贼一般，专为限制百姓而设。

礼乐的制定标志着一个新时代的开始，正如《礼记·乐记》所云："王者功成作乐，治定制礼。"③唐高祖入关时"方天下乱，礼典湮缺"，以窦威熟谙朝章国典，乃令其裁定制度。高祖"语裴寂曰：'威，今之叔孙通也。'"④这是每个朝代兴起，功成治定，都要发生的事情，因为它标志着王道的落实和仁政的恢复，即使礼典并未湮缺，也必须重新制礼作乐。因此《礼记·乐记》又说："五帝殊时，不相沿乐；三王异世，不相袭礼。"⑤但这并不等于说古代的礼乐经典失去权威和恒定性，可以任意而为，各行其是。而是重在强调礼乐因时制宜的特点。孔颖达《正义》对此语疏解曰："若论礼乐之情，则圣王同用也。""此论礼乐之迹，损益有殊，随时而改，故云不相袭也。"即是说夏商周三代圣王制礼的意图是相同的，但其具体的表现形式，却应该随着时代的改变，而进行因时制宜的损益和改作。尤其是当一个王朝走向没落时，其礼乐的形态也会随之发生相应的变化，这就是为什么季札有观礼闻乐而知兴衰之说。例如东汉隆礼，其后期便出现虚伪的礼教，加之魏晋司马氏肆意践踏礼教的最基本准则，遂激起魏晋时代玄学弃礼的反动。又如南朝政权更迭频仍，世族朝不虑夕，及时行乐思想的驱使，便产生哀感靡丽

---

① 《礼记集解·坊记》卷五十，中华书局，1989年版，第1280、1282页。
② 《礼记集解·曲礼上》卷二，中华书局，1989年版，第12页。
③ 《礼记正义·乐记第十九》卷三十七，《十三经注疏》整理本，北京大学出版社，2000年版，第1271页。
④ 《新唐书·窦威传》卷九十五，中华书局，1975年版，第3844页。
⑤ 《礼记正义·乐记第十九》卷三十七，《十三经注疏》整理本，北京大学出版社，2000年版，第1272页。

的乐声,被指为靡靡的亡国之音。失去了先王制礼作乐的精神,所以非重新改作不可,非仅以示区别而已。

其实,各时代都不乏潜心研究礼乐经典,追求礼乐精神,企图补偏救时的学者。所以在南北朝及隋时,礼学研究,因衰世颓风所激,反而呈上升趋势。据南北史《儒林传》所载,南朝"通三《礼》"、"善三《礼》"或"尤精三《礼》"、"尤长三《礼》"的学者举不胜数。北朝则因周文帝以《周礼》为立国大法。"公卿以下,多习其业。"[1]并直接影响到隋唐的政治制度与学风。所以赵翼《廿二史札记》曰:"六朝人最重三《礼》之学,唐初犹然。"并在历述唐代礼学名家之后说:"此可见唐人之究心三《礼》,考古义以断时政,务为有用之学,而非徒以炫博也。"[2]但是,社会礼乐文明的状况,不在其有多少人研究这门学问,而在于是否由当政者以政府的权威在提倡和推行。所以朝廷审礼正乐重订具有国家法律效力的礼典,其意义就显得尤为重大。

《唐律》,是我国法律制度史上保存最完整的一部法律典籍。并以其理论完善,条理清晰,社会涵盖面广而著称于世。其律法条文虽仅五百零二条,却能做到法无疏漏,因而成为"中华法系"的代表之作。今人所言及之唐律,即以泛称武德、贞观、永徽、开元等四朝律法,亦用以指称永徽律之《疏议》,即《唐律疏议》这部有代表性的法典。唐律是我国封建法典的楷模,在中国法制史上具有继往开来,承前启后的重要地位。唐代承袭秦汉立法成果,吸收汉晋南北朝律学成就,使唐律表现出高度的成熟性。唐律因具有封建法律的典型性,故对宋元明清之法律制定产生了深远的影响。

唐律之所以成为历代律法之翘楚,不惟是历代法典的集大成,也是儒家宽仁立法精神精华之汇聚。

---

[1] 《北史·熊安生传》卷八十二,中华书局,1974年版,第2744页。
[2] 《廿二史札记校证·唐初三礼汉书文选之学》卷二十,中华书局,1984年版,第440、441页。

《唐律疏议》作为唐代立法与法律解释的权威文献,德刑并重,寓礼于法,充分体现了中华法系的精神素质。诚如《四库全书提要》所引:"论者谓唐律一准乎礼,以为出入得古今之平。"[①]其主旨即是"德礼为政教之本,刑罚为政教之用,犹昏晓阳秋,相须而相成者也"。又说:"五刑之中,十恶尤切,亏损名教,毁裂冠冕;特标篇首,以为名诫。"[②]律令既以"德礼"为本,则刑罚的对象主要是"亏损名教"即违反伦理道德的行为。将礼、法合一,统一了礼法规范,将"人情(情理)、国法"进一步联系起来。《唐律疏议》的制作与颁行,标志着儒家礼法思想的制度化,为古代礼法社会的形成,迈出了决定性的一步。

唐代法治精神较前代最大的不同,即其法制已经不仅限于刑法,古代礼法浑然一体、政刑不分的状态,产生了明显分化的趋势。《唐律疏议》、《开元礼》和《唐六典》的分别制定,即是唐代立法者力图将行礼法政刑分开的一次尝试。《唐律疏议》是历史上礼法分立的集大成;《开元礼》则将"礼"明确限定为五礼之仪的范围之内;而礼中有关国家法制的部分,如典章制度,官制及其职责范围,相当于古礼《周官》的内容,则由撰著《唐六典》来承当,至是礼法有了明确的分工。根据《唐六典》内容、性质与功能,按照现代学科分类,将其定为古代行政法典,是十分恰当的判断。因之可说,《唐六典》的出现,是中国法制史上的划时代事件。

盛唐时期,唐朝完成了《唐律疏议》、《大唐六典》和《大唐开元礼》三大法典的编纂,使古代礼法关系发生了重大变化,即结束了过去礼法不分浑然一体的状态,《唐律》在重新定立五刑,即以笞、杖、徒、流、死,取代秦汉以来的墨、劓、剕、宫、大辟,取消肉刑的同时,也恢复了刑法的儒家特色。

《唐律疏议》作为中华法系的典型代表,其律条及律疏深受传统的

---

① 《四库全书提要·史部政书类二》卷八十二,中华书局,1965年版,第712页。
② 《唐律疏议笺解·名例》卷一,第3页;《十恶》,中华书局,1996年版,第56页。

纲常名教所支配,是儒家的伦理法典,其基本精神就是刑以弼教,法以济礼,刑法是完成礼教功能的手段。因此"出礼则入刑",便是再自然不过的事情。刘俊文先生甚至认为:"全部礼的原则都无异于律的条文,都具有法律的性质和效力。这是最明白不过地承认了礼为唐律的法源。"《唐律》如此,《律疏》更是广泛地征引礼义来解释法意。

《大唐六典》按照《周礼》设官分职的模式,将国家行政的职权分门别类地纳入六大纲目之中,不但可使各行政职能部门有法持循,而且便于随时征引检阅,可以极大地提高办事效率。虽然与《周礼》一样,仍然带有理想的成分,但不能因此认为脱离现实,相反,这正是一部良法必须具有的特征。试想一部行政法典不能有高出现实的要求,如何能使政府机构的职能趋向完善,取法者岂不更将等而下之?更重要的是,这两部法典都体现了以人为本的儒家礼法精神。

礼乐是上古文化的精华,周公制礼作乐之后,礼成为统摄整个社会生活以及人们思想行为的规范;五刑之法作为礼之附庸,率先从礼中独立出来,随即成为法家特别重视的统御工具;孔子赋予礼乐以仁义的思想内涵,认为刑罚只是礼法的辅助工具,任法并不能致治,只有经过礼义的教化,使人远刑近善,国家才能达到大治。孔子论德、礼、政、刑德关系曰:"圣人之治化也,必刑政相参焉,太上以德教民,而以礼齐之。其次以政焉导民,以刑禁之,刑不刑也。化之弗变,导之弗从,伤义以败俗,于是乎用刑矣。"[①]刑罚只是不得已而用之。孔子还是主张以德礼化民成俗,因而又有"道之以政,齐之以刑,民免而无耻;道之以德,齐之以礼,有耻且格"之论。然而古礼庞杂,博而寡要,议论纷纭,难于持循。《大唐开元礼》的制定,结束了这种争论不休的混乱局面,将礼限定在礼仪的范围之内,确立了礼就是郑玄所谓的五礼,并将吉凶军宾嘉五礼的顺序改为吉宾军嘉凶,使之更加接近人情。

唐代礼法的分立,并未削弱礼的作用,反而标志着礼法思想的成

[①] 《孔子家语·刑政第三十一》卷七,《百子全书》,浙江人民出版社,1984年版,第3页。

熟,三大典的制作完成,使政典、刑典和礼仪,趋向进一步地专业化,使得分工更为明晰,三者之间融会贯通,相辅相成,法中依然渗透着礼的精神,礼则具备了法的威严。诚如张晋藩先生所说:"以礼为内涵,以法为外貌以礼移民心于隐微,以法彰善恶于明显;以礼夸张恤民的仁政,以法渲染治世的公平;以礼行法,减少推行法律的阻力;以法明礼,使礼具有凛人的权威;以礼入法,使法律道德化,法由止恶而兼劝善;以法附礼,使道德法律化,出礼而入于刑。"①中国礼法社会的形成,正是经由唐代将礼法通过立法形式使之制度化法律化的结果。

由于《礼》向来代表着上古王道政治的完美制度和理想境界,但是在礼制之中原本是含有法的内容在其中的。礼的实质是理,礼教即是以理服人,以合理的原则,构建起社会的秩序,不违人情,故便于自觉遵行,与其将之定义为道德范畴的柔性约束,毋宁说是汲引人生进入更高境界的阶梯;法的实质是罚,法律即是以罚示惩,是以国家的权威,对社会秩序及公私权利的维护,属于制度范围的刚性规则,法对违礼犯法行为的惩罚,亦即对礼法尊严及尊礼守法行为的保护。由此言之,法律实亦礼制规范的自然延伸。礼是对秩序的建构,法是对秩序的保护,两者本亦相辅相成,缺一不可,故联称为礼法。

随着秦政毁弃仁礼,专任法律以为具,以法行暴,迅即走向败亡的历史教训,礼法遂成为两汉以来历代统治者治国教民的不二纲维。汉朝虽说是独尊儒术,罢黜百家,实则是奉行霸王道兼之的政治方略,兵刑的作用并未被忽略,刑律从最初的"法三章"到"九章律"一直发展到六十余章,走着法网日益繁密的路线。然而废除肉刑和经义断狱都自汉代开始。而唐律只有十二章五百条,所以"史称其刑纲简要,疏而不失"②。《唐律》彻底废除肉刑,笞杖刑的数量也有所降低;但加重了触犯纲常伦理及违礼行为的惩处,如《孝经》谓:"五刑之属三千,而罪莫

---

① 张晋藩:《中国法律的传统与近代转型》,法律出版社,2009年版,第31页。
② 《四库全书总目提要·史部三十八》卷八十二,中华书局,1965年版,第711页。

大于不孝。"《唐律》便把"不孝"列为"十恶",属于不赦之罪;并且规定"诸子孙违犯教令及奉养有缺者,徒二年"。又"礼云'凡教学之道,严师为难。师严道尊,方知敬学',如有亲承儒教,伏膺函丈,而殴师者,加凡人二等"等等。① 唐初两代君主肯于借鉴历代兴亡教训,并认真总结继承古代礼法精神。《新唐书·刑法志》评论说:"盖自高祖、太宗除隋虐乱,治以宽平,民乐其安,重于犯法,致治之美,几乎三代之盛时。考其推心恻物,其可谓仁矣!""玄宗初励精为政,二十年间,刑狱减省,岁断死罪才五十八人。以此见致治虽难,勉之则易,未有为而不至者。"②《大唐开元礼》和《大唐六典》便是玄宗勤勉为政,励精求治时期的杰作。加之《唐律疏议》,一并被后世视为融贯礼法精神的典范,在中国法制史上享有崇高的声誉与权威。礼法结合、寓礼于法,以及天理人情国法的三位一体,遂成为中华法系的显著特点。

  初唐时期的《唐律》及其《疏议》代表着古代刑法思想的至高点,与开元盛世的《开元礼》和《唐六典》都属于代表古代礼法思想的集大成之作。这三部煌煌大典都是堪与大唐盛世辉煌物质成就相匹配的精神产品。这也是儒家外王思想最终在制度层面的落实。三大典的编纂,正处在唐朝国力日趋强盛,经济日臻富足,社会环境安定和人心舒畅的上升时期,开元之所以臻于至治,大唐之所以能有盛世,都与之有着密切的内在联系。因之可说,三大典的问世是"大唐盛世"的时代标志,同时也代表着中国礼法社会的正式形成。

  关于儒学的范围,汤一介先生已经作了精到的论述,我还想就本卷儒学史的写作范围做一简要说明。儒学是一种哲学社会学说,其核心当然是哲学,但其学说所涉及的范围,并不是某一种学科比如中国哲学史所可限制的。儒学又可称之为儒道,亦即大家常说的内圣外王之道,道可有多种解释,但作为学说的"道",是可以当作"主义"理解

---

① 《唐律疏议笺解·斗讼》卷二十三,中华书局,1996年版,第61、1636、1576页。
② 《新唐书·刑法志》卷五十六,中华书局,1975年版,第1407页。

的。所以儒家之"道"或"主义",实际上贯穿于社会、人生乃至自然观念的所有领域之中。不管现代学术把社会分成多少学科去进行分门别类地研究,其中都有儒家一派的思想在内。儒家为学讲求经世致用,用其特有的哲学智慧去解决政治制度、社会伦理、法律规范、国计民生、军事兵法、文学艺术乃至农田水利、科学技术等问题的论说,都应该属于其学说的组成部分。本卷捡取儒家学术与社会民生关系尤重的几个方面,加以论列,以见隋唐儒家对儒学发展较为全面的贡献,非仅限于哲学与经学而已。也惟有如此,才会使我们对儒学的实质及其作用,能有一个较为全面深入的理解。可惜本人才疏学浅,文笔凝涩,未必能达到预期的构想,而且时间仓促,错误和疏漏在所难免,只有虚心地等待读者的批评指正而已。

第一章

隋代的儒学

第一节 隋代儒学与政治

一、儒学的旋兴旋废

隋朝是承袭北周建立起来的王朝。隋文帝在建国之初,颇有揽辔澄清,革故鼎新之志;移风易俗,兴复礼仪之举。尽革北朝敝政,恢复汉官威仪。在大兴土木,营建新都之后,文教制度方面,亦思去故谋新,凡百改创。如在总结前朝学制的基础上,设立太学、国子学、四门学;①另外还创立了书学、算学和律学,此三学之设即为历史上有专科教育之始。太学、国子、四门及书、算两学隶属国子监,设祭酒、主簿、录事各一人,专掌教育事业,此又为历史上专设教育行政部门及教育

---

① 北魏太和中,创立小学于宫城西墙的四门,谓之四门学,教授下级官员与平民家子弟,内容与太学国子相同,自后相沿不改。

长官之始。惟有律学由大理寺直接领导。各学设有博士、助教以及生员，各有定额。博士和助教于"国子、太学、四门各五人，书、算各二人"；学生于"国子一百四十人，太学、四门各三百六十人，书四十人，算八十人"。① 可见当时中央官学的规模已经相当可观。教育的振兴，造成了文化学术独步一时的空前昌盛：

> 于是四海九州强学待问之士，靡不毕集焉。天子乃整万乘，率百僚，遵问道之仪，观释奠之礼。博士罄悬河之辩，侍中竭重席之奥，考正亡逸，研核异同，积滞群疑，涣然冰释。于是超擢奇秀，厚赏诸儒，京邑达乎四方，皆启黉校。齐、鲁、赵、魏，学者尤多，负笈追师，不远千里，讲诵之声，道路不绝。中州儒雅之盛，自汉、魏以来，一时而已。②

然而文教事业还没有在整个北方展开，争强斗狠，风俗浇弊的状况还没有多少改变。开皇三年，潞州刺史柳昂，见天下承平，正可在各地劝学行礼，因上表曰：

> 臣闻帝王受命，建学制礼，故能移既往之风，成惟新之俗。晚世因循，遂成希慕，俗化浇敝，流宕忘反，自非天然上哲，挺生于时，则儒雅之道，经礼之制，衣冠民庶，莫肯用心。世事所以未清，轨物由兹而坏。（陛下）君临四海。择万古之典，无善不为；改百王之弊，无恶不尽。至若因情缘义，为其节文，故以三百三千，事高前代。然下土黎献，尚未尽行。儒风以坠，礼教犹微，是知百姓之心，未能顿变。若行礼劝学，道教相催，必当靡然向风，不远而就。家知礼节，人识义方，比屋可封，辄谓非远。

文帝览而善之，因俯允其请，下《劝学行礼诏》曰：

> 建国重道，莫先于学，尊主庇民，莫先于礼。自魏氏不竞，周、

---

① 《隋书·百官志下》卷二十八，中华书局，1973年版，第777页。
② 《隋书·儒林传》卷七十五，中华书局，1973年版，第1706页。

齐抗衡，分四海之民，斗二邦之力，递为强弱，多历年所。务权诈而薄儒雅，重干戈而轻俎豆，民不见德，唯争是闻。朝野以机巧为师，文吏用深刻为法，风浇俗弊，化之然也。虽复建立庠序，兼启黉塾，业非时贵，道亦不行。其间服膺儒术，盖有之矣，彼众我寡，未能移俗。然其维持名教，奖饰彝伦，微相弘益，赖斯而已。

古人之学，且耕且养。今者民丁非役之日，农亩时候之馀，若敦以学业，劝以经礼，自可家慕大道，人希至德。岂止知礼节，识廉耻，父慈子孝，兄恭弟顺者乎？始自京师，爰及州郡，宜祇朕意，劝学行礼。①

自此以后，遂于天下州县皆设学置博士讲学习礼。由此看见隋文帝初年对文教事业还是有着清醒的认识，自京师以至州县设置学校，劝学行礼也取得了良好的成效。

在隋朝，与兴复教育相应的，是科举制度的创立。隋立国之后，由于国家统一，中央政府确立，亟需大批胸怀经世之策，谙习"政事之方"的治国人才，委以政务。隋文帝登基伊始，即锐意罗致人才，"诏举贤良"之士。废除自汉魏以来"察举取士"的九品中正制，以制举考试的办法选拔人才。彻底改变了"上品无寒门，下品无世族"的选官局面。开皇三年下诏曰："朕君临区宇，深思治术，欲使生人从化，以德代刑，求草莱之善，旌闾里之行。民间情伪，咸欲备闻。已诏使人，所在赈恤，扬镳分路，将遍四海，必令为朕耳目。如有文武才用，未为时知，宜以礼发遣，朕将铨擢。"②又于开皇七年诏"制诸州岁贡三人"。进而明确制举的科目，命"京官五品以上、总管、刺史，以志行修谨、清平干济二科举人"。其"清平干济"科，当即当时推行的"州举秀才"。此后又陆续下诏公卿士庶，"见善必进，有才必举"，要求"内外官各举所知"。诏令甚至说：

---

① 《隋书·柳机传》卷四十七，中华书局，1973年版，第1277、1278页。引文均为节录。
② 《隋书·高祖纪上》卷一，中华书局，1973年版，第20页。

至于闾阎秀异之士,乡曲博雅之儒,言足以佐时,行足以励俗,遗弃于草野,堙灭而无闻,岂胜道哉!所以览古而叹息者也。方今区宇一家,烟火万里,百姓乂安,四夷宾服。是以小心励己,日慎一日。以黎元在念,忧兆庶未康,以庶政为怀,虑一物失所。虽求傅岩,莫见幽人,徒想崆峒,未闻至道。州县搜扬贤哲,皆取明知今古,通识治乱,穷政教之本,达礼乐之源,不限多少,不得不举。限以三旬,咸令进路,征召将送,必须以礼。①

表现了文帝初期向往政清治平,求贤若渴的至诚之心。

大业元年,炀帝继位之初,即在其改元大赦诏中提出"若有名行显著,操履修洁,及学业才能,一艺可取,咸宜访采,将身入朝。所在州县,以礼发遣"。不久又颁布兴学举贤之诏,诏曰:

君民建国,教学为先,移风易俗,必自兹始。而言绝义乖,多历年代,进德修业,其道浸微。朕纂承洪绪,思弘大训,将欲尊师重道,用阐厥猷,讲信修睦,敦奖名教。方今宇宙平一,文轨攸同,十步之内,必有芳草,四海之中,岂无奇秀!诸在家及见入学者,若有笃志好古,耽悦典坟,学行优敏,堪膺时务,所在采访,具以名闻,即当随其器能,擢以不次。若研精经术,未愿进仕者,可依其艺业深浅,门廕高卑,虽未升朝,并量准给禄。庶夫恂恂善诱,不日成器,济济盈朝,何远之有!其国子等学,亦宜申明旧制,教习生徒,具为课试之法,以尽砥砺之道。

大业三年,炀帝正式颁布科举之诏,诏书曰:

天下之重,非独治所安,帝王之功,岂一士之略。自古明君哲后,立政经邦,何尝不选贤与能,收采幽滞。祁大夫之举善,良史以为至公,臧文仲之蔽贤,尼父讥其窃位。求诸往古,非无褒贬,

---

① 《隋书·高祖纪下》卷二,中华书局,1973年版,第33、47、51页。

宜思进善,用匡寡薄。夫孝悌有闻,人伦之本,德行敦厚,立身之基。或节义可称,或操履清洁,所以激贪厉俗,有益风化。强毅正直,执宪不挠,学业优敏,文才美秀,并为廊庙之用,实乃瑚琏之资。才堪将略,则拔之以御侮,膂力骁壮,则任之以爪牙。爰及一艺可取,亦宜采录,众善毕举,与时无弃。以此求治,庶几非远。文武有职事者,五品已上,宜依令十科举人。有一于此,不必求备。朕当待以不次,随才升擢。①

明确提出了十科举人的科目为:孝悌有闻、德行敦厚,节仪可称、操履清洁、强毅正直、执宪不挠、学业优敏、文才美秀、才堪将略、膂力骁壮。在其后的诏书中,炀帝又提出"世属隆平,经术然后升仕"②的条目。范文澜先生说:"隋炀帝定十科举人,其中有'文才秀美'一科,当即进士科。隋炀帝本人是个文学家,创立进士科,以考试诗赋为主,是不足为奇。这是科举制度的开始。"③如此说来,其中的"学业优敏"、"经术登仕",当即后来的明经科;而其余诸科也都可以在后世的科举中找到近似的科目,如唐宋普遍举行的秀才、明法、明算、吏治、将帅等常设科目和贤良忠直、志烈秋霜等特科。说明科举制在隋时已经全面推行,只是在当时还不怎么规范而已。

《隋书·文学传论》说:"有隋总一寰宇,得人为盛,秀异之贡,不过十数。"④是就"秀异之贡"的秀才科而言。以其他科目"射策甲科"、"擢第甲科"、"射策高第"者,当亦不在少数。有些是因《隋书》无传,如王通;有些是因事迹主要在唐代,传记载于唐史,如王绩、房玄龄、窦威、孔颖达等。观文帝开皇九年诏"爰及州县,生徒受业,升进于朝,未有灼然明经高第,此则教训不笃,考课未精"语,是知隋代科举于开皇年

---

① 《隋书·炀帝纪上》卷三,中华书局,1973年版,第64、68页。
② 《隋书·炀帝纪下》卷四,中华书局,1973年版,第83页。
③ 范文澜:《中国通史简编》修订本第三编第一册,人民出版社,1965年版,第13页。
④ 《隋书·文学传论》卷七十六,中华书局,1973年版,第1750页。

间即有"明经"之目矣。

隋代大兴文教的第二个措施,是于开皇之初,采纳秘书监牛弘的建议,征集天下图书。据《牛弘传》载:"弘以典籍遗逸,上表请开献书之路。"牛弘以为自孔子纂修《诗》、《书》以来,历代鸿生巨儒所撰著的篇籍图书,经过秦汉以迄南北朝,"年逾千载,数遭五厄",几乎扫地以尽,但是秘牒缃帛,每藏民间,"屋壁山岩,往往间出"。只要朝廷决意敦尚儒术,诚心征求,学艺之士,仍会"怀经负帙,不远斯至"。于是牛弘最后在奏章中说:

> 自华夏分离,彝伦攸斁,其间虽霸王递起,而世难未夷,欲崇儒业,时或未可。今土宇迈于三王,民黎盛于两汉,有人有时,正在今日。方当大弘文教,纳俗升平,而天下图书,尚有遗逸,非所以仰协圣情,流训无穷者也。臣史籍是司,寝兴怀惧。昔陆贾奏汉祖云"天下不可马上治之",故知经邦立政,在于典谟矣。为国之本,莫此攸先。今秘藏见书,亦足披览,但一时载籍,须令大备。

文帝嘉纳之,于是下诏:"献书一卷,赍缣一匹。"①一二年间,篇籍稍备。

开皇九年平陈之后,文帝颇有偃文息武,兴复礼教之念,于是下诏曰:

> 武力之子,俱可学文,人间甲仗,悉皆除毁。有功之臣,降情文艺,家门子侄,各守一经,令海内翕然,高山仰止。京邑庠序,爰及州县,生徒受业,升进于朝,未有灼然明经高第,此则教训不笃,考课未精,明勒所由,隆兹儒训。官府从宦,丘园素士,心迹相表,宽弘为念,勿为踧促,乖我皇猷。朕君临区宇,于兹九载,开直言之路,披不讳之心,形于颜色,劳于兴寝。自顷遑艺论功,昌言乃众,推诚切谏,其事甚疏。公卿士庶,非所望也,各启至诚,匡兹不逮。见善必进,有才必举,无或嘿默,退有后言。颁告天下,咸悉

---

① 《隋书·牛弘传》卷四十九,中华书局,1973年版,第1297、1300页。

此意。①

明确指出：希望通过"隆兹儒训"，作育人才；提倡"推诚切谏"，以改革官风。

在礼乐制度方面，文帝于开皇之初，便有重新制礼订乐之举。《隋书·礼仪志》载："高祖受命，欲新制度，乃命国子祭酒辛彦之议定祀典。"然其初受周禅，"恐黎元未惬，多说符瑞以耀之"。后又敕令礼部尚书和太常卿修撰五《礼》、改定雅乐。② 牛弘召集诸儒参议，撰成《开皇礼》，行于当世。牛弘又请依古制修立明堂，"上以时事草创，未遑制作，竟寝不行"③。

隋文帝在位期间，"平一四海。薄赋敛，轻刑罚，内修制度，外抚戎夷"，"居处服玩，务存节俭，令行禁止，上下化之"，为政治的改革，文教的兴盛，做出杰出的贡献。"然天性沉猜，素无学术，好为小数，不达大体，故忠臣义士，莫得尽心竭辞。其草创元勋及有功诸将，诛夷罪退，罕有存者"，"逮于暮年，持法尤峻，喜怒不常，过于杀戮"，这些弱点和错误，终于导致他一步步迈向衰败的深渊。考文帝一生，身为功臣、帝翁而篡夺女婿的帝位，并因此疑忌功臣而动辄屠戮，继而又追悔无及。这种负罪感，终将伴随其终生。更何况这一切又为儒家名教所不容，难以树立其圣王明君的形象。大概为了掩饰自己深重的罪孽，缓解心灵的压力，晚年的文帝不得不乞灵于宗教，一心崇敬佛、道，广录佛经，大建寺院，甚至下诏曰："佛法深妙，道教虚融，咸降大慈，济度群品，凡在含识，皆蒙覆护。所以雕铸灵相，图写真形，率土瞻仰，用申诚敬。故建庙立祀，以时恭敬。敢有毁坏偷盗佛及天尊像、岳镇海渎神形者，以不道论。沙门坏佛像，道士坏天尊者，以恶逆论。"④ "不道"属于《隋

---

① 《隋书·高祖下》卷二，中华书局，1973年版，第33页。
② 《隋书·礼仪志一》卷六，中华书局，1973年版，第116页、117页。
③ 《隋书·牛弘传》卷四十九，中华书局，1973年版，第1300、1308页。
④ 《隋书·高祖下》卷二，中华书局，1973年版，第54、46页。

律》里的"十恶之条",罪在不赦。其尊崇佛道,已经到了无以复加的地步。既崇佛道,当然也就轻忽儒学,然后遂有废学之举。《隋书·儒林传序》分析说:"及高祖暮年,精华稍竭,不悦儒术,专尚刑名,执政之徒,咸非笃好。暨仁寿间,遂废天下之学,唯存国子一所,弟子七十二人。"①"太学、四门及州县学并废。"文帝晚年废学的理由,其在仁寿元年诏书中,是这样说的:

> 儒学之道,训教生人,识父子君臣之义,知尊卑长幼之序,升之于朝,任之以职,故能赞理时务,弘益风范。朕抚临天下,思弘德教,延集学徒,崇建庠序,开进仕之路,伫贤隽之人。而国学胄子,垂将千数,州县诸生,咸亦不少。徒有名录,空度岁时,未有德为代范,才任国用。良由设学之理,多而未精。今宜简省,明加奖励。②

所述的理由实则难以成立,国子与州县学生,"徒有名录,空度岁时,未有德为代范,才任国用",以及"未有灼然明经高第"的原因,其在开皇九年诏中曾经看的十分准确:即"此则教训不笃,考课未精"。即使果如其言是"良由设学之理,多而未精"所导致,那么只要严格教训和考课,甚至改进"多而未精"的"设学之理"可矣,何至于简省到废弛的地步?时任旅骑尉的刘炫"上表言学不宜废,情理甚切",而"高祖不纳"。③《儒林传序》说是因其暮年"不悦儒术,专尚刑名,执政之徒,咸非笃好";《高祖纪》说其晚年崇信佛道,迷信鬼神。"果于杀戮"与忏佛禳道,是其精神状态与行为方式的两个极端,儒学本来就是在佛道思想与法家之学之间所取的"中道",执政者放弃中道,则必然走向佛道或法家两个极端的结合,以取得精神的平衡。而在隋文帝这里,首先是因为向法家理念的倒退(恣意屠戮功臣是法家"尊君卑臣"理念的极

---

① 《隋书·儒林传》卷七十五,中华书局,1973年版,第1706页。
② 《隋书·高祖纪下》卷二,中华书局,1973年版,第47页。
③ 《隋书·刘炫传》卷七十五,中华书局,1973年版,第1721页。

端表现),作为对严刑峻法的补充,便又不得不向佛道二教祈求禳解。借口"设学之理,多而未精",而"简省"学校,也与其俭吝的习性有关。具有讽刺意味的是,就在其颁布废学诏的同一天,却不惜重费,"颁舍利于诸州"。

隋大业初年,曾一度复兴儒学教育,"炀帝继位,复开庠序,国子、郡县之学,盛于开皇之初。征辟儒生,远近毕至,使相与讲论得失于东都之下,纳言定其差次,一以闻奏焉"①。并诏许民间儒生学行优敏者给予不次待遇,"即当随其器能,擢以不次。若研精经术,未愿进仕者,可依其艺业深浅,门荫高卑,虽未升朝,并量准给禄"②。一时大有尊儒敬贤,文教聿新之象。

可惜好景不常,"既而外事四夷,戎马不息,师徒怠散,盗贼群起","空有建学之名,而无弘道之实。其风渐坠,以至灭亡,方领矩步之徒,亦多转死沟壑。凡有经籍,自此皆湮没于煨尘矣"③。隋炀帝"恃才矜己,傲狠明德,内怀险躁,外示凝简,盛冠服以饰其奸,除谏官以掩其过。淫荒无度,法令滋章,教绝四维,刑参五虐,锄诛骨肉,屠剿忠良,受赏者莫见其功,为戮者不知其罪。骄怒之兵屡动,土木之功不息",④对内实行残暴统治,对外征战不休,最终导致民不聊生,海内分崩,身戮国灭的结局。

隋代统一寰宇,结束三百年动乱,两任帝王若能继续将励精图治,聿兴文教的政策贯彻始终,使百姓安乐,与国咸休,则训致太平,盛世可期。而乃于富庶强盛之际,暴至败亡,不能不令人深思。隋炀帝比文帝更熟稔儒家经典,而且才华过人,竟然能把一个富强统一的大帝国葬送,唐初君臣对此颇为不解。唐太宗尝读炀帝《文集》,"谓侍臣曰:'朕观《隋炀帝集》,文辞奥博,亦知是尧、舜而非桀、纣,然行事何其

---

① ③ 《隋书·儒林传序》卷七十五,中华书局,1973年版,第1707页。
② 《隋书·炀帝纪上》卷三,中华书局,1973年版,第64页。
④ 《隋书·炀帝纪下》卷四,中华书局,1973年版,第95页。

反也!'魏征对曰:'人君虽圣哲,犹当虚己以受人,故智者献其谋,勇者竭其力。炀帝恃其俊才,骄矜自用,故口诵尧、舜之言而身为桀、纣之行,曾不自知,以至覆亡也。'"①隋炀帝饰非拒谏,过于其父,立身即已不正,则过人的才华适足以助成其恶。魏征之论,可谓一语中的,实堪为百世龟鉴。

二、隋朝治国政策的儒法之辨

有隋一代,文炀两帝在其统治前期,为了刷新政治,也为了招揽人心,做出许多尊崇儒学的举措,如创制科举,简拔人才,网罗图书,大兴文教,初亦未尝不欲励精求治,训至太平。可惜隋朝不能将儒治的理念贯彻始终,朝令夕改,言与心违,儒学教育旋兴旋废。法律的宽简,田赋的改制,使经济得以发展,国家富足。然而文帝虽知恤民,但过于俭啬,吝于赏赐,甚至因"宜简省"而废弛京师与州县官学;炀帝则过度奢靡,征求无厌,几至敲骨剥髓。任情予夺,赏罚不公。两帝虽有如此不同,但皆暴戾成性。《新唐书·刑法志序论》曾评价其父子曰:"隋文帝性刻深,而炀帝昏乱,民不胜其毒。"②至如府库充盈,贯朽粮腐,民贫而不恤,却是这对父子的共性。"隋开皇十四年大旱,人多饥乏。是时仓库盈溢,竟不许赈给,乃令百姓逐粮。隋文不怜百姓而惜仓库,比至末年,计天下储积,得供五六十年。炀帝恃此富饶,所以奢华无道,遂致灭亡。"③而炀帝更有甚者,大业八年"是岁,大旱,疫,人多死,山东尤甚"。不但不予赈济,反而乘机"密诏江淮南诸郡阅视民间童女,姿质端丽者,每岁贡之"④。所以隋朝的灭亡,不是因为经济危机和天灾饥荒,全是最高统治者的政策所造成的人祸。历史上可与比拟的,在商则有鹿台之焚,在秦则有咸阳大火,真可谓殷鉴不远,于此鼎足而三。

---

① 《资治通鉴·唐纪七·贞观二年》卷一百九十二,中华书局,1956年版,第6053页。
② 《新唐书·刑法志序论》卷五十六,中华书局,1975年版,第1408页。
③ 《贞观政要集校·辨兴亡第三十四》卷八,中华书局,2003年版,第466页。
④ 《隋书·炀帝纪下》卷四,中华书局,1973年版,第83页。

自秦王朝实行法家的治国政策以来,历代的统治者并没有完全将其废除,汉代更是以"霸王道杂之"的治国理念而著名。只要有专制制度与最高统治集团的利益在,法家的理论和政策就不会在政治生活中消失,诚如朱熹所说:"秦之法,尽是尊君卑臣之事,所以后世不肯变。"①只是在不同的朝代不同的统治者,在儒法之间的平衡上各有所侧重而已。除了天灾人祸的因素之外,儒家政治的成分多一些的王朝,一般历祚长久,称为治世;法家政治的成分过度的王朝,以刀锯斧钺,严刑峻法待天下臣民,一般都会迅速导致动乱乃至覆亡。这是儒家总结出的经验,也是具有充分事实作为根据的论断。或许有人会问,隋文帝废除秦汉以来的酷刑,这与法家的严刑峻法迥不相侔矣,何得更谓其为法家?文帝废除酷刑,确属法律的进步,是文帝对历史的贡献。酷刑属于峻罚,但废除峻罚不等于废除峻法,隋代法网之严密,可谓细大不捐,特别是执法之严酷,纤芥之过,必置之重典。《隋书·刑法志》说:"高祖性猜忌,素不悦学,既任智而获大位,因以文法自矜,明察临下。恒令左右觇视内外,有小过失,则加以重罪。又患令史赃污,因私使人以钱帛遗之,得犯立斩。"甚有盗粮"一升以上皆死"与"盗一钱以上皆弃世"之律。"此后又定制,行署取一钱已上,闻见不告言者,坐至死。自此四人共盗一榱桷,三人同窃一瓜,事发即时行决。"如果稍有恻隐之心,不至如此视民命如草芥。律条法令既已严酷,更何况有法不依,率意杀人。史载:"仁寿中,用法益峻,帝既喜怒不恒,不复依准科律。"而用法尤其峻刻,遂使"无殊罪而死者,不可胜原","其临终赴市者,莫不途中呼枉,仰天而哭"②。这样一幅图景,又何异于人间地狱。秦法尚不至于如此严酷。在朝堂之上,文、炀两帝,皆是朝纲独断,拒谏饰非;任情施法,盛怒杀人,往往连谏者一并诛之。玩弄权术,陷人于罪,还算是罪有攸归,可怕的是记人细过旧怨,然后寻机诛戮。

---

① 《朱子语类·历代一》卷一百三十四,中华书局,1986年版,第3218页。
② 《隋书·刑法志》卷二十五,中华书局,1973年版,第713、714、716页。

在这种情况下,人人自危,除非逢君之欲,哪里还有人敢于进谏。帝王既没有一点君人之度,更谈不上什么君臣共治的儒家理念了。《隋书·酷吏传论》论儒法之不同云:"御之良者,不在于烦策,政之善者,无取于严刑。故虽宽猛相资,德刑互设,然不严而化,前哲所重。"而有隋之酷吏,在国家承平之日,"时无桀黠,未闲道德,实怀残忍。贼人肌体,同诸木石,轻人性命,甚于刍狗"①。严刑峻法,再加上繁重的赋役,这就是法家的特征。

所以史家认为,汉唐之所以能够长治久安,倾而未覆,危而复安;及夫秦隋之所以在鼎盛之期竟二世而亡的原因,不在于"攻守之势异也",亦不在于统治者的庸懦或骄奢,而实在于治国理念政策的儒法王霸之别。如台湾史家李则芬即说:"开皇、贞观不同之处,在于王道、霸道之别。"他认为,隋代所继承的大统,始自北魏政权,鲜卑拓跋族"唯武功是尚,鞭笞及杀戮是其惯用的统治手段。其后虽努力吸收中原文化,然落后民族的暴戾之气仍然存在"②。文帝深染北朝风气,"帝尝发怒,六月棒杀人。大理少卿赵绰固争曰:'季夏之月,天地成长庶类。不可以此时诛杀。'帝报曰:'六月虽曰生长,此时必有雷霆。天道既于炎阳之时震其威怒,我则天而行,有何不可!'遂杀之"。雷霆之怒的理论明显地来自法家,《韩非子·主道篇》谓:"明君之行罚也,畏乎如雷霆,神圣不能解也。"③赵绰与文帝的两个"则天法地"理论,代表了儒法治政理念的不同。儒家认为,人所要效法的天地之道,主要是其生生之德,王者施政也要体现上天的好生之德。庆、赏、刑、罚的王者四政和春、夏、秋、冬的天地四时,"以类相应",所以也应该按照四时的顺序施行。春夏是万物生长的季节,狩猎与采伐尚须禁止,何况杀人。体现了儒家"先德而后刑","任德不任刑"的思想。而文帝竟以炎夏雷霆

---

① 《隋书·酷吏传》卷七十四,中华书局,1973年版,第1702页。
② 李则芬:《隋唐五代历史论文集》,台湾商务印书馆,1989年版,第88页。
③ 《韩非子集释·主道》卷五,上海人民出版社,1976年版,第69页。校释者按:畏、威通。

亦属天道为由,驳斥了赵绰,为自己可以随时杀人找到理论依据。可见文帝所奉行的,完全是法家那一套"用法之相忍,以弃仁人之相怜","不养恩爱之心而增威严之势"的残暴理念。①

文帝不仅自己惯行严刑峻法,甚而诏令:

"所在官人,不相敬惮,多自宽纵,事难克举。诸有愆失,虽备科条,或据律乃轻,论情则重,不即决罪,无以惩肃。其诸司属官,若有愆犯,听于律外斟酌决杖。"于是上下相驱,迭行棰楚,以残暴为能干,以守法为懦弱。②

明确地反对执法的"宽纵",主张法外严惩。在这里必须指出,有法不依,轻犯重罚,恰恰是所谓法家的主要特征。文帝率先如此,举国官吏皆焉得不上令下行,上行下效,哪里还有"政宽刑轻"的影子。

文帝早期的霸道专制,还主要针对朝臣,至其晚年竟也不再以民力民命为念。至炀帝一朝,则唯以残民以逞为务了。杨素为炀帝监造洛阳皇城,"周围数百里"。"又自板渚引河,达于淮海,谓之御河,河畔筑御道,树以柳",即炀帝所开的大运河。又"往江南诸州采大木,引至东都。所经州县,递送往返,首尾相属,不绝者千里。而东都役使促迫,僵仆而毙者,十四五焉。每月载死丁,东至城皋,北至河阳,车相望于道"。③ 君相如此,其下的官吏,则又无不变本加厉。如幽州总管燕荣及其继任者元弘嗣都是著名的酷吏,其待下之严酷,鞫狱之惨烈,令人闻之色变,言之齿冷。奇怪的是,弘嗣曾备受燕荣暴虐几死,及燕荣被诛,弘嗣主政,酷又过之,"炀帝潜有取辽东之意,遣弘嗣往东莱海口监造船。诸州役丁苦其捶楚,官人督役,昼夜立于水中,略不敢息,自腰以下,无不生蛆,死者十三四"。有虐政必有酷吏,酷吏只是虐政的突出表征。隋代的虐政与酷吏,比历史上任何一朝都有过之而无不

---

① 《韩非子集释·六反》卷十八,上海人民出版社,1976年版,第995页。
② 《隋书·刑法志》卷二十五,中华书局,1973年版,第716、714页。
③ 《隋书·食货志》卷二十四,中华书局,1973年版,第686页。

及,而且遍及州县。如石州刺史赵仲卿,"法令严猛,纤微之失,无所容舍,鞭笞长史,辄至二百。官人战慄,无敢违犯,盗贼屏息,皆称其能"①。

炀帝亦知隋法之酷,乃于即位之初,即敕令重定新律,共十八篇,"诏令行之,谓之《大业律》"。"除十恶之条",准予罚铜赎罪。甚至下诏表示要:"虚己为政,思遵旧典,推心待物,每从宽政。六位成象,美厥含弘,一眚掩德,甚非谓也。诸犯罪被戮之门,期已下亲,仍令合仕,听预宿卫近侍之官。""其五刑之内,降从轻典者,二百余条。其枷杖决罚讯囚之制,并轻于旧。是时百姓久厌严刻,喜于刑宽。"政宽刑简,受到百姓的拥戴,应该承认这是一部前所未有的良法。可惜这又是一次争取民心的举措,并无诚意和决心厉行到底。《隋书·刑法志》又载:

> 后帝乃外征四夷,内穷嗜欲,兵革岁动,赋敛滋繁。有司皆临时迫胁,苟求济事,宪章遐弃,贿赂公行,穷人无告,聚为盗贼。帝乃更立严刑,敕天下窃盗已上,罪无轻重,不待闻奏,皆斩。百姓转相群聚,攻剽城邑,诛罚不能禁。帝以盗贼不息,乃益肆淫刑。九年,又诏为盗者籍没其家。自是群贼大起,郡县官人,又各专威福,生杀任情矣。②

由于征役和嗜欲而加重赋敛,由迫胁催征而逼反民众,由防民造反而更立严刑,不仅恢复开皇之旧,而并历代之酷刑尽复之。可是炀帝这次没有文帝那么幸运,严刑峻法并没有达到四海肃清,内外宁息的效果,反而造成"百姓怨嗟,天下大溃",不可收拾的局面。

文帝在开国之初,所施行的善政,都与他彼时尚能信任文儒之臣或较为倾向儒治的大臣有关。如高颎、苏威、李德林、牛弘、薛道衡等,但多不能信任始终,才尽其用。高颎是隋朝的开国功臣,《隋书·高颎

---

① 《隋书·酷吏传》卷七十四,中华书局,1973年版,第1701、1896页。
② 《隋书·刑法志》卷二十五,中华书局,1973年版,第716、717页。

传》称其"有文武大略,明达世务。及蒙任寄之后,竭诚尽节,进引贞良,以天下为己任。苏威、杨素、贺若弼、韩擒等,皆颎所推荐,各尽其用,为一代名臣。自余立功立事者,不可胜数。当朝执政将二十年,朝野推服,物无异议。治致升平,颎之力也,论者以为真宰相"①。象这样贤能的有功大臣,文帝晚年竟将其废黜,后为炀帝寻机诛除。苏威亦属开国功臣,史传称其"久处机衡,多所损益,磬竭心力,知无不为"。虽然怀抱不广,"每至公议,恶人异己,虽或小事,必固争之。时人以为无大臣之体"②,然能治身清俭,以廉慎见称。亦在文帝晚年见疏,而终被废于炀帝之朝。

由北齐入周的儒臣李德林,于高祖入相、平叛、伐陈之际的谋划定策,多有决定性的建议,深为文帝所依重。《隋书》记述他在隋初政治中的作用说:"运属兴王,功参佐命。""协赞谋猷,羽檄交驰,丝纶间发,文诰之美,时无与二。君臣体合,自致青云。"③后亦听信谗言,将其贬谪。薛道衡与李德林齐名,"李称一代俊伟,薛则时之令望"。俱以文雅驰名当世。道衡久当枢要,颇得文帝依重,视为股肱。出为检校襄州总管,"在任清简,吏民怀其惠"。然道衡善于谋事,而拙于谋身,后因文章言辞怀念文帝与高颎,引起炀帝忌恨,借故将其缢杀,"天下冤之"④。

满朝文武功臣,鲜能得全始终者,唯牛弘是个例外。当然这也与牛弘谦虚恭谨,善于自处有关。如《牛弘传》说:"弘荣宠当世,而车服卑俭,事上尽礼,待下以仁,讷于言而敏于行。"牛弘历官秘书监、吏部和礼部尚书等要职,曾奉旨率群儒修礼订律,议定明堂,在文化制度、人才简拔诸方面多有贡献。《牛弘传论》则称其"笃好坟籍,学优而仕,有淡雅之风,怀旷远之度,采百王之损益,成一代之典章,汉之叔孙,不

---

① 《隋书·高颎传》卷四十一,中华书局,1973年版,第1184页。
② 《隋书·苏威传》卷四十一,中华书局,1973年版,第1192、1190页。
③ 《隋书·李德林传》卷四十二,中华书局,1973年版,第1208、1209页。
④ 《隋书·薛道衡传》卷五十七,中华书局,1973年版,第1408、1414页。

能尚也"。牛弘在士林素获雅望,很多儒生都经过牛弘的汲引得到任用。"弘在吏部,其选举先德行而后文才,务在审慎。虽致停缓,所有进用,并多称职","隋之选举,于斯为最。时论弥服弘识度之远"①。至如助王劭编修国史的王孝籍,多年不调且亦不免偷税,曾上书牛弘请求相助,"弘亦知其有学业,而竟不调"②。这恐怕是与文帝的用人政策有关了。

隋代创立并推行了科举制,所取的人才,如秀才进士之属,人数虽然不多,但没有一个位至台辅,执掌中枢。而《隋书》谓"有隋总一寰宇,得人为盛",可见文儒之中并非没有人才。然而类皆"学优命薄,调高位下"③。才调高而"位下"的原因,当然不是因为"命薄",而是当权者不能选贤任能的缘故。贾谊《新书》云:"无贤佐俊士,能成功立名,安危继绝者,未之有也。是以国不务大而务得民心,佐不务多而务得贤者。"又曰:"得贤者显昌,失贤者危亡。自古及今,未有不然者也。"④岂不信然。

第二节 隋代儒学源流概貌

一、隋代儒学的渊源

隋代的统一天下,也带来了南北学术的融合;而南北学术的形成,也正是由于政治的分裂。永嘉之乱后,中原自魏晋以来形成的玄学文化,随着大批士族南渡,遂兴盛于江左;汉儒经学则得以在北方一枝独秀,发荣光畅,北方基本上成为儒学的天下。淝水之战,奠定了南北对

---

① 《隋书·牛弘传》卷四十九,中华书局,1973年版,第1310、1309页。
② 《隋书·儒林传》卷七十五,中华书局,1973年版,第1726页。
③ 《隋书·文学传》卷七十六,中华书局,1973年版,第1750页。
④ (汉)贾谊:《新书·胎教》卷十,《百子全书》,浙江人民出版社,1984年版。

峙的政治局面,儒学遂亦形成南学与北学,亦即皮锡瑞所谓"经学分立"的时代。学界普遍认为,南学主要承袭魏晋玄风的传统,重义理和文辞,学风偏重于清通简要;北朝主要承袭东汉之遗风,重名物训诂,学风偏重于朴实深芜。诚如汤用彤先生所言:"南朝多新人,北朝多旧派,前者继玄学之系统,后者继汉人之学风。"①而当时留在北方的士族,主要集中于河北一带。河北学术遂成为北学形成的主要源头。唐长孺先生曾精辟地论断:"北学即是河北之学。"②河北之学源头一直可以上溯至东汉末年,河北世族崔琰与卢植。崔琰与集汉学之大成的郑玄同出马融门下,曾请郑玄来河北长期讲学,卢植又出郑玄门下。当南北隔绝之际,郑学遂遍传北方。形成王粲所云"世称伊、雒以东,淮、汉以北,康成一人而已。咸言先儒多阙,郑氏道备"③,独尊郑学的局面。这一学派重视礼学,谨守礼法,未受荆州学派的影响,又与曹魏的王肃学派形成尖锐的对立。

陈寅恪先生在《崔浩与寇谦之》一文中说:"盖有自东汉末年之乱,首都洛阳之太学,失其为全国文化学术中心之地位,故东汉以后学术文化,其重心不在政治中心之首都,而分散于各地之名都大邑。是以地方之大族盛门乃为学术文化之所寄托。而汉族之学术文化变为地方化及家门化矣。故论学术,只有家学之可言,而学术文化与大族盛门常不可分离也。"④

北魏时期,北方这些儒门家学世族如崔浩、卢玄等,都是当时名儒。所传经学虽不无发展变化,但其学风仍然是以郑学为主流的汉儒风格。由于北魏掩有西凉诸州,原先避永嘉之乱而流亡至河西的士族,亦被迁至平城,曾经转移并在凉州得以保存发扬的学术文化,此时

---

① 汤用彤:《汉魏学术变迁与魏晋玄学的产生》,《中国哲学史研究》1983年第3期。
② 唐长孺:《魏晋南北朝隋唐史三论》第二篇第四章第二节《北朝学风》,武汉大学出版社,1993年版,第233页。
③ 元行冲引王粲语。见《新唐书·儒学下》卷二〇〇,中华书局,1975年版,第5692页。
④ 陈寅恪:《金明馆丛稿初编·崔浩与寇谦之》,上海古籍出版社,1980年版,第131页。

亦被一并迁回(当时魏都平城随后迁洛阳)。代表人物如李冲、索敞、常爽、程骏,应该还有关朗等人;此后又复加入南方学术的元素,如"平齐民"(北魏趁刘宋政权内乱之机,获取河表七州所内迁的士族和人民)中的刘芳、崔光和自南朝避祸来奔的士人如王通的四代祖王虬及王肃等,得以在中原相遇,并相与论辨学术,在北方学术文化的形成过程中产生深远的影响。所谓北学,便是由这几方面学术因素的会合而奠定基础。

至于北学所传习之经传,也与南学明显不同,诚如《北史·儒林传序》所叙述:"大抵南北所为章句,好尚互有不同。江左,《周易》则王辅嗣,《尚书》则孔安国,《左传》则杜元凯;河、洛,《左传》则服子慎,《尚书》、《周易》则郑康成。《诗》则并主于毛公,《礼》则同遵于郑氏。"这里的"河、洛"即指北朝,所传习之经传,除服虔的《左传解》以外,"《周易》、《尚书》、《诗经》、三《礼》皆宗郑氏"①。其实,《左传》服注亦同于郑注。据《世说新语·文学》载,郑玄欲注《春秋传》,尚未成,偶遇服虔,听服说已注传意,多与己同,乃尽以所注与之,世遂有服氏注。② 是郑、服《左传》之学原本一家,宗服即宗郑,故北学实是郑学。

北朝儒学自北魏奠基之后,迄于北齐、北周,出现不少名儒,传述郑学的名家,至魏、齐之际,最负盛名的是徐遵明。遵明所传五经多为郑氏学。转相授受,北朝名儒,几乎皆出其门。因此北朝学者转相授受的五经注疏之学,主要还是郑玄的今文经学系统,其间虽不免搀杂谶纬之学和佛道的影响,但在基本路数上还是谨守郑学师法,未能越出樊篱一步。

熊安生影响力不逊遵明。其通五经,尤精三《礼》,曾为北齐国子博士,为公卿释讲诸经。所作《周礼》、《礼记》义疏,《孝经义》,并行于世。其三《礼》之学,尤为北朝所崇。门下弟子多达千余人。其治经

---

① 《北史·儒林传上》卷八十一,中华书局,1974年版,第2709页。
② 《世说新语校笺·文学》卷上,中华书局,1984年版,第105页。

不拘一格,广征博采,所著《礼记义疏》除据郑玄注义外,还广引《春秋》《穀梁》《尚书》《大戴礼》《周易》等书,并且还援引《老子》之义疏通《礼记》。这对于混同南北学风,促进南北经学的统一,具有积极的影响。刘焯、刘炫并受《礼》于熊安生,焯、炫遍习群经,初亦皆治郑学,后复融会南北,遂成为一代卓有成就的经学家。

值得注意的是,这些饱学之士,绝大多数出身自所谓草野间的平民,鲜有出自世族的士大夫。如北魏儒臣高允就曾劝秘书监游雅说:"君朝望具瞻,何为与野儒辩简牍章句!"究其原因,还由于魏、齐政权的轻视儒学。据《北史·儒林传》载:儒学自北魏一度兴盛之后,东魏、北齐以来,"国学博士,徒有虚名。唯国子一学,生徒数十人耳。胄子以通经进仕者,唯博陵崔子发、广平宋游卿而已。自外莫见其人。幸朝章宽简,政纲疏阔,游手浮惰,十室而九。故横经受业之侣,遍于乡邑;负笈从宦之徒,不远千里。入闾里之内,乞食为资,憩桑梓之阴,动逾千数。燕、赵之俗,此众尤甚焉。皆由上非所好之所致也。"①

历史上,每逢这种不利学术发展的政治情势,学术的传承便都由民间讲习承担起来。汉魏以来的高门望族,其社会地位得以确立并维持不衰的原由,不仅仅是凭借其特殊的政治特权和经济实力,也由于其严谨的礼法家风和代代传承博通经史、谙习礼制的家学传统。然而自北朝以来,这种民间讲习,又有了新的变化,学术进一步下移,民间私学更在村野平民间传播开来,从而造成民间学术的普及。徐遵明、张吾贵、刘兰、熊安生等大儒都无显赫家世可言,或"门族寒陋",或"家世贫贱",授业者既不是名门显贵,生徒也非富家子弟,这些"负笈从宦之徒"的问学之状是"入闾里之内,乞食为资,憩桑梓之阴,动逾千数"②。学生为了追求自己的学术理想,也可以自由地选择老师。徐遵明就先后师事屯留王聪、中山张吾贵、范阳孙买德;李铉也是从浮阳李

---

① 《北史·儒林传上》卷八十一,中华书局,1974年版,第2712、2728页。
② 《北齐书·儒林传》卷四十四,中华书局,1972年版,第583页。

周仁受《毛诗》、《尚书》,从章武刘子猛受《礼记》,从常山房受《周官》、《仪礼》,从渔阳鲜于灵虬受《左传》。往往同授一经,因经师所讲不合心意而转投他师,唯以经明义通为鹄的;甚而有转益相师的良好风气。如魏末大儒李谧,"初师事小学博士孔璠,数年后,璠还就谧请业"。故时人有谚云:"青出蓝,蓝谢青,师何常,在明经。"① 自此以后,学无常师的求学方式便成为一种普遍的现象。汉魏经学那种严格传递的家法和师法,已经被彻底抛弃。

然而这部分经师与儒生大多出身草野,眼界有限,不能博通经史,洞达时务,因此难免孤陋寡闻,迂腐可笑。即使如徐遵明、熊安生这样的大儒亦不能免。因之表现于其所传习之经传,亦大多墨守郑学的成说,缺乏新的内容。专在章句和细微枝节上下功夫,使章句训诂越来越艰深烦琐。而且所重惟有今文经学,对王弼、王肃、杜预经传一概排斥。因此隋代的王劭批评说:

> 魏、晋浮华,古道湮替,历载三百,士大夫耻为章句。唯草野生专经自许,不能博究,择从其善,徒欲父康成,兄子慎,宁道孔圣误,讳言郑、服非。然则郑、服之外,皆雠矣。②

这种状况,一直到北周建立,才开始有了新的气象。史称:

> 周文受命,雅重经典。于时西都板荡,戎马生郊。先王之旧章,往圣之遗训,扫地尽矣!于是求阙文于三古,得至理于千载,黜魏、晋之制度,复姬旦之茂典。
>
> 卢景宣学通群艺,修五礼之缺;长孙绍远才称洽闻,正六乐之坏。由是朝章渐备,学者向风。明皇纂历,敦尚学艺,内有崇文之观,外重成均之职。握素怀铅,重席解颐之士,间出于朝廷;员冠

---

① 《北史·李谧传》卷三十三,中华书局,1974年版,第1224页。
② 《新唐书·儒学下》卷一百二十五,中华书局,1975年版,第5693页。原作王邵,据《旧唐书》改。

方领,执经负笈之生,著录于京邑。

周文帝亲临太学,礼待儒生,其后又"命輶轩而致玉帛,征沈重于南荆。及定山东,降至尊而劳万乘,待熊安生以殊礼"①。儒学再次走向兴盛之期。

北朝至魏齐并峙时,南北之学已随着南北使节的礼聘开始交汇。至周平江陵,尽征其文儒之士北迁,经师受到很高的礼遇。如梁朝五经博士沈重,周武帝仰慕其才,特派柳裘至梁征聘,殷勤致意,邀至北周京师。沈重之学本属典型的南学,于"阴阳图纬、道经释典,无不通涉"。至周后"诏令讨论五经,并校定钟律。天和中,复于紫极殿讲三教义。朝士、儒生、桑门、道士至者二千余人,重辞义优洽,枢机明辩,凡所解释,咸为诸儒所推"。"重学业该博,为当世儒宗。"②其学亦即南学在北朝产生极大影响:

> 是以天下慕向,文教远覃。衣儒者之服,挟先王之道,开黉舍,延学徒者比肩;励从师之志,守专门炎业,辞亲戚,甘勤苦者成市。虽通儒盛业,不逮魏、晋之臣,而风移俗变,抑亦近代之美也。③

民间的讲学之风自此更为兴盛。本来民间儒生设坛讲学已成风气,经学名家的学生动辄千百人,以至于还须配置助教,名曰"都讲"。如北齐鲍季详"少时,恒为李宝鼎都讲,后亦自有徒众,诸儒称之"④。

当世局扰攘,战火纷飞之际,乃至统治者轻视文化,儒学受到抑制时,求学之风不见衰弱,反而较往代为盛,这不能不令人深思。究其原因大较有二:一为学术的下移,失去官学和世家讲坛的经师,在山野乡间设坛立教,公开讲学,大批庶族平民子弟,得以从师远游,执疑问难,

---

① 《北史·儒林传上》卷八十一,中华书局,1974年版,第2706页。
② 《北史·儒林传下·沈重传》卷八十二,中华书局,1974年版,第2742页。
③ 《北史·儒林传上》卷八十一,中华书局,1974年版,第2707页。
④ 《北史·儒林传上》卷八十一,第2728页。

激发了庶族平民学习经典的热情,为学术在民间的普及提供了机会。二是为了寻求经国安邦之道,使斫杀纷争的世界重新归于安定。当时留在北方的汉族只有两条道路可供选择,一条是像冉闵那样,称兵对抗,以暴制暴,但是这样的英雄与时机毕竟少之又少;二是像王猛一样,遵循儒家"以夏变夷"的春秋大义,用礼义去说服异族的豪酋统治者,能较心悦诚服地接受和采纳汉族社会的制度和文化。

总体上看,北朝儒学及经学的复兴,是以北方世家大族的私学为基始的,其中既包括中州地区的河洛私学,也包括以凉州为中心的河西私学。从学风和经学传接上说,北朝经学更多地继承了汉儒训诂之学的传统,郑玄等人的经学受到重视,甚至独尊。虽说走向深芜艰深一途,但古代的名物制度也因之赖以详明。

然北学亦不尽为郑学的一统天下,亦有兼综汉晋经学,独出心抒甚至教外别传的学说出于其间。如曾为河北之学领袖的崔浩,以及河西之学的翘楚关朗等。北魏著作令史闵湛见崔浩所注《诗》、《书》、《论语》及《易》,甚至认为"马、郑、王、贾不如浩之精微"①。由于他的遇害,书亦被禁,而未得以流传。又有河北人陈奇,"爱玩经典,常非马融、郑玄解经失旨。志在著述五经。始注《孝经》、《论语》,颇传于世,为缙绅所称"。终因辩论经典得罪于人,竟被陷害以致灭族。"所注《论语》,未能行于世。其义多异郑玄,往往与司徒崔浩同"②。关朗,字子明,河东解人也。有经济大器,或以占筮示人而不求宦达。魏太和末并州刺史王虬荐之于孝文帝。"帝问《老》、《易》,子明寄言玄宗,实陈王道,讽帝以慈俭、清静为本,而饬之以刑政礼乐。翌日,帝谓王虬曰:'卿诚知人,关朗,管、乐之器,岂占筮而已。'"曾与王虬合著《疑筮论》数十篇。后讲学临汾山,"授门人《春秋》、《老》、《易》,号关先生学"③。王通家传

---

① 《北史·高允传》卷三十一,中华书局,1974年版,第1120页。
② 《北史·儒林传上》卷八十一,中华书局,1974年版,第2712页。
③ 《续修四库全书·经部易类》,上海古籍出版社,1995年版,第145页。

《易》学,主要是传自关朗。王夫之评价南北之学时说:

> 江东为衣冠礼乐之区,而雷次宗、何胤出入佛老以害道,北方之儒较醇正焉,流风所被,施于上下,拓跋氏乃革面而袭先王之文教,宇文氏承之,而隋以一天下,苏绰、李谔之治具,关朗、王通开唐之文教,皆自此昉也。①

给予北学以崇高的评价,并指出隋代的经世之学都是渊源有自:李谔之学来自西魏苏绰,王通之学则继承关朗,同样对隋唐时代产生了巨大的影响。

北朝末期,随着学术的进一步下移与普及,南北学术的交流增多,原先仅限于讲明章句,拘谨刻板,深入细致而显得深沉芜杂的学风,也渐渐发生了变化,从只注重事象的考辨,到经传义理的追求,从不习惯于清谈,到欣赏玄妙。经学家法师法的破坏,北学的章句训诂,不再为一家一派所囿,思想较为开放,对于传承发展儒家经术,重开隋唐经学统一之局,发挥了重要的作用。

此外,值得注意的是,汉代经学中一度绝响的谶纬占候之学在北朝又重新复兴。北魏初年汉族士人中显贵者,多兼通谶纬之学,燕凤"博综经史,明习阴阳谶纬";许谦"少有文才,善天文图谶之学";崔浩也是"玄象阴阳百家之言,无不该览"。② 徐遵明弟子李业兴"博涉百家、图纬、风角、天文、占候,无不讨练"③。史书多记有他们用占候和"孤虚术"料敌和布阵的实例。如果重视章句训诂是学术传统的承袭,那么谶纬风气的兴盛,则与当时政局变化莫测,战乱频仍有关。学者企图藉此干预战争成败、预知政局治乱。对于入主中原的拓跋鲜卑少数民族而言,神秘文化也便于其领悟和依重。这种风气一直影响到隋代的学者。一部分学者甚至以此取媚君主,以图进身之用,如袁充、王

---

① (清)王夫之:《读通鉴论》卷十五,中华书局,1974年版,第498页。
② 《北史·燕凤许谦等传》卷二十一,中华书局,1974年版,第767、768、772页。
③ 《北史·儒林传上》卷八十一,中华书局,1974年版,第2722页。

劭等。

在北学渐染南风之时,南北学者还有一个共同点,就是崇信佛教。但此时的佛学也有南北差异,未能因之而成为南北学风统一的媒介。

二、隋代儒者群像

隋朝的建立主要是承袭北朝政权而来,其思想文化亦有直接的血缘关联,隋代统一南北,进而对全国文化学术思想的统一整合,也是以北方风习和北学为基础,然后吸收融合南方文化与南学的。通过上节所述,知悉北学的特点,以见隋代学术与学风的渊源所自。下面将要就隋代群儒的治学风貌,揭示南北学的初步融合之迹。

隋代的学者大多为前朝所培养,而本朝培养的经学人才,还没有崭露头角,世局就发生了翻天覆地的变化;隋代儒学两大系统,以二刘为代表的经学系统和以王通为代表的经世学派,所培养出来的才俊,都成为成就新时代治世佑文的创制人才。如薛收、房玄龄、魏征,以及孔颖达、颜师古(主要是家学)诸人。隋代的学术与文化,虽然深受南学的影响,甚至深染南方追求绮丽玄妙风习,然就其总体而言,质实与严谨仍然是隋代学术文化的基调与底蕴。

隋朝开国功臣李德林,虽以文名称雄一代,然其文章谋略实亦有经术所本。

李德林,字公辅,博陵安平(今河北安平县)人,生长于士族之家,"年十五,诵五经及古今文集,日数千言。俄而该博坟典,阴阳纬候,无不通涉。善属文,辞核而理畅","学富才优,誉重邺中,声飞关右"。于北齐天保八年,举秀才,"时遵彦铨衡,深慎选举,秀才擢第,罕有甲科。德林射策五条,考皆为上,授殿中将军"。被任城王高湝称为"燕赵奇士",认为"其风神器宇,终为栋梁之用。至如经国大体,是贾生、晁错之俦;雕虫小技,殆相如、子云之辈"。尝于宾馆接待陈国使节,陈使江总目送之曰"此即河朔之英灵也"。北齐史官魏收,为人罕所许可,唯于德林"大相钦重",延誉之言,无所不及。德林少孤,未有字,魏收谓之曰:"识度天才,必至公辅,吾辄以此字卿。"

周隋之际,德林有感于长期以来,全国政局不仅南北分立,彼此之间亦是四分五裂,权势之臣,往往窥测帝位,拥兵自立,大江南北干戈不息,征讨杀伐国无宁日,于是著《天命论》以惩诫之。他认为:"贼子逆臣,所以为乱,皆由不识天道,不悟人谋,牵逐鹿之邪说,谓飞鸟而为鼎。""帝王神器,历数有归。生其德者天,应其时者命,确乎不变,非人力所能为也。""孟轲称仲尼之德过于尧、舜,著述成帝者之事,弟子备王佐之才",然而,"泣麟叹凤,栖栖汲汲,虽圣达而莫许也"。"项羽诛秦摧汉,宰割神州,角逐争驱,尽威力而无就也"。劝诫群雄"违天逆物,获罪人神。呜呼!此前事之大戒矣"。世之君子应该安分守职,效法古代贤良,"自古明哲,虑远防微,执一心,持一德,立功坐树,上书削藁,位尊而心逾下,禄厚而志弥约,宠盛思之以惧,道高守之以恭,克念于此,则奸回不至。事乃畏天,岂惟爱礼,谦光满覆,义在知几,吉凶由人,妖不自作"①。"天命论"向来是儒家重视的哲学命题,李德林《天命论》只论及有关政权授受的问题。天命在这里实指时势与人心的结合,与人谋人力并非对立,天命甚至要求人谋的参与。只不过这一人谋须要建立在"知天命"、"顺天意"的基础之上。所以孟子认为"天爵"("天与之"亦即天命)即是"人爵"(人与之)。而德林将之归为"历数有归"的神秘论,其论并无深意。然其强调"识天道,悟人谋",批判角力逐鹿之说,当人心思定,群雄构乱之际,亦足收惩诫之效。

自隋文帝摄政以迄平陈,德林于战略谋划,制度裁定,多所贡献,当时的檄文诏诰亦多出自其手,甚为文帝所依重。所撰文集,勒成八十卷,遭乱亡失,唐时犹存五十卷行于世。敕撰《齐史》未成,后来收入正史的《北齐书》,即是德林子李百药相据其父旧稿奉敕撰成。

李谔,字士恢,赵郡人也。好学,解属文。仕齐为中书舍人。周武平齐,拜天官都上士。及隋高祖为丞相,"访以得失。于时兵革屡动,

---

① 《隋书·李德林传》卷四十二,中华书局,1974年版,第1193、1209、1194、1203页。

国用虚耗,谔上《重谷论》以讽焉"。"谔性公方,明达世务,为时论所推。"入隋,历任比部、考功二曹侍郎,赐爵南和伯。晚年出任通州刺史,甚有惠政,民夷悦服。

谔以属文之家,体尚轻薄,递相师效,流宕忘反,于是上书曰:

> 臣闻古先哲王之化民也,必变其视听,防其嗜欲,塞其邪放之心,示以淳和之路。五教六行为训民之本,《诗》《书》《礼》《易》为道义之门。故能家复孝慈,人知礼让,正俗调风,莫大于此。其有上书献赋,制诔镌铭,皆以褒德序贤,明勋证理。苟非惩劝,义不徒然。降及后代,风教渐落。竞骋文华,遂成风俗。遂复遗理存异,寻虚逐微,竞一韵之奇,争一字之巧。连篇累牍,不出月露之形,积案盈箱,唯是风云之状。世俗以此相高,朝廷据兹擢士。至如羲皇、舜、禹之典,伊、傅、周、孔之说,不复关心,何尝入耳。以傲诞为清虚,以缘情为勋绩,指儒素为古拙,用词赋为君子。故文笔日繁,其政日乱,良由弃大圣之轨模,构无用以为用也。
>
> 及大隋受命,圣道聿兴,屏黜轻浮,遏止华伪,自非怀经抱质,志道依仁,不得引预缙绅,参厕缨冕。

因而提倡"钻仰坟集,弃绝华绮,择先王之令典,行大道于兹世"。州县"选吏举人,宜遵典则",提携那些"乡曲归仁,学必典谟"的贤良儒生"选充吏职",若"县令、刺史未行风教,犹挟私情,不存公道",则须予以纠察。

李谔又上奏指陈当世为官者好自矜伐,应予禁革。他引述《尚书·大禹谟》舜戒禹之言曰:"汝惟不矜,天下莫与汝争能;汝惟不伐,天下莫与汝争功。"认为谦恭是自古的美德,"人臣之道,陈力济时,虽勤比大禹,功如师望,亦不得厚自矜伐"。"况复功无足纪,勤不补过,而敢自陈勋绩,轻干听览!世之丧道,极于周代,下无廉耻,上使之然。用人唯信其口,取士不观其行。矜夸自大,便以干济蒙擢;谦恭静退,多以恬默见遗。是以通表陈诚,先论己之功状;承颜敷奏,亦道臣最用心。自衒自媒,都无惭耻之色;强干横请,唯以干没为能。自隋受命,此风顿改,耕夫贩妇,无不革心,况乃大臣,仍遵敝俗!如闻刺史入京朝觐,乃有自陈勾检之功,喧诉阶墀之侧,言辞不逊,高自称誉"者,宜"明加罪黜,以惩风轨"。

高祖以李谔前后所奏颁示天下,四海靡然向风,深革其弊。谔在职数年,务存大体,不尚严猛,由是无刚謇之誉,而潜有匡正多矣。

其时,苏威曾以临道店舍,乃求利之徒,事业污杂,非敦本之义。遂奏请予以撤毁,限以时日,遣归务农,或返回本州县,录附市籍。① 商旅怨苦,莫敢陈诉。李谔适因他务奉使出巡,路见此事,"以为四民有业,各附所安,逆旅之与旗亭,自古非同一概,即附市籍,于理不可,且行旅之所托,岂容一朝而废,徒为劳扰,于事非宜,遂专决之,并令依旧"。及使还诣阙,然后奏闻。高祖善之曰:"体国之臣,当如此矣。"史臣评价曰:"李谔等或文能遵义,或才足干时,识用显于当年,故事留于台阁。参之有隋多士,取其开物成务,皆廊庙之榱桷,亦北辰之众星也。"② 可见有隋一代,不乏坚守儒家道义,主张整肃朝政,关心国计民生,堪作国家柱石,为时代所景仰的儒臣。

李谔任由百姓为商旅提供便利,临路开设旅店的举措,适应了当时社会经济发展的需要,体现了儒家与法家严厉抑制工商截然不同的经济政策。李谔关于文风士风的议论,对于改革世风时弊,起到良好的促进作用。尤其关于文风的改革,对后世产生深远的影响,成为中唐古文运动的张本。

王劭字君懋,太原晋阳人。劭少沉默好学,博闻强记。仕北齐,待诏文林馆,当时大儒"祖孝征、魏收、阳休之等尝论古事,有所遗忘,讨

---

① 市籍,为抑制工商,自秦法设立的贱民户籍。凡要在城市取得合法经营工商业者,须先到官府登记,获得批准"占市籍"。如擅自经营,就属于违法,按照游民处理,或被驱逐或被拘捕。有市籍者,还要承担各种繁重差役和租税。旗亭,即市楼、酒楼,设于路旁者,以响行旅宴息之用。疑其经营者,隶属市籍。

② 《隋书·李谔传》卷六十六,中华书局,1974 年版,第 1543、1546、1544、1546、1567 页。

阅不能得，因呼劭问之。劭具论所出，取书验之，一无舛误。自是大为时人所许，称其博物"。仕隋任著作佐郎。私撰《齐书》，为人告发，"上怒，遣使收其书，览而悦之。于是起为员外散骑侍郎，修起居注"。所上表章，专以符箓祯祥附会纬书图谶，再文饰以经传及佛典，以取媚皇帝。满腹诗书，竟无一言诱导皇帝向善。

炀帝嗣位，汉王谅作乱，帝不忍加诛。劭上书曰："叔向戮叔鱼，仲尼谓之遗直，石碏杀石厚，丘明以为大义。此皆经籍明文，帝王常法。今陛下置此逆贼，度越前圣，含弘宽大，未有以谢天下。"离间骨肉，助纣为虐，无逾于此。而文、炀以为"至诚"。

王劭执掌著作将二十年，亦与群儒交游，许多名儒在其属下助修国史，竟未荐举一人。"撰《隋书》八十卷。多录口敕，又采迂怪不经之语及委巷之言，以类相从，为其题目，辞义繁杂，无足称者，遂使隋代文武名臣列将善恶之迹，埋没无闻。"所撰其他史志，"或文词鄙野，或不轨不物，骇人视听，大为有识所嗤鄙"。"然其采摘经史谬误，为《读书记》三十卷，时人服其精博"。① 王劭亦颇留意搜访古书，在秘书监任上，曾于京师访得《古文孝经孔传》，送至河间刘炫。刘炫遂有《孝经述义》之作。其论魏晋以来经学流变语，颇中肯綮，每为后人所称引。唐高宗时，元行冲著《释疑》一文，论及往代学术演变之迹，中引王劭语，文曰：

> 故王劭《史论》曰："魏、晋浮华，古道夷替，洎王肃、杜预，更开门户。历载三百，士大夫耻为章句。唯草野生以专经自许，不能究览异义，择从其善。徒欲父康成，兄子慎，宁道孔圣误，讳闻郑、服非。然于郑、服甚愦愦，郑、服之外皆雠也。"②

所述应属实情，持论亦称平允。自后论经学者，多引其言。然《新唐

---

① 《隋书·王劭传》卷六十九，中华书局，1974年版，第1601、1609、1610页。
② 《旧唐书·元行冲传》卷一百二，中华书局，1975年版，第3181页。

书·行冲传》书其名为"王邵",后学相沿不改,竟不知其为何人。今按:劭、邵两字,音同义异,当是形近致误。自《隋书》已经两名并见,如《房彦谦传》作"太原王邵";《隐逸传》则作"太原王劭";《旧唐书》亦然,《元行冲传》作王劭,而《经籍志》竟书:"《读书记》三十二卷,王邵撰。"是知所指决为一人。如据《隋书》本传,王劭为人实不足观,然其论学语犹足可采,今略作考辨,以使名有攸归,亦以示不以人废言之义。然而与元行冲相友善的刘知几却给予王劭史学以很高的评价:

> 至隋秘书监太原王劭,又录开皇、仁寿时事,编而次之,以类相从,各为其目,勒成《隋书》八十卷。寻其义例,皆准《尚书》。

> 王劭志在简直,言兼鄙野,苟得其理,遂忘其文。观过知仁,斯之谓矣。王劭《齐志》,其叙述当时,亦务在审实。案于时河朔王公,箕裘未陨;邺城将相,薪构仍存。而二子书其所讳,曾无惮色。刚亦不吐,其斯人欤?(今按:二子书谓劭《齐志》与宋孝王《风俗传》。)

> 唯王劭撰《齐》、《隋》二史,其所取也,文皆诣实,理多可信。①

王劭《齐志》多记当时鄙言,为后人所"嗤鄙"、"讥诮",唐初修《隋书》,即以此为著史之病,而知几认为,此正为史家所当为:

> 如此则足以知氓俗之有殊,验土风之不类。然自二京失守,四夷称制,夷夏相杂,音句尤媸。而彦鸾、伯起,务存隐讳。重规、德棻,志在文饰。遂使中国数百年内,其俗无得而言。

> 如今之所谓者,若中州名汉,关右称羌,易臣以奴,呼母云姊。主上有大家之号,师人致儿郎之说。六句皆言现在俗传口语。凡如此例,其流甚多。必寻其本源,莫详所出。阅诸《齐志》,则了然可知。由斯而言,劭之所录,其为弘益多矣。足以开后进之蒙蔽,

---

① 《史通通释·六家第一》卷一,第3页;《内篇·论赞第九》卷四,第82页;《直书第二十四》卷七,第193页。上海古籍出版社,1978年版。

广来者之耳目。微君懋,吾几面墙于近事矣!①

并且批评唐初所撰六史,并非全是直笔,比如记北魏、北周诸帝之言,皆仿史汉文辞,不用当时口语实录。而认为"唯王劭所撰《齐志》,独无是焉"。"史臣美澹而讥劭者,岂所谓通鉴乎?"又曰:

> 王劭,作《齐志》并掌策书,其载齐言也,则浅俗如彼;其载周言也,则文雅著此。夫如是,何哉? 非两邦有夷夏之殊,由二史有虚实之异故也。②

甚至认为王劭在撰修国史时,已经见嫉于当时的贵族,"王劭直书,见仇贵族。人之情也,能无畏乎"③? 并借以影射当世修史诸人。刘知几为王劭辩护,持之有据,言之成理,可谓不遗余力,可见王劭所著史书,亦有可观之处,可惜皆已佚失,不能考见了。

隋初有所谓"山东六儒",于开皇初征召入京,并授太学博士,"然皆鄙野无仪范,朝廷不之贵也"。其中有张仲让者,"告归乡里,著书十卷,自云此书若奏,我必为宰相。又数言玄象事。州县列上其状,竟坐诛"。其余亦多被遣归,唯马光独存。光字荣伯,武安(今属河北邯郸)人。"少好学,从师数十年,昼夜不息,图书谶纬,莫不毕览,尤明三《礼》,为儒者所宗。""尝因释奠,高祖亲幸国子学,王公以下毕集。光升座讲礼,启发章门。已而诸儒生以次论难者十余人,皆当时硕学,光剖析疑滞,虽辞非俊辩,而理义弘赡,论者莫测其浅深,咸共推服,上嘉而劳焉。山东三《礼》学者,自熊安生后,唯宗光一人。初,教授瀛、博间,门徒千数,至是多负笈从入长安。"④这几位号称六儒的山东大儒,即是出自村野平民的所谓"野儒",终因不达时务,而遭到贬夷。唯马

---

① 《史通通释·外篇·杂说中第八》卷十七,上海古籍出版社,1978年版,第496页。
② 《史通通释·外篇·杂说下第九诸史》卷十八,上海古籍出版社,1978年版,第514、515、510页。
③ 《史通通释·外篇·忤时第十三》卷二十,上海古籍出版社,1978年版,第591页。
④ 《隋书·儒林传》卷七十五,中华书局,1974年版,第1717页。

荣伯是个例外,学问渊深,为群儒敬服。荣伯在乡间即有门徒千数,后竟多随其入京,亦一时之盛事。可见当时民间讲经问学之风的兴盛不衰。

世族出身的学者,多为南朝入隋的儒士,以萧该、萧吉、包恺、何妥为代表;北人则房晖远、辛彦之、元善数人而已。二萧为王室后人,萧该少时即封侯。"梁荆州陷,与何妥同至长安。性笃学,《诗》、《书》、《春秋》、《礼记》并通大义,尤精《汉书》,甚为贵游所礼。"①开皇初,"拜国子博士。奉诏书与妥正定经史,然各执所见,递相是非,久而不能就,上遣而罢之。该后撰《汉书》及《文选》音义,咸为当时所贵"。萧吉,"博学多通,尤精阴阳算术。江陵陷,遂归于周"。"及隋受禅,进上仪同,以本官太常考定古今阴阳书。吉性孤峭,不与公卿相沉浮,又与杨素不协,由是摈落于世,郁郁不得志。"见上好征祥之说,于是改变初衷,"干没自进,遂矫其迹为悦媚焉"。②"包恺,字和乐。其兄愉,明五经,恺悉传其业。又从王仲通受《史记》、《汉书》,尤称精究。大业中,为国子助教。于时《汉书》学者,以萧、包二人为宗匠。聚徒教授,著录者数千人。"

何妥,字栖凤,家庭"号为西州大贾",随父通商入蜀。妥少机警,八岁游国子学,十七,以技巧事湘东王。江陵陷,仕周为太学博士。"宣帝初欲立五后,以问儒者辛彦之,对曰:'后与天子匹体齐尊,不宜有五。'妥驳曰:'帝喾四妃,舜又二妃,亦何常数?'"由是封爵。由此可见,同为经史,其用竟有如此之不同。入隋除国子博士后升为祭酒,进爵为公。妥性劲急,有口才,好是非人物。尝以八事谏革朝政。其一曰"政之治乱,必慎所举,故进贤受上赏,蔽贤蒙显戮。察今之举人,良异于此,无论谄直,莫择贤愚"。"臣闻爵人于朝,与士共之,刑人于市,与众弃之。""自斯以降,若选重官,必须参以众议,勿信一人之举;则上

---

① 《隋书·儒林传》卷七十五,中华书局,1974年版,第1715、1716页。
② 《隋书·艺术传》卷七十八,中华书局,1974年版,第1774页。

不偏私,下无怨望。"其二曰:"孔子云:是察阿党,则罪无掩蔽。又曰:君子周而不比,小人比而不周。所谓比者,即阿党也。"如用人但凭爱憎,"提挈既成,必相掩蔽,则欺上之心生矣;屈辱既加,则有怨恨,谤讟之言出矣。伏愿广加迹访,勿使朋党路开,威恩自任。有国之患,莫大于此"。① 余事亦大较如此。辞义非无可观,然其意在谮毁他人,实不足取。何妥精研《周易》与乐律,参与隋初的礼乐制作,多所考正与议定。著有《周易讲疏》、《孝经义疏》、《封禅书》、《乐要》等。

房晖远,字崇儒,恒山真定人。世传儒学。晖远幼有志行,治三《礼》、《春秋》三传、《诗》、《书》、《周易》,兼善图纬,恒以教授为务。远方负笈而从者,动以千计。曾仕北齐与周,入隋,迁官太常博士。太常卿牛弘每称其为"五经库"。擢升为国子博士。及诏令国子生通一经者,并悉荐举,将擢用之。策问既讫,众博士不能及时定其臧否。祭酒元善怪问之,晖远曰:"江南、河北,义例不同,博士不能遍涉。学生皆持其所短,称己所长,博士各各自疑,所以久而不决也。"祭酒因令晖远考定之,晖远览笔便下,初无疑滞。或有不服者,晖远问其所传义疏,辄为始末诵之,然后出其所短,自是无敢饰非者。所试四五百人,数日便决,诸儒莫不推其通博,皆自以为不能测也。② 在《隋书·儒林传》中,像房晖远这样博通五经的学者尚有许多,而且兼通南北之学,故能经学疑义、典章制度多所厘定,对南北学术的统一做出贡献。

《隋书·儒林传论》论及诸儒曰:"容体不足观,勇力不足恃,族姓不足道,先祖不足称,然而显闻四方,流声后胤者,其唯学乎?信哉斯言也。晖远、荣伯之徒,笃志不倦,自求诸己,遂能闻道下风,称珍席上。或聚徒千百,或服冕乘轩,见重明时,实惟稽古之力也。江阳从容雅望,风韵闲远,清谈高论,籍甚当年;彦之敦经悦史,砥身砺行,志存典制,动蹈规矩;何妥通涉俊爽,神情警悟,雅有口才,兼擅词笔,然讦以

---

① 《隋书·儒林传》卷七十五,中华书局,1974年版,第1709、1712页。
② 《隋书·儒林传》卷七十五,中华书局,1974年版,第1717页。

为直,失儒者之风焉。"隋代的儒家学者,多起自民间而非世家大族,虽皆优于学问,而风度、品行千百不齐,足为世人之望者实亦不乏其人。

见录于《隋书》文学与隐逸传中的文人与隐士亦不乏名重一时的儒者。如王贞,字孝逸,梁郡陈留(今河南开封)人。少聪敏,七岁好学,善《毛诗》、《礼记》、《左氏传》、《周易》,诸子百家,无不毕览。善属文词,不治产业,每以讽读为娱。开皇初,州举秀才,授县尉,非其好也。谢病于家。孝逸举秀才后,曾任秘书学士,随王劭在秘书省校书。《唐会要》载其于长安书肆访得《古文尚书孔传》事,[1]本传未载。大业年间,齐王杨暕镇江都,闻其名,以书召之。及贞至,王以客礼待之,朝夕问安,并索阅文集,览后称善,赏赐甚厚。未几,以疾甚还乡里,终于家。孝逸有答齐王启,自述平生并论文曰:

> 昔公旦之才艺,能事鬼神,夫子之文章,性与天道,雅志传于游、夏,余波鼓于屈、宋,雕龙之迹,具在风骚,而前贤后圣,代相师祖。孝逸生于战争之季,长于风尘之世,学无半古,才不逮人。适鄢郢而迷途,入邯郸而失步,归来反覆,心灰遂寒。顾想平生,触途多感,但以积年沈痼,遗忘日久,拙思所存,才成三十三卷。仰而不至,方见学仙之远,窥而不睹,始知游圣之难。[2]

在孝逸的心目中,周公的才艺,在于"能事鬼神"的礼乐;而孔子的文章,在于"性与天道"的义理,可见其志趣不在典章礼制,而在探究幽明之际,以及"性与天道"的哲理。慨叹自己追寻半生,"学无半古,才不逮人"。结果是"适鄢郢而迷途,入邯郸而失步"。虽然所至求学,遍读群书,仍然是"窥而不睹",始知优入圣域,窥知圣人境界之难。"归来反覆,心灰遂寒",几乎成为困惑终生的不解心结。这就是他为什么在衰老之年,不惜跋山涉水,远赴河汾,向王通执礼问道的原因,遂亦

---

[1] 《唐会要》卷七十七,中华书局,1955年版,第1407页。
[2] 《隋书·文学传》卷七十六,中华书局,1974年版,第1736、1738页。

留下"白首北面"的千古佳话。

《隐逸传》中的张文诩,河东人也。父琚,开皇中为洹水令,以清正闻名。有书数千卷,教训子侄,皆以明经自达。文诩博览文籍,特精三《礼》,其《周易》、《诗》、《书》及《春秋》三传,并皆通习。每好郑玄注解,以为通博,其诸儒异说,亦皆予以详究。

文诩尝游太学,晖远等莫不推伏之,学内翕然向方,咸共宗仰。其太学门生多诣文诩请质凝滞,文诩辄博引证据,辨说无穷,唯其所择。治书侍御史皇甫诞一时朝彦,恒执弟子之礼。右仆射苏威闻其名而召之,与语,大悦,劝令从官。文诩意不在仕,固辞不受。仁寿末,学废,文诩策杖而归,灌园为业。州郡频举,皆不应命。时人将其比为春秋时的闵子骞和原宪。年四十,终于家。乡人为立碑颂扬,号曰张先生。

像张文诩这样隐于山林的儒者还有许多,不仅风气如此,亦是时势使然。所以史臣论之曰:"古之所谓隐逸者,非伏其身而不见也,非闭其言而不出也,非藏其智而不发也。盖以恬淡为心,不瞰不昧,安时处顺,与物无私者也。"他们"忘怀缨冕,毕志丘园,隐不违亲,贞不绝俗,不教而劝,虚往实归",对于百姓,同样"爱之如父母,怀之如亲戚,非有自然之纯德,其孰能至于斯乎?"①亦即所谓"儒隐之操"②也。

隋代虽然未能最终完成统一南北经学的重任,但其地位之重要实不可忽视,马宗霍先生在其所著的《中国经学史》中说,隋代经学"上拾周陈之坠绪,下启李唐之始规,当绝续之交,隋实介其中而为之系"。③对后世经学发生较大影响,足以代表隋代经学发展水平的是刘焯与刘炫,二刘属于阐释经传的传统经学系统,岂仅是"上拾周陈之坠绪",亦可谓已经融会南北学术之大成,文而又儒,是历史上罕见的通儒;大儒王通则属于经世致用的儒家子学系统,思想深邃,学贯古今,独辟蹊

---

① 《隋书·隐逸传》卷七十七,中华书局,1974年版,第1755、1758、1760、1761页。
② 《北史·李谧传》卷三十三,中华书局,1974年版,第1232页。
③ 马宗霍:《中国经学史》,1984年上海书店据商务印书馆1937年版影印,第89页。

径,讲道河汾,培养了大批济世安邦人才。刘焯、刘炫和王通三人皆曾秀才中举。三人生平学思,已设章节专论,兹不重述。《隋书·文学传论》中有言曰"有隋总一寰宇,得人为盛","邓林之一枝,崐山之片玉",秀异之资,所在多有。惜乎,隋之得人而不能用,用而不能尽;加之炀帝嫉贤妒能,残害忠良,遂使一代英才,风流云散,又复隋末战乱,著述亦皆散佚殆尽,所留几如沧海遗珠矣。因检《隋书》儒臣、文学、隐逸诸传学者,简述而略论之,以见隋代儒学之整体概略云。

第三节　刘焯的生平与学术思想

一、刘焯生平事略

刘焯,生于东魏武定元年(543),卒于隋大业六年(610),字士元,信都昌亭(今河北冀州)人。史传说他少有异秉,聪敏深沉,不好嬉戏,惟知读书。"与河间刘炫结盟为友,同受《诗》于同郡刘轨思,受《左传》于广平郭懋当,问《礼》于阜城熊安生,皆不卒业而去。"[①]刘、郭、熊三位都是北朝的名儒,二刘从之受业,而竟"皆不卒业而去",即未待一部经传讲完,就谢师辞别。可能是因为二人聪明颖悟,早已领会;也可能是刻苦勤奋,先期读毕。二刘的颖异苦学,自不待言。然而还有一种可能,就是这几位老先生所讲的名物训诂之学,已不能满足二人追求义理的心愿。

《隋书·儒林传》载其同时人徐文远读书问学事:"时耆儒沈重讲太学,授业常千人,文远从之质问,不数日辞去。或问其故,答曰:'先生所说,纸上语耳。若奥境,彼有所未见者,尚何观?'"二刘的情况当与之相似。当时北朝的学者,大都笃守汉学,尊崇郑注,淳朴笃实,不作

[①]《隋书·儒林传·刘焯传》卷七十五,中华书局,1973年版,第1707页。

任何义理发挥,所以讲学往往没有新意。文远所谓"奥境",自然是说义理的深刻含义。读书而追求经传义旨的"奥境",不再满足于章句的训释,这是南朝的学风,说明其时北朝的年轻学者受南朝的影响已深。北齐武平末年,刘焯、刘炫得到南朝费甝《义疏》、孔氏注解之《尚书》,乃留意研读;而费甝《诗》、《礼》、《春秋》诸疏,"尤为当时所尚,诸生多兼通之"①。此为北人习南学之始,而焯、炫实开风气之先。

因得知武强交津桥世族刘智海家素多坟籍,焯与炫乃相与就之读书。"向经十载,虽衣食不继,晏如也"。遂以博通儒学而远近知名,被冀州刺史辟为州博士。入隋,复为刺史赵煚引为冀州从事,成为刺史僚佐。约在开皇二年,又被"举秀才,射策甲科"。按秀才之名,始见于汉代,至晋代始成为选拔人才的途径。秀才科举,首先要经过州郡选举,然后送京师考试。考试的科目有文赋和经义,还要作三篇引经据典针对时政的方略策论,亦即对策。难度极高,应者亦少,所以至唐代逐渐被取消。据《陔馀丛考》考证:

> 晋世始有秀才之举。永宁初,王接举秀才,报友人书曰:"非荣此行,实欲极陈所言,冀有觉悟耳。"此士子专称秀才之始。

> 至隋时,秀才之举益重。《杜正玄传》:开皇中,海内举秀才杜正元一人。杨素曰:"周、孔更生,尚不得为秀才,刺史何妄举如此!"素意欲试黜之,乃手题使拟司马相如《上林赋》、王褒《圣主得贤臣颂》、班固《燕然山铭》、张载《剑阁铭》《白鹦鹉赋》,令至未时俱就。正玄果如期并了。素大惊曰:"诚好秀才!"后其弟正藏、正伦亦举秀才。隋世,天下举秀才不十人,而杜氏一门三秀才,此其极盛也。《封氏闻见记》:唐初秀才试方略策三道,其后举人惮于

---

① 《北史·儒林传上》卷八十一,中华书局,1974年版,第2708页。按:原书此处分段有误,"其《诗》、《礼》、《春秋》"句,不当另起一行。"其"指费甝《义疏》,不然传习郑注的北朝诸生,何用"兼通之"也。

方略之科,为秀才者殆绝,而多趋明经进士。①

秀才科不仅要求文采出众,熟知经义,而且要求满腹经纶,能对时局提出具有真知灼见的方略对策。没有高才实学确实难以达到,所以举人多畏惮之。隋世重举秀才,天下不过十人,亦可想见其荣贵。而其中就有刘焯、王通和杜氏兄弟,俱为当时所称美,而刘焯很可能是最早的一个。

刘焯甲科擢第之后,奉命与著作郎王劭同修国史,兼参议律历,献上其奉敕修造并自信足可"会通今古,符允经传,稽于庶类,信而有征"②的历法新书。因与刘孝孙联名反对张宾所修之《开皇历》,被斥为"谤毁天历",被调直门下省,以待顾问。

后与诸儒于秘书省考定群言。郁郁不得志,因请假还乡里,县令韦之业引为功曹。寻复入京,与左仆射杨素、吏部尚书牛弘、国子祭酒苏威、国子祭酒元善、博士萧该、何妥、太学博士房晖远、崔宗德、晋王文学崔赜等于国子学共同讨论经传中的古今滞义,每升座讲学,论难锋起,皆不能屈,杨素等莫不服其精博。

开皇六年,运洛阳《石经》至京师,文字磨灭,莫能知者,奉敕与刘炫等考定。洛阳《石经》是指《熹平石经》和《正始石经》。

《熹平石经》或称《汉石经》,是东汉熹平年间用隶书一种字体写刻,故又称《一体石经》。《熹平石经》首次将《周易》等七种儒家经典镌刻于石,立于洛阳太学,做为当时传写的正本。《正始石经》或《魏石经》,刻于三国魏正始年间,书以古文、篆书、隶书三种字体,故又称《三体石经》。北朝后魏初年,权臣高欢将《熹平石经》与《正始石经》迁往邺城(今河北磁县),行至河阳(今河南孟县),遇河岸崩塌,部分石经沉入黄河,运到邺城的已"不盈太半"。至此,遂又由隋文帝"自邺京载入长安,置于秘书内省",经刘焯、刘炫等考定之后,"议欲补缉,立于国

---

① 赵翼:《陔馀丛考》卷二十八,中华书局,1963年版,第579页。
② 《隋书·律历志下》卷十八,中华书局,1973年版,第461页。

学。寻属隋乱,事遂寝废"。①

后因国子释奠,刘焯与刘炫二人论义,深挫诸儒,咸怀妒恨,遂为飞章所谤,除名为民。其实这次被遣回乡,还因为又一次"参议律历",深揭张胄玄历法之非,而为其同党宠臣袁充所排挤。刘焯从此优游乡里,专心以教授著述为务,披览讲诵,孜孜不倦。对贾逵、马融、王肃、郑玄所传之今古文经典章句,论定是非,多所评议。又于"《九章算术》《周髀》《七曜历书》十余部,推步日月之经,量度山海之术,莫不核其根本,穷其秘奥"。著《稽极》十卷,专门考论历代天文、律历著作之是非得失;《历书》十卷,即历史上著名的《皇极历》;《五经述议》,并行于世。刘焯的著作大多成于此时。

刘焯乡居讲学期间,"天下名儒后进,质疑受业,不远千里而至者,不可胜数。论者以为数百年已来,博学通儒无能出其右者"②。说明当时学界对刘焯的学问是如何的景仰;也透露出时人追求和钻仰儒家学术的风气,是如何的兴盛。

太子杨勇闻其名而召之,既至京师,未及进谒,忽然诏令事蜀王杨秀。文帝此命,实欲为蜀王"选贞良有重望者为之僚佐"③,而饱学之士,正可担任书佐侍读之类僚属。然对刘焯而言,事出意外,故尔迟迟吾行,久之不赴。刘焯此次应召进京的目的,原本希望献上自己所著的《皇极历》书,讨论并采纳、推行其研制的历法。所以《北史》解释其"久之不赴"的原因是"非其好也"。然而,敢于淹迟王命,岂非自取其辱?可是此一看似愚蠢的行为,又焉知不是刘焯、刘炫用以自全的智慧?蜀王在藩,多行不法,残酷横暴,道路皆闻。二刘知其必将丧败,故而有意激怒之。果然,蜀王杨秀闻之大怒,"遣人枷送于蜀,配之军

---

① 《隋书·经籍志》卷三十二,中华书局,1973年版,第947页。
② 《隋书·儒林传·刘焯传》卷七十五,中华书局,1973年版,第2762、1719页。
③ 《北史·元岩传》卷七十五,中华书局,1974年版,第2568页。

防。其后典校书籍"。① 及"蜀王以罪废,官属多罹其患"。② 而刘焯、刘炫竟得以安全返朝。非但未受牵连,反而继续留在朝廷"与诸儒修定礼、律",刘焯还官"除云骑尉",刘炫则官"授旅骑尉"。

及"炀帝即位,复开庠序"之时,刘焯与刘炫又被同时迁转太学博士。《北史》云大业年间,"国子郡县之学,盛于开皇之初。征辟儒生,远近毕至,使相与讲论得失于东都之下,纳言定其差次,一以闻奏焉。于时旧儒多已凋亡,二刘拔萃出类,学通南北,博极今古,后生钻仰,莫之能测。所制诸经义疏,缙绅咸师宗之"。可惜好景不长,好大喜功、欺世盗誉的隋炀帝,不久即破坏了这种安定的局面,"外事四夷,戎马不息,师徒怠散,盗贼群起。礼义不足以防君子,刑罚不足以威小人,空有建学之名,而无弘道之实"。"凡有经籍,因此湮没于煨烬矣。"③

刘焯在太学博士任上,因参与历法之辨受挫,其心不平,乃托疾去职。"数年之后,复被征以待顾问。因上所著《历书》,与太史令张胄玄多不同,被驳不用。"及胄玄历法不验,朝廷意欲行用刘焯历法,而刘焯已于大业六年去世,享年六十七岁。不久乱起,终隋之世,《皇极历》未得实行。刘焯卒后,刘炫曾为之请谥,而朝廷竟未予应许!

史传称:"刘炫聪明博学,名亚于焯,故时人称二刘焉。"④ 刘焯与刘炫,郡望相同,年龄相若,并皆聪明绝异,学术志趣即为同窗好友,仕宦取止亦皆进退相似,一生甘苦同尝,荣辱与共,亦足为学术史上的一件奇事。

然而无论刘焯学识如何的淹灌通博,学究天人,却始终没有超出经学章句的范围;虽然孜孜不倦地探求经传义理,却未能深入理解儒家之道的精髓。因之也就缺乏拯世济民的宏伟抱负,以及了悟终极之道的那种超脱境界;好逞口舌之辨,务以胜人,而乏宽厚之心,以德服

---

① 《隋书·儒林传·刘焯传》卷七十五,中华书局,1973年版,第1718页。
② 《北史·王仁恭传》卷七十八,中华书局,1974年版,第2638页。
③ 《隋书·儒林传序》卷七十五,中华书局,1973年版,第1707页。
④ 《隋书·儒林传·刘焯传》卷七十五,中华书局,1973年版,第1718—1719页。

众。一如其自述所云:"性不谐物,功不克终。"①史传不无婉惜地说他:"然怀抱不旷,又啬于财。不行束修者,未尝有所教诲,时人以此少之。"②隋代学者实多"困于贫贱",刘焯亦时有"衣食不继"之患,教书养学,世或多有,刘焯自亦未能免俗。然而胸怀如此不广,毕竟有失大儒风范。可是此说亦有疑点,既然从之质疑受业者不可胜数,则岂能尽皆囊橐充盈? 其间当亦有无力奉贽者;讲坛之下,听者既众,断不会独将其人摈之于门墙之外。盖或有一于彼,则外间即已风闻如此矣。

《隋书·儒林传论》曾深刻地分析了这种一代"巨儒多鄙俗"的原因:

> 远惟汉、魏,硕学多清通;逮乎近古,巨儒多鄙俗。文武不坠,弘之在人,岂独愚蔽于当今,而皆明哲于往昔? 在乎用与不用,知与不知耳。然曩之弼谐庶绩,必举德于鸿儒;近代左右邦家,咸取士于刀笔。纵有学优入室,勤逾刺股,名高海内,擢第甲科,若命偶时来,未有望于青紫;或数将运舛,必见弃于草泽。然则古之学者,禄在其中;今之学者,困于贫贱。明达之人,志识之士,安肯滞于所习,以求贫贱者哉! 此所以儒罕通人,学多鄙俗者也。

隋世重视刑名之学的律令制定,而轻忽儒家之学的文教建设。国家官员多出于刀笔之吏,儒士经生几无进身之路,更遑论经邦治国,博青紫致富贵了。既不甘心于贫贱,复不能大伸其志,这是隋世儒生所遭遇的尴尬处境,于是"儒罕通人,学多鄙俗"境况也就在所难免了。然而,儒者倘不能自甘寂寞,以追求大道为终极鹄的,"得志与民由之,不得志独行其道。富贵不能淫,贫贱不能移,威武不能屈"。③ 而徒然斷斷于章句之辨,汲汲于富贵之求,已经失去了儒家的真精神。

《儒林传论》还对刘焯、刘炫的学术作了如下评价和比较:

---

① 《隋书·律历志下》卷十七,中华书局,1973年版,第461页。
② 《隋书·儒林传序》卷七十五,中华书局,1973年版,第1719页。
③ 《孟子集注·滕文公章句下》卷六,《四书章句集注》,中华书局,1983年版,第266页。

> 至若刘焯，德冠缙绅，数穷天象，既精且博，洞究幽微，钩深致远，源流不测。数百年来，斯一人而已。刘炫学实通儒，才堪成务，九流七略，无不该览。虽探赜索隐，不逮于焯；裁成义说，文雅过之。并时不我与，馁弃沟壑。斯乃子夏所谓，"死生有命，富贵在天"。天之所与者聪明，所不与者贵仕，上圣且犹不免，焯、炫其如命何！①

则又将二刘博学而不偶的原因归之于宿命，显然又和上面的分析相互矛盾；然则，《传论》的作者或许认为，不能遭逢明时，而偏生于浊世，这不正是他们的命运吗？从而寄予同情，深致悼惜。而对二刘学术上的巨大成就，则给予了崇高的评价。

皮锡瑞《经学历史》评判说："隋之二刘，冠冕一代。""魏晋经师之书，先自南传于北，北学以徐遵明为最优，择术最正。""其后则刘焯、刘炫为优，而崇信伪书，择术不若遵明之正。"②所谓"伪书"，亦即南学所传习之古文经传，所以皮锡瑞批评二刘"择术不若遵明之正"。这自是皮氏的学术偏见。殊不知徐遵明专守郑学，固有"抱残守阙"之功，而二刘的学术倾向，更代表了时代的学术潮流。隋朝短暂的统一，便出现了许多博通各个领域，淹贯南北经学的学者，已为儒学范围的扩大，经学南北的统一，作好了充分的准备。可惜隋文帝"暮年精华稍竭，不悦儒术，专尚刑名"，"废天下之学，唯留国子一所"。炀帝即位，虽"复开庠序、国子、郡县之学"，征辟经师，"使相与讲论得失"，但不过是粉饰升平，虚应故事而已。不久便"外事四夷，戎马不息，师徒怠散，盗贼群起，空有建学之名，而无弘道之实，其风渐坠，以至灭亡"③。

刘焯的经学著作统名之为《五经述义》，时行于世，今已不传。然其中精义，已被吸收至唐代官修的《五经正义》之中。孔颖达在《毛诗

---

① 《隋书·儒林传论》卷七十五，中华书局，1973年版，第1727页。
② 皮锡瑞：《经学历史》，中华书局，1953年版，第190页。
③ 《隋书·儒林传论》卷七十五，中华书局，1973年版，第1707页。

正义序》介绍其书特点曰:"焯、炫并聪颖特达,文而又儒。擢秀干于一时,骋绝辔于千里;固诸儒之所揖让,日下之所无双,其于作疏内,特为殊绝。今奉敕删定,故据以为本。然焯、炫等负恃才气,轻鄙先达,同其所同,异其所异;或应略而反详,或宜详而更略。准其绳墨,差忒未免,勘其会同,时有颠踬。"①又于《尚书正义序》中说:前人疏解《尚书》诸书,"义皆浅略,惟刘焯、刘炫最为详雅"。"然焯乃织综经文,穿凿孔穴,诡其新见,异彼前儒,非险而更为险,无义而更生义。使教者烦而多惑,学者劳而少功,过犹不及,良为此也。"②但刘焯这种不肯蹈袭前人的探索精神,还是十分可贵的。

刘焯经学而外,还精通天文、律历、地理、算术诸学。著有《稽极》十卷、《历书》十卷,这两部书的学术观点,部分地保留在《隋书·律历志》中,尚可据以考索,其余经疏并所作文集,各类著作十余部上百卷之多,当时并行于世,后均散佚。③

二、刘焯的律历之学

刘焯在今天被列为中国历史上著名的科学家,是因为他在天文历法方面的贡献。在古代历法虽然与天文密切相关,但是它却是和音律联系在一起,合称律历之学。人们知道刘焯是隋代著名的经学家或儒家学者,却很少知道天文、律历之学和经学之间的内在联系。其实,中国历史上天文学和历法学之所以特别发达,处于世界领先地位,正是儒家特别予以关注重视的结果。甚至可以说它原本即是儒家经学的一个组成部分,后来才逐渐发展成一门独立的专门之学。著名的科学史家李约瑟就曾在其《中国科学技术史·天学卷》中说:"天文和历法一直是'正统'的儒家之学。"④

---

① 《毛诗正义·序》,《十三经注疏》整理本,北京大学出版社,2000年版,第4页。
② 《尚书正义·序》,《十三经注疏》整理本,北京大学出版社,2000年版,第3页。
③ 《玉函山房辑佚书》辑有《尚书刘氏义疏》一卷,江苏广陵古籍刻印社,1990年影印版。
④ 〔英〕李约瑟:《中国科学技术史》第四卷《天学》,科学出版社,1975年版,第2页。

(一) 天文、历法与儒学

天文和历法之学,在中国上古极早的时期即已产生。而关于这方面的记载,最早都见于儒家的经典之中。严格地讲,是见于儒家奉为经典的古籍之中,如《诗》、《书》、《易》、《礼》、《乐》和《春秋》之中。《春秋》虽然是孔子所作,但其资料来源,却都是原始的记录。后世对这六部经典不断地研究诠释,便形成经学。天学和历法自然是其中重要的内容。另外在《孟子》、《孔子家语》及其《礼记》等儒家典籍中还有许多有关记载。如"天之高也,星辰之远也,苟求其故,千岁之日至,可坐而致也"①。说黄帝"考日月星辰",制律历定五行,"以顺天地之义,知民所急","历日月之生朔而迎送之","春夏秋冬育护天下,日月所照,风雨所至,莫不从化"等等,②都是关于天文历法的论述。

日月晦明,四季代序,节气变换,风雨时至,对初民的农事和渔猎活动的影响甚巨,必须通过观察了解天时星象之变化,以决定自己次日的作息,预测年景的丰欠,以及是否需要祈禳神灵等。观星几乎成为人们普遍的活动。所以顾炎武说:"三代以上,人人皆知天文。七月流火,农夫之辞也。三星在户,妇人之辞也。月离于毕,戍卒之作也。龙尾伏辰,儿童之谣也。后世文人学士,有问之而茫然不知者矣。"③就是根据《诗经》的内容做出的判断。

在《尚书·尧典》中记载尧禅位舜时所阐述的政务,第一项就是天文事务:

> "乃命羲和,钦若昊天,历象日月星辰,敬授民时。""帝曰:'咨!汝羲暨和。期三百有六旬有六日,以闰月定四时,成岁。允厘百工,庶绩咸熙。'"④

---

① 《孟子集注·离娄章句下》卷八,《四书章句集注》,中华书局,1983年版,第297页。
② 《孔子家语·五帝德》卷五,浙江人民出版社,1984年影印版,第7页。
③ 《日知录集释》卷三十,上海古籍出版社,1985年据清道光嘉定黄氏西䨱草庐重刊定本影印,第2203页。
④ 《尚书正义·尧典》卷第二,《十三经注疏》整理本,北京大学出版社,2000年版,第33—35页。

《尧典》全篇首言尧钦明文思之德,次言其治历明时之政,而后才言及选拔官吏,举舜自代事。全文极短,而论历法的文字已经超过三分之二。可见治历明时在古代政务中占有首要地位。这段文字并不费解,是说根据星象以定四季,以及须在每季所应安排的相应政务。为什么采取这种近乎宗教的形式,乃是因为古人认为,政道的大原本于天,人间的秩序都应按照天行的秩序建立起来,治政的精神和庶务的安排也要遵循天时的变化而各有其相应的变换。

这一方面说明古人观测天象的目的,固然是通过洞察自然现象,发现其内在规律,并按自然规律来决定一年的季节,制成历法,使农业生产能够及时进行,而更多的内容则是按时安排有关祭祀昊天、祖先、社稷、山岳河流等礼仪活动。所谓"民时",远非只是安排农事那么简单。"观乎天文以察时变,观乎人文以化成天下。"①这才是我国古代天文学的目的和主要特点。

从《尧典》这段叙述,我们看到在尧舜时代,已经在用闰月的方法来调整阳历和阴历之间的误差。因为按照月相也就是朔望晦明来确定的十二个月,每月的第一天从月亮和太阳一同升起(此时月亮是看不见的,谓之"朔")为初一开始,至月圆(谓之"望")为十五天,再至月晦,大约二十九天多的时间。这样十二个月加起来,只有三百五十四天多。而太阳历是按地球绕太阳一周所需要的时间来计算的,每年是三百六十五天多一点。这样积累下来,每五年大概会多出一个月的时间。这样就必须在隔几年的时间内,加上一个月,谓之闰月。用以调整两者之间的误差矛盾。

如果当时初民仅是日出而作,日入而息地仅按朔望月计算和安排时间,数年之后,月份的次序就会和季节错开,往往使人错过播种和渔猎的最佳时机;而每年按季节进行的各类祭祀等礼仪活动,既不能按时预先准备,当然也难按时如期举行。

---

① 《周易正义·贲·彖》卷第三,《十三经注疏》整理本,北京大学出版社,2000年版,第124页。

如果只按照阳历划分一年的时间,在确定冬夏两至的基础上,将总天数平分十二等分,虽然四季分明,可是每个月大小及其开始的一天,将出现得毫无规律,而且没有固定的天象相对应。本应是朔日的初一,甚至可能出现在满月之时,实在不便使用和记忆。如何调整这一时间计量上的矛盾,便成为为政者首要必须解决的问题,于是乎历法之学便应运而生。而中国的历法从一开始就是阴阳合历,因为要考虑阴阳历平衡的问题,所以中国的历法要比西方的历法复杂得多,达到精确的难度也就更高。

《尧典》明确记载了尧舜时代即能通过"日中星鸟,以殷仲春;日永星火,以正仲夏;宵中星虚,以殷仲秋;日短星昴,以正仲冬",制定出"三百有六旬有六日,以闰月定四时成岁"的历法,没有理由相信闰月只是从殷代开始的说法,而且晋唐时期发现并计算"岁差"时,也正是以此为基点推算的。闰月起于殷代说,只是因为在殷商甲骨文献中发现了具体的应用记载而已。

知天的目的是为了法天,及至有了社会组织,人间的秩序也都按照天体的秩序而建立。比如《周礼》之中,将官制分为六大类,谓之"六官"。依次为:天官冢宰、地官司徒、春官宗伯、夏官司马、秋官司寇、冬官司空。[①]各所职司的庶务范围,完全是仿照天地及四季的性质和特点制定的。其中地官大司徒之职不仅要相土辨物,教民以稼穑、礼仪;还要检测各地四时之变化,验证历纪:"以土圭之法测土深。正日景,以求地中。日南则景短,多暑;日北则景长,多寒;日东则景夕,多风;日西则景朝,多阴。日至之景,尺有五寸,谓之地中,天地之所合也,四时之所交也,风雨之所会也,阴阳之所和也。"通过实测了解天时地利,最终的目的还要落实为人和:"以阜人民,以蕃鸟兽,以毓草木,以任土

---

① 《周礼》的"冬官司空"篇已佚,后以《考工记》补代,犹可觇见司空一职之所司。

事。"①土事,即谓利人安居、耕殖等事宜。

春秋时期,人们即已知道日月之食产生的原因,实与人间的祸福无关。如《左传·昭公二十一年》:"秋七月壬午朔,日有食之。公问于梓慎曰:是何物也,祸福何为?对曰:二至、二分,日有食之,不为灾。日月之行也,分,同道也;至,相过也。"意思虽然很清楚,但表述得过于简单。于是经学家们作了进一步的疏解。杜预注曰:"二至,冬至、夏至;二分,春分、秋分。二分日夜等,故言同道;二至长短极,故相过。"孔颖达疏曰:"日之行天,一岁一周;月之行天,二十九日有余已得一周。日月异道,互相交错。月之一周,必半在日道里,从外而入内也;半在日道表,从内而出外也。或六入七出,或七入六出,凡十三出入而与日一会。历家谓之交道。交在望前,朔则日食,望则月食;交在望后,望则月食,后月朔则日食,此自然之常数也。"②不深知天文历法就难于做出如此详尽的诠释。

古人每将人君比为太阳,如说:"日为太阳之精,主生养恩德,人君之象也。"③天上的太阳之所以能够君临万类,首先是因其具有光照万物的作用,认为这即是其功能也是其恩泽。地上的人君要想君临天下,也必须象天法地,具有类似天日的功能与德行。所谓"天无私覆,地无私载,日月无私照",即此之谓也。如《周易·系辞传》说:"古者包牺氏之王天下也,仰则观象于天,俯则观法于地,观鸟兽之文与地之宜,近取诸身,远取诸物,于是始作八卦,以通神明之德,以类万物之情。"④"以通神明之德",就要举行各种祭祀典礼;"以类万物之情",则指创物立制(当然还须通过卦象)。在天人关系之中,人并非被动地适

---

① 《周礼·地官司徒第二》卷十,第295—298,293页。土圭,即测日影之晷表;土深,谓东西南北之深广。郑注、孔疏之文,则详解实测冬夏两至的工具、方法和天文历法的结论。此类多有,皆为天文历法之学,不属经学而何?
② 《左传正义·昭公二十一年》卷五十,《十三经注疏》整理本,北京大学出版社,2000年版,第1629页。
③ 《隋书·天文志中》卷二十,"七曜"条引《传》云,中华书局,1973年版,第554页。
④ 《周易正义·系辞传下》卷八,《十三经注疏》整理本,北京大学出版社,2000年版,第350页。

应,而是要积极地"参天地之化育"①,"裁成天地之道,辅相天地之宜"②,"备物致用,立成器以为天下利"③。"以顺天地之义,知民所急。"《隋书·经籍志·天文类后序》云:"天文者,所以察星辰之变,而参于政者也。《易》曰:'天垂象,见吉凶。'《书》称:'天视自我人视,天听自我人听。'故曰:'王政不修,谪见于天,日为之蚀。后德不修,谪见于天,月为之蚀。'其余孛彗飞流,见伏陵犯,各有其应。"精晓天文的儒者便因天变而向帝王进谏,反映民间视听。《隋书·经籍志·律历类后序》有云"历数者,所以揆天道,察昏明,以定时日,以处百事",《春秋传》又曰:"闰以正时,时以序事,事以厚生,生民之道。"④无论天文还是律历,其目的都是为了人事。凡此种种,说明儒家的天文律历之学带有极大的功利性,这一特点可能会限制科学自身的发展,然其属于儒家天人之学的范围,是不应有疑问的。

《中庸》有云:"仲尼祖述尧舜,宪章文武,上律天时,下袭水土。辟如天地之无不持载,无不覆帱,辟如四时之错行,如日月之代明。万物并育而不相害,道并行而不相悖。"⑤不究天学,何以律天时,又何以明万物并育、道并行不悖之理。后世儒家宗师孔子,自然会把自古相传的天学遗产继承下来,加以发扬光大,积极地参与到修订历法的行列之中。历史上重大的历法改订或完善,几乎都是由儒家学者主持或参与完成(当然也有例外)。如汉儒刘向、贾逵、张衡,晋儒虞喜,南北朝的何承天、祖冲之,乃至隋代的刘焯,都是其中的佼佼者。历代的史书也将各朝关于天文律历的成就如实地记录并列为诸志之首。而且,从史书将"律"和"历"浑然不分的情况看,使我们了解到古人是把天地四时的节律和音乐的节律看作是一体的,不仅数量化而且音乐化,把大

---

① 《礼记正义·中庸》卷五十三,《十三经注疏》整理本,北京大学出版社,2000年版,第1691页。
② 《周易正义·泰象传》卷二,《十三经注疏》整理本,北京大学出版社,2000年版,第78页。
③ 《周易正义·系辞传上》卷七,《十三经注疏》整理本,北京大学出版社,2000年版,第340页。
④ 《隋书·经籍志三》卷三十四,中华书局,1973年版,第1021、1026页。
⑤ 《礼记正义·中庸》卷五十三,《十三经注疏》整理本,北京大学出版社,2000年版,第1704页。

自然完全看成是一首和谐而含有美妙音律的大乐章。

刘焯曾自述其所撰《皇极历》与经学的关系云:"寻圣人之迹,悟曩哲之心,测七曜之行,得三光之度,正诸气朔,成一历象,会通今古,符允经传,稽于庶类,信而有征。"①由此足可让我们明了作为经学大师的刘焯,为什么同时又是著名的天文律历学家。

(二) 刘焯的天文历法之学

隋朝开国之后,隋文帝当然也和以往的皇帝一样,改正朔,②易服色,制礼订乐,以示与民更始。乃征召精通天文历法的群臣,参议制定新历法。刘焯于次年(开皇三年)献上此次奉敕撰定,自信能够"会通古今"、"信而有证"的历法新书。可是隋文帝却于开皇四年(584)正月,颁布施行张宾所撰《开皇历》。张宾曾为道士而且确实不通历法,只是把南朝何承天的《元嘉历》略加增损,并在其历法中附会占星术的内容,以取悦于迷信占星及谶纬的隋文帝,因而取得执掌历法的大权。"张宾所创之历既行,刘孝孙与冀州秀才刘焯,并称其失,言学无师法,刻食不中,所驳凡有六条"③,包括不用岁差法、定朔法等重大失误。刘孝孙、刘焯等儒家学者的反对意见非但未被采纳,反而遭到贬斥。

"岁差"是制定历法必须考虑的重要因素,如何将这一发现应用到历法之中,谓之"岁差法"。南北朝时,祖冲之在制定《大明历》时,首先考虑将岁差应用到历法之中,但经他计算是四十五年十一个月岁差一度。到了隋代刘焯则得出七十五年差一度的岁差数值,其精确度已与现代的测算值(七十一年余西移一度)十分接近。岁差是天文学史上具有划时代意义的重大发现。

---

① 《隋书·天文志下》卷十八,中华书局,1973年版,第460页。
② 《礼记·大传》:"改正朔,易服色,殊徽号,异器械,别衣服,此其所得与民变革者也。"孔颖达疏:"改正朔者,正谓年始,朔谓月初,言王者得政,示从我始,故故用新,随寅、丑、子所建也。周子、殷丑、夏寅,是改正也;周夜半、殷鸡鸣、夏平旦,是易朔也。"据《礼记正义》卷第三十四,《十三经注疏》整理本,北京大学出版社,2000年版,第1167页。
③ 《隋书·律历志中》卷十七,中华书局,1973年版,第422页。

定朔是针对平朔而言。朔日是指月球和太阳的黄经相等,亦即日、月几乎同时出没的时间。由于月亮绕地球运行的轨道是椭圆形的,当月亮运行到近地点时速度快,到远地点时速度慢。月球绕地运行的不均匀,导致这一个朔日到下一个朔日的时间不能固定,有时长达二十九天十九小时多,有时则仅有二十九天六小时多。根据这两个数值的平均数来决定朔日即为平朔。但用平朔法确定的朔日(初一),和朔日的实际情况并不完全一致。于是,南朝宋时何承天撰《元嘉历》就发明定朔法来决定朔日,即把日、月黄经相等时,亦即日、月同时出没的这一天定为朔日。但由于定朔法将导致四个大月相连和三个小月相连的情况,没有办法解决,遂遭反对而未实行。直至刘焯制定《皇极历》时,创用一种内插法,亦即计算定朔校正数的方法,使这一问题得到解决,才将定朔正式地采纳到历法之中。

开皇十七年,诏令停用《开皇历》,改用张胄玄所研制的历法(后称《大业历》)。张胄玄的历法虽然比张宾的历法精准,但是毫无创新之处,很多重要环节抄袭刘孝孙历法。刘焯曾上书太子杨广,历数其谬误与剽窃之处,各达数十条之多。直斥胄玄云:"胄玄弦望晦朔,违古且疏,气节闰候,乖天爽命。时不从子半,晨前别为后日。日躔莫悟缓急,月逯妄为两种,月度之转,辄遗盈缩,交会之际,意造气差。七曜之行,不循其道,月星之度,行无出入,应黄反赤,当近更远,亏食乖准,阴阳无法。星端不协,珠璧不同,盈缩失伦,行度愆序。"其书启云:

> 焯以庸鄙,谬荷甄擢,专精艺业,耽玩数象,自力群儒之下,冀睹圣人之意。开皇之初,奉敕修撰,性不谐物,功不克终,犹被胄玄窃为己法,未能尽妙,协时多爽,尸官乱日,实玷皇猷。请征胄玄答,验其长短。[①]

要求太子主持当面质证和公开辩论。由于袁充时任太史令,有宠于

---

① 《隋书·律历志下》卷十八,中华书局,1973年版,第459页。

帝,杨广也不便多加干预。然张胄玄历法之终被采纳,却是因其效法张宾的故智,通过附会祥瑞,取悦皇帝,才达到目的。

刘焯于大业元年,献上自己苦研数十年,经过多次实测和反复修订而成的《皇极历》,史志评其法云:

> 有日行迟疾,推二十四气,皆有盈缩定日。春秋分定日,去冬至各八十八日有奇,去夏至各九十三日有奇。二分定日,昼夜各五十刻。又依浑天黄道,验知冬至夜漏五十九刻、一百分刻之八十六,昼漏四十刻一十四分,夏至昼漏五十九刻八十六分,夜漏四十刻一十四分。冬夏二至之间,昼夜差一十九刻、一百分刻之七十二。胄玄及焯漏刻,并不施用。然其法制,皆着在历术,推验加时,最为详审。①

最终还是因为执掌历法大权的张、袁阻挠排斥,而不被采纳施行。至此,刘焯已经三次为改革历法,献出自己研制的历书,希望能被采用,可惜均以失败告终。但此时《皇极历》以其数据之精确、方法之新颖和引证之广博,引起朝野的普遍推重。大臣称其"推步精审,证引阳明",方术之士,则"咸称其妙"。大业四年,"太史奏曰:'日食无效。'帝召焯,欲行其历。袁充方幸于帝,左右胄玄,共排焯历,又会焯死,历竟不行"②。时任太史令的张胄玄知道自己的《大业历》有问题,直到刘焯死后,才悄悄地将《大业历》的错误改掉。

《开皇历》和《大业历》虽然都经正式颁用,实际远不如刘焯所造的《皇极历》。刘焯使用自己发明的补间法即内插法,处理日月和五星的不均匀运动,根据张子信的日行盈缩法采用定气,又采用何承天的定朔法,考虑祖冲之的岁差法,对于交食、五星都用了显然更为准确的数值。在历法上,最早用了定朔、定气的名词。刘焯不仅注意吸收前人

---

① 《隋书·天文志上》卷十九,中华书局,1973年版,第529页。
② 《隋书·律历志下》卷十八,中华书局,1973年版,第461页。

的研究成果,而且对其方法无不进行审理推进,并进而创立新法,解决问题,终于使一代律历之学有了突破性进展。

刘焯"又造历家同异,名曰《稽极》"。是他详尽地考论历代颁行的《历书》及天文、律历学家之是非得失的著作。所以他才能在充分吸取前人研究成果的基础上,经过自己的长期探索以后,创造性地将历法之学向前推进了一大步。如在《皇极历》日躔表的编制中,吸取东汉刘洪的"消息术"和北齐张子信的"盈缩术",创立了一整套日月交食的推算法,还发明了日月食初亏和复圆时刻计算法,可谓穷极精妙。是我国古代最早同时虑及日、月运动不均匀对真正合朔时刻影响的定朔法,[①]在我国古代历法史上占有很重要的地位。

刘焯《皇极历》的各项成就,将古代历法"向数学化、精密化和合理化的方向推进了一大步",使历法的科学程度大为提高,比此前的历法颇多革新气象,"标志着我国古代历法已经进入了完全成熟的时期"[②]。《皇极历》在隋代虽然没有施用,但其所造就的天文律历学成果,至唐代终于开花结实。唐代著名的《麟德历》和《大衍历》都是吸取刘焯的《皇极历》而造成的。僧一行甚至认为"《皇极》密于《麟德》"[③]。

刘焯是一位持浑天说观点的天文学家,他认为"盖天说"据夏至时"日影千里差一寸",用以推算天地大小的基本数据是错误的。并以经学家的立场指出,这种说法缺乏可靠的典籍依据。为了能为修订历法提供更为可靠的数据,他建议发动一次大规模的天文大地测量,以检测并否定这一自汉代以来传统论断。他说:

> 《周官》夏至日影,尺有五寸。张衡、郑玄、王番、陆绩先儒等,皆以为影千里差一寸。言南戴日下万五千里,表影正同,天高乃

[①] 月球绕地运动,有近地点和远地点,也就是发现月球轨道为椭圆形。西方迟至17世纪,也就是在刘焯后一千余年,才由霍罗克斯发现。〔英〕丹皮尔:《科学史》,商务印书馆,1979年版,第215页。

[②] 杜石然:《中国古代科学家传记》上册《刘焯》,科学出版社,1992年版,第256、257页。

[③] 《新唐书·历志三上》卷二十七上,中华书局,1975年版,第594页。

异。考之算法,必为不可。寸差千里,亦无典说,明为意断,事不可依。今交、爱之州,表北无影,计无万里,南过戴日。是千里一寸,非其实差。焯今说浑,以道为率,道里不定,得差乃审。既大圣之年,升平之日,厘改群谬,斯正其时。请一水工并解算术士,取河南、北平地之所,可量数百里,南北使正。审时以漏,平地以绳,随气至分,同日度影。①

首次提出"审时以漏,平地以绳,随气至分,同日度影,得其差率,里即可知"的设想,唯其如此,方能求出同一时刻日影差一寸和北极高差一度在地球上的相差距离,从而达到"天地无所匿其形,辰象无所逃其数,超前显圣,效象除疑"的效果。可惜至大业三年,炀帝才敕令诸郡测影,而不久刘焯去世,没有人能主持这项浩大的工程,事遂寝废。直至唐玄宗开元年间,才由一行组织领导了我国古代第一次天文大地测量,也是一场史无前例、世界罕见的天文大地测量工程。在世界科学史上也具有重大意义和影响。

第四节 刘炫的生平与学术思想

一、刘炫的生平事略

刘炫(约545—613),字光伯。河间景城人(今属河北献县)。《隋书·儒林传》谓:"少以聪敏见称,与信都刘焯闭户读书,十年不出。炫眸子精明,视日不眩,强记默识,莫与为俦。左画方,右画圆,口诵,目数,耳听,五事同举,无有遗失。"②可见是个奇才。刘炫与刘焯自幼结为盟友,同师事于熊安生、刘轨思、郭懋等北学名师。以武强刘智海家

---

① 《隋书·天文志上》卷十八,中华书局,1973年版,第521页。
② 《隋书·儒林传·刘焯传》卷七十五,中华书局,1973年版,第1719页。

藏书富,乃相与就读。苦研十年,"遂得博览典诰,窥涉今古"①,终于成为一代通儒。

开皇年间,刘焯举秀才,对策甲等,除员外将军。于国子学共论古今滞义,以精博为人叹服。与此同时,刘炫亦以才学被荐于朝廷。以二人才学齐名故时称二刘。

刘炫初入朝,"奉敕与著作郎王劭同修国史。俄直门下省,以待顾问。又与诸术者修天文律历,兼于内史省考定群言,内史令博陵李德林甚礼之。炫虽遍直三省,竟不得官,为县司责其赋役。炫自陈于内史,内史送诣吏部,吏部尚书韦世康问其所能。炫自为状曰:'《周礼》、《礼记》、《毛诗》、《尚书》、《公羊》、《左传》、《孝经》、《论语》孔、郑、王、何、服、杜等注,凡十三家,虽义有精粗,并堪讲授。《周易》、《仪礼》、《穀梁》,用功差少。史子文集,嘉言美事,咸诵于心。天文律历,穷核微妙。至于公私文翰,未尝假手。'吏部竟不详试。然在朝知名之士十余人,保明炫所陈不谬,于是除殿内将军"②。正是因为刘炫有如此渊博的学识,所以才得到当时鸿儒李德林的礼重和"在朝知名之士"的保举。然而刘炫以如此才学,在朝廷"遍直三省",竟然未能授予官职,吏部亦"不详试",可见隋朝待士的刻薄寡恩。

开皇年间,牛弘奏购求天下遗逸之书,刘炫遂抄录旧藏古书百余卷,题为《连山易》、《鲁史记》等,录上送官,取赏而去。后有人讼之,认为皆炫所伪造,下狱论死,后经赦免,被除名归于家,以教授为务。其时,刘焯亦以他故被遣回乡。

太子杨勇闻知之后,又将二人召回。既至京师,又被朝廷敕令事蜀王杨秀,迁延不往,被目为傲视王侯,"枷送益州。既而配为帐内,每使执仗为门卫。俄而释之,典校书史。炫因拟屈原《卜居》为《筮涂》以自寄"。及蜀王被废始得还朝。与诸儒修定五礼,授旅骑尉。尚书牛

---

① 《北史·儒林传·刘炫传》卷八十二,中华书局,1973年版,第2766页。
② 《隋书·儒林传·刘焯传》卷七十五,中华书局,1973年版,第1719页。

弘尝问之曰："君王遇子，其礼如何？"曰："相期高于周、孔，见待下于奴仆。"弘不悟其言，请闻其义。炫曰："吾王每有所疑，必先见访，是相期高于周、孔；酒食左右皆餍，而我余沥不餍，是见待下于奴仆也。"①

炀帝即位，牛弘引炫修《律令》，多所建议。及"炀帝复开庠序"之时，纳言杨达荐举刘炫博学有文章，得以"射策高第，除太学博士"。只一年多，便被劾以"品卑去任"。还至中途，又"奉敕追诣行在所。或言其无行，帝遂罢之"。从此未再出仕，著书讲学，优游岁月。

在隋朝末年那场大规模的历史动乱中，很多儒生都参加了农民起义军，刘炫的门生大多投入河北的窦建德军。刘炫"时在郡城，粮饷断绝"，其门人"哀炫穷乏，诣城下索炫，郡官乃出炫与之"，实际上也参加了义军。可惜这支部队后为官军所破，"炫饥饿无所依，复投县官。县官意炫与贼相知，恐为后变，遂闭门不纳。时夜冰寒，因此冻馁而死。其后门人谥曰宣德先生"。

二刘才学冠世，"论者以为数百年已来，博学通儒无能出其右者"。而刘焯竟"以品卑去职"，刘炫亦以"无行"被黜，学者以此惜之。然究其原由，并非全属诬枉。

刘炫的性格是有缺陷的，史书上说他"性躁竞，颇好俳谐"，性情浮躁不稳重，缺乏长者之风。自恃才高一世，学富五车，"多自矜伐，好轻侮当世"。恃才傲物，不善于自处，"为执政所丑，由是宦途不遂"。② 究其"轻侮当世"的原因，还源于他对"当世"的不满。当隋之世，科举初兴，士人进身之途，已不全凭门阀，所以刘炫认为"今之仕者，位以才升"，而据位者每无才德，而有才德者反不被见用。高才如刘炫，虽然"射策高第"，也只能"数忝徒劳之职，久执城旦之书"。沦为下吏，甚至徒隶，不能施展抱负有所作为。

刘炫晚年"内省生平"，尝作《自赞》文曰：

---

① 《史通通释·外篇·忤时第十三》卷二十，上海古籍出版社，1978年版，第594页。
② 《隋书·儒林传·刘炫传》卷七十五，中华书局，1973年版，第1718、1719页。

> 敦叙邦族，交结等夷，重物轻身，先人后己。昔在幼弱，乐参长者，爱及耆艾，数接后生。学则服而不厌，诲则劳而不倦，幽情寡适，心事方违。内省生平，顾循终始。

称自己的一生中，与邦族、与同侪、与长者、与后生交往，无不"重物轻身，先人后己"（物，事也。此处指公众或他人之事；身，己身）。这是刘炫内心的表白，也是他一生奉守（顾循终始）的准则。也检讨了自己一生"立身立行，惭恧实多"，并认识到人只要活在世上，就难免犯错误，只有死去，才会"庶几可免"。他总结自己一生"大幸有四"，而深恨只有一个，这一深恨为：

> 仰休明之盛世，慨道教（今按：儒学之教）之陵迟，蹈先儒之逸轨，伤群言之芜秽，驰骛坟典，厘改僻谬，修撰始毕，图事适成，天违人愿，途不我与。世路未夷，学校尽废，道不备于当时，业不传于身后。衔恨泉壤，实在兹乎？

所关注、所感慨、所忧伤、所遗憾的，仅是儒家大道的被割裂陵迟和经典解说的混乱芜秽，而自己"厘改僻谬"，重新整理注疏经典的事业刚刚告成，正准备用大道补救末世，把学问传诸后人之际，岂奈"天违人愿，途不我与。世路未夷，学校尽废"。功业与理想全部化为泡影，所以成为其唯一的深恨也。然观其以"参谒宰辅，造请群公，厚礼殊恩，增荣改价"为幸，说明其思想境界并不高超，在这一点上，说其"卑俗"亦不为过。

刘炫虽然有许多性格上的缺陷，然观其大节，并无亏欠。如史载：

> 开皇二十年，废国子、四门及州县学，唯置太学，博士二人，学生七十二人。炫上表言学校不宜废，情理甚切，帝不纳。
>
> 时国家殷盛，皆以辽东为意。炫以为辽东不可伐，作《抚夷论》以讽焉。当时莫有悟者。及大业之季，三征不克，炫言方验。

这些都是关于国家文化建设和民族关系的根本大计，可惜文帝都没有采纳。

刘炫不仅才学好,临事每持正论,而且"以吏干知名",精熟政务执行的利弊得失,针对当时事烦政弊,官疲民困的现实,提出"省官不如省事,省事不如清心,官事不省而望从容,其可得乎"的建议。牛弘虽然甚善其言,但在大兴工役冶游无度的炀帝一朝,肯定不会被执政者采纳。

《北史·儒林传论》评价说:"刘炫学实通儒,才堪成务,九流七略,无不该览。虽探赜索隐,不逮于焯;裁成义说,文雅过之。并时不我与,馁弃沟壑。斯乃子夏所谓'死生有命,富贵在天'。天之所与者聪明,所不与者贵仕,上圣且犹不免,焯、炫其如命何!"①将其悲剧归结为宿命,是不确切的,造成此一悲剧的原因,应该到那个污浊之世中去寻找。

二、刘炫学术的两大疑案
(一)刘炫献伪书案

刘炫"无行"的罪名是:"伪造书百余卷,题为《连山易》、《鲁史记》等,录上送官,取赏而去。后有人讼之,经赦免死,坐除名。"②此事为正史定谳,千百年来,无人致疑。然细考其事颇为可疑,试辨析之如次:

刘炫当牛弘征书之际,仓促之间,岂能便造伪书百余卷?制作各成体系的百卷古书,非比注疏典籍,纵使刘炫有过人的精力与才学,也绝非短时间内所能完成。且其时刘炫正值"遍历三省",公务繁忙之际,即使才学足以欺世,也没有伪造古书的时间与机会。这是此案在时间上的疑点。

学者推究刘炫献伪书以求赏,是为生活穷困所迫。《北史·儒林传论》说:"古之学者,禄在其中;今之学者,困于贫贱。明达之人,志识之

---

① 《北史·儒林传》卷八十二,中华书局,1974年版,第2771页。
② 《隋书·儒林传·刘炫传》卷七十五,中华书局,1973年版,第1720页。

士,安肯滞于所习,以求贫贱者哉!此所以儒罕通人,学多鄙俗者也。"①"困于贫贱"似乎成为"学多卑俗"或献伪书的原因。考刘炫初入朝时,"虽遍直三省,竟不得官",亦无薪俸,而且县官仍然要"责其赋役"。但是在经过上书自陈之后,"在朝知名之士"的极力保荐,刘炫已被任命为"殿内将军"。而牛弘奏请"购求天下遗逸之书"的时间,大体与之相当。此时的刘炫已经解决了贫穷的问题,不可能再为此希功邀赏。若说为了炫耀自己学富五车,才倾八斗,何不著书自署其名,岂不更为荣耀?这是此案动机上的疑点。

在古代文献史上,出现过不少伪书,有些虽然被近年出土的先秦文献证明不伪,但有些则属确定不移的铁案。如西汉张霸伪造一部《尚书》,名《百两篇》,献给成帝。比原初孔子编定的百篇《尚书》还多出两篇。诏令"以中书校之,非是"。其书只不过是"分析合二十九篇以为数十,又采《左氏传》、《书叙》为作首尾"②而成。可说铁证如山,作伪的行为,当时就被揭穿,张霸论罪当死。据《论衡·佚文篇》所载:"成帝奇霸之才,赦其辜,亦不灭其经,故《百两尚书》传在民间。"③《论衡·正说篇》更为明确地说:"帝出祕百篇以校之,皆不相应,于是下霸于吏,吏白霸罪当至死。成帝高其才而不诛,亦惜其文而不灭。"④其事备在载籍,熟读群书的刘炫焉得不知,如何肯不顾前车之鉴,身败名裂的危险,敢于以身试法?这是明知故犯的疑点。

时间既不允许,又已解除因贫困而造伪的动机,正常人一般都不会犯的错误,以刘炫的聪明还不至于如此之愚蠢。此案既然存在如上三大疑点,那又如何能够定案?定案的理由又是怎样的呢?

刘炫《连山易》案与张霸《百两篇》伪书案既相类似,那么就可以比较一下,看两者各被认定作伪的理由是否可以成立。《百两篇》伪书

---

① 《北史·儒林传》卷八十二,中华书局,1974年版,第2770页。
② 《汉书·儒林传》卷八十八,中华书局,1962年版,第3607页。
③ 《论衡校释·佚文篇》卷二十,中华书局,1990年版,第862页。
④ 《论衡校释·正说篇》卷二十八,中华书局,1990年版,第1126页。

案,《汉书》和《论衡》都说是以秘府所藏《尚书》与之校对,因而发现"非是","皆不相应",于是可以论定其为伪造无疑。而刘炫《连山易》则不然,只是因为"有人讼之"而已,并未拿出原有的藏书加以校对,没有证据,如何便可判定真伪? 看来,其所以如此定案,凭借只能是推测了。即古代虽有其书,但久已失传,现在忽然出现,就很有可能出于伪造。那么《连山易》究竟是否属于这种情况呢?

《连山易》古有其书,是没有问题的。《周礼·春官·太卜》即有"掌三易之法,一曰《连山》"之语。郑玄注:"名曰《连山》,似山出内气也。"贾公彦疏:"此《连山易》,其卦以纯艮为首。艮为山,山上山下,是名"连山"。云气出内于山,故名易为《连山》。"①然其书在官方秘府久已失传,西汉刘向校书时,即未曾见,所以《七录》及班固《汉书·艺文志》并无著录。"有人讼之"者,想必是以自汉以来,未见著录为据,遂断定其书为伪;并非也不可能拿出秘府藏书,与之核对,然后断定其为伪书也。《隋书·经籍志》只著录有《归藏易》,而无《连山易》,可见秘府原无其书,而断定刘炫所献为伪书后,秘府自然也不可能再予收藏。因此,只以不见前代著录为据,断定刘炫所献必为伪书,理由是不充分的。学府失于收藏,不能证明民间没有收藏。不然历代为何在政局稳定之后,都还要向民间征集佚书?

事实上,中国的文化和史籍,每当存亡续绝之际,主要还是仰仗民间的传习与收藏才得以保存流传的。比如刘炫和刘焯"就之读书,向经十载"的"武强交津桥刘智海家",就"素多坟籍"。而炫亦自称"驰骛坟典"。此前的晋代学者范平亦以"研览《坟》、《索》,遍该百氏"②而知名。所谓"坟籍"、"坟典"、"坟索",即是指"三坟、五典、八索九丘"之属,并非仅仅形容版籍的珍稀古老,而是实有所指。如《周礼·外史》

---

① 《周礼正义·春官》卷四十七,中华书局,1987年版,第1928—1929页。
② 《晋书·儒林传》卷九十一,中华书局,1974年版,第2346页。

"掌三皇五帝之书",郑玄注云:"所谓三坟、五典。"①《尚书正义》孔安国《序》云:"伏牺、神农、黄帝之书,谓之三坟,言大道也。""《春秋左氏传》曰'楚左史倚相能读三坟五典、八索、九丘',即谓上世帝王遗书也。"据后人考证,此一"言大道"的"三坟"书,其内容实即古之三易。是因为孔子在整理古籍时,"睹史籍之烦文,惧览者之不一",乃"芟夷烦乱,翦截浮辞","讨论坟典,断自唐虞以下,迄于周","赞易道以黜八索"。②只保留《周易》,而将《连山》、《归藏》删除。但是孔子不传其书,不等于所有学派都不传其书,只是由于流传甚稀,几度现而复隐,所以历代很多大学者也不知其具体内容。

《新唐书·艺文志》录有《连山》十卷;③《郡斋读书志》著录《三坟书》七卷,文曰:"张商英天觉得之于比阳(泌阳)民家,《坟》皆古文而《传》乃隶书。所谓'三坟'者,山、气、形也。"并加按语曰:"《七略》不载三坟,《隋志》亦无之,世皆以为天觉伪撰。"④其中的"山坟",即是"连山易",与今传世本相符。⑤ 实际上,此书的再度面世,始于唐末天复年间青城山的隐者;北宋元丰七年,毛渐复得之于泌阳邮要亭,由此得以流传。⑥ 且其书唐时尚有十卷,而商英所得仅为七卷,说明在收藏流传的过程中又佚失了三卷,符合古书在民间受条件所限的流传规律。若为商英伪撰,何不凑足十卷,使符合历史记载也。所以张商英也不是撰伪者。

北宋郑樵《通志略·艺文略》曰"伏牺氏本山坟而作易,曰连山","虽不画卦而其名皆曰卦爻大象。连山之大象有八,曰君、臣、民、物、阴、阳、兵、象,而统以山","皆八而八之,为六十四。其书汉魏不传,而

---

① 《周礼正义·春官》卷五十二,中华书局,1987年版,第2137、2138页。
② 《尚书正义·序》卷首,《十三经注疏》整理本,北京大学出版社,2000年版,第4、9、11页。
③ 《新唐书·艺文志》卷五十七,中华书局,1975年版,第1423页。
④ 《郡斋读书志校证》卷四,上海古籍出版社,1990年版,第144页。
⑤ 《三坟书》,今有《汉魏丛书》本、明吴琯校全本以及马国翰辑佚本,见《玉函山房辑佚书》,江苏广陵古籍刻印社,1990年影印版。
⑥ 详见王兴业:《三坟易探微》,青岛出版社,1999年版,第2—3页。

元丰中始出于唐州比阳之民家。世疑伪书。然其文古,其辞质而野,其错综有经纬。恐非后人之能为也"。并说:"《归藏》至晋始出,《连山》至唐始出,然则三坟始出乎近代,亦不为异事也。"郑樵推测《连山》、《归藏》之亡佚原因说:其书"言占筮事,其辞质,其义古,后学以其不文,则疑则弃之。往往《连山》之所以亡者,复过于此矣"。言占筮事而且文理不通,故为学者所疑所弃。如《四库全书总目·易类存目》就说:古三坟之易卦,"其名皆不可训诂","浅陋尤甚"。"伪书之拙,莫过于是。"①然而这也从反面证明,若果为后人伪造,何不制作得典雅通顺一点?所以郑樵反诘说"独不知后之人能为此文乎"②?

即使考之隋唐前史,此书也并非毫无踪迹可寻,成书于隋代的《北堂书钞·艺文志》即引桓谭《新论》云"厉山藏于兰台,归藏藏于太卜";北宋的《太平御览·学部》引桓谭《新论》亦有"《连山》八万言,《归藏》四千三百言"之语。可见东汉官藏实有此二书,后因战乱流落民间。马国翰在其《夏〈连山〉辑佚》序中说:"皇甫谧《帝王世纪》、郦道元《水经注》、李淳风《乙巳占》皆引《连山》。谧,晋人;道元,北魏人,皆在刘炫前。"③而淳风在其稍后。从晋魏至隋唐,虽然又经五胡之乱,南北分裂,其书流传愈稀,但不能说已经绝无踪迹。刘炫在藏书之家研读过此书是完全可能的,至牛弘征书,酬以重值,刘炫抄录甚或背诵录以献官,当亦在情理之中。

最重要的是今传《连山易》的内容,即其文辞之质朴和卦序之经纬,诚如郑樵所论"非后人之能为"。我们知道,所有易卦卦序的组配与排列,都须受易理逻辑的支配,不同的易理逻辑便形成不同的卦序。《连山易》卦序的经纬组织,自然也不能超出其外。《连山》、《归藏》两易的卦序相近,而与传世本《周易》不仅起始卦不同,整个排列系统也

---

① 《四库全书总目》卷十,中华书局,1965年版,第89页。
② (宋)郑樵:《通志略·艺文略第一》,上海古籍出版社,1990年版,第559页。
③ 《玉函山房辑佚书》经编易类,江苏广陵古籍刻印社,1990年版,第4页。

绝不相侔，也与汉代京房的八宫卦序不同。《周易》六十四卦卦序是按照非反既覆的错综法则排列；八宫卦序是按照爻卦世应进退的法则排列；而《连山易》的八组卦序，每一组都以一个八纯卦之经卦（即三画卦）为上卦，然后再分别以各八纯卦的经卦作为下卦而组成，形式上非常整齐。而且与前两种卦序一样，都有其内在的逻辑与规律。然而《连山》卦序却与近年长沙马王堆汉墓出土的帛书《周易》相合。帛书《周易》的卦序，是自秦汉以来久已失传了的一种卦序排列方式，体现了不同时代不同学派对卦理的一种不同理解和诠释。不能说帛书《易》与《连山易》存在什么亲缘关系，但是可以说两者对卦理逻辑的理解，必有其相近之处或共同古老的渊源，都是战国以前的古易书，是不应该有问题的。可是，自汉以后，帛《易》的卦序系统深藏于地下，没有人知道其存在，所以隋代的刘炫也不可能按照其卦序，造出一部不同于《周易》系统的《连山易》来。

献伪书事件，还关系到一个人的人品问题。虽然据《北史·儒林传论》所说，是因为贫困造成一代儒士"儒罕通人，学多鄙俗"，但那仅是就整体状况而言。而观其文意，是把刘焯、刘炫排除在外的。并且说刘炫"学实通儒"，"文雅过之"，不仅是对其学问也是对其人品的肯定。刘炫既是一位学问淹通、文雅过人的学者，岂不闻孔子"君子固穷"之义而持守之？虽不能说其人品上毫无缺陷，然观其人苦学成名，每以正论立朝，绝不至卑劣如此。唯一能够解释通的原因，就是因为他恃才傲物，故所以为人所诬枉。如《刘焯传》所载："（开皇）六年，运洛阳《石经》至京师，文字磨灭，莫能知者。奉敕与刘炫二人论议，深挫诸儒，咸怀妒恨。遂为飞章所谤。"[①]众口铄金，积毁销骨，遂铸成此一冤案。后"经赦免死，坐除名"，已是大幸。但献伪书一案，不仅可疑，也是难以成立的。

刘炫晚年总结自己一生的学术志趣说"慨道教之陵迟，蹈先儒之

---

① 《隋书·儒林传·刘焯传》卷七十五，中华书局，1973年版，第1718页。

逸轨,伤群言之芜秽,驰骛坟典,厘改僻谬"。对传世的经典和前人注疏中的错误还要"厘改僻谬",又焉能再伪造一部比"僻谬"更甚的伪书?

三代古《易》,源出一系,原本都是口耳相授的占筮之书,《连山易》仅为其中之一种,应是易学形成早期的一个阶段性成果,形成文字之后,没有经过大学问家加以整理。所以《周易》出现之后,其被遗弃,是很自然的事情。但其作为一部历史资料,或者占筮的方术,为民间所保藏和传习,也是完全可能的。刘炫在"残缣折简,盈箱累筐"①的藏书之家发现并誊录其书,在更无他本,"莫与比较"的情况下,"疑以传疑",未加整理,仍旧保持其"浅陋"的原貌,因此反被误认为"伪造"。

(二)伪撰《古文孝经孔传》案

有关刘炫的第二桩学术公案是伪撰《古文孝经孔传》。关于《古文孝经孔传》是一个比较复杂的问题,首先是《孝经》的今古文之争;其次是《孔传》的真伪之辨,包括其何时出现和重新发现等问题。而本文所要辨析的,是《古文孝经孔传》在隋代重出,是否为刘炫所伪撰的问题。这是学术史上的一桩疑案。

《孝经》是孔子门人记录、整理孔子对曾子讲述孝道言论的著作,其间又经过曾子学派不同传人的传习加工。秦火之后,又经今、古两种文字的传抄,于是便出现了两种不同的传本。据《汉书·艺文志》著录:

> 《孝经古孔氏》一篇,二十二章。
>
> 颜师古注曰:"刘向云:古文字也。《庶人章》分为二也,《曾子敢问章》为三,又多一章(《闺门章》),凡二十二章。"

又:

> 《孝经》一篇,十八章,长孙氏、江氏、后氏、翼氏四家。

---

① (隋)刘炫:《孝经述义序》,《孝经译注》附录,中华书局,1996年版,第63页。

《长孙氏说》二篇、《江氏说》一篇、《翼氏说》一篇、《后氏说》一篇;《杂传》四篇;《安昌侯说》一篇。①

是知《孝经》自汉代起即分为:今文十八章本和古文二十二章本。之所以不惮其烦地照录《汉志》原文,是深恐学者以其简略而忽之。按照班固《汉志·六艺略》的体例,每一类藏书,都是先列其经文,而后再列其传、说、章句、解故、说义等书。《汉志》于"《孝经》一篇,十八章。长孙氏、江氏、后氏、翼氏四家"之后,复著录诸家《孝经》说。非为重出,实乃前者为"四家"经文之书,后者为诸家训说之书也。这也与汉魏以前古籍经传分别成书的事实相符合。而"《古文孝经孔氏》一篇",颜师古注引"刘向云",分明是说其为出自孔氏的"古文字"写本之经文。《汉志·尚书略后序》云"武帝末,鲁共王坏孔子宅,欲以广其宫,而得《古文尚书》及《礼记》、《论语》、《孝经》凡数十篇,皆古字也","安国献之"。②足资参互证明。而《汉志》于其后并无著录有关《古文孝经》的《传》或《说》,说明孔安国所献的古文经书,没有古文《孝经》的《传》,或者其时孔安国尚未为古文《孝经》作《传》。

《古文孝经孔传》是东汉和帝永元年间,由许慎之子许冲献出,始得行世。据许冲《上书进〈说文〉表》说:"慎又学《孝经》孔氏古文说。古文《孝经》者,昭帝时鲁国三老所献,建武时,给事中议郎卫宏所校,皆口传,官无其说。谨撰具一篇并上。"③许冲自述其家学,当可据信。与《汉志》稍异者,古文《孝经》为西汉"昭帝时鲁国三老所献",或刘向所见即此本,而安国献书时,并未献出古文《孝经》,至昭帝时,始由"三老所献"。卫宏属古文经学派,其"所校"者孔氏古文《经》,而所"口传"之"孔氏古文《说》",亦即孔氏古文《传》也。再次证明《汉志》所录《孝经古孔氏》一篇,只是传自孔氏的古文经,尚非《古文孝经孔传》,《孔

---

① 《汉书·艺文志》卷三十,中华书局,1962年版,第1718、1719页。
② 《汉书·艺文志》卷三十,第1706页。
③ 《说文解字》卷十五下,经韵楼藏版,上海古籍出版社,1981年版,第787页。

传》是由许慎或许冲"撰具"录上,并因而行世的。

至三国时期,《古文孝经孔传》的书名和作者才被正式确定下来。王肃《孔子家语解》载有孔安国孙孔衍《上成帝书》:"时鲁恭王坏孔子故宅,得古文科斗《尚书》、《孝经》、《论语》,世人莫有能言者,安国为之今文读而训传其义。又撰次《孔子家语》。既毕,会巫蛊事起,遂各废不行于时。"①说明了古文经传"各废不行于时",是因为政治动荡造成的。王肃又在《家语解后叙》中说:"壁中诗书,悉以归子国,子国乃考论古今文字,撰众师之义,为《古文论语训》十一篇、《孝经传》二篇、《尚书传》五十八篇,皆所得壁中科斗本也。"②正式指明《古文孝经传》为孔安国作。由于王肃是一位学术史上颇有争议的人物,《孔子家语》被认为属于伪造,于是其有关《古文孝经孔传》的论断,自然也难于被取信。如清代学者盛大士就断定《孔传》"必是王肃妄作",隋代的王劭和刘炫"或皆被欺于王肃"。③刘师培《经学教科书》认为"《孔传》则自汉以后,真本久亡。隋王逸托言得之长安,④复由王邵示刘炫,炫信为真,复率意删改,作《孝经述义》,分为二十二章"⑤。未及《孝经孔传》与王肃的关系,但言伪本出自隋代,而经刘炫"率意删改"。郑珍《辨日本国〈古文孝经孔氏传〉之伪》,虽然旨在辨证清初传自日本的太宰纯校刊本《古文孝经孔氏传》之伪,但在涉及刘炫时,仍然说:"不知孔氏原未为《孝经》作传。就令唐人所见《孔传》至今尚存,亦是刘炫伪撰,不足与汉儒注疏说并重。"⑥这些论断,虽然都出自享有重名的学者之手,但在缺乏证据的情况下,亦难免于臆说武断之嫌。

---

① 严可均辑:《全汉文》卷十三,中华书局,1958年版,第197页。
② 《孔子家语解·后叙》,上海新文化书社,1933年出版,第108页。
③ 见顾随:《汉书艺文志讲疏》六艺略引《孝经征文叙》,上海古籍出版社,1987年版,第75页。
④ 今按:此"王逸"非与东汉王逸重名,实为隋秘书学士王孝逸姓名之省或笔误,传在《隋书·文学传》。后文之王邵,亦是隋秘书监王劭姓名之别写,传在《隋书》卷六十九,皆非另有其人。
⑤ 刘师培:《经学教科书》第二十二课,上海古籍出版社,2006年版,第83页。
⑥ 原载《巢经巢文集》卷一,兹转引自黄云眉:《古今伪书考补证》,齐鲁书社,1980年版,第70页。

根据历代学者的考证，《古文孝经孔传》之作，应该肇始于孔安国，经其后人陆续讲论完成。传为孔安国所作《古文孝经训传序》中有：

> 鲁三老孔子惠抱诣京师献之天子。天子使金马门待诏学士与博士群儒从隶字写之，还子惠一通，以一通赐所幸侍中霍光，光甚好之，言为口实。时王公贵人咸神秘焉，比于禁方，天下竞欲求学，莫能得者。每使者至鲁，辄以人事请索。或好事者募以钱帛，用相问遗，鲁吏有至帝都者无不赍持以为行路之资。故《古文孝经》初出于孔氏，而今文十八章，诸儒各任意巧说，分为数家之谊。①

《序》文所述献书经过，下及昭帝、宣帝时事，按其情形当系实录，然与安国时代不符，应该是出自孔衍之手。书《序》当时或未署名、或仅署"孔氏"，后学不察孔氏伊谁，误冠安国之名。岂能以此遽断《序》文乃至全书为伪。

由于近年出土文献的证明和学者的论证，②蒙于这批古文经传之上的疑雾才被廓清。《孔子家语》应该属于先秦古籍，后经"孔氏家学"系统的传承与整理，由孔猛传出，王肃只是为其作了注解与推介，并非伪撰，应该是没有疑问的。而其中有关《孝经孔传》的引述也是不能予以轻易否定的。李学勤先生于《日本胆泽城遗址出土〈古文孝经〉论介》一文中认为："《孝经》文中多称引《诗》、《书》，体例与《礼记》所收《中庸》、《大学》相似，确为曾子一系儒家作品。"③

至唐初魏征撰《隋书·经籍志》，详细叙述了《孝经》今、古文学传承存续的源流：

> 汉兴，河间人颜芝之子颜贞献之，凡十八章，长孙氏、江翁、后

---

① 《古文孝经训传序》，严可均辑：《全汉文》卷十三，中华书局，1958年版，第8页。
② 详见杨朝明：《儒家文献研究》，齐鲁书社，2004年版。
③ 李学勤：《走出疑古时代》第五篇，辽宁大学出版社，1994年版，第307—314页。

仓、翼奉、张禹等皆名其学。刘向典校经籍,定为十八章,是为今文,郑众、马融并为之注,又有郑氏注,或云郑玄。

又有古文《孝经》,与古文《尚书》同出。而长孙有《闺门》一章(今按:此句有舛讹,疑"长孙"两字为"长出"之误。长孙本传今文《孝经》,而古文方有《闺门》一章。或应为"较长孙多出《闺门》一章",于义方通)。其余经文,大较相似,篇简缺解,又有衍出三章,并前合为二十二章,孔安国为之传。至刘向典校经籍,以颜本比古文,除其繁惑,以十八章为定。郑众、马融,并为之注。又有郑氏注,相传或云郑玄,其立义与玄所注余书不同,故疑之。

梁代,安国及郑氏二家,并立国学,而安国之本,亡于梁乱。陈及周、齐,唯传郑氏。

至隋,秘书监王劭于京师访得《孔传》,送至河间刘炫。炫因序其得丧,述其议疏,讲于人间,渐闻朝廷,后遂著令,与郑氏并立。儒者喧喧,皆云炫自作之,非孔旧本,而秘府又先无其书。

《古文孝经孔传》在梁代曾与《孝经郑氏注》同列于国学,值梁末丧乱而亡佚。至隋代又由王劭偶然发现于长安,送与刘炫命其考论,才有刘炫于讲论之余所著《古文孝经述义》五卷一书。[①] 因为"秘府又先无其书",于是"儒者喧喧,皆云炫自作之,非孔旧本"。自从隋代儒者致疑之后,《古文孝经孔传》为刘炫伪造之说,便成为学术史上的一桩疑案。几成定谳。

但是并非所有学者都认定此说,自唐迄清,为古文《孝经》和《孔传》辩护者,代不乏人。唐代玄宗朝诏群儒质定《孝经》,就曾又一次掀起《孝经》今、古文以及郑注与孔传优劣的论战。左庶子刘知几在上玄宗《〈孝经注〉议》中,为《古文孝经孔传》作辩护说:

至如《古文孝经孔传》,本出孔氏壁中,语其详正,无俟商榷。

---

① 《隋书·经籍志》卷三十二,中华书局,1973年版,第935、934页。

而旷代亡逸,不复流行。至隋开皇十四年,秘书学士王孝逸,于京市陈人处置得一本,送与著作郎王劭,以示河间刘炫,仍令校定。而更此书无兼本,难可依凭。炫辄以所见,率意刊改,因著《古文孝经稽疑》一篇。劭以为此书经文尽在,正义甚美,而历代未尝置于学官,良可惜也。然则孔、郑二家,云泥致隔,今纶音发问,校其短长,愚谓行孔废郑,于义为允。①

刘知几未将经传细分,说得比较笼统。但于《孔传》在隋代重新发现的过程,则叙述详明。肯定刘炫是受命"校定",绝非伪撰;而刘炫对《孔传》的稽疑,则不为他所认可。认为《孔传》"正义甚美",批评刘炫在无兼本依凭情况下,"辄以所见,率意刊改"。想来刘知几是看过刘炫有关著作的。刘知几还列举出"十二验",亦即十二条证据,论证今文《孝经郑氏注》非郑玄所作,因而提出"行孔废郑,于义为允"的建议。

国子祭酒司马贞则认为:

> 其古文二十二章,元出孔壁,先是安国作传,缘遭巫蛊,世未之行。荀昶集注之时,尚有《孔传》,中朝遂亡其本。近儒欲崇古学,妄作此传,假称孔氏。辄穿凿改更,又伪作《闺门》一章。刘炫诡随,妄称其善。且《闺门》之义,近俗之语,非宣尼之正说。

并罗列《孔传》"文句凡鄙,不合经典"的若干例证,断定其为"近儒诡说","妄作此传",因之不可扬孔抑郑,要求"郑注与孔传,依旧俱行"。司马贞虽然没有明指即是刘炫伪撰,但仍然扣上"刘炫诡随,妄称其善"的罪名。

争论最后由玄宗裁决,玄宗"诏曰:间者诸儒所传,颇乖通议。敦孔学者,冀郑门之息灭;尚今文者,指古传为诬伪。岂朝廷并列书府,以广儒术之心乎"。最后裁定:《郑注》"可令仍旧行用",《孔传》"传习者稀,宜存继绝之典"。于是郑注与孔传得以并行于世。

---

① 《唐会要》卷七十七,中华书局,1955年版,第1407页。

经过唐末五代之乱,《孝经》的这两个注本,又都亡于战火之中。《郑注》虽然曾两度从国外传回,但《孔传》从此失传。所幸继清代从日本传回太宰纯刊本《古文孝经孔传》之后,上个世纪四十年代初,日本又发现了刘炫《孝经述议》的残卷,林秀一博士复据各种古抄本将其补全。胡平生《孝经译注·附录》收有刘炫的《孝经述议序》一篇,是国内从未刊布过的珍贵资料。胡平生是研究《孝经》致力最勤的学者之一,他根据这些珍贵资料,对《古文孝经孔传》非刘炫伪造,做出无可辩驳的论证。兹约取其文,列之如下,以为此一公案的结论云:

刘炫在《孝经述议序》中,将《孔传》的来龙去脉交代得十分清楚:

> 大隋之十有四载,① 著作郎王邵(劭)始得其书,远遣垂示,似火自上,如石投水,散帙披文,惊心动魄,遂与焯(刘焯)考正讹谬,敷训门徒。

在《孝经述议》卷一篇末"孔氏传"下有刘炫"议"曰:

> (古文《孝经》)皆及魏、蜀,似无见者。吴郁林太守陆绩作《周易述》引《孝经》曰:"闺门之内具礼矣乎!"则陆绩作《周易述》尝见之矣。江左晋穆帝永[和]十一年及孝武泰元元年,再聚朝臣讲《孝经》之义,有荀茂祖者,撰集其说,载安国(《序》)于其篇首,篇内引《孔传》者凡五十余处,悉与今传符同。是荀昶得孔本矣。及梁至萧衍作《孝经讲义》,每引古文,"非先王之法服",云古文作"圣王";"此庶人之孝",云古文亦作□□;"事其先君",云古文作"圣先公";"虽得之,君子不贵也",云古文作"虽得,君子不道也"。此数老(今按:"老"字疑是"者"之误)所云古文,皆与今经不同,则梁王所见别有伪文,非真古文也。后魏以来,无闻见者。开皇十四年,书学博士王孝逸(于)京市买得,以示著作郎王邵(劭);邵(劭)遣送见示,幸而不灭,得至于今。

---

① "四"字原缺坏,以□表示,兹据下文及上引《唐会要》刘知几奏议补。

所述《孔传》于汉后流传情况,与刘知几《奏议》为《古文孝经孔传》辩护时所云若合符契,而且更为翔实。

刘炫在《述议》中对《孔传》的文字、义疏提出了许多不同意见。如《五刑章》"此大乱之道"一句的孔传有"能从法者臣民"云云,《述议》说:

> "能从法者臣民",谓民之善者能顺从上法也。准上句言明君忠臣,则此当说良善之意,"臣"字似误,但不知所以。

对《孔传》之误,只是质疑,并未擅自改动,而仅在其误之后,加上自己的评议,如"传非经意","其言非经旨"等等,多达二十余例。甚至于《孝经》成书因由,也胪列了十条理由,反对《孔传》的说法。假如是刘炫伪造《孔传》,何必如此自找麻烦,自己批驳自己。

刘炫在《述议》中对《孔传》用典每每指明出处,但有些典故不知出于何处,刘炫则如实表明。如《三才章》"是以其教弗肃而成"《孔传》云:

> 登山而呼,音达五十里,因高之响也。

《述议》说:"登山而呼,音达五十里",盖有成文,不知所出。

假如《孔传》是刘炫伪作,怎么可能自己为难自己,弄到不知典之所出的地步?

凡此种种,都足以证明所谓的刘炫伪造《古文孝经孔传》,纯属不实之辞,应当予以推倒。[①]

三、刘炫的学风与著述

刘炫与刘焯的经术渊源,皆本于北学,后得南朝费甝《古文尚书孔传义疏》等书,崇信传习之,其学遂亦兼通南学。《隋书·儒林传序》说:"二刘拔萃出类,学通南北,博极今古,后生钻仰,莫之能测。所制诸经

[①] 以上所引,均见胡平生:《孝经译注》代前言,中华书局,1996年版,第14—16页。

义疏,搢绅咸师宗之。"①皮锡瑞则在《经学历史》中评论说:"隋之二刘,冠冕一代。唐人作疏,《诗》、《书》皆本二刘;而孔颖达《书疏》序云:'焯乃织综经文,穿凿孔穴,使教者烦而多惑,学者劳而少功。''炫嫌焯之烦杂,就而删焉。义既太略,辞又过华。虽为文笔之善,乃非开奖之路。'据孔氏说,是二刘以北人而染南习;变朴实说经之体,蹈华腴害骨之讥;盖为风气所转移,不得不俯从时尚也。"②《隋书·隐逸传》记其一时风尚曰:"崔赜与洛阳元善、河东柳抃、太原王劭、吴兴姚察、琅邪诸葛颖、信都刘焯、河间刘炫相善,每因休假,清谈竟日。"③几乎与南朝不异。

我们知道当时的南方学风颇受玄学的影响,而玄学是以发挥义理与简约见长的。二刘受其习染,自然会影响其学术风格,并表现于经解之中,而不能为笃守汉学的经学家所接受。但是就时代上划分,隋唐经学的系统,仍然属于汉学的范围,刘炫与刘焯自然也不除外。从孔颖达《五经正义》吸取二刘经说,又加以批评删削来看,就是对二刘学术倾向的一种纠正,也是向汉学的一种复归,遂使唐代的经学仍然笼罩在汉学的风气之下。只是到宋代理学产生,才展现出注重以义理说经的特色,学风亦为之丕变。经学至此遂有汉、宋之争。汉学家认为解经应恪守完全忠实本文的原则,不该有解经者的主意与成见,一有自己的主见即是超出了解经的范围;而宋学家解经时往往会加上自己的见解,当然也并非没有根据的"臆说",总之要发挥经旨涵义,使无余蕴,方能便于理解乃至践行。而二刘的经学,已有这方面的倾向,无妨视为宋学的先驱,而成为汉宋间学术之一过渡形态。兹拈汉、宋学家对《论语》"颜渊问仁"章的不同解释以说明之:

> 颜渊问仁。子曰:"克己复礼为仁。一日克己复礼,天下归仁

---

① 《隋书·儒林传》卷七十五,中华书局,1973年版,第1707页。
② 皮锡瑞:《经学历史》,中华书局,1959年版,第198页。
③ 《隋书·隐逸传》卷七十七,中华书局,1973年版,第1758页。

焉。为仁由己，而由人乎哉？"①

据程树德《论语集释》，有关这一章的解释，汉宋之争主要集中在"克己"一语上。朱熹在其《四书章句集注》中，对此章的解释贯穿了理学所习用的术语，堪称宋学解经的典范文本：

> 仁者，本心之全德。克，胜也。己，谓身之私欲也。复，反也。礼者，天理之节文也。为仁者所以全其心之德也。盖心之全德莫非天理，而亦不能不坏于人欲。故为人者必有以胜私欲而复于礼，则事皆天理，而本心之德复全于我矣。归，犹与也。又言一日克己复礼，则天下之人皆与其仁。极言其效之甚速而至大也。又言为仁由己，而非他人所能预，又见其机之在我而无难也。日日克之，不以为难，则私欲净尽，天理流行，而仁不可胜用矣。②

朱熹解"克"为"胜"，解"克己"为"胜私欲"。对朱熹的这个解释，汉学家多有批评，较有代表性的意见是阮元的《论语论仁论》：

> 若以"克己"字解为私欲，则下文"为仁由己"之"己"断不能再解为私，而由己不由人反诘辞气与上文不相属矣。
>
> 且克己不是胜己私也，"克己复礼"本是成语。夫子既引此语以叹楚灵，今又引以告颜子，虽此间无解，而在《左传》则明有"不能自克"，作克己对解。克者，约也，抑也。己者，自也。何尝有己身私欲重烦战胜之说？
>
> 马（融）注克己为约身，最得经意。邢叔明忽援刘光伯之言，谓嗜欲与礼义交战，盖剿袭《春秋正义》所述者。③

汉学家反对宋学解"克己"为胜己之私欲。认为马融"注克己为约身，最得经意"，并指出邢昺《论语注疏》首引刘炫解《左传》之语以解《论

---

① 《论语集释·颜渊上》卷二十四，中华书局，1990年版，第817页。
② 《论语集注》卷六，《四书章句集注》，中华书局，1983年版，第131页。
③ （清）阮元：《揅经室集·论语论仁论》卷八，中华书局，1993年版，第181—184页。

语》此章,为不当。甚至连及批评《尔雅·释诂》之"克,胜也""胜,克也",是辗转相训,不足为据。朱熹的解释是根据《尔雅》和刘炫的经解而来,虽然不无发挥,但也不为失据。"克己复礼"乃古成语,孔子此前就曾引用,语见《左传·昭公十二年》:

> 王揖而入,馈不食,寝不寐,数日。不能自克,以及于难。仲尼曰:"古也有志:'克己复礼,仁也',信善哉!楚灵王若能如是,岂其辱于乾溪?"

刘炫的训释见于《春秋左传正义》:

> 克训胜也,己谓身也。有嗜欲,当以礼义齐之。嗜欲与礼义交战,使礼义胜其嗜欲,身得归复于礼,如是乃为仁也。①

《左传》本文,在说到楚灵王"不能自克,以及于难"之前,已先言及楚灵王生活之崇尚浮华("皮冠"、"羽衣"、"翠被"、"豹舄"),及其政治之勃勃野心(求鼎于周,索田于郑,欲诸侯畏之)。从楚灵王这些作为来看,是一个怀有过度欲望的诸侯。他后来之"及于难",与此有绝大关系,倘其于此前能够按照礼义约束自己,或以礼义战胜自己的贪欲,或能幸免于难。因此,刘炫的训解,不但有其典据,而且符合孔子的原意,切合灵王的实际。刘宝楠《论语正义》引《尔雅·释诂》曰:"'克,胜也'。又,'胜,克也'。转相训。此训约者,引申之义。"②而又引《法言》谓"胜己之私之谓克"曰:"此又一义。"但他还是认为邢昺援引刘炫解《左传》语以释《论语》和朱子"直训'己'为'私',并失之矣"。其实,《左传》与《论语》文本无殊;而朱子亦未直训"己"为"私",而是"己,谓身之私欲也"。无论训"克"为"约"为"胜",所约束,所战胜的,都是己身的这个私欲。虽有已然未然之分,而并无实质差别。原因只在于"嗜欲"

---

① 《春秋左传正义·昭公十二年》卷四十五,《十三经注疏》整理本,北京大学出版社,2000年版,第1506—1507页。
② (清)刘宝楠:《论语正义·颜渊第十二》卷十五,中华书局,1990年版,第484页。

或"私欲"为《论语》所未曾言。在汉学家看来,凡是超出本文语境的解释都是不合法的,故而极力抨击之。① 由此亦可见刘炫之善于发挥圣贤之意,与理学家擅长发挥经典之义理正同。

刘炫这种学术倾向也表现于其《孝经述议序》中,当学者以孔注《尚书》与《孝经》相比较,认为"孔注《尚书》,文辞至简,及其传此,繁夥已极。理有溢于经外,言或出于意表。比诸《尚书》,殊非其类"。因而致疑时,刘炫回答说:

> 《孝经》,言高趣远,文丽旨深,举治乱之大纲,辨天人之弘致。大则法天因地,祀帝享祖,道洽万国之心,泽周四海之内。小则就利因时,谨身节用,施政闺门之内,流恩徒役之下。
>
> 为传者将上演冲趣,下窴庸神;晒曝光于戴盆,飞泥蟠于天路。不得不博文以谈之,缓旨以喻之。孔氏参订时验,割析毫厘;文武交畅,德刑备举。乃至管、晏雄霸之略,荀、孟儒雅之风,孙、吴权谲之方,申、韩督责之术。苟其萌动经意,源发圣心,莫不修其根本,导其流末。探赜索隐,钻幽洞微,穷道化之玄宗,尽注述之高致。
>
> 若使提纲举目,简言达旨,理寡义贫,辞多语纷,则将覆瓿之不暇,何弘道之可希! 其辞宏赡,理致渊弘,言出系表,义流旨外者,总逸定于中逵,控奔流于巨壑。或当驰骋踰埒,涛波溢坎耳。亦无骈拇、枝指、附赘、悬疣之累在其间也。②

这是刘炫的《孝经》观,他认为《孝经》是一篇言高趣远,"举治乱之大纲,辨天人之弘致","阐扬性命之谈"的著作。尤其是说《孝经》为"阐扬性命之谈",这是前所未有的认识;刘炫的这一观点可能得自"理有溢于经外,言或出于意表"的《孔传》。他说《孔传》"上演冲趣,下窴

---

① 参见方旭东:《诠释过度与诠释不足:重审中国经典解释学中的汉宋之争——以〈论语〉"颜渊问仁"章为例》,《哲学研究》2005年第2期。方氏此文,可谓先获我心,特为揭明,以示不敢掠美。
② (隋)刘炫:《孝经述议序》,见《孝经译注》附录,中华书局,1996年版,第64页。

庸神"①。即是说《孔传》能够演绎《孝经》的深刻旨趣,并从而领悟到《孝经》意旨的关键所在。尤其值得注意的是,汉代今文经学一向谨守儒家师法,不敢越雷池一步,郑玄虽然打破今古文界限,偶引谶纬以注经,已为当时所诟病。而《孔传》竟然完全打破学派的樊篱,不仅"参订时验","德刑并举",而且对"管、晏雄霸之略,荀、孟儒雅之风,孙、吴权谲之方,申、韩督责之术",莫不撤除畛域,兼容并取,只要其能"萌动经意,源发圣心;莫不修其根本,导其流末"。这不仅牵涉到广征博引诸子百家以论证孝道的问题,还牵涉到儒家如何融铸百家,以发展儒学儒术的原则与方法问题。只要百家之说,有能启发对儒家经典涵义的理解与阐扬、出发点与圣人仁爱之心不相违背的论述,"莫不修其根本,导其流末",也就是对其进行修正、改造、规范、移植,使之归本续源,融入正脉主流,成为儒学道术的一个组成部分。而这也正是《孝经孔传》为什么"其辞宏赡,理致渊弘,言出系表,义流旨外者,总逸定于中遂,控奔流于巨壑。或当驰骋踰垺,涛波溢坎",而"亦无骈拇、枝指、附赘、悬疣之累在其间"的原因。刘炫对《孔传》的这一评价,是经过与先儒诸家经疏进行比较以后得出的结论。他接着在《孝经述议序》说:

> 吾以幼少,佩服此经,凡是先儒,备经讨阅,未有殊尤绝垣,状华出群,可以皷玄泽于上庠,腾芳风于来裔者也。悉皆辞鄙理僻,说迂义诞,格言沦于腐儒,妙旨翳于庸讷。或乃方于小学,废其师受;论道不以充经,选士不以应课。弃诸草野,风之传记;顾彼未议,实怀深愤。而天未丧斯,秘宝重出;大典昭晰,精义著明。斯乃冥灵应感之符,圣道缉熙之运;仰饮惠泽,退惟私幸。既逢此世,复觏斯文;羡彼康衢,忘兹弩蹇。思得撤云雾以廓昭临,凿龙门以泻填阏。故拾其滞遗,补其弊漏,傅其羽翼,除其疥癣。续日月之末光,裨河海之余润。冀乎贻训后昆,增晖前绪;何事强诡俗

---

① 冲,深远义;庸神,即用神,系借用数术学用语,一卦或一命局的关键枢机所在称为用神,在此处则为领悟并把握其主旨精神。

儒,妄假先达。且君子所贵乎道者,贵其理义可尚,非贵姓名而已!以此《孔传》,校彼诸家;味其深浅,详其得失。三光九泉,未足喻其高下,嵩岳培塿,无以方其小大。侧视厚薄,不觉其倍;更问真伪,欲何所明?嗟乎!伯牙绝弦于锺期,卞和泣血于荆璞,良有以也。①

坦直地表述了对汉魏以来南北诸家注疏的不满,批评这些注疏"悉皆辞鄙理僻,说迂义诞,格言沦于腐儒,妙旨翳于庸讷。或乃方于小学,废其师受;论道不以充经,选士不以应课。弃诸草野,风之传记;顾彼未议,实怀深愤"。因而庆幸《孔传》的复出,遂使"大典昭晰,精义著明"。而自己对《孔传》所作的校理和义疏,则致力于"拾其滞遗,补其弊漏,傅其羽翼,除其疠癣。续日月之末光,裨河海之余润。冀乎贻训后昆,增晖前绪"。而且特别指出"君子所贵乎道者,贵其理义可尚,非贵姓名而已"!点明《孝经述议》是沿袭《孔传》之前绪,不限于名物典章的训释,而侧重在义理的阐发。刘炫主张对经典进行"言出系表,义流旨外","驰骋踰垺,涛波溢坎"的诠释,已经完全看不到"汉学"的影响,而与"宋学"风格十分接近了。

刘炫的治学风格偏重于阐扬义理,甚至颇具文人的飘逸之风,但其治学态度仍然是严谨的,治经则曰"考正讹谬"②,治历则曰"君子慎疑"③,今考其经说鳞爪,失误或所难免,但无"假托圣言,以伸其说"④之类的弊病。

刘炫著作有《毛诗述议》四十卷,《注诗序》一卷,《毛诗谱》二卷。书虽已失传,但其精义,已被吸纳至《五经正义》之中。孔颖达《毛诗正义序》谓:"焯、炫并聪颖特达,文而又儒。擢秀干于一时,骋绝辔于千

---

① 刘炫:《孝经述议序》,见《孝经译注》附录,中华书局,1996年版,第65页。
② 刘炫:《孝经述议序》,见《孝经译注》附录,中华书局,1996年版,第63页。
③ 《新唐书·历志三上》卷二十七,中华书局,1975年版,第601页。
④ 程树德批评宋学语,见《论语集释·颜渊上》卷二十四,中华书局,1990年版,第819页。

里;固诸儒之所揖让,日下之所无双,其于作疏内,特为殊绝。今奉敕删定,故据以为本。"①

《尚书述议》二十卷,其精义亦保存于《五经正义》之中。孔颖达认为前人疏解《尚书》诸书,"义皆浅略,惟刘焯、刘炫最为详雅"②。

《春秋攻昧》十二卷,《春秋规过》三卷,《春秋述议》三十七卷。《规过》一书,并非专为攻击杜预《春秋左氏经传集解》错误而作,乃是"先申杜而后加规"③。其义疏散见于孔颖达《春秋正义》疏解之中,然按"孔疏之例,务主一家,故凡炫所规皆遭排斥,一字一句,无不刘曲而杜直,未协至公"。清学大师顾炎武"甚重杜解,而又能弥缝其阙失",在《左传杜解补正》一书中,对刘炫的观点多所肯定:"可谓扫除门户,能持是非之平矣!"④

此外尚有:《论语述议》十卷,《五经正名》十二卷,《孝经述议》五卷。《孝经述议》今幸有日本复原之古抄本,真可谓沧海遗珠矣。

刘炫于群经皆撰有义疏,经学而外,刘炫还精通天文、律历、地理、律令、算术诸学。论天学的片段,今尚保留于《新唐书·律历志》中。《隋书·经籍志》著录其《算术》一卷。并所著文集各类著作十余部上百卷之多。当时并行于世,后均散佚。

附 录 二刘的经学与《五经正义》

隋代虽然短促,但仍然出现一批如刘焯、刘炫、房晖远等淹贯南北,遍注群经的经学大师。

---

① 《毛诗正义·序》,《十三经注疏》整理本,北京大学出版社,2000年版,第4页。
② 《尚书正义·序》,《十三经注疏》整理本,北京大学出版社,2000年版,第3页。
③ 皮锡瑞:《经学历史》,中华书局,1959年版,第204页。
④ 《四库全书总目·经部·春秋类四·左传杜解补正》卷二九,中华书局,1965年版,第235页。

刘焯、刘炫齐名,皆为隋代最负盛名的经学家。刘焯学识渊博,治学严谨,对经学、天文、历学、数学皆有独到的研究,经学成就尤著,其天文律历之学,彪炳史册,而实乃其经学之余事,前已论及,兹不重述。《五经述义》等注经诸书,当时流行于世,后来多佚于兵燹。清代马国翰《玉函山房辑佚书》仅辑得《尚书刘氏义疏》一卷。

刘炫著述宏富,所著《周易》、《尚书》、《毛诗》、《春秋》乃至《论语》、《孝经孔传》诸《议疏》,为唐修《五经正义》奠定了基础。清人陈熙晋将其与郑玄相比拟,称郑玄集两汉之大成,而刘炫集六朝之大成,"窃谓集两汉之大成者康成也,集六朝之大成者光伯也","古来注家注经之多未有过于康成者,疏家疏注之多未有过于光伯者"。[①] 刘炫虽恃才傲物,"多自矜伐",固不可取,其经学成就及治经特色应该得到详细总结及客观评价。

刘焯的经学著作统名之为《五经述义》,而刘炫的讲经著作,据《本传》及今传《孝经孔传述议》,似应统名之为《述议》。"述议"应该比"述义",更便于直接发挥著者的见解,也与刘炫为人为学的风格切近或相符。《隋书》则已《义》与《议》两名互见,必有一误。学者每于失察,以致至今犹误。今观《孝经述议》,每于"述义"之后,再加"议曰"一大段辨析议论文字,为一般义疏所无,实为创举,可知应以《述议》为是。两人著作隋时并行于世,唐后多已不传。然其中精义,已被吸收至唐代官修的《五经正义》之中。

唐初孔颖达撰修的《五经正义》与"二刘"的学术思想,有着深切的渊源关系。近人黄焯在其《诗疏平议·序》中说:

> 唐贞观中,孔颖达等撰《毛诗正义》四十卷。其书以刘焯《毛诗义疏》、刘炫《毛诗述义》为稿本,二刘疏义,并迥绝前世,孔氏据以为本,故能融贯群言,包罗古义,远明姬汉,下被宋清,后有新

---

① (清)陈熙晋:《春秋述议拾遗》卷八,《丛书集成续编》第 270 册,上海书店,1994 年版,第 479 页。

疏,盖无得而逾矣。①

《五经正义》引用大量史料诠释典章制度、名器物色,又详于文字训诂,为后人研读经书提供了方便。书中包含有政治、经济、思想、文化、社会习俗等方面的丰富内容,是研究者的宝贵资料。《五经正义》撰修过程中,采摭旧文,取材广泛,汇集了汉魏、两晋、南北朝时期儒家学者的研究成果,于隋代二刘的五经义疏经说尤多采撷,甚至依之为"稿本",故能"融贯群言,包罗古义"者,因为已有前代通儒的心血在内,经过两代大师的搜罗爬梳,因之具有很高的学术权威性。

孔颖达《五经正义》主要是在南北朝以来五经义疏基础上修撰而成的。其中《尚书正义》采用孔安国传及刘焯《尚书义疏》、刘炫《尚书述议》删定;《毛诗正义》据刘焯《毛诗义疏》、刘炫《毛诗述议》删定;《左传正义》据刘炫《左传述议》、梁沈文阿《春秋义略》删定。当然,删定旧疏之际,孔颖达等唐儒不仅于旧疏有所改易去取,进行总结,且亦能申发己说,形成了自身特色,是对两汉魏晋南北朝隋代经学的集大成之作。

孔颖达为《五经正义》各书所作《序》言中,对五经流传及历代注疏的情况,作有概述,并说明《正义》所依据的注疏究系何本。如《毛诗正义》主要承袭刘焯《毛诗义疏》与刘炫的《毛诗述议》。孔颖达已在《毛诗正义序》中加以说明,"奉敕删定,故据以为本",亦即将二刘义疏作为稿本或发挥的依据;同时指出"二刘"负恃才气,轻鄙先达,同其所异,异其所同,或应略而反详,或宜详而更略,准其绳墨,差忒未免,勘其会同,时有颠踬"的弊病。因此《正义》取舍的标准只是"削其所烦,增其所简,唯意存于曲直,非有心于爱憎"。"今奉明敕,考订是非。谨磬庸愚,竭所闻见,览古人之传记,质近代之异同,存其是而去其非,削其烦而增其简。"②于刘焯、刘炫等旧疏,加以考定评判,增删取舍,这也

---

① 黄焯:《诗疏平议》,上海古籍出版社,1985年版,第1页。
② 《尚书正义·序》,《十三经注疏》整理本,北京大学出版社,2000年版,第5页。

正是"正义"之所以称为"正义"的意旨所在。据《序》文所言,已经将二刘义疏的精粹内容尽数收在《正义》之中,至于每条"正义"所采焯、炫义疏,以及孔颖达自己的观点,并未加以区分。所以将其视为二刘与孔颖达共同的观点,甚至视《毛诗正义》为二刘《毛诗》义疏的改编本亦无不可。

《尚书正义》也是以二刘义疏为基础修撰而成,孔颖达《正义序》说:前人疏解《尚书》诸书,"义皆浅略,惟刘焯、刘炫最为详雅"。"然焯乃织综经文,穿凿孔穴,诡其新见,异彼前儒,非险而更为险,无义而更生义。使教者烦而多惑,学者劳而少功,过犹不及,良为此也。"①但刘焯这种不肯蹈袭前人的探索精神,还是十分可贵的。不过这些探索性的过度诠释,经过《正义》的删削,已经不可得而见了。又说:"炫嫌焯之烦杂,就而删焉。虽复微稍省要,又好改张前义,义更太略,辞又过华,虽为文笔之善,乃非开奖之路。义既无义,文又非文,欲使后生,若为领袖,此乃炫之所失,未为得也。"②在肯定刘炫义疏的基础上,指出其两大缺点:一是"好改张前义",颖达主张表述尽可以"省要",但不能改张前义。由此,我们可以知道《尚书正义》对二刘之"义",必多保留。二是"义太略,辞过华"。可见颖达是主张"文辞"与"义理"应大体平衡。文辞只是载道(即义理)之具,若无义理,空骋文辞,炫耀文采,则不宜提倡。刘炫此两失都已在《正义》中得到纠正,具体的表现,已经难以考见。

《尚书》及孔传,是阐述古代政教思想的专书,二刘对其所作的阐释与发挥,亦应俱载于《尚书孔传》的义疏之中,虽然经过孔颖达《尚书正义》的综合与提炼,仍然是可以检阅寻按的。清儒钱大昕论唐初删定《五经正义》云:

> 唐初《正义》,曲狥一家之言,《书疏》多采刘焯、刘炫二家,如

---

① 《尚书正义·序》,《十三经注疏》整理本,北京大学出版社,2000年版,第3页。
② 《尚书正义·序》,《十三经注疏》整理本,北京大学出版社,2000年版,第3页。有节略。

《尧典》"鞭作官刑"疏云"此有鞭刑,则用鞭久矣。日来亦皆施用。大隋造律,方始废之"。《吕刑》"宫辟疑赦"疏云:"汉废除肉刑,宫刑犹在。近代反逆缘坐,男子十五以下,不应死者皆宫之。大隋开皇之初,始除男子宫刑。"唐人修书,不当仍称大隋,盖沿二刘之文而未及检正也。①

嗣后,王鸣盛《尚书后案》于"宫辟疑赦"条下案语亦云:

> 此与《舜典》"鞭作官刑"及《武成》"罔有敌于我师",疏皆称"大隋",乃隋儒语也。此经疏名虽系孔颖达,其实皆取之顾彪、刘焯、刘炫,三人皆隋人,故未经删净处,元文犹有存者。②

又如《尚书正义·洪范》疏释"五行"引刘焯与顾彪云:"大刘与顾氏皆以为水火木金,得土数而成,故水成数六,火成数七,木成数八,金成数九,土成数十。义亦然也。"③诸如此类,不胜枚举。

刘焯和刘炫二人均对《左传》有精深研究,但刘焯《左传》学著作没有流传下来,唯刘炫所著《春秋左传杜预集解序注》一卷、《春秋左传述议》四十卷及《杜传规过》三卷,或云即附于《述议》之后(后亦皆佚),代表了隋代《左传》学发展的最高成就。唐代初期孔颖达等的《春秋左传正义》的问世,使《左传》的经学地位得到了极大提高。孔颖达对《春秋左传正义》所依之注本和义疏本都进行了严格的筛选,注本以杜预的《左传集解》为宗,注本选定之后,对于义疏本的选择亦非常谨慎,唐之前为杜预《集解》作义疏的有沈文阿、苏宽、刘炫三家,然孔颖达对于沈、苏两家之说不满,认为沈氏"于经传极疏",苏氏则"全不体本文",而对刘炫之疏则评价较高,其言曰:

---

① (清)钱大昕:《潜研堂集·答问六》卷九,上海古籍出版社,1989年版,第135页。引文有节略。

② (清)王鸣盛:《尚书后案》卷二十七,《续修四库全书》第45册,上海古籍出版社,2001年版,第274页。

③ 《尚书正义·洪范第六》卷十二,《十三经注疏》整理本,北京大学出版社,2000年版,第358页。

> 刘炫于数君之内，实为翘楚。然聪惠辩博，固亦罕俦；而探赜钩深，未能致远。其经注易者，必具饰以文辞；其理致难者，乃不入其根节。又意在矜伐，性好非毁，规杜氏之失凡一百五十余条，习杜义而攻杜氏，犹蠹生于木而还食其木，非其理也。今奉敕删定，据以为本，其有疏漏，以沈氏补焉。若两义俱违，则特申短见。①

《春秋左传正义》自然便以刘炫的义疏为底本，同时指出刘炫的粗疏错乱之处，"今奉敕删定，据以为本，其有疏漏，以沈氏补焉"②。除《正义》显见的驳议之外，全未言及删定刘疏及自己添加内容之区别，容易造成误解。或云《序》已说明，正文何须烦言；或云高宗诏诸儒重加修订时，删削所致。难究孰是。然孔颖达决定《正义》撰述所据之底本以刘氏义疏为主，其所不足，则以沈氏义疏弥补，若刘、沈所著均不可用，则自己提出看法和意见，使之臻于完善，却是说得十分明白，不曾讳言。刘文淇曾据两《唐书》所载书名，推断《五经正义》之修撰过程曰：

> 《唐书·孔颖达传》云："本名《义赞》，后诏改为《正义》。"今《左传疏》间有删改未尽，言"今赞"者隐元年、襄元年、襄二十九年、昭二十年即是《义赞》，《序》所谓"特申短见"者也。其言"今赞"皆在旧疏之后，而别为一说。又疏凡云"今删定，知不然者"，斯则冲远之笔，与《序》奉敕删定之言合。其无删定之文，必是光伯原本。足知勦袭旧疏，断非冲远之意，而出于永徽诸臣之增损也。③

又曰："'今赞'二字，《正义》屡见，此非书名，盖即孔《序》所谓'特申短见'者也。"④从而认定在《正义》新旧疏之间，原有"今赞"一语，以示区分，而

---

① 《春秋正义序》，《十三经注疏》整理本，北京大学出版社，2000年版，第4页。
② 《春秋正义序》，《十三经注疏》整理本，北京大学出版社，2000年版，第5页。
③ 《皇清经解续编·左传旧疏考正·自序》卷七百四十七，光绪十四年（1888），南菁书院版，第2页b。
④ 《皇清经解续编·左传旧疏考正一》卷七百四十七，光绪十四年（1888），南菁书院版，第17页b。

旧疏前亦当有"刘炫曰"三字,皆因经永徽诸臣的删减,方造成今天无别的状态。刘文淇复举例说明曰:

> 襄二十九年《传》"为之歌《颂》",疏云:"成功者,营造之功毕也。天之所营在于命圣,圣之所营在于任贤,贤之所营在于养民,民安而财丰,众和而事济,如是则司牧之功毕矣,故告于神明也。刘炫又云,干戈既辑,夷狄来宾,嘉瑞悉臻,远近咸服,群生遂其性,万物得其所,即功成之验也"。此疏似前为唐人之说,及检《诗•关雎•序》"颂者,美盛德之形容"疏,文义与此大同,惟删去"刘炫又云"四字,据《诗疏》知此疏皆光伯语,据此疏知《诗疏》皆非冲远笔也。①

"为之歌《颂》"的两段疏文,从"刘炫又云"四字,即可判断前后皆为光伯《述议》语;而刘文淇复参证之以《诗疏》,又两疏互证,得出《左传》此疏皆光伯语,而《诗疏》皆非冲远笔的结论。

再分析颖达批评刘炫"意在矜伐,性好非毁,规杜氏之失凡一百五十余条,习杜义而攻杜氏,犹蠹生于木而食其木,非其理也"一语,可以得出如下结论:颖达撰定之《左传正义》,煌煌数百万言巨著,既以《左传述议》为主,《春秋义略》补其不足,两疏俱不可用,方以己见疏解。但"两义俱违"的几率,应该不是很高。则其《正义》疏文至少一半以上属于刘炫原疏。与区区一百五十余条规杜之言相较,实在不成比例。刘炫之于《春秋》本习服虔之《注》,至与刘焯获睹费甝《左传义疏》,服膺其学,于是弃服《注》而为《集解》作疏证,遂开北人习南学之风气。说明刘炫的确喜爱并研习杜预《左传集解》,然而研习并非可以盲从,于杜氏诠解不符合《传》文《经》义处,则不能不予以规正,斯正所谓杜氏之诤臣,而为学应守之规范。颖达斥之为"犹蠹生于木而还食其木",殊"非其理也"。颖达疏名《正义》,虽则为"正"旧疏之"义"而作,于刘炫疏失自可驳而正之,而

---

① 《皇清经解续编•左传旧疏考正•自序》卷七百四十七,光绪十四年(1888),南菁书院版,第1页b。

《正义》于刘炫规杜之文,竟然尽行驳斥,极尽委曲以袒护杜注,斯亦毋乃太过。如《左传正义·僖公二十六年》:

> 齐侯曰:"室如悬磬,野无青草,何恃而不恐?"一条,杜预注"如,而也,时夏四月,今之二月,野物未成,故言居室而资粮悬尽,在野则无蔬食之物,所以当恐"。《正义》曰:服虔云:"言室屋皆发撤,榱椽在,如县磬。"孔晁曰:"县磬,但有桷无覆。"盖杜以下云"野无青草",言在野无青草可食,明此在室无资粮可啖,故改"如"为"而",言"居室而资粮县尽"。刘炫云"如磬在县,下无粟帛"。炫乃以服义规杜,非也。①

清人臧茂才《经义杂记》为此条加按语曰:"案《说文·缶部》:罄,器中空也,从缶,殸声。《诗》云'瓶之罄矣',石部磬,乐石也,从石殸象悬虚之形,依杜说悬字费解,改磬为罄,字别而声相近,故互误。如《礼记·乐记》石声磬注云'磬当为罄字之误也',此磬又为罄之讹,孔晁注《国语》亦从服义,杜氏改如为而,又以磬为罄,此好异于先儒耳,刘光伯规之当也。"②

又如《左传·昭公二十六年》:

> "至于厉王,王心戾虐,万民弗忍,居王于彘。"杜注曰:"不忍害王也。"刘炫规曰:"案《周本纪》民相与叛,袭厉王。厉王出奔于彘。"《周语》又:"彘之乱,宣王在召公之宫,国人围之。召公知之,乃以其子代宣王。"言代王,则国人谓是宣王,《国语》虽不言杀,必杀之矣。国人相与袭王,王既奔免,得王子而杀之,若得厉王亦应不舍。而杜云"不忍害王",未必然也。当谓不忍者,不能忍王之虐也。

---

① 《春秋正义·僖公二十六年》卷十六,《十三经注疏》整理本,北京大学出版社,2000年版,第495页。

② (清)臧茂才:《经义杂记》卷一百九十六,学海堂经解本,第16页。县,通悬。

此条刘炫规之甚当,而颖达复据"居王于彘"一语,说是"以理居处厉王于彘","则不忍者,是不忍害王也。若其必欲杀王,应云王奔于彘"。举出数条理由,认为此处刘规杜过,非也。其实,无论"居王于彘",还是必欲杀王,都是人民"不能忍王之虐"的表现。颖达的辩护是徒劳无益的。

《左传正义》此例尚多,限于篇幅,兹不复缕举。

刘炫附于《左传述议》之后的《杜解规过》一书,并非专为攻击杜预《春秋左氏经传集解》错误而作,乃是"先申杜而后加规"[①]。孔颖达应是十分清楚的,不然不会选择其书作为主要底本。然按"孔疏之例,务主一家,故凡炫所规皆遭排斥,一字一句,无不刘曲而杜直,未协至公"。所谓"疏不驳注",孔氏惟于此疏守之甚严,他书则未有也。一味维护杜注的权威,而忘记检讨取刘疏而专驳刘义,斯亦于理未为得也。对于刘炫的《规过》,及孔颖达的反驳,清人多有评论,皮锡瑞曰:"刘炫规杜,多中杜失,乃驳刘申杜,强为饰说。"[②]清学大师顾炎武亦"甚重杜解,而又能弥缝其阙失",在《左传杜解补正》一书中,对刘炫的观点多所肯定,"可谓扫除门户,能持是非之平矣"[③]!纪昀亦早在《四库全书提要·春秋左传正义》说过:"杜注多强经以就传,孔疏亦多左杜而右刘(案刘炫作《规过》以攻杜解,凡所驳正,孔疏皆以为非),是皆笃信专门之过,不能不谓之一失。"[④]与顾炎武的《左傳杜解補正》相同,俱能为持平之论,认为杜、刘、孔皆有所失,与当时沈钦韩诸儒甚至认为孔疏亦不过是袭炫之余论以攻炫,务主马、服诸注的"破杜立汉"之风迥异。

清代中叶,仪征刘文淇作《左传旧疏考正》八卷,目的在于从《左传集解》和《正义》中恢复唐以前之汉儒旧注和旧疏,进而证明"孔子修《春秋》,约以周礼"的学术思路。刘氏云:"近读《左传疏》,反复根寻,

---

①② 皮锡瑞:《经学历史》,中华书局,1959年版,第204页。
③ 《四库全书总目·经部·春秋类四·左传杜解補正》卷二九,中华书局,1965年版,第235页。
④ 《四库全书总目·春秋左传正义提要》卷二八,中华书局,1965年版,第210页下。

乃知唐人所删定者,仅驳刘炫说百余条,馀皆光伯《述义》也。"①经过刘氏的考证,论定只有"一百八十五事"是唐人驳正刘炫说,其余皆刘炫《述议》之文。②其考证用意固然可取,然其方法则失之简单。在唐代号称"大经",卷帙浩繁的《左传正义》,经过孔颖达等与役诸儒,历时四年,对旧疏进行反复修改删定,以使之符合新的体例要求,不容仅仅"正"此"一百八十五条"旧疏义理。且乏明确证据,情理亦难讲通。所以清末李慈铭批评此说曰:"唐初儒学尚盛,况其时沈之《义疏》、刘之《述议》,遍布人间,世所共习,冲远以耆儒奉敕撰述,而尽掩前人,攘为己有,独不畏人言乎?太宗非可欺之君,士亦何能尽罔。盖《正义》之病,在于笔舌冗漫,故复沓迂回,接续之间,多不连贯。其间用旧说而失系姓名者,或亦有之。若以一部书中惟驳光伯之语出于冲远,余皆袭旧义,毋乃言之过欤?"③看来这仍将是一个有待深入研究的问题。

但据孔颖达等对刘炫的评价和现有资料,可以大体勾勒出《春秋左传述议》的学术风格。即刘炫此疏,充分体现了其倾向南学,摒除深芜而崇尚简约,驰骋文采奢谈义理的风格。高才深识,每立新论,荡弃家法,不拘旧说,所著《春秋规过》,疏杜而复"规杜",所据多为汉儒旧说,实亦不失北学传习服虔《左传解谊》的务实学风。据清人论定,《正义》采用刘炫义疏,往往并不注明,确是不争的事实。然《春秋左传正义》既以刘炫《述议》为本,则其中多已包含经过《正义》选择的刘炫思想自不待言。其中所蕴含的诸多儒家经学思想,自然亦应视为孔、刘共有的观点。

二刘的学术特点,从地域来看,二刘皆系北人;从学术渊源来看,初皆求学于北儒,而后转习南学,故《北史·儒林传》称二人"学通南

---

① (清)刘文淇:《左传旧疏考正自序》,王先谦:《清经解续编》卷七百四十七。
② 《左传旧疏考正》卷一,王先谦:《清经解续编》卷七百四十七。转引自申屠炉明:《孔颖达颜师古评传》,第118页。
③ 李慈铭:《越缦堂读书记》,上海书店出版社,2000年版,第101页。

北"；从学风上来看，二刘偏向崇尚南学，然尚不至于失其北学笃实之故步。孔颖达《尚书正义》和《毛诗正义》均用二刘义疏，《左传正义》则以刘炫为主。但皮锡瑞《经学历史》对二刘"以北人而染南习；变朴实说经之体，蹈华腴害骨之讥；盖为风气所转移，不得不俯从时尚"①的学风提出尖锐的批评。其实，北朝名儒治学原本有"领新悟异"②之倾向，章太炎有云："繁言碎义，非欲速者所能受也；蹈常袭故，非辩智者所能满也。"③其言正可用于二刘等名儒求新求异之心态。刘炫《春秋左传述议》正是以求新悟异的心态，选择以杜氏《集解》为主，而充分利用娴习服注的优势，以补正杜预《集解》之疏失，应该属于南北兼综的学风，这在《正义》书中，是有所体现的。这也是二刘诸疏迥出群疏之上，而为孔颖达采为《正义》底本的原因。

然于兵燹之后，古书佚逸惨重的情况下，刘焯、刘炫的著述多已散失，二刘的经学思想，幸赖《五经正义》之《尚书》、《毛诗》、《春秋左传》等《正义》所引述的内容，多所保存，尚可窥其涯略。据清人成说，孔颖达《正义》的成就，主要是对前人经说进行总结的集大成之作。在《正义》各序中，即已说明或以二刘，或以其一"为本"，故在正文中，于二刘"义疏"，除须要辨析和反驳者外，并未处处注明，间有他儒与己见，增加了辨识的难度。清人刘文淇父祖三代所著《春秋左传旧注疏证》，提出几种辨析方法，足资参考。

由上可见，无论是刘焯的《五经疏义》、刘炫的《五经述议》还是孔颖达的《五经正义》，除了继承魏晋南朝的义疏之学外，对两汉及北朝相承不息的名物诂训之学，亦是谨守毋失。二刘的经疏风格，已能综会南北之学，不仅精于诂训，而且能够驰骋大义，兼具南北之美。二刘的缺点是自恃高才绝识，好立异说，妄议前儒，难免失于偏颇。孔颖达

---

① 皮锡瑞：《经学历史》之七《经学统一时代》，中华书局，1959年版，第196页。
② 《魏书·高允传》卷四十八，中华书局，1974年版，第1084页。高允《征士颂》："高沧朗达，默识渊通，领新悟异，发自心胸。"
③ 章炳麟：《章炳麟论学集》，北京师范大学出版社，1982年版，第348页。

受业刘焯之门,至此则更以谨慎公允之心,对前儒旧疏加以斟别订正,考较得失,以决定去取,并删其烦冗,增其过简,重新撰定为新的义疏。这是他对经学之一大贡献。然而其中是凝聚着先儒心血的,尤其是隋儒刘焯、刘炫的学术成果,这是不应予以忽视忘记的。

第二章

河汾之学的兴起

第一节 王通事迹考辨

　　王通为有隋一代大儒,河汾学派的创始人,由于《隋书》无传,《唐书》未补,传世著述《中说》涉及之史迹,复乏佐证,加之传写夺误,遂启后人无限之疑。自宋迄清,学者多认其书为伪,甚而疑及其人之存在。虽历有学者指出两《唐书》王绩、王勃、王质传并《经籍志》载及通事与著作,然疑点尚多,终难破惑。近代著名学者梁启超著《历史研究法》,于史料辨别一章,直斥其书系王通伪造;姚际恒《古今伪书考》以造伪者难定,而主张"不若火其书之为愈也"。黄云眉为姚书作《补证》,认为书虽不伪,而"门人皆系虚造"。余嘉锡《四库全书提要辩证》于《中说》旁征博引、钩深及远,最称精赡,然其结论并同《提要》所谓"福郊、福畤纂述遗言,虚相夸饰"之说。① 嗣后汪吟龙著《文中子考信录》②、王立中著《文中子真伪汇考》③、孙望著《蜗叟杂稿》首篇为《王度考》④,对王氏兄弟有详细的考证,王冀民撰《文中子辨》⑤、尹协理著《王通论》⑥、段熙仲撰《王通王凝资料正讹》⑦、台湾学者骆建人著《文中子研究》⑧;邓小军《唐代文学的文化精神》⑨、舒大刚近著《王通学案》,收录于《儒藏·隋唐学案》中(未出版),对王通的生平与著述,又续作许多深入的考证。虽其中多数学者都认为王通实有其人,而其书则伪撰或严重改篡。多数学者则认为王通事迹多为其后辈夸饰,严重失实。邓著考证精详,而其书大陆难觅。因此王通研究总的形势依然是臆说歧出,疑信难明,终难定于一是。余亦曾据考索所见,撰《王通生平著述考》一文⑩,据《全唐文》所载王通弟子薛收所撰《隋故征君文中子碣铭》,并援新发现王通弟王绩所著五卷本《王无功文集》(中华书局1987年版,五卷会校本),重新考证王通其人其事其书。嗣后论述王通思想学行的文章迭出,穷源竟委,探赜索隐,那一段隐没了的学术历史才逐渐明晰起来,有关王通的学术疑案,也因之应该得到彻底的澄清。因斟酌众说,附以己意,重新考订论述王通事迹并河汾学派于其后。

一、王通事迹考

王通(584—617),字仲淹,隋河东龙门(今山西河津县)人。生于

---

① 余嘉锡:《四库全书提要辩证》卷十,中华书局,1980年版,第565页。
② 汪吟龙:《文中子考信录》,商务印书馆,1934年版。
③ 王立中:《文中子真伪汇考》,商务印书馆,1938年版。
④ 孙望:《蜗叟杂稿》,上海古籍出版社,1982年版。《王度考》原刊于《学术月刊》1957年第三、四期。
⑤ 王冀民:《文中子辨》,《文史》第二十辑,中华书局,1983年版。
⑥ 尹协理:《王通论》,中国社会科学出版社,1984年版。
⑦ 段熙仲:《王通王凝资料正讹》,《文史》第二十七辑,中华书局,1986年版。
⑧ 骆建人:《文中子研究》,台湾商务印书馆,1990年版。
⑨ 邓小军:《唐代文学的文化精神》,台北:文津出版社,1993年版。
⑩ 载《东岳论丛》1996年第6期,《新华文摘》1997年第2期转载。

开皇四年秋冬之月(参见《全唐文》、《文中子世家》及《录关子明事》),卒于大业十三年五月,享年三十三岁(参见《全唐文》王绩《游北山赋》注。薛收《文中子碣铭》作三十二,《王无功文集》五卷本作四十二)。门人谥曰文中子。

王通生长于世代冠冕之家,富有典籍和深厚的学术渊源。王通生时,其父铜川府君筮卦,遇坤之师,请教其祖父安康献公,献公说这是素王之卦,二爻阴变阳,是上德而居下位,虽有君德而生非其时,所以此子长成,"必能通天下之志",遂起名曰通(参见杜淹《文中子世家》)。《录关子明事》载"开皇元年,安康献公老于家,谓铜川府君曰"①云云,是说王通祖父于开皇元年归老于家,向王通父亲讲授关朗学术,并非指终老于家,所以及见王通之生,并为他命名。

王通早慧,两岁即已知书,"开皇六年丙午,文中子知书矣,厥声载道"。开皇九年,王通五岁时,隋平江东统一全国。王通和他父亲有一段对话,《文中子世家》是这样记载的:

> 铜川府君叹曰:"吾视王道未叙也,天下何为而一乎?"文中子侍侧,始十岁矣,有忧色。铜川府君曰:"小子,汝知之乎?"文中子曰:"通尝闻之夫子曰:'古之为邦,有长久之策,故夏殷以下数百年,四海常一统也。后之为邦,行苟立之政,故魏晋以下数百年,九州无定主也。'夫上失其道,民散久矣,一彼一此,何常之有。夫子之叹,益忧皇纲之不振,生人劳于聚敛,而天下将乱乎?"铜川府君异之,曰"其然乎"。②

文中子十岁当是五岁之误。或后人见五岁童子不可能发此议论而改。今据薛收《隋故征君文中子碣铭》"粤若夫子,洪惟命世,尽象纬之秀,

---

① 杜淹:《文中子世家》,《全唐文》卷一三五,中华书局,1983年版,第1368页。王福畤:《录关子明事》,《全唐文》卷一六一,中华书局,1983年版,第1650页。

② 王福畤:《录关子明事》,《全唐文》卷一六一,中华书局,1983年版,第1650页;杜淹:《文中子世家》,《全唐文》卷一三五,中华书局,1983年版,第1368页。

钟山川之灵,爰在孺年,素尚天启;亦既从学,家声日茂"等语,^①可证以上所述,尽是事实。象纬指所筮之卦,山川指黄河与龙门山,孺年天启,正说明王通幼年确属神童。正因如此,王隆才开始对他讲授"元经之事",即对历史的认识。

开皇十八年,王通十五岁,在父亲的勉励下,"于是始有四方之志",辞家游学四方。"受《书》、《春秋》于东海李育;学《诗》于会稽夏㻛;问礼于河东关子明;正乐于北平霍汲;考三易之义于族父仲华。不解衣者六岁,其精志如此。"^②文内关于明三字之后当有后人二字,或即关生二字之误。即《中说·魏相篇》"文中子曰:吾闻礼于关生,见负樵者几矣"之关生。关朗亦河东人,故疑关生为关朗后人。若谓《世家》为通子福畤伪撰,则畤时有《录关子明事》一文,纪其祖穆公与关朗交游受易事甚明,岂能误为其父。王通游学期间,以其聪颖博识,还解决了其他人学问上的疑难,所以《中说·立命篇》说"夫子十五为人师"。

仁寿元年,王通十八岁,"举本州秀才,射策高第"(《文中子碣铭》)。秀才在隋唐时代,属于最高级别的科举,极少有人考中。开皇十五年,仅杜正伦一人及第,杨素怒曰:"使周、孔更生,尚不得为秀才,刺史何妄举此人!"经重考方录取。才冠一世的刘焯也是秀才高第,可见秀才科的荣贵。

按考选"秀才",自西晋时起,即已成为朝廷选举优异人才的重要途径,至隋而遂定为制度。秀才科的特点是文章和经义并重,但主要的还是应试对策。晋永宁年,王接举秀才,报友人书曰:"非荣此行,实欲极陈所言,冀有觉悟耳。"^③即是要借对策的机会,向朝廷直言极谏,冀其有所觉悟,以杜绝动乱于方萌。王通也是抱着这样的心态前往应试的。正是有这次经历之后,王通才有后来的《太平十二策》之作。

---

① 薛收:《隋故征君文中子碣铭》,《全唐文》卷一三三,中华书局,1983年版,第1338页。
② 《文中子世家》,《全唐文》卷一三五,中华书局,1983年版,第1368页。
③ 《晋书·王接传》卷五十一,中华书局,1974年版,第1435页。

王通秀才及第后，名动京师，很多高官显宦都要求和他相见。《中说》记载："子在长安，杨素、苏夔、李德林皆请见。"①又"内史薛公(道衡)见子于长安；退谓子收曰：河图、洛书尽在是矣，汝往事之，无失也"②。此外还有苏威、贺若弼等隋朝重臣及刘炫等大儒。其中除李德林(卒于开皇十一年)一人姓名有误外(今疑其人乃薛道衡，因后文责其"言文而不及理"，编者或因薛收故改)，余皆实录。后人多以重臣请见、遣子求学为虚妄作伪，其理其据本不足深辩。今按薛收所撰《文中子碣铭》中明谓："朝端□□阙文。疑为誉其二字声节，天下闻其风采。先君内史屈父党之尊，杨公仆射忘大臣之贵，汉侯三请而不觌，尚书四召而不起。"③可见名臣纡贵降尊，请见王通实有其事。而且薛道衡和王通的父亲还是朋友(父党)。至于贺若弼。因早与王通长兄王度友善，并曾称赞王通季弟王绩为"贤兄有弟"。请见王通，当亦在情理之中。《中说》编者用"请见"④两字，还寓有道尊于势的意味，岂可以后世事理衡之。

据杨炯《王勃集序》、《旧唐书·王勃传》，王通秀才高第后，授官蜀郡司户书佐，蜀王侍读。次年十二月蜀王秀被罪废，因王通在此之前即辞官归家，未受牵连。《中说》曾载通与刘炫论易事，学者每以炫久贬河间乡居，两地悬远，难得相遇致疑。殊不知刘炫早于年前被枷送益州，初为蜀王门卫，后为书佐，同处为官，故得相与论学也。《事君篇》有：尚书召子仕，子使姚义往辞焉。曰："必不得已，署我于蜀。"或曰："僻。"子曰："吾得从严、扬游泳以卒世，何患乎僻？"⑤

王通到四川之任不久后，辞去朝廷蜀郡司户的任命，却于二十岁

---

① ② 《文中子中说·天地篇》卷二，《二十二子》，上海古籍出版社，1986年版，第1312页。
③ 薛收：《隋故征君文中子碣铭》，《全唐文》卷一三三，中华书局，1983年版，第1338页。
④ 请见，即请其相见，或为隋代习用语，非后世专指登门请予接见义。后有"子与之言，归而有忧色"语，知于内府召请，非诣门造访。杨素等当无此雅量。所言之"归"，亦是于彼等衙署交谈后，归于长安客寓，非指归于河津也。长安经历非止一端，焉有时隔多日为此尚有忧色之理。十二策之作，当即以长安见闻为据。仁寿三年诣长安献策时有弟子随行，知其长安应举时，亦有弟子随行也。
⑤ 《文中子中说·事君篇》卷三，《二十二子》，上海古籍出版社，1986年版，第1314页。

时向文帝献上《太平十二策》，以求大用。据杜淹《文中子世家》载："仁寿三年，文中子盖冠矣，慨然有济苍生之心。遂西游长安、见隋文帝。""奏太平之策十有二焉。推帝皇之道，杂五霸之略，稽之于今，验之于古，恢恢乎若运天下于掌上矣。帝大悦。""下其议于公卿，公卿不悦。时文帝方有萧墙之衅。文中子知谋之不用也，作《东征之歌》而归。"①这一史事在二年后，通弟王绩游京师时，重被提及。据《王无功文集》五卷本吕才《序》所记：绩"年十五、游于长安，诣越公杨素。于时宾客满席。素览刺引入，待之甚倨。君曰：'绩闻周公接贤，吐飡握发，明公若欲保崇荣贵，不宜倨见天下之士。'时宋公贺若弼在座，弼早与君长兄侍御史度相善。至是起曰：'王郎是王度御史弟也。止看今日精神，足见贤兄有弟。'因提手引座，顾谓越公曰：'此足方孔融。杨公亦不减李司隶。'素改容礼之。因与谈文章，遂及时务，君瞻对闲雅，辩论精新，一座愕然，目为神仙童子。初，君第三兄征君通，尝以仁寿三年因上十二策，大为文帝知赏，素时亦钦其识用。至是谓君曰：'贤兄十二策，虽天下不施行，诚是国家长算。'君曰：'知而不用，谁之过欤？'素有惭色"。②

王绩游京之年当在大业元年至迟不超过二年夏天，因是年六月杨素改封楚公，至七月而卒。《王无功文集》校理者谓绩谒杨素于仁寿三年前，大误。③ 这段新出的史料，不仅说明了杜淹《文中子世家》确属信史，也证明了王氏家中多出神童的事实（还有通孙王勃，史称"六岁善文辞"、九岁作《汉书颜注指瑕》等）。

炀帝继位后的大业年间，王通隐居龙门之白牛溪。著书讲学。"以为卷怀不可以垂训，乃立则以开物；显言不可以避患，故托古以明义。怀雅颂以濡足，览繁文而援手。乃续《诗》、《书》，正《礼》、《乐》，修

---

① 杜淹：《文中子世家》，《全唐文》卷一三五，中华书局，1983年版，第1369页。
② 吕才：《王无功文集序》，《王无功文集》（五卷会校本），上海古籍出版社，1987年版，第1页。
③ 见《王无功文集》（五卷会校本），《前言》注一，上海古籍出版社，1987年版，第13页。

《元经》,赞《易》象。""渊源所渐,著录陈于三千;堂奥所容,达者几乎七十。"①薛收在《文中子碣铭》中,对王通隐居的目的、著述的内容以及讲学盛况的概括,与杜淹《文中子世家》、王绩《游北山赋》及《中说》所载,若合符契。王绩在《答程道士书》中也说:"昔者,吾家三兄,命世特起,光宅一德,续明六经,吾尝好其遗书,以为匡世之要略尽矣。"②可见王通的托古明义、开物垂训,完全是为了挽救世运时弊,亦即所谓的"命世特起"。王通续作《六经》,用了九年时间,然后专意肆力于讲学。"山似尼丘,泉凝洙泗","门人弟子相趋成市,故溪今号王孔子之溪。"③"盛德大业,至矣哉。道风扇而方远,元猷陟而愈密,可以比姑射于尼岫,拟河汾于洙泗矣。"这即是后世所谓的"河汾道统"。这期间朝廷屡次征辟,"两加太学博士,一加著作郎"④,皆不赴召。

大业九年,杨玄感起兵反隋、遣使召请王通。王通对使者说"为我谢楚公,天下崩乱,非至公血诚不能安,苟非其道,无为祸先"⑤,说明王通对时局有着清醒而且深刻的认识。他的归隐讲学。著书立说,目的就在于弘扬王道仁政。所以不赴杨玄感之召,就是认为杨没有推行王道之治的至公血诚。当大业十三年五月,王通在病中闻李渊在太原起兵,泫然而兴曰:"生民厌乱久矣,天其或将启尧舜之运,吾不与焉,命也。"⑥并对薛收说:"道废久矣。如有王者出,三十年后礼乐可称也,斯已矣。"⑦看来他是有意响应的。他的门人弟子,大多投效唐军,显然是受他影响。薛收在《碣铭》最后说自己"将以肆力王事,思存管、乐",即是在王通病中,师徒间议论的结果。可惜就在这年五月甲子日(据薛

---

① 薛收:《文中子碣铭》,《全唐文》卷一三三,中华书局,1983年版,第1338页。
② 王绩:《答程道士书》,《王无功文集》(五卷会校本)卷四,上海古籍出版社,1987年版,第159页。
③ 王绩:《游北山赋》及自注,《王无功文集》(五卷会校本)卷一,上海古籍出版社,1987年版,第5页。
④ 薛收:《文中子碣铭》,《全唐文》卷一三三,中华书局,1983年版,第1338页。
⑤ 《文中子中说·天地篇》卷二,《二十二子》,上海古籍出版社,1986年版,第1312页。
⑥ 《文中子中说·王道篇》卷一,《二十二子》,上海古籍出版社,1986年版,第1310页。
⑦ 《文中子中说·魏相篇》卷八,《二十二子》,上海古籍出版社,1986年版,第1325页。

收《碣铭》),王通过早地与世长辞,终年三十三岁。"门人考行,谥曰文中子"①。

王通的门人、据王绩说:"以董常、程元、贾琼、薛收、姚义、温彦博、杜淹等十余人称俊颖。"《中说·关朗篇》所列,除此之外,还有房玄龄、魏征、杜如晦、窦威、陈叔达、王珪等唐初名臣。王绩虽在《游北山赋》中说过王通"殁身之后,天下文明,坐门人于廊庙,瘗夫子于佳城"和"门人多至公辅"②,但没有确指,后人遂多以此致疑。据薛收所说自己和王通的关系是:"义极师友,恩兼亲故。"③以此律之,以上名臣亦同此例,即使年齿、辈分、爵位长于或高于王通(如王珪是王通族叔。陈叔达是绛州郡守,房、魏、杜等年长,余人也多为通之平辈),只要曾求学问道于王通门下,称为门人并不过分。《文中子·立命篇》就有"夫子十五为人师焉,陈留王孝逸先达之傲者也,然白首北面岂以年乎"④的记载。王孝逸名贞,以文学显于王门。与靖君亮、繁师玄同称"陈留八俊",三人俱为王通弟子。据《隋书》卷七六所载:孝逸"少聪敏,七岁好学,善《毛诗》、《礼记》、《左氏传》、《周易》,诸子百家,无不毕览。善属文辞,不治产业,每以讽读为娱。开皇初,汴州刺史樊叔略引为主簿,后举秀才,授县尉,非其好也,谢病于家"。炀帝时出为齐王宾客,"以疾甚还乡里,终于家"⑤。"终于家",并非马上去世,当是病愈之后,北上河汾,游于王通之门。《隋书》载有孝逸《谢齐王启》一文,自述平生仰慕孔子所言之"性与天道",所至之处,访书问学,而半生磋砣,"窥而不睹",以至于"归来反覆,心灰遂寒",行将为此遗憾终生。及闻王通讲道河汾,本着孔子"朝闻道,夕死可矣"的执著,不顾衰颓之年,乃毅然前往。王孝逸与王通的对问,多次见于《文中子》一书,服膺王通道

---

① ③ 薛收:《文中子碣铭》,《全唐文》卷一三三,中华书局,1983年版,第1338页。
② 王绩:《游北山赋》,《王无功文集》(五卷会校本)卷一,上海古籍出版社,1987年版,第5页。
④ 《文中子中说·立命篇》卷九,《二十二子》,上海古籍出版社,1986年版,第1327页。
⑤ 《隋书·文学传》卷七十六,中华书局,1974年版,第1736、1738页。

论以至于达到"终身不敢臧否"的程度。①"白首北面"的佳话,已足说明孝逸属于王门年长者的代表。何况王孝逸仕隋既非显宦,亦无籍籍声名,"伪造"者攀附为门人有何必要?

自古以来,门人与弟子是有区别的,古称亲受业者为弟子,转相授受为门人。王通于河汾以道统立教,非训蒙之师,游通之门者,也多饱学之士,特为问道解惑或愿得指正品题而来,正是介于门人弟子之间者,《中说》将之统称门人,非但无僭妄之嫌、反有自谦之意。王通尝谓:"虽天子必有师,然亦何常师之有?唯道所存。"②这个"唯道所存",正是韩愈《师说》所谓"吾师道也,夫庸知其年之先后生于吾乎?是故无贵无贱,无长无少,道之所存、师之所存"③之所本。李白《上韩荆州书》所谓"一登龙门,则声誉十倍"④者,又岂以年齿爵位论人者所可知哉。王门学派的这一特点,即被后学称为河汾学风。《关学编·李二曲传》云二曲布衣,又当王通之年,"远迩咸以夫子推之","东西数百里间,耆儒名士,年长一倍者,亦往往纳贽门墙,彬彬河汾之风焉"。⑤ 此本隋唐古风,观唐人多以此为美谈,自宋始疑之可知。司马光既作《文中子补传评》,复疑《中说》为"凝与福畤辈依并时事,从而附益之也,何则?其所称朋友门人,皆隋唐之际将相名臣,如苏威、杨素、贺若弼、李德林、李靖、窦威、房玄龄、王珪、魏征、陈叔达、薛收之徒,考诸旧史,无一人语及通名者。《隋史》,唐初为也,亦未尝载其名于儒林、隐逸之间,岂诸公皆忘师弃旧之人乎"?⑥ 自是疑窦大开。房、魏、陈、薛等唐初名臣,皆非儒林学者,亦不以文学知名,自不须述及其学术渊源,此是史家惯例。儒林、隐逸诸传不见王通传记,当是史书失载,诸贤其为

---

① 《文中子中说·王道篇》卷一,《二十二子》,上海古籍出版社,1986年版,第1311页。
② 《文中子中说·问易篇》卷五,《二十二子》,上海古籍出版社,1986年版,第1318页。
③ 《韩昌黎文集校注》卷一,上海古籍出版社,1986年版,第42页。
④ 《李白全集编年注释》,巴蜀书社,2000年版,第1672页。
⑤ 《关学编·二曲李先生传》续编卷一,中华书局,1987年版,第86页。
⑥ (宋)司马光:《文中子补传评》,《宋文鉴》卷第一百四十九,中华书局,1992年版,第2093页。

王通门人,亦不成疑问。王绩在《答处士冯子华书》中,历述世事亲故如薛收、姚义后云"又知房、李诸贤陈力廊庙,吾家魏学士,亦申其才"①,已明指诸贤为王门学者。王福畤曾录其仲父王凝转告之魏征自述云:"大业之际,征也尝与诸贤侍,文中子谓征及杜、房等曰:'先辈虽聪明特达,非董、薛、程、仇之比。虽逢明王,必愧礼乐。'征于时有不平之色。文中子笑曰:'久久临事,当自知之。'"②可见诸公并非"皆忘师弃旧之人",惜乎房魏杜温诸贤文集均已散佚残阙,焉可遽论诸人"皆无一语及于其师"耶?当时诸人虽执弟子礼,但王通仍称之为先辈,正见其关系介于师友之间,也足见王通人格之伟岸。陈叔达也说自己是"滥尸贵郡,因沾善诱,颇识大方"。③并引据:"古人云:过高唐者,学王豹之讴;游睢涣者,学藻绘之功。"承认自己撰《隋纪》所循之"史道"(即历史观),正是受王通的影响。可见并未因年齿名爵而影响他们在学问上的师生关系。

唐初,陈叔达、房玄龄躬与撰写《隋书》记传,由魏征总领其事,他们未必没给王通立传。且王绩遗陈叔达书谓:"念先文中之述作,门人传受升堂者半在廊庙,《续经》及《中说》未及讲求而行。嗟乎!足下知心者顾仆何为哉?愿记亡兄之言,庶几不坠,足矣。谨录《世家》寄去,余在福郊面悉其意。"④是王绩曾将杜淹《文中子世家》录副,寄呈陈叔达撰修参考。

观《旧唐书·王绩传》明谓"兄通,字仲淹,隋大业中名儒,号文中子,自有传"可证。若非史家亲见,是不会轻下如此断语的。《旧唐书·王勃传》述及王勃的先世曰:"祖通,隋蜀郡司户书佐。大业末,弃官

---

① 王绩:《答处士冯子华书》,《王无功文集》(五卷会校本)卷四,上海古籍出版社,1987年版,第149页。
② 《录唐太宗与房魏论礼乐事》,《全唐文》卷一六一,中华书局,1983年版,第1646页。
③ 陈叔达:《答王绩书》,《全唐文》卷一三三,中华书局,1983年版,第1336页。亦载《唐文粹》卷八十二,《四部丛刊》影印明嘉靖版,第7页。又《王无功文集》(五卷会校本)附,上海古籍出版社,1987年版,第168页。
④ 王福畤:《录东皋子答陈尚书书略》,《全唐文》卷一六一,中华书局,1983年版,第1645页。

归,以著书讲学为业。依《春秋》体例,自获麟后,历秦、汉至于后魏,著纪年之书,谓之《元经》。又依《孔子家语》、扬雄《法言》例,为客主对答之说,号曰《中说》。皆为儒士所称。义宁元年卒,门人薛收等相与议谥曰文中子。二子:福畤、福郊。"①观其行文,不符合为传主立传的程式。若为王勃立传,当于述其祖通之后,继述其父福畤,叔父福郊方是。而今竟称"二子:福畤、福郊",分明是给王通立传才应有的格式。联系《旧唐书·王绩传》谓通"自有传"一语,我怀疑《王勃传》中这段传文,即是从原来所拟的《王通传》中,直接移录而来,未及改撰而成。《旧唐书》此例甚多,余嘉锡认为可能是刘昫后来编定《旧唐书》时,以为通为隋时人,不得已而删去。

且王通传记,弟子家人称为世家,盖亦模仿《史记》列孔子为"世家"而来。然而此一体例,自班固《汉书》起,自后史书已无此例。王通虽为大儒,然非名臣,又非隐士,史书《儒林》、《儒学》诸传,所收实则多为经师;对于自成一家言的儒者,亦实难归类(所以《宋史》为此另列"道学"传)。于《隋书》名臣、儒林、隐逸诸列传中,难于论列,恐怕也是通传暂被搁置,终致散佚的原因之一。

吕才《王无功文集序》(五卷本)述王氏六代家世后云:"国史、家谍详焉。"可见当时国史多载其父祖兄弟传记。初唐杨炯《王子安集序》曰:"祖父通,隋秀才高第,蜀郡司户书佐,蜀王侍读。大业末,退讲艺于龙门。其卒也,门人谥曰文中子。"②又曰:

> 文中子之居龙门也。睹隋室之将散,知吾道之未行;循叹凤之远图,宗获麟之遗制。裁成大典,以赞孔门;讨论汉魏,迄于晋代。删其诏命,为百篇以续书。甄正乐府,取其雅奥,为三百篇以续诗。又自晋太始元年,至隋开皇九年平陈之岁,褒贬行事,述《元经》以法《春秋》,门人薛收窃慕,同为《元经》之传,未就而殁。

---

① 《旧唐书·王勃传》卷一百九十,中华书局,1975年版,第5004页。
② 杨炯:《王子安集序》,《王子安集注》卷首,上海古籍出版社,1995年版,第64页。

君(王勃)思崇祖德,光宣奥义。续薛氏之遗传,制诗书之众序。包举艺文,克融前烈。陈群禀太邱之训,时不逮焉;孔伋传司寇之文,彼何功矣?《诗》、《书》之序,并冠于篇;《元经》之传,未终其业。①

吕才为隋末唐初人,与王绩、李播(李淳风父)"为莫逆交";杨炯与王勃俱为"初唐四杰",王通事迹著述当为亲见亲闻,言之凿凿,历历在目。而至宋,号称"博极群书"的晁公武,在其《郡斋读书志》中竟谓:"通行事于史无考(今按:是公武失考,倘于史有传,则无须考矣),独《隋唐通录》称其有秽行,为史臣所削。"②《通录》究系何书?所云是否诬妄?削书史臣复指何人?由于晁公武虽引其书,而自著《读书志》中竟亦不载,遂又多一层疑案。

《隋书》纪传部分由颜师古、孔颖达、许敬宗等所撰,序论皆为魏征所撰,最后成于长孙无忌之手,最大的可能就是因通弟凝与其结怨而被他删去。王福畤《录东皋子答陈尚书书略》记其结怨始末,关系非轻:凝为监察御史,曾劾侯君集谋反,"事连长孙太尉,由是获罪,时杜淹为御史大夫,密奏仲父直言非辜,于是太尉与杜公有隙,而王氏兄弟皆抑而不用矣"。③或以为文内仲父当系仲兄之误,或畤追记时,偶以己身称之。因系追记。故以大尉称长孙,亦不足为疑。今按,此书首段文字,当系福畤在王绩书信前所加的按语或小序,以说明事情的梗概。至"季父答书,其略曰"之后,方为《东皋子答陈尚书书》正文。学者失察,以为仲兄仲父混称而疑之,致令五卷本《王无功文集》,亦因此未将其收入补遗。④考王凝劾侯君集事,时在武德年间,则不仅"事连长孙",且亦危及太宗矣。其时太宗方当扩张势力之际,侯君集乃其心

---

① 杨炯:《王子安集序》,《王子安集注》卷首,上海古籍出版社,1995年版,第74页。
② 《郡斋读书志校证》卷第十,上海古籍出版社,1990年版,第443页。
③ 《录东皋子答陈尚书书略》,《全唐文》卷一六一,中华书局,1983年版,第1645页。
④ 见《王无功文集》(五卷会校本),附录三,上海古籍出版社,1987年版,第261页。王福畤于该书前加按语,文内亦有偶有穿插,不能因此否定王绩实作此书。

脊,劾君集,乃所以坏秦王之大事也。"由是获罪"者,岂独获罪于长孙,直获罪于太宗矣。而且,王通第七弟王静,"尝为武皇千牛"①。在唐代千牛卫为禁卫军中的亲卫。"掌侍卫及供御兵仗"②担任皇帝的宿卫和扈从,最小的官职为千牛备身,多选少年才俊担任。王静能够进身"千牛",当是由陈叔达(武德时为宰相)、杜淹引荐。与兄王凝俱任职于武皇朝,为唐高祖的亲信无疑。及至改朝,皆摈而不用,原在情理之中。

是以吾固曰"王氏兄弟皆抑而不用"者,太宗之意也。长孙删王氏诸传,盖有由矣。不仅王通,即是王度、王凝,也是有资格在隋唐史传中占一席之地的,然而都因此成为待考的疑案。

清初大儒顾炎武曾咏其事曰:"区区山泽间,道足开南面。天步未回旋,九州待龙战。空有济世心,生不逢尧禅。何必会风云,弟子皆英彦。俗史不知人,寥落儒林传。"③批评《隋书》不载王通事略,是"俗史不知人"。然而这一切都因为薛收《文中子碣铭》的发现,变得并不重要。

余初意以为,《文中子碣铭》本随葬于地下,可能出土于清初乾嘉年间或更早的时间,清初钱大昕等人兴起搜辑金石碑刻文字,补正史传阙误之风,发现许多珍贵的史料。嘉庆年间编纂《全唐文》,能收入一些史、集之外的佚文,正是得益于此。此件碣铭已非初拓本。观其阙坏可知。余尝遍索历代墓志及题跋集、而原拓踪迹终未获睹。《全唐文》最大的缺陷,就是采辑群书、佚文不注出处。故此《碣铭》出土之时、地(是否为龙门万春乡)、人,尚待考索。2001年夏,余在哈佛燕京图书馆获读台湾商务印书馆版骆建人著《文中子研究》,其第四章《真

---

① 吕才:《王无功文集序》,《王无功文集》(五卷会校本),上海古籍出版社,1987年版,第4页。陈叔达《答王绩书》亦有"贤弟千牛及家人典琴至,频辱芳翰"等语。文载《唐文粹》卷八十二,《四部丛刊》影印明嘉靖年间版,第7页。
② 《新唐书·百官志四下》卷四十九上,中华书局,1975年版,第1286页。
③ 《顾亭林诗文集·诗集·述古》卷之四,中华书局,1959年版,第384页。

伪考略》引元遗山诗数篇①,皆咏及王通之传经事业。归而复索之《元好问全集》,录与薛收《文中子碣铭》有关的诗两首,其一为《铜鞮次邺道中》,诗云:

  河汾绍绝业,疑信纷莫整,铭石出圹中,昧者宜少警。少时曾一读,过眼不再省。南北二十年,梦寐犹耿耿。

其二为《送弋唐佐董彦宽南归》诗云:

  河汾续经名自重,附会人嫌迫周孔。史臣补传久已出,浮议至今犹汹汹。薛收文志谁所传？贵甚《竹书》开汲冢。沁州破后石故在,为础为矼吾亦恐。暑涂十日来一观,面色为黧足为肿。淡公淡癖何所笑,但笑弋卿坚又勇。自言浪走固无益,远胜闭门亲细冗。摩挲石刻喜不胜,忘却崎岖在冈陇。潞人本淡新有社,淡事重重非一种。有人六月访琴材,不为留难仍从臾。悬知蜡本入渠手,四座色扬神为竦。他时记籍社中人,流外更须增一董。②

前一首为节录,当是元遗山五十岁时(元太宗十一年,1239),自济源北归太原,途经铜鞮作。诗中自述其于少年时即已读到薛收《文中子碣铭》原石,至此已二十多年,当时情景犹经常形诸梦寐。(遗山于二十七岁时避蒙古兵徙家登封,则其读碑之年又在此前也。)由此可以推断《文中子碣铭》至迟当出土于金代中晚期(约13世纪初)。诗中明确告诫说:"铭石出圹中,昧者宜少警。"由第二首诗获知"薛碑"当时藏于沁州山中。遗山于赞美河汾事业之后,高度评价"薛志"的价值,至比作汲冢"竹书"。并说:沁州被蒙古军打破之后,碑石尚在,因为深恐被人窃去建房修桥,所以不惜"暑涂十日来一观,面色为黧足为肿"。而且"摩挲石刻喜不胜,忘却崎岖在冈陇"。当众友得知弋唐佐已得

---

① 骆建人:《文中子研究》第四章《真伪考略》,台湾商务印书馆,1990年版,第74—76页。
② 《元好问全集》卷第二,第41页;卷第三,第86页。山西人民出版社,1990年版。

"薛碑"蜡本时①,竟致"四座色扬神为竦"。当时学者爱碑之情跃然纸上。

《旧唐书》载《薛收文集》十卷,早佚。赖《全唐文》收编此文,复得元遗山证实原碑出土时地,足释千古疑案,足为史学幸事,亦足为疑古过勇者鉴。

二、王通著述考

王通的著作见于记载的有:

(一)《太平十二策》

编为四卷。后佚;因不见用,而赋《东征之歌》。见载于杜淹《文中子世家》:

> 仁寿三年,文中子盖冠矣。慨然有济苍生之心,遂西游长安,见隋文帝。帝坐太极殿、召而见之。因奏《太平之策》十有二焉。推帝皇之道,杂王霸之略。稽之于今,验之于古,恢恢乎若运天下于掌上矣。帝大悦曰:得生几晚矣,天以生赐朕也。下其议于公卿,公卿不悦时文帝方有萧墙之衅。文中子知谋之不用也,作东征之歌而归。歌曰:"我思国家兮,远游京畿;忽逢帝王兮,降礼布衣;遂怀古人之心兮,将兴太平之基;时异事变兮,志乖愿违;吁嗟道之不行兮,垂翅东归;皇之不断兮,劳身西飞。"文帝闻而伤之,再征不至。②

关于太平十二策的内容和大义,尚可于《中说》中考见,今引之于下以见大概:

> 董常曰:"子之十二策,奚禀也?"子曰:"有天道焉,有地道焉,有人道焉,此其禀也。"董常曰:"噫,三极之道,禀之而行,不亦焕

---

① 蜡本,用蜡墨拓法所得的摄本。元诗"淡癖",为淡雅意,骆引误为"谈癖"。
② 杜淹:《文中子世家》,《全唐文》卷一三五,中华书局,1983年版,第1369页。

乎。"子曰："十二策若行于时，则《六经》不续矣。"董常曰："何谓也？"子曰："仰以观天文，俯以察地理，中以建人极，吾暇矣哉。其有不言之教，行而与万物息矣。"

子谒见隋祖，一接而陈《十二策》，编成四卷。薛收曰："辩矣乎！"董常曰："非辩也，理当然尔。"

房玄龄请习《十二策》，子曰："时异事变，不足习也。"

子谓薛收曰："元魏已降，天下无主矣。开皇九载，人始一。先人有言曰：敬其事者大其始，慎其位者正其名。此吾所以建议于仁寿也。陛下真帝也，无踵伪乱，必绍周、汉。以土袭火，色尚黄，数用五，除四代之法，以乘天命。千载一时，不可失也。高祖伟之而不能用，所以然者，吾庶几乎周公之事矣。故《十二策》何先？必先正始者也。"①

从以上与门弟子的问对中，可以知道，王通《太平十二策》的基本内容为"推帝皇之道，杂王霸之略。稽之于今，验之于古，恢恢乎若运天下于掌上"。其理论根据则是禀承儒家的"三极之道"，从天时地利人和三个方面，针对现实，统领全局，起元正始，大根大本，关系国家长远发展、目前朝廷应该规划制定或修正的战略方针及政策，可说是一篇广征博辩，理据通畅，论证极具理论性与现实感，又赋有感染力与说服力的鸿文巨著（巨著，以其分量言），若不其然，是不会令文帝"伟之"而"大悦"，甚至说："得生几晚矣，天以生赐朕也"；而使"思存管乐"之功业，才可冠世的薛收心折，让负有"名世之才"的房玄龄"请习"；得到"多识典故，聪辨多才"的杜淹所给予的高度评价，并为师立传的。

因谋策不见用而赋的《东征之歌》，则是一篇模仿屈原《离骚》体的诗歌，辞气高古而情真意切，感时伤怀有雅颂遗风，虽备极失群之音而能遗无尽之响。表示若世有皇王之道的王者出，还将"劳身西飞"，实

---

① 上引分别见于《文中子中说》，卷七《述史篇》，第1324页；卷八《魏相篇》，第1325页；卷十《关朗篇》，第1329页。《二十二子》，上海古籍出版社，1986年影印版。

际上已经暗示此次东归将不复再出矣。

(二)《续六经》

又称《王氏六经》(据陆龟蒙《笠泽丛书》)。包括《续诗》、《续书》、《礼论》、《乐论》、《易赞》和《元经》六种。是王通于长安东归后,用九年时间,于讲学同时陆续完成。《中说》载其续六经的目的云:"吾续《书》以存汉晋之实,续《诗》以辨六代之俗,修《元经》以断南北之疑,赞《易》道以申先师之旨,正《礼》、《乐》以旌后王之失,如斯而已矣。"① 《续六经》初编共六百七十五篇,八十卷。初由王凝搜集,王通母亲携藏;至唐通子王福畤整理时、缺十篇。勒成七十五卷;孙王勃又补编并分别为之作序。唐末散逸。关于《续六经》著述的创作目的及方法的整体情况,于《中说》可以考见者有:

> 《关朗篇》:文中子曰:"仲尼之述,广大悉备,历千载而不用,悲夫!"仇璋进曰:"然夫子今何勤勤于述也?"子曰:"先师之职也,不敢废。焉知后之不能用也?是蘸是蓄,则有丰年。"②
>
> 《周公篇》:贾琼请《六经》之本,曰:"吾恐夫子之道或坠也。"
>
> 《魏相篇》:董常曰:"夫子《六经》,皇极之能事毕矣。"
>
> 子曰:"《书》以辩事,《诗》以正性,《礼》以制行,《乐》以和德,《春秋》、《元经》以举往,《易》以知来。先王之蕴尽矣。"
>
> 王孝逸曰:"惜哉!夫子不仕,哲人徒生矣。"贾琼曰:"夫子岂徒生哉?以万古为兆人,五常为四国,三才九畴为公卿,又安用仕?"董常曰:"夫子以《续诗》、《续书》为朝廷,《礼论》、《乐论》为政化,《赞易》为司命,《元经》为赏罚。此夫子所以生也。"叔恬闻之曰:"孝悌为社稷,不言为宗庙,无所不知为富贵,无所不极为死生。天下宗之,夫子之道足矣。"

---

① 《文中子中说·礼乐篇》卷六,《二十二子》,上海古籍出版社,1986年影印版,第1321页。

② 分别见于《文中子中说》:卷十《关朗篇》,第1329页上;卷四《周公篇》,第1317页下;卷八《魏相篇》,第1325页上、1324页下。《二十二子》,上海古籍出版社,1986年影印版。

通过以上引文,可以明确地知道,王通之《续六经》就是要模仿孔子以述六经为职志,深恐孔子所传承的先王之道,失坠无传。由孔子总结的先王之道,即是《尚书》所谓的皇极大中之道,而这个大中之道又是无所不在的,大要体现于六个方面,正如王通自己所言:"《书》以辩事,《诗》以正性,《礼》以制行,《乐》以和德,《春秋元经》以举往,《易》以知来。先王之蕴尽矣。"又如董常所云:"夫子《六经》,皇极之能事毕矣。"王通继孔子续六经既毕,遂终日徜徉涵泳其中,与诸生研讨讲论之,乐此不疲,以之为事业。后来他的学生姚义研究既深,遂亦总结出六经各自的特质及其学习的次第和方法。并且指出六经是环环相扣的整体,不可偏执;如果入门而不得其法,则容易步入歧途。门人有问姚义曰:

> "孔庭之法,曰《诗》曰《礼》,不及四经,何也?"姚义曰:"尝闻诸夫子矣:《春秋》断物,志定而后及也;《乐》以和德,(德)全而后及也;《书》以制法,从事而后及也;《易》以穷理,知命而后及也。故不学《春秋》,无以主断;不学《乐》,无以知和;不学《书》,无以议制;不学《易》,无以通理。四者非具体不能及,故圣人后之,岂养蒙之具邪?"或曰:"然则《诗》、《礼》何为而先也?"义曰:"夫教之以《诗》,则出辞气,斯远暴慢矣;约之以《礼》,则动容貌,斯立威严矣。度其言,察其志,考其行,辩其德。志定则发之以《春秋》,于是乎断而能变;德全则导之以乐,于是乎和而知节;可从事,则达之以《书》,于是乎可以立制;知命则申之以《易》,于是乎可与尽性。若骤而语《春秋》,则荡志轻义;骤而语《乐》,则喧德败度;骤而语《书》,则狎法;骤而语《易》,则玩神。是以圣人知其必然,故立之以宗,列之以次。先成诸己,然后备诸物;先济乎近,然后形乎远。亶其深乎!亶其深乎!"子闻之曰:"姚子得之矣。"①

---

① 《文中子中说·立命篇》卷九,《二十二子》,上海古籍出版社,1986年影印版,第1327页。

后来,王福畤撰《王氏家书杂录》,叙述《续六经》及《中说》的传授过程,记有其叔父王凝对《续六经》的总体评价,其言曰:

> 仲父谓诸子曰:"大哉兄之述也,以言乎皇纲帝道,则大明矣,以言乎天地之间,则无不至焉。自春秋以来,未有若斯之述也。"

认为《续六经》阐明"皇纲帝道",并涉及天地之间,万事万物之理。是继孔子、自春秋以来,前所未有的大述作。

《续六经》之一、之二:《礼论》与《乐论》

文中子《续六经》,有《礼论》、《乐论》各一篇。均佚。儒家论礼、论乐之书之文,先秦多有。除《周礼》、《仪礼》专书之外,孔孟皆有论及礼乐之语;西汉戴德、戴圣叔侄所辑之大小戴《礼记》,收有春秋以来儒家全面论述有关典章、名物、制度及各阶层所行之礼仪,多处涉及礼乐之论,并有孔子弟子公孙尼子所撰之《乐记》一篇;荀子亦著《礼论》、《乐论》各一篇,都是有名的篇章。不过王通认为大小戴《礼记》,所述多为礼之末节,故尔曰:"大戴小戴,《礼》之衰也。"① 王通新著《礼论》、《乐论》,必有其足以超迈前古的见解与阐发,可惜均已佚失,不可得见其详。据王通自己所云其礼乐之论的主要目的为:"正礼乐以旌后王之失,如斯而已。""吾于礼乐,正失而已。如其制作,以俟明哲,必也崇贵乎?"其以礼乐之论以正历代之偏失,是可能的,但说"如其制作,以俟明哲",则是自谦之言。因为礼乐是王氏历传家学,"文中子曰:周、齐之际,王公大臣不暇及礼矣。献公曰:天子失礼,则诸侯修于国;诸侯失礼,则大夫修于家。礼乐之作,献公之志也。"② 并曾"闻礼于关生,见负樵者几焉;正乐于霍生,见持竿者几焉。吾将退而求诸野矣。"③ 王通

---

① 《文中子中说·天地篇》卷二,《二十二子》,上海古籍出版社,1986年影印版,第1313页中。
② 《文中子中说·礼乐篇》卷六,《二十二子》,上海古籍出版社,1986年影印版,第1321页中、1320页中。
③ 《文中子中说·魏相篇》卷八,《二十二子》,上海古籍出版社,1986年影印版,第1326页上。

亦颇以礼乐自许,而不轻以许人。但又深知制礼作乐须逢千载一时的良机,必能遭遇明主,致身崇贵,方可取得制礼作乐的机会与条件。所以他认为在汉代以来的历史上,除诸葛亮之外,几无一人可以兴起礼乐,他说:"使诸葛亮而无死,礼乐其有兴乎?"[①]虽然其及门弟子皆一时之秀异俊彦,各有所长,但王通认为"若逢其时,(其位皆可)不减卿相,然礼乐则未备"[②]。因为礼乐的精神极难把握,把握不好,就会陷入繁文缛节的形式之中,无法予以取舍损益。认为只有大弟子董常才有此资格言及礼乐的制作。所以"董常死,子哭之,终日不绝。门人曰:何悲之深也?曰:吾悲夫天之不相道也。之子殁,吾亦将逝矣。明王虽兴,无以定礼乐矣"[③]。王通的礼乐之论,虽不可得见其详,但无论如何,礼乐关乎政化的基本作用,却不应有所变化。

礼乐的基本意义,用王通的话说就是"《礼》以制行,《乐》以和德"。贾琼则曰:"《礼论》、《乐论》为政化。"[④]王通十分重视礼乐,认为礼乐是兴起王道的基础和表征。如果朝廷重臣,"言政而不及化,是天下无礼也;言声而不及雅;是天下无乐也;言文而不及理,是天下无文也。王道从何而兴乎?"[⑤]

其余礼乐之论,散见于《中说》者尚多,今检其尤要者,引之如下,以见其概略:

《中说·礼乐篇》载:

> 或曰:"君子仁而已矣,何用礼为?"子曰:"不可行也。"或曰:"礼岂为我辈设哉?"子不答,既而谓薛收曰:"斯人也,旁行而不流矣,安知教意哉?有若谓先王之道,斯为美也。"

[①] 《文中子中说·王道篇》卷一,《二十二子》,上海古籍出版社,1986年影印版,第1311页中。
[②] 《文中子中说·天地篇》卷二,《二十二子》,上海古籍出版社,1986年影印版,第1311页下。
[③] 《文中子中说·问易篇》卷五,《二十二子》,上海古籍出版社,1986年影印版,第1319页下。
[④] 《文中子中说·魏相篇》卷八,《二十二子》,上海古籍出版社,1986年影印版,第1325页上、1324页下。
[⑤] 《文中子中说·王道篇》卷一,《二十二子》,上海古籍出版社,1986年影印版,第1310页中。

魏晋以还,中国历史又进入了一个"礼崩乐坏"的时代,当时北方质朴的学者,认为只要奉行仁义之道即可以了,哪还用得着那些繁文缛节的礼仪？南方的学者则可能因受玄学思想的影响,乃用肯定的语气引述阮籍的话"礼岂为我辈设也？"①质疑于王通。王通曾说过:"仁义其教之本乎？先王以是继道德而兴礼乐者也。"②并有"礼得而道存"③之论。所以面对这两种极端的观点,王通认为这都已步入了歧途。毫不理解儒门教意,不知道先王的仁义之道,须表现为礼乐方能达到尽善尽美的境界。

据《中说·事君篇》载:

> 薛收问:"恩不害义,俭不伤礼,何如？"子曰:"此文、景尚病其难行也。夫废肉刑害于义,损之可也；衣弋绨伤乎礼,中焉可也。虽然,以文、景之心为之可也,不可格于后。"

看来,王通论礼乐之方法论,一秉之于中道,隆礼而不害于义(适宜意),俭约而又足以表达礼节的敬意；不可为显示宽大,而一味废除肉刑,从而失去法律的威慑作用；君臣的衣著固然应该俭朴,但也不可失去尊严和威仪。一切都应从中权衡,取其中道而行之。

王通不仅重视国家庙堂之礼乐,还十分重视民间的士礼和家礼。这也应该是其《礼论》的内容之一。

> 子曰:"婚娶而论财,夷虏之道也,君子不入其乡。古者男女之族,各择德焉,不以财为礼。"

> 子曰:"冠礼废,天下无成人矣；昏礼废,天下无家道矣；丧礼废,天下遗其亲矣；祭礼废,天下忘其祖矣。呜呼！吾末如之何也

---

① 《世说新语校笺·任诞第二十三》第七则,中华书局,1984年影印版,第393页。
② 《文中子中说·礼乐篇》卷六,《二十二子》,上海古籍出版社,1986年影印版,第1321页中。
③ 《文中子中说·魏相篇》卷八,《二十二子》,上海古籍出版社,1986年影印版,第1325页上。

已矣。"①

可能王通家中即传有《家礼》一部,据王绩《答刺史杜之松书》而知。书云:"月日,博士陈龛至,奉处分,借家礼并帙封送至请领也。"②而杜之松之在《答书》中称赞《王氏家礼》谓:"微而精,简而备,诚经传之典略,闺庭之要训也。"③又据王绩《重答杜使君书》,知《家礼》为其祖父献公所著。在《答书》中,王绩应杜使君之请,对《家礼》作了相关论述曰:

> 礼之为用,缘情以至理,因内以及外。情者,人之深心,愚智之所共也;孰有愚者而忘其妻子乎?理者,人之大节,凡圣之所异也,孰有凡主而忘其臣妾焉?故情者,正也,此妻、子所以荷深心而报夫、父以正服也;理者,义也,此臣妾所以存大节而申君主以义服也。故夫正、义之作,殊情而共礼也。

又说:

> 古之君子,常度情以处,断义而行矣。义可夺情,卫石碏不能存其子;情不害义,宫之奇得以其族行。故曰:情义殊也,情义均也。④

王绩之以情理论礼,有前所未有的议论。王绩亦尝受学于王通,并与诸君子游处。其论礼之文当与王通不殊,因录之以备参考云。

王通精通乐理,善鼓琴,尝作《汾亭之操》。据《中说》载:

> 子游汾亭,坐鼓琴,有舟而钓者过,曰:"美哉,琴意!伤而和,怨而静。在山泽而有廊庙之志。非太公之都磻溪,则仲尼之宅泗滨也。"子骤而鼓《南风》。钓者曰:"嘻!非今日事也。道能利生

---

① 《文中子中说·事君篇》卷三,第1315页下;《礼乐篇》卷六,《二十二子》,第1321页上,上海古籍出版社,1986年影印版。
② 《王无功文集》(五卷会校本)卷四,上海古籍出版社,1987年版,第149页。
③ 《王无功文集》(五卷会校本)卷四,附《杜使君答书》,上海古籍出版社,1987年版,第138页。
④ 《王无功文集》(五卷会校本)卷四,上海古籍出版社,1987年版,第141页。

民,功足济天下,其有虞氏之心乎? 不如舜自鼓也。声存而操变矣。"子遽舍琴,谓门人曰:"情之变声也,如是乎?"起将延之,钓者摇竿鼓枻而逝。门人追之,子曰:"无追也。播鼗武入于河,击磬襄入于海,固有之也。"遂志其事,作《汾亭操》焉。①

于焉是知其世固多赏乐知音如钟子期者。此事亦可证之于王绩《答处士冯子华书》,书云:

> 吾家三兄,生于隋末。伤世扰乱,有道无位。作《汾亭之操》,盖孔氏《龟山》之流也。我尝亲受其调,颇谓曲尽。近得裴生琴,更习其操,洋洋乎觉声器相得,今便留之。②

《中说》尚多载有王通论乐语:

> 子曰:"化至九变,王道其明乎? 故乐至九变,而淳气洽矣。"裴晞曰:"何谓也?"子曰:"夫乐,象成者也。象成莫大于形,而流于声,王化始终所可见也。故《韶》之成也,虞氏之恩被动植矣,乌鹊之巢,可俯而窥也,凤皇何为而藏乎?"

> 子游太乐,闻《龙舟五更》之曲,瞿然而归。曰:"靡靡乐也。作之邦国焉,不可以游矣。"

> 吴季札曰:"《小雅》其周之衰乎?《豳》其乐而不淫乎?"子曰:"孰谓季子知乐?《小雅》乌乎衰,其周之盛乎?《豳》乌乎乐,其勤而不怨乎?"③

古代对乐的重视,不仅认识到其有裨于教化及与礼仪的配合作用,还从哲学的高度来领悟其中的哲理,如"和"的概念,盖出于此,所以古代哲人往往论乐。春秋时期,吴季札聘鲁论乐,一向被认为论诗乐的经

---

① 《文中子集解·礼乐篇》,广益书局,1936年版,第41页。
② 《王无功文集》(五卷会校本)卷四,上海古籍出版社,1987年版,第149页。
③ 《文中子中说·王道篇》卷一,第1310页下;《周公篇》卷四,第1317页上;《述史篇》卷七,第1322页下。《二十二子》,上海古籍出版社,1986年影印版。

典,而王通竟认为季子不知乐。可见其《乐论》必有其孤诣独到之处。

《续六经》之三:《续诗》

《续诗》宗旨与其六世祖玄则《时变论》相一致。"吾欲续《诗》,考诸集记,不足征也,吾得《时变论》焉。"《中说》曾述及王通续《诗》的理由:"文中子曰:诸侯不贡诗,天子不采风,乐官不达雅,国史不明变。呜呼! 斯则久矣。《诗》可以不续乎?"① 《续诗》所收诗歌上自晋宋下迄周隋,"甄正乐府,取其雅奥"②,以达"化俗推移之理"。关于《续诗》的起迄断代的标准,薛收曾有问曰:"敢问《续诗》之备六代,何也?"子曰:"其以仲尼《三百》始终于周乎?"收曰:"然。"子曰:"余安敢望仲尼! 然至兴衰之际,未尝不再三焉。故具六代始终,所以告也。"薛收认为孔子删《诗》,只取两周一代之诗歌,而《续诗》选诗,兼备六代,不知其故,是以有问。王通回答说:我怎么敢和孔子相比,但于兴衰之际,未尝不再三体会孔子的意思,以为只有经过这六代诗歌的始终演化,才能从中清楚地看出(即"所以告也")其时代的兴亡演变之迹。其实,在王通这里,已经孕育着"六经皆史"的观念。王通曾谓薛收曰:"昔圣人述史三焉:其述《书》也,帝王之制备矣,故索焉而皆获;其述《诗》也,兴衰之由显,故究焉而皆得;其述《春秋》也,邪正之迹明,故考焉而皆当。此三者,同出于史而不可杂也。故圣人分焉。"他是完全按照"述史",亦即考察"兴衰之由"的原则来续《诗》的。至于《续诗》的体例与取舍标准,据王通说,则为:"有四名焉,有五志焉。何谓四名? 一曰化,天子所以风天下世;二曰政,蕃臣所以移其俗也;三曰颂,以成功告于神明也;四曰叹,以陈诲立诚于家也。凡此四者,或美焉,或勉焉,或伤焉,或恶焉,或诫焉,是谓五志。"又曰:"《续诗》可以讽,可以达,可以荡,可

---

① 《文中子中说·王道篇》卷一,第1309页下;《问易篇》卷五,第1320页上。《二十二子》,上海古籍出版社,1986年影印版。

② 杨炯:《王子安集原序》,《王子安集注》卷首,上海古籍出版社,1995年版,第74页。

以独处；出则悌，入则孝；多见治乱之情。"又与《诗经》相比较曰："《续诗》之有化，其犹先王之有雅乎？《续诗》之有政，其犹列国之有风乎？"①

有一次，"李伯药见子而论《诗》，子不答。伯药退，谓薛收曰：吾上陈应、刘，下述沈、谢，分四声八病，刚柔清浊，各有端绪，音若埙篪，而夫子不应，我其未达欤。薛收曰：吾尝闻夫子之论《诗》矣，上明三纲，下达五常，于是正存亡，辨得失，今子营营驰骋乎末流，是夫子之所痛也，不答则有由矣。"②是王通认为，"四声八病，刚柔清浊"，乃是诗歌之末节，作诗的主旨应该是"上明三纲，下达五常，于是正存亡，辨得失"，故民间歌诗可以反映风俗，士大夫赋诗，可以抒发情志，圣人从而采之就可以观察到时代的变迁、政俗的良窳。总之，《续诗》是一部贯穿着王通文学观，对六代民歌和士大夫的诗歌兼容并蓄，具有"史诗"性质的诗歌总集。至王勃整理后，实为三百六十篇，勒为十卷。王勃为之作序，可惜书与序，都已散逸于唐末的战乱之中。

《续六经》之四：《续书》

《续书》宗旨与其四世祖王虬《政大论》相一致、目的在明"帝王之道"。所收诏命，起自西汉，迄于晋代。王通在回答《续书》为何不继孔子《春秋》自获麟后起始，而断自汉代的提问时，他说此一去取是因为"六国之弊。亡秦之酷，吾不忍闻也，又焉敢皇纲乎！汉之统天下也，其除残秽，与民更始，而兴其视听乎。"并进而申论之曰："汉、魏礼乐，其末不足称也。然《书》不可废，尚有近古对议存焉。制志诏册，则几乎典诰矣。"③而自晋之后，南北纷争，四分天下五裂河山，中国进入了

---

① 《文中子中说·王道篇》卷一，第1310页上；《事君篇》卷三，第1314页下；《天地篇》卷二，第1313页中；《事君篇》卷三，第1315页上。《二十二子》，上海古籍出版社，1986年影印版。
② 《文中子中说·天地篇》卷二，《二十二子》，上海古籍出版社，1986年影印版，第1312页上。
③ 《文中子中说·王道篇》卷一，第1310页上；《问易篇》卷五，第1318页中、1319页上。《二十二子》，上海古籍出版社，1986年版。

一个比战国亡秦更为纷乱酷烈的时代,自然也没有什么可以"明帝王之道"、可为典谟的诏诰值得辑录称述,所以只能断自汉晋两代。杨炯说王通"讨论汉魏,迄于晋代,删其诏命为百篇以续《书》。"王勃曾亲为《续书》作序,也说《续书》是取"近古之对、议","制、诏、册则几乎典诰矣。"其书还经过王勃的校订补充。据其《序》云:"间者承命为百二十篇作序,而兼当补修其阙,爰考众籍,共参奥旨。""刊写文就,定成百二十篇,勒成二十五卷。"①

关于《续书》的体例及分类之依据,亦多见载于《中说》:

> 贾琼问《续书》之义。子曰:"天子之义列乎范者有四,曰制,曰诏,曰志,曰策。大臣之义载于业者有七,曰命,曰训,曰对,曰赞,曰议,曰诫,曰谏。"子曰:"人心惟危,道心惟微,言道之难进也。故君子思过而预防之,所以有诫也。切而不指,勤而不怨,曲而不谄,直而有礼,其惟诫乎?"

> 程元问叔恬曰:"《续书》之有志有诏,何谓也?"叔恬以告文中子。子曰:"志以成道,言以宣志。诏其见王者之志乎?其恤人也周,其致用也悉。一言而天下应,一令而不可易。非仁智博达,则天明命,其孰能诏天下乎?"叔恬曰:"敢问策何谓也?"子曰:"其言也典,其致也博,悯而不私,劳而不倦,其惟策乎?"子曰:"《续书》之有命邈矣:其有君臣经略,当其地乎?其有成败于其间,天下悬之,不得已而临之乎?进退消息,不失其几乎?道甚大,物不废,高逝独往,中权契化,自作天命乎?"

> 贾琼习《书》,至郅恽之事,问于子曰:"敢问事、命、志、制之别。"子曰:"制、命,吾著其道焉,志、事吾著其节焉。"贾琼以告叔恬。叔恬曰:"《书》其无遗乎?《书》曰:惟精唯一,允执厥中。其道之谓乎?《诗》曰:采葑采菲,无以下体。其节之谓乎?"子闻之

---

① 《王子安集注》,《王子安集序》卷首,第74页;《续书序》卷九,第279页。上海古籍出版社,1995年版。

曰:"凝其知《书》矣。"①

自引文可以知道,《续书》以义类所收的包括发自皇帝的四项:制、诏、志、策和来自大臣的七项:命、训、对、赞、议、诫、谏。还有按照严格检择的所谓"事"。如记述郅恽在皇帝面前亦不肯挠法事。

郅恽乃两汉之际一奇士,光武帝时,为"上东城门候。帝尝出猎,车驾夜还,恽拒关不开。帝令从者见面于门间。恽曰:'火明辽远。'遂不受诏。帝乃回从东中门入。明日,恽上书谏曰:'昔文王不敢槃于游田,以万人惟忧。而陛下远猎山林,夜以继昼,其于社稷宗庙何? 暴虎冯河,未至之戒,诚小臣所窃忧也。'书奏,赐布百匹,贬东中门候为参封尉。后令恽授皇太子《韩诗》,侍讲殿中"②。今按,郅恽之上书事,于《续书》当属于"事"与谏、诫之类,文中子著之以表彰郅恽在皇帝面前亦不肯挠法的节概。《续书》同《尚书》一样,全书宗旨贯穿着一条"人心惟危,道心惟微,惟精唯一,允执厥中"的,自尧舜以来历圣所传的大中之道。

《续六经》之五:《易赞》

《易》为王通家学,据《中说》附录,王福畤《录关子明事》一文:"关朗,字子明,河东解人也,有经济大器,妙极古算,浮沉乡里,不求宦达。太和末,余五代祖穆公(今按:王通高祖王虬)封晋阳尚书,署朗为公府记室。穆公与谈《易》,各相叹服。"王虬以朗"道微言深",荐之于孝文帝,"帝问《老》《易》,朗既发明玄宗,实陈王道,讽帝慈俭为本,饰之以刑政礼乐。帝嘉叹,谓穆公曰:'先生知人矣。昨见子明,管、乐之器,岂占算而已!'"穆公与关朗受帝之命共同著成《筮论》(原文:"且与卿就成筮论"。疑即传世之《关朗易传》)"俄帝崩,穆公归洛,逾年而薨,

---

① 《文中子中说·周公篇》卷四,第1317页中;《述史篇》卷七,第1323页中。《二十二子》,上海古籍出版社,1986年影印版。

② 《后汉书·郅恽传》卷二十九,中华书局,1965年版,第1031页。

朗遂不仕。同州府君(王通曾祖父王彦)师之,受《春秋》及《易》,共隐临汾山"。"盖王氏《易》道,宗于朗焉。"①及王通力学,"考《易》于族父仲华"②。《中说》有《关朗篇》,王通称关朗"魏之贤人也,孝文没而宣武立。穆公死,关朗退。魏之不振有由哉!"③是贤士之进退,关乎一国之兴废。关朗易学,长于占断,"故穆公《易》筮,往往如神"。然而皆能"考之典礼,稽之龟策,即人事以申天命,悬历数以示将来"④,"道微言深",有本有原,非一般数术可比,不可等量齐观。王通禀承家学,自亦精通此道,其赞《易》也,当亦受此影响而与汉晋注疏之学不同。

王通赞《易》,对于经传(文王之经与孔子之传),服膺而勿失,叹美而赞成之,故名其解易之书为《易赞》。并叙其著书宗旨曰:"吾于赞《易》也,述而不敢论。"⑤而对汉魏传易诸家则持批评态度,如曰:"盖九师兴而《易》道微。"贾琼曰:"然则无师无传可乎?"子曰:"神而明之,存乎其人。苟非其人,道不虚行。必也传,又不可废也。"⑥西汉"九师易"今亦不传,然就其后两汉易学而言,以注重象数而轻忽义理为主要特征,因而被王通认为《易》道至此而式微。但又认为,有其所阐述传授的基本资料和方法在,对于易道的领悟神会,还在于传习者其人是否能与之相契。所以也不能完全将其否定。

王通赞《易》,进而阐述易道及其所表现的功用和忧患精神曰:

> 薛收问至德要道。子曰:"至德,其道之本乎?要道,其德之行乎?《礼》不云乎,至德为道本。《易》不云乎,显道神德行。"子曰:"大哉神乎!所自出也。至哉,《易》也!其知神之所为乎?"
>
> 文中子曰:"《易》之忧患,业业焉,孜孜焉。其畏天悯人,思及

---

① 《文中子集解》附录《录关子明事》,广益书局,1936年版,第79、80、83页。
② 《文中子集解》附录《文中子世家》,广益书局,1936年版,第72页。
③ 《文中子集解·关朗篇》,广益书局,1936年版,第83页。
④ 《文中子集解》附录《录关子明事》,广益书局,1936年版,第83页。
⑤ 《文中子集解·事君篇》,广益书局,1936年版,第13、14页。
⑥ 《文中子集解·天地篇》,广益书局,1936年版,第13、14页。

时而动乎？"繁师玄曰："远矣，吾视《易》之道，何其难乎？"子笑曰："有是夫？终日乾乾可也。视之不臧，我思不远。"

"《易》以知来。先王之蕴尽矣。"

文中子曰："天下有道，圣人藏焉。天下无道，圣人彰焉。"董常曰："愿闻其说。"子曰："反一无迹，庸非藏乎？携贰以济，能无彰乎？如有用我者，当处于泰山矣。"董常曰："将冲而用之乎？《易》不云乎：易简而天地之理得矣。"①

《易》道所反映的即是"天地之理"，天下之理至繁，而易道可以以简驭繁。因而是天下的至德要道。天下若逢有道盛世，怀揣这一至德要道的圣人，反而可以淹没隐藏于其中；天下无道的时候，圣人的作用就会彰显出来。当董常问他道理何在时，王通说圣人之道已与治世的功用冥合为一，痕迹已经消失于无形，这难道不是隐藏吗？遭逢乱世，圣人出而拯民救敝，携贰（即是辅佐）天下以济时艰，圣人的作用因之而得到彰显。并说："如有用我者，当处于泰山矣。"以济世的泰山北斗自许，表现了以天下为己任的大丈夫担当精神。

有一次薛收问："圣人与天地如何？"子曰："天生之，地长之，圣人成之。故天地立而《易》行乎其中矣。"又一次薛收问《易》。子曰："天地之中非他也，人也。"收退而叹曰："乃今知人事修，天地之理得矣。"②

王通回答说：圣人之所以为圣人，就因为其能以易理阐述天地之理，变人的一种自然存在而为自觉的生命。而且，人是这个天地之间的主体，是天地的精华所萃，灵魂所在。薛收因而悟出：以人道而修人事，则天地之道即在其中得到集中体现了。

王通认为《易》为穷理尽性之书，主要体现为察往知来的智慧，是智慧的渊薮，事物运动的秩序。然而这种智慧，是不可以孤运独行的，

---

① 《文中子集解·王道篇》，第 7 页；《周公篇》，第 28 页；《魏相篇》，第 51 页；《述史篇》，第 50 页。广益书局，1936 年版。
② 《文中子集解·魏相篇》，广益书局，1936 年版，第 57 页。

必须接受仁德的制约,还必须乘时而动。倘若不能择时,复不能遵行仁义之道,则智慧之光就会熄灭,又怎么可以独行呢!其言曰:"元亨利贞。运行不匮者,智之功也。"又曰:"《易》,圣人之动也,于是乎用以乘时矣。故夫卦者,智之乡也,动之序也。"薛生曰:"智可独行乎?"子曰:"仁以守之,不能仁则智息矣,安所行乎哉?"①

时与位,一向为《周易》所重,王通所重视的时与德,是与《周易》的精神相合的。据《中说》所载,文中子赞《易》,至《序卦》,曰:"大哉,时之相生也!达者可与几矣。"至《杂卦》,曰:"旁行而不流,守者可与存义矣。"②相时而动与守位不移,正是易道的精华所在。

时之不与,圣贤受困,面对逆境,王通独能泰然处之。有此定力,自然是为学之益。《中说》记载:

> 董常之丧,子赴洛,道于沔池。主人不授馆,子有饥色,坐荆棘间,赞《易》不辍也。谓门人曰:"久矣,吾将辍也,而竟未获,不知今也而遇大困。困而不忧,穷而不慑,通能之。斯学之力也。"主人闻之,召舍具餐焉。③

王通在蜀王书佐任上,得遇刘炫,并相与论易,颇可显示王通的易学观点。刘炫问《易》。子曰:"圣人于《易》,没身而已,况吾侪乎?"炫曰:"吾谈之于朝,无我敌者。"子不答。退谓门人曰:"默而成之,不言而信,存乎德行。"④体现了大思想家与大学问家论学风格的各有侧重。一个是谈辩蜂起,务在胜人;一个是默而识之,存乎德行,两者的境界还是有所不同的。

《中说》所载王通论易的篇章尚亦多有,都可以从中觇见《易赞》的基本内容和观点,限于篇幅,此不具论。

---

①② 《文中子集解·问易篇》,广益书局,1936年版,第35、34页。
③ 《文中子集解·述史篇》,广益书局,1936年版,第49页。
④ 《文中子集解·问易篇》,广益书局,1936年版,第29页。

《续六经》之六:《元经》

《元经》的编写宗旨与其祖穆公王杰的《皇极谠议》相一致。王通说:"吾欲修《元经》,稽诸史论,不足征也,吾得《皇极谠议》焉。"又曾对弟凝叔恬说:修《元经》是继其父亲"铜川府君之志也,通不敢废。书五国并时而亡,盖伤先王之道尽坠。故君子大其言,极其败,于是乎埽地而求更新也。期逝不至,而多为恤,汝知之乎?此《元经》所以书也"。[1] 据《文中子世家》所记:开皇九年,江东平。铜川府君叹曰:"王道无叙,天下何为而一乎?"文中子侍侧十岁矣,有忧色曰:"通闻,古之为邦,有长久之策,故夏、殷以下数百年,四海常一统也。后之为邦,行苟且之政,故魏、晋以下数百年,九州无定主也。上失其道,民散久矣。一彼一此,何常之有?夫子之叹,盖忧皇纲不振,生人劳于聚敛而天下将乱乎?"铜川府君异之曰:"其然乎?"遂告以《元经》之事,文中子再拜受之。[2] 说明王通确实自幼即受到父亲的影响,开始考虑《元经》的有关内容和评价方法了。其宗旨即与《皇极谠议》的精神一致,亦可见这部效法《春秋》的著述,是侧重于史论的,并且以"三才之去就",亦即天人之际和大中至正的王道,作为评定史迹的纲领标准。据陈叔达《答王绩书》云:"自微言陨绝,大义乖坠,三代之教乱于甲兵。六经之术灭于煨烬,君人者尚空名以夸六合,史官者贵虚饰以便一时。""魏晋之际,夫何足云,中原板荡,史道息矣。""然国于天地,与有立焉,苟能宅郊堙,建社稷,树师长,抚黎元,虽五裂山河,三分躔次。规模典式,岂徒然哉!是贤兄文中子知其若此也。恐后之笔削,陷于繁碎,宏纲正典、暗而不宣。乃兴《元经》,以定真统。"[3] 信中所述与王通修《元经》志存"史道"的精神及"帝元魏"的思想,是一脉相承的。王通曾详述其著《元经》的旨趣云:"《元经》其正名乎。皇始之帝,征天以授之也;晋宋

---

[1] 《文中子集解·王道篇》,第1页;《述史篇》,第46页。广益书局,1936年版。
[2] 《文中子集解》附录《文中子世家》,广益书局,1936年版,第71页。
[3] 陈叔达:《答王绩书》,《唐文粹》卷八十二,四部丛刊影印明嘉靖年间版,第7页,亦见《全唐文》卷一三三。

之王,近于正体,于是乎未忘中国。穆公之志也;齐、梁、陈之德,斥之于四夷也,以明中国之有代,太和之力也。""永熙之后,君子息心焉,谓之何哉?《元经》于是不得已而作也。""子谓:太和之政近雅矣,一明中国之有法。惜也,不得行穆公之道。"①在这里王通明确地表示自晋永熙以后由乱政而进入乱世,君子已经不再寄以任何希望。但东晋与宋政权,仍然为中国礼仪衣冠之旧,还勉强可以称之为帝;元魏拓拔珪于皇始元年称帝,是"征天(天命)以授之",至孝文帝太和年间,已经遵行中国礼法,政治近于雅正,已足可代替汉晋以后的帝统,成为正统。此即所谓的《元经》正名,"帝元魏"说。

《旧唐书·王勃传》谓:祖通,"依《春秋》体例,自获麟后,历秦汉至于后魏,著纪年之书,谓之《元经》。"②此记载有误。《元经》实起于晋惠帝永熙元年,迄于隋开皇九年统一区宇之岁,共三百年。天下混乱,帝制不明。作《元经》就是效法《春秋》笔法,行褒贬,代赏罚,"以为匡世要略尽矣"③。"门人薛收窃慕、同为《元经》之传,末就而殁。"王勃整理《续六经》,然于《元经》之《传》、亦"未终其业"④。现存《四库全书》本《元经》有薛收《传》并《序》及阮逸注。

薛收在《元经序》中,简要地叙述了王通著《元经》的宗旨、原则和方法,以及自己作《传》的原因云:

> 《元经》始晋惠帝,终陈亡,凡三百年。盖闻夫子曰:《春秋》一国之书也。以天下有国,而王室不尊乎?故约诸侯以尊王,政以明天命之未改。《元经》,天下之书也。以无定国,而帝位不明乎?征天命以正帝位,以明神器之有归。又曰:《春秋》抗王而尊鲁,其以周之所存乎。《元经》抗帝以尊中国,其以天命之所归乎。然帝

---

① 《文中子集解·问易篇》,广益书局,1936年版,第36、37、32页。
② 《旧唐书·王勃传》卷一百九十,中华书局,1975年版,第5004页。
③ 王绩:《答程道士书》,《王无功文集》(五卷会校本)卷四,上海古籍出版社,1987年版,第159页。
④ 杨炯:《王子安集序》,《王子安集注》卷首,上海古籍出版社,1995年版,第74页。

衰于太熙,故《元经》首此,振起之也。中国盛乎皇始,故《元经》挈名以正其实。呜呼!天下无赏罚三百载,圣人在下,则追书褒贬,以代其赏罚。斯周公典礼,使后王常存而行焉。仲尼笔削,使后儒常职而述焉。收受经于夫子,何足以究其潭奥?辄为传解,庶明师训之一二云。①

点明著《元经》的目的是:"挈名以正其实。"追书褒贬以代赏罚。这是对周公典诰、礼制精神的继承,以便使后王能够常存于心而遵行之。

《中说》一书记载王通与薛收等师弟之间对问,还有多处涉及《元经》著述的原因、依据和宗旨:

> 文中子曰:"天下无赏罚三百载矣,《元经》可得不兴乎?"薛收曰:"始于晋惠,何也?"子曰:"昔者明王在上,赏罚其有差乎?《元经》褒贬,所以代赏罚者也。其以天下无主,而赏罚不明乎?"薛收曰:"然则《春秋》之始周平、鲁隐,其志亦若斯乎?"子曰:"其然乎?而人莫之知也。"薛收曰:"今乃知天下之治,圣人斯在上矣;天下之乱,圣人斯在下矣。圣人达而赏罚行,圣人穷而褒贬作。皇极所以复建,而斯文不丧也。不其深乎?"再拜而出,以告董生。董生曰:"仲尼没而文在兹乎?"②

再次申明《元经》之作,是因为天下丧乱,废赏罚之政已三百余载;圣人在上位则赏罚行,遭遇途穷,则须著书以行褒贬;使皇极大中之道复建,令人有所瞻依,而使儒家斯文不至于丧失也。

王通为学的主旨是张扬王道,而认为《元经》与孔子《春秋》的作用相同,都是考察现实"邪正之迹"的标准,庆赏刑罚轻重的权衡,用意存心曲直的绳墨,如果失去了这些取舍标准,则刑政执法将无所取衷。如《中说》载:

---

① 薛收:《元经薛氏传序》,《元经薛氏传》卷首,《丛书集成初编》,中华书局,1991年版,第1页。
② 《文中子集解·问易篇》,广益书局,1936年版,第2页。

子谓叔恬曰:"汝为《春秋》、《元经》乎?《春秋》、《元经》于王道,是轻重之权衡,曲直之绳墨也,失则无所取衷矣。"

文中子曰:"二帝三王,吾不得而见也,舍两汉将安之乎?大哉七制之主!其以仁义公恕统天下乎?其役简,其刑清,君子乐其道,小人怀其生。四百年间,天下无二志,其有以结人心乎?终之以礼乐,则三王之举也。"

子曰:"悠悠素餐者,天下皆是,王道从何而兴乎?"①

王通认为,战国秦政,"二帝(尧舜)三王(夏商周)的王道,已经不得而见,如果舍弃尚行王道"七制"(七种施政的程序和形式,如礼法刑政议对诏令之类),以"仁义公恕统天下",能使"天下无二志,其有以结人心"的两汉,则无所取正了。此虽是其续《书》的依据,同样可以视为其作《元经》之标准。

王通还认为,举国之为政者,皆备位而无所作为,固然与大政不行王道有关,同时也是不明春秋大义,行政无所持循的缘故。

王通修《元经》,有两个重要的观念,首先是"尊中国",中国是一个宏大的称号,五帝三王之所创立,令人景慕的衣冠礼乐文教之邦,大约与孔子的尊"华夏"相当,主要是个文化理念;因之"非中国不敢以训"。其次是以"尊中国"为标准拟定之"帝制","帝制"是国家政治中枢,权力传承的正统,大义名分所在,所以必须予以严格"正名"。此类论述,《中说》多有所载,如:

董常曰:"大哉,中国!五帝、三王所自立也,衣冠礼义所自出也。故圣贤景慕焉。中国有一,圣贤明之。中国有并,圣贤除之邪?"子曰:"噫!非中国不敢以训。"

子曰:"吾于《续书》、《元经》也,其知天命而著乎?伤礼乐则

---

① 《文中子集解·事君篇》,第18页;《天地篇》,第11页,七制,阮逸以为是汉代七位明君,见《王道篇》注,第6页,恐误;《王道篇》,第2、6页。广益书局,1936年版。

述章、志,正历数则断南北,感帝制而首太熙,尊中国而正皇始。"

薛生曰:"殇之后,帝制绝矣,《元经》何以不兴乎?"子曰:"君子之于帝制,并心一气以待也。倾耳以听,拭目而视,故假之以岁时。桓、灵之际,帝制遂亡矣。文、明之际,魏制其未成乎?太康之始,书同文,车同轨。君子曰:帝制可作矣,而不克振。故永熙之后,君子息心焉。"曰:"谓之何哉?《元经》于是不得已而作也?"文中子曰:"《春秋》作而典、诰绝矣,《元经》兴而帝制亡矣。"

子曰:"中国失道,四夷知之。"魏征曰:"请闻其说。"子曰:"《小雅》尽废,四夷交侵,斯中国失道也,非其说乎?"征退谓薛收曰:"时可知矣。"

董常曰:"《元经》之帝元魏,何也?"子曰:"乱离斯瘼,吾谁适归?天地有奉,生民有庇,即吾君也。且居先王之国,受先王之道,予先王之民矣,谓之何哉?"董常曰:"敢问皇始之授魏而帝晋,何也?"子曰:"主中国者,将非中国也。我闻有命,未敢以告人,则犹伤之者也。伤之者怀之也。"董常曰:"敢问卒帝之何也?"子曰:"贵其时,大其事,于是乎用义矣。"

子曰:"齐桓尊王室而诸侯服,惟管仲知之;苻秦举大号而中原静,惟王猛知之。"或曰苻秦逆。子曰:"晋制命者之罪也,苻秦何逆?昔周制至公之命,故齐桓、管仲不得而背也;晋制至私之命,故苻秦、王猛不得而事也。其应天顺命、安国济民乎?是以武王不敢逆天命、背人而事纣,齐桓不敢逆天命、背人而黜周。故曰:晋之罪也,苻秦何逆?三十余年,中国士民,东西南北,自远而至,猛之力也。"子曰:"苻秦之有臣,其王猛之所为乎?元魏之有主,其孝文之所为乎?中国之道不坠,孝文之力也。"

叔恬曰:"敢问《元经》书陈亡而具五国,何也?"子曰:"江东,中国之旧也,衣冠礼乐之所就也。永嘉之后,江东贵焉,而卒不贵,无人也。齐、梁、陈于是乎不与其为国也。及其亡也,君子犹怀之。故《书》曰:晋、宋、齐、梁、陈亡,具五以归其国。且言其国亡也。呜呼!弃先王之礼乐以至是乎?"叔恬曰:"晋、宋亡国久矣,今具之,何谓也?"子曰:"衣冠文物之旧,君子不欲其先亡。宋尝有树晋之功,有复中国之志。亦不欲其先亡也。故具齐、梁、陈,以归其国也。其未亡,则君子夺其国焉。"曰:"中国之礼乐安在?其已亡,则君子与其国焉。"曰:"犹我中国之遗人也。"①

综上所言,可以看出王通认为,奉行礼乐的帝制,在东汉殇帝,乃至桓、灵二帝时,实际已经沦丧,代之而起的三国魏,终其一代也未能实现重建帝制的意图;虽然至西晋太康年间,帝制又几乎复振,可惜终于沦亡于其后的永熙之政。关心朝政的君子也终于绝望;中国既失其道,于是招致"四夷交侵",能够将其讨平,最终仰仗的是夷狄中"尊中国"的力量;于是便以是否能够"尊中国"来衡量元魏之于皇始初年的建元称帝,以之与两晋比较权衡,则当"乱离斯瘼"之际,元魏肯于接受"先王之道","且居先王之国",使"生民有庇",就应该承认其为中国的君主;对待其间苻秦政权,也不应称之为叛逆,是因为晋朝乱政失道所造成;但卒以"帝晋"者,虽然因其将要失去中国的主权,但仍为衣冠礼仪之旧,尊其为帝者,乃是对其礼乐王道寄以希望,而怀念之也;然而最终帝元魏的原因,则是因为孝文帝于时(太和),无论就控驭的区域,以及奉行王道大义,都已超过南朝(萧齐)的缘故;其间,还有苻秦称帝,是因为其有得力的辅佐之臣,依仗王猛之力而致;元魏之所以最终能为中国的帝制君主,使悬于一线的中国礼乐王道于不坠,乃是孝文帝的功劳。至于,帝晋之后,又复帝刘宋的原因,则是"宋尝有树晋之功,有复中国之志。亦不欲其先亡也"。及后之齐梁陈三朝,表面上还在奉行可贵的礼乐制度,但已抽去了其精神实质,名存而实亡,王通因之说"中国之礼乐安在"?"弃先王之礼乐以至是",所以"卒不贵",亦

---

① 《文中子集解·述史篇》,第45页;《关朗篇》,第65页;《问易篇》,第36页;《关朗篇》,第64页;《述史篇》,第45页;《周公篇》,第24页;《述史篇》,第46页。广益书局,1936年版。

即《元经》因此而皆不许其为帝。至于东晋之后的五国,至陈朝亡而书五国并亡者,就是指这五代(五国)历传的礼乐文化也随之彻底灭亡了。以礼乐文化为标准,评价孰为"帝制"的标准,最根本的原因,便是王通所云的:"犹我中国之遗人也。"因之不能不尊中国,并重中国之所以为中国的王道与礼乐文化。于中可以看出《元经》论断南北的复杂逻辑和评点褒贬标准之严格。

王通又认为,帝制虽是按照是否尊中国、行王道而定,但是帝制并不必然产生王道,这里所谓"帝制",只是一个在衰乱之世不得已的权且称呼,"絜名索实"并不尽然;当时称帝者南北不一,《元经》大体定一个标准,"以断南北之疑"(究竟谁为正统的疑惑)。至于能不能真正合于王道政治,也许只有等待来者了。其言如下:

> 薛收曰:"帝制其出王道乎?"子曰:"不能出也。后之帝者,非昔之帝也。其杂百王之道,而取帝名乎?其心正,其迹谲。其乘秦之弊,不得已而称之乎?政则苟简,岂若唐、虞三代之纯懿乎?是以富人则可,典礼则未。"薛收曰:"纯懿遂亡乎?"子曰:"人能弘道,焉知来者之不如昔也?"
>
> 文中子曰:"帝之不帝久矣。"王孝逸曰:"敢问《元经》之帝何也?"子曰:"絜名索实,此不可去。其为帝,实失而名存矣。"
>
> 子谓薛收、贾琼曰:"《春秋》、《元经》,其衰世之意乎?义直而微,言曲而中。"
>
> 文中子曰:"《小雅》尽废而《春秋》作矣。小化皆衰,而天下非一帝。《元经》所以续而作者,其衰世之意乎?"
>
> 修《元经》以断南北之疑。①

王通曾就《春秋》和《元经》所针对的不同的历史情势作过一个比

---

① 《文中子集解·问易篇》,第34页;《述史篇》,第45页;《礼乐篇》,第37、40、43页。广益书局,1936年版。

较,据《中说·魏相篇》载:

> 文中子曰:"《春秋》,一国之书也。其以天下有国,而王室不尊乎?故约诸侯以尊王政,以明天命之未改,此《春秋》之事也。《元经》,天下之书也。其以无定国而帝位不明乎?征天命以正帝位,以明神器之有归,此《元经》之事也。"董常曰:"执小义妨大权,《春秋》《元经》之所罪与?"子曰:"斯谓皇之不极。"

> 文中子曰:"《元经》有常也:所正以道,于是乎见义。《元经》有变也:所行有适,于是乎见权。权义举而皇极立矣。"①

《春秋》是一国之书,所以"约诸侯以尊王政,以明天命之未改";而《元经》是天下之书,其时是天下既无定国,亦不明帝位(或"神器")之所归,需要证之以"天命"人事以辨明之。这样就不可如董常所说"执小义妨大权",而必须奉行历圣所传的"皇极大中"之道,以为指针。(不然就是"皇之不极")。既守其"常",又要把握"权变"之义,经权并用,而后才能树立起评判历史的"皇极大中"之道来。所以王通又说:"非至公不及史也。"②如《元经》之帝元魏,如果仅仅拘于"内诸夏而外夷狄"的常经,不知权变之义,或心存怀念南朝为衣冠礼仪之旧的私意,而不顾及是否奉行王道的实质,则不会有至公至正的胆识,以著成《元经》"帝元魏"这样的史书。

自宋以来,学者皆认《元经》其书于五代时散逸,传本乃宋代阮逸所伪造。最初致疑者为晁公武叔侄,《郡斋读书志》卷十于《元经》十卷条下谓:"按《崇文》无其目,疑逸依托为之。"③邵博于《闻见后录》卷五更记晁以道之言曰:"逸才辩莫敌,其拟《元经》等书,以欺一世之人不

---

① 《文中子集解·魏相篇》,广益书局,1936年版,第52页。
② 《文中子集解·述史篇》,广益书局,1936年版,第46页。
③ 《郡斋读书志》卷十,《元经》十卷条,上海古籍出版社,1990年版,第445页。

难也。"并述"逸尝以私稿视苏明允"①。陈振孙《直斋书录解题》也以其书《唐志》无目(按《新唐书·艺文志》有其目),书著于隋而人名避唐讳。为阮逸"心劳日拙,自不能掩"其伪撰的证据。《四库全书提要》认为史书"书名书字,例本互通",不一定是避讳。但又举出"书神虎门为神兽门,则显袭《晋书》,更无所置辨矣",并引陈师道《后山谈丛》等书亦记及"逸以稿本示苏询"事,说:"师道则笃行君子,断无妄语,所记谅不诬矣。"②

近人顾实作《古今伪书重考》则指出《元经》"自刘宋立国,始进魏于经,而南北并列。至刘宋亡,遂黜齐而进魏。尤为荒谬之极,揆诸《春秋》'内诸夏而外夷狄'之大义何在哉! 则此书直无知妄作而已矣"。黄云眉《补证》引詹景风《詹氏小辨》曰:"《元经传》谓为薛收作,走谓经传悉伪也。何以明之? 以是非于夺不明。"举晋贾后被废在后,而经文擅称庶人于前;帝王崩后始为庙号,而经文先称之,且在文中子卒后为证。黄云眉认为"此亦以书法攻《元经》之伪,甚当"。遂定"《元经》、《传》皆阮逸伪作无疑"。③ 自兹以往,迄无异说(余于刘蔚华主编之《中国儒家学术思想史》撰该章时,亦震于诸书之名而姑依成说)。

余尝三覆《元经》其书,历览古今诸辨,以为《元经》不伪,薛《传》亦复可观,而讶诸辨伪文字,理据何其薄弱而武断也。更辩之如下:

晁公武以《崇文总目》不载,因而致疑,尚属谨慎。公私书目失载,而其书后出,确实值得怀疑,然大抵多指年代久远者。《元经》及《续六经》诸书,至晚唐犹存,读皮日休、陆龟蒙文可知。学者也多认其散逸于五代之际。柳开即遍访其书不得。但这不能否定还另有藏书之家存有其书,建阳阮氏即是其一。据阮逸《文中子中说序》云"逸家藏古

---

① 邵博:《闻见后录》卷五,中华书局,1983年版,第3页。
② 《四库全书总目》卷四七,中华书局,1965年版,第420页。《直斋书录解题》卷四,《元经薛氏传》十五卷条,第111页。上海古籍出版社,1987年版。
③ 黄云眉:《古今伪书考补证·史类》,齐鲁书社,1980年版,第107页。

编尤得精备",其中既有《中说》"亦列十篇"。① 即有《中说》复有《元经》,又有何可奇怪的呢?

至于邵博、何薳、陈师道以"逸尝以私稿示苏洵"。而断即其人伪撰,也不合情理。岂有作伪者,即欲"以欺一世人",希冀其传,而肯明言此吾所伪撰者。其必以所加注之抄本示苏洵也,何可遽断全书为伪?"笃行君子"所记诚不诬,而所断实误。苏洵既亲阅其书,岂能不辨真伪,而不置一词?

陈直斋所举人名改字避讳事,本考书辨伪之小技,而《元经》只是以字代名,不属避讳,《提要》已辨之。而《提要》又以"书神虎门为神兽门"为无可置辨之证,只此一字之差,又焉知非薛收或王勃及包括阮逸在内的传抄者之笔误或妄改也。故知以上书目所云,显系猜测语,不足为凭。

至若顾实、詹景风所言,则涉及所谓"《春秋》书法"问题,然詹、顾实不谙《春秋》微言大义之书法。《春秋》书法,有经有权、有常有变、有进有退。即以夷夏之辨言之,诸夏之所以称诸夏者,以其礼乐文明;夷狄之所以称夷狄者,以其侵暴无信也。所以儒家要严夷夏之防。"内诸夏而外夷狄"者,即所谓常经也。然而儒家又认为夷夏关系、地位是可以互相转变的。孔子曾欲居九夷,孟子所谓"用夏变夷,未闻变于夷者也"。《穀梁传》隐七年有云:"戎伐凡伯于楚丘以归。戎者,卫也。戎卫者,以其伐天子之使,贬而戎之也。"昭公十二年,"晋伐鲜虞"。"其曰晋,狄之也,其狄之何? 不正其与夷狄交伐中国,故狄称之也"。② 诚如董仲舒所云:"《春秋》之常辞也,不予夷狄而予中国为礼。至邲之战,偏然反之,何也? 曰:《春秋》无通辞,从变而移。今晋变而为夷狄,楚变而为君子,故移其辞以从其事。"清儒苏舆《义证》引韩愈与程子之

---

① 《文中子中说序》,《文中子中说》卷首,《二十二子》,上海古籍出版社,1986年版,第1309页。
② 《春秋穀梁传注疏》卷二,第28页;卷第十七,第332页。《十三经注疏》整理本,北京大学出版社,2000年版。

言以证其说云:"韩愈《原道》云:'孔子之作《春秋》也,诸侯用夷礼则夷之;进于中国则中国之。'程子亦云:'《春秋》之法,中国而用夷道,即夷之。是故卫而戎焉(隐七年),邾娄、牟葛(桓十五年)、郑、晋(昭三年)而狄焉。既内而我鲁,亦以城邾娄葭而狄焉(哀六年)。以此见中国夷狄之判,圣人以其行,不限以地明矣。'"①此即后儒发明之《春秋》大义"中国而夷狄,则夷狄之;夷狄而中国,则中国之"之精神所在。夷狄如能奉行中国之礼义制度,则可进而为中国;中国如弃绝礼乐文明,则应退而称夷狄。此处之进退,即是所谓的权变。这即是《春秋》大一统的根本义。亦即所谓的《春秋》大义。王通深契此义,故能黜萧齐而进元魏,这与王通的王道帝制思想是一致的,也说明王通没有狭隘的民族观念。至于"南北并列",宋、魏并进于经,则以其时南北皆属偏统故也。《春秋》书法,首以正统,次以偏统入经,余则伪统也。此又近于《公羊》新三统之说,与《中说》所述其著《元经》的旨趣也是相合的。"不得已而作",正透露了王通以权变行褒贬的用意。权变亦即是反经而合于道。《中说·述史篇》载有通师弟之间关于《元经》的问答:董常曰:"敢问皇始之魏,帝晋何也?"子曰:"主中国者,将非中国也。"是说元魏于皇始年间,虽然入主中国,但还没有奉行中国的礼义政治,故尚不能以中国正统称之。又问:"《元经》之帝元魏。何也?"子曰:"乱离斯瘼,吾谁适归?天地有奉,生民有庇,即吾君也。且居先王之国,子先王之民矣,谓之何哉!"②帝元魏的标准,即是以其推行了"天地有奉,生民有庇"的礼义政治。今本《元经》于宋亡时,《经》书:"升明三年禅位伪齐。"然后《经》书:"后魏孝文帝太和四年正月。"③表示其年始以魏为正统,齐为伪统。这都与上述《春秋》大一统以及三统说是契合的。《元经》效法《春秋》,即是取其编年史之体裁,行历史评价亦即褒贬之

---

① 《春秋繁露义证·竹林第三》并注,卷第二,中华书局,1992年版,第46、47页。
② 《文中子集解·述史篇》,广益书局,1936年版,第45页。
③ 《元经薛氏传》卷八,第132页;卷九,第133页。《丛书集成初编》,中华书局,1991年版。

实,"是非予夺"是否公正,当然是首要问题,然如詹氏所指,先于其行事之年,书以其后废立之名。或如何焯所指"太元八年元经书'秦苻坚来寇,将军谢石、谢玄、谢琰、桓伊及苻坚战于淝水,坚为慕容垂所败'。此直一文理不通人伪托也"。① 按此例尚有元康七年《经》云:"梁王肜陷王师杀周处。"薛氏《传》曰:"梁王肜与处有隙,促令进军,绝其后不救,遂为贼所败。"②此则《经》、《传》之不同也。且苻坚为晋军所败;周处讨齐战殁,尽人所知。而坚之败、处之杀,实慕容垂、梁王肜有以致之。故《经》文舍其表面现象,而直追其根本之由,此又王氏新创之褒贬书法。薛收于《传》文中,已详释之,何独不见也。

对于王通著史之深意,清初大儒顾炎武独能领会之,曾作《述古》诗以咏其事曰:

> 五国并时亡,世道当一变。扫地而更新,三王功可见。鼓琴歌有虞,钓者知其善。区区山泽间,道足开南面。天步未回旋,九州待龙战。空有济世心,生不逢尧禅。何必会风云,弟子皆英彦。俗史不知人,寥落儒林传。

自注引"文中之书"(按,即引《中说》论《元经》语)云:"五国并时而亡,盖伤先王之道尽坠,故君子大其言,极其败,于是乎扫地求更新也。"③看来,一代儒宗,同时作为考据与史学泰斗的顾炎武,对王通其人其书深信不疑,并给予充分肯定高度评价。

今本《元经》十卷,前九卷题为王通撰,薛收传、阮逸注。后一卷旧题薛收撰,《四库提要》以为薛收续。然观第九卷开皇九年传文引文中子语后,有"薛收曰何谓也,曰天人相与之际,其可畏也。故君子备之"。又于卷末题"续《元经》后二十八年终"。阮逸注云:"如《春秋左传》至孔子卒。"则此书至此已收束。或薛收欲续而末续也。观末卷体

---
① 见《郡斋读书志》卷十,《元经》十卷条注,上海古籍出版社,1990年版,第446页。
② 《元经薛氏传》卷一,《丛书集成初编》,中华书局,1991年版,第9页。
③ 《顾亭林诗文集·诗集》卷之四,《述古》诗并注,中华书局,1959年版,第384页。

例与前大不同,且薛收卒于唐武德七年,二年后高祖方辞世,诚如詹氏所指,何能与闻高祖庙号。卷末记开皇元年文中子生,大误。知非薛收所撰,乃后人狗尾续貂之作。然全书绝非阮逸所伪撰。阮逸本天圣间进士,又"才辩莫敌",岂不能按《春秋》固有体例、笔法,伪撰一部毫无特色的《元经》,而故出上举新创之法,贻人疑窦?又薛《传》原本未完,《经》文亦多残阙,增窜之余地尚大,阮逸何不为之补是?即使其果欲伪撰此书,亦并非无其史才,所缺少的,恐怕正是王通,薛收著史的深意。

余嘉锡《四库提要辨证》于《元经》条下引皮锡瑞《师伏堂笔记》对晁公武、陈振孙"阮逸伪作"说,所提出的质疑:"乃考《宋史》,有可疑者。太祖建隆三年诏令集议三《礼》,吏部尚书张昭奏议中有云:'臣等窃以刘向之论《洪范》,王通之作《元经》,非必挺圣人之姿,而居上公之位。有益于教,亦为斐然。'据此奏议,则王通《元经》宋初已有其书。阮逸天圣五年进士,距建隆三年凡六十七年,当时逸尚未生,而奏议引之,则其书必出宋前。"①"阮逸伪作"说至此已经不攻自破,毋庸再辨。

至此,可以下一个断论:王通《续六经》除《元经》今存外,其余至五代时已全部逸佚。

(三)《中说》

《中说》,又称《文中子》或《文中子中说》十卷。旧题隋王通撰,实为门人纂集王通言行记录而成。初编者为程元、仇璋、董常和薛收,薛、姚曾撰写卷首与序言。王凝说:"夫子得程、仇、董、薛而《六经》益明。对问之作,四生之力也。"②再编者为王凝。王福畤《王氏家书杂

---

① 见《四库提要辨证•史部•元经》卷四,中华书局,1980年版,第223页。余嘉锡谓"《洪范论》之佚文,见于《汉书•五行志》而《元经》之大意亦见于《中说》;《洪范论》既是亡书,则所谓'有益于教,亦为斐然'者,不必便是《元经》在宋初见存之据也。大抵文人用典,例难征实"云云。似是而非。首先,张昭非文人,该《奏议》乃奏议"三《礼》"之论文,即使用典,何不举《续六经》甚至《礼论》、《乐论》,与《洪范论》相对举。而独取《元经》者,盖其时昭当亲见其书,并以备质证焉。

② 《文中子集解•关朗篇》,广益书局,1936年版,第68页。

录》记有杜淹与王凝关于《中说》的对话：

> 时御史大夫杜淹谓仲父曰："子，圣贤之弟也。有异闻乎？"仲父曰："凝忝同气，昔亡兄讲道河汾，亦尝预于斯。然《六经》之外，无所闻也。"淹曰："昔门人咸存记焉。盖薛收、姚义缀而名曰《中说》，兹书天下之昌言也，微而显，曲而当，旁贯大义，宏阐教源，门人请问之端，文中行事之迹，则备矣。"

于是在杜淹属下任监察御史的王凝，开始搜寻门人记录，"退而求之，得《中说》一百余纸。大抵杂记。不著篇目，卷首及序则蠹绝磨灭，未能诠次"。由王凝编集成册。最后成书于王福畤。王福畤将王凝授予他的《中说》"编为十篇，勒成十卷"。并制《序》以记其事云：

> 又以《中说》授余曰："先兄之绪言也。"余再拜曰："《中说》之为教也，务约致深，言寡理大，其比方《论语》之记乎？孺子奉之，无使失坠。"

> 余因而辨类分宗，编为十编，勒成十卷，其门人弟子姓字本末，则访诸纪牒，列于外传，以备宗本焉。且《六经》、《中说》，于以观先君之事业，建义明道，垂则立训，知文中子之所为者，其天乎？年序浸远，朝廷事异，同志沦徂，帝阍攸邈，文中子之教抑而未行，吁可悲哉！空传子孙以为素业云尔。时贞观二十三年正月序。①

认为《中说》是王通平素为了"垂则立训"而言的"建义明道"之书。北宋阮逸阐述《中说》的意蕴说："大哉。中之为义！在《易》为二五，在《春秋》为权衡，在《书》为皇极，在《礼》为中庸。谓乎无形，非中也；谓乎有象，非中也。上不荡于虚无，下不局于器用；惟变所适，惟义所在；此中之大略也。《中说》者，如是而已。"甚至认为"文中子非荀、扬之比"，而赞同司空图、柳开诸人将王通比拟孟子，称为"圣人"。② 今观

---

① 《文中子集解·王氏家书杂录》，广益书局，1936年版，第85、86页。
② 《文中子集解·文中子中说序》，广益书局，1936年版，第2、3页。

《中说》其书,其论道之不偏不依,在深度和广度上,所达到的境界,确非诸子可比。说明王通是在固守周孔之道的基础上,灵活运用易学变易之道与中庸思想,吸收融化吸收老庄的道论及其辩证方法,对儒家之道进行了更进一步的深化与阐扬。王通所反对的是一切过与不及的思想行为,因之与法家的霸道形成鲜明的对比。

《中说》之《外传》今已不存。历代承认文中子实有其人其书的学者,也都认为其子福畤等"篡述遗言,虚相夸饰",甚而不惜造伪。元代吴师道说:"思福郊、福畤与其门人既傅会成书,当时耳目犹近,故藏于家而不敢出,意数世之后,殆不复有辨之者,故刘禹锡、李翱始举其名。"[①]说是"虚相夸饰",是因为《中说》所言,别无佐证。以意度之或当如此。而如吴师道所言,则自福畤贞观二十三年编定《中说》起,至李翱生活的会昌年间近二百年,王氏必于六、七代间,父子兄弟世世以"此是伪书,幸勿外传"为诫,世间断无此等事理,实属厚诬古人。窃以为中唐以前,世之所重惟有经学,而王通之学乃儒学中之子学,子学的含义,依照刘勰所说:"博明万事为子,适辨一理为论","诸子者,入道见志之书"。先秦诸子的著作内容极其宽泛,既有系统的学说体系,也有单一方面的技艺,以至于像伊尹以五味,师旷以五音,皆可以言治。子学的实质,正在于"入道见志"。先秦以迄后世,只要能"入道见志"的言论载籍,即可以子学目之。

王通于儒门之内,六经之外,另辟蹊径,另立新说,"身与时舛,志共道申",而与混杂虚诞诡辩之术的秦汉诸子不同,属于"恰闻之士,宜撮纲要,览华而食实,弃邪而採正,极睇参差,亦学家之壮观也"。[②] 实为"入道见志"之子学,非徒传经说传之经师,故门人谥为子而不称先生(一般经师方称先生)。还是欧阳修分析得近理:文中子"仿古作《六

[①] 吴师道:《礼部集·书文中子后》卷十八,《影印文渊阁四库全书》,台湾商务印书馆,1986年版,第4页。

[②] 《文心雕龙注·诸子第十七》卷四,人民文学出版社,1958年版,第310、307、309页。

经》，又为《中说》以拟《论语》，不为诸儒称道，故书不显"。① 其所谓"诸儒"当是指孔颖达、颜师古诸人。是正统的经学家。以经学为主流的盛唐时代，其书不显，是必然的。迨至中晚唐时代，疑经之风起。韩、李、刘、柳以至皮日休、陆龟蒙辈，皆以道统自任，学风为之一变，其学实即儒家之子学。于是，《中说》也自然受到重视，并没什么可讶怪的。明儒焦竑就对王通的"拟圣"给予全面肯定。《焦氏笔乘》卷二云："文中子动以孔子为师，其见地甚高，志甚大。或以模拟太过病之，非也。此如世人有所慕悦，则其举止言动不觉尽似之，以其精神所注故也。不然，诗祖李、杜，文祖迁、固，未有非之者，独訾文中子之法孔子乎？"② 朱熹曾评其书曰："《中说》一书，如子弟记它言行，也煞有好处。虽云其书是后人假托，不会假得许多，须真有个人坯模如此，方装点得成。假使悬空白撰得一人如此，则能撰之人亦自大有见识，非凡人矣。"今按，《中说》所记王通议论行迹，并非模拟圣人言动的伪作，除个别传抄讹误外，基本上是真实可信的。

今本《中说》尚有附录六篇：《叙篇》（杜淹撰）、《文中子世家》（杜淹撰）、《录唐太宗与房魏论礼乐事》、《录东皋子答陈尚书书》、《录关子明事》、《王氏家书杂录》。后四篇为王福畤撰述先人闻见及整理王通著述的过程，基本上也是可信的。

《中说》北宋末时有阮逸注和龚鼎臣注两种刻本。今传世本皆系据阮本转抄、翻印。鼎本至南宋时犹存，后佚。此外尚有陈亮于南宋初年的类编本，正是参校阮、鼎两本而来，可惜此本亦佚。据陈亮云："龚鼎臣得唐本于齐州李冠家。则以甲乙冠篇，而分篇始末皆不同；又本文多与逸异。"③指出，阮龚互异之文，往往并无模仿《论语》之言。模

---

① 《新唐书·王绩传》卷一百九十六，中华书局，1975年版，第5594页。
② 《焦氏笔乘·文中子》卷二，上海古籍出版社，1986年版，第42页。
③ 《陈亮集·类次文中子引》卷十四，中华书局，1974年版，第169页。

拟之言,"此皆撰集《中说》者抄入之,将以张大其师,而不知反以为累"。①并认为房、魏、杜诸人"之于文中子,盖尝有师友之义矣",问对之言为撰集者抄录之,而"皆曰门人弟子"。"夫文中子之道,岂待诸公而后重哉!可谓不知其师其父者也。"②《直斋书录解题》记有:"《中说注》十卷,正议大夫淄川龚鼎臣辅之撰,自甲之癸为十卷,而所谓前后序者,在十卷之外,亦颇有删取。李格非跋云:龚自谓明道间得唐本于齐州李冠,比阮本改正二百余处。"③这二百余处异文,今已不可全知,仅据现存的资料看,鼎本明显地优于阮本。

第二节 王通的思想体系

王通的《太平十二策》及《续六经》,除《元经》外皆已不传,但其思想在《中说》中仍有较全面的反映,举凡儒学与现实社会所涉及的各个方面,无不有所论列,推阐孔孟、时出新义,而且自成体系。兹据以按如下六个方面予以论述。

一、王道论

王通看到南北朝以迄隋朝的经学,愈来愈背离儒学的精神实质,"专尚浮华"、"驰骋烦言"已成为一门遗世独立的学问,再也担当不起经世致用的职责。儒学式微,晋、梁两代甚至以崇尚道家的玄虚和佛教的斋戒而亡国,起而夺取天下和统治天下的又多是残虐的霸道,遂导致暴乱不已,国无宁日。隋朝虽曾倡导儒学,但不过表面文章而已,不肯吸取往代的经验教训,不肯重用贤良的儒士,因之也无法改变终

---

① ② 《陈亮集·书类次文中子后》卷十六,中华书局,1974年版,第193页。
③ 《直斋书录解题》卷九,上海古籍出版社,1987年版,第275页。

至动乱乃至败亡的命运。于是退而直追孔孟,著书讲学,专意探讨恢复王道政治的途径。他自述说:"吾家顷铜川六世矣,未尝不笃于斯,然亦未尝得宣其用。退而咸有述焉,则以志其道也。""余小子获睹成训勤九载矣,服先人之义,稽仲尼之心,天人之事,帝王之道。昭昭乎。"①王通用九年时间研习祖传六世家学,探求孔子的心迹,终于明了何谓"天人之事、帝王之道"。认为明王道,即是明周公、孔子之道,而他也将以此自任。"千载而下,有申周公之事者,吾不得而见也,千载而下,有绍宣尼之业者,吾不得而让也。"②他对周孔之道"历千载而不用",感到悲哀,但对未来却充满希望,说是"焉知后之不能用也"。③于是效仿孔子的职志,勤于著述,用续作《六经》的方式阐明王道。他说:"王道之驳久矣,《礼》、《乐》可以不正乎?大义之芜甚矣,《诗》、《书》可以不续乎?"他所续作的《六经》从"帝王之制"、"兴衰之由"、"邪正之迹"等三个方面,考察了历代时政的得失,并做出褒贬的评价,以示赏罚惩诫。"《春秋》、《元经》于王道,是轻重之权衡,曲直之绳墨也。失则无所取衷矣。"④这正是王通续作《六经》目的和意义。

阐述道与王道,贯穿于王通的整个思想和著作当中,《续六经》虽然大都亡佚,但其思想,还可见之于辑录其言论的语录体著作《中说》之中。其书名之曰《中说》。中,实际既是道,"中说"即是论中论道之说。此可证之以《中庸》,《中庸》首章开宗明义即说:"道也者,不可须臾离也,可离非道也。""中也者,天下之大本也,和也者,天下之达道也。"⑤这后一句自然是互文,即谓中和乃天下之大本同时也是天下之达道。故曰论中所以论道也。

当然,也可以说"中"是道的最主要的本质特征,既然"道"贯穿于

---

① 《文中子集解·王道篇》,广益书局,1936年版,第1页。
② 《文中子集解·天地篇》,广益书局,1936年版,第12页。
③ 《文中子集解·关朗篇》,广益书局,1936年版,第67页。
④ 《文中子集解·事君篇》,广益书局,1936年版,第18页。
⑤ 《四书章句集注·中庸章句》,中华书局,1983年版,第17、18页。

天地间的任何事物及事务之中,不可须臾而离,那么,人们要认识和把握事物、处理事务,只要把握这个"中"就可以了。所以王通说:"游仲尼之门,未有不治中者也。"①

王通认识到儒家倡导的五伦之理,不仅有其现实价值,而且是深契于天道,有其哲理上的依据的。据《中说》载:

> 子游孔子之庙。出而歌曰:"大哉乎。君君臣臣,父父子子,兄兄弟弟,夫夫妇妇!夫子之力也,其与太极合德,神道并行乎?"王孝逸曰:"夫子之道,岂少是乎?"子曰:"子未三复白圭乎?天地生我而不能鞠我,父母鞠我而不能成我,成我者夫子也。道不窜天地父母,通于夫子,受罔极之恩。吾子汩彝伦乎?"孝逸再拜谢之,终身不敢臧否。②

将五伦之君臣、父子、夫妇、兄弟乃至朋友之道,一般认为是普遍常行的道理,王通却将其提升到"与太极合德,神道并行"的高度来认识,无怪王孝逸有些不解。王通解释说:天地生我却不能养育我,父母养育我却不能使我成为一个明理的人。亦即天地父母生我养我,使我仍然只是一个自然的存在,而不能成为一个自觉的人,成就我成为明道之人的,正是孔夫子。"道"(或太极)之于人,真是不窜于天地父母,我人受孔子教以明道的恩惠,真如昊天一样无涯无极啊。

王通说:"吾于天下,无去也,无就也,惟道之从。"③这里所谓"天下",是指天下的事务,明确地讲,即是当世的政治,意为我对待天下的事务,并非怀有或去或就的成见,一切都以是否符合"道"亦即"中道"的原则是从。而表现于政治上的道、中道或称为孔子之道,则是"王道"。《中说》叙篇说:"文中子之教,继素王之道,故以《王道篇》为首。"这是《中说》的初编者也是王通最重要的几位弟子对王通思想特点的

---

① 《文中子集解·事君篇》,广益书局,1936年版,第19页。
② 《文中子集解·王道篇》,广益书局,1936年版,第5页。
③ 《文中子集解·天地篇》,广益书局,1936年版,第14页。

理解和把握,应该说是深刻而准确的。

王道属于天地人三才之道中的人道,人道既是循天地之道而来,而王道又是人道之中的主导力量。王道与天地人三才之道一样,无迹无形,只是一种规律性原则与方式方法,将人道施之于政治谓之仁政,将中道用之于仁政方可谓之王道。其具体表现形式就是人伦与礼乐。王通认为《周礼》、《春秋》和《元经》,就是阐明王道,亦即天人之道,并足以与天道(天命)相匹敌的制作。如曰:

> 子曰:"唐虞之道直以大,故以揖让终焉。必也有圣人承之,何必定法? 其道甚阔,不可格于后。夏、商之道直以简,故以放弑终焉。必也有圣人扶之,何必在我? 其道亦旷,不可制于下。如有用我者,吾其为周公所为乎?"

> 子曰:"先师以王道极是也,如有用我,则执此以往。通也宗周之介子,敢忘其礼乎?"

> 子曰:"《周礼》其敌于天命乎?《春秋》,抗王而尊鲁,其以周之所存乎?《元经》抗帝而尊中国,其以天命之所归乎?"①

王通倡导王道仁政,不专以渺茫的上古三代帝王为效法偶像。而是通过表彰近古两汉的"七制之主",使之成为近代便于持循的榜样。他说:"二帝三王,吾不得而见也,舍两汉将安之乎? 大哉七制之主,其以仁义公恕统天下乎! 其役简,其刑清,君子乐其道,小人怀其生,四百年间天下无二志,其有以结人心乎! 终之以礼乐则三王之举也。"② 王通所谓王道的内容,还包括功利事业在内。"杜淹问七制之主。子曰:大有功也。"他认为随着汉代帝制的结束,王道也随之在现实中结束了。"《春秋》作而典诰绝矣。《元经》兴而帝制亡矣。"③《春秋》和《元经》都是作于国家政制衰乱之后,表现于文字上的"王道",或以"王道"

---

① 《文中子集解·天地篇》,第11页;《魏相篇》,第53页。广益书局,1936年版。
② 《文中子集解·天地篇》,广益书局,1936年版,第11页。
③ 《文中子集解·述史篇》,第50页;《问易篇》,第37页。广益书局,1936年版。

为标准,对既往政制的褒贬评价。所不同的是《春秋》尊王,《元经》崇帝。但其精神实质是一脉相承的。至于何为帝制,王通解释说:

> 帝者之制恢恢乎,其无所不容,其有大制,制天下而不可割乎! 其上湛然,其下恬然。天下之危,与天下安之,天下之失与天下正之。千变万化,吾常安中焉。其卓然不可动乎,其感而不通乎! 此之谓帝制矣。①

维护国家统一,安天下之危,正天下之失,以仁、义、礼、智、信治理国家的就是帝制,这使王道的内容更加丰富明确了。王通以这种王道为标准来衡量东晋与南北朝政权,认为晋宋"未忘中国",曾有恢复之志,故尚可称之为帝,至于齐、梁、陈三朝,衰乱相仍,仅只是汉族政权而已,不能代表中国的帝统。相反被称为夷狄的北魏、西魏、北周政权,因为较能施行王道政治,所以应加予"中国之帝"的称号。他丝毫没有仇视少数民族政权的成见,唯一的标准就是王道,这一点是十分可贵的。学生问他:"《元经》之帝元魏,何也? 子曰:乱离斯瘼,吾谁适归。天地有奉,生民有庇,即吾君也。且居先王之国,受先王之道,予先王之民矣,谓之何哉!"②但他并不认为帝制高出于王道,"帝制"是经过权衡,不得已而做出的称号,它仅只是达到王道之治的一个阶梯。

二、天人论

《周易·说卦传》有云:"昔者圣人之作《易》也,将以顺性命之理。是以立天之道曰阴与阳,立地之道曰柔与刚,立人之道曰仁与义。"天地人三才之道,似乎不是自然存在,而是圣人为了"将以顺性命之理",人为确立的。实际上三才之道本是一道,只是其分布在不同的方面,而有不同的表现与特性而已。近年出土的帛书《易传》,正是作"位天之道曰阴与阳,位地之道曰柔与刚,位人之道曰仁与义"。道位于天,

---

① 《文中子集解·周公篇》,广益书局,1936年版,第28页。
② 《文中子集解·述史篇》,广益书局,1936年版,第37页。

则表现为阴与阳;道位于地,则表现为柔与刚;道之位于人,则表现为仁与义。仁与义虽为人道之特有,而实为天地之道的延伸与最高表现。所以要究明人事,必须先明天道。司马迁所谓的"究天人之际,通古今之变,成一家之言",所要探究的,就是天地之道与人事的关系。人道只有在遵循天道的基础上,才能充分地发挥作用。学究天人,而后才能"通古今之变",通古今之变是究天人的结果,也是尽人事的前提。

王通所谓明于"天人之事",也正是如何认识人事以及社会发展与自然规律的关系问题。历为古代的思想家所重视,王通在这方面也颇有建树。首先,王通认为:乾坤之蕴所包含的万事万物,就是以天、地、人为纲领所统率的元气、元形、元识。天地并非仅仅是"荡荡苍苍"和"山川丘陵"之类的自然存在,其中还蕴涵着如"鬼神"一样奇妙的规律。但都因为有了"人识"(理性),而得以揭示并被人所把握。因之"人识"是天地之气之形的统领。亦即气所谓的"气为上,形为下,识都其中,而三才备矣。气为鬼,其天乎!识为神,其人乎!吾得之理性焉"?当薛收问:"敢问天神人鬼,何谓也,周公其达乎?"王通回答说:

"大哉,周公!远则冥诸心也。心者非他也,穷理者也。故悉本于天。推神于天,盖尊而远之也。故以祀礼接焉。近则求诸己也。己者非他也,尽性者也。卒归之人。推鬼于人,盖引而敬之也。故以飨礼接焉。古者观盥而不荐,思过半矣。"薛收曰:"敢问地祇。"子曰:"至哉!百物生焉,万类形焉。示之以民,斯其义也。形也者,非他也,骨肉之谓也。故以祭礼接焉。"收曰:"三者何先?"子曰:"三才不相离也。措之事业,则有主焉。圜丘尚祀,观神道也;方泽贵祭,察物类也;宗庙用飨,怀精气也。"收曰:"敢问三才之蕴。"子曰:"至哉乎问!夫天者,统元气焉,非止荡荡苍苍之谓也;地者,统元形焉,非止山川丘陵之谓也;人者,统元识焉,非止圆首方足之谓也。乾坤之蕴,汝思之乎?"于是收退而学《易》。①

人的理性认识能力居于形气之间,是天所赋予的,与变幻莫测的气相比,人之识也是非常神妙的。而且认识到三才的特性,就可据以治理人自己的性情。比如"天不为人怨咨而辍其寒暑,君子不为人之丑恶而辍其正直"。就是在认识到天人各自的特性之后,君子据以效法天道的一例。王通认为天、地、人三才虽然同等重要,不相离也不相替代,但人识在其中还是起主导作用的。"薛收问:圣人与天地如何?子曰:天生之,地长之,圣人成之,故天地立而《易》行乎其中矣。"天地所生育长养的万类,只有经过圣人的设计,才能臻于完善,尽其材用。"宇文化及问天道人事如何。子曰:顺阴阳仁义,如斯而已。"顺阴阳之理以事天,行仁义之道以应人,这就是全部答案。"薛收问《易》。子曰:天地之中非他也,人也。收退而叹曰:乃今知人事修,天地之理得矣。"②人在天地之中是占主导地位的。天地人三才,虽然互相联系而互不相离,但惟有人才能体现天地的精神,按照其自然规律行事。盈天地之间,人是核心,一切都与人事相关,因此调整好人的事情,也就符合"天地之理"了。

关于"命",王通也作了积极的解释。"薛收曰:何谓命?子曰:稽之于天,合之于人,谓其有定于此而应于彼,吉凶曲折无所逃乎!非君子孰能知而畏之乎?非圣人孰能至之哉?"③意谓人的命运是由自然条件和社会条件所决定的,其利与不利皆难于规避的必然规律。只有圣人君子才能了解和把握它。王通又说:"命之立也,其称人事乎!故君子畏之。"命运如何,乃人所"自取","惟人所召"。因其"无远近高深而

---

① 《文中子集解·立命篇》,广益书局,1936年版,第62、63页。
② 《文中子集解·立命篇》,广益书局,1936年版,第57页。
③ 《文中子集解·问易篇》,广益书局,1936年版,第33页。

不应,无洪纤曲直而不当也,故归之于天"。① 认为立命要与人事相称,也就是要在天地之间,选择一个适合于自己发挥作用的位置。一旦立命于此,你的言论行为就应恰当地与相应的天道相吻合,而"天道"也会因之而应和,好像一切都是天之所命,实则还是"人事"使然。所以,立命实即对使命的选择与确认。据《中说》载:门人贾琼问"死生有命,富贵在天,何谓也?子曰:召之在前,命之在后,斯自取也,庸非命乎?噫!吾未如之何也已矣"。这里的命系指事物发展的必然规律,而且完全可以为人所把握。人事与之相合则吉,与之违背则凶。按照规律,事情总有其前因后果,无论是福是祸,既然招之在前,就一定体现于后。以为是命运使然,实则是有以自取。明白这层道理,那么人的富贵寿夭,还是可以自己把握的。贾琼因而说:"吾今而后知元命可作,多福可求矣。"②但很少有人知道这层道理,所以王通说:"我未见知命者也。"③并批评宣扬一切由宿命决定的《辨命论》(梁刘峻著)说:"人道废矣。"④意为如果一切都由命定,那里还有什么人道可言呢?(人顺应"天道"所做出努力,是为"人道"。)王通尝谓董常曰:"乐天知命,吾何忧;穷理尽性,吾何疑。"是说人在遵行"天道"的前提下,可以最大限度地发挥出自己的主观能动性的。正是因为能够洞悉天人,所以才能自觉地去"穷理尽性",并从而达到"乐天知命",对世事和个人的前途命运无忧无疑的境界。而王通认为自己的使命,则是要总结历史的经验,将社会的发展,纳入到合乎"天命"的轨道。故而说:"吾于《续书》、《元经》也,其知天命而著乎!"⑤正体现了他明于天人之事的自觉精神。

按照儒家的理解,所谓"天命",不尽指"天道"亦即自然规律,或"天所赋予"的意思,还包含着人心归趋的内涵。因之天命是天意和人

---

① 《文中子集解·立命篇》,广益书局,1936年版,第58页。
② 《文中子集解·立命篇》,广益书局,1936年版,第59页。
③ 《文中子集解·天地篇》,广益书局,1936年版,第10页。
④ 《文中子集解·王道篇》,广益书局,1936年版,第7页。
⑤ 《文中子集解·关朗篇》,广益书局,1936年版,第65页。

心合而言之义。"天命"之"天所赋予"的意思之中,除天赋自然条件之外,其中还有社会条件,即一切非人力临时临事所可改变者。天命中之人为因素,同样包含着两个方面:一是对历史规律的把握,一是对人心归趋的顺应,比如王道仁政即是。缺一不可,如《中说》所载:

> 子述《元经》皇始之事,叹焉。门人未达,叔恬曰:"夫子之叹,盖叹命矣。《书》云:天命不于常,惟归乃有德。戎狄之德,黎民怀之,三才其舍诸?"子闻之曰:"凝,尔知命哉!"

> 或曰符秦逆。子曰:"晋制命者之罪也,符秦何逆?昔周制至公之命,故齐桓、管仲不得而背也;晋制至私之命,故符秦、王猛不得而事也。其应天顺命、安国济民乎?是以武王不敢逆天命、背人而事纣,齐桓不敢逆天命、背人而黜周。故曰:晋之罪也,符秦何逆?三十余年,中国士民,东西南北,自远而至,猛之力也。"①

北魏皇始年间,虽然实行了一些仁政甚至礼乐,以致获得黎民的拥护,但是还有一些自然和社会条件并未具备,所以其还不能算是获得了"天命"的支持;"晋制命者之罪",属于失去部分"天命"的例子。其所保有的是自然和社会条件,所失去的,恰恰是王道仁政。

至如:

> 文中子曰:"《春秋》其以天道终乎?故止于获麟。《元经》其以人事终乎,故止于陈亡。于是乎天人备矣。"薛收曰:"何谓也?"子曰:"天人相与之际,甚可畏也,故君子备之。"②

获麟本是吉祥天道的象征,可是此时没有实行王道仁政的诸候,不具备顺应历史和人心的人为政治力量,"天道"来的不是时候;南朝的灭亡,并非没有自然和社会条件,缺乏的是实行王道仁政,收复失地的人为力量,最终还是不能自保而终至灭亡。天人关系如此微妙,所

---

① 《文中子集解·王道篇》,第3页;《周公篇》,第24页。广益书局,1936年版。
② 《文中子集解·述史篇》,广益书局,1936年版,第65页。

以王通感叹"天人之际,甚可畏也"。

在这里,王通同时也将所著《元经》与孔子《春秋》,作了比较,两书虽都在于阐明天道人事(两者合而谓之"天命"),而《春秋》更侧重于"天道",而《元经》则重点放在"人事"。两者合而观之,则天道人事(即"天命")的道理,于是乎大备。认为"天人相与之际"的关系甚大而微妙,不能不谨慎对待。这就是君子著史的深意啊。

三、通变论

通古今之变是古代哲人致力思考的一个重要命题。这方面王通也有许多精湛的见解。他认为即使已认识和把握了的王道原则或天人规律,也必须因时因地加以变通对待。否则事物将走向反面,认识到通变也是事物固有的规律,甚至就是"道"(普遍规律)的本质,如果执著不变,则是所谓的"器"(只有一方面功用的器物),而非无所不在的"道"了。如云:"通变之谓道,执方之谓器。"[1]道是运动变化的规律,通达其变就是把握住事物变化的规律,可以随时予以驾驭。器是静止固定的形体,执方是墨守常规的意思,固执其器就不适于移作他用。王通门人曾谈及他那篇"遵王道,推霸略,稽今验古,恢恢乎运天下于掌上"的《太平十二策》。"薛收曰:'辨矣乎?'董常曰:'非辨也,理当然尔!'房玄龄请习十二策,子曰:'时异事变,不足习也。'"[2]时异事变,圣王之道也要随时变通,不可拘守。如说:"唐虞之道直以大,故以揖让终焉。必也有圣人承之,何必定法?其道甚阔,不可格于后。夏、商之道直以简,故以放弑终焉。必也有圣人扶之,何必在我?其道亦旷,不可制于下。"[3]认为既行的礼教法令也要依时势而变通。"通其变,天下无弊法;执其方,天下无善教。故曰存乎其人。"[4]法教之善弊,完全取

---

[1] 《文中子集解·周公篇》,广益书局,1936年版,第22页。
[2] 《文中子集解·魏相篇》,广益书局,1936年版,第54页。
[3] 《文中子集解·天地篇》,广益书局,1936年版,第12页。
[4] 《文中子集解·周公篇》,广益书局,1936年版,第23页。

决于人如何地灵活把握。王通非常重视适应事物的变化,甚至说"非君子不可与语变。"①"权变"的思想当然来自孔孟,孔子云:"可与共学,未可与适道,可与适道,未可与立,可与立,未可与权。"②孟子曰"执中无权,犹执一也。"③可见"变"并不是容易把握的。于是,王通又论证了常、变的关系,以及通变的标准和尺度。《中说》载:

> 文中子曰:《元经》有常也,所正以道,于是乎见义;《元经》有变也,所行有适,于是乎见权。权、义举而皇极矣。④

带有普遍性和永恒性的道、义属于"常",带有适应性和权衡性的适、权属于"变",权和义的并举、常和变的统一便是皇极。皇极是最高层次的中道,所以又称大中。很显然,权变不能背离常道,道义也不可无权变,权变是中道不可或缺的题内应有之义,其标准和尺度便是中道。如说:"《书》曰:惟精唯一,允执厥中。其道之谓乎?"⑤王通在谈到"帝王之制"时说:"千变万化,吾常守中焉。"⑥可见他是以"中"驭"变"的,通变即是守中行权而无悖于道义。关于这一思想,阮逸的解释颇得其神髓,兹录于此,以备参考:

> 大哉!中之为义。在《易》为二五,在《春秋》为权衡,在《书》为皇极,在《礼》为中庸。谓乎无形,非中也,谓乎有象,非中也。上不荡于虚无,下不局于器用,惟变所适,惟义所在,此中之大略也。《中说》者,如是而已。⑦

王通道论的高明之处,正在于其"上不荡于虚无,下不局于器用",而"惟变所适,惟义所在",恰是其中道方法论的精义所在。

---

① 《文中子集解·述史篇》,广益书局,1936年版。第46页。
② 《论语集注·子罕第九》卷五,《四书章句集注》,中华书局,1982年版,第116页。
③ 《孟子集注·尽心上》卷十三,《四书章句集注》,中华书局,1982年版,第357页。
④ 《文中子集解·魏相篇》,广益书局,1936年版,第52页。
⑤ 《文中子集解·问易篇》,广益书局,1936年版,第31页。
⑥ 《文中子集解·周公篇》,广益书局,1936年版,第28页。
⑦ 《文中子集解·文中子中说序》,广益书局,1936年版,第3页。

四、心性论

心性问题是道德修养的核心或本源问题。王通的伦理思想便是以此为基点而展开的。他说:"心者非他也,穷理者也。"①穷理是道德修养的重要途径,而心是其源头。他还认为五常的根本在于人之"性"。《中说·述史篇》载:"薛收问仁。子曰:五常之始也。问性。子曰:五常之本也。"②王通没有谈人性善恶的问题,但性既为五常之本,当然也是善的了。王通大概是性善情恶论者,所以他说:"以性制情者鲜矣。"③善恶的根源就在于性与情的分离,以及道心与人心的对立。他说:"人心惟危,道心惟微。言道之难进也,故君子思过而预防之"。思过而预防就是以性制情,以便培育惟微的"道心"和抑制惟危的"人心"也即是"正其心"。王凝问:"《书》曰,惟精唯一,允执厥中。其道之谓乎?"④王通给予肯定的答复。他认为对于道心(仁心)的培植,不应是偶尔的欣羡,而应该精深地思虑、专一的坚持。这样,《尚书·大禹谟》中,被宋儒视为道德修养理论基石的十六字心传,便首先从王通开始引起了重视。

王通还引申《易传》"穷理尽性以至于命"一语,作为道德修养的方法和程序。《中说》载:"子谓周公之道,曲而当,和而恕,其穷理尽性以至于命乎!"⑤《说卦传》关于修养的程序是:先穷理,然后尽性,最后至于命。而王通认为穷理之前应先"知命"。姚义转述其师的话说:"《易》以穷理,知命而后及也","知命则申之以《易》,于是乎可与尽性"。"若骤而语《易》则玩神"。"先成诸已,然后备诸物;先济乎近,然后形乎远。"⑥如前所述这里的"知命"和"至于命"是不同的概念。"知

---

① 《文中子集解·立命篇》,广益书局,1936年版,第63页。
② 《文中子集解·述史篇》,广益书局,1936年版,第47页。
③ 《文中子集解·立命篇》,广益书局,1936年版,第62页。
④ 《文中子集解·问易篇》,广益书局,1936年版,第31、32页。
⑤ 《文中子集解·周公篇》,广益书局,1936年版,第22页。
⑥ 《文中子集解·立命篇》,广益书局,1936年版,第60页。

命"是对自己使命的认知,只有目标明确以后,神识才有所统归(不至于玩神)。"至于命"系指经"穷理""尽性"之后,人的言行与天道冥合为一的人生境界。正如王通所说:"乐天知命,吾何忧? 穷理尽性,吾何疑?"① 通过知命、穷理、尽性,所达到的无忧无疑境界,已经接近了圣人之域。这样理解,就与姚义所述"成己备物,济近形远"的先后次序相一致了。在心性修养的方法论上,王通还提出了"诚"与"静"的概念,如"静以思道","推之以诚则不言而信,镇之以静则不行而谨。惟有道者能之"等。② 这些,都有以启宋明理学之先河。

五、义利论

王通的义利之辨,不仅限于道德领域,而且涉及社会政治及礼制风俗等方面,带有强烈的现实针对性。论述的范围则涉及道、德、仁、义与名、利、私、欲的对立关系。是崇尚道德仁义,还是追求名利私欲,在王通看来,便是君子小人、古代美俗与当世颓风的区别。他说:

> 君子之学进于道,小人之学进于利。
> 爱名尚利,小人哉! 未见仁者而好名利者也。
> 我未见嗜义如嗜利者也。
> 不就利,不违害,不强交,不苟绝,惟有道者能之。③

王通关于君子小人之辨,完全以崇尚道义、还是名利作为分野的界限。虽没有多少新颖之处,但对当时儒生鄙俗,不孚人望,举世陷溺于争名夺利的风气而言,却不啻空谷跫音。但他不一概地排斥名利,他问学生姚义为何不去作官,姚义回答说"舍道以禄,义则未暇",王通赞扬了他。倘能行道受禄,当然也就可取了。当时的朝臣率多名利之徒,所

---

① 《文中子集解·问易篇》,广益书局,1936 年版,第 29 页。
② 《文中子集解·周公篇》,广益书局,1936 年版,第 26 页。
③ 《文中子集解·天地篇》,第 9 页;《问易篇》,第 33 页;《王道篇》,第 7 页;《天地篇》,第 10 页。广益书局,1936 年版。

以王通批评说:"古之仕也以行其道,今之仕也以逞其欲,难矣乎。"①大臣苏威好古物,钟鼎什物,无所不具,王通批评说:"古之好古者聚道,今之好古者聚财。"一针见血地指出其附庸风雅的真相。批评隋朝的繁征剧敛说:"多敛之国。其财必削。"批评当时的士风说:"士有靡衣鲜食者,吾未之见。"批评当时的社会风习说:"婚娶而论财,夷虏之道也,君子不入其乡。古者男女之族,各择德焉,不以财为礼。"可见当时民风士气的颓丧。对此,王通提出一系列矫风励俗的主张。《中说》载:"王孝逸谓子曰:'天下皆争利弃义,吾独若之何?'子曰:'舍其所争,取其所弃,不亦君子乎!'"②又"闻难思解,见利思避,好成人之美,可以立矣。"③"恶衣薄食,少思寡欲,今人以为诈,我则好诈焉!"④学生仇璋问:"君子有争乎?"王通说:"见利争让,闻义争为。"⑤"言必忠,行必信,鼓以利害不动。"⑥当有人问:"志意修,骄宝贵;道义重,轻王侯,如何?"王通说:"彼此以自守。"⑦王通还说:"夫能遗其身,然后能无私。无私,然后能至公。至公,然后以天下为心矣,道可行矣。"⑧这是对君子提出的最高要求。

值得注意的是,王通从不反对功业,包括功利和功名。甚至唯恐功业不大。他解释《元经》何以帝元魏说:"有大功也。"认为治国为政就应该计功。尝自述家世云:"高祖穆公始事魏。魏、周之际,有大功于生人,天子锡之地,始家于河汾。"⑨《中说》还载有:"子曰:或安而行之,或利而行之,或畏而行之,及其成功,一也。稽德则远。"⑩无论是出

---

① ④ 《文中子集解·事君篇》,广益书局,1936年版,第21页。
② 《文中子集解·周公篇》,广益书局,1936年版,第27、25页。
③ 《文中子集解·魏相篇》,广益书局,1936年版,第53页。
⑤ 《文中子集解·魏相篇》,广益书局,1936年版,第57页。
⑥ 《文中子集解·述史篇》,广益书局,1936年版,第47、50页。
⑦ 《文中子集解·问易篇》,广益书局,1936年版,第36页。
⑧ 《文中子集解·魏相篇》,广益书局,1936年版,第54页。
⑨ 《文中子世家》,《全唐文》卷一三五,中华书局,1983年版,第1368页。"生人"即生民,当为杜淹避唐太宗讳改。
⑩ 《文中子集解·王道篇》,广益书局,1936年版,第4页。

于安民、利民或畏民的目的,只要成就功业,效果都是相同的。如能遵照仁德的原则,则收功会愈加远大。他评价诸葛亮和王猛说:"功近而德远矣。"①认为二人德泽虽远,但可惜未能完成统一天下的大功。他对诸葛亮、王猛的功业和品德一向是很钦敬的,他说:"不以伊尹、周公之道康其国,非大臣也。不以霍光、诸葛亮之心事其君者,皆具臣也。"②"王猛有君子之德三焉,其事上也密,其接下也温,其临事也断。"③在苻秦时,"中国士民东西南北自远而至,猛之力也"。④可见激扬道义而不排斥功利,是王通义利论的一大特点。

六、三教论

南北朝以迄于隋,是佛、道二教昌盛的时代。局限于经学的儒学处在内外危机之中。当时有很多学者提出"三教合一"、"三教并用"和"平等三教"的主张,但多是站在佛教或道教为主的立场上;而坚持儒学立场的学者,又多拒绝接受和吸收佛、道,甚至主张灭佛废道。然而都无助于儒学摆脱困境。王通不仅从内部改造儒学的形态,而且对外提出以儒学为主导的"三教可一"设想。

首先,王通认为倡导儒、释、道三教只能有利于政治教化,导致国家灭亡的原因和责任绝不在此。他说:

> 《诗》、《书》盛而秦世灭,非仲尼之罪也。虚玄长而晋室乱,非老庄之罪也。斋戒修而梁国亡,非释迦之罪也。《易》不云乎,苟非其人,道不虚行。

学者往往对此语首句致疑。李慈铭曰:"秦焚诗书,何反云'盛'?

---

① 《文中子集解·问易篇》,广益书局,1936年版,第34页。
② 《文中子集解·立命篇》,广益书局,1936年版,第59页。
③ 《文中子集解·天地篇》,广益书局,1936年版,第10页。
④ 《文中子集解·周公篇》,广益书局,1936年版,第24页。

以三句文推之,秦为周字之误。"①然而"周"实不为《诗》、《书》盛而灭。还当以"秦"字为是。司马光《文中子补传》谓:"秦焚诗书之文,诗书之道盛于天下,秦安得灭乎?"②是说秦虽焚书,而诗书之道早已深入人心,不因秦火而遂不"盛"也。然而诗书虽盛于世,而独不行于秦政。是以秦世之灭,实乃秦政弃诗书之道,而反行焚坑之虐,故曰"非仲尼之罪也"。诗书道盛而反灭之,正与晋、梁奉行道、佛,而偏入"虚玄"与"斋戒"之途相近。因之晋梁之亡,非因佛、道之教盛行所致,恰是因为未能把握其有益于教化的精神实质,流入歧途,遂使其未能发挥出应有的作用,从而导致丧乱和败亡。王通在这里对佛、道二教的辩护,并不等于他对二教的全盘肯定。他对佛道的评论,还是比较客观的。据《中说》所载:

> 或问佛子。曰:"圣人也。"曰:"其教如何?"曰:"西方之教也,中国则泥。轩车不可以适越,冠冕不可以之胡,古之道也。"③

承认佛教是西方圣人之教,但在中国就不一定行得通,至"中国则泥",(泥滞难行或拘泥于一端),虽极力推行仍然会有产生许多不适应的矛盾。关于道教,王通未作正面的肯定。其弟子仇璋以老子主张的三宝:慈、俭、不为天下先,为"君子之则"。王通表示赞赏。"或问长生神仙之道。"子曰:"仁义不修,孝悌不立,奚为长生?甚矣!人之无厌也。"斥责道教长生成仙的道术为贪得无厌,对政治当然也不会产生好的影响。而"仁义不修、孝悌不立"两条,可以视为王通对佛道二教的斥责和批评,可谓深中其弊。

但是长期以来,儒、释、道三教之间的纷争,尤其是佛、道二教影响政治、经济的局面,是必须拿出解决方案的。当时有一种观点,主张将

---

① 《越缦堂读书记》转引自骆建人《文中子研究》第七章,台湾商务印书馆,1990年7月初版,第195页。
② 司马光:《文中子补传》,《宋文鉴》卷一百四十九,中华书局,1992年版,第2094页。
③ 《文中子集解·周公篇》,广益书局,1936年版,第26页。

三教并用于政治,学生以此为问,王通给予了否定。《中说》载有他与弟子的对话:"程元曰:'三教如何?'子曰:'政恶多门久矣。'"佛道二教从各种渠道对政治施加影响,正触犯了"政恶多门"的古训,当然是不可以的。那么,废除佛、道二教是否可以呢? 王通根据历史的经验,认为也难行通。《中说》同篇载其继续答问:"曰:'废之如何?'子曰:'非尔所及也。真君、建德之事,适足推波助澜,纵风止燎尔。'"①真君、建德分别是北魏太武帝和北周武帝的年号。二帝都曾用行政手段废毁佛教,周武帝还将道教一起废除。但他们下一代皇帝又都变本加厉地推崇佛教。有鉴于此,所以王通认为强行废除,"适足推波助澜、纵风止燎"。达不到预期目的,不可行亦不可废,然则若何? 王通提出一个疏导融合的办法。

王通这一思想方法显然是得自先哲和家学的影响。他说:"史谈善述九流,知其不可废而知其各有弊也。安得长者之言哉?""通其变,天下无弊法;执其方,天下无善教。故曰:存乎其人。""安得圆机之士,与之共言九流哉! 安得皇极之主,与之共叙九畴哉!"②

王通认为司马谈的《论六家要旨》是长者之言。所谓不可废而各有弊的九流,在当时不仅指佛、道二教,也包括儒学在内。更何况"执方无善教",儒学也不例外。所以他企盼能有"圆机之士"、"皇极之主",与其"共言九流"、"共叙九畴",以圆通"不可废"而又"各有弊"的三教。

在三教可以圆融的基础上,王通提出了"三教可一"的思想。《中说》载:

> 子读《洪范说义》,曰:"三教于是乎可一矣。"程元、魏征进曰:"何谓也?"子曰:"使民不倦。"③

---

① 《文中子集解·礼乐篇》,广益书局,1936年版,第42、32页。
② 《文中子集解·周公篇》,广益书局,1936年版,第23页。
③ 《文中子集解·问易篇》,广益书局,1936年版,第32页。

《洪范说义》即其祖王杰所著的《皇极谠义》，《洪范》是《尚书》的篇名，皇极是其中的一个重要概念，意为大中之道。该篇要求君王在制定大法时，应无偏无党地理顺各种关系，并使之会归有极。结合《中说·王道篇》所言，《皇极谠义》的主旨，应是以大中之道为标准，而"言三才之去就"①的。王通习读该文，从这里领悟了处理三教关系的原则和方法，认为"三教于是乎可一矣"。是怎样可一呢？当然是一之于儒家、一之于皇极大中之道了。"可一"是一致之意，不是合一。三教一致，没有纷争，不交相扰民，故称"使民不倦"。都说明王通是经过揆理度势，站在更高的层次来认识对待三教的。

第三节　河汾之学的兴起

一、河汾之学的由来

隋代以前，除先秦时期的春秋战国之际，由于时代变革，王纲失纽，王官之学散在四裔；又由于货币的普及，学者得以四方游动，交流思想论辩学术，出现了前所未有的思想解放学术自由时代，学派蔚起，学者辈出，形成百家争鸣的繁荣局面。继秦火之后，汉行"罢黜百家，独尊儒术"的文化政策，儒学被确立为主流文化，于是出现以经学为主和以儒家为主体融汇百家的学术现象。但是由于当时的经学主要由官学和家学传播，严格遵守师法和家法，所以未能形成新的思想流派。直至魏晋南北朝时期，逐渐打破师法与家学的界限，讲学之风大兴，此时虽有玄学产生，而儒学所形成的学派，也仅限于经学内部而已（如荆州学派）。至隋王通挺起于河汾之间，承六代之家学，遍访名师，融贯南北，感世道之凌夷，儒学废毁，乃退居于龙门，立教于河汾，于政统之

---

① 《文中子集解·王道篇》，广益书局，1936年版，第1页。

外,另立学统与道统,承担起传习儒家正统文化,培养国家治世人才的历史重任。河汾学派于是乎蔚然兴起。

隋朝结束了三百年祸乱相仍的分裂动乱统一全国之后,一直没有认真总结过历史的经验教训,更没有建立起长治久安的鸿猷大略。文中子秀才及第,给隋文帝上《太平十二策》仍不见用之后,已经看到这一政权必将走向衰乱,历史还将重蹈覆辙。于是毅然东归,隐退林下,著书立说,立教河汾,讲论经纶。意在考论历代治乱之由,追寻人世大道根源,为救时拯溺,兴复礼乐,培养治世人才,传承儒学精义。以其天纵秉赋,继承六代家学,问道当世高贤,遍续儒家经典,思想学问才华都达到了那个时代的高巅,其学思行为又深切地适应了当时社会的需要,故能以年轻的资质,远播的才名,吸引了大批同侪俊彦年长宿儒前来执经问道,河汾学统于焉而兴,河汾道统于焉而立。

对于王通射科高第,献策宫阙,汲汲用世的思想和行为,不能庸俗地理解为追求高官厚禄,家族荣耀。实乃意欲辅佐明君,襄成治化。孟子引述曾子的话说:"天下有达尊三:爵一,齿一,德一。朝廷莫如爵,乡党莫如齿,辅世长民莫如德。"①但是有德者亦须有其位,不然虽教以仁义而天下不从。诚如刘向所谓"道非权不立,非势不行,是道尊然后行"②。可惜对于王通所上《十二策》,"高祖伟之而不能用,所以然者,吾庶几乎周公之事矣"③。然而,在儒者看来,"道"虽然不能行之于当世,仍可以传诸后人;虽不能行之于朝廷之上,只要有道德在躬,即使身处江湖之远,依然可以"以德抗位"。这不仅是人格的尊严,也是真理的尊严。

自孔子以来的古代儒家知识分子在自己的政治主张得不到施行时,一般都不会优柔取容,而是果断地求去,于公则实为等待将来施展

---

① 《孟子集注·公孙丑章句下》卷四,《四书章句集注》,中华书局,1982年版,第242页。
② 《说苑疏证·指武》卷十五,华东师范大学出版社,1985年版,第420页。
③ 《文中子集解·关朗篇》,广益书局,1936年版,第69页。

抱负的时机；于己则是保持人格独立的尊严,所谓居易以俟命,退避以待时。并非消极对抗,而是开诚布公信守操持的表现。或者主动离开中枢机关,或者退隐江湖,著书讲学。王通屡征不起,乃是看透隋朝君臣不可能按照自己提出的主张重整朝政,于是效法孔子退而著书教学,为治世建立宏纲大本。对这一政权的绝望,他的退居讲学则已是准备在为将乱之后,如何建立新的治世培养人才。这确是时代最大最紧迫的需求。河汾学派适应了时代的要求,王通的《续六经》完全是为了如何拨乱反正,而寻求总结自汉魏以来治乱的历史经验,不仅仅是文化志趣和文化建设,而是在新的情势下如何指导建设以及建设一种什么文化的问题。所以王通的退隐讲学与南北朝以来朝野盛行的讲学之风不同,虽然彼时公私讲学之风甚盛,求学者不远千里,动辄百千成群。无论北学如何地质朴,南学如何地深芜,但大都是对既有经传的疏解。毫不涉及现实实际问题的解决,也不涉及对社会人生形上层面的追问,因之也不可能有对古代经典的义理有更多的阐释与发明,难于解决自五胡乱华以来社会动乱政权更迭以及对人生境遇心灵安顿等重大社会理论问题对人们造成的困惑,更不能满足有识之士对现实出路实际解决之道的追寻。

王通之所以能够成功地在龙门立教,使河汾成为独树一帜的学术中心,还由于他少负才名十八岁即秀才及第和上《太平十二策》的名气;以及看准最高统治集团不能有所作为的现实,毅然引退的高尚风操。王通的思想行为,吸引了同样对现实失望而又负有四方之志的青年才俊,以及对社会人生终极大道深感困惑的经师宿儒前来求学问道,说明河汾能够在隋末成为当时的学术中心,恰恰是因为适应了时代变革和人心所向的这一迫切需求。

王通是隋代大儒也是著名的隐士。隐士在中国五千年历史画卷上,是一道清幽的风景,有学者认为隐士是道家的社会基础,隐士都是道家人物,其实古代隐士的成分十分复杂,非仅道家而已。只是退隐对道家而言是其常态,他们都是所谓的世外高人。儒家在不能实现志愿的时候,也是提倡退隐的。最著名的隐士是陶渊明,在南窗以寄傲的静穆之中,依然"猛志固长在",谁能说他是道家呢?不过无论哪一家的隐士,他们的共同点都应该属于《易·蛊卦》所说的"不事王侯,高尚其事"的贤者。如果说陶渊明的隐退还是为了怡情适志,那么,王通的隐逸则并非纯是为了忧时愤世的退避,而是为了积极地寻求救国拯时为民立极的方略和学问。魏征撰《隋书·隐逸传论》曰:"古之所谓隐逸者,非伏其身而不见也,非闭其言而不出也,非藏其智而不发也。盖以恬淡为心,不皦不昧,安时处顺,与物无私者也。"①孔子所赞许的"不降其志,不辱其身"。"隐居以求其志,行义以达其道。"②正是指的这样一些"安时处顺,与物无私"的特立独行之士。他们的隐退只是"避地",而非"避世"。在春秋时代,孔子的周游列国以及退而修《诗》、《书》、《礼》、《乐》,著《易传》和《春秋》,教授生徒,传播仁义学说。非但不是"避世",而恰恰是更为积极地用世。孔子所修订撰述的经典,特别是《春秋》,至汉代已被奉为治理国家、改革制度、断案决狱、移风易俗的大经大法。故在当时,孔子有"素王"之称,《春秋》有"为汉立法"之说。他所创立的学派,甚至被置于独尊的地位。汉朝国力的强盛和长治久安,与奉行儒家文化的背景,有着不可分割的关联。

  生当衰乱之世的王通,服膺儒术,宗师孔孟,意欲挽救世乱,再启机运。故尔效法孔子,著书论道,授徒讲学,亦欲为后世立法,为治世培养人才,维系传自尧舜孔孟的道统学统于不坠。其言谈举止处处以孔子为法,以致达到规行矩步,惟妙惟肖的程度。其学术思想于儒家精义时有发明,穷深研几,超前启后,达到了那个时代的最高峰。故尔当时有"王孔子"之称。

---

① 《隋书·隐逸传论》卷七十七,中华书局,1973年版,第1761页。
② 《论语集注·微子第十八》卷九,第185页;《季氏第十六》卷八,第173页。《四书章句集注》,中华书局,1982年版。

《中说》载有王通论隐之言曰：

> 子谓仲长子光曰："山林可居乎？"曰："会逢其适也，焉知其可？"子曰："达人哉，隐居放言也！"子光退谓董、薛曰："子之师，其至人乎？死生一矣，不得与之变。"
>
> 薛收问隐。子曰："至人天隐，其次地隐，其次名隐。"①

但王通自认并非隐士，"子游河间之渚。河上丈人曰：'何居乎斯人也？心若醉《六经》，目若营四海，何居乎斯人也？'文中子去之。薛收曰：'何人也？'子曰：'隐者也。'收曰：'盍从之乎？'子曰：'吾与彼不相从久矣。'(又问：)'至人相从乎？'子曰：'否也'"。② 由此看来，王通的退隐与道家的隐居还是有着严格乃至本质区别的。其实，王通历来不反对门人为了历练才能而尝试从仕的，他的弟子之中还有很多是在职的官员，如陈叔达和李靖等。王通在生命的最后时刻，还在感叹："生民厌乱久矣，天其或将启尧舜之运，吾不与焉，命也。"③还对薛收说："道废久矣。如有王者出，三十年后礼乐可称也，斯已矣。"④诸生投入唐军，掀起的那场历史上著名的风云际会，难道不是河汾学派的功绩，不是其领袖人物王通有以启之吗？

只可惜王通的著作大部分都已在唐末那场混战中佚失散乱。身后又受到不公平待遇，《隋书》本传被无端删除；门生故旧固多名标青史，但著作也大多散佚不全，复乏佐证。遂启后世无限之疑，甚至疑及其人之存在。上个世纪以来，经过学者们不懈努力，穷源竟委，索隐钩沉，那一段学术历史才逐渐明晰起来。与之相关的河汾学统与道统，也应予以承认并予以阐明。

---

① 《文中子集解·周公篇》，广益书局，1936年版，第27页。
② 《文中子集解·事君篇》，广益书局，1936年版，第16页。
③ 《文中子中说·王道篇》卷一，《二十二子》，上海古籍出版社，1986年版，第1310页。
④ 《文中子中说·魏相篇》卷八，《二十二子》，上海古籍出版社，1986年版，第1325页。

二、河汾学派的规模

当隋之世,国家初亦重儒,及至隋文帝晚年,忽下诏令废止天下官学,京师只留国子一所。这样就把更多的求学之士,推向私学。使本来就已兴盛的私家讲经、士子游学之风,此时达于极点。炀帝登基,恢复官学,颁行科举,但也在不久之后,名存实亡。加之世局动乱,朝政昏暴,正直的儒臣,在朝中几无立锥之地。遂使士子绝望于政治,更退而求学问道,以探寻治乱之由与济世苏民的道路和道理,以渡时艰以待时用。王通在河汾讲学,以大中立教,以重续道统自任。恰恰适应了社会的这一客观需要,吸引了大批有志于济世安邦的有为学子。所以说王通的河汾之学,不同于一般经师在乡邦设立的私学,经师们所教授的学问,即使如刘焯、刘炫那样的高才通儒,亦越不出经学的范围。而围绕在王通门下的群儒,大都已经谙习经传,有较为深厚的学养,是特为问道解惑而来。而王通讲授《续六经》,与孔子当年因材施教,专门讲授"性与天道"的《易传》相仿,而更类似于方今的高层研究生院性质。正因为这些内外因素,使得河汾之学,其层次之高,规模之壮观,达到令人难于置信的地步。王绩在其《游北山赋》中回顾这段历史时说:

> 白牛溪里,峰峦四峙。信兹山之奥域,昔吾兄之所止。许由避地,张超成市。察俗删诗,依经正史。康成负笈而相继,安国抠衣而未已。组带青衿,锵锵僁僁。阶庭礼乐,生徒杞梓。山似尼丘,泉疑洙泗。吾兄通,字仲淹。生于隋末,守道不仕。大业中隐居此溪,续孔氏《六经》近百余卷。门人弟子相趋成市。故溪今号"王孔子之溪"也。
>
> 树即环林,门成阙里。姚仲由之正色,薛庄周之言理。此溪门人常以百数,唯河南董恒、南阳程元、中山贾琼、河东薛收、太山姚义、太原温彦博、京兆杜淹等十余人称俊颖。以姚义慷慨,方之仲由;薛收理识,方之庄周。薛实妙玄理耳。惜矣吾兄,遭时不平。殁身之后,天下文明。坐门人于廊庙,窒夫子于佳城。

> 吾兄仲淹以大业十三年卒于乡,余时年三十三,门人谥为文中子。及皇家受命,门人多至公辅,而文中之道未行于时。吾因游此溪,周览故迹,盖伤高贤之不遇耳。①

王绩在赋与注文中,将王通讲学的处所、环境,以及横经问道、弦歌经籍的情景,都做了描述。更重要的是将讲学的规模及重要成员的特点做了交待。"门人常以百数",表明门人来去较为频繁,百人只是个常数。而总数,据杜淹撰《文中子世家》云:"往来受业者,不可胜数,盖千余人。"

杜淹撰《文中子世家》,对王通在河汾立教的原委、成员及其受教的情况则有更为详细的叙述:

> 道之不行,欲安之乎?退,志其道而已。乃续《诗》、《书》,正《礼》、《乐》,修《元经》,赞《易》道,九年而六经大就。门人自远而至。河南董常,太山姚义,京兆杜淹,赵郡李靖,南阳程元,扶风窦威,河东薛收,中山贾琼,清河房玄龄,巨鹿魏征,太原温大雅,颍川陈叔达等,咸称师北面,受王佐之道焉。如往来受业者,不可胜数,盖千余人。隋季,文中子之教兴于河汾,雍雍如也。②

王绩《答冯子华处士书》有云:"房、李诸贤,肆力廊庙。吾家魏学士,亦申其才。公卿勤勤,有志于礼乐。元首明哲,股肱为良,何庆如之也!"③明确指出房、李、魏三人为王门弟子。

通弟王凝在《中说·关朗篇》后附言中,叙述门人具体受教的情况云:

> 门人窦威、贾琼、姚义受《礼》,温彦博、杜如晦、陈叔达受《乐》,杜淹、房乔、魏征受《书》,李靖、薛方士、裴晞、王珪受《诗》,叔恬受《元经》,董常、仇璋、薛收、程元备闻《六经》之义。凝常闻:

---

① 《王无功文集》(五卷会校本)卷一,上海古籍出版社,1987年版,第5页。
② 杜淹:《文中子世家》,《全唐文》卷一三五,中华书局,1983年版,第1368页。
③ 《王无功文集》(五卷会校本)卷四,上海古籍出版社,1987年版,第149页。

不专经者,不敢以受也。经别有说,故著之。①

当然这里只是说各位门人所受的"专经"即主要的专业或专科,其余《六经》,亦往往与闻或兼习。如据以与《中说》诸生问对对照,则所习之内容往往超出上述范围。

三、河汾学派的主要成员

前引王凝所云在王门受业的一十八人,应该就是河汾学派的主要成员。其中,董常应该是最早从师于文中子的弟子,名又作董恒,字履常,河南人。大概也属于早慧的"神童"。备闻六经之义。"繁师玄闻常贤,问贾琼以齿,琼曰:'始冠矣。'师玄曰:'吁,其幼达也。'"②尝言其志曰:"'愿圣人之道行于时,常也无事于出处'。文中子曰:'大哉,吾与常也。'"谓"董常可与出处,介如也"。又谓"董常几于道,可使燮理"。几于道,是说言动语默皆与道相契合;可以承担燮理阴阳的宰相重任。及常卒,文中子哭于寝门之外,拜而受吊,并亲赴洛唁其家。"董常死,子哭之,终日不绝。门人曰:何悲之深也?曰:吾悲夫天之不相道也。之子殁,吾亦将逝矣。明王虽兴,无以定礼乐矣。"③窦威尝问曰:'大哉,《易》之尽性也。门人孰至焉?'文中子曰:'董常近之。'盖常行几颜氏,而尤深于《易》。"礼乐关乎王道的真实体现;"权"是中的至高境界;《易》乃道之精粹所在,在王门之中罕有人能企及,而王通独以之许董常。"隋季,文中子之教行于河汾,门人自远而至,咸称师北面,受王佐之道千余人,而常为之冠。阮逸注称'亚圣'云。"④

---

① 《文中子集解·关朗篇》,广益书局,1936年版,第67页。
② 《文中子集解·立命篇》,广益书局,1936年版,第59页。繁师玄在王门属于"先达"一辈,少与王孝逸等友善号"陈留四俊",其来河汾约在大业中期文林郎解职之后,与同郡王孝逸、靖君亮俱来。估计这些虽曾饱饫六经的先达,固然是为问道解惑而来,然亦欲一闻续经何所言也。结果一谈而心折,遂决计留以从学。
③ 《文中子中说·问易篇》卷五,《二十二子》,上海古籍出版社,1986年版,第1319页下。
④ 《山西通志》卷一四八,《影印文渊阁四库全书》547册,台湾商务印书馆,1988年版,第199页。

薛收字伯褒,蒲州汾阴人。少王通近十岁。道衡子,出继从父孺。年十二能属文,郡举秀才,不应。闻高祖军兴,乃潜应义举。由好友房玄龄荐之秦王。"召见,问方略,对合旨,授府主簿。判陕东大行台金部郎中。时军事繁综,收为书檄露布,或马上占辞,该敏如素构,初不窜定。窦建德来援,诸将争言敛军以观形势,收独曰:'不然。世充据东都,府库盈衍,其兵皆江淮选卒,正苦乏食尔。是以求战,不得为我所持。今建德身总众以来,必飞毂转粮,更相资哺。两贼连固,则伊洛间胜负未可岁月定也。不若勒诸将,严兵缔垒,浚其沟防,戒毋出兵。大王亲督精锐,据成皋,厉兵按甲,邀建德路。彼以疲老当吾堂堂之锋,一战必举。不旬日,二贼可缚至麾下矣。'王曰'善'。遂擒建德,降世充。"破洛阳后,秦王入观隋宫室,薛收进曰:"峻宇雕墙,殷以亡;土阶茅茨,尧以昌。始皇兴阿房而秦祸速,文帝罢露台而汉祚永。"王重其言。俄授天策府记室参军。又尝上书谏止畋猎,秦王答曰:"览所陈,知成我者卿也。明珠兼乘,未若一言。"薛收曾为秦王府文学馆"十八学士","士大夫得预其选者,时人谓之'登瀛州'"。① "后图《学士像》,叹其早死,不得与。既即位,语房玄龄曰:'收若在,当以中书令处之。'"②

今按:薛收之与王通的关系,后世历有致疑之辞,率皆扪吁摸象之主观臆说,不足深辨。薛王两家本是同乡世交,薛收自称其父为王通"父党",可见两人的父辈交情非浅。《中说》载:越公初见子,遇内史薛公曰:"公见王通乎?"薛公曰:"乡人也。是其家传七世矣,皆有经济之道,而位不逢。"越公曰:"天下岂有七世不逢乎?"薛公曰:"君子道消,十世不逢有矣。"越公曰:"奚若其祖?"公曰:"王氏有祖父焉,有子孙焉。虽然,久于其道,钟美于是也,是人必能叙彝伦矣。"③是道衡深知

---

① 《资治通鉴·唐纪五·武德四年》卷一百八十九,中华书局,1956年版,第5932页。
② 节录《新唐书·薛收传》卷九十八,中华书局,1975年版,第3891页。
③ 《文中子集解·礼乐篇》,广益书局,1936年版,第40页。

王氏家学渊源,并久闻王通才学。

初道衡见文中子于长安,退谓收曰:"河图、洛书,尽在是矣。汝往事之,无失也。于是备闻《六经》之义。"经常与师友讨论经义,攻《元经》并为之作《传》,今传世。在王门之中,薛收以文学著名,王绩《答冯子华处士书》:"吾往见薛收《白牛溪赋》,韵趣高奇,词义旷远,嵯峨萧瑟,真不可言。壮哉!邈乎扬、班之俦也。高人姚义,常语吾曰:薛生此文,不可多得。登太行,俯沧海,高深极矣。"①收亦与王绩友善,其思想能够融贯儒道,如王通"季弟名静,收字之曰保名。文中子闻之曰:'薛生善字矣。静能保名,有称有诫。薛生于是乎可与友也'"。文中子尝谓"收也旷而肃"。思想旷达而风神整肃,也是儒道人格的完美结合。然其基本人格仍属儒家风范,如谓"薛收可与事君,仁而不佞"②。向王通请益探讨更多的乃是经世济民之道,观其在危机存亡之际,能够一言而定大计,确也有过人的胆识。孔子所谓"一言以兴邦"者,亦仅见之斯人。生前此例尚多,无怪太宗谓其"明珠兼乘,未若一言"。而婉惜不及以中书令待之。《山西通志》谓:"论者谓收学识列董常之亚,而轶魏征、房玄龄、杜如晦上云。"③

在王门中,堪"称俊颖"者,有十余人,追随文中子的时间较早而关系较密切者,尚有程元与仇璋。程元,绛州人。与薛收友善,文中子到绛州时,通过薛收引见而来,因服膺《续六经》之义,而投入王门。后王通许其德才"可以佐王"。仇璋是王通去韩城时,龙门关的守吏,通过程元和贾琼的介绍,遂决计弃官从学。董、薛、程、仇四位,投入王门的时间较早,因而在王通著述和讲授《续六经》时,得以参与讨论,教学相长,遂使大义"益明"。《中说》亦是在四生笔记的基础上,汇集而成。

---

① 《王无功文集》(五卷会校本)卷四,上海古籍出版社,1987年版,第149页。
② 《文中子集解·天地篇》,第9页;《周公篇》,第28页。广益书局,1936年版。
③ 《山西通志》卷一二三,《影印文渊阁四库全书》547册,台湾商务印书馆,1988年版,第58页。

王凝曰:"夫子得程、仇、董、薛,而《六经》益明。对问之作,四生之力也。"①惜乎年皆不永,惟薛收尚及建功立业。此外较早而著名的学生中还有贾琼和姚义,皆有高行异才,亦惜并皆早世。

《中说》与王绩文中,所言及的河汾门人,除薛收之外,在隋唐之际,为大唐开国,立有不朽功业,位列公卿的名臣,尚有房玄龄、杜如晦、李靖、魏征、杜淹、王珪、陈叔达、温彦博等历史著名人物。后世往往因此致疑,其实皆有迹可寻,实无可疑。

其中王珪是王通族叔,因避祸而"亡命于南山",在"隐居时,与房玄龄、杜如晦善"。② 其隐居地太原祁县之南山即太行山脉,于龙门河汾则称为"北山"。投奔王通门下从学时,也应包括于隐居期间。房、杜之来王门,正是通过王珪无疑。又,房玄龄与薛收亦为世交。《隋书·房彦谦传》载玄龄父与薛收父道衡交情甚笃,道衡"重彦谦为人,辞翰往来,交与道路"③。玄龄十八岁举进士,隋季"补隰城尉",隰城距河汾不过二百余里;是时如晦亦以官卑弃职,且二人素负当世志,相约于河汾访友论学、投师问道是完全可能的。史载如晦叔父杜淹亦尝隐遁,当于此时从学王通。后事王世充,及洛阳平,论罪当死,赖如晦弟苦请方免。由房玄龄荐于秦王。

李靖,为名将韩擒虎之甥,早识兵略,为擒虎与杨素赏识。隋末任马邑郡丞。龙门为其之任赴阙必经之地,当于此时问道于王通。王通曾评价李靖曰"靖也惠而断"(阮逸注曰:惠物勇断)④,观其于唐初,讨平南北,每战必以仁义束众,宽贷战败敌属与民众,颇具儒将风范。与隋季名将多横暴滥杀者迥异;此与受教于河汾,有绝大关系。王绩所谓:"又知房、李诸贤,肆力廊庙。吾家魏学士,亦申其才。公卿勤勤,

---

① 《文中子集解·天地篇》,第 11 页;《述史篇》,第 49 页;《礼乐篇》,第 42 页;《问易篇》,第 34 页;《关朗篇》,第 68 页。广益书局,1936 年版。
② 《新唐书·王珪传》卷九十八,中华书局,1975 年版,第 3890 页。
③ 《隋书·房彦谦传》卷六十六,中华书局,1973 年版,第 1563 页。
④ 《文中子集解·天地篇》,广益书局,1936 年版,第 8 页。

有志礼乐。"①正是指此诸贤。"吾家魏学士",当是魏征在王门时雅号。

魏征为钜鹿曲城人,年长王通四岁,"少孤,落魄,有大志,通贯书术。隋乱,诡为道士"②。"薛收游于馆陶,适与魏征归。告子曰:'征,颜、冉之器也。'""征宿子之家,言《六经》,逾月不出。及去,谓薛收曰:'明王不出而夫子生,是三才九畴属布衣也。'"③此处"逾月不出"者,是言其习《续六经》时,专志如此。至其"及去",当尚有时日,《中说》载其与文中子问对十数条,皆非一时一处事,并随文中子观田言志(见《中说·天地篇》杜淹、董常与俱)。王福时有《录唐太宗与房魏论礼乐事》一文,记其叔父王凝述访魏征时所闻:

> 贞观中,魏文公有疾,仲父太原府君问候焉,留宿宴语,中夜而叹。太原府君曰:"何叹也?"魏公曰:"大业之际,征也尝与诸贤侍文中子,谓征及房、杜等曰:'先辈虽聪明特达,然非董、薛、程、仇之比,虽逢明王必愧礼乐。'征于时有不平之色,文中子笑曰:'久久临事,当自知之。'及贞观之始,诸贤皆亡,而征也、房、李、温、杜获攀龙鳞,朝廷大议未尝不参预焉。

一次太宗谓魏征曰:

> "礼坏乐崩,朕甚悯之。昔汉章帝眷眷于张纯,今朕急急于卿等,有志不就,古人攸悲。"征跪奏曰:"非陛下不能行。盖臣等无素业尔,何愧如之?然汉文以清静富邦家,孝宣以章程练名实,光武责成委吏,功臣获全,肃宗重学尊师,儒风大举,陛下明德独茂,兼而有焉,虽未冠三代,亦千载一时。惟陛下虽休勿休,则礼乐度数,徐思其宜,教化之行,何虑晚也?"上曰:"时难得而易失,朕所以遑遑也。卿退,无有后言。"征与房、杜等并惭栗,再拜而出。房

---

① 《王无功文集》(五卷会校本)卷四,上海古籍出版社,1987年版,第149页。
② 《新唐书·魏征传》卷九十七,中华书局,1975年版,第3867页。以征六十六岁卒于贞观十七年逆推,当生于隋开皇元年。长王通四岁。
③ 《文中子集解·周公篇》,广益书局,1936年版,第25页。

谓征曰:"玄龄与公竭力辅国,然言及礼乐,则非命世大才,不足以望陛下清光矣。"昔文中子不以《礼》《乐》赐予,良有以也。向使董、薛在,适不至此。噫!有元首无股肱,不无可叹也。①

福畤所记,虽乏佐证,然亦难于否定其真实性。若谓王氏攀附公卿,此处何得借玄龄之口,予以贬损?《中说》载王通评价诸门人曰"玄龄志而密",阮逸注曰"志精而用密"。② 又载其曾向王通问礼乐,王通答曰:"王道盛则礼乐从而兴焉,非尔所及也。"③王通认为制礼作乐是一门极高深精微的学问,非止礼仪钟鼓之类的形式。所以非一般才德之士所能为。朱熹尝论及房、杜:弟子问曰"'若房杜辈,观其书,则固尝往来于王氏之门。其后来相业,还亦有得于王氏道否?'曰:'房杜如何敢望文中子之万一!其规模事业,无文中子仿佛。某尝说,房、杜只是个村宰相。文中子不干事,他那制度规模,诚有非后人之所及者'"。④ "村宰相"是极而言之,史称如晦与薛收俱以文才见长,薛收卒后,列为"十八学士"之首。然其与玄龄等质实少礼文可能也是事实。(今按:观《语类》弟子问,房杜文集至南宋犹存,故可"观其书",而证其"固尝往来于王氏之门"也。固者,殆无可疑之言也。)然而,董、薛早殁,历史的重任落在房、魏诸人肩上。嗣后,房、魏奉诏在《隋礼》基础上撰修成《贞观礼》,于传统"五礼",各有损益,又特加《国恤》部分。迈出儒家制度思想在大唐全面落实的第一步。《新唐书》又载:魏征"尝以《小戴礼》综汇不伦,更作《类礼》二十篇,数年而成。帝美其书,录寘内府"。⑤ 认为"《小戴礼》综汇不伦",正是文中子的观点。《新唐书·礼乐志四》引"《文中子》曰:'封禅,非古也,其秦、汉之侈心乎?'盖其旷世不常行,而于礼无所本,故自汉以来,儒生学官论议不同,而至于不能决,则出

---

① 王福畤:《录唐太宗与房魏论礼乐事》,《全唐文》卷一六一,中华书局,1983年版,第1646页。
② 《文中子集解·天地篇》,广益书局,1936年版,第8页。
③ 《文中子集解·事君篇》,广益书局,1936年版,第15页。
④ 《朱子语类》卷一百三十七,中华书局,1986年版,第3262页。
⑤ 《新唐书·魏征传》卷九十七,中华书局,1975年版,第3881页。

于时君率意而行之尔"。① 唐太宗既平突厥,而年谷屡丰,"公卿大臣并请封禅,唯征以为不可"②。并以国力尚未尽苏,东巡惊扰四方为理由。魏征虽未能尽传王通的礼乐思想,然观其所著所论,实亦无愧于师门矣。

温大雅(字彦弘)、大有(字彦将)、彦博(字大临)兄弟三人,初皆仕隋,"以父忧去职。后以天下方乱,不求仕进"。当于此时相与师事王通。彦博传谓:"其父友薛道衡、李纲常见彦博兄弟三人,咸叹异曰:'皆卿相才也。'"其来河汾,亦与薛收为世交有关。温氏三兄弟相继成为唐朝开国元勋。李渊太原起兵时,温氏弟兄就直接参与密议活动,为李渊出谋划策。李渊曾对大雅说过:"吾起义晋阳,为卿一门耳。"③

陈叔达为隋绛州郡守时,师事王通,与王绩过从甚密。"义师至绛郡,叔达以郡归款,授丞相府主簿","与记室温大雅同掌机密,军书、赦令及禅代文诰,多叔达所为"。

窦威,曾任蜀王秀记室,结识时任书佐的王通,大业四年"坐事免"官,当于此时赴河汾从师。王通于窦威相知颇深,曾评其为"乱世羞富贵,窦威能之"。与贾琼、姚义并受《礼》王门,《中说》载窦威好议礼。子曰:"威也贤乎哉?我则不敢。"④李渊入关后,被任命为大丞相府司录参军。"时军旅草创,五礼旷坠,威既博物,多识旧仪,朝章国典,皆其所定。"⑤

《中说》言及的王通门人,在隋末唐初身为军政重臣者,即有二十一位。如此多的名臣尽出一门,可以说在儒学史上是绝无仅有的。后之学者,信者有之,疑者亦有之。如:刘禹锡说:"游其门皆天下之俊

---

① 《新唐书·礼乐志四》卷十四,中华书局,1975年版,第349页。
② 《旧唐书·魏征传》卷七十一,中华书局,1975年版,第2560页。
③ 《旧唐书·温大雅彦博大有传》卷六十一,中华书局,1975年版,第2359、2360、2362页。
④ 《文中子集解·礼乐篇》,第42页;《事君篇》,第16页。广益书局,1936年版。
⑤ 《旧唐书·陈叔达窦威传》卷六十一,中华书局,1975年版,第2363、2364页。

杰","当时伟人,咸出其门。"①陆龟蒙《送豆庐处士谒宋丞相序》:"文中子生于隋代,(略)门徒弟子,有若巨鹿魏公、清河房公、京兆杜公、代郡李公,咸北面称师,受王佐之道。"②司空图亦信"隋大业间,房公、李公、魏公,皆师文中子"。③徐铉也说:"门人弟子如房、魏、李、杜辈,皆遭遇真主,佐佑大化。"④皮日休《文中子碑》至比之孟子:"孟子之门人,有高第弟子公孙丑、万章焉;先生则有薛收、李靖、魏征、李绩、杜如晦、房玄龄。孟子之门人郁郁于乱世,先生之门人赫赫于盛时。"⑤北宋石介也说:"昔孔子居于洙泗之间,七十子与三千之徒就之,而不肯去也。孟轲则有公孙丑、万章之徒,扬雄则有侯芭之徒,文中子则有程元、薛收、房、魏之徒,韩吏部则有皇甫湜、孟郊、张籍、李翱之徒,随之而师,皆能受其师之道,传无穷已。"⑥阮逸《中说序》:"唐太宗贞观初,精修治具,文经武略,高出近古。若房、杜、李、魏、二温、王、陈辈,叠为将相,实永三百年之业。斯门人之功过半矣。"⑦阮逸的这一基本判断是正确的。

"河汾门下"群贤,既得际会风云,于是尽展才学,辅佐唐高祖、唐太宗平定天下,又辅佐太宗训致太平,造就了整个封建社会少有的盛世"贞观之治"。太宗尝曰:"贞观以前,从我定天下,间关草昧,玄龄功也。贞观之后,纳忠谏,正朕违,为国家长利,征而已。虽古名臣,亦何以加!"⑧房魏两位只是其中的突出代表而已。

由此,我们可以下一结论说:当隋之末,在河汾龙门王通的周围聚集了大批为了拯世救溺,寻求治平之道的有为才俊,研讨天人之道,治平之术,谈王论霸,惟以苍生为念。在隋唐易代之际,从李渊起兵,到

---

① 《刘禹锡集·唐故宣歙池等州都团练观察处置使宣州刺使兼御史中丞赠左散骑常侍王公神道碑》卷三,中华书局,1990年版,第42、45页。
② 《送豆庐处士谒丞相序》,《全唐文》卷八〇〇,中华书局,1083年版,第8406页。
③ 《司空表圣诗文集笺校·三贤赞》卷九,安徽大学出版社,2002年版,第298页。
④ 《舒州新建文宣王庙碑序》,《全唐文》卷八八三,中华书局,1983年版,第9234页。
⑤ 《皮子文薮·文中子碑》卷四,上海古籍出版社,1981年版,第35页。
⑥ 《徂徕石先生文集·上孙少傅书》卷十五,中华书局,1984年版,第173页。
⑦ 《文中子中说序》,《文中子集解》,广益书局,1936年版,第1页。
⑧ 《新唐书·魏征传》卷九十七,中华书局,1975年版,第3876页。

唐太宗统一天下以至"贞观之治"这段历史过程中,王通的门人弟子纷纷脱颖而出。因为同门相知的关系,应援汲引,逐渐聚集到一起。为易代革命和盛世奠基发挥了极大的作用,做出了卓越的贡献。人数之众、层次之高、作用之大,都为历史上所仅见。

四、河汾学派的学术特点

王通在龙门设教,独树一帜,一变经师章句传疏的讲学之风,而以追寻社会治乱人生存在的终极大道为鹄的。王氏家学的最大特色,就在于植根于儒家经典,阐发道统要义而紧扣经世致用这一主题。内圣而及于心性之论,外王则务为"王佐之学"。远祖幽茫,暂置勿论,只自其六世祖王隆以至王通可说已是"奋六世之余烈",宏文钜制,历言"化俗推移之理","圣贤制述之意","帝王之道","王霸之业",以及"三才之去就"之理,"六代之得失"之论。无一不是谠言伟论,而毫无一丝章句之学经生习气。使我们看到汉魏以来的儒学,除南北经学的差异之外,复不同于玄谈清流的,另一派经纶世用的滔滔激湍。此为王通学术的先绪,亦是河汾学派的源头。

薛道衡曾评王通及其家学的特点是"皆有经济之道",至王通而"钟美于是"。"经济之道"是经邦济世的实学,王通既尽传其家学,并以之教授群贤,所以能够为重新整顿社会人伦秩序发挥巨大作用。

学究天人,标举王道

《中说》是我们今天能看到的,反映王通思想特点的主要资料。弟子们在编述其书时首列"王道"与"天地"。可见标举王道,学究天人,是王通河汾之学主要特点。

王通倡明天道,目的在于寻找人道亦即人间正道的根源。他认为,天是自然之天,但又不仅是自然无为之天,天行的规律,法则,又恰恰是人为的规律与法则,"有天道焉,有地道焉,有人道焉,此其禀也"。"天人备矣"。这与原始儒家对天人关系的认识是一致的。地道、人道不仅禀之于天,而且受天之统领:"天者,统元气焉,非止荡荡苍苍之谓也。"元气当然是天地间的正气,而天即是这一天地人间正气的最高统领。天之所以能够"天行有常",正是其元气充盈的缘故。而人道能否正常运行,也应视人间正气是否充沛。"天不为人怨恣而辍其寒暑,君子不为人之丑恶而辍其正直"。人间世务的道理,皆可"稽之于天,合之于人,谓其有定于此而应于彼"。所以人生天地之间,就必须遵行天地之间的规律和法则:"天地之间,吾得逃乎?"故进而说:"天人相与之际,甚可畏也,故君子备之。"所以要"仰以观天文,俯以察地理,中以建人极,吾暇矣哉!其有不言之教,行而与万物息矣。"①君子必须谙习和遵循天道的目的,是为"为民立极",建立公平正义的社会秩序服务的。"稽之于天,合之于人",所谓学究天人,是王通亦即河汾学统的基石和首要特色。

天人之际,人道应该效法天道,而人道之中,王道又是起主导作用的首要价值。所以王通首先标举王道。

天人之际,最理想的状态是天人合德,而天人合德最重要表现是王道。而王道能否推行,是道与势的统一,是德行与权位的结合。亦即所谓的圣人得位,圣人得居上位,才能推行仁政于天下,实现社会的公平正义。历史的经验如:"唐、虞之际,斯为盛。大禹、皋陶,所以顺天休命也。""故苻秦、王猛不得而事也,其应天顺命安国济民乎!"而当前的现实是:"天下无赏罚三百载矣。"天下无赏罚,即是"仁义不施"的结果,同时也是道势、德位分裂的结果。所以王通感慨地说:"今乃知天下之治,圣人斯在上矣,天下之乱圣人斯在下矣。"②

当王通认识到隋朝的最高统治集团不肯重用自己,"王道"理想终难实行时,曾感慨地说:"王道从何而兴乎?吾所以忧也。""王道"亦即王通所推崇的周孔之道。王通认为"周孔之道,顺之则吉,逆之则凶。"

---

① 《文中子集解·述史篇》,第49页;《立命篇》,第63页;《魏相篇》,第57页;《礼乐篇》,第33页;《述史篇》,第50页。广益书局,1936年版。

② 《文中子集解·事君篇》,第15页;《周公篇》,第24页;《魏相篇》,第57页;《王道篇》,第3页。广益书局,1936年版。

"天地生我不能鞠我,父母鞠我不能成我;成我者夫子之道也。"①

王通在"河汾设教"的主要目的,就是要在这里培养一批究明天人之学,推崇"王道"的济世之才。他曾说:"不有言者谁明道乎?"②这种"道须人传"的自我担当和淑世育人精神,颇可说明其哲学与教育观的进取倾向。

经世济民,学以致用

"河汾设教"为的是培养儒家济世之才。王通在教学上把学和用结合起来鼓励弟子积极参与政治,以经世济民。汉语"经济"一词,最早就出现在《中说》一书中。内史薛道衡尝对越公杨素介绍王通曰:"乡人也。是其家传七世矣,皆有经济之道。"又通子王福畴撰《录关子明事》有:"关朗字子明,河东解人也。有经济大器。"③经济即是经邦济世、经国济民的意思。薛道衡认为王通家族世系皆有经邦济世之道。而王氏评价关朗是经国济民的大器。关朗易学亦是王氏家学或河汾学派的来源之一,皆以经世济民著称。王通论古代召令曰:"诏其见王者之志乎?其恤人也周,其致用也悉,一言而天下应,一令而不可易,非仁智博达,则天明命,其孰能诏天下乎?"④王通主张学以致用,如说:"仲尼之述,广大悉备,历千载而不用,悲夫!"仇璋进曰:"然夫子今何勤勤于述也?"子曰:"先师之职也,不敢废。焉知后之不能用也?是蘲是蓄,则有丰年。"⑤弟子贾琼将要辅佐楚公,临别问以"事人之道"。文中子曰:"远而无介,就而无谄,泛乎利而讽之,无斗其捷。"贾琼听后表示要"终身诵之"王通勉励他应该:"终身行之。"⑥他认为出仕的目的就是要经世济民,亦即"养民",他说"古之从仕者养人,今之从仕者养

---

① 《文中子集解·王道篇》,广益书局,1936年版,第4、6页。
② 《文中子集解·礼乐篇》,广益书局,1936年版,第42页。
③ 《文中子集解》附录,广益书局,1936年版,第75页。
④ 《文中子集解·问易篇》,广益书局,1936年版,第30页。
⑤ 《文中子集解·关朗篇》,广益书局,1936年版,第66、67页。
⑥ 《文中子集解·问易篇》,广益书局,1936年版,第36页。

己"。"古之为政者先德而后刑,今之为政者任刑而弃德。""古之仕也,以行其道;今之仕也,以逞其欲。难矣乎!"①同时对时下政风痛下一针砭。

陈叔达为绛郡守,下捕贼之令。曰:"无急也,请自新者原之,以观其后。"王通闻之曰:"陈守可与言政矣。上失其道,民散久矣。苟非君子,焉能固穷?导之以德,悬之以信,且观其后,不亦善乎?"王通不仅多次抨击当时朝政的衰败,同时也不断表彰门弟子"宁天下"、"厚苍生",②学以致用经世济民的思想与行为。

融铸百家,一以贯之

王通主张为学,融铸百家,以道为本,一以贯之,疏通知远。

> 刘炫问《易》。子曰:"圣人于《易》,没身而已,况吾侪乎?"炫曰:"吾谈之于朝,无我敌者。"子不答。退谓门人曰:"默而成之,不言而信,存乎德行。"

> 刘炫见子,谈《六经》。唱其端,终日不竭。子曰:"何其多也。"炫曰:"先儒异同,不可不述也。"子曰:"一以贯之可矣。尔以尼父为多学而识之耶?"炫退,子谓门人曰:"荣华其言,小成其道,难矣哉!"

> 或问宇文俭。子曰:"君子儒也。疏通知远,其《书》之所深乎?铜川府君重之,岂徒然哉?"③

作一个学问家,不一定能成为思想家,原因就在于虽有博通经史、谙习百家的渊博知识,但是不能"一以贯之","一"当然指得是"道",没有道的贯穿,则经史知识只是一堆散乱的珠玉,没有统绪,无以取舍。顶多只不过供作丰赡的谈资,"小成其道"而已,不可能有高深的精神

---

① 《文中子集解·事君篇》,广益书局,1936年版,第15、21页。
② 《文中子集解·事君篇》,广益书局,1936年版,第19、15页。
③ 《文中子集解·问易篇》,第29页;《周公篇》,第25、26页。广益书局,1936年版。"疏通知远",见《礼记·经解篇》用赞《书经》教化之功,此处稍变其意。

境界。王氏评价宇文俭为"君子儒","君子儒"即是"默而识之,存乎德行"的有道之儒,而非记诵之儒。所以能够"疏通知远",对经书大义有更深层的领悟。有本有原,疏通知远,这是河汾之学与传统经学的根本区别。

正因为王通有高远的精神境界、道术修养,所以能对诸子百家,甚至释、道两教毫无畛域之见,未尝自我设限,局于一隅。如谓:"吾于天下,无去也,无就也,惟道之从。"①于天下事理、九流众说,心中不存一定成见,要在于善予取舍,贯通融会,一以贯之,灵活运用。如赞扬司马谈曰:

> 子谓史谈善述九流。知其不可废,而知其各有弊也,安得长者之言哉?子曰:"通其变,天下无弊法;执其方,天下无善教。故曰:存乎其人。"
>
> 子曰:"安得圆机之士,与之共言九流哉?安得皇极之主,与之共叙九畴哉?"②

不仅九流之学,即使对待现实中的法令和德教,也应根据实际加以变通,不能执著不变。否则,再好的法律也会成为"弊法",再好的政教也难达到教化的效果。因而希望能有懂得变通的"圆机之士"和掌握大中之道的"皇极之主",与之讲论九流之学和政教的各个领域。

因此王通对道家老庄思想皆有所吸取。如曰:"化至九变,王道其明乎。"③"化之九变"说,不见于儒家经典,乃是出于道家之书。《庄子·天道》有云:

> 古之明大道者,先明天而道德次之,道德已明而仁义次之,仁义已明而分守次之,分守已明而形名次之,形名已明而因任次之,

---

① 《文中子集解·天地篇》,广益书局,1936年版,第23页。
② 《文中子集解·周公篇》,广益书局,1936年版,第14页。
③ 《文中子集解·王道篇》,广益书局,1936年版,第4页。

> 因任已明而原省次之,原省已明而是非次之,是非已明而赏罚次之。赏罚已明而愚知处宜,贵贱履位;仁贤不肖袭情,必分其能,必由其名。以此事上,以此畜下,以此治物,以此修身,知谋不用,必归其天,此之谓大平,治之至也。

又曰:

> 古之语大道者,五变而形名可举,九变而赏罚可言也。骤而语形名,不知其本也;骤而语赏罚,不知其始也。倒道而言,迕道而说者,人之所治也,安能治人!骤而语形名赏罚,此有知治之具,非知治之道;可用于天下,不足以用天下。①

《庄子》将明了大道之体,到施之于赏罚的治化之用,共分为九个层次,统名之为"大道"。认为至"九变"方可言及赏罚。如果只任赏罚,是只"知治之具,非知治之道"。其思想是深刻的,同时也是对法家任法思想的批评。庄子其说,已经为王通完全肯定吸收。但对道家整体思想还是有所保留有所批评的。如王通赞扬仲长子光等道家隐者的高行妙论,同时又不赞成其"和光同尘"或"遗世独立"的精神和作为。指出正确的做法是:"同不害正,异不伤物。""古之有道者,内不失真,而外不殊俗,夫如此故全也。"②此处之"全",非仅"全"身,亦所以"全"道也。可见对道家思想是有所批判地加以吸取的。

又据《中说》载:

> 仇璋谓薛收曰:"子闻三有七无乎?"收曰:"何谓也?"璋曰:"无诺责,无财怨,无专利,无苟说,无伐善,无弃人,无畜憾。"薛收曰:"请闻三有。"璋曰:"有慈,有俭,有不为天下先。"收曰:"子及是乎?"曰:"此君子之职也,璋何预焉?"子闻之曰:"唯其有之,是

---

① 《庄子集释·天道第十三》卷五,中华书局,1961年版,第471、473页。揭示王通"九变"说出自《庄子》者,首见于董虹凌《试论王通〈中说〉之"道"观》一文,华南理工大学学报,2004年第2期。
② 《文中子集解·礼乐篇》,广益书局,1936年版,第38页。

以似之。"①

仇璋所谓的"七无"尚可属之于儒家思想,而"三有"分明是老子的明训,而这都得到王通的赞誉。融铸百家,援道入儒,是王门师弟之间也是河汾学派的一大特色。

第四节　河汾之学与《中说》的历史意义

王通是儒学史上,从汉晋经学向宋明理学过渡的关键人物。他采用了不同于官方经学的学术形式,自出机杼,续写《六经》,利用民间经学的形式,创立学派,在隋末产生极大影响,至中晚唐而形成风气,这就是儒家子学的复兴。宋明理学诸大儒兼具经师诸子的特点。不能不说是肇始于王通。兹勾勒隋唐学术演变的因果大势,以显见河汾之学与王通在这场变革中的历史地位。

一、河汾之学产生的原因

儒学自孔子创立以来,在先秦时代传承与存在的主要形式,是诸子之学,如子思、孟、荀等。而汉代值秦嬴焚书坑儒之后,儒家典籍的传承与解读出现断裂,于是便产生了专门训释经典的训诂和章句之学,谓之经学。经学从此成为儒家的主要形态。虽然如此,但仍有陆贾、贾谊、扬雄、桓谭、王充等儒家子学不绝如缕,而董仲舒则是以今文经师兼子学的身份挺立其间。魏晋以迄南北朝,数百年间,经学凡经三变:诂训经学、玄学经学与义疏经学,而儒家子学几成绝响。

魏晋玄学的兴起,至南北朝时期,更与佛学联合,取代了儒学的一统天下。玄学以一种较为清新的理性态度去思考现实、探索人生的价

---

① 《文中子集解·魏相篇》,广益书局,1936年版,第56页。

值,对于人性的觉醒有一定的积极作用,对南朝的士风和学风都产生了极大的影响。但玄学的清谈发展至极致对于治国安邦来说,确实并没有任何助益甚至是有害的。玄学反对经学章句注疏的烦琐学风,借鉴佛教佛经讲疏的形式,对既往的传注经学予以进一步的义训疏解,谓之"义疏经学"。南朝义疏经学在玄风的熏染之下,其流弊自然是玄虚浮华而不务实际。

北朝由于战乱频仍,官学和家学并皆衰落,传自郑玄的北学,逐渐由世家大族的家学流传民间,民间自由讲学之风兴起,经学从家学师法中走出,步入社会平民阶层,摆脱官学化经学的束缚,成为人皆可学的天下公器。在世局变换的过程中,质朴的北学儒生,对政局的稳定,社会生机的恢复,都发挥了积极的作用。然而经学所阐述的毕竟是往圣的成说,北朝的义疏经学,侧重于对经、传、注的名物训诂,其流弊是烦琐沉闷、支离破碎,人们在学习的同时,也限制了思想的发展,难于窥见儒学精深的微言大义。

如果说南北朝义疏经学的产生是根据经学内在规律,必然发生的变革。那么北朝周太祖和苏绰"为革易时政,各弘强国富民之道"。以政令推行的儒学改革,则说明了儒学变革意识的觉醒。苏绰为魏帝所作的《大诰》,勖勉百官说:"克捐厥华,即厥实;背厥伪,崇厥诚;勿怠勿忘,一乎三代之彝典,归于道德仁义。"①苏绰还在理论上提出的"性善情恶"为基础,以"心和志静"为方法的"洗心革意"说。可称之为隋唐儒学变革的前奏。

至隋统一全国后,南北经学汇归一处,南学以其优越的形式,清新的义理,大有凌驾北学之势,然而经训的烦琐、经义的纷杂,仍然莫衷一是,反而愈演愈烈。诚如《隋书·经籍志论》所说:"陵夷至于近代,去正转疏,无复师资之法。学不心解,专以浮华相尚,豫造杂难,拟为雠对,遂有芟角、反对、互从诸翻竞之说。驰骋烦言,以紊彝叙,谯谯成

---

① 《周书·苏绰传》卷二十三,中华书局,1971年版,第382、392页。

俗,而不知变,此学者之蔽也。"①专尚浮华、驰骋烦言的经学,早已脱离了儒学经世至用的轨道,成为遗世独立的一门学问,不惟不敷世用,而且也难于抵御佛、道二教的进攻。儒学的内外危机,说明儒学到了必须变革的时刻。

儒家经学虽则有刘焯、刘炫的遍注群经,汇归南北,融贯古今,以其渊博卓越使经学达到一个新的高点。然而尚不足以挽救深陷于脱离现实,烦琐而又玄虚的经学风气,更不足以改变学术思想的混乱,以及社会政治生活的腐败与民生困迫的现实。儒家仁政理想的难于实现、孔孟思想微言大义的失坠,需要总结新的历史经验,寻找新的表现形式与途径来予以阐发。

在这种情势下,王通出而以儒门道统自任,于传统经学之外,另辟蹊径,以"续"六经的形式,担当起儒道存亡续绝的历史重任。继承自北魏以来民间讲学的传统,变革儒学的讲学形态,将家学及自己对儒学研究的创获,公开传布讲授于众,形成自成一家之言的儒家子学。使儒学恢复其内在的生机,批判天人感应论和谶纬迷信,提倡"王道",主张"三教可一",创立以经世济民,学以致用为特点的河汾学统与河汾学派,为唐王朝的开国和盛世的创造,发挥了关键性的作用。

王夫之曾评论南北朝至隋代这一段的学术史曰:

> 江东为衣冠礼乐之区,而雷次宗、何胤出入佛老以害道,北方之儒较醇正焉,流风所被,施于上下,拓拔氏乃革面而袭先王之文教,宇文氏承之,而隋以一天下,苏绰、李谔之治具,关朗、王通开唐之文教,皆自此昉也。一隅耳,而可以存天下之废绪;端居耳,而可以消百战之凶危;贱士耳,而可以折嗜杀横行之异类。其书虽不传,其行谊虽不著,然其养道以自珍,无所求于物,物或求之而不屈,则与姚枢、许衡标榜自鬻于蒙古之廷者,相去远矣。是故

---

① 《隋书·经籍志论》卷三十二,中华书局,1973年版,第948页。

儒者之统,孤行而无待者也;天下自无统,而儒者有统。道存乎人,而人不可以多得,有心者所重悲也。虽然,斯道亘天垂地而不可亡者者也,勿忧也。①

王通正是这一时代"不可多得"的道统传人中的集大成者。

二、王通子学的意义及其影响

王通之学与当世之学,有民间与官方、子学与经学的不同。何谓经学?梁元帝萧绎《金楼子·立言篇》载:"夫子之门徒,转相师受,通圣人之经者谓之儒。""今之儒,博穷子史,但能识其事,不能通其理者,谓之学。"②可说击中经学的要害。经学与子学又有作与述的区别,两汉重经轻子,所以重述轻作。如东晋葛洪《抱朴子外篇·喻蔽》谓:"夫作者之谓圣,述者之谓贤。"③又说:"正经为道义之渊海,子书为增深之川流。"④还称作《论衡》的王充为"冠儒大才"。然而举世沉溺、积重难返,葛洪的呼声早被淹没了。只有到王通才另辟蹊径,退隐讲学以示和官方经学绝裂,采用续作六经的形式,阐明王道之学,并属意于经世致用。为新的治世培养了人才。在他之前也有人意欲冲决章句,稍负经世之想,终因不能摆脱经传的桎梏而未能成功。

王通之学为儒家之子学,尝有学者致疑,以为王通引用老庄道论,至为明显,似为"杂家"。前文已经说过,王通的高明之处,正在于融会百家,援道入儒,而能以儒家之道一以贯之。斯所以为光畅儒学将其推向新境界之儒家子学也,即谓之"纯儒"亦无不可。朱熹尝论荀、扬、王、韩四子曰:"凡人著书,须自有个规模,自有个作用处。或流于申韩,或归于黄老,或有体而无用,或有用而无体,不可一律观。且如王通这人,于世务变故、人情物态,施为作用处,极见得分晓,只是于这作

---

① 王夫之:《读通鉴论》卷十五,中华书局,1974年版,第498页。
② 《金楼子》卷四,《百子全书》第6册,浙江人民出版社,1984年版,第10页。
③ 《抱朴子外篇校笺下·喻蔽》卷四十二,中华书局,1997年版,第425页。
④ 《抱朴子外篇校笺下·尚博》卷三十二,中华书局,1997年版,第98页。

用晓得处却有病。韩退之则于大体处见得,而于作用施为处却不晓。""荀卿则全是申韩","扬雄则全是黄老"。"荀扬二人自不可与王韩二人同日语"。"王通见识高明,如说治体处极高","文中论治体处,高似仲舒,而本领不及;爽似仲舒,而纯不及"。① 朱熹认为秦汉前后诸子,惟董仲舒为"纯儒",余子非流于申韩法家,即归于老庄道家,而文中子有高于董子处,非荀、扬所及。朱子是承认王通为"纯儒"的;而所谓"本领不及"者,通既早逝,未得尽展其才用,而著述散佚,安从窥其全貌,而知其"本领不及"?仅从现有的资料,是难以遽下结论的。从王通《中说》所论及的范围及遍续"六经"来看,王通之子学,不仅是全面继承发展了儒学,而且实为有原有本,有体有用之学。

由于王通的儒家子学注重的是经世致用的"王佐之学","王佐之学"即是辅佐君主成就王道大业的学问,其学的主要特点虽然重视政术的实践,但不乏对儒家政道及其学理的阐发,可惜王通本人及其学派的几位重要成员,如董、薛、程、仇、贾等过早地谢世,王通之学在唐初只是表现为房、魏、杜、温、王等人辅政,侧重于政术实践的本领,虽亦使王道理念贯穿其中,却毕竟无暇著书立说,致力于阐扬道术的学问。遂使后继乏人,未能转移一世学风,自然是难于受到当世应有的重视。因之唐初所重的仍然只是经学,这是由许多复杂原因决定的。对作为真理之源的儒学经典及阐释而形成的经学,进行统一整理。似乎是更为迫切的当务之急。至中唐以后,社会出现危机,王通之学才重新受到重视,中晚唐时期学术上发生的巨变无不与王通学术有关。

第一,古文运动。王通说:"言文不及理,是天下无文也,王道何从而兴乎?"提倡古文的观点,虽不自王通始,但不凭借行政力量,站在道统立场,明确提出宗经学史,文以兴道主张的,王通实开其端。第二,李翱"性善情恶"的复性理论,以及李翱柳宗元的授佛入儒主张,显然

---

① 《朱子语类》卷一百三十七,中华书局,1986年版,第3255、3260页。

受王通影响。第三,王通开启了中唐以后的疑经(指经学而非指经典)学风。第四,晚唐的儒学子学显然是在仿效王通。如林慎思的《续孟子》和《伸蒙子》,张弧的《素履子》,著《皮子文薮》的皮日休,对王通更是推崇备致。

如果将中唐卫道诸儒划一归属的话,也应算作子学。子学不同于经学的是,于六经之外针对现实问题而另立的儒学新说。它不同于理学的是,还没有形成严密精致的理论形态。这样,我们在为从汉晋经学至宋明理学之间与经学并存、在儒学变革中处于承先启后地位的学术形态命名时,就应称之为隋唐子学。而王通正是这一代儒学形态的开启者。

唐统一全国以后,便采取了一系列重振儒家思想的措施。高祖李渊于武德元年就设置了"经学博士",以选拔儒学之士。太宗即位后"益崇儒术",王通的民本思想和任贤纳谏之议,恰是唐太宗立国时所一再标榜的两大重点。王通弟子魏征的谏诤精神,以及王珪向太宗进献的"安人之道",①都对"贞观之治"的出现产生了重要的引导作用。王通门人王珪说:秦皇、汉武,"彼岂不欲安人乎?失所以安人之道也。亡隋之辙,殷鉴不远,陛下亲承其弊,知所以易之。

王通的河汾学派由摆脱官学化桎梏,完成儒学改造的任务;进而影响到社会政治、文化的改造和振兴,进一步增强了儒学的生命力与竞争力。虽然经学依然是唐代儒学的主要形态,但王通的子学及河汾学派经世致用的学风,对唐初及中晚唐及至宋代的儒学还是产生了深远的影响。

晚唐时期的皮日休、司空图,遭逢与王通在隋末几乎相同的时代背景,皆当礼崩乐坏、功废道衰之际,所以能够深切悟解文中子立教河汾的历史意义。故而皆为文中子树碑立传,对王通推崇备致。皮日休曾列有一个不同于韩愈的道统新谱系,首列王通于其中曰:"夫孟子、

---

① 《贞观政要集校·务农第三十》卷八,中华书局,2003年版,第433页。

荀卿翼传孔道,以至文中子。"①司空图《文中子碑》则以王通教育"房、卫数公","以济贞观治平之盛"的功绩,②甚至尊文中子为"圣人"。

王通子学对中晚唐儒学的影响一直持续至宋代,生于五代,活动于宋初的柳开,当隋唐子学和宋明理学的起承转合之际,实为一继往开来的重要人物。曾为唐代的古文运动和子学作了一个完整的总结。柳开的道统新说在理论上较皮日休有更多发挥,他的道统谱系,亦将王通列于荀卿与韩愈之间,这样就确定了王通在儒家学术史上的历史地位。

宋初三先生之一的石介仰慕王通其人其学,亦为道统说,将王通与孟子、荀况、扬雄、韩愈并列称为"五贤人";或无荀况而称"四贤"。③并将其与孔孟师徒历传相较而曰:"文中子则有程元、薛收、房、魏之徒,韩吏部则有皇甫湜、孟郊、张籍、李翱之徒,随之而师,皆能受其师之道,传无穷已。"④三先生之学,一向是被视为理学产生的先导。

理学是儒学的新的表现形态,所以又称新儒学。因为理学将社会以致人生中符合自然存在与需求的,都说成是合乎"天理"的;凡是超过自然存在与需求的事物与事务,都归为"人欲"所致。无论是程朱、还是陆王都特别强调"遏人欲,存天理"或"存天理,去人欲",这一命题可以说是理学的核心论点。并进而于事事物物上"即物以穷其理",遂将论证《易传》"穷理尽性"视为儒者为学的核心命题,故而称其学为"性理之学",简称"理学","理"即"道",《宋史》称之为"道学",以区别于一般的儒学、经学、玄学、佛学和道家之学。理学家视天理人欲之辨与即物穷理说为儒家治学的首要问题。

而在整个隋唐儒学变革和宋明理学形成过程中,最先触及这些问

---

① 《皮子文薮·请韩文公配享太学书》卷九,中华书局,1981年版,第88页。
② 《司空表圣文集·文中子碑》卷五,安徽大学出版社,2002年版,第233页。
③ 《徂徕石先生文集·尊韩》卷七,第79页;《与士建中秀才书》卷十四,第163页。中华书局,1984年版。
④ 《徂徕石先生文集·上孙少傅书》卷十五,中华书局,1984年版,第173页。

题的却是王通,王通第一次将包括天、人在内的儒学之道,概括为"中道",并认为它是社会人伦道德、政治规范秩序,以及天地万物万事的理或本源。是自然运行和社会发展的共同规律,是人必须遵循的规范和方法论。这一点与理学赋予"天理"的内涵与意义是相同的。如论仁、道、性曰:"薛收问仁。子曰:五常之始也。问性。子曰:五常之本也。问道。子曰:五常一也。"①性为五常之本,而道是五常之统一。则此道与天理几无差别。而且,王通子学不仅论道,亦且"证理"。如谓:"常也其殆坐忘乎?静不证理而足用焉,思则或妙。""陈思王可谓达理者也,穷理尽性,吾何疑?""心者非他也,穷理者也。"②只要能再进一步论证,就和宋明理学十分相近了。朱熹评王通"只可惜不曾向上透一著"者即此之谓也。王通亦已论及人欲的问题,如曰:"恶衣薄食,少思寡欲,今人以为诈,我则好诈焉。""古之仕也,以行其道;今之仕也,以逞其欲。难矣乎!"理学家论"存天理,灭人欲"亦须下一番"问辨思索存省克治工夫"。这与王通"恶衣薄食,少思寡欲"的节欲工夫应无二致。只是理欲之论,在王通那里还比较简陋而已。

被理学家奉为秘旨的"人心惟危,道心惟微,惟精唯一,允执厥中"十六字心诀,首次是由王通提出。据《中说》载:"子曰:人心惟危,道心惟微,言道之难进也。故君子思过而预防之,所以有诫也。"又,叔恬曰:"《书》其无遗乎?《书》曰:惟精唯一,允执厥中。其道之谓乎?"子闻之曰:"凝其知《书》矣。"③王通没有纠缠以往的性善性恶论,而是另辟蹊径,寻找人内心的根源,认为心有"人心"和"道心"两种不同的表现,善恶之根源就在于性与情的分离,在于"人心"与"道心"的对立。"人心"阻碍"道心"的实现,使得"行道"、"进道"很难在现实中得到体现。因而提出"防欲说",因为"人心惟危,道心惟微",进道为难,"故君

---

① 《文中子集解·述史篇》,广益书局,1936年版,第47页。
② 《文中子集解·天地篇》,第12页;《事君篇》,第18页;《问易篇》,第34页;《立命篇》,第34页;《事君篇》,第21页。广益书局,1936年版。
③ 《文中子集解·问易篇》,广益书局,1936年版,第31、32页。

子思过而预防之,所以有诚也",以"诚"存养"道心"之微,而预防"人心"之危。也就是其所谓的"以性制情"说。"以性制情",是一个艰辛的人生历程。能够"以性制情者鲜矣。我未见处歧路而不迟回者"①。这就需要"思过而预防之",发挥心智的作用。"心者非他也,穷理者也。"②"穷理"方能"尽性",尽性方可"制情",情制乃能"防欲"以至于"寡欲"。这些观念对后来的理学的形成与发展产生了深远的影响,如朱熹就说过:"《书》云'人心惟危,道心惟微,惟精唯一,允执厥中',此便是尧舜禹相传之道。"而理学的精髓所在也在于精细地阐述发挥古圣历传的"天理"或"天道"。宋明理学惯常论述的命题如"王霸"、"义利"、"心性""道器"等,王通都有所涉及和论列。虽然不及两宋诸子深刻,然亦颇得要领。说明这些问题已经进入当时哲学家的视野,引起河汾学派的重视并加以分梳论述,这些都对宋明理学具有一定的启迪意义。

  为了改造革新儒家思想,还是借用了道家的思维方法和一些具体的论证成果如"九变说",以扩展儒学的视野和重塑儒家之"道"的超越性。这也是由儒学自身内在的特质所决定了的,儒学自其产生之日起,即是融合既往百家文化的集大成者,孔子在坚守仁义原则的基础之上,以"允执厥中"的中庸方法,取道、法两家之长,而成儒学之大。所以融通性是儒学的特质之一,在不丧失仁义原则的情况下,对任何一家学说只要有所取舍吸纳,决不会因之而变成另一派学术。当然其尺度也是难于把握的,此即许多大学者不是流于申韩,便是归于黄老的原因。魏晋南北朝的玄学之风,亦即儒学与道、释结合而过多地倾向于佛、道的产物。经过玄风洗礼之后的儒学,在政治大一统背景下,在南北学术的互融状况下,王通潜心学术,遍究六经,把握了儒学的精髓实质,所以能够站在时代学术的制高点上,审视儒法道佛各家学术

---

① 《文中子集解·立命篇》,广益书局,1936年版,第62页。
② 《文中子集解·事君篇》,广益书局,1936年版,第21页。

的利弊得失,客观公允地对待佛道两教,认为"三教可一"(可以一致)。这样的学术精神、治学态度,对宋明理学能够深入佛道壁垒,尽取其精华而建构成高于佛老的理学道学与心学两大学术体系,是有一定启示作用的。

儒家之学,从孔孟重"仁"、"义",荀子崇"礼",到董仲舒尊"天",再到王通论"道",最后朱熹说"理","河汾道统"之"道"观于中国古代思想史实居承上启下之重要历史地位。

清初大儒顾炎武曾论及王通学术曰:"君子之为学也,非利己而已也,有明道淑人之心,有拨乱反正之事,知天下之势之何以流极而至于此,则思起而有以救之。不敢上援孔孟,且六代之末,犹有一文中子者,读圣人之书,而惓惓以世之不治,民之无聊为亟。没身之后,唐太宗用其言以成贞观之治,而房、杜诸公皆出于文中子之门。虽其学未粹于程、朱,要岂今人之可望哉。"[1]精于考辨的顾炎武对王通其人其书其学深信不疑,从而给予崇高评价。王通之学诚然"未粹于程、朱",然其能于儒学存亡续绝之际,别开生面,提出许多新的哲学命题,对宋代理学之开启,产生了重要影响,却是不争的事实。

王通子学及其河汾学派在整个隋唐历史遭递、儒学变革以及宋代理学的形成过程中,有其无可替代不可或缺的历史地位及作用。虽然其思想对理学的影响或许不及佛学那样深刻和直接,但其所关注的哲学问题乃至融铸百家的学术方向,都为理学的产生与发展廓清了前进的道路。也提出了与后来理学极为相似的概念和范畴,因他不幸早世,其著作也大多散佚,使我们已经无法窥其全豹。仅从现有资料结合整个隋唐儒学变革和宋明理学的形成过程来看,王通之子学确为后来理学最早的开启者。这也是儒学发展的内在规律与形势使然,阐述儒家天道与性理的理学迟早都会产生的。

---

[1] 《亭林余集·与潘次耕札》,《顾亭林诗文集》,中华书局,1959年版第166页。

第三章

初唐的儒学

第一节 唐初对儒家正统地位的确认

唐朝开国皇帝李渊(566—635),字叔德,祖籍陇西成纪(今甘肃秦安)人。出身于汉名将李广,西凉王李暠,西魏、北周以来的官宦贵族世家。祖父李虎系北周开国功臣,八柱国大将军之一,卒后追封唐国公;父李昺为北安州(湖北安陆)总管,柱国大将军。李渊七岁时袭爵唐国公。李渊又为隋文帝独孤皇后外甥,备受恩宠,先后任州刺史、郡太守、中央卫尉少卿。

隋炀帝大业十二年(616)任军事重镇太原留守。时属炀帝奢侈、腐化、大兴土木,对内实行暴政,对外不断发动战争,使得国困民穷,士庶离心,终于引发全国范围大规模农民起义。李渊父子趁机起兵反隋。大业十三年(617)末攻入长安,立代王杨侑为帝,改元义宁。次年

(618)杨侑逊位,李渊即皇帝位,国号为唐,建元武德。进而消灭了各地割据势力,建立起一个统一的,比汉王朝还要强盛的大唐帝国。武德九年(626)玄武门之变后,他禅位太子李世民,自为太上皇。贞观九年(635)病逝,终年71岁。卒后议谥曰大武皇帝,庙号高祖。又称武皇。

一、李渊的谋略与政风

关于唐高祖为人,据《旧唐书·高祖本纪》载,渊为人"倜傥豁达,任性真率,宽仁容众,无贵贱咸得其欢心"①。是位一向颇得人望的人物。王通的弟子温大雅及两弟早在李渊幕府,随侍左右,参议所有的政治活动与谋划,以致李渊取得政权后曰:"我起义晋阳,为卿一门耳。"②其所撰《大唐创业起居注》所记李渊的为人及其政治军事行动则更为翔实可信。《起居注》曰:"帝性简质,大度豁如,前代自矜远嫌之事,皆以恕实行之,不为欺绐,自然反经合义,妙尽机权,类皆如此。"③而且"素怀济世之略,有经纶天下之心。接待人伦,不限贵贱,一面相遇,十数年不忘。山川冲要,一览便忆。远近承风,咸思托附。"④不仅天资仁厚,动合经权,而且胸怀远略,足智多谋。史臣于两《唐书》李渊起兵太原及攻取关中平定天下事迹与谋略,多所删略,以突出太宗世民的功绩,以致高祖李渊的功业多被隐没,后世史籍亦皆从其说。卒赖《大唐创业起居注》之存,方使后世得窥其实。

李渊太原起兵之前,表面虽得隋炀帝信任,而实受猜忌。因当时有"李氏当兴"谶谣,乃于朝中诛戮"诸李殆尽"⑤。又由于"高祖历试中

---

① 《旧唐书·高祖本纪》卷一,中华书局,1975年版,第1页。
② 《旧唐书·温大雅彦博大有传》卷六十一,中华书局,1975年版,第2359页。
③ 《大唐创业起居注》卷二,上海古籍出版社,1983年版,第20页。此书属于《实录》一类史书而仅存者,所记李渊起兵的经过,足补正史所删略的史实,弥足珍贵。
④ 《大唐创业起居注》卷一,上海古籍出版社,1983年版,第4页。
⑤ 《贞观政要集校·慎所好第二十一》卷六,中华书局,2003年版,第333页。

外,素树恩德,及是结纳豪杰,众多款附"①。谶谣和声望都成为致命的危机,李渊的地位乃至性命皆已岌岌可危,于是为自全计,而有相机起事之念。曾多次分别与左右亲疏二三近臣密议谋划,而臣僚之间彼此并未公开,所以互相并不知情,一切由高祖李渊居中全盘掌控,待时而动。当群雄竞起亡隋之际,"高祖犹慎之又慎,迟回而不迫起,故秦王之阴结豪杰,高祖不知也,非不知也,(秦)王勇于有为,而高祖坚忍自持,姑且听之,而以静镇之也"。表面仍然忠于隋室,而时时处处假借各种名义为将来起事,做着充分的准备。然而"智者千虑,必有一失"。李渊起事的蛛丝马迹还是被其下属马邑郡丞李靖察觉,于是靖乃潜赴长安"上变"(下属告发上司或主人谋反谓之"上变")。因兵乱阻于途而未能成功。李渊入长安获李靖,将斩之,幸赖世民救护得免。其后李渊亦用之不疑。平定江陵萧铣时,靖为宗室李孝恭副帅,"高祖以孝恭未更戎旅,三军之任,一以委靖"②。卒为唐室建立不世之丰功伟烈。时太宗世民少年英特,颇有乃父之风,亦早有反隋之意,倾心接纳儒士招揽英雄,暗中潜为准备。一旦向其父披露心迹,遂得以参预其事。加之随侍李渊身边,成为李渊依重的主谋之一。当时海内最主要的几支强敌也多仗李世民率军削平,其年虽未弱冠,已表现出一代领袖的素质与风范。所以后来高祖李渊曾对秦王李世民说:"首建大谋,削平海内,皆汝之功。"③至如《资治通鉴》所载:"上之起兵晋阳也,皆秦王世民之谋。"又说:"高祖所以有天下,皆太宗之功。"④否定李渊制定战略、指纵全局,平定天下,奠基唐政的功业,则有武断失考之过。

李渊创业之始,由于战略部署得当,战局指纵得法,加之人心所向,所以能够在短期内削平群雄,统一天下。然其安天下之智谋亦甚

---

① 《旧唐书·高祖本纪》卷一,中华书局,1975年版,第2页。
② 《旧唐书·李靖传》卷六十七,中华书局,1975年版,第2476页。
③ 《资治通鉴·唐纪七·武德九年》卷一百九十一,中华书局,1956年版,第6004页。
④ 《资治通鉴·唐纪六·武德五年》卷一百九十,第5957页;《唐纪七·武德九年》卷一百九十,第6012页。中华书局,1956年版。

可观,察其之待李密也,先推之以为盟主以安其心,使之牵制隋军及山东群雄;及密兵败来投,置之闲冗之位,"非扬之,又非抑之",在于可退可进之间,以观其是否有诚意。及其无恒之心显露而后除之。所以史家多有评其善于玩弄阴谋权数者,而王夫之以为不然。其评高祖而有论"权"之语曰:"制天下有权,权者,轻重适如其分之准也,非诡重为轻、诡轻为重,以欺世而行其私者也。重也,而予之以重,适如其数;轻也,而予之以轻,适如其数;持其平而不忧其忒,权之所审,物莫能越也。"①所以高祖之对待降俘,或杀或留,权衡利弊,皆以天下之安为重,不可徒以仁义道德绳之。

高祖在位期间,除偶尔"政刑纰缪",仍不失其为一代雄才伟略大有作为的明君。太宗也曾明确肯定高祖开国立基的功业,史载:"贞观八年三月甲戌,高祖宴西突厥使者于两仪殿,顾谓长孙无忌曰:'当今蛮夷率服,古未尝有。'"又"置酒于未央宫,三品已上咸侍。高祖命突厥颉利可汗起舞,又遣南越酋长冯智戴咏诗,既而笑曰:'胡、越一家,自古未之有也。'"太宗上寿曰:"'今上天垂祐,时和岁阜,被发左衽,并为臣妾。此岂臣智力,皆由上禀圣算'。高祖大悦,极夜方罢。"②因此没有理由否定高祖李渊为大唐开国立基,在政治、经济、刑法、外交、礼乐、教育乃至文化等制度及政策诸方面,所确定的改革方向及具体立法所立下的不朽功绩。

李渊在攻取长安的过程中,高张王者之师,吊民伐罪的旗帜,所至"示宣行惠,知绥抚以德。使远者知有征无战。"为减少敌我双方将士的伤亡,对主张用武力强行攻城的将士说:"有征无战,是谓义师"③,杀人得城,如何可用。"王者之师,有征无战"的战争观,既符合救民水火,代天伐罪的儒家思想,又是兵家军事战略的最高境界。最早是由

---

① 《读通鉴论·唐高祖》卷二十,中华书局,1975年版,第665页。
② 《旧唐书·高祖本纪》卷一,中华书局,1975年版,第18页。
③ 《大唐创业起居注》卷二,第20页;卷三,第45页。上海古籍出版社,1983年版。

诸葛亮提出。诸葛亮在《为后帝伐魏诏》中说："夫王者之兵，有征无战；尊而且义，莫敢抗也。故鸣条之役，军不血刃；牧野之师，商人倒戈。"①在整个平定天下的过程中，李唐的将帅严格执行李渊的这一军事策略，皆能取得事半功倍，所至克捷的良好效果。在军旅之中，李渊能够身同士卒，栉风沐雨，辛苦备尝，亲阅军务，宽以驭众。尝谓建成、世民曰：

> 启基创业，未有无功而得帝王者也。吾生自公宫，长于贵戚，牧州典郡，少年所为，晏乐从容，欢娱事极。饥寒贱役，见而未经，险阻艰难，闻而不冒。在兹行阅，并欲备尝。如弗躬亲，恐违天旨。尔等从吾，勿欲懈怠。今欲不言而治，故无所尤，庶愚者悦我宽容，智者惭而改过。②

李渊称帝后，仍能时刻以隋之暴政倾覆为鉴，深知民心向背决定国之兴亡。因此，而在逐鹿中原，驰骋江南，安辑西南，乃至讨平西北边患等众多战役中，所下但诛首恶，余皆不问；而首重安抚民心，推行仁政。凡经征战残破之地，皆予给复曲赦，减免徭役赋税。并多次颁行大赦，虑囚减刑，严禁苛法暴政。武德二年，即颁定租、庸、调法，推行与民休养生息之方略，轻徭薄税，诏禁屠杀耕牛，又置社仓，以防止囤积米粟，平抑粮价；多方招徕流亡，课劝农桑，以发展经济。使一个在隋末暴政导致"士卒填沟壑，骸骨蔽原野。黄河之北，则千里无烟；江淮之间，则鞠为茂草"③的残破中原，迅速恢复生产，百业肇兴。李渊又随时以炀帝穷奢极欲为诫，奉行节俭政治，废除行宫，放还宫女，厉禁臣僚贡奉异兽奇禽。为笼络士人，为隋室蒙冤屈死之功臣良将平反

---

① 《诸葛亮集》卷一，中华书局，1960年版，第3页。斯语初见淮南王刘安上武帝书"天子之兵，有征而无战"。诸葛亮"王者之师，有征无战"，其义与之不同；后者是对孙子"夫用兵之法，全国为上，是故百战百胜，非善之善者也；不战而屈人之兵，善之善者也"思想的概括表述。今辞书解为"战无不胜"，不确切。
② 《大唐创业起居注》卷二，上海古籍出版社，1983年版，第21页。
③ 《隋书·杨玄感传》卷七十，中华书局，1975年版，第1617页。

昭雪，追复官爵，以安抚其子孙；令州县官府收葬因战乱、饥馑毙于道路荒野的尸骨。表现了其为一代天下君主以恻隐之心，厚德临民的风范。

史书记载李渊之用人，亦能倾诚招纳贤才良将，对各地款附之隋朝官员、义军首领，皆能用之不疑；奖掖军功不限身份。勋司按照前代旧律，于徒隶之有功者授赏致疑，李渊于是下《教》令（李渊称帝前自定宣旨称"教"）曰："义兵取人，山藏海纳，逮乎徒隶，亦无弃者。及著功绩，所司致疑，览其所请，可为太息。岂有矢石之间，不辨贵贱，庸勋之次，便有等差？以此论功，将何以劝。黥而为王，亦何妨也。赏宜从重，吾其与之。"①完全废除了魏晋以来部曲徒隶等级身份限制。有人以授官过高为谏，高祖曰："不吝爵赏，汉室以兴；比屋可封，唐之盛德。吾方稽古，敢不遵行。天下之利，义无独饱。率土皆贵于我，岂不益尊后乎？皇隋败坏，各归于此，在难即许授大夫，免祸则惟加小尉。所以士无斗志，将有堕心。版荡分崩，至于今日。覆车明鉴，谁敢效尤。"正是因为具有如此这种法古鉴今的意识和与人共享的胸怀，所以能赢得天下归心，将士效命，迅速攻取长安，统一寰宇。登基以后，则一方面诏令整修武备，一方面诏令诸州总管刺史荐举贤良。其《诏令》曰：

> 择善任能，救民之要术；推贤进士，奉上之良规。自古哲王，弘风阐教，设官分职，惟才是与。然而岩穴幽居，草莱僻陋，被褐怀珠，无因自达。实资选众之举，固藉左右之容，义自搜扬，理宜精擢。朕膺图驭宇，宁济兆民，思得贤能，用清治本。招选之道，宜革前弊；惩劝之方，式加常典。苟有才艺，所贵适时，洁己登朝，无嫌自进。②

李渊一向颇为亲近儒士，登基以后更能委儒臣以重任，并虚心采

---

① 《大唐创业起居注》卷二，上海古籍出版社，1983年版，第29页。
② 《唐高祖文集辑校·令京官五品以上及诸州总管刺史各举一人诏》卷四，三秦出版社，2002年版，第214页。

纳其励精图治,振兴文教的建议。一方面搜集散佚的经籍群书,删定礼仪,兴复学校,制定律令;一方面注意总结前代历史经验,撰修历代史书。据《唐会要·经籍》载:"武德五年,秘书监令狐德棻奏:今乘丧乱之余,经籍亡逸,请购募遗书,重加钱帛,增置楷书,专令缮写。数年间,群书毕备。至贞观二年,秘书监魏征,以丧乱之后,典章纷杂,奏引学者,校定四部书。数年之间,祕府粲然毕备。"①同年又采纳令狐德棻的建议,乃正式颁布修史诏令:

  司典序言,史官记事,考论得失,究尽变通。所以裁成义类,惩恶劝善,多识前古,贻鉴将来。

  务加详核,博采旧闻,义在不刊,书法无隐。②

重视并撰述历史,本是儒家的重要思想主张和表现,因而历代皆有史书的撰修,然自汉晋以后,几乎没有官方正式颁定的史书,多为私家撰著,缺乏考订,且没有如唐高祖那样符合儒家思想的修史观,故不为士人所许。

自唐高祖始诏令重修晋代及宋、齐、梁、陈、隋及北魏各朝历史。其事虽绵历数载,不就而罢,最终由太宗成立专门史馆,方始完成。其事足以说明编定史书之难,以及唐初两帝对历史经验的重视。

李渊处理军机国政,亦能广开言路,勇于纳谏,集思广益,择善是从。曾下《令陈直言诏》曰:

  前政多僻,人不聊生。怨讟如雠,尝无控告。黎民易子而食,郡县犹有余粮。遂使聚敛无厌,穷兵不已,忠良屏迹,邪伪当涂,庆妖怪为祯祥,称希旨为奉法。至于亡灭,上莫之知。静言其事,可为太息者也。朕未明求衣,中夜不寐,恐一物之失所,虑一理之有屈。但四方州镇,习俗未悛,表疏因循,尚多迂诞。申请盗贼,

---

① 《唐会要·经籍》卷三十五,中华书局,1955年版,第643页。
② 《旧唐书·令狐德棻传》卷二十三,中华书局,1975年版,第2597页。

不肯至言,论民疾苦,每亏实录,妄引哲王,深相佞媚,假托符瑞,极笔阿谀,乱语细书,动盈数纸。非直乖于体用,固亦失于事情。①

深切地诫斥了当时犹承前朝表疏虚滥,曲意奉迎,因循迂诞的政风与文风。按此诏旨,亦可视为有唐一代倡导质实文风之始。为了让群臣有所效法,还专门下达《颁示孙伏伽谏书诏》。孙伏伽原本隋朝地方小官吏,武德初年,针对亡隋的教训,孙伏伽向唐高祖李渊进谏三事:其一曰:"天子有争臣,虽无道不失天下。"认为隋朝灭亡的原因是"不闻其过",因此劝告皇帝虚怀纳谏,"开不讳之路",选贤任能,励精图治。其二曰:"百戏散乐,本非正声。"隋炀帝贪图享乐,淫风四起,实为王朝灭亡的征象。劝告武皇不要沉迷于声色犬马,要用雅正之声,引导社会风气。其三引《书》云:"与治同道罔弗兴,与乱同事罔弗亡。"前朝灭亡的原因多由帝王近臣误导所致。因此,劝告皇帝慎选皇太子及诸王师傅僚佐,防止奸佞浸润误国。孙伏伽指陈利弊,无所隐忌,至诚慷慨,使唐高祖深受感动。于是下诏将谏疏一并颁示群臣,以使臣僚知所向风。文曰:

> 秦以不闻其过而亡,典籍岂无先诫?臣仆谄谀,故弗之觉也。汉高祖反正,从谏如流。洎乎文、景继业,宣、元承绪,不由斯道,孰隆景祚?周、隋之季,忠臣结舌,一言丧邦,谅足深诫。永言于此,常深叹息。群公卿士,罕进直言,将申虚受之怀,物所未谕。万年县法曹孙伏伽,至诚慷慨,词义恳切,指陈得失,无所回避。非有不次之举,曷贻利行之益!伏伽既怀谅直,宜处宪司,可治书侍御史。②

给予不次拔擢。于时军国多事,赋敛繁重,伏伽屡奏请改革,高祖都给

---

① 《唐高祖文集辑校·令陈直言诏》卷二,三秦出版社,2002年版,第46页。《唐大诏令集》题为《诫表疏不实诏》。
② 《旧唐书·孙伏伽传》卷七十五,中华书局,1975年版,第2634、2636页。

予采纳。在唐朝平定天下的过程中,唐高祖曾多次颁布大赦令。但是不久后,高祖又要处罚义军将领。孙伏伽进谏说"王者无戏言","去食存信,闻诸旧典"。往昔攻取天下时,可以随机应变,现在四方已定,应该制定法律与天下人共同遵守。"法者,陛下自作之,还须守之。"惟有诚信执法,天下百姓才肯信服而敬畏。"自为无信",怎么可能使民信畏呢?

《旧唐书·孙伏伽传论》于伏伽与高祖之君臣际遇评价说,"伏伽上疏于高祖","从疏贱以干至尊,怀切直以明正理,可谓至难矣。既而并见抽奖,咸蒙顾遇。自非下情忠到,效匪躬之节,上听聪明,致如流之美,孰能至于此乎?《书》曰:木从绳则正,后从谏则圣。斯之谓矣。"①赞美了伏伽忠直切谏与高祖从谏如流,足以比美于魏征与太宗君臣的盛德。

王夫之《读通鉴论》尝论隋唐之际天下之形势及高祖之功业云:

(群雄竞起亡隋,逐鹿中原)"环海无尺寸之宁土,于斯时也,白骨邱积于郊原,孤寡流离于林谷,天下之毒痛又不在独夫而在群盗矣"。"关东无尺寸之土为隋所有,于是高祖名正义顺,荡夷群雄,以拯百姓于凶危,而人得主以宁其妇子"。"故解杨广之虐政者,群盗也,而益之深焚;救群盗之杀掠者,唐也","人谓唐之有天下也,秦王之勇略志大而功成,不知高祖慎重之心,持之固,养之深,为能顺天之理、契人之情,放道以行,有以折群雄之躁妄,绥民志于来苏,故能折笔以御枭尤,而系国于苞桑之固,非秦王之所可及也"。②

船山所谓"群盗",也包括王世充之流的割据势力在内,然将农民义军称之为"群盗",自是封建史家的偏见。起义军除瓦岗之外,大多并无

---

① 《旧唐书·孙伏伽传》卷七十五,中华书局,1975年版,第2645页。
② 《读通鉴论·唐高祖》卷二十,中华书局,1975年版,第663、664页。

政治远略,缺乏纪律约束,彼此之间又相互攻掠,为百姓造成危害,亦是事实。故曰除隋之虐政者,功在群雄,而平群雄之杀掠,卒安天下者,实为唐高祖。船山还认为唐之有天下,固然仰仗秦王勇略功高,然天下之定,亦赖高祖之慎重,"顺天之理、契人之情、放道以行",相时而动。实为太宗所不及,建唐之功实不可没。

隋、唐两朝类似秦、汉二代。秦、隋皆为结束数百年分裂混乱之强国,因暴政而速亡,汉、唐分别继之,并为史家羡美之强盛帝国。《旧唐书》曾以汉高祖刘邦比拟唐高祖李渊之功业,当为公允之论。

二、三教并存,独尊儒学

据史书记载,李渊善于总结历代兴亡经验,虽于戎马倥偬之际,亦能重视法制文教,并于思想文化领域特别注重倡导儒学,《新唐书·选举志》谓:

> 自高祖初入长安,开大丞相府,下令置生员,自京师至于州县皆有数。既即位,又诏秘书外省别立小学,以教宗室子孙及功臣子弟。其后又诏诸州明经、秀才、俊士、进士明于理体为乡里称者,县考试,州长重覆,岁随方物入贡;吏民子弟学艺者,皆送于京学,为设考课之法。州、县、乡皆置学焉。①

武德二年,唐室初建,百废待兴之际,高祖却急于在国学建周公、孔子庙堂。诏令说周公创设礼经,"启生人之耳目,穷法度之本源",说孔子"综理遗文,弘宣旧制,四科之教,历代不刊"。又说"惟兹二圣,道济群生,尊礼不修,孰明崇尚?"因此在国子学立周公、孔子庙各一所。②表达了其对周、孔的无尚景仰和兴化崇礼的决心。其用意,即是要在百废待举之前,首先确定立国的大政方针,以及制定各项政策的指导思想与原则。其此后执政的实践,以及太宗、高宗乃至玄宗,莫不是按

---

① 《新唐书·选举志上》卷四十四,中华书局,1975年版,第1163页。
② 《旧唐书·儒学上》卷一百八十九上,中华书局,1975年版,第4940页。

照这一既定方针,修订、完善各项礼治法规,并依之治国理民的。

武德七年二月又颁布《令诸州举送明经诏》,文曰:

> 六经茂典,百王仰则;四学崇教,千载垂范。是以西胶东序,春诵夏弦,说《礼》敦《诗》,本仁祖义,建邦立极,咸必由之。
>
> 夫安上治民,莫善于礼,出忠入孝,自家刑国,揖让俯仰,登降折旋,皆有节文,咸资端肃。释奠之礼,致敬先师,鼓箧之义,以明逊志,比多阙略,更宜详备。仲春释奠,朕将亲览。[①]

同年又下《赐学官胄子诏》曰:

> 自古为政,莫不以学,则仁、义、礼、智、信五者俱备,故能为利博深。朕今欲敦本息末,崇尚儒宗,开后生之耳目,行先王之典训。而三教虽异,善归一揆,沙门事佛,灵宇相望;朝贤宗儒,辟雍顿废,王公以下,宁得不惭。朕今亲自观览,仍征集四方胄子,冀日就月将,并得成业,礼让既行,风教渐改。使期门介士,比屋可封;横经庠序,皆遵雅俗。诸王公子弟,并皆率先,自相劝励。[②]

一方面阐明学习儒家经典及儒学的重要,一方面也指明"释、道三教虽异,善归一揆",应予并举的必要;严厉批评了朝臣偏崇佛道的不良风气。开启有唐一代以儒学为主,三教并重的基本国策。

台湾学者周春塘著《论唐初的崇儒思想》一文曰:"历来治唐史者,对唐代开国之初,兵革未息,便在三教之中,疏离释道,独崇儒术,颇觉意外。其理由不外:一、李唐自谓柱下之后,其推崇老氏,应属自然;国基初奠,并不尊老,反而尊孔。二、唐承南、北、隋朝之后,佛教鼎盛,李渊父子早年于佛教亦有濡染,而李世民且曾借僧院之力,平王世充之

[①] 《唐高祖文集辑校·令诸州举送明经诏》卷四,三秦出版社,2002年版,第251页。引文有删节。

[②] 《唐高祖文集辑校·赐学官胄子诏》卷四,三秦出版社,2002年版,第257页。

乱。① 国基肇建，并不护法，反有灭法之迹象。三、太宗儒学的建立，其规模之大、耗资之巨，征引宿儒之众，前所未有，允非应景细事。"② 汤用彤先生则曰：佛教"既有武德末年之摧折，复因贞观文治而受漠视"③。武德四年太史令傅奕曾上书请废佛，武德九年高祖曾下沙汰僧尼诏。据《旧唐书》与《广弘明集》所载：早在武德四年，太史令傅奕即上疏请除去释教。"高祖付群官详议"④，并提出自己对佛教的疑问："弃父母之须发，去君臣之章服，利在何间之中？益在何情之外？"⑤ 武德九年(626)三月高祖曾有"今欲散除形象，废毁僧尼"之议，只是因为"辄尔为之，恐骇凡听"。⑥ 至四月始诏令《废浮屠老子法》，诏曰：

"释迦阐教，清净为先，远离尘垢，断除贪欲。""浮惰之人，苟避徭役。妄为剃度，托号出家，嗜欲无厌，营求不息。出入闾里，周旋阛阓，驱策田产，聚积货物。耕织为生，估贩成业，事同编户，迹等齐人。进违戒律之文，退无礼典之训。近代以来，多立寺舍，不求闲旷之境，唯趋喧杂之方。缮采崎岖，栋宇殊拓，错舛隐匿，诱纳奸邪。或有接延鄽邸，邻近屠酤，埃尘满室，膻腥盈道。徒长轻慢之心，有亏崇敬之义。且老氏垂化，实贵冲虚，养志无为，遗情物外。全真守一，是谓玄门，驱驰世务，尤乖宗旨。""正本澄源，宜从沙汰。"⑦

认为僧侣和道士的行为违反释迦"清净为先，断除贪欲"和老氏

---

① 见《唐太宗全集校注·告柏谷坞少林寺上座书》文告编，天津古籍出版社，2004年版，第198页。
② 周春塘：《论唐初的崇儒思想》，《第三次儒佛会通学术研讨会论文选辑》，华梵大学哲学系发行，1998年出版，第17页。
③ 《汤用彤学术论文集·唐太宗与佛教》，中华书局，1983年版，第11页。
④ 《旧唐书·傅奕传》卷七十九，中华书局，1975年版，第2716页。
⑤ 引自《唐高祖文集辑校·问佛教何利益诏》卷三，三秦出版社，2002年版，第209页。原载《续高僧传·释法琳传七》卷第二十五上，并《广弘明集》卷二五《集古今佛道论衡》(丙)。据《高祖文集辑校》者韩理洲先生考证，傅奕疏请废佛，始于武德四年。
⑥ 《唐高祖文集辑校·问皇储可否散废僧尼诏》卷五，三秦出版社，2002年版，第288页。
⑦ 《唐高祖文集辑校·沙汰佛道诏》卷五，三秦出版社，2002年版，第290页。

"本实冲虚,养志无为"的宗旨。为了要使"玉石区分,熏莸有辨,长存妙道,永固福田",诏令大事删刈佛寺和道观,"京城留寺三所,观二所,其余天下诸州,各留一所,余悉罢去"。但至六月又"复浮屠老子法"。说明在李渊心目中,并不崇信佛道,认为只不过是可以随着政治需要而随时予以置废的摆设。唐初有不少专为儒门而设的馆阁,如弘文、文学、崇文等,却没有老子和道家的名分。迟至玄宗开元二十九年(741)才出现了崇元馆,专习《道德经》、《庄子》、《文子》、《列子》等书。可见高祖惩于前隋之政教紊乱,对当时尊崇佛道教的风气已高度不满。

贞观二年(628)太宗对道教的评语,尤堪玩味:

> 太宗谓侍臣曰:"神仙事,本是虚妄,空有其名。秦始皇非分爱好,为方士所诈,遣童男童女数千人,随其入海求神仙。方士避秦苛虐,因留不归。始皇犹海侧踟蹰以待之,还至沙丘而死。汉武帝为求神仙,乃将女嫁道术之人。事既无验,便行诛戮。据此二事,神仙不烦妄求也。"①

又诏旨"禁奏祥瑞",诏曰:"安危在乎人事,吉凶系于政术,若时主肆虐,嘉贶未能成其美;如治道休明,咎征不能致其恶。"②注重人事而反对道教虚罔不实的征祥符瑞之说。

太宗虽未灭佛法,却也没有扶持佛教的意图。贞观初,曾敕遣御史杜正伦"检校佛法,清肃非滥"。又敕"有私度者,处以极刑",以及"私度不出者斩。其禁令之严,闻者咸畏"。贞观二十年(646)因萧瑀佞佛,而在《贬萧瑀手诏》中说:

> 至于佛教,非意所遵。虽有国之常经,固弊俗之虚术。何则?求其道者,未验福于将来;修其教者,翻受辜于既往。至若梁武穷

---

① 《贞观政要集校·慎所好第二十一》卷六,中华书局,2003年版,第332页。
② 《唐太宗全集校注·禁奏祥瑞诏》文告编,天津古籍出版社,2004年版,第247页。

心于释氏,简文锐意于沙门,倾帑藏以给僧祇,殚人力以供塔庙,及乎子孙覆亡而不暇,社稷俄顷而为墟,报施之征,何其缪也?而宋国公瑀,践覆车之馀轨。袭亡国之遗风。弃公就私,未明隐显之际;身俗口道,莫辨邪正之心。修累叶之殃源,祈一躬之福本,上以违忤君主,下则扇习浮华。往前瑀乃请先入道。朕即许之,寻复不用。一回一惑,在于瞬息之间;自可自否,变于帷扆之所。乖栋梁之大体,岂具瞻之量乎?朕犹隐忍至今,瑀尚全无悛改。宜即去兹朝阙,出牧小藩。①

明确地阐明对于"佛教,非意所遵",只是尊重世俗与维护政权的某种需要而已。因为萧瑀为梁武帝之后,故举梁武、简文之例,以责瑀"践覆车之余轨,袭亡国之遗风","违忤君主,扇习浮华"。同时也揭露了其既欲斋戒祈福,又眷恋名利的贪婪心理。实已不足为群伦表率,不宜在朝当政,故将其贬出京师。这篇措辞尖锐的诏书,实际上也是对佞佛风气发出的讨伐檄文。

太宗的长孙皇后,亦知限制佛教为立国"大法"。一次病重,"太子欲请大赦,泛度道人,祓塞灾会。后曰:'死生有命,非人力所支。若修福可延,吾不为恶;使善无效,我尚何求?且赦令,国大事,佛、老异方教耳,皆上所不为,岂宜以吾乱天下法!'"②惟劝太宗纳忠容谏,勿受谗言,减省游畋和工役。

但太宗毕竟是政治家,在信仰方面固然摈斥佛、道教,然而出于政治的需要以至于哀思的寄托,有时也还要借助于佛道两教。但皆于政治有关,而无涉于宗教信仰。如"贞观三年之设斋,忧五谷之不登也。为太武皇帝造龙田寺,为穆太后造弘福寺,申孺慕之怀也。为战亡人设斋行道,于战场置伽蓝";"为阵亡将士造福也。至若曾下诏度僧,想

---

① 《唐太宗全集校注·贬萧瑀手诏》,天津古籍出版社,2004年版,第548页。
② 《新唐书·后妃上·长孙皇后传》卷七十六,中华书局,1975年版,第3471页。

因祈雨而酬德也"。① 汤用彤先生的分析与论述是非常深刻而准确的。

贞观十一年,太宗颁布《老子宜在佛先敕》:"老子是朕祖宗,名位称号宜在佛先。"文告虽短,但已说明理由,限定范围(佛老之间;名号而已)。

贞观十五年五月,太宗躬幸弘福寺,为母亲太穆皇后祈愿。为了安抚佛教,重新颁布了佛道政策。太宗说:"以老君是朕先宗,尊祖重亲,有生之本。故令在前。""彼道士者,止是师习先宗。故位在前。今李家据国,李老在前。若释家治化,则释门居上。"②这一次第的安排,并非一时冲动之言,而是基于对两教社会功用的认识而言之。为倡导孝道,"尊祖重亲",故而道教在前;佛教在治理心灵,教化民风方面,优于道教,故曰:若论治化,则释门居上。由此也可证明,唐代的三教并行政策,实则是因为认识到三教在不同的领域,各有其不同的社会功用为基础而建立起来的。

玄奘于贞观十八年归国后请立译场,太宗并未同意。后来诏敕有司抄《佛遗教经》并玄奘新译经论,颁京官五品以上及诸州刺史人手一卷,固然是出于对玄奘本人的敬重和奖掖。晚年更亲制《圣教序》,听讲"瑜伽"大意,说明晚年的太宗,深受玄奘的影响,对佛教有裨于教化的作用,有了进一步的认识。且玄奘之唯识宗,主要以玄妙的学理及因明逻辑,令人折服,并无天堂地狱之恐吓与利诱,可以无关乎信仰。汤用彤先生亦认为"其兴趣似首在学问"。之所以"对奘师特加优礼,实由于爱才。故曾两次请法师归俗,共谋朝政。此则劝人弃缁还素,与梁武帝之舍道归佛者,自迥不相侔也。"③至于佛书每有太宗奉佛的故事与言论,则应分析对待,不可轻信。

一般的看法,皆云唐初对于儒释道,三教并重,而且唐初帝王即以

---

① 《汤用彤学术论文集·唐太宗与佛教》,中华书局,1983年版,第13页。
② 《集古今佛道论衡·文帝幸弘福寺立愿重施叙佛道先后事第八》第三卷,大正新修大藏经第五十二册,河北佛协,2005年影印版,第386页上。
③ 汤用彤:《隋唐佛教史稿》第一章,中华书局,1982年版,第18页。

附会老子之后,所以对待三教的态度,是以道教为上,佛教殿次。佛书载有高祖《先老后释诏》,其文曰:"老教、孔教,此土先宗;释教后兴,宜崇客礼。令老先次孔,末后释。"①据《唐会要》所记,武德七年高祖"幸国子学亲临释奠,引道士沙门与博士杂相驳难久之。"②此诏当是斯时临机口宣,并未形成文字,故史书不载。揣摩文义,三教先后,初以产生时间先后为定,所定范围则在礼数之间,先来为主为先,后至为客为后,此理之固然,并不涉及彼此之重要性如何也。自唐高祖于太学内建周公、孔子庙宇,则太学益为文教圣地,帝王亦须进而礼拜。至是又引道士沙门进入国学之内,与儒学博士相互辩难,讨论三家短长,是旷古没有的创举,亦是含有深长意味的事情。自晋宋以来,三教历有辩论,辩之于朝廷者有之,辩之于讲堂者亦有之,惟辩之于太学者,仅见于此。辩之于朝堂,则帝王为主,三教皆客;在太学则儒学为主,两教为客;且帝王既以儒治为标榜,引释道入国学辩论,儒臣一无异议,斯亦等于帝王与儒学共同对佛道二教之正式承认。所谓对佛道的裁抑,只是为了限制其对社会思想及经济的干扰而已。

高宗亦奉行尊儒而抑佛政策,曾于显庆二年下诏曰:

> 释典冲虚,有无兼谢。正觉凝寂,彼我俱忘。岂自遵崇,然后为法。圣人之心,主于慈孝。父子君臣之际,长幼仁义之序,与夫周孔之教,异辙同归。弃礼悖德,朕所不取。僧尼之徒,自云离俗,先自尊高。父母之亲,人伦以极,整容端坐,受其礼拜。自余尊属,莫不皆然。有伤教名,实斁彝典。自今已后,僧尼不得受父母及尊者礼拜。所司明为法制,即宜禁断。③

只是在武后当权时期,佛教方得以昌盛。及玄宗登基,尽复太宗

---

① 《唐高祖文集辑校·先老后释诏》卷四,三秦出版社,2002年版,第254页。本文出处为《续高僧传·释慧乘传四》卷第二十五上,不见于正史及《唐会要》。文集辑校者,据《唐会要》定此事于武德七年。
② 《唐会要》卷三十五,中华书局,1955年版,第640页。
③ 《唐会要》卷四十七,中华书局,1955年版,第836页。

之法度遗规,使"贞观之风,一朝复振"弘扬儒学,裁抑佛教,虽为老子建崇元观,亲自为《道德经》和《孝经》同时作注,但还是强调以孝治天下的道德伦理宗旨,敕令僧尼道士女冠必须礼拜父母,恢复以儒教为主,三教并举的基本国策,方始迎来大唐的盛世。若曰高祖所定三教次第即与重视程度相关,彼时何不为老子立祠设观,并依之以定国策也?是知其不过名义而已。譬犹李氏本是皇室,而所遵实乃孔教,并无碍于其在不同领域之至尊地位。

嗣后,唐历任皇帝,也曾为"僧道立位"。《唐会要·议释教下》有云:"(太宗)贞观十一年正月诏道士女冠宜在僧尼之前;至(高宗)上元元年,诏公私斋会,及参集之处,道士女冠在东,僧尼在西,不须更为先后;(武后)天授二年,敕释教宜在道教之上,僧尼处道士之前;(睿宗)景云二年诏自今已后,僧尼道士女冠,并宜斋行并集。"①次第之争,仅限于佛道两教而言,再也没有涉及儒学。可见儒学的正统主导地位已经得到不容置疑的确认。

我并不否认初唐尤其从武后朝始,唐代的三教政策有所改变,仅就高祖太宗两朝而言,三教并重的说法是颇令人怀疑的。即使中唐以后,崇释佞佛的风气时时泛起,但儒教(儒学)为唐代治国根本的地位,也从未有过任何动摇。通过以上引证的资料,可以看出,高祖、太宗对于佛道两教皆不崇信,反而都给予深切的批评。只是出于政治的某种需要,以及对精勤苦行僧尼道侣的尊重,才给予容忍和优待。所谓的"三教并重",只是在认识到佛道有裨于政教的基础上给予的重视,并非无偏无倚等量齐观的"并重"。

小题既曰"三教并存,独尊儒学",本是沿袭汉武帝"罢黜百家,独尊儒术"而来,为免引起误会,在此略作辨析。所谓"罢黜",是政治术语,意为不使之在朝廷政治中与儒术并进,非谓在学术文化中予以铲除也;所谓"独尊"也者,明谓尚有可存而不须并尊者在,此于汉世屡云

---

① 《唐会要·议释教下·僧道立位》卷四十九,中华书局,1955年版,第859页。

"王霸并用",亦可见其端倪。然其儒法并用(而非并重),仍不碍其实以儒学为主导也。因以其意用之于唐之三教云。

第二节 唐太宗的政治及礼乐教化思想

在魏晋南北朝跌进了颓衰谷底的儒学,至隋代几致复兴的希望,又随着文帝的佞佛和炀帝的虐政而瞬即破灭。至唐才又逐渐恢复发展起来,唐太宗对儒学的弘扬起到了关键作用。大兴文教,扩展教育领域,正式颁行科举制度,以经术与文才取士选官;诏令儒臣撰成《五经正义》,统一南北经疏,确立了儒学文化的主导地位;修订礼制与律令,开始了儒家思想在礼、法制度层面的落实。为唐代社会走向中国历史的全盛时期奠定了坚实的基础。其在位的贞观年间,虚怀纳谏,君臣共治,终于造成我国历史上少有的开明盛世,史称"贞观之治",被誉为由乱至治的典范而载入史册。唐人曾对唐太宗极尽赞誉之辞:"《易》曰:'圣人感人心,而天下和平。'今圣德所感,可谓深矣。窃惟太宗文武皇帝之政化,自旷古而来,未有如此之盛者也","虽唐尧、虞舜、夏禹、殷汤,周之文、武,汉之文、景,皆所不逮也。"[①]唐太宗尊儒崇经,"朕今所好者,惟在尧、舜之道,周、孔之教,以为如鸟有翼,如鱼依水,失之必死,不可暂无耳"[②],因此,唐太宗的政治思想主要是儒家的"仁政"学说,其政治及礼乐教化思想正是渊源于儒家的政治及礼乐教化思想。

一、唐太宗与儒学

唐太宗在为秦王时,即认真总结前代的败亡教训,诚心接纳儒士

---

① 吴兢:《上贞观政要表》,《贞观政要集校》卷首,中华书局,2003年版,第3页。
② 《贞观政要集校·慎所好第二十一》卷六,中华书局,2003年版,第331页。

能臣,招入幕府参谋军机与政务,即位之后,更是虚怀若谷,任贤纳谏。君臣共治,致力太平,终于训致贞观盛世,太宗因之也称为历史上少有的圣明君主。太宗在即位之初曾赋诗《帝京篇》十首以明志,其序曰:

予以万几之暇,游息艺文。观列代之皇王,考当时之行事。轩昊舜禹之上,信无间然矣。至于秦皇周穆、汉武魏明,峻宇雕墙,穷侈极丽,征税殚于宇宙,辙迹偏于天下,九州无以称其求,江海不能瞻其欲,覆亡颠沛,不亦宜乎!予追踪百王之末,驰心千载之下,慷慨怀古。想彼哲人,庶以尧舜之风,荡秦汉之弊,用咸英之曲,变烂熳之音。求之人情,不为难矣。故观文教于六经,阅武功于七德,台榭取其避燥湿,金石尚其谐神人。皆节之于中和,不系之于淫放,故沟洫可悦,何必江海之滨乎?麟阁可玩,何必两陵之间乎?忠良可接,何必海上神仙乎?丰镐可游,何必瑶池之上乎?释实求华,以人从欲,乱于大道,君子耻之。故述帝京篇以明雅志云尔。

表示欲以舜禹为法,而以秦皇汉武为鉴,其余庸主暴君则不足齿及矣。奉行修文右武(右者,辅佑也。以佑民即济民为宗旨的军事行动为右武)、开明节俭的政治方针,避免"释实求华,以人从欲,乱于大道,君子耻之"的举措;采取"节之于中和,不系之于淫放","忠良可接,何必海上神仙乎?"的现实人生态度。以"中和"节制"淫逸",认为"忠良"胜于"神仙",也是古代帝王所少见的。其诗则曰:

岩廊罢机务,崇文聊驻辇。玉匣启龙图,金绳披凤篆。
韦编断方续,缥帙舒还卷。对此乃忘忧,敧案观坟典。

可以想见太宗于政务之余,到崇文馆与十八学士讨论经籍,披览坟典,乐此不疲聊以遣忧的情景,跃然纸上,宛如一幅儒士读书图画。其第十首有曰:

望古茅茨约,瞻今兰殿广。人道恶高危,虚心戒盈荡。

> 奉天竭诚敬，临民思惠养。纳善察忠谏，明科慎刑赏。
> 六五诚难继，四三非易仰。广待淳化敷，方嗣云亭响。

一个统御六合，君临八方的封建帝王，于登临游览之余，毫无志满之意、骄矜之态，想的是居高思危，纳谏慎刑，施惠于民，期待着"淳化"文教民风的广敷天下。在此顺便解释一下与"临民"对举的"奉天"句意，"奉天"与"事天"同义，都是奉天之道与事（从事）天之行的意思，全句意为竭尽诚敬地按照天道行事。释为"侍奉上天"是误会是曲解。帝王所有的祭天活动，名义上是向上天汇报自己遵照天道天意行事的成绩或谋划，实则不过是昭告天下；所谓的祈天保佑，也不过是企望民众的信从而已。诗中"六五诚难继，四三非易仰"两句，是指《易经》的训诫。易卦重爻位，以二五爻为中为正，"六五"之六指阴爻、五指君位，是以谦德而居君位，有阴柔之美，若五六两爻皆为阳刚（六又指第六爻），则恐有"亢龙之悔"，故曰"难继"；"四三"是四、三两爻，三爻过中，四爻"多惧"，执政者能够持守中和、临事而惧的境界实难企及，故曰"非易仰"。说明太宗颇亦通晓易理，此当得益于群儒。帝王能如此导民理政，焉有不训至太平盛世者乎！还有一首小诗，颇可表明太宗的政治倾向，索性一并引之：

> 疾风知劲草，板荡识诚臣。
> 勇夫安识义，智者必怀仁。（赐萧瑀）①

萧瑀于隋朝谏炀帝几致贬死，太宗毫不以为嫌，终以其智勇为唐朝开国做出不朽贡献。从中也可看出太宗识人的标准和倾向。一代圣明君主之所以能够创建三百年基业，首开"贞观之治"的太平盛世，是有其思想与人格基础的。

---

① 以上四段引文均见《唐太宗全集》，天津古籍出版社，2004年版，第3、6、13、94页。按："无间然"，无所求罅隙瑕疵于其间意。《全唐诗》山陵一作两陵，是。两陵代指秦皇汉武，实指穷奢极丽、妄想无极的秦之阿房汉之望仙三宫，以与麒麟藏书高阁相对举。"六五"、"四三"，《唐太宗全集》注解作六帝、四王，非是。若用魏征《论治道疏》解为继"五帝"而六、追"三皇"而四，则六、四为动词，亦通。

新旧《唐书·太宗本纪》并载太宗幼时,有书生语李渊曰:是子长成,"必能济世安民",遂以命名。《新唐书》但谓"太宗为人聪明英武,有大志,而能屈节下士。时天下已乱,盗贼起,知隋必亡,乃推财养士,结纳豪杰"。没有语及少年学习的经历。后来在《答魏征上〈群书治要〉手诏》中自述曰:

> 朕少尚威武,不精学业,先王之道,茫若涉海。览所撰书,博而且要,见所未见,闻所未闻。使朕致治稽古,临事不惑,其为劳也,不亦大哉!①

据《唐会要·修撰》载:"贞观五年九月二十七日。秘书监魏征撰《群书治要》上之。"随文注曰:"太宗欲览前王得失,爰自六经,迄于诸子;上始五帝,下尽晋年。征与虞世南、储亮、萧德言等始成,凡五十卷,上之,诸王各赐一本。"②这可视为太宗对古代经史及"先王之道"的一次集中学习。实际上唐太宗早在青少年时代,就读过《孝经》、《论语》、《文选》、《五经》,并曾师从名儒张后胤治学《春秋左氏传》,及即位之后,谓后胤曰"朕昔受大谊于君,今尚记之"。③ 是接受过儒家经典的熏陶,而且颇知大义的。所谓"不精学业"者,只是学而未精之意,尤其于"先王之道,茫若涉海",亦即对儒学的微言大义,不得要领。然据史书所载,太宗在戎马倥偬之际即已屈节纳士,折节读书,与群儒"讨论坟典,商略政事,或至夜分乃罢"④。《贞观政要》记载房玄龄曰:陛下"少从戎旅,不暇读书,贞观以来,手不释卷,知风化之本,见政理之源。行之数年,天下大治,此又文过于古也"。⑤ 以武功平定寰宇,以文治治理天下,建树超迈前古的功业,也与其屈节纳士稽古好学的精神有着

---

① 《唐太宗全集》,天津古籍出版社,2004年版,第297页。
② 《唐会要·修撰》卷三十六,中华书局,1955年版,第651页。
③ 事见《旧唐书·儒学上·张后胤》卷一百八十九上,中华书局,1975年版,第4950页;《新唐书·儒学上》卷一百九十八,中华书局,1975年版,第5650页。
④ 《贞观政要集校·崇儒学第二十七》卷七,中华书局,2003年版,第375页。
⑤ 《贞观政要集校·论慎终第四十》卷十,中华书局,2003年版,第533页。

必然的联系。宋儒真德秀曰:"后世人主之好学者,莫如唐太宗。当战攻未息之余,已留情于经术,召名儒学士以讲磨之。此三代以下之无有也。"①隋末战乱,书籍散佚,太宗乃锐意求书,以魏征、颜师古等统其事,公府藏书,粲然大备。这些史实都足以说明太宗对儒术的推重和扶持。从前引"如鸟有翼,如鱼依水"的比喻中,可以看出他的崇儒的倾向是如何地深切。

唐统一中国之初,其时南学方炽,而儒学荒废。太宗想振兴儒学,必须从根本做起。贞观四年诏颜师古、房玄龄等考订五经,颁定于天下。又"诏颜师古、孔颖达等诸儒,撰定《五经正义》,付国学施行"②。他提出的方案,一是文字的订正,即文献学的重建;二是章句繁杂的删刈,即今古文与南北学之争的平息。所以宋代史学家范祖禹曰:"唐之儒学,惟贞观、开元为盛,其人才之所成就者,亦可睹矣。"③这些大规模的经学整理工作,都是依靠籍籍群儒在短短十数年间完成的,不可不谓神速。这是太宗对儒学的一大贡献。

太宗不仅自己"锐情经术",还敦促诸子修习经史;广置学官,科举选士,表彰历代名儒,"用其书,行其道,宜有以褒大之"。④ 肯定地认为唐之盛世与其崇敬儒学、信任儒臣有绝大关系。观其文教之盛及所颁定的礼乐政法制度,即使称其为儒治社会亦不为过。

二、唐太宗的政治思想

唐太宗留下的著作不多,这与他生前不主张臣工编他的文集有关。但从现有的著作及记载他言行的两《唐书》本纪,尤其在史官吴兢编修《贞观政要》中,其思想得到了集中的反映。其突出的表现盖有如

---

① 元戈直:《贞观政要集论·崇儒学》卷七,《影印文渊阁四库全书》,台湾商务印书馆,1986年版,第1页。
② 《贞观政要集论·崇儒学》卷七,中华书局,2003年版,第384页。
③ 元戈直:《贞观政要集论·崇儒学》卷七,《影印文渊阁四库全书》,台湾商务印书馆,1986年版,第3页。
④ 《新唐书·儒学上》卷一百九十八,中华书局,1975年版,第5636页。

下数端：

"以仁义为治"的政治伦理思想

唐太宗"以仁义为治"的政治伦理思想，体现为一种"水能载舟，亦能覆舟"的民本观，也体现在"才行俱兼，始可任用"的人才观里，同时更是蕴藏在其"正词直谏，裨益政教"的纳谏观及防贪鄙的廉政观里。唐太宗的政治伦理思想核心是儒家的仁政。他说"仁义积则物自归之"，并认为隋朝之所以灭亡，"正由仁义不修，而群下怨叛故也"。① 太宗一生的志愿都在于推行"仁政"理想的实现。他曾在诏书中说：

> 有隋之际，海内横流，豺狼肆暴，吞噬黔首，邑里凋残，鞠为丘墟。朕投袂发愤，情深拯溺，扶翼义师，济斯涂炭。赖苍昊降鉴，股肱宣力，提剑指麾，天下大定，氛祲清祲，区宇平一。反浇薄于淳朴，致王道于中和。此朕之宿志，于斯已毕。②

"仁政"学说的关键是实行"王道"，而"王道"的表征即是中正和谐，亦即注重以德行而不恃武力，以仁义而不以功利，礼法并重，政清刑简，除暴安良，使衰世浇薄的民风复归于淳朴。唐太宗的政治伦理思想正是儒家这一传统思想的体现。

"水能载舟，亦能覆舟"的民本观

《贞观政要》首篇开宗明义地记载了太宗君臣关于"君道"的论述。表述了太宗对国君与百姓关系的认识："为君之道，必须先存百姓，若损百姓以奉其身，犹割股以啖腹，腹饱而身毙。"③认识到百姓是君主和国家赖以生存的前提和基础，如果损害老百姓以满足君王的一己私欲，就仿佛割自己大腿上的肉填饱肚子，结果只能是死路一条。正因如此，唐太宗认为，"舟所以比人君，水所以比黎庶，水能载舟，亦能覆舟"。"可不畏惧！"因此，唐太宗君臣明智地看待民众，把君与民关系

---

① 《贞观政要集校·论仁义第十三》卷五，中华书局，2003年版，第253、252页。
② 《旧唐书·太宗纪下》卷三，中华书局，1975年版，第47页。
③ 《贞观政要集校·君道第一》卷一，中华书局，2003年版，第11页。

理解为舟水关系:"君,舟也;人,水也。水能载舟,亦能覆舟。"①另一处则曰:"舟所以比人君,水所以比黎庶,水能载舟,亦能覆舟。尔方为人主,可不畏惧!"②水之载舟,固然可喜,然水之覆舟亦甚可畏。太宗因发"民可畏论"云:"古之帝王,有兴有衰,犹朝之有暮。皆为蔽其耳目,不知时政得失,忠正者不言,邪谄者日进,既不见过,所以至于灭亡。朕既在九重,不能尽见天下事,故布之卿等,以为朕之耳目。莫以天下无事,四海安宁,便不存意。可爱非君,可畏非民。天子者,有道则人推而为主,无道则人弃而不用,诚可畏也。"③

唐太宗这种"水能载舟,亦能覆舟"的民本观是对中国自先秦以来儒家民本思想的继承。水舟之喻,本是儒家的明训。荀子发挥孔子的"安民"思想,提出庶民安政,而后君子安位的思想。他说"选贤良,举笃敬,兴孝弟,收孤寡,补贫穷。如是,则庶人安政矣。庶人安政,然后君子安位。传曰:'君者、舟也,庶人者、水也;水则载舟,水则覆舟。'此之谓也"④。

"若安天下,必须先正其身"的君道观

要求执政者应该率先以礼义约束自己,"正人先正己",是中国儒家一种有积极意义的观念,唐太宗对正人和正己的关系也有深刻的认识。贞观元年(627),太宗对侍臣说:"若安天下,必须先正其身。未有身正而影曲,上治而下乱者。"并且认识到欲"正其身",不仅要警惕外物的影响,而主要是限制自己的"嗜欲"。于是说:"朕每思伤其身者不在外物,皆由嗜欲以成其祸。若耽嗜滋味,玩悦声色,所欲既多,所损亦大,既妨政事,又扰生民。且复出一非理之言,万姓为之解体,怨讟既作,离叛亦兴。朕每思此,不敢纵逸。"⑤这是太宗谨记儒家教诲,并以历史教训为鉴借而发出的心得之言。春秋时代孔子曾说过:"修己

---

①③ 《贞观政要集校·政体第二》卷一,中华书局,2003年版,第34页。
② 《贞观政要集校·教戒太子诸王第十一》卷四,中华书局,2003年版,第213页。
④ 《荀子集解·王制篇第九》卷五,中华书局,1988年版,第152页。
⑤ 《贞观政要集校·君道第一》卷一,中华书局,2003年版,第11页。

而安百姓。""其身正,不令而行","不能正其身,如正人何?"①战国时代孟子又提出"正君而国定"的思想,曾说:"君仁,莫不仁;君义,莫不义;君正,莫不正。一正君而国定矣。""君子之守,修其身而天下平。"②荀子则认为,君子之言行,须"足以为天下法式表仪","礼者,表也。非礼,昏世也","表仪既设民知方"。③ 君王应率先尊礼守法,为民仪表,晷表正而后可求影直,使民知向方,而后可求天下治。

君王既为一国之表率,君王言行之正邪与否,将严重影响臣民行为乃至社会风气之良窳。帝王贵为一国之君,他的一举一动,一言一行都会对天下安危产生巨大影响,正是有见于此,太宗非常注意加强自身的修养。他说:"君天下者,惟须正身修德而已。此外虚事,不足在怀。"④由此可见,唐太宗是把自身修养作为统治者的第一要务来看待。

唐太宗在日常生活中戒奢尚俭,以身作则,反对奢侈淫逸,所以皇后妃嫔,乃至皇亲国戚的生活也不敢过分奢华。史载,长孙皇后"性尤俭约,凡所服御,取给而已"⑤,君王帝后的节俭,大臣也都自觉地效仿,在唐太宗的影响下,群臣百官清正廉明,生活俭朴。"若安天下,必须先正其身"正是儒家的君道观,这种观念可以说贯穿了唐太宗的一生,正是他一生倾力实践儒家这种"为政以德"的政治理想,方能创建彪炳史册的"贞观之治",被后世誉为治世明君。

"轻徭薄赋","使民衣食有余"的德治观

经过深刻的反省,唐太宗认为爆发隋末农民起义以及至今盗匪不止的原因是"由赋繁役重,官吏贪求,饥寒切身,故不暇顾廉耻耳",他

---

① 《论语集注·宪问第十四》卷七,第159页;《子路第十三》卷七,第143页。《四书章句集注》,中华书局,1983年版。
② 《孟子集注·离娄上》卷七,第258页,《四书章句集注》,中华书局,1983年版。
③ 《荀子集解·尧问篇第三十二》卷二十,第553页;《天论篇第十七》卷十一,第319页;《成相篇第二十五》卷十八,第469页。中华书局,1988年版。
④ 《贞观政要集校·慎所好第二十一》卷六,中华书局,2003年版,第333页。
⑤ 《旧唐书·列传第一·后妃上》卷五十一,中华书局,1975年版,第2164页。

认识到统治阶级的横征暴敛虽能积聚暂时的财富,带来的却是亡国之乱。要防止历史的悲剧重演,就必须"去奢省费,轻徭薄赋",推行廉政,选用廉吏,以"使民衣食有余"。用减轻剥削压迫的方法来达到巩固统治的目的,是唐太宗"德治"思想的核心内容。

一次太宗与群臣论止盗,有人主张"重法以禁之"。太宗说:"民之所以为盗者,与赋繁役重,官吏贪求,饥寒切身,故不暇顾廉耻耳。朕当去奢省费,轻徭薄赋,选用廉吏,使民衣食有馀,则自不为盗,安用重法邪!"[①]"重法以禁"只是治标的办法,而太宗选择的是治本的治国途径。

经过长期的思考,太宗对君、民、国三者的关系有了深刻的认识。因而总结说:"君依于国,国依于民。刻民以奉君,犹割肉以充腹,腹饱而身毙,君富而国亡。故人君之患,不自外来,常由身出。夫欲盛则费广,费广则赋重,赋重则民愁,民愁则国危,国危则君丧矣。朕常以思之,故不敢纵欲也。"[②]这与假富国名义,阴剥百姓以肥君的法家思想相去何啻霄壤。

太宗亦尝虑及实行郡县抑或封建制度,两者孰对巩固政权更为有利的问题。高祖思欲"强宗室以镇天下",因遍封宗室子弟。而太宗考虑问题的出发点,却是两者孰对天下百姓有利。太宗曾从容问群臣曰:"遍封宗子,于天下利乎?"封德彝对曰:"上皇敦睦九族,大封宗室,自两汉以来未有如今之多者。爵命既崇,多给力役,恐非示天下以至公也。"上曰:"然。朕为天子,所以养百姓也,岂可劳百姓以养己之宗族乎!"以上两点,应该是太宗与历代统治者的根本区别,也是区别家天下其形而公天下其实,与公天下其名而行家天下其实的试金石。

"才行俱兼,始可任用"的人才观

贞观二年,唐太宗对侍臣言"为政之要,惟在得人,用非其才,必难

[①] 《资治通鉴·唐纪八》卷第一百九十二,中华书局,1965年版,第6026页。
[②] 《资治通鉴·唐纪八》卷第一百九十二,中华书局,1965年版,第6025页。引文有节略。

致治。今所任用，必须以德行、学识为本"①，贞观十三年，又说"能安天下者，惟在用得贤才"②。唐太宗与魏征论用人曰："古人云，王者须为官择人，不可造次即用。朕今行一事，则为天下所观；出一言，则为天下所听。用得正人，为善者皆劝；误用恶人，不善者竞进。赏当其劳，无功者自退；罚当其罪，为恶者戒惧。故知赏罚不可轻行，用人弥须慎择。"征对曰："今欲求人，必须审访其行，若知其善，然后用之，设令此人不能济世，只是才力不及，不为大害。误用恶人，假令强干，为害极多。但乱世惟求其才，不顾其行。太平之时，必须才行俱兼，始可任用。"③修正了一系列选拔官吏的措施，完善了隋朝以来的科举制度，广泛地选拔人才。因此，唐太宗周围人才济济，为天下大治奠定了基础。明末清初的思想家王夫之说："唐多能臣，前有汉，后有宋，皆所不逮。"④高度评价了唐初官制与善于择人的举措，以及人才辈出的盛况。

要想培养出人才，最好途径是兴办学校。唐太宗对此十分重视，下诏"大征天下儒士，以为学官"⑤，学官即教授特别是京师各学的学官大都是"天下名儒"，生员所习科目有《论语》、《孝经》、《礼记》等九经。为了鼓励儒生读经，他"数幸国学，令祭酒、博士讲论。毕，赐以束帛"，又扩建校舍，"于国学增筑学舍一千二百间"，并增加博士和学生的数额，"太学、四门博士亦增置生员"，同时规定"其玄武门屯营飞骑，亦给博士，授以经业；有能通经者，听之贡举。"这一系列措施，就造成了尊崇儒学的氛围，提高了儒士的社会地位。当时，"四方儒士，多抱负典籍，云会京师"。高丽、百济、新罗等国及周边的高昌、吐蕃的酋长都派遣子弟入国学学习。于是出现了"儒学之盛，古昔未之有"⑥的博大恢宏局面。

---

① 《贞观政要集校·崇儒学第二十七》卷七，中华书局，2003年版，第383页。
② 《贞观政要集校·择官第七》卷三，中华书局，2003年版，第165页。
③ 《贞观政要集校·择官第七》卷三，中华书局，2003年版，第161页。
④ 《读通鉴论》卷二十，中华书局，1975年版，第672页。
⑤⑥ 《旧唐书·儒学上》卷一百八十九上，中华书局，1975年版，第4941页。

唐太宗这种"才行俱兼,始可任用"的人才观与儒家"任人唯贤"的人才观是一脉相承的:孟子说:为政"莫如贵德而尊士,贤者在位,能者在职",荀子强调"论德而定次,量能而授官"①,太宗采用以德为先、德才兼备来任用、考核、赏罚各级官吏的政策,终于实现了所谓的贤良治国。

"正词直谏,裨益政教"的纳谏观

在历史上,唐太宗以勇于纳谏著名,而魏征等亦以敢谏而垂名青史。魏征、王珪本为太子建成阵营,太宗登基后皆能待之不疑,说明太宗不仅有纳谏的勇气,还有容人的雅量。容人与纳谏两者有着不可分割的关联。《资治通鉴·唐纪》记载太宗与大臣朝会的一次对话,颇可说明此一问题:

> 长孙无忌曰:"王珪、魏征,昔为仇雠,不谓今日得同此宴。"上曰:"征、珪尽心所事,故我用之。然征每谏,我不从,我与之言辄不应,何也?"魏征对曰:"臣以事为不可,故谏;陛下不从而臣应之,则事遂施行,故不敢应。"上曰:"且应而复谏,庸何伤!"对曰:"昔舜戒群臣:'尔无面从,退有后言。'臣心知其非而口应陛下,乃面从也,岂稷、契事舜之意邪!"上大笑曰:"人言魏征举止疏慢,我视之更觉妩媚,正为此耳!"征起,拜谢曰:"陛下开臣使言,故臣得尽其愚,若陛下拒而不受,臣何敢数犯颜色乎!"②

欲为一代明君,不仅要容人纳谏,还要广开言路,兼听而慎择,方可避免"壅蔽",而使上下之情得以畅通。贞观二年,唐太宗问魏征:"'何谓明君暗君?'魏征曰:'君之所以明者,兼听也;其所以暗者,偏信也。'"③,受到太宗的赞赏。唐太宗总结隋朝灭亡的教训时说:"人欲自照,必须明镜;主欲知过,必藉忠臣。主若自贤,臣不匡正,欲不危败,

---

① 《荀子·君道第十二》卷八,中华书局,1988年版,第237页。
② 《资治通鉴·唐纪十》卷一百九十四,中华书局,1956年版,第6097、6098页。
③ 《贞观政要集校·君道第一》卷一,中华书局,2003年版,第13页。

岂可得乎?""隋炀帝暴虐,臣下钳口,卒令不闻其过,遂至灭亡。"因此,他认为:"明主思短而益善,暗主护短而永愚。"①

唐太宗被后人称颂为"闻过即改,从谏如流"②,他不仅兼听纳谏,广开言路,而且还主动求谏,如向众臣表示"公等但能正词直谏,裨益政教,终不以犯颜忤旨,妄有诛责"③,又说"朕每思之,若欲君臣长久,国无危败,君有违失,臣须极言。朕闻卿等规谏,纵不能当时即从,再三思审,必择善而用之"④。可见,为了求得"君臣长久,国无衰败",唐太宗一方面鼓励臣僚"正词直谏"、不要怕"犯颜忤旨",而要尽情极谏;另一方面又保证不会"妄有诛责",一定会"再三思审,必择善而用之"。

据《贞观政要》记载,贞观八年,唐太宗对侍臣言:"朕每闲居静坐,则自内省,恒恐上不称天心,下为百姓所怨。但思正人匡谏,欲令耳目外通,下无怨滞。"⑤唐太宗为了发挥谏官的作用,对谏者"有说言直谏,可以施于政教者,当拭目以师友待之"⑥。还诏命"宰相入内平章国计,必使谏官随入,预闻政事"⑦。对于百官的奏折,总是认真阅读,"比有上书奏事,条数甚多,朕总粘之屋壁,出入观省。所以孜孜不倦者,欲尽臣下之情。每一思政理,或三更方寝"⑧。唐代出现了众多中国历史上著名的耿直敢谏大臣,如魏征、房玄龄、杜如晦、王珪等人,绝非偶然的事情,与唐太宗勇于纳谏有着直接的联系。

"正词直谏,裨益政教"是儒家的谏诤观,它既是一种儒家"君使臣以礼"的自我约束,同时也是儒家"正人先正己"的权力约束的良好体现。太宗后来在《帝范》中总结帝王必须纳谏的道理说:

---

① 《贞观政要集校·求谏第四》卷二,中华书局,2003年版,第83、85页。
② 《贞观政要集校·灾祥第三十九》卷十,中华书局,2003年版,第527页。
③ 《贞观政要集校·政体第二》卷一,中华书局,2003年版,第35页。
④ 《贞观政要集校·行幸第三十七》卷十,中华书局,2003年版,第514页。
⑤ 《贞观政要集校·求谏第四》卷二,中华书局,2003年版,第87页。
⑥ 《贞观政要集校·政体第二》卷一,中华书局,2003年版,第49页。
⑦ 《贞观政要集校·求谏第四》卷二,中华书局,2003年版,第84页。
⑧ 《贞观政要集校·纳谏第五》卷二,中华书局,2003年版,第93页。

> 夫王者，高居深视，亏听阻明。恐有过而不闻，惧有阙而莫补。所以设鞀树木，思献替之谋；倾耳虚心，伫忠正之说。言之而是，虽在仆隶刍荛，犹不可弃也；言之而非，虽在王侯卿相，未必可容。其义可观，不责其辩；其理可用，不责其文。至若折槛怀疏，标之以作戒；引裾却坐，显之以自非。故云忠者沥其心，智者尽其策。臣无隔情于上，君能遍照于下。①

深诫后世君王"亏听阻明。恐有过而不闻，惧有阙而莫补"，所以要在朝门外设立登闻鼓和诽谤木，以使"忠者沥其心，智者尽其策"，下情上达，方能光泽普及民间。

崇俭防贪鄙的廉政观

唐太宗总结隋亡的教训，认为隋朝的灭亡在于君臣的贪鄙：贞观四年，他对侍臣说："隋炀帝志在无厌，唯好奢侈，所司每有供奉营造，小有不称意，则有峻罚严刑。上之所好，下必有甚，竞为无限，遂致灭亡。"②同时，唐太宗认为，贪鄙钱财，毁家又毁国实为不智尝谓侍臣道："朕尝谓贪人不解爱财也。至如内外官五品以上，禄秩优厚，一年所得，其数自多。若受人财贿，不过数万，一朝彰露，禄秩消夺，此岂是解爱财物？视小得而大失者也。"

为了防止官员贪财聚敛，见利忘义，唐太宗首先强调自律自制在防贪鄙中的重要性。《贞观政要·贪鄙》记载：太宗谓侍臣曰："古人云：'鸟栖于林，犹恐其不高，复巢于木末；鱼藏于水，犹恐其不深，复穴于窟下。然而为人所获者，皆由贪饵故也。'今人臣受任，居高位，食厚禄，当须覆忠正，蹈公清，则无灾害，长守富贵矣。古人云：'祸福无门，惟人所召。'然陷其身者，皆为贪冒财利，与夫鱼鸟何以异哉？卿等宜思此语为鉴诫。"③唐太宗认为高栖树林的鸟与深藏水窟的鱼为人所

---

① 《唐太宗全集·帝范·纳谏篇》，天津古籍出版社，2004年版，第606页。
② 《贞观政要集校·俭约第十八》卷六，中华书局，2003年版，第320页。
③ 《贞观政要集校·贪鄙第二十六》卷六，中华书局，2003年版，第363、372页。

获,"皆由贪饵故也"。由"鱼、鸟"推知"人臣",唐太宗看到了行贿对于官员的腐蚀作用,所以他格外强调官员的自律自制。并进一步指出"荣辱之端。奢俭由人,安危在己"。所以"富贵广大,守之以约;睿智聪明,守之以愚。不以身尊而骄人,不以德厚而矜物。茅茨不剪,采椽不斫,舟车不饰,衣服无文,土阶不崇,大羹不和。非憎荣而恶味,乃处薄而行俭"。① 只有如此"防其害源,开其利本"。厉行"节俭之德",自我作起,才能导致"风淳俗朴",而天下清明。

三、唐太宗的礼乐思想

唐太宗的礼乐教化思想,是儒家的礼乐教化思想的继承与发扬,本质上也是一种儒家的仁政思想,它体现在"礼别异,乐和同",即承认差别性而又主张"和而不同"的和谐精神。礼则表现了对自然的敬畏,对人(包括庶民)的尊重和约束;乐则体现了情感的疏导与"和乐"的精神。将礼制森严化与音乐的神秘化是对礼乐精神理解的偏失。这在贞观一朝都得到了纠正。表现为对前朝礼制和礼学进行总结性研究而修订的《贞观礼》与《开元礼》;以及在对音乐关乎盛衰新认识的基础上而制订的新乐。

唐太宗的礼乐文教思想

太宗即位之后,贞观君臣根据"礼缘人情"的原则,重新制订了"五礼"及官制、朝仪、婚姻等礼仪制度。进一步清除门阀观念和佛道影响;尊崇儒学,树立仰慕建功立勋,"忠孝可称,或道义清素,学艺通博"的社会风气。太宗谓侍臣曰:"经闻京城士庶居父母丧者,乃有信巫书之言","败俗伤风,极乖人理。宜令州县教导,齐之以礼典。"诏令公主下嫁,及士庶婚姻,皆须备行礼敬舅姑;僧道亦须遵行敬拜父母之礼。太宗谓侍臣曰:"佛道设教,本行善事,岂遣僧尼道士等妄自尊崇,坐受父母之拜,损害风俗,悖乱礼经? 宜即禁断,仍令致拜于父母。"又尝

---

① 《唐太宗全集·帝范·崇俭篇》,天津古籍出版社,2004年版,第610页。

曰:"阴阳拘忌,朕所不行。若动静必依阴阳,不顾理义,欲求福祐,其可得乎? 若所行皆遵正道,自然常与吉会。且吉凶在人,岂假阴阳拘忌?"① 太宗的礼乐观完全是尊重风俗,遵行正道出发,因而反对拘忌阴阳,不顾礼仪的行为。贞观十一年,房玄龄、魏征等修《贞观礼》成,太宗乃作《颁示礼乐诏》曰:

> 先王之辨方正位,体国经野,象天地以制法,通神明以施化,乐由内作,礼自外成,可以安上治民,可以移风易俗,揖让而天下治者,其惟礼乐乎! 朕虽德谢前王,而情深好古。伤大道之既隐,惧斯文之将坠,故广命贤才,旁求遗逸,探六经之奥旨,采三代之英华。古典之废于今者,咸择善而修复;新声之乱于雅者,并随违而矫正。莫不本之人心,稽乎物理,正情性而节事宜,穷高深而归简易。用之邦国,彝伦以之攸叙;施之律度,金石于是克谐。今修撰既毕,可颁天下,俾富教之方,有符先圣;人伦之化,贻厥后昆。②

这篇诏文集中地反映了太宗的礼乐观。《贞观礼》对礼乐的修复、矫正,"莫不本之人心,稽乎物理,正情性而节事宜,穷高深而归简易"。更便于辅助"富而后教"的施政方针,实现"人伦之化"的社会秩序。太宗对礼乐教化是有着深刻认识的。

太宗又尝谓侍臣曰:"国以民为本,人以食为命。若禾黍不登,则兆庶非国家所有。既属丰稔若斯,朕为亿兆人父母,唯欲躬务俭约,必不辄为奢侈。朕常欲赐天下之人,皆使富贵,今省徭赋,不夺其时,使比屋之人恣其耕稼,此则富矣。敦行礼让,使乡闾之间,少敬长,妻敬夫,此则贵矣。但令天下皆然,朕不听管弦,不从畋猎,乐在其中矣!"③ 太宗以民为本,天下富足则乐在其中的胸怀也是古今罕匹的。

关于礼乐尤其是雅乐的改订,贞观之初,曾有过一次讨论,据《贞

---

① 《贞观政要集校·礼乐第二十九》卷七,中华书局,2003年版,第395页。
② 《唐太宗全集·颁示礼乐诏》,天津古籍出版社,2004年版,第369—370页。
③ 《贞观政要集校·务农第三十》卷八,中华书局,2003年版,第426、427页。

观政要》记载：

> 贞观二年祖孝孙奏上雅乐。太宗曰："礼乐之作，盖圣人缘物设教，以为撙节，治之隆替，岂此之由？"御史大夫杜淹对曰："前代兴亡，实由于乐。陈将亡也，为《玉树后庭花》；齐将亡也，而为《伴侣曲》。行路闻之，莫不悲泣，所谓亡国之音也。以是观之，盖乐之由也。"太宗曰："不然，夫音声能感人，自然之道也。故欢者闻之则悦，忧者听之则悲，悲欢之情，在于人心，非由乐也。将亡之政，其民必苦，然苦心所感，故闻之则悲耳，何有乐声哀怨，能使悦者悲乎？今《玉树》、《伴侣》之曲，其声具存，朕当为公奏之，知公必不悲矣。"尚书右丞魏征进曰："古人称：'礼云礼云，玉帛云乎哉！乐云乐云，钟鼓云乎哉！'乐在人和，不由音调。"太宗然之。①

唐太宗不赞同杜淹所说"前代兴亡，实由于乐"；而赞同魏征的"乐在人和，不由音调"，太宗认为，音乐具有感动人的力量，但音乐感动人的根源不在音乐本身，而是人心所赋予的。将亡之政，其民必苦，苦心所感的音乐则必悲苦，同样的音乐，治世之下的欢者听了却会很娱悦。隋奉行虐民之政，即使更改了音乐也改变不了其亡国的命运。如果现在演奏隋朝旧乐，今人听了也不会像隋朝百姓那样的痛苦。这种类似"声无哀乐论"的开明音乐思想，为盛唐音乐风气的开启，奠定了比较清新宽松、博大宏阔的文化基调。在"乐与政通"的理论上，唐太宗与历代制乐者是相同的，都承认"乐"与"政"有着决然密切的关系。只是在乐与政二者相互制约和影响的关系上，唐太宗与其他制乐者历行的"节礼乐"、"放郑声"不同，他认为乐舞曲调的哀乐，无关乐舞本身，而在于百姓的安与否。有礼有德，是唐太宗制乐的基础，也是唐太宗的为政之道，他认为有德才能民安，民安而后乐和。

"乐在人和，不由音调"是一种重视民心向背、民贵君轻的儒家仁

---

① 《旧唐书·音乐志一》卷二十八，中华书局，1975年版，第1041页。

政思想,是荀子"礼乐之统,管乎人心"①思想的继承与发扬。

太宗晚年著遗范子孙的《帝范》一书,中有《阅武》、《崇文》二篇,从知唐代文治武功之盛,盖有由矣。其《崇文篇》曰:

> 夫功成设乐,治定制礼。礼乐之兴,以儒为本。宏风导俗,莫尚于文;敷教训人,莫善于学。因文而隆道,假学以光身。不临深溪,不知地之厚;不游文翰,不识智之源。然则质蕴吴竿,非括羽不美;性怀辨慧,非积学不成。是以建明堂,立辟雍。博览百家,精研六艺,端拱而知天下,无为而鉴古今。飞英声,腾茂实,光于天下不朽者,其惟学乎? 此崇文之术也。②

"吴竿"、"括羽"句,是说人的材质即使直如可以制箭的吴竹,然而不为其配饰上华美的雁羽,仍然难于成为射必中的良箭。其中也隐喻着文治武功之不可偏废。然后笔锋一转,继续论述文治与武功,"斯二者,递为国用"的道理。"是知文武二途,舍一不可,与时优劣,各有其宜。武士儒人,焉可废也。"可见唐太宗定礼制乐,兴复儒学(学校)目的就在于"宏风导俗",并教训子孙说,这是"端拱(端坐拱手,清静无扰)而治天下"的不二法门。

第三节 魏征的谏诤精神与政教思想

一、魏征事略

魏征,字玄成,邢州巨鹿人(今河北巨鹿)。少年孤贫,然其家世十分显赫,先祖为战国"四君子"之一的信陵君魏无忌;曾祖父魏钊,北魏义阳太守、陵江将军。"雅性俊辩,博涉群书,有当世才,兼资文武,知

---

① 《荀子·乐论第二十》卷十四,中华书局,1988年版,第382页。
② 《唐太宗全集·帝范·崇文篇》文告编,天津古籍出版社,2004年版,第617、618页。

名梁、楚、淮、泗之间。"

父长贤,北齐著作佐郎。河清中,上书讥刺时政,大忤权幸,而被贬上党屯留令。

魏征"世传儒业",受父祖忠勇正直家风的影响,虽少年孤贫,然而"落拓有大志,好读书,多所通涉"。隋末,王通的弟子薛收游于河北馆陶,适与魏征相遇,结为好友,并随薛收来到河东龙门,向王通求学。这次求学经历和结识的众多好友,对他后来仕唐,产生了重大影响。不久回到故乡,时逢战乱,乃假扮道士,参加瓦岗起义军。尝进十策说李密,不能用,后果致败。随李密归唐,自请安辑山东,说降李勣,但不久陷于窦建德军。建德败,复得入关,隐太子建成引为洗马。魏征见秦王功高,阴劝太子早为计,乃请安辑河北讨伐叛乱以建功布德。及太子败,秦王责征曰:"尔阅吾兄弟,奈何?"答曰:"太子早从征言,不死今日之祸。"王器其忠直,并无恨意。当时太宗身边重臣多为魏征河东同窗,如房玄龄、杜如晦等,至此必有人为魏征与其同事太子的王珪说项。始得太宗宽宥,并加以任用。

太宗即位后,河北州县素事太子建成、齐王元吉者不自安,潜伏叛乱危机。魏征白太宗曰:"不示以至公,祸将不可解。"太宗因遣其安喻河北。路遇押解入京的太子、齐王旧属,即传诏命,一概释放,然后奏闻。奉使还京,对其日益亲近,或引至卧内,咨访天下事。魏征亦自以为不世之遇,乃尽展平生所学无所隐讳,前后凡上二百余封奏疏,无不剀切时事,甚合太宗心意。于是官拜尚书右丞,兼谏议大夫。

贞观初年,魏征迁秘书监,参预朝政。乃以丧乱之后,典章纷杂,奏引学者校定四部书。数年之间,秘府图籍,粲然毕备。

贞观七年,代王珪为侍中,尚书省滞讼有不决者,诏征评理之。征性非习法,但存大体,以情处断,无不悦服。魏征因而又言:"旧律令(今按:指《武德律》)重,于是议绞刑之属五十条,免死罪,断其右趾,应死者多蒙全活。"①

唐高祖尝诏令狐德棻、岑文本、孔颖达、许敬宗、姚思廉、李百药等儒臣撰修南北历代史志;太宗复诏魏征总加撰定,多所损益,务存简正。《隋史》序论,皆征所作,《梁》、《陈》、《齐》各为总论,时称良史。②

魏征又以戴圣《礼记》编次不伦,遂为《类礼》二十卷,以类相从,削其重复,采先儒训注,择善从之,研精覃思,数年而毕。太宗览而善之,录数本以赐太子及诸王,仍藏之秘府。

左右见魏征日渐宠信,因加毁谤,谓其结党营私。太宗使温彦博按讯,知其失实。但为示至公,仍然对太宗说:"魏征身为人臣,不能著形迹,远嫌疑,而被飞谤,是宜责之。"因命彦博责备于征。征向太宗谢罪曰:"臣闻君臣同心,是谓一体,岂可置心至公,而专重形迹?若上下共由兹路,邦之兴丧未可知也。"太宗矍然而悟。魏征于是说:"愿陛下俾(使)臣为良臣,毋俾臣为忠臣。"太宗曰:"忠、良异乎?"征曰:"良臣,稷、契、咎陶也;忠臣,龙逢、比干也。良臣,身荷美名,君都显号,子孙传承,流祚无疆;忠臣,己婴祸诛,君陷昏恶,丧国夷家,只取空名。此其异也。"太宗因而又问:"为君者何道而明,何失而暗?"征曰:"君所以明,兼听也;所以暗,偏信也。"③

唐承大乱之后,一般皆认为治乱世难以为治,太宗即尝叹曰:"今大乱之后,其难治乎?"征曰:"大乱之易治,譬饥人之易食也。"太宗曰:"古不云善人为邦百年,然后胜残去杀邪?"答曰:"此不为圣哲论也。圣哲之治,其应如响,期月而可,盖不其难。"封德彝曰:"不然。三代之后,浇诡日滋。秦任法律,汉杂霸道,皆欲治不能,非能治不欲。征书生,好虚论,徒乱国家,不可听。"征曰:"五帝、三王不易民以教,行帝道而帝,行王道而王,顾所行何如尔。太宗纳之不疑。其后果然天下大

---

① 《旧唐书·刑法志》卷五十,中华书局,1975年版,第2135页。
② 《旧唐书·魏征传》卷七十一,中华书局,1975年版,第2548、2550页。
③ 以上俱见《新唐书·魏征传》卷九十七,中华书局,1975年版,第3868页。为使文意易晓,凡此类引文,文字略作增改,不另解释。

治。蛮夷君长袭衣冠,带刀宿卫。东薄海,南逾岭,户阖不闭,行旅不赍粮,取给于道。太宗谓群臣曰:"此征劝我行仁义,既效矣。惜不令封德彝见之!"①

然而太平日久,太宗亦不免渐生骄慢,对魏征事事谏阻,难免心生厌倦。据《隋唐嘉话》载:

> 太宗曾罢朝,怒曰:"会杀此田舍汉!"文德后问:"谁触忤陛下?"帝曰:"岂过魏征,每廷争辱我,使我常不自得。"后退而具朝服立于庭,帝惊曰:"皇后何为若是?"对曰:"妾闻主圣臣忠。今陛下圣明,故魏征得直言。妾幸备数后宫,安敢不贺?"②

由于贞观之初,太宗导人使谏,又有魏征作榜样,当时上封事谏疏者渐众,或不切事,太宗厌之,欲加黜废,征谏曰:"古者立谤木,欲闻己过。封事,其谤木之遗乎!陛下思闻得失,当恣其所陈。言而是乎,为朝廷之益;非乎,无损于政。"太宗悦,皆劳遣之。

魏征所上谏疏,随事指陈,率皆类此,太宗亦皆予以接受改正,遂致政治清明,渐臻盛世。一日,太宗谓群臣曰:"贞观以前,从我定天下,间关草昧,玄龄功也。贞观之后,纳忠谏,正朕违,为国家长利,征而已。虽古名臣,亦何以加!"太宗尝问群臣:"征与诸葛亮孰贤?"岑文本曰:"亮才兼将相,非征可比。"太宗曰:"征蹈履仁义,以弼朕躬,欲致之尧、舜,虽亮无以抗。"给予魏征以至高的荣誉与评价。

魏征谏疏最著名的是《十渐不克终疏》,疏奏,太宗曰:"朕今闻过矣,愿改之,以终善道。有违此言,当何施颜面与公相见哉!方以所上疏,列为屏障,庶朝夕见之,兼录付史官,使万世知君臣之义。"

魏征病逝之后,太宗亲制碑文,并为书石。其后追思不已,形诸梦寐。尝临朝谓侍臣曰:"夫以铜为镜,可以正衣冠;以古为镜,可以知兴

---

① 《新唐书·魏征传》卷九十七,中华书局,1975年版,第3870页。
② 《隋唐嘉话》卷上,中华书局,1979年版,第7页。

替;以人为镜,可以明得失。朕常保此三镜,以防己过。今魏征殂逝,遂亡一镜矣!"①

二、魏征谏诤的特点及其效果

魏征是以其刚直敢谏,而成为一代名臣,彪炳史册的。事君敢谏固所难能,而史不乏其人,善谏而能令君采纳,产生实际效果,则犹为难能可贵。太宗之勇于纳谏,为历朝所罕见,然而尚有盛怒拒谏之时,况昏庸之君,触其逆鳞,不惟禄命难保,善谋见弃,即使置身家于不顾,终亦无益于国。故以谏诤说君,自古称难,韩非子为此而著《说难》,其文曰:

> 凡说之难:非吾知之有以说之之难也,又非吾辩之能明吾意之难也,又非吾敢横失而能尽之难也。凡说之难:在知所说之心,可以吾说当之。
>
> "凡说之务,在知饰所说之所矜","大意无所拂悟,辞言无所击摩,然后极骋智辩焉。此道所得,亲近不疑而得尽辞也"。
>
> 夫龙之为虫也,柔可狎而骑也;然其喉下有逆鳞径尺,若人有婴之者,则必杀人。人主亦有逆鳞,说者能无婴人主之逆鳞,则几矣。②

韩非子认为"凡说之难,在知所说之心,可以吾说当之",此谏说者不可不知也。如遇暴虐之君,非置生死于度外者,则无人敢谏;执掌生杀予夺大权的帝王皆有所谓"逆鳞",韩非子则教人如何"无婴人主之逆鳞",好为名高的君主,则说之以厚利,好求厚利的君主,则导之以名高;如不谙谏说之术,则有七种导致"身危"的结果。其说全为身谋自全计,而丝毫没有公忠体国的意念,完全是纵横家揣摩人主的辩说之术。这当然都出自其以"法术势"为主旨的法家哲学。

---

① 以上见《新唐书·魏征传》卷九十七,中华书局,1975年版,第3876、3880页。
② 《韩非子集释·说难第十二》卷四,上海人民出版社,1974年版,第221页。

儒家之所以能融合百家,在于其在以仁义为基础的原则下,尽取诸家之长。此亦为河汾之学的特点,魏征出自王门,又复"多所通涉",观其谏疏,既有纵横家的雄辩,又不失儒家的忠谏之规,完全不顾得失,亦不揣摩人主,但以启悟君主,利于致治为鹄的。即使得遇明君,其于政理,间或有所不明,于事或偶有所失。欲以谏疏启悟之,则必须晓以义理,陈以利害,运用一些谏说艺术,务使君主感悟,以便乐于纳受。至若情势紧急,仓促之间,亦必据理力争,置个人生死得失于度外。魏征的谏诤艺术的特点,大略有如下数端:

魏征向以公忠刚直著称,所以其谏疏往往直言无隐,但多不激切,永远是那么从容不迫。但并不反对激切,认为是在所难免甚至是必要的。尝应对太宗欲贬斥群下的谏诤封事(只写给帝王一人看的奏疏),甚欲治以"讪谤"之罪,魏征当即谏诤说:"自古上书,率多激切。若不激切,则不能起人主心。"①"激切即近诽谤"。终使太宗回心转意,非但没有处罚,反皆给予赏赐。魏征自己在仓促危急之间,进尽忠言,亦难免有"激切"之时。史称:"征状貌不逾中人,有志胆,每犯颜进谏,虽逢帝甚怒,神色不徙,而天子亦为霁威。议者谓贲、育不能过。"②

贞观初年,太宗欲扩大兵源,征召未成年男子入伍,魏征认为不可,太宗不听,执意征召,魏征始终谏阻,拒签敕令。太宗盛怒而召征质问,魏征从容不迫正色应答:"臣闻竭泽取鱼,非不得鱼,明年无鱼;焚林而畋,非不获兽,明年无兽。若次男已上,尽点入军,租赋杂徭,将何取给?且比年国家卫士,不堪攻战。岂为其少?但为礼遇失所,遂使人无斗心。若多点取人,还充杂使,其数虽众,终是无用。若精简壮健,遇之以礼,人百其勇,何必在多?"又抓住太宗"每云:我之为君,以诚信待物,欲使官人百姓,并无矫伪之心"的话,反责太宗"自登极已

---

① 《贞观政要·纳谏第五》卷二,中华书局,2003年版,第106页。
② 《新唐书·魏征传》卷九十七,中华书局,1975年版,第3881页。状貌不逾中人,是说相貌身材与平常人一样,以衬托其有非凡胆识。

来,大事三数件,皆是不信,复何以取信于人"?太宗愕然未省何故,魏征历举其事,其一即为曾经敕旨赋役纳讫的人丁,不更征取。然而散还之后,方更征收;即已纳赋,便点入军,何以取信于臣民?"百姓之心,不能无怪"。太宗遂停止征兵中男之举。魏征谏君,不惟善于说理,而且敢于指陈君主前后矛盾,以使君主省悟而纳谏,可谓高人一筹。

魏征博通经史,谙习典故,故能于谏疏中引古鉴今,广征博喻,寓是非义理于其间,使人一闻便知得失利害之所在。如曰:"祸福相倚,吉凶同域,唯人所召,安可不思","若能思其所以危,则安矣;思其所以乱,则治矣;思其所以亡,则存矣","为国之基,必资于德礼","德礼诚信,国之大纲",比如"言而不信,言无信也;令而不从,令无诚也。不信之言,无诚之令,为上则败德,为下则危身,虽在颠沛之中,君子之所不为也"。"上不信,则无以使下,下不信,则无以事上,信之为道大矣。"又说"竭诚则吴越为一体,傲物则骨肉为行路。虽董之以严刑,振之以威怒,终苟免而不怀仁,貌恭而不心服。怨不在大,可畏惟人,载舟覆舟,所宜深慎,奔车朽索,其可忽乎!"①"不居安思危,戒奢以俭,斯犹伐根以求木茂,塞源而欲流长也"②,以比喻说理,易于使人领悟,并给人留下深刻的印象,久后难忘。

又用今昔对比,以提醒君王勿忘前言往行,以彰显与时下所为的差距。其于《十渐不克终》开篇历述太宗帝业肇开之时的嘉言懿行,简直可以拟于往圣,看似颂扬,而实为便于今昔对照,揭示前后矛盾,使人无可辩驳,惟有自愧而已。于是在赞扬之后,笔锋一转,指出十项今不如昔,渐不克终的弊端,如曰:

> 陛下贞观之初,无为无欲,清静之化,远被遐荒。今则求骏马于万里,市珍奇于域外。

---

① 《旧唐书·魏征传》卷七十一,中华书局,1975年版,第2554、2551页。
② 《贞观政要·君道第一》卷一,中华书局,2003年版,第17页。

> 贞观之始，视人如伤，恤其勤劳，爱民犹子，每存简约，无所营为。顷年以来，意在奢纵，忽忘卑俭，轻用人力，乃云："百姓无事则骄逸，劳役则易使。"自古以来，未有由百姓逸乐而致倾败者也，何有逆畏其骄逸而故欲劳役者哉？恐非兴邦之至言，岂安人之长算？

> 陛下贞观之初，孜孜不怠，屈己从人，恒若不足。顷年以来，微有矜放，恃功业之大，意蔑前王，负圣智之明，心轻当代，此傲之长也。欲有所为，皆取遂意，纵或抑情从谏，终是不能忘怀，此欲之纵也。志在嬉游，情无厌倦，虽未全妨政事，不复专心治道，此乐将极也。率土乂安，四夷款服，仍远劳士马，问罪遐裔，此志将满也。

有理有据，言辞犀利，虽不失于臣下礼节，实无异于声罪致讨，使君主无所逃匿。而后指出一条唯一出路，即惟有洗心革面，一意遵行而已。

魏征之谏太宗，虽性属刚直，而言辞极尽委曲，寓刚于柔，直辞正谏；由于帝王的言行，关乎国运的兴衰，只要发现太宗的过失，无不竭思尽虑，倾诚开导；讲求谏诤艺术，无非为了感悟人主，增强说服力，使其乐于接受。

太宗之所以堪称圣明君主，不在其聪明绝伦，亦非因功高盖世，而实在其能知过必改，勇于纳谏。由于太宗的导臣以纳谏之风，方始训致清明之治，造就魏征等一代忠谏无隐的良臣。甚至使前朝之佞臣，亦转而变为忠良。

然而深明政理之君主，亦往往临事任情处断。比如唐初刑滥之风，即未能尽革。魏征虑其势将造成更为深远的不良影响，乃于引经据典之后，直斥刑赏不公之危害：

> 今之刑赏，未必尽然。或屈伸在乎好恶，或轻重由乎喜怒；遇喜则矜其情于法中，逢怒则求其罪于事外；所好则钻皮出其毛羽，

> 所恶则洗垢求其瘢痕。瘢痕可求,则刑斯滥矣;毛羽可出,则赏因谬矣。刑滥则小人道长,赏谬则君子道消。小人之恶不惩,君子之善不劝,而望治安刑措,非所闻也。①

危人自安的刻薄社会风气,实因帝王逐渐养成而不自觉的骄侈习性所致。古人所谓"贵不与骄期而骄自至,富不与侈期而侈自来",并非说说而已的空话。

魏征谏疏的内容十分丰富,其中即包括劝导太宗罪己纳谏,并引据历史阐明其意义云:

> "禹、汤罪己,其兴也勃焉;桀、纣罪人,其亡也忽焉。"魏文帝云:"有德之君乐闻逆耳之言。犯颜之诤,亲忠臣,厚谏士,斥谗慝,远佞人者,诚欲全身保国,远避灭亡者也。"②

指陈太宗顷年每不能遵行其旨,有违初志。

> "高谈疾邪,而喜闻顺旨之说;空论忠谠,而不悦逆耳之言。"

甚至:

> 时或宣言云:"臣下见事,只可来道,何因所言,即望我用?"此乃拒谏之辞,诚非纳忠之意。何以言之?犯主严颜,献可替否,所以成主之美,匡主之过。若主听则惑,事有不行,使其尽忠谠之言,竭股肱之力,犹恐临时恐惧,莫肯效其诚款。若如明诏所道,便是许其面从,而又责其尽言,进退将何所据?欲必使乎致谏,在乎好之而已。故齐桓好服紫,而合境无异色;楚王好细腰,而后宫多饿死。夫以耳目之玩,人犹死而不违,况圣明之君求忠正之士,千里斯应,信不为难。若徒有其言,而内无其实,欲其必至,不可得也。③

---

① 《贞观政要集校·刑法第三十一》卷八,中华书局,2003年版,第431、440页。
② 《贞观政要集校·论诚信第十七》卷五,中华书局,2003年版,第297页。《魏郑公集·理狱听谏疏》作"魏武帝云"。
③ 《贞观政要·论诚信第十七》卷五,中华书局,2003年版,第298页。

太宗览后手诏答魏征曰:"省前后讽谕,皆切至之意,固所望于卿也。""朕以虚薄,多惭往代,若不任舟楫,岂得济彼巨川?不藉盐梅,安得调夫五味?"不仅采纳魏征的逆耳忠言,而且后厚予赏赐。恢复了昔日虚怀若谷,知过必改的明君风貌。

魏征敢谏善谏,太宗勇于纳谏,复能知过必改,君臣际遇,虽云千载一时,但毕竟对后世产生深远而良好的影响,实不愧为千古楷模。

三、魏征的政治理念

魏征属于儒家学者,曾问学于王通门下。此一事迹虽为正史所失载,然于《中说》及《王绩文集》尚可概见,应无可疑。且征之思想议论多有与其师相同者,如王通认为"封禅之费,非古也,徒以夸天下,其秦、汉之侈心乎?"①贞观中,颜师古与百官屡请封禅,太宗许之。魏征谏曰:"帝王在德,不在封禅。自丧乱以来,近泰山州县,凋残最甚。若车驾既行。不能令无使役。此便是因封禅而劳役百姓。""殚府竭财"。②太宗不能夺,乃罢封禅。又,河汾学派的观念,自与诸儒不同。如姚思廉主撰梁陈二史纪传,尚多天命、人事并重之论,而魏征为之撰写纪传后论,则略天命而重人事,有人事即天命的思想倾向,与王通正同。

有人以为魏征曾为道士,言论中又每有道家无为而治的主张,便以为其思想来自道家,这是不正确的认识。首先,老子无为而治的思想,早被孔子所吸收,并以垂拱而治为理国致治的最高境界。与老子的区别之处,在于认为无为是难以企及的,"尧舜其犹病诸"。主张现世必须以仁与礼来治理天下。其实老子论治道,也不排斥有为,如曰:"爱民治国,能无为乎?"③庄子后学进一步引申发挥老庄的思想,论无

---

① 《文中子集解·王道篇》卷一,上海广益书局,1936年出版,第4页。
② 《唐会要·封禅》卷七,中华书局,1955年版,第81页。
③ 朱谦之:《老子校释·十章》,中华书局,1984年版,第40页。原文无"乎"字,据校记补。

为有为的关系云：

> 上无为也，下亦无为也，是下与上同德，下与上同德则不臣；下有为也，上亦有为也，是上与下同道，上与下同道则不主。上必无为而用天下，下必有为为天下用，此不易之道也。①

此处上下同德的意思，不是"同心同德"之德，而是老子所谓"上德无为而无以为，下德无为而有以为"之德，老子上下不同之德，是以对立的形式出现的。《庄子》此处则反其意而论之，而含义亦已不同，应解为性行，②方始切义。近于史伯所谓"和实生物，同则不继"，惟有上下不同而和，无为与有为并用不悖，方能臻于至治。有为本是儒法两家的思想主张，至此而为庄子后学吸纳。刘笑敢认为：这是因为庄子后学"对儒法两家比较宽容，并有所吸收和肯定"的结果。③ 法家韩非则将这一思想表述为"明君无为"、"臣有其劳"。④ 孔孟的君臣论，则与道、法全然不同，孔子以"君臣以义合"，为儒家君臣关系定下基调，"君待臣以礼，臣事君以忠"，反之则去。事君应该"勿欺也，而犯之"⑤；子思则明确表示："君臣，朋友其择者也"。甚至认为："恒称其君之恶者，可谓忠臣矣。"⑥孟子则曰："欲为君，尽君道；欲为臣，尽臣道。二者皆法尧舜而已矣。""君之视臣如手足，则臣视君如腹心；君之视臣如犬马，则臣视君如国人；君之视臣如土芥，则臣视君如寇雠。"斥责"长君之恶"和"逢君之恶"的行为，主张"说大人则藐之"，以帝王师的姿态和威武不屈的大丈夫精神训导君主；对待怙恶不悛，拒谏饰非的昏暴君主，

---

① 《庄子集释·外篇·天道》卷五中，中华书局，1961年版，第465页。
② 兹据《故训汇纂》释德引《左传·成公十六年》"民生厚而德正"，孔颖达疏"德，谓人之性行"，商务印书馆，2003年版。
③ 刘笑敢：《庄子哲学及其演变》第三章第二节，中国社会科学出版社，1988年版，第84页。
④ 《韩非子集释·主道第五》卷一，上海人民出版社，1974年版，第67页。
⑤ 《论语集注·八佾第三》，《四书章句集注》卷二，第66页；《宪问》，《四书章句集注》卷七，第155页。中华书局，1983年版。
⑥ 《郭店楚墓竹简·语丛一》，第179页；《鲁穆公问》，第141页。文物出版社，1998年版。

则可采取"放"、"易位"甚至"诛一夫"等手段。① 自孔子传《易》以后,儒家无不赞成在生灵涂炭的情势下,效法"汤武革命,顺乎天而应乎人",作为诛除暴君、解民倒悬的最后方式。

自秦汉大一统确立,君主集权,易君则罕有其权,忤君或身先见诛,儒家君臣观,随之产生了微妙的变化,虽然始终以孔孟观点为基础,但已对道、法君臣观开始吸纳,作为补充,以适应现实。忠君易以法家绝对尊君为主要形式;道家君无为而臣有为的主张,也成为"致君尧舜",亦即勤政与谏君的原则之一。倘若遭遇昏暴之君,则非贬则惟有待机辞官而已。或谏或去,继之以死,似乎已成为坚守儒家君臣原则的唯一方式。

儒家政治思想的核心,一向坚持孔子所创立的仁政与礼制。仁礼思想体现了人道与秩序精神,体现了古代政治思想的精华。仁礼精神后经孟荀分别加以深入系统的论述,遂深入人心,成为后世儒学发展的基点。推行仁义礼乐,奉行中庸之道的目的,在于使百姓安居乐业,社会和谐发展,因此,中与和便成为实现仁政礼制的标准与方法。

儒家以民本治国,基于"民惟邦本,本固邦宁"的认识,鉴于前朝败亡的教训,太宗与魏征采用了"水能载舟,亦能覆舟"的形象说法来表述这一思想。礼法并举,重礼轻刑;德政与德教并举等等,也都是人道与民本思想的具体展现。

魏征博学善思,能够灵活地运用儒家的政治原则与择君标准,在坚守儒家政治原则的基础上,合理地吸纳道、法及百家的治国理念,丰富了儒家的政治理论。并非完全倾向于道家观念。这些都可以从其谏诫太宗的谏疏中得到证明。

德礼诚信,国之大纲的理政思想

魏征论政,首以德、礼、诚、信为治国之大纲。因为与治国成败关

---

① 《孟子集注·离娄上》,《四书章句集注》卷七,第 277 页;《离娄下》,《四书章句集注》卷八,第 290 页;《尽心下》,《四书章句集注》卷十四,第 373 页;《万章下》,《四书章句集注》卷十,第 324 页,《梁惠王下》,《四书章句集注》卷二,第 221 页。中华书局,1983 年版。

系最大者,首先是帝王国君;君主为国家权力之原,掌握生杀予夺、至高无上的大权,即使以德礼临政,而不能以诚信莅民,为臣仍将无所措手足,更无法有所作为;百姓亦将深受其害,渐生叛离之心,如此则将难以摆脱四海困穷,国无宁日的乱象。

魏征欣逢有志于治国、勇于纳谏的明君,对治国之根本大计,认识深透并有自己的思路。贞观十一年(637)大雨河溢,毁坏宫寺,淹没百姓田产六百余家。太宗一方面调拨粮款赈济,一方面诏令百官各上封事,言皇帝过失。魏征上书道:

> 臣闻为国基于德礼,保于诚信。诚信立,则下无二情;德礼行,则远者来格。故德礼诚信,国之大纲,不可斯须废也。

谴责当前政治弊端并指出其产生原因云:

> 自王道休明,绵十余载,仓廪愈积,土地益广,然而道德不日博,仁义不日厚,何哉?由待下之情,未尽诚信,虽有善始之勤,而无克终之美。强直者畏擅权而不得尽,忠说者虑诽谤而不敢与之争。

然后指出自己的解决方略:

> 必怀之以德,待之以信,厉之以义,节之以礼,然后善善而恶恶,审罚而明赏,无为之化何远之有![1]

晓之以义理,动之以利害,使太宗欣然嘉纳,而且立竿见影,宣布废除部分宫室、园囿,颁赐难民居住。这其中提及的"无为之化",实际上只是施行德、礼、信、义,以及赏罚公正的结果。并非"无为"而可自致的。

魏征在《隋书·循吏列传序论》中,论及古代"牧民"者("牧民"一词出于齐法家《管子》书,唐时避讳"民"改称"人"),善于运用德礼诚信为政的意义及其效果,反映了其深刻的善政化民思想。其文曰:

---

[1]《新唐书·魏征传》卷九十七,中华书局,1975年版,第3876页。

> 古之善牧人者，养之以仁，使之以义，教之以礼，随其所便而处之，因其所欲而与之，从其所好而劝之。如父母之爱子，如兄之爱弟，闻其饥寒为之哀，见其劳苦为之悲，故人敬而悦之，爱而亲之。恤其灾患，导以忠厚，因而利之，惠而不费。其晖映千祀，声芳不绝，夫何为哉？用此道也。然则五帝、三王不易人而化，皆在所由化之而已。故有无能之吏，无不可化之人。①

"牧民"一语，虽然袭用法家，但其思想全是儒家思想的发挥。教之以礼，使之以义，"因民之利而利之"，"惠而不费"等，正是孔夫子所倡的仁爱化民主张。魏征的深刻之处，在于认识到民风善恶之所向，"皆在所由化之而已"。甚至发出"有无能之吏，无不可化之人"的呼声。这在唐初对于君臣上下是会起到震动性的影响作用的。

居安思危，虑及久远的忧患意识

太宗和魏征都曾亲历隋朝自富庶而强大的帝国，而迅即灭亡的历史，因而皆有深刻的体认。然而执政既久，四海安静，仍能时刻省记这一历史教训，不敢放松警惕，却非易事，如贞观初年，太宗曾提出著名的"民可畏论"，对此，魏征则引用古语指出君与民的辨证关系说："臣闻古语云：'君，舟也；人，水也。水能载舟，亦能覆舟。'陛下以为可畏，诚如圣旨。"②水舟之喻，遂使太宗牢记于心，经常提及，并用作临民理政的原则性指导方针。贞观十一年，魏征曾两上奏疏，提出以"居安思危"的危机意识，作为治国的基本方略。认为：自古帝王，即位之初，皆能"继体守文，控御英雄，南面临下"，皆欲至治，传于百世。"然而克终者鲜，败亡相继，其故何哉？所以求之，失其道也。殷鉴不远，可得而言。"指出隋之灭亡不在于"故行桀虐，以就灭亡"，而恰是"恃其富强，不虞后患"。则我"若能鉴彼之所以失，念我之所以得，日慎一日，虽休勿休"，居安思危，则可以达到"无为而治"的上德之治。这里的"无为"

---

① 《隋书·循吏传》卷七十三，中华书局，1973年版，第1673页。
② 《贞观政要·政体第二》卷一，中华书局，2003年版，第33页。

则实指不要强行征役以扰民的意思。如果虑不及此,"不慎厥终,忘缔构之艰难,谓天命之可恃,忽采椽之恭俭,追雕墙之靡丽","不知止足,人不见德,而劳役是闻,斯为下矣。譬之负薪救火,扬汤止沸,以暴易乱,与乱同道,莫可测也"。

魏征在另一奏疏中,再次阐明并劝导太宗"载舟覆舟,所宜深慎"的道理云:

> 臣闻求木之长者,必固其根本;欲流之远者,必浚其泉源;思国之安者,必积其德义。不念居安思危,戒奢以俭,德不处其厚,情不胜其欲,斯亦伐根以求木茂,塞源而欲流长者也。有善始者实繁,能克终者盖寡,岂取之易而守之难乎?竭诚则胡越为一体,傲物则骨肉为行路。虽董之以严刑,震之以威怒,终苟免而不怀仁,貌恭而不心服。怨不在大,可畏惟人,载舟覆舟,所宜深慎,奔车朽索,其可忽乎!

这即是为太宗书之于屏风,时常记诵,引为深戒而彪炳史册的《谏太宗十思疏》。其后在对太宗"守天下难易?"之问时,魏征对曰:"甚难。"太宗曰:"任贤能,受谏诤,即可。何谓为难?"征曰:

> 观自古帝王,在于忧危之间,则任贤受谏。及至安乐,必怀宽怠,言事者惟令兢惧,日陵月替,以至危亡。圣人所以居安思危,正为此也。安而能惧,岂不为难?[①]

魏征的居安思危的治国方略,体现了儒家以民为本的治国主张,魏征的弘谋远虑,常常寓于平实的议论之中,强调帝王与臣民关系的和谐。看似平易,而实为治国之要领。水舟之喻,本出于孔子、荀卿所言,然而历代儒家常予忽略,至魏征始予大力发挥,并施之于实际政治之中,遂为后世君臣所称颂,而忘其为孔荀之言,可见其影响之大。

---

① 《贞观政要·君道第一》卷一,中华书局,2003年版,第16、18、25页。引文有节略。

居安思危,虑及深远的忧患意识,贯穿于魏征所有的言论与谏疏中,是魏征为政思想的指导原则,也是其论谏时政的主要特色。因为思虑深远,魏征的一些谏议往往不被理解而遭拒,由于心忧天下社稷,故而执意坚持,据理力争,亦数度让太宗盛怒不已,而魏征全然不顾自身安危,不纳不止。诚所谓"君子有终身之忧,而无一朝之患"①者也。

四、魏征的学术成就

魏征的学术思想,主要体现于其谏疏之中。由于得遇明主,乃将主要心血精力用于政治活动,此外就是主编周隋齐梁陈诸史,并著梁陈诸帝《总论》和为《隋书》撰写其中的序论、传论和《经籍志》;贞观初。又"诏中书令房玄龄、秘书监魏征等礼官学士,修改旧礼,定著《吉礼》六十一篇,《宾礼》四篇,《军礼》二十篇,《嘉礼》四十二篇,《凶礼》六篇,《国恤》五篇,总一百三十八篇,分为一百卷"②。

魏征"以戴圣《礼记》编次不伦,遂为《类礼》二十卷,以类相从,削其重复,采先儒训注,择善从之,研精罩思,数年而毕"。③《类礼》唐时又名《次礼记》。

又受太宗之命,编辑历代经史论著为《群书治要》五十篇。合二十卷。魏征在秘书监任上,曾竭力搜集汉魏逸书及《石经》残石:"贞观初,秘书监臣魏征,始收聚之。"④虽"十不存一",但甚有益于群书校勘。至是,编录《群书治要》,于经传史籍则选录《古文尚书孔传》等罕见传本。太宗览而善之,手诏褒奖之曰:"览所撰书,博而且要,见所未见,闻所未闻,使朕致治稽古,临事不惑。其为劳也。不亦大哉!"⑤并录副"以赐太子及诸王,藏之秘府"。

---

① 《孟子集注·离娄下》,《四书章句集注》卷八,中华书局,1983年版,第298页。孟子的本意是:人有远虑必无近忧。此处微变其义,用为心忧天下后世,而不计一时杀身祸患。
② 《旧唐书·礼仪一》卷二十一,中华书局,1975年版,第817页。
③ 《旧唐书·魏征传》卷七十一,中华书局,1975年版,第2559页。
④ 《隋书·经籍志一》卷三十二,中华书局,1973年版,第947页。
⑤ 《唐太宗全集·答魏征上群书理要手诏》文告编,天津古籍出版社,2004年版,第207页。

此外，魏征还与高士廉等同撰《文思博要》凡一千二百卷。旧唐书经籍志有《魏征集》二十卷，佚于唐末战乱。近代辑《魏郑公文集》只有文集三卷诗集一卷。三秦出版的《新编魏征集》收集各种辑本并梁隋诸史《史论》及《群书治要》为一书。

魏征的史论

唐贞观三年(629)，太宗诏令成立正式史馆，令房玄龄监修梁、陈、齐、周、隋五代史，颜师古、孔颖达、许敬宗、姚思廉等人分撰各史纪传。然房玄龄身居宰相，总司百揆，无暇脱身，太宗根据魏征的才学，任其"总知其务"，所以魏征是五朝史的实际总监。他不但监修，而且把握指导诸史编纂宗旨并亲自修撰，躬与撰写梁、陈、齐三史的总论和《隋书·经籍志》(此志可能撰于任秘书监时)。及各传序论与传论，皆有深刻的见解。如在《隋书·儒林传序》中对儒学的评价，表明其儒学的基本认识，以及个人立身从政的准则和对国家政治的作用。《传序》说："儒之为教大矣，其利物博矣。笃父子，正君臣，尚忠节，重仁义，贵廉让，贱贪鄙，开政化之本源，凿生民之耳目，百王损益，一以贯之。虽世或污隆，而斯文不坠，经邦致治，非一时也。涉其流者，无禄而富，怀其道者，无位而尊。"①明确指出历经"百王损益"的儒学对于国家政治、礼法教化、人伦关系，以及仁义忠信社会风尚的树立，所具有的决定性指导意义。因此，理应受到执政者的重视。《序论》还对西晋以来儒学盛衰的历史及其原因作了精辟的论述。贞观十年诸史、传完成。魏征为《隋书·经籍志》撰《序》曰："夫经籍也者，机神之妙旨，圣哲之能事，所以经天地，纬阴阳，正纪纲，弘道德，显仁足以利物，藏用足以独善。""美教化，移风俗，何莫由乎斯道。""遭时制宜，质文迭用，应之以通变。""其教有适，其用无穷。实仁义之陶钧，诚道德之橐籥也。其为用大矣，随时之义深矣。"②可见魏征对经籍的重视，是以深刻的理论认

---

① 《隋书·儒林传·序》卷七十五，中华书局，1973年版，第1705页。
② 《隋书·经籍志一》卷三十二，中华书局，1973年版，第903页。

识为基础的。贞观十五年,太宗又诏令补撰《五代史志》,由于志宁、李淳风、李延寿、颜师古等人分撰,令狐德棻、长孙无忌前后监修。《史志》修成后,编入《隋书》,是为《隋书》十志。为研究隋及其前代礼乐政治、经济文化等发展变化提供了珍贵的历史资料。其中《经籍志》,是继《汉书·艺文志》后的一部十分重要的图书目录,且有魏征所撰分类专论,准确论述了诸学各派著述存亡及学术演变的情况,可视为一部学术简史。

各史《纪传》的修撰者皆为当时著名的儒臣名士,体现了较高的修史水平,加之魏征所作史论,以儒家重人事轻天命的思想为指导,总结各朝沦亡的教训,阐发了不少深刻见解。在其影响下,诸史据实直书成为明显的特点。

贞观十年,五代史同时修成,唐太宗十分高兴,对史臣们的业绩给予嘉勉。他首先肯定了史书的作用,说:"朕睹前代史书,彰善惮恶,足为将来之戒。"并历数了始皇、炀帝畏惧历史、毁灭史籍的荒唐:"秦始皇奢淫无度,志存隐恶,焚书坑儒,用缄谈者之口;隋炀帝虽好文儒,尤疾学者,前世史籍,竟无所成,数代之事,殆将泯绝。"表明自己与之不同:"朕意则不然,将欲览前王之得失,为在身之龟镜。"[①]太宗不仅诏令修史,平日尤喜读史,目的即在"以古为镜,可以知兴替"。史书正是其所谓的三镜之一。魏征史论的目的也正要是为太宗也为后世君主提供谏诫而作。

魏征为诸史所作《总论》,反映了儒家的史学思想,提出儒家著史的目的和衡史的标准。成为后世修史论史的榜样。在考证历史、据实直书的基础上,以客观公允的态度,总结其所以兴所以亡的历史教训,是其史学观的核心。兹举《陈书五帝总论》以观其史论概貌,《陈五帝总论》书于《陈书》各纪的篇末,魏征以政治家、史学家的目光,对陈霸先为始的陈朝五帝做出客观公允的评价。应是关于陈朝诸帝最权威、

---

① 《唐会要·修撰》卷三十六,中华书局,1955年版,第656页。

详备的历史定论。

魏征《五帝总论》因陈五帝截然相反的作为,综合历代君主兴亡之迹而论之曰:

> 遐观列辟,纂武嗣兴,其始也皆欲齐明日月,合德天地,高视五帝,俯协三王,然而靡不有初,克终盖寡,其故何哉?
>
> 并以中庸之才,怀可移之性,口存于仁义,心怀于嗜欲。仁义利物而道远,嗜欲遂性而便身。佞谄之伦,承颜候色,因其所好,以悦导之,若下坂以走丸,譬顺流而决壅。此所以成、康、文、景千载而罕遇,癸、辛、幽、厉靡代而不有。古人有言,亡国之主,多有才艺,考之梁、陈及隋,信非虚论。然则不崇教义之本,偏尚淫丽之文,徒长浇伪之风,无救乱亡之祸矣。①

魏征首先就历代帝王"靡不有初,克终盖寡"的现象,提出问题。然后条分屡析,追根寻源,逐项指出其先天秉赋、后天人为等四条内外原因。其人多为中庸普通才质,具有既可向善、又可为恶的可移心性,却只是口谈仁义,心存嗜欲,远仁义、逐嗜欲,沉迷不悟,是为内因;佞谄之徒,投其所好,多方诱导,遂使远仁嗜欲之心,犹如决壅溃堤之水,一发不可收拾,是为外因。实际上,历代帝王皆非天降明德,很难主动抛弃所乐嗜欲,而以百姓之心为心。这就是为什么明君千载罕遇,而昏君靡代不有的原因。这些昏君固然需要付出"身婴戮辱"的代价,成为天下后世的笑柄;然而毒被社稷,祸延天下生灵,实在又是令人悲痛的灾难。然后指出乱、亡之祸,出自"多有才艺"的君主,这不仅是对历史的总结,也是对素多才艺的继位之君唐太宗,直接敲起的警钟。

魏征的史论率皆如此,放眼前古,总是立足于现实。总结前朝的经验,目的是为当代后世提供警戒。

---

① 《陈书·后主本纪》卷六,中华书局,1972年版,第119页。

魏征的礼乐观

魏征在河汾受学时,王通称其"征也直而遂(阮注:直道而遂行)"①,只闻其"受《书》"②,似不以精通礼乐著称。然《中说》记"征宿子之家,言《六经》,逾月不出"③。向王通请教、并研讨《续六经》,自然是包括《礼论》、《乐论》在内的。可见魏征对其师的礼乐之论及其精神应该是有所把握的。

据王通的观点:礼乐是"先王之道"的载体,"仁义其教之本乎?先王以是继道德而兴礼乐者也"。遂有"礼得而道存"之论。④ 王通还认为:礼乐的真精神和作用,是"正礼乐以旌后王之失,如斯而已"⑤。可见精通礼乐,得其精髓,尚须位至崇贵,方能有机会实施不失礼乐精神的礼乐制作。

王通弟子皆一时之秀异俊彦,但王通认为"若逢其时,(其位皆可)不减卿相,然礼乐则未备"⑥。因为礼乐的精神极难把握,把握不好,容易陷入繁文缛节的形式之中,无法予以损益取舍。所以王通认为不得其人,虽逢明时,亦难制礼定乐。然而,董、薛早殁,历史的重任落在房、魏诸人肩上。

大唐开国之初,高祖受禅,"未遑制作,郊庙宴享,悉用隋代旧仪"。至太宗践祚,方始"悉兴文教,乃诏中书令房玄龄、秘书监魏征等礼官学士,修改旧礼"。

房、魏奉诏在《隋礼》基础上撰修成《贞观礼》,于传统"五礼",各有损益,又特加《国恤》部分。不仅开唐代礼制改革的先端,唐时迈出儒

---

① 《文中子集解·天地篇》,广益书局,1936年版,第8页。
② 《文中子集解·关朗篇》,广益书局,1936年版,第67页。
③ 《文中子集解·周公篇》,广益书局,1936年版,第25页。
④ 《文中子中说·礼乐篇》卷六,第1321页中;《魏相篇》卷八,1325页上。《二十二子》,上海古籍出版社影印浙江书局汇刻本,1986年版。
⑤ 《文中子中说·礼乐篇》卷六,第1321页中,《二十二子》,上海古籍出版社影印浙江书局汇刻本,1986年版。
⑥ 《文中子中说·天地篇》卷二,《二十二子》,上海古籍出版社影印浙江书局汇刻本,1986年版,第1311页下。

家制度思想在大唐全面落实的第一步。

嗣后,魏征又"以《小戴礼》综汇不伦,更作《类礼》二十篇,数年而成。帝美其书,录置内府"①。认为"《小戴礼》综汇不伦",正是文中子的观点。至此由魏征实施改编重制。实开唐代疑经变古风气之先河。

唐太宗既平突厥,而年谷屡丰,当时"公卿大臣并请封禅,唯征以为不可"②。封禅既扰民又不合于礼制,所以遭到魏征的反对,看来,礼制对帝王的奢侈行为还是有所限制的。

对于制定新的礼仪制度,魏征提出一个修订的原则:即"稽诸古训,参以旧图",认为"孝因心生,礼缘情立。心不可极,故备物以表其诚;情无以尽,故饰宫以广其敬。宣尼美意,其在兹乎!"认为"凡圣人有作,义重随时,万物斯睹,事资通变"。所以繁文缛节,及"伤于质略。求之情理,未允厥中"。主张"随时立法,因事制宜。自我而作,何必师古"。用以"廓千载之疑议,为百王之懿范"又说:"礼所以决嫌疑,定犹豫,别同异,明是非者也。非从天降,非从地出,人情而已矣。"③在吉凶等礼中,还应使民间行用既久的"无文之礼咸秩,敦睦之情毕举,变薄俗于既往,垂笃义于将来,信六籍所不能谈,超百王而独得"④。这种"随时立法,因事制宜。自我而作,何必师古"。超乎经籍,度越百王的豪迈精神,固然来自国势的空前盛大富强,也来自对儒家礼乐精神理解的深透。方能有此自信与把握。所以新制定的《贞观礼》能够因时制宜,删减损益,只保留吉礼、宾礼、军礼、嘉礼、凶礼等五礼,新加《国恤》五篇。根据礼制"有益于人则祀之"的原则,近代所祭的五天帝、五人帝、五地祇等,并予以废除;并废除"近代通祭九州"的旧礼,"唯祭皇地祇及神州,以正祀典"。认为封禅大典,不符合"天道贵质"的要求,"又乖醇素之道,定议除之"。也增添了如"农隙讲武"、"养老于辟雍"

---

① 《新唐书·魏征传》卷九十七,中华书局,1975年版,第3881页。
② 《旧唐书·魏征传》卷七十一,中华书局,1975年版,第2560页。
③ 《旧唐书·礼仪志七》卷二十七,中华书局,1975年版,第1019页。
④ 《旧唐书·礼仪志二》卷二十二,中华书局,1975年版,第850页。

等礼仪。余皆"准依古礼,旁求异代,择其善者而从之"。太宗称善,颁布内外执行。①

关于音乐的改作,本着太宗"朕虽以武功定天下,终当以文德绥海内。文武之道,各随其时"的指令,魏征等为《秦王破阵曲》制歌辞,"更名《七德》之舞,增舞者至百二十人,被甲执戟,以象战阵之法焉"。② 可见阵容之盛大雄阔。表现了唐初讲武修文,思想开放的雄壮气魄。

总之,贞观年间的礼乐改制,正本清源,因时制宜,革除了旧礼的繁文缛节,纠正了音乐观的神秘错误的理念。为儒家礼乐精神在制度和现实社会中落实,奠定了基石。同时,新礼乐所表现的变古开放精神,也为唐代诗歌及艺术天地开辟与繁盛提供了制度保证与精神鼓舞。对此,魏征是做出杰出贡献的。

魏征第二项礼制改革是《类礼》的编纂。《类礼》又名《次礼记》二十卷。这部书从书名看,可能是对《礼记》所载的内容进行"以类相比"的重新编纂,很可能即是在用作编纂《贞观礼》时参考稿本的基础上加工而成,实际上是对古礼的整理和改作,使之条理化,以便实用。可见魏征的《类礼》继承了王通敢于疑古,因时变易,自作《续六经》的精神,开辟了中唐辨古疑经学风的先河,在学术史上应有其一席之位。

第四节 颜师古与陆德明

一、颜师古《五经定本》及其经学成就

(一) 颜师古生平事略

颜师古(581—645),字籀。生于隋开皇元年,卒于唐贞观十九年,

---

① 《旧唐书·礼仪志一》卷二十一,中华书局,1975年版,第817页。
② 《旧唐书·音乐志一》卷二十八,中华书局,1975年版,第1041、1045页。

年六十五岁。京兆万年人(今陕西西安),祖父颜之推,是南北朝之际的大学者,著名著作为《颜氏家训》,入隋,尝与刘臻等八人订正韵律,由陆法言整理为《切韵》一书。原籍山东琅邪,侨寓江南。及之推遭世离乱,历仕北朝,始居关中。父思鲁,以学艺称。仕隋任司经校书,东宫学士。武德初为秦王府记室参军。师古的两位叔父愍楚与游秦亦皆学问优异,为时所称。师古生活于这样的学术环境中,故能少传家业,博览群书,尤精诂训,善属文。隋仁寿中,为尚书左丞李纲所荐,授安养县尉。尚书左仆射杨素见师古年弱貌羸,因谓曰:"安养剧县,何以克当?"师古曰:"割鸡焉用牛刀。"杨素亦不免对其言之气势感到惊异。到任果以善治闻名。时薛道衡为襄州总管,与其祖有旧,又悦其才,有所缀文,尝使其掎摭疵病,甚亲近之。寻坐事免官,归于长安。终隋之世,未得调用,以教授为业。①

及高祖起义,师古随父投军谒见,授朝散大夫,拜燉煌公府文学,累迁中书舍人,专典机密。师古性敏捷,明练治体。是时军国多务,诏令一皆出于其手,册论奏疏之工,当时未有及者。唐高祖于武德五年,下《京官及总管刺史举人诏》,并命师古拟试题,师古乃为拟《策贤良问五道》,今存。

贞观初年,太宗以经籍去圣久远,文字讹谬,令师古于秘书省考定《五经》文字,师古多所厘正。书成之后,太宗复遣诸儒重加详议,于时诸儒传习已久,皆共非难。师古辄引晋、宋已来古今本,随言晓答,援据详明,皆出其意表,诸儒莫不叹服。于是兼通直郎、散骑常侍,颁其所定之书于天下,令学者习焉。

贞观七年,官拜秘书少监,专典刊正经籍。"所有奇书难字,众所共惑者,随疑剖析,曲尽其源。"但其在任用后生参与雠校时,"抑素流,先贵势,虽富商大贾亦引进之,物论称其纳贿,由是出为郴州刺史。未行,太宗惜其才,谓之曰'卿之学识,良有可称,但事亲居官,未为清论

---

① 《旧唐书·颜师古传》卷七十三,中华书局,1975年版,第2594页。

所许。今之此授,卿自取之。朕以卿曩日任使,不忍遐弃,宜深自诫励也。'师古谢罪,方又留任原职"①。太宗责备师古"事亲居官,未为清论所许",这在封建时代的文武官员,乃是严重的缺憾,师古作为经学大师更是对其家风令名的辱没。事实究竟如何呢?申屠炉明在《孔颖达颜师古评传》中,分析说:"按师古为人,'纳贿'未必有之;而汲引贵势,则与其家庭背景有关。"②颜氏世为高门,交游亦多权要,子弟不交寒素而与贵势往来的可能极大。然而不肯汲引寒门子弟,对一个有名望的士大夫而言,无论如何都是人格上的缺陷。至于"事亲"的不足,则是由于父母分居,而师古又未能劝和。虽然后来颜真卿在《颜氏家庙碑额阴记》中,说明师古曾多次苦劝,其父不从。至此,虽时人议论可畏,亦无从辩解,惟有谢罪而已。

师古性格简峭,视行辈傲然,罕所推接。既负其才学,又早见驱策,累被任用,意望甚高。及频有罪谴,仕益不进,罔然丧沮。遂闭门守静,杜绝宾客,葛巾野服,放情萧散,为园池林亭之适。雅爱搜求书画及古器,优游岁月。

不久奉诏与博士等撰定《五礼》,贞观十一年,书成,即著名的《贞观礼》,因又进爵为子。嗣后又奉太子承乾之命为班固《汉书》作注,解释详明,深为学者所重。《汉书》多用古语,向称难读,先是师古叔父游秦尝为《汉书决疑》一书,至是乃多所取资。师古《汉书注》由承乾表上之,太宗令编入秘阁藏书,赏赐甚厚。时人因以与杜预《左传注》并称,谓"杜征南、颜秘书为左丘明、班孟坚忠臣"③。

十五年,太宗下诏,欲封禅泰山,令"所司与公卿并诸儒士,及朝臣有学业者,详定其仪。博考圣贤之旨,以允古今之中。务尽诚敬"④。诏太常卿韦挺、礼部侍郎令狐德棻为封禅使,参议其仪,时论者竞起异

---

① 《旧唐书·颜师古传》卷七十三,中华书局,1975年版,第2595页。
② 申屠炉明:《孔颖达颜师古评传》第一章,南京大学出版社,2006年版,第16页。
③ 《新唐书·颜师古传》卷一百二十三,中华书局,1975年版,第5639页。
④ 《唐会要·封禅》卷七,中华书局,1955年版,第88页。

端。于是师古上《封禅议》指出:旧典未有封禅典礼,现存仅有秦汉遗迹,而且沿革不同,传说纷纭,难可取正。所以应该自我作古,不必泥于往代。其文曰:

> 封禅大礼,旧典不存。秦汉以来,颇有遗迹。阙而不备,难可甄详。且夫沿革不同,著之前诰,自君作古,闻诸往册。究六经之妙旨,毕天下之能事。纳于圣德,禀自宸衷,果断而行,文质斯允。①

并在议序中指明"封禅"之义,无非在于"将封先祭,义在告神",用五色(五方)之土,筑成九层高台,将祭告的文书书于玉牒,藏于石函之中,然后加以封崇;而且,"凡言封者,皆是积土之名,利建分封,亦以班社立号,谓之封禅"。因而截断名实不符的众说。

师古之《封禅议》,"太宗令诸儒参详,以为适中"。于是复诏公卿定其可否,多从师古之说。封禅一事,由于魏征褚遂良等大臣极力反对,又逢天象示警,其事因之竟未施行。师古俄迁秘书监、弘文馆学士。

贞观十九年,师古从驾东巡,道病卒,年六十五,谥曰戴。有集六十卷。其所注《汉书》及《急就章》,大行于世。永徽三年,师古子扬庭又表上其所撰《匡谬正俗》八卷。高宗下诏付秘书阁收藏。②

(二)颜师古的经学成就与学术思想

师古作为一代通儒,是唐代著名的经学家,同时又是杰出的文字学家和史学家。其经学贡献,主要有前所提及的《五经定本》,参预《五经正义》的编撰,其专著《匡谬正俗》一书,实亦为讨论经史,纠正诸经众书训诂音释错误,考辨音义演变源流,乃至致误之由加以探讨的一部著作。诚如其子扬庭《上〈匡谬正俗〉表》所云:其书于"百氏纰谬,虽

---

① 《全唐文·颜师古·封禅议》卷一四七,中华书局,1983年版,第1492—1493页。
② 《旧唐书》卷七十三,中华书局,1975年版,第2595页。

未可穷;六典迁讹,于斯矫革"①。《急就篇》,本名或即"急就",称篇称章,并无一定,东汉史游撰。本即儿童识字的启蒙读物,但后世学者都给予很高的评价。颜师古在《急就篇序》中就说其书"虽复文非清靡,义阙经纶,至于包括品类,错综古今,详其意趣,实有可观者焉"。肯定了其传世的价值。"然而时代迁革亟经丧乱,传写堙讹,避讳改易,渐就芜舛,莫能厘正",为不使"博闻之说,废而弗明;备物之方,于兹寝滞"②,于是作《急就篇注》,主要释注这部字书的文意及字音,含章存正,以使初学了解其用典出处及字词音义的演变,一直流传至今。

师古的史学成就主要是与孔颖达一起撰写《隋书》的纪传部分,《隋书》能在诸史之中获得好评,颜、孔二人居功厥伟。其另一部史学著述,是《汉书注》。班固《汉书》"八表及《天文志》未及竟而卒,和帝诏(班)昭就东观臧书阁踵而成之"。《汉书》自问世以来,向称难读。《后汉书·班昭传》有言曰:"《汉书》始出,多未能通者。同郡马融伏于阁下,从昭受读。"③自汉末学者服虔、应劭起,至唐初,就有二十余家为《汉书》作注者,西晋中叶,晋灼还有一部《汉书集注》,然皆不能令人满意。师古在如此情势下重作新注,其难度可想而知。于是师古匡谬存是,删芜补缺,于诸注说,或曰"是也",或曰"非也",或"两说皆通也",或诸说"皆非也",然后方加己注,或纠谬前说,或独申己意,注疏之法,固当如是。《汉书注》虽以音义为重,然亦不废地理、天文、名物、典制、史实之考证。且多精义,足资采信。然其所考天文历法,每多误解。王先谦《汉书补注》曾引王引之考辨颜注谓秦"以十月为岁首,即谓十月为正月"之论断,是错误的。师古注不过是以秦"尽革先王制度"的性格所下的推断。而实际上秦及汉初采用的是"颛顼历"(《补注》:见《史记·张苍传赞》及《律历志》),而颛顼历是以寅月为正(《补注》:见蔡

---

① 《全唐文·颜扬庭》卷一六五,中华书局,1983年版,第1680页。
② 《急就篇·序》卷首,《影印文渊阁四库全书》223册,台湾商务印书馆,1986年版,第3页。
③ 《后汉书·列女传·班昭》卷八十四,中华书局,1965年版,第2785页。

邕《明堂月令》引《颛顼历术》)。所以,认为秦以历元所起之亥月为正月的看法是错误的,说明师古疏于天文历法之考证。①

师古于《五经正义》是主要参预者,而《五经定本》的竟功,则全由其一力完成。颜师古对《五经》的贡献,主要在正字及其音义的考证。《五经》本由孔子以春秋大篆写定,历经"六国古文"及秦篆到汉隶的转抄,文字错讹不知凡几。加之汉代今、古文之争,《诗》分齐、鲁、韩三家,学派之分立,文字不同是一重要原因。在如此纷乱情况下,刊正文字势在必行。于是东汉熹平四年,由蔡邕校正手书,立石于太学,史称熹平石经。魏正始二年,又以古文、篆书、汉隶三体书《尚书》、《春秋》、《左传》镌于石碑,史称"正始石经"或"三体石经"。至南北朝时代,由于山河分裂,文化隔绝,文字的混乱状况愈演愈烈,有增无已。远在北魏宣帝延昌三年(514),江式即上奏表说:

> 世易风移,文字改变,篆形谬错,隶体失真。俗学鄙习,复加虚造,巧谈辩士,以意为疑,炫惑于时,难以厘改。②

师古祖父颜之推历经丧乱,转仕南北,洞悉两朝学术、文化变迁,曾于《颜氏家训集解·杂艺篇》言及梁武帝以来及北朝文字混乱情状曰:

> 大同之末,讹替滋生。萧子云改易字体,邵陵王颇行伪字;朝野翕然,以为楷式,画虎不成,多所伤败。至为"一"字,唯见数点,或妄斟酌,逐便转移。尔后坟籍,略不可看。北朝丧乱之余,书迹鄙陋,加以专辄造字,猥拙甚于江南。乃以百念为忧,言反为变,不用为罢,追来为归,更生为苏,先人为老。如此非一,遍满经传。③

---

① 申屠炉明:《孔颖达颜师古评传》第七章,《〈汉书注〉的得失》,南京大学出版社,2006年版,第180—207页。王引之考证见《读书杂志·汉书》卷一,江苏古籍出版社,1985年版,第5页。
② 《魏书·术艺·江式传》卷九十一,1974年版,第1961页。
③ 《颜氏家训集解·杂艺第十九》卷七,中华书局,1993年版,第575页。

虽然不乏有识之士,意欲辄行整顿,然而战乱频仍,欲成此举,谈何容易。只是到了唐代,政治的统一方为文字的统一创造了条件。

唐代是文化发展与交流的盛世,作为民族文化符号的文字规范与确立国家核心思想的经典解释,便同时摆在时代面前。唐代文字的统一是伴随着经典版本的确立同时进行的。先是唐太宗令颜师古考定《五经》文字,撰成《五经定本》颁行于世,作为经学定本的依据。颜氏在校勘《五经》的同时,将异体文字录出,撰成《字样》一书。其书今佚,据颜元孙《干禄字书序》云:"元孙伯祖故秘书监贞观中刊正经籍,因录字体数纸,以示雠校楷书。当代共传,号为颜氏《字样》。"①师古《字样》书出,后世群起效仿。杜延业《群书校定字样》、颜元孙《干禄字书》、欧阳融《经典分毫正字》直至张参《五经文字》和唐玄度《新加九经字样》附刊于《开成石经》,后人因称唐代的文字学为字样之学。颜师古继蔡邕《熹平石经》之后,刊定《五经定本》,完成了经学统一的第一步,为孔颖达等撰《五经正义》奠定了文字基础。范文澜先生认为:"唐太宗令孔颖达撰《五经正义》、颜师古定《五经定本》,对儒学的影响,与汉武帝罢黜百家独尊儒学有同样重大的意义。"②

从颜师古的经学文字学著作中,只看到其学识的渊博,及其学术态度,尚难总结出其学术思想,在全唐文中,保留其为唐代第一次制举所拟的《策贤良问五道》试题,策问虽然重在对策,但也与经义有关,从中颇可看出师古学术志趣,及其所关心的学术与社会问题。

《策贤良问五道》第一道云:

> 问:天生蒸庶,树之司牧,立化成俗,阐教宏风。譬玺印之抑涂,若盘盂之置水。污隆各随所齿,方圆在其所制。夏后尚忠之政,固以率服万邦;殷人先敬之道,亦足仪型百姓。亟从革变,靡定沿袭,所贵虽殊,同归于乂,先圣设法,将不徒然。厥意如何,伫

---

① 《全唐文·干禄字书序》卷二〇三,中华书局,1983年版,第2049页上。
② 《中国通史简编·唐五代的文化概况》第七章第三节,人民出版社,1965年版,第641页。

问诠释。①

认为民间风俗之良窳,全在"司牧"者如何设计,如何"率服",如何"仪型"之了。作为"司牧"的管理者譬如印玺,百姓就是印痕,管理者就像盘盂,百姓就如置于其中的水,可以随物赋形,如响斯应。但是五帝殊时不相沿乐,三王异代不相袭礼,然皆同归于安定百姓,大唐新政亦亟于改革,希望考生根据以上原则发表各自的见解。

其第二道策问题,则就治国的大政方针,提出个人见解。在治国纯任德教,还是杂用霸道问题上,认为如果是非皆须依循古代,则无以称强,如果一切权宜从时,也不足垂训后世。其间隐藏着深刻而隐微的道理。并以此和一系列的选官任贤问题考问举子。

第三道策问题则就"修身励操,俱曰可称。摄职当官,何者尤切?"为问。主张"必能兼善,其利溥哉,互有所长,宜甄先后";"既充廉洁之选,又应正直之科"。认为如此为官,方可"广扇清风,大矫流俗,施行条教,可用率下,使人怀冰玉之心,家有素丝之节。轨物昭范,伫观表仪"。鼓励举子们效法前贤,当仁不让,争取与之比肩并驱。强烈反对"无而为有,是则非廉,虚美雷同,又乖正直"②的不良风气。要求举子进一步阐述其间的道理。

其第四道策问题则云:

> 学以从政,昔贤令则。博文强识,君子所尚。结发升朝,敷衽受职。开物成务,率由兹道。是以登高能赋,可列大夫;试讽籀篇,乃得为史。然而算祀悠邈,载籍实繁,钻仰虽多,罕能择练。今将少论古昔,庶异见闻,勿用浮辞,当陈指要。

并要求辨析、评价"管仲文锦,既丑何贵?子产深炼,实厚何俾"等古贤的行为。以及如"象叶之精乎弃日,木鸡之巧乎异端"等"著于简

---

① 《全唐文·策贤良问五道·第一道》卷一四七,中华书局,1983年版,第1488页。
② 《全唐文·策贤良问五道·第三道》卷一四七,中华书局,1983年版,第1489页上。

牒"的典故①,有何所劝益等为问,显然是希望以此考察举子们是否学综古今,具有分析是非的辨别能力。

其第五道策问题尤为引人注意。是关于农工商贸、货币等经济问题与政教关系及其利弊的辨析论述。说明颜师古不仅有精湛的经学造诣,而且关注并精练于民生经济。兹全文录其第五道策问题如下,以见其概:

> 问:八政所先,食货居首;万商之业,市井为利。菽粟稻粱,饥馑足以充口;布帛丝纩,寒暑足以蔽形。生灵所资,莫此为急。爰及室宇器械,同出五材,皆禀造化之功,取者得供其用。而龟贝之属,何故为宝?竞取而多,谁所创意?钱币之作,本以何施?亿兆赖其何功?政教得其何助?若夫九府之法,于何贸迁?三官所统,又何典掌?未知乘时趋利,济益深浅,起伪生奸,有何亏败?九府之名,欲知其九,三官之号,何等为三?宜各指陈,务令可晓。子绀称贵,文饰何如?赤仄殊形,以何间错?又卖谷极贱,则农夫劬劳而不给;籴价翔踊,则工商窘乏而难振。为政之道,患在不均。设法筹算,去其太甚。使夫荷锸拥耒,阡陌之用获饶;作工通财,仓禀之储不匮,又籴三舍一起自何人?以母权子,云谁所建?各申何法?厥利焉如?今欲修之,孰可孰不可?亦宜辨说,不可暧昧。佐时经国,此亦一隅。既膺斯举,何所兴让?聊动翰墨,岂申余勇?②

认识到设官理民非独空谈德政,应该切实关注民生疾苦;百姓资以为生的必需品,全部仰赖农工商贸这些职业提供,涉及货币在民生及其政教关系中的作用,都应为管理者所熟悉,并加以利用。认为考生既来应贤良举,意欲佐时经国,务须精通经义中的经济实务,如《尚

---

① 《全唐文·策贤良问五道·第四道》卷一四七,中华书局,1983年版,第1489页上。
② 《全唐文·策贤良问五道·第五道》卷一四七,中华书局,1983年版,第1489下—1490页上。

书》中的八政,《周官》中的九府,皆是为食货和理财所设,如何运用经义,结合时务,实现农、工、商的均衡发展,此即是为政之要。要求"设法筹算,去其太甚"。采取应对措施,有所兴作,争取达到"使夫荷锸拥耒,阡陌之用获饶;作工通财,仓廪之储不匮"的理想境界。

二、陆德明《经典释文》及其学术特色

(一) 陆德明的生平

陆德明(约556—约631),名元朗,以字行,苏州吴人(今苏州吴县)。初受学于南朝大儒周弘正,据《陈书·儒林·张讥传》云:张讥"讲《周易》、《老》、《庄》而教授焉,吴郡陆元朗、朱孟博","皆传其业"。当是弘正于陈太建五年辞世后,复从学于名儒张讥。[①] 本传称德明兼通佛老,善言玄理,自是南朝学风使然。陈太建年间,太子征四方名儒,于承先殿讲论学术,国子祭酒徐孝克主讲。德明年始弱冠,亦往听讲。徐氏恃其贵爵与声望,论辩纵横,谈锋所向,众莫能抵。德明独起申答,屡驳其说,合朝为之叹赏。初任始兴国左常侍,迁国子助教。陈朝灭亡,归于乡里,潜心著述。

隋大业元年,炀帝征德明为秘书学士。《隋书·许善心传》说:"大业元年,奏荐包恺、陆德明、褚徽、鲁世达之辈,并加品秩,授为学官",然是时德明仅被授与掌管图书的秘书学士,其后炀帝又广召经明之士,四方儒生学者接踵而至。于是遣德明与鲁达、孔褒俱会门下省论学,共相辩驳交难,无能出其右者,遂转授国子助教。

隋末,王世充于洛阳称帝,封其子为汉王,署德明为师,其子往其家中,将行束修之礼。德明耻之,因服巴豆散,卧病东壁之下。王世充子入,跪拜床前,竟不与语。遂移病于成皋,杜绝人事。

及王世充平,太宗征德明为秦府文学馆学士,即著名的十八学士

---

① 据《陈书·儒林·张讥传》卷三十三,中华书局,1972年版,第445页。传云:讥性恬静,"讲《周易》、《老》、《庄》而教授焉,吴郡陆元朗、朱孟博","皆传其业"。

之一,享有五品待遇,轮值讲学,太宗常于军国政务之余,来馆与学士们讲文论学、商讨治平大计。学士地位优越,礼遇荣崇,为往代所罕见。太宗请著名画家阎立本为众学士图形凌烟阁,令褚亮为之作《像赞》,其赞德明曰:"经术为贵,玄风可师,励学非远,通儒在兹。"①还命其子中山王承乾从其受业。寻补太学博士。后高祖亲临太学释奠,时徐文远讲《孝经》,沙门惠乘讲《波若经》,道士刘进喜讲《老子》,德明难此三人,各因宗指,随端立义,遍析其要,三教学者皆为之屈。高祖善之,大喜曰:"三人者诚辩,然德明一举辄蔽,可谓贤矣!"赐帛五十匹,迁任国子博士,封爵吴县男。"时人称文远之《左传》、褚徽之《礼》、鲁(世)达之《诗》、陆德明之《易》,皆为一时之最。"②

贞观初,拜国子博士,德明博辩,精通三教之学,论撰甚多,其尤著者有《经典释文》三十卷、《老子疏》十五卷、《易疏》二十卷以及《周易文外大义》、《庄子文句义》等,并行于世。③ 据《旧唐书》所载,德明当卒于贞观四、五年间,时年七十五。据《册府元龟》卷九七言:"贞观十六年四月甲辰,太宗阅陆德明《经典音义》,美其弘益学者,叹曰:'德明虽亡,此书足可传习。'因赐其家布帛百定。"④应是德明卒后十年时事。

(二)《经典释文》及其学术思想

陆德明是在南朝学风熏陶下成长起来的一代学者,讲儒学而又兼通玄理,精晓三教之学。故于儒学能够融会贯通,得其义理之指要,德明在历次学术论辩中,力挫群儒,并佛老学者,与其为学的渊懿博通有

---

① 《大唐新语》卷三,中华书局,1984年版,第41页。
② 《旧唐书·徐文远传》卷一百八十九上,中华书局,1975年版,第4943页。
③ 以上据《旧唐书·陆德明传》卷一百八十九上,中华书局,1975年版,第4944—4945页。
④ 《册府元龟》卷九七,中华书局,1960年影印版,第1154页。吴检斋《经典释文序录疏证·序》注引《玉海》卷四十二云此记载出自《旧唐书》别本,中华书局,1984年版,第3页。姜亮夫《历代人物年里碑传综表》据两《唐书》定其生卒年为556—627年;钱大昕《疑年录》注《旧唐书》"卒唐贞观初"云:"史不载其年寿,然尝长从学于周弘正,弘正卒于陈太建六年甲午,假使弱冠受学,距贞观元年丁亥亦五十四矣,其寿当近八十也。"据《本传》德明弱冠已参加太学论辩,力挫徐孝克矣,则其受学当在此前。据此别本《旧唐》,德明似卒于贞观十五年倾。若生于556年(梁太平元年丙子),至贞观十五年辛丑(642),为八十六岁。

关,这些学术特点,在其著作中有着充分的表现。所著《经典释文》,就是将老庄著作作为重要典籍与儒家经典并列一处。这一体例安排是合理的,因为《经典释文》是一部诠释经典音义的字书,而且作为语言工具的词语,无论是交流还是论辩,各个学派都应在同一概念上加以使用。在学派间历有争端的词语如"道",儒家有儒家之道,道家有道家之道,法家、佛家也各有其道,但那已经是关于"道"之方向路线之争,超出了"道"作为词语道路、规律的原本内涵。德明深通释典,《释文》中,却没有引据佛家经典,因为佛教乃汉代方始传入中土,其所使用词语多为借用汉语词汇,已经不足据为典要;且其借用之词语,往往另有其固有的含义,与汉语词汇的本义或内涵,有着极大的差别。所以《经典释文》概不引述佛典。《释文》并非仅是一部关于群经音韵的著作,辨析汉魏以来百家音注,而是遵循以音求义的原则,"训义兼辩"。《释文·条例》曰:"玄儒旧音,多不音注,然注既释经,经由注显,若读注不晓,则经义难明。"①这一特点与颜师古审定《五经定本》的治学方法颇为相近,而与自汉魏以来,学者所注重的字形(唐称字样)之学不同,当系南方学统所传,直开清代音韵学风之先声。师古为学实亦秉承家传,祖父颜之推本系南方学者,中年以后流寓北方,陆、颜之学当有共同的学术渊源。陆氏亦为江东世族,其祖陆绩即是两汉象数易学集大成的殿军,象数学向有抵制玄风的传统,所以德明之学虽受玄学影响,犹能继承东汉古文经学的家法,既长于辨析名理,又注重名物诂训,兼具南北之长,开有唐经学一代新风。德明虽系南人,但因有此家学渊源影响,并未沉溺于玄风而不返,故能出入于玄儒,兼重今古文学,尤精易学,恐怕即与其家学以及师承皆精通易学有关。所以晚清今文学派经学史家皮锡瑞《经学历史》说德明"本南人,不通北学",然而其学却与时代需求暗合,《释文》"易主王氏、书主伪孔,左主杜氏,

---

① 《经典释文序录疏证·条例》卷首,中华书局,1984年版,第5页。

为唐人义疏之先声"①,原因在此。

德明早在陈朝任国子助教时,即已执笔开始《经典释文》的草创,大概完成于陈亡后闲居乡里期间。其于《自序》中说:

> 癸卯之岁,承乏上庠,循省旧音,苦其太简,况微言久绝,大义愈乖,攻乎异端,竞生穿凿。不在其位,不谋其政,既职司其忧,宁可视成而已?遂因暇境,救其不逮,研精六籍,采九流,搜访异同。校之《苍》、《雅》,辄撰集《五典》、《孝经》、《论语》及老、庄、《尔雅》等音。
>
> 古今并录,括其枢要,经注毕详,训义兼辨,示传一家之学。②

癸卯是陈后主至德元年。李焘、桂馥认为此"癸卯"当为贞观十七年,《四库全书总目》亦认为"至德癸卯,德明年甫弱冠,不应淹博如是。或积久成书之后,追纪其草创之始也"③,然据钱大昕等考证,陈至德癸卯,德明年近而立,据《旧唐书》则已授学官之职。又以其书遍引南朝当代学者,而罕及北方,④虽刘焯、刘炫之淹博,而无一字引及,带有明显隋朝大一统前的南朝色彩。吴检斋又补证《玉海》所引《旧唐书》别本,德明于贞观十六年前即已去世,岂能以近九十高龄方始著为如此浩瀚宏深之巨著。⑤《经典释文》包括儒家所有经典和道家老、庄的音义训释,共三十卷。如此繁富的巨著,当然不可能在短时期内完成。隋灭陈以后,陆德明退归乡里,远离声华,正可借此时机潜心著述。《释文》序言所谓"遂因暇境,救其不逮"者,当即指此。至德癸卯,德明年约二十七八岁,至隋开皇九年灭陈,期间亦有六年时间,足以完成此

---

① 《经学历史·经学统一时代》,中华书局,1963年版,第207页。
② 《经典释文序录疏证·原序》,中华书局,1984年版,第1、2页。
③ 《四库全书总目·五经总义类》卷三三,中华书局,1965年版,第270页上。
④ (清)钱大昕:《潜研堂文集·跋〈经典释文〉之二》卷二十七,上海古籍出版社,1989年版,第466页。文曰:"细检此书,所述近代儒家,惟及梁陈而止,若周隋人撰音疏,绝不一及,又可证其撰述,必在陈时也。"
⑤ 详见吴检斋:《经典释文序录疏证·序》注疏,中华书局,1984年版,第3、4页。

书之撰著。倘若仍未定稿,则其退居乡里,再次应征出仕之前,又有十数年时间(开皇九年至大业元年,为十六年),也许彼时德明僻居南方乡间,故而仍未得睹二刘著述,虽有充裕修改润色时间,仍未得以据补。

贞观初年,太宗即已确定以儒理政的基本国策,因之须要强化儒家经典的学习与普及,然因魏晋以来篆隶之变、方音之异,异体、俗体字层出不穷,益使典籍辗转传写而致讹谬,造成古书阅读时辨字读音的困难,亟需一部权威的辨字审音、阐明字义的辞书。陆德明的《经典释文》可谓适逢其会。可能是因为德明已经年近耄耋,无法起用,太宗只是"诏前中书侍郎颜师古考定《五经》,名曰《五经定本》,颁于天下,命学者习焉。又以儒学多门,章句繁杂,诏国子祭酒孔颖达与诸儒撰定《五经》义疏,凡一百七十卷,名曰《五经正义》,令天下传习"[①]。然此前太宗即已任命德明为国子博士,即使精力衰退,不堪繁遽,参加《五经定本》的讨论则是在所难免的。且其《释文》与颜师古的《定本》,作为《五经正义》的前奏,亦是功不可没的。《正义》作为经典义疏,首先是注本的选定,而此举恰又标明学术的倾向。两汉以来的经今古文之争,南北朝时期的玄、儒之辨,显然不能继续下去,需要在新的高点上予以整合与统一。唐初凝聚的这批南北通儒,如孔颖达、陆德明等多人,皆一时之选,足以完成此一历史重任。加之隋代刘焯、刘炫等遍注群经,为此项巨任奠定了坚实的基础。德明崛起南方,而亦能发挥汉魏六朝学术优长,与之南北呼应,遂促成一代学术新风。

如孔颖达奉敕删定《五经正义》,义疏多采纳二刘著作,而音训多依德明《释文》。德明《经典释文》所选定的注本,《易》用王弼注,《书》用孔安国传,《左传》用杜预注本。并且首次论证诸经典产生时间先后,作为编排诠释的次序。如认为《周易》"虽文起周代,而卦肇伏羲","故易为七经之首";《古文尚书》"起五帝之末","故次于易";《毛诗》

[①] 《旧唐书·儒学传上》卷一百八十九上,中华书局,1975年版,第4941页。

"起周文又兼《商颂》,故在尧舜之后,次于《易》、《书》"。三《礼》之中,"周、仪二《礼》并周公所制","《周礼》为本,《仪礼》为末,先后可见"。《礼记》虽为西汉戴圣所录,"然忘名已久,又记二《礼》闻遗",故三《礼》"相从次于诗"。"《春秋》是孔子所作,理当后于周公,故次于礼。""左丘明受经于仲尼,公羊高受之于子夏,穀梁赤乃后代传闻,三《传》次第自显。"①然后是《孝经》、《论语》;最后是《老》、《庄》与《尔雅》。陆德明将儒家"七经",按《易》、《尚书》、《毛诗》、三《礼》、三《传》、《孝经》、《论语》的顺序排列,这是汉学系统关于经典次第的一种新的排序形式。《释文》也将《老》、《庄》包括在经典之内,每令后学不解,实则经、典有别,陆德明并未认为《老》、《庄》可与经书同列,仍然视其为子书,作为典籍列在儒家经典之后。然而,陆德明将老、庄同列一书之内,为之"释文",用意也是显然可见的,除了字词的读音义训用法足资参考之外,便是为了适应南学"援道入儒"倾向,借鉴老庄思想方法以释儒家经典的需要,如在解释《老子》书时曾经直接引用王弼注曰:"德,道之用也。"正统儒家的解释是:道,所行道也。见许慎《说文》。道本指事物固有的规律,对德的解释则是:"内得于己,外得于人也。""内得于己,谓身心所自得也;外得于人,谓惠泽使人得之也。"②参见《论语·为政》篇朱熹注:"德之为言得也,行道而有得于心也。"③王弼、陆德明的解释,则将"道"与"德",提高到一个体用论的高度,反而使本来有些神秘难晓的概念,变得更容易理解与把握。当然这也是德明倾向玄学风尚的表现。

《经典释文》首列群经序录,撰述考辨各经传授、著述的历史,以及历代各经学派、代表人物和版本情况,堪称一部经学简史。然后分别撰写各经音义,对所录之书,均标明书名和章节,然后摘录字句,注释音义,标明反切或直音。不仅为经典本文注音,而且还为注文注音。

---

① 吴检斋:《经典释文序录疏证》,中华书局,1984年版,第14、17、18、20页。
② 《说文解字注》二篇下,辵部,上海古籍出版社,1981年版,第75页下。
③ 《论语集注·为政》卷一,中华书局,1990年版,第53页。

所收录汉魏六朝诸家音切和训估,因绝大多数原书都已失传,这些珍贵资料足赖其收录而得以保存。故《四库全书总目提要》谓《经典释文》"所采汉、魏六朝音切凡二百三十馀家,又兼载诸儒之训诂,证各本之异同。后来得以考见古义者,注疏以外,惟赖此书之存。真所谓残膏剩馥,沾溉无穷者也","研经之士终以是为考证之根柢焉"①。

《经典释文》为减省篇幅,除《孝经》、《老子》之外,于五经正文并不予以全录,而只标明各经篇章目录,而后逐字注释音义。为便于理解《释文》风貌特色,仅拈取两则释文以见一斑。如《周易·乾卦》释云:

> 周:代名也,周至也,通也,备也。今名书,义取周普。
> 易:盈只反。此经名也。虞翻注《参同契》云:"字从日月",正从日勿。
> 乾:竭然反……《说卦》云:"乾,健也。"此人纯卦,象天。
> 元亨:许庚反。卦德也,训通也。②

《释文》解字,不尽与《说文解字》同,如释易字,《说文》曰:"易:蜥易,蝘蜓守宫也。秘书说:日月为易,象阴阳也。"③德明只取后一义,并采用虞翻《参同契注》。同时又兼顾经义,当解乾卦爻辞"初九,潜龙勿用;九二,见龙在田,利见大人"两句时,《释文》是:

> 潜:捷盐反。龙喻阳气及圣人。
> 见龙:贤遍反。示也。
> 利见,如字。大人:目,肃云:"圣人在位之目"。④

释"见龙"之见应该读现,义为显示。"利见"之见则读如本字。

《释文》于各经典,虽取一种注本为主,但亦注意兼取不同版本及他书经传异文,尤其注本无注者,恰可借他书以补充之。如:

---

① 《四库全书总目·五经总义类·经典释文》卷三三,中华书局,1965年版,第270页中。
② 《经典释文汇校》卷,中华书局,2006年版,第33页。
③ 《说文解字注》九篇下,易部,上海古籍出版社,1981年版,第459页上。
④ 《经典释文汇校》卷,中华书局,2006年版,第34页。

《易·乾·文言》:"六爻发挥"一语,《释文》释曰:"音辉。《广雅》云:'动也。'王肃云:'散也。'本亦作辉,义取光辉。"即是借他书以补充王弼未注之文。又如《乾·文言》:

"君子体仁"一语,《释文》云:"京房、荀爽、董遇本作体信。"
"利物足以和义",《释文》云:"孟喜、京、荀、陆绩作利之。"

凡此种种,不仅助于后学对经义的理解,也保存了汉魏古注的珍贵资料。

《释文》不仅注释经文,对所引注解的音、义也同样进行注释。如王弼注《易》,于《乾》九二爻辞的注解说:"九二刚健中正,出潜离隐,泽及于物,物所利见,故其象为'见龙在田',其占为'利见大人'。"《释文》:"离隐:力智反。"《释文》于经传笺注凡认为有疑难的字,皆有音义训释,颇便后学。

《释文》至张参校订《五经文字》时,犹奉为主要依据。后周显德二年周太祖敕文尚曰:"《经典》之来,训释为重,须资鸿博,共正疑讹,庶使文字精研,免至传习眩惑。"①对《经典释文》重新校勘并首次雕板印制。可见历代对其书学术价值的重视。

(三)《经典释文》援道入儒的意义

陆德明《经典释文》既经学者论定乃其于隋唐统一前所著,则不能说其是受时代影响,方著成此一适应统一政局、符合学术文化发展需要的鸿篇巨制。那又如何解释其堪为《五经正义》之前奏,恰又符合时代要求这一现象呢?其学术原因已见前分析,无非与其师承渊源有关,亦不可遽谓之偶合。因为作为儒家学者,愈是生活于分裂动乱的时代,愈是向往理想儒治社会的实现、向往学术文化的统一,其书即是为此一学术理想而作。所以,与其将《经典释文》说成是为唐朝的统一现实服务,不如说,恰恰是唐朝统一的儒治目标,为《经典释文》学术理

---

① 《册府元龟·学校部·刊校》卷六〇八,中华书局,1989年版,第1874页。

想的实现,提供了必要的先决条件。

德明作为一代经学大师,生长于南朝玄学盛行的学术氛围中,经历了隋唐两种不同的大一统政治,以及遭逢隋代前后两次战乱,而能本着孔子"用之则行,舍之则藏"的处世原则,或遁世无闷,退居著书;或守正不阿,避地郊野。及唐一统,则欣然乐与圣君贤臣相处。在历次三教论辩中皆能胜出,所至玄佛造诣不可谓不深,而终能不沉溺其中;荣膺瀛台十八学士之美誉,君臣际遇不可谓不隆,而未曾弃学从政,始终保持一代淳儒风貌。此其中必有其过人的操守及可为坚守的思想原则在。

后世学者对陆德明称病高卧,不肯降事王世充事,评价甚高,《资治通鉴》列此事于武德二年四月戊申。胡三省注曰:"德明过孔颖达远矣。"①黄震《古今纪要》评论曰:"德明经行兼修,不降其志。"②全祖望《鲒埼亭集外编》比较二人之优劣云:

> 仲达亦安敢望德明。仲达之在东都,为隋皇泰主太常博士,世充即命仲达与其长史韦节杨续撰禅代议,仲达此事,可以比美新之大夫矣。其时,德明亦为国子助教,世充遣其子玄恕师之,德明不应。斯其人视仲达果何如,果谁得为圣人之徒欤。仲达仕唐,颇有风节,有谏太子承乾之功;则以在太宗之世,故欲铮铮自见也,是所谓治世乱世,与时屈身者也。且世充暴人也,徐文远为其师,犹拜服见之;德明以一国子先生拒之,可谓大勇矣。③

然而德明之"大勇",却是以道家之术成就之的。"勇"在儒家,与仁、智并列,属于三达德之一;孔子谓"仁者爱人",又说"惟仁者能爱

---

① 《资治通鉴》卷一百八十七,中华书局,1956年版,第5852、5853页。
② 《古今纪要》卷九,《影印文渊阁四库全书》,台湾商务印书馆,1986年版,第16页。
③ 《全祖望集汇校集注·鲒埼亭集外编·唐孔陆两经师优劣论》卷三十八,上海古籍出版社,2000年版,第1532页。

人,能恶人",此即所谓大仁;孔子谓宁武子"其知可及也,其愚不可及也",[①]此即谓之大智;勇的内涵是"勇者不惧",其表现应该是刚直的抗争。而身陷王世充淫威下的诸儒,却并没有峻拒的表现。孔颖达不惜名节,终为遗憾;徐文远见侮不辱,明哲保身;惟陆德明能够运用智慧与之对抗,终致全身而退。此举即是道家以柔克刚之术,德明熟读老、庄,谙习其术,卒用之以保全名节,非大勇而何？古之所谓"大"者,超越之谓也。大勇即是不以匹夫之勇,而能运用智谋,以柔克刚,是对刚直之勇的超越。此即所谓"援道入儒",亦可谓之儒道互补矣。

东汉季世,经生士大夫竞以名节自高,儒家名教之学成为普遍关注、追求的学问。但于不久的魏晋之际便遭遇政治权谋的巨大挑战,几乎沦为虚伪的代名词。在卑污而残暴政治的高压下,逃名于道家玄谈的儒家名士,于是发明了"越名教以任自然"的著名论题。其实只是表面上蔑弃礼教,实则是借助当时盛行的玄学,挽救了名教与自身人格的尊严。儒家本有"穷则独善其身,达则兼济天下"的进退策略。仕途失意或对现实不满,则亦可以退为进,退隐乡野与山林,所谓"有道则见,无道则隐",是自孔子开始的传统。与老庄道家返归自然、清静自守的人生哲学,还是有所区别的。魏晋玄学所谓的息影林泉,是在自然的艺术审美中,寻找到人生的寄托,巧妙地将自然和名教结合起来,既解决了两者之间对立的矛盾,为名教寻找到自然的基础,也为自然寻找到终极的归宿。"越名教而任自然"的口号,既是于现实政治的逃避,也是对现实政治的对抗。在此后一千多年的封建社会,进则为儒退则为道,成为士人行为的基本模式。

学术上的"援道入儒",首先亦须对道家思想作引向儒学的诠释,似乎多为前人所忽略,这应该是王弼以来玄学首要的致力方向,而后方能用之以诠释儒学。无为、清静的道家,先须成为"无为而无不为"

---

① 《论语集注·里仁第四》卷二,第69页;《公冶长第五》卷三,第81页。《四书章句集注》,中华书局,1983年版。

以及"君无为而臣有为"的君人南面之术,方可与儒家的治道相互补充。《经典释文序录》评《老子》思想时,即引班固的诠释说:"道家者流,清应以自守,卑弱以自持,此人君南面之术。"实则有益于治道;从而认为崇尚玄谈的言辨之士,实则并未领略老子的深意,"唯王辅嗣妙得虚无之旨"。又赞扬庄子独立特行的高尚人格曰:"时人皆尚游说,庄生独高尚其事,优游自得。以逍遥自然,无为齐物而已。""庄生弘才命世,词趣华深,正言若反,故莫能畅其弘致。"认为后之为《庄子》传注者,罕晓庄生之意,惟郭子玄(象)所注"特会庄生之旨。"而王弼、郭象都先后是当时玄学的领军人物,都是首先将儒道结合,重构老、庄学说。如王弼以"有生于无","圣人有情"等新说诠释老子思想,从而夺得玄学领袖之席。又如其"崇本息末"说论及"闲邪在乎存诚,不在善察,息淫在乎去华,不在滋章,绝盗在乎去欲,不在严刑"[①]等等,既以释《老》,又将其引入儒学的论域。郭象注庄,亦用王弼故技,实亦借庄以创新说,如"寄之人事,当乎天命"说诠释庄子关于"无以人灭天";以"游外弘内"说诠释庄子关于"逍遥无为"、"外内不相及"的思想,故其注《庄》却不忠实于《庄》,意在"援庄入儒"而已,斯则所以为玄学也。德明深受玄学影响,反以二子新说为老、庄本旨,故以此论定《释文》之并释庄老,意在"援道入儒",与王、郭二子欲借道家理论解决政治危机,以济儒学之困的用意相同。于儒家学术的发展,应该是有所裨益的。

清谈玄虚之学,之所以被后人蔑弃,实在有其内在原因。竹林七贤之后,至如东晋的王戎、王澄、胡毋辅之之徒,乃玄学末流,清谈入云,而竟贪鄙、荒诞至极;坐而论道的王衍,"不治经史,唯以庄老虚谈惑众"[②];自鸣"高朗疏率"的王敦,终致专权谋逆,清谈误国之恶谥,绝

---

① 《王弼集校释·老子指略》,中华书局,1980年版,第196页。
② 《文选》卷四十九,干宝《晋纪总论》李善注引王隐《晋书》,中华书局,1977年影印版,第692页下。

非虚言。乐广一句"名教内自有乐地,何必乃尔"①算是挽救了玄学的一点清誉。萧梁时代玄风复煽,三教学者在一起谈玄,多少还有一点学术意味。此所以陆德明虽深受玄风影响,仍能清醒地坚守经学的领地,改造、引进老庄思想和方法,以拓展经学研究的视野,为有唐一代的文化大融合,迈出了坚实的一步。

---

① 《晋书·乐广传》卷四十三,中华书局,1974年版,第1245页。

第四章

唐代的经学成就
——从《五经正义》、九经正义到《开成石经》

第一节 孔颖达与《五经正义》的撰修

一、孔颖达生平事略

孔颖达(574—648)生于北齐后主武平五年,卒于唐贞观二十二年,字冲远,一字仲达,冀州衡水(即今河北衡水)人。孔颖达之字,史传记载不一,《新唐书》与原《旧唐书》各本本传并作"仲达";今版《旧唐书》据于志宁《大唐故太子右庶子银青光禄大夫国子祭酒上护军曲阜宪公孔公碑铭》作"冲远"。① 北宋欧阳修收集古代金石碑拓,以为证史

---

① 《旧唐书·孔颖达传》注,见卷七十三,中华书局,1975年版,第2605页。于碑见《全唐文·大唐故太子右庶子银青光禄大夫国子祭酒上护军曲阜宪公孔公碑铭》卷一四五,第1461页下。中华书局,1983年版。

之用，亲见于碑拓本，并为之跋云："质于《唐书》列传，传所阙者，不载颖达卒时年寿"，"又其字不同：传云字仲达，碑云字冲远。碑字多残缺，惟其名字特完，可以正传之缪。不疑以冲远为仲达，以此知文字转易，失其真者，何可胜数！"①观其文意，跋文作于《新唐书》撰修之前，故《新唐书宰相世系表五下》已作"冲远"。② 然《本传》卒不改者，想是宋祁坚持。古人用字，往往随时改易，"仲达"或为原字，而"冲远"或为避祸时所改，时人不知，一仍旧称，不必定误，故并存之。晚出之《全唐文》小传作"仲远"，当为斟酌两字以意断之，并无依据。

　　颖达生长于儒学世家书香门第，孔子第三十二世孙，祖父硕，北魏南台治书侍御史，为官清正，威重严明，"权豪为之屏踪"，"风俗以之肃清"。父名安，北齐青州法曹参军，"情在公平"，"心敦宽简"。颖达自幼受家风熏陶，"庭罗俎豆，幼习升降之仪；门列骖驵，少怀远大之操"。③《旧唐书》载其"八岁就学，日诵千余言。及长，尤明《左氏传》、《郑氏尚书》、《王氏易》、《毛诗》、《礼记》，兼善算历，解属文"④。《册府元龟》亦载其"八岁就学，口读千余言，至暮更诵，未尝嬉戏，有异凡童。《三礼义宗》尽能阇记。"⑤可见颖达确有神童天赋，崔灵恩《三礼义宗》三十卷，居然尽能阇记，亦足见其勤奋好学。《旧唐书》载"同郡刘焯名重海内，颖达造其门。焯初不之礼，颖达请质疑滞，多出其意表，焯改容敬之。颖达固辞归，焯固留不可。还家，以教授为务"。而《册府元龟》所载与此有所不同，文曰："初受业于同郡刘焯。然焯号为通儒，门人甚众，初不之礼。颖达察焯不能出己之右，于是请质疑滞，皆出其意

---

① 《欧阳修全集·集古录跋尾·唐孔颖达碑》卷五，中国书店，1986年版，第1155页。
② 参《旧唐书·孔颖达传》、《新唐书·儒学传上》；近见陈冠明《孔颖达世系及入唐前行实考》一文，载阴山学刊2003年第5期。云："《新唐书》传、表撰修者不一，故抵悟如此。""《世系表》为吕夏卿撰，当受欧阳修影响"；然奉旨撰新《唐书》，修名列前，列传实为宋祁所撰，不容不读不容不问，宋祁坚持，想应有据。
③ 以上据《全唐文·大唐故国子祭酒上护军曲阜宪公孔公碑铭》卷一四五，中华书局，1983年版，第1461页下、1462页上。
④ 《旧唐书·孔颖达传》卷七十三，中华书局，1975年版，第2601页。
⑤ 《册府元龟》卷七七五，中华书局，1960年影印版，第9211页。

表,焯改容敬之。颖达固辞归,焯固留,不可。"①疑两文应据同一记载而来,旧《唐》编者,见其所述不类师生情谊,因而删去其受业刘焯门下事。按《隋书·刘焯传》,实即颖达所撰,传云:焯教授乡里,"天下名儒后进,质疑受业,不远千里而至者,不可胜数","然怀抱不旷,又啬于财,不行束修者,未尝有所教诲,时人以此少之"。② 应为亲见亦为成见,焯门下受学者如云,固不能一一亲接,颖达又非焯入室弟子,以当时情形与焯踞傲性格,"初不之礼",当在情理之中。颖达世家子弟,所至优待,因以为憾,至于"请质疑滞",使焯知其非等闲之辈,意气用事而已。若按新旧《唐书》所载,则是专意前去论学,既未闻见刘焯讲论,又非所请,有何"疑滞"而须面"质"之?且预有答案,直成卖弄而已,想颖达何至浅薄如此!又"固辞归",乃本应久住之意,亦可证明本为来此受业者,未满期而求去,亦周隋之际高才求学之常态,不足为怪。故以为《册府元龟》所记可从。天文历法,尤为刘焯所长,杜预《左传》,王弼《易注》,本为南学,最早应为二刘所传(详见本书二刘章节)。颖达之学尤明《左氏传》、《王氏易》,兼善算历,不能不说受刘门影响。

颖达优异且早成,颇为时人所许,后来与颖达同为天策府十八学士的于志宁在其《碑铭》中曰:

> (玉)韬金匮,覃思迈于西河;学富石渠,沉研冠于东阁。词光翰苑,文丽彩虹;思极谈天,才华日(茂),蹈忠(恕)以行已,践仁信以(沐)身。(握)汉皇之明珠,光映照车之瑶;抱金山之美玉,价重连城之器。闻之者未面而虚(席),见之者忘言而倾盖。可谓儒宗之镜(铨),学府之(渊薮)焉。③

可见颖达才学出众,然年轻气盛,好骋辨才,与人论驳,毫无含容,难免

---

① 《册府元龟》卷七六八,中华书局,1960年影印版,第9127页。
② 《隋书·刘焯传》卷七十五,中华书局,1973年版,第1719页。
③ 《全唐文·大唐故国子祭酒上护军曲阜宪公孔公碑铭》卷一四五,中华书局,1983年版,第1462页上。括号原为阙字,为减少阅读障碍,余乃不揣冒昧试填之。陈冠明谓"金山",似为"荆山"之讹。甚是。

折辱先辈，而不自知。据《旧唐书》本传载：颖达隋大业初，举明经高第，授河内郡博士。时炀帝征诸郡儒官集于东都，令国子秘书学士与之论难，颖达为最。"时颖达少年，而先辈宿儒耻为之屈，潜遣刺客图之。礼部尚书杨玄感舍之于家，由是获免，补太学助教。"①文中所述先辈宿儒因受折辱而遣刺客图之事，颇为可疑，应须辨之。隋季宿儒大多贫寒，即有是心，亦无其财力势要。所以应该另有其人，隋世权贵亦多自幼谙习五经，尤喜附庸儒雅，每有学术论辩，必皆预席。自是受辱于后进小子，岂肯善甘罢休？所谓"潜遣刺客图之"者，正此辈所为而能为之也。② 若非得杨玄感之类权要庇护，几致不免，亦可反证对方势力之非同小可。

颖达既蒙杨玄感知遇，及玄感起兵，并未从军，而是选择避祸虎牢。王世充于东都洛阳拥兵自立，自封太尉，罗致隋季百官知名之士为僚属，略地虎牢时，得孔颖达，任命为其太常博士。

及太宗平洛阳，引为秦府文学馆学士。武德九年，擢授国子博士，从游甚众，"负笈质疑"的"膏梁冑子，举袂成荫"堪称一时之盛。③

贞观初，封曲阜县男，转给事中。时太宗初即位，留心庶政，颖达数进忠言，益见亲待。太宗尝问曰："《论语》云：'以能问于不能，以多问于寡，有若无，实若虚。'何谓也？"颖达对曰：

> 圣人设教，欲人谦光。己虽有能，不自矜大，仍就不能之人求访能事。己之才艺虽多，犹以为少，仍就寡少之人更求所益。己之虽有，其状若无。己之虽实，其容若虚。非唯匹庶，帝王之德，亦当如此。夫帝王内蕴神明，外须玄默，使深不可测，度不可知。《易》称"以蒙养正，以明夷莅众"，若其位居尊极，炫耀聪明，以才

---

① 《旧唐书·孔颖达传》卷七十三，中华书局，1975年版，第2601页。
② 此类事证，每见于隋唐小说，非尽空穴来风，兹不暇详论。
③ 《全唐文·大唐故国子祭酒上护军曲阜宪公孔公碑铭》卷一四五，中华书局，1983年版，第1462页上。原文有阙字，参考有关引文补全。

凌人，饰非拒谏，则上下情隔，君臣道乖。自古灭亡，莫不由此也。①

太宗深善其对。

贞观六年，累除国子司业。后迁官太子右庶子，仍兼国子司业。曾与诸儒议定历法及明堂制度，皆采纳颖达之说。又与魏征撰成《隋史》，加位散骑常侍。十一年，与朝贤修定五《礼》，所有疑滞，咸谘决之。书成，进爵为子，赐物三百段。

太子承乾令颖达撰《孝经义疏》，颖达因文见意，更广规讽之道，学者称之。太宗以颖达在东宫数有匡谏，与左庶子于志宁各赐黄金一斤、绢百匹。贞观十二年，拜国子祭酒，仍侍讲东宫。

十四年，太宗幸国学观释奠，命颖达讲《孝经》，既毕，颖达上《释奠颂》，手诏褒美。后因太子承乾不循法度，颖达每犯颜进谏。而承乾不能纳。及太子被废，因此没有罪及颖达。

孔颖达一生最大的事业和成就，就是奉诏编撰《五经正义》。关于《五经正义》的编纂与完成的时间，《贞观政要·崇儒学》和《旧唐书·儒林传》都是说在颜师古《五经定本》完成之后，大得太宗赞赏，遂将《五经定本》以法定的形式颁行全国。然而仅仅文字的刊定，尚不能改变经义上儒学多门的状况，于是，又"诏国子祭酒孔颖达与诸儒撰定《五经义疏》"，②时间约在贞观七八年间，但此一叙述，很可能是连带述及，因为得不到其他资料记载的佐证，权且称之为《五经正义》的酝酿期。

《旧唐书·孔颖达传》则在贞观十四年后，述及"先是(即十四年之前)，与颜师古、司马才章、王恭、王琰等诸儒受诏撰定五经义训，凡一百八十卷，名曰《五经正义》"。紧接着述及太宗下诏褒奖事，诏曰："卿等博综古今，义理该洽，考前儒之异说，符圣人之幽旨，实为不朽。"付国子监施行，赐颖达物三百段。没有交待起讫年月。

---

① 《旧唐书·孔颖达传》卷七十三，中华书局，1975年版，第2602页。
② 《旧唐书·儒学传上》卷一百八十九上，中华书局，1975年版，第4941页。

《资治通鉴》贞观十四年二月,于叙"上幸国子监,观释奠"事后,又记有:"上以师说多门,章句繁杂,命孔颖达与诸儒撰定《五经》疏,谓之《正义》,令学者习之。"①虽然明确系于本年,而却言之笼统,仍然令人不明究为《五经正义》起始之年还是完成之年?

《唐会要》记载又有不同,明确地记有受命编纂时间和最初的书名:"贞观十二年,国子祭酒孔颖达撰《五经义疏》一百七十卷,名曰《义赞》,有诏改为《五经正义》。"②此为有关《正义》最早的时间,应为起始之年无疑。然如此浩繁的巨著,绝非当年可以竟功,《会要》亦是约而言之。

按照史书(起居注除外)的惯例,插叙事件的记载,或在起始之年或在结束之年,首尾完具,一并述及,而一般多在结束之年。此事之记载,《会要》应是系于起始之年的并述;而《旧唐》与《通鉴》属于后者。所以我怀疑《旧唐书》所以在十四年下,忽然补述前事,应该是已经完成之时的补述。"先是"者,仅是说其曾经于此前受命而已,至是功毕,因于此述及之。只是在行文中省去"至是"之类字样,意思还是明确的。

但是,《正义》各经义疏的最后完成时间,还有另外的说法。"有学者据颖达各经序所言'至十六年,又奉敕与前修疏人及某人等对',及'敕使赵弘智覆更详审'等语,知在贞观十六年之前,初修已成。"③断定在贞观十六年及稍前即已陆续完成。今察各序,实际是说贞观十六年,书稿完成后的复核校对,并且经过朝廷专使详审,已经修改定稿的意思。但不能否定完成于十四年的记载。

明初郑真撰《荥阳外史集》卷六十载有一篇"贞观十四年祭酒孔颖

---

① 《资治通鉴·唐纪十一》卷一百九十五,1956年版,第6153页。
② 《唐会要·论经义》卷七十七,中华书局,1955年版,第1405页。
③ 白长虹:《毛诗正义撰者及编撰时间考论》引台湾学者张宝三文,《南京社会科学》2004年第6期。

达上《五经正义表》"①,若果为孔氏佚文,则足补史传阙失。然细检其文,全不类唐人文字,且"尊王抑霸","道统之传",也非唐初经师属意之命题。直是一篇骈四俪六的制艺文,不足为据。

然《五经正义》初稿完成于贞观十四年的记述,仍是可信的。史传的记载,虽然并不十分明确;但是汇总《会要》与《通鉴》的记载,可以清晰的知道《正义》之撰,起始于贞观十二年。越两年而初稿完成,又两年而完成校核与修订,并通过敕命专使审定。不然,孔颖达不可能于十五年,抽身参预房玄龄、高士廉等二十二人编撰的千二百卷《文思博要》,并于次年编成。

但是不久,就有太学博士马嘉运驳论颖达所撰《正义》事发生,新旧《唐书》具载其事。据《册府元龟》载"有太学博士马嘉运每掎摭之,因此相与不平,嘉运屡相讥诋"。②《新唐书》叙述较为平易,其文曰:《正义》虽云"包贯异家为详博,然其中不能无谬冗,博士马嘉运驳正其失,至相讥诋。有诏更令裁定,功未就。"③太宗诏令更加裁定,这是因为产生异议而进行的第二次修订,然而功竟未就。因为次年,颖达以年老致仕,而马嘉运亦于十九年辞世。

贞观十八年,太宗令阎立本为颖达图形于凌烟阁,褚亮为之作《像赞》,文曰:"道光列第,风传阙里。精义霞开,掞辞飙起。"④

贞观二十二年卒,陪葬昭陵,赠太常卿,谥曰宪。

---

① (明)郑真:《荥阳外史集·贞观十四年祭酒孔颖达上五经正义表》卷六十,《影印文渊阁四库全书》1234册,台湾商务印书馆,1986年版,第410—411页。郑真,明洪武初年临淮县教谕,广信府教授。其《荥阳外史集》卷六十、六十一两卷,全为唐人表章,共43篇。如此集中,全不见于著录;又不注明出处,《全唐文》本为辑佚之作,亦未录其半篇;其六十一卷另有五篇时文,首题《拟江澜奉化麦瓜并瑞表》,考前五十七卷,有《拟唐颜杲卿谕河北诸郡檄》,及魏晋两宋表文之拟作。又,六十二卷《晋王之国谢表》后有一《后记》,言晋王问其"表文体制若何"?答曰"表系人臣告君之辞,词贵谨恭,意贵畅达,不在雕巧,自汉历唐及宋,体各不同"云云。则知此皆教诸生示例拟作之文,既非辑佚,亦非有意作伪也。惟其文各题应冠以"拟"字方是。不然将徒滋疑窦耳。
② 《册府元龟·雠疾门》卷六〇八,中华书局,1960年影印版,第7308页。
③ 《新唐书·孔颖达传》卷一百二十三,中华书局,1975年版,第5644页。
④ 《旧唐书·孔颖达传》卷七十三,中华书局,1975年版,第2603页。

二、《五经正义》的修订和刊定

《五经正义》是太宗钦定的国家项目,初次奉诏的编撰者列名者六人,据《贞观政要》所载,颜师古为首,孔颖达居次。① 师古名具为首者,很可能是因为在编定颁布《五经定本》之后,颜师古是向太宗提议修纂义疏的第一人,故而列名于前。孔、颜二人名位相埒,颜为秘书少监,孔为太学祭酒。经籍音义,多关秘书监;而经典义训与太学直接相关,后来《五经正义》的重担主要由颖达承担,此亦为原因之一。然而后来师古之名不见《正义》各序。《新唐书·孔颖达传》记载"颖达与颜师古、司马才章、王恭、王琰受诏撰五经义训凡百余篇,号《义赞》,诏改为《正义》云"。② 据此是可以认定师古仍然是全书的撰述者之一。然《新唐书·艺文志》于《周易正义》条孔颖达之后列其名,此外皆没有师古具名。有学者认为在《五经》之首署颖达、师古并司马、二王名位,意在以概其凡;也有人认为师古是中途因故退出;亦有学者认为师古与颖达统筹全书,只是参加注本的选择、发凡起例的设计和疑难的讨论,并没有参加义疏的具体修撰。颖达则是始终如一的主导撰修者,并与各经修书人随时商定旧疏的取舍与评定的标准,亦即如何"正义",乃至全书最后的汇统事宜。又在经过审定后,如实的将所依据的注本、旧疏和撰述标准,以及参撰人、复审人以及修撰的完整过程,写于五经各序,上报太宗复命。但是《正义》与《定本》的关系,亦即采用《定本》乃至《释文》之"字样"、音义、经传序列等,是不应不一提及的。然而,《五经正义》编定之后,本应有一篇颖达奏禀太宗的《进书表》,正如郑真所拟作的那样,表文必将交代当初受诏诸人参加情况,可惜文献有阙,今已不得其详。但《新唐书》编撰之时,未尝已佚,《艺文志》当是有据

---

① 《贞观政要集校·崇儒学》卷七,中华书局,2003年版,第384页。严格地考察名次问题,应以原诏书为准,然已久佚,据同受诏人史传的叙述是难于论定的。史传的叙述,往往是顺文势而来,一般都是将传主置于首位,而说与某某同受诏作某事的。
② 《新唐书·孔颖达传》卷一百二十三,中华书局,1975年版,第5644页。

而言。

还有人认为《正义》其书,不过就六朝义疏进行删改,而前人姓字每为隐匿,大有攘窃之嫌。今察孔颖达初受命编纂《五经正义》,但云"义疏",及编成上呈,名为《义赞》,"有诏改为《五经正义》"。① 本名"义赞"者,据台湾学者潘重规认为:"盖即依据前人义疏而赞明之。故其序皆胪陈六朝旧疏之目,而加以评骘,且一一明言'今据以为本',即其《正义》所据之主要蓝本。然后删其所短,博取诸家之长以补之。如觉旧说皆违,则特申己见,今疏中有云'今赞'、'今删定知不然者',即冲远之新说。大抵其书体例,为适应考试之用。务令经义定于一尊,故必坚守疏不破注之原则。然六朝旧疏,多求新义,不能专守一家之说,故于例有所未醇,序所云奉诏删定,其主要工作即在删除不合体例之处。冲远尊崇前人,故书名'义赞';朝廷矜尚体制,故改名'正义'也。永徽诸儒刊改冲远之书,于征引旧说名氏,多所刊削,使后之读者,误以为冲远有意攘窃,要亦非冲远之咎也。"② 辨说详明,于据有征,群疑于是乎可息。

于是便可申而论之曰:颖达受业刘焯之门,至奉敕撰定《五经正义》,则更以谨慎公允之心,对前儒旧疏加以斟别订正,考较得失,以决定去取,并删其烦冗,增其过简而为定本之《义疏》。疑其于新疏内,原来即于义疏之外,增有"正义"一项新内容,为便于总结考较旧疏得失所必须。"正义"条目之下,必是先引旧疏,进行分析、评判,对符合经传原意的义疏,予以赞明,对有所偏失的旧疏义理予以纠正,甚至另行撰述符合经传原注的疏义,此即谓之"正义"矣。这是颖达《义赞》新疏所创之新特点,实乃对经学义疏体例之一大贡献,太宗正是有见于此,方从而为之更名曰《正义》。《正义》之名,非是一般义疏之学的泛称、

---

① 《唐会要·论经义》卷七十七,中华书局,1955年版,第1405页。
② 潘重规:《五经正义探源》,载《华钢学报》1956年第1期,台北,中国文化学院出版。此则转引自姜广辉主编《中国经学思想史》,中国社会科学出版社,2003年版,第740页。

通称，应是实有所指，遍布书中之"正义"条目，亦非太宗更名之后所加，读者当能详之。

《正义》"虽包贯异家为详博"，然毕竟是初修之后，难免存在"谬冗"，马嘉运驳正其失，可谓《正义》之诤臣。马嘉运所掎摭（即指责、挑剔）之内容，究系那部经典还是全体，今天已不得其详。据其《本传》云："嘉运以颖达所撰《正义》颇多繁杂，每掎摭之，诸儒亦称为允当。"是指《正义》各部，而且摘取而指责者，还颇具代表性，每为诸儒称当。但不为颖达所同意，因此致相讥诋。但是奉旨更加详定时，马嘉运没有再去修订《周易正义》，而只参加了《春秋左传正义》的修订。这次修订，由于马嘉运与主持人先后去世。终贞观朝，《五经正义》未及竟功。

编定当年，太宗已经明令将《五经正义》"付国子监施行"，即交付国子监作为教材，并诏"令天下传习"①。此后发生的马嘉运异议案，太宗虽然诏令修订重审，但不会影响其作为教材在国子监的试行。在历年使用过程中，国子监诸儒，可能也已发现许多遗漏和不当之处。太宗去世之后，这些意见迅速集中到高宗那里，作为先帝的成命，先朝的未竟之业，高宗将其作为当务之急，于即位的当年，即将其纳入议事日程，第二年初即开始实施。至此，距贞观十六年《五经正义》初修编定，已经历时九年。

高宗永徽二年初，决定组织朝廷重臣，重新修正并最后刊定《五经正义》。据《唐会要·贡举下·论经义》载："永徽二年三月十四日诏：太尉赵卫公长孙无忌及中书门下及国子三馆博士弘文学士，故国子祭酒孔颖达所撰《五经正义》事有遗谬，仰即刊正。至四年三月一日，太尉无忌、左仆射张行成、侍中高季辅及国子监官，先受诏修改五经正义。至是功毕，进之。诏颁于天下，每年明经，依此考试。"②《册府元龟》将此事归类在《学校部·刊校》，似乎认为此次修订的主要任务，侧重在

---

① 《旧唐书·儒学上》卷一百八十九上，中华书局，1975年版，第4941页。
② 《唐会要·贡举下·论经义》卷七十七，中华书局，1955年版，第1405页。

"校刊"而非疏义的更正①。长孙无忌的《进五经正义表》,胪列当时奉诏与役的高官大儒,自三公以下,以讫各学助教共有二十五人。"上禀宸旨,傍摭群书",至永徽四年二月方始完成。②

阵容之庞大,官阶之崇贵,可谓倾朝之力,犹且费时两年,可见高宗对此事重视程度之高,期望之殷;亦可知此次刊正本文、校对群书,是如何地仔细认真,不敢有半点疏失缺漏,因之堪称《正义》之"定本"。《旧唐书·高宗纪》:"四年春三月壬子朔,颁孔颖达《五经正义》于天下,每年明经令依此考试。"成为国家抡才大典的依据,亦即儒家经典的权威版本。

《五经正义》颁行后,汉魏六朝以来,争议纷纭的经义,自此,"乃论归一定,无复歧途"。"终唐之世,人无异词。"③然而,有唐一代仍有不少学者,继续对《正义》进行讨论,提出异议。如高宗朝的崔义玄,则天朝的王玄感,玄宗朝的元行冲、李鼎祚等。崔义玄的讨论是高宗下令进行的、而且是就《正义》义疏的异议,而非学派之争。《旧唐书·崔义玄传》载云:"义玄少爱章句之学,五经大义先儒所疑及音韵不明者,兼采众家皆为释解,傍引证据各有条疏。至是高宗令义玄讨论《五经正义》,与诸博士等详论是非,事竟不就。"④永徽初年刊定《五经正义》时,义玄方任婺州刺史,未能躬逢斯役,值永徽四年冬睦州叛乱,为其讨平,大得高宗亲任,因"令义玄讨论《五经正义》,与诸博士等详论是非"。事竟不就者,盖因永徽六年高宗废立皇后,朝政掀起轩然大波,玄义主导的这次五经讨论因之废止。究竟涉及哪些问题,史书未载,玄义又无传世文字,已经无法得知。然其既为《五经正义》有关事件,作为余波,仍须在此叙及之。

《五经正义》自贞观十二年(638)开始编修,中经两次修订,至永徽

---

① 见《册府元龟·学校部·刊校》卷六〇八,中华书局,1960年影印版,第7303页。
② 《全唐文·长孙无忌·进五经正义表》卷一三六,1983年版,第1375页。引文有节略。
③ 《四库全书总目·毛诗正义四十卷》卷一五,中华书局,1965年版,第120页上。
④ 《旧唐书·崔义玄传》卷七十七,中华书局,1975年版,第2689页。

四年(653)最后编定,历时十五年。自贞观四年太宗决定统一经学,诏令颜师古编定《五经定本》计起,至此,则已历经二十四年。加上最后试图进行的第四次修订,唐初致力于儒家经学的统一工作,编定《五经定本》和《五经正义》,前后整整经历近三十年,可见唐代前期统治者对经学统一大业的重视。《五经正义》的完成,标志着儒学进入了一个统一稳定的发展时期。《五经正义》颁行后,"自唐至宋,明经取士,皆遵此本","以经学论,未有统一若此之大且久者"[①]。虽然元代以后,科举考试改用朱子的《四书集注》,但是,儒家经学自唐代达到空前统一之后,历宋元明清,再也没有出现大的变化。

第二节 《五经正义》的学术思想

孔颖达领衔偕诸儒撰修之《五经正义》,主要是对前人义疏经说进行刊正总结的集大成之作。其在《正义》各序中,即已说明或以二刘,或以其一"为本",或更取他儒为之补充,然在正文中,于前人"义疏",除须要辨析和驳正者外,并未处处注明出处与撰者姓字。故每为后儒所诟病,前引潘重规之文,已为之辨诬。然即使为永徽诸儒所删,作为一部学术著作,出处阙如,终是一病,致使其间所作之"正义",应该不乏己见,然亦因此而增加了辨识的难度。因此放弃专作颖达经学思想之计划,而就各经《正义》之总体,作一学术思想之探讨。

一、《周易正义》之学术思想

孔颖达与诸儒奉诏删定《五经》旧疏,其《周易》义疏初名《义赞》,诏改《正义》,而传世《周易正义》各卷之首皆题名为《周易兼义》,颇为

[①] 《经学历史·经学统一时代》,中华书局,1959年版,第198页。

令人疑惑。《四库全书总目提要》亦致诘曰:"此书初名《义赞》,后诏改《正义》,然卷端又题曰'兼义',未喻其故。"①察阮元《校勘记》,始知此乃宋人所加。并解释题为《周易兼义》的原因云:

> 按兼义字,乃合刻注疏者所加,取兼并正义之意也。盖其始,注疏无合一之本,南北宋之间,以疏附于经注者,谓之某经兼义。至其后,则直谓之某经注疏,此变易之渐也。②

实即原本各自单行的《周易》经书及其《注疏》合刻本的书名,亦即某经本文兼有其"义疏",或即《周易》并兼(有)其《正义》的意思。后竟成为《周易正义》沿袭不改的别名。

《周易正义》在《五经正义》中,是唯一一部在《序》文中,只交代以王弼注本为依据,而未说明以何人义疏为底本的"正义"之作。在《周易正义序》中:

> 唯魏王辅嗣之《注》独冠古今。所以江左诸儒,并传其学;河北学者,罕能及之。其江南义疏十有余家,皆辞尚虚玄,义多浮诞。③

取王弼注是因其简要。正如纪昀之说,"是虽弼所未注者,亦委曲旁引以就之。然疏家之体,主于诠解注文,不欲有所出入。故皇侃《礼疏》或乖郑义,颖达至斥为'狐不首丘,叶不归根',其墨守专门,固通例然也。至于诠释文句,多用空言,不能如诸经《正义》根据典籍,源委粲然,则由王注扫弃旧文,无古义之可引,亦非考证之疏矣。"度其文意,是说《周易正义》墨守王弼一家之言,王注未备者,"亦委曲旁引以就之",并说这是"疏不违注"之通例。而南学义疏,虽十有余家,然皆效法"王《注》扫弃旧文,无古义之可引"的学风,"皆辞尚虚玄,义多浮

---

① 《四库全书总目提要·周易正义》卷一,中华书局,1965 年版,第 3 页中。
② 《十三经注疏·周易注疏校勘记·周易兼义上经乾传第一》卷一,中华书局,1980 年版,第 21 页中。
③ 《周易正义序》卷首,《十三经注疏》整理本,北京大学出版社,2000 年版,第 3 页上。

诞",故不为颖达所取;既不取郑注,而北学又罕及王学,郑学亦因之而不传。所以纪昀又说:"至颖达等奉诏作疏,始专崇王注而众说皆废。"故《隋志》"易类"称:"郑学寝微,今殆绝矣。"其中的关键问题有二:一是颖达诸儒奉敕撰定《正义》,目的是删削旧疏,使义理归于一是。而《正义》之作,竟然一无所本,其故究竟何在?二是郑、王之学究竟有何不同?为什么说《周易正义》"非考证之疏"?

姜广辉《中国经学思想史》认为由于"王《注》扫弃旧文,无古义之可引"。故而"世儒者各以己意说经,无所取正"。遂使《周易正义》成为唯一一部没有底本可以依循,独出己意的新疏。并于注中重申此意曰:"《五经正义》中四书皆明言所本,为何独《周易正义》不言所本,当是此书未有所本之证。"[①]可谓新颖之卓见。是对第一个问题的回答,亦非无可商之处。隋世二刘遍注群经,焯有《五经述义》,而炫有《述议》,不容独无《周易》义疏。二刘服膺南学,究为隋人,颖达不可能将其义疏一并归入南学统绪,最大的可能是其书毁于兵燹。察《旧唐志》已无二刘《五经》之目,而《新唐志》易类有刘焯《义疏》三十卷,刘炫《述议》二十卷。而颖达均未提及,殆其逸而复出乎?是当时已不可得而见矣。《周易正义》之作,因之亦无可作依据之底本。然此"辞尚虚玄,义多浮诞"的"江南义疏"十余家俱在,却正是需其为之纠偏、"正义"的参考。有反面的借鉴在,即不可谓之全无凭借;况颖达之学术倾向,既崇王学,就使言皆己出,亦不能完全摆脱南学之影响也。

至于纪昀批评其"诠释文句,多用空言,不能如诸经《正义》根据典籍,源委粲然,则由王注扫弃旧文,无古义之可引,亦非考证之疏矣",足以证明颖达受南学影响之深,而不自知。大抵义疏之学,其途有二,一为释义、一为考证。易学之考据,则多为自然界所有之物象及运演之数。对其竟委索源,是北学之所长,亦郑学之特色,质朴而烦琐;释

[①] 见姜广辉主编《中国经学思想史》第四十四章注释18,中国社会科学出版社,2003年版,第753页。

义则专指诠释义理,非指解释文意。义理务深务远,而文意务浅务近,此其不同也。追求义理,不厌深远,要在有所根据,虽远可复,而南学之病在于游荡忘返,此则王学之流弊也。郑、王之别,端在于此,而义疏之美者,最好是"源委粲然",而又"义理优长",使人既可领略本源,又能启沃心灵。文质彬彬,然后称善。《周易正义》虽与其余四经不同,但未完全放弃郑学,即使王学之注,亦不能"尽扫象数",这一点,纪昀亦并未予以忽略。如云:"今观其书,如《复·彖》七日来复",王偶用六日七分之说,则推明郑义之善。《乾》九二"利见大人",王不用"利见九五"之说,则驳诘郑义之非。于"见龙在田,时舍也",则曰"《经》但云'时舍',《注》曰'必以时之通舍'者,则辅嗣以通解舍,舍是通义也",而不疏舍之何以训通。于"天玄而地黄",则曰"恐庄氏之言,非王本意,今所不取",而不言庄说之何以未允。如斯之类,皆显然偏袒。① 但无论是"推明郑义之善",抑或"驳诘郑义之非",偏袒王学,然而终究没有完全摒弃"考证"(于易则为象数)之学,对南学虚浮之风有所纠正。纪昀评其"亦非考证之疏",只是指其与诸经大体比较而言,并非斥其竟同于南学众疏也。

至于颖达《正义》出而占据学术主导地位,虽曰凭借朝廷颁行之力,要亦其书有超迈前古之优长,并以士子所乐于接受方可。遂得扭转一世竞慕南学,崇尚玄虚、浮诞之学风。旧疏众说亦因之而遭废弃,主要还是时代选择之结果,其责固不应由《正义》承当也。且当时旧疏众书俱在,颖达岂不欲其并存,通过比较,以证实所言不虚也?学术之进展,固在力矫前代之所失,然而扬一长,难免不遗一短,此于《周易正

---

① 《四库全书总目提要·周易正义》卷一,中华书局,1965年版,第3页中。"舍是通义,而不疏舍之何以训通",今按:王注"见龙在田,时舍也"为"必以时之通舍"者,是兼"潜龙勿用"、"或跃在渊"等行为状态统而言之也,谓龙之所以现之于田,须根据时之或通或舍。非释舍是通义。而《文言》谓"见龙在田,天下文明"。则分明是时之通也,与释九二爻辞,时舍也,为"时之废止"显然矛盾。乾初二两爻虽皆处下位,而有当位与否之分,形势大不相同,能够出潜而现田,则时不可谓不通。然释舍为通至为迂曲,通,达也,顺也;舍,止也,废也;只有采取相反为训之一途,别无他法。

义》尤其可见。因之而有中唐李鼎祚辈及时而起,作《周易集解》辑集汉学遗逸,以补正孔《疏》之不足。

正因为孔颖达《周易正义》没有可据之本,因之也无所束缚,可以畅论一己之易学观点。其于《周易正义·卷首》对《周易》研究中的一些基本问题,如易之起源、名义、作者等,综合古人《易》论,提出自己的见解,以统领对周易经传全书之义疏诠解,形成了一套自成系统的易学理论,足以代表其经学思想之特色。兹论之如次:

易经原本是卜筮之书,其功用在于预卜祸福,以趋吉避凶。易卦的形成,据《汉书·艺文志》云"易道深矣,人更三圣,世历三古",三古谓上古、中古与近古,上古即谓伏牺时代,相当于原始社会之旧石器时期;中古则是殷周之际的文王时代;近古是指孔子所在的春秋时代。三圣即指上述三位堪称圣人的时代代表人物。可见易经产生之早,以及其如何之为时代所重。传说伏牺始画八卦,并重而为六十四卦,(一说为神农氏);①殷商之际,文王被囚于羑里,忧患人世,而重新"演易"布列卦序,并于每一卦、爻下系以爻辞(部分爻辞为周公所撰或改易)。因为此一形式之"易",产生于周代,故谓之《周易》。② 而此前之"易",尚有据伏牺之易卦所改作的夏之《连山》,及殷商之《归藏》,③因此而号称三易。三易之卦序与起始卦各不相同,《归藏》以坤始,《连山》以艮始,排列方式则二者相近。周易的卦序和爻辞,体现了独具的易理逻辑和质朴的人生哲理及自然观念。三易在当时皆属于卜筮之书,然而孔子在整理古代文化典籍时,之所以将《归藏》、《连山》这两部书"刊落",只留《周易》一种。按其自述保留与喜爱《周易》的原因,正是因为

---

① 伏牺画卦之说,史无异言,而《汉志》谓文王重卦。是不然也。若此,则此前安得而有《归藏》、《连山》之存在? 一说神农氏重卦,对此,孔颖达在《周易正义卷首》立有专节讨论。
② 以上,参酌孔颖达说,见《周易正义卷首》论重卦之人诸节。
③ 据考古发现,战国末年王家台秦墓竹简《归藏》与今本多合。又《礼记·礼运》载孔子云:"我欲观殷道,是故之宋,而不足征也,吾得《坤乾》焉。"郑玄注:"得《坤乾》,得殷阴阳之书也。其书存者有《归藏》。"熊安生疏:"殷《易》以坤为首,故曰《坤乾》。"可证孔子所见《坤乾》,应该即是《归藏》,其文多涉夏、商之际,故应以郑玄"夏曰《连山》,殷曰《归藏》,周曰《周易》"说为是。

《周易》的系辞中,包含"有古之遗言焉",而自己学易的目的并"非安其用而乐其辞"。而所谓易之"用",当然是指卜筮吉凶;"乐其辞"则即《系辞传》所说的"所乐而玩者,爻之辞也"①。《周易》的卦爻辞之所以耐人玩索,亦正如孔子在《要》篇中所言:"易,我后其祝卜矣,我观其德义耳也","吾求其德而已,吾与史巫同涂而殊归者也"。② 后来孔子传易时,就是按照《周易》爻辞所透发的"德义"方向,将《周易》这门学术引向了哲学一途。孔子非常喜爱《周易》的卦爻系辞,并专门为这些系辞作传,阐述其间的哲理,是为《系辞传》。孔子传易,历次的讲稿或讲堂记录,被弟子整理为十篇"大传",合称"十翼"。孔子整理、讲解《易》《书》《诗》《礼》,并删削《春秋》,阐释历史,即为后世经学的滥觞。论《易》则有象(卦象、物象、图像等天地人世现象)、理(易理、义理、哲理及人伦物理等)、数(序数、算数、运数亦即事物之固有规律等)、占(筮占,或称"数术"即是预测)四学之分,皆易学所固有的内涵及功用。尤其象理数三学,本是密不可分的统一体,有其象必有其数,有其象数则必有其理,象数实乃义理生发之凭借与依据,此必然不移之则也。然既欲通晓其学,则又不得不分梳研究之,后世解易遂有象数、义理学派之分,此又与时代起伏相轻重者也。

汉魏经学时代迄于隋唐,注易之书不虑百数十种,大略分象数、义理两派。汉易主象数,而北朝因之;魏晋主义理,而南朝承之,隋则南学风靡,至唐孔颖达始有合一之倾向,而独取王弼注(斟酌郑注)而尽弃六朝众疏。说明援道入儒的玄学易,与汉易相较,反而更为符合《周易》的义理精神。

孔颖达在《周易正义序》和《卷首》③八论所阐明、开列的基本问题,

---

① 《周易正义》卷七,《十三经注疏》整理本,北京大学出版社,2000年版,第310页。
② 《帛书周易校释·要》,湖南出版社,1987年增订版,第480、481页。
③ 《周易正义卷首》者,卷首,并非文题,且无意义可言,实即书卷卷次之前的书页,用以容纳序言、凡例之用。此文即是孔颖达置于卷首的一篇引言,当时并未命题,后学见其置于卷首,因用以为题。读者以引言视之可也。

是为全书之纲领,解读之锁钥。此处不遑细论。仅择其大端,辨析如下:

孔颖达于《卷首》首揭"易之三义及作易之宗旨"云:

> 夫"易"者,变化之总名,改换之殊称。自天地开辟,阴阳运行,寒暑迭来,日月更出,孚萌庶类,亭毒群品,新新不停,生生相续,莫非资变化之力,换代之功。然变化运行,在阴阳二气,故圣人初画八卦,设刚柔两画,象二气也;布以三位,象三才也。谓之为"易",取变化之义。既义摠变化,而独以"易"为名者,易纬乾凿度云:"易一名而含三义,所谓易也,变易也,不易也。"①

《易》一名而含三义,并且指出此三者,即是《易》的本质属性(易者,其德也)。第一个属性是简易,即是说"易"是对客观实际化繁为简的集约性摹写;第二个属性是对事物变化规律的模拟;第三个属性有些费解,既云"变"矣,何得复云"不变"？实际"不易"云者,是说"万类皆变,惟其变者为不变"。譬如天地无时不在变中,天阴晴其在上,地流迁其在下;又,四时交替,暑往寒来;以及人生虽然"代代无穷已",但永远存在父母子女的关系。此类属性及此类变化规律则是永恒不变的。

无论以学术类别还是以书名而论,易卦之"易",究竟何所从来,古人提出多种解释。其字或从日月合文,或象蜥蜴之形,皆取其变化之义,此即其原初含义。至其规模已成,学理渐明,而有汉代《易纬》之"三义"。"易简、变易、不易",基本上已经概括了"易"之所有蕴涵,嗣后无论有多少意义的阐发与提升,都不越此三者范围之外。人类自从产生自觉以来,第一个需要解决的问题,即是必须了解自己所处的生存环境,并求预知其发展变化,以便采取相应的行动。易卦就是根据

---

① 《周易正义卷首》,《十三经注疏》整理本,北京大学出版社,2000年版,第5页。释文曰"地流迁"者,意指山河变迁及沧海桑田之属。

既往经验,模拟生存环境及其规律所发明的一种解释自然和人生,并求预测其变化过程的系统模式。所以在易学的发展过程中,所具有的第一个特征,即主要用于预测亦即卜筮。自其经过圣哲级别的王者按照不同的易理逻辑,重新布列卦序,并为每一卦和爻系辞之后,遂使"易"于卜筮之外,初步具有了指导人生认知世界的哲理性,因之也就具备了所谓"经书"的资格。

孔颖达于《卷首》多处论及易卦之作者与时代。其引《周易·说卦传》"昔者圣人之作《易》也,立天之道曰阴与阳,立地之道曰柔与刚,立人之道曰仁与义,兼三才而两之,故易六画而成卦",以此证明伏牺之易,已是六爻之重卦。其事虽然难于证实,且亦难于证伪。古有其说,颖达又从而多方证明之,从逻辑上推衍,其说是可以成立的。惟此中所引文意,应须稍加辨正。《说卦》所谓"圣人之作《易》也,立天之道曰阴与阳,立地之道曰柔与刚,立人之道曰仁与义"。易被误解为此天地人之道,非所本有,而是皆为圣人所立。帛书《易传》此数句作"位天之道曰阴与阳,位地之道曰柔与刚,位人之道曰仁与义"①。可悟此"立"字,音义应作"位"字读解。道本为一,其位于天者,称之为阴阳,因其无形也;其位于地者,称之为刚柔,以其有形质也;其位于人者,称之为仁与义,以人为道德之存在也。

孔颖达还引证《乾凿度》之文,阐述了圣人"作易所以垂教"的深意:

> 故易者所以断天地,理人伦,而明王道。是以画八卦,建五气,以立五常之行;象法乾坤,顺阴阳,以正君臣、父子、夫妇之义;度时制宜,作为罔罟,以佃以渔,以赡民用。于是人民乃治,君亲以尊,臣子以顺,群生和洽,各安其性,此其作易垂教之本意也。②

---

① 《帛书周易校释·易之义》第四章,湖南人民出版社,1987年增订版,第461页。
② 《周易正义·卷首》,《十三经注疏》整理本,北京大学出版社,2000年版,第7页上。

目的在于说明"理人伦,明王道",理顺人间社会秩序;"以佃以渔,以赡民用",使百姓各安其生;顺应民情,使"群生和洽,各安其性"。方是其"作易垂教之本意",或曰宗旨。

孔颖达在《周易正义序》中,进一步发挥斯意曰:

> 夫易者,象也。爻者,效也。圣人有以仰观俯察,象天地而育群品,云行雨施,效四时以生万物。若用之以顺,则两仪序而百物和;若行之以逆,则六位倾而五行乱。故王者动必则天地之道,不使一物失其性;行必协阴阳之宜,不使一物受其害。故能弥纶宇宙,酬酢神明。宗社所以无穷,风声所以不朽,非夫道极玄妙,孰能与于此乎?斯乃乾坤之大造,生灵之所益也。①

开宗明义地点出《周易》的学术品格,并非空泛无益的学问,而是体用兼备的行为指针。因之诫勉王者效法天地好生之德;不可逆乱和谐共处的人间秩序,"动必则天地之道,不使一物失其性;行必协阴阳之宜,不使一物受其害"如此则不惟生灵受益,自己声名亦可传诸不朽。突显了《周易》的训诫意义。

(一)象数与义理之辨

"易者,象也",离象不足以言易。譬犹人之有四肢百骸,离之,岂复有"人"哉?然则既有身体矣,还须更有精神,如此方是完人。此则如易之须有义理也。然而健全之精神亦须凭借健康的体魄而得,岂可弃躯体而独存?《易》之象数、义理之辨大率若此。

《周易正义》独取王注,其对注本的选择,非据一己之好尚,自汉儒对易学象数,作尽发挥,已到转相祖述的地步,适值政治的变革,迫使《周易》学术向义理的方向转变。魏晋之际的王弼援道入儒,开辟了易学新境界。孔颖达因之评其《易注》曰:"唯魏世王辅嗣之注独冠古今。"孔序的评价及选择,与此前陆德明《经典释文》颜师古《五经定本》

---

① 《周易正义序》卷首,《十三经注疏》整理本,北京大学出版社,2000年版,第2页。

的观点一致,说明这也是符合时代要求的选择。唐初三种权威五经著述的一致认定,从而奠定了《周易》王注的权威性与合法性。王弼《周易注》虽侧重于义理的阐释,然其毕竟属于魏晋玄学系统,而玄学是集儒释道三位一体的学说,故而"其江南义疏,十有余家,皆辞尚虚玄,义多浮诞"。"虚玄"当为道家特点,或为阐述妙理所难免;"浮诞"则"义涉释氏",与儒家义理相去悬远,渺不相及。即或偶有相通之处,亦皆貌似而神异。"既背其本,又违于注","非为教于孔门也"。[①] 所以皆为孔颖达所摒弃,只可作为参照观点,必须重新作一部义疏,以正其义。

《周易正义》虽独取王弼注(包括韩康伯续注)为作疏底本,但并未墨守王注一家之言。而是每常言及象数,以明义理。这似乎并未违背"疏不破注"的惯例。说明《正义》与王注虽同样注重义理,而其运用"因象明义"的方法阐发义理,与王弼"超言绝象"而求义理,毕竟有所不同。一则踏实有据,一则微妙玄远,此则儒家经学与玄学经学之区别。其实王弼之易学也并非"尽黜象数",仅是"得意忘象"而已。无象则无以得意,凭象得意,意得而后弃象。这本是易学的法则,虽王弼亦莫能外。只是王弼重意过度,致使在认识上(而非实际上)颠倒了两者的关系。如云:"夫易者,象也。象之所生,生于义也,有斯义然后明之以其物,故以龙叙乾,以马明坤,随其事义而取象焉。"[②] 王弼用"有斯义然后明之以其物",并举乾龙坤马为例,以证成其"象生于义"说。如果仅就易卦而言,须先明卦义,然后择物以象之。然而亦须彼物象并有与之相近之义也,物象之义实即彼物象之性质,刚健不息,乃乾与龙共取之义;负载致远,或为坤与马相近之义,故取其象以表卦义,龙、马之象,岂为乾坤之义而生者哉!此则智者千虑之失也。辨此意在说明义理与象数关系,实非扫而可除的。然则,两派易学又何以区别之。王

[①] 《周易正义序》卷首,《十三经注疏》整理本,北京大学出版社,2000年版,第3页。
[②] 《王弼集校释·周易注·乾卦注》,中华书局,1980年版,第215页。

弼易学旨在"扫象阐理",即于"得意"之后,"弃象"而专谈义理,属于哲学的统绪。而汉易多在索象之后,继续探讨象与数本身的规律与体系,颇类天文物理学的研究。但汉易重象数,而忽略义理的发挥,其方法亦颇欠缺,虽有许多重大发现,但总体上是拘泥而忘返的。

孔颖达撰《周易正义》对汉易亦有所继承,并未忽略象数,只是舍弃其"定马于乾,案文责卦"①的僵固模式,采取"不可一例求之","随义而取象"②的灵活作法,要在于明义而已。根据《正义》义疏并不少见的此类例证,说明孔氏《正义》实为对汉魏《周易》注疏之学象数、义理两派的总结与超越。正如其于《序》文中所宣言的那样:

> 考察其事,必以仲尼为宗;义理可诠,先以辅嗣为本;去其华而取其实,欲使信而有征。其文简,其理约,寡而制众,变而能通。

"欲使信而有征",则必须"去其华而取其实"。"实"指有象数依据之义理。这就不仅是治学方法的差异,也是为学方向的不同。《正义》既继承了汉魏时期易学研究的成果,复将易学从象数与玄学两个极端中摆脱出来,从而拨正了易学研究的方法与方向,这应该是《周易正义》最显著的成就。

《四库全书总目提要》评论王注孔疏说:王注产生之后,曾引起学界的长期辩论,象数与义理,"此扬彼抑,互诘不休。至颖达等奉诏作疏,始专崇王注而众说皆废"。认为《正义》专注一家,"显然偏袒"。③看来,四库馆臣并未细考《正义》疏文,甚至失考于学术大势。无怪乎刘玉建批评说:"四库馆臣认为孔氏墨守王弼一家之言的说法,实是一种偏见。"④

---

① 《王弼集校释·周易略例·明象》,中华书局,1980年版,第609页。
② 《周易正义·乾》卷第一,第1页;《屯象》,第40页上。《十三经注疏》整理本,北京大学出版社,2000年版。
③ 《四库全书总目提要·周易正义》卷一,中华书局,1965年版,第3页中。
④ 刘玉建:《汉魏易学发展的理论结晶:〈周易正义〉——学术及政治视野下的创作动因审视》,《周易研究》,2006年第5期。

(二) 有无之辨

有无之辨,自古固存。道家持无,儒家持有,此亦就大率而言之。其实有无之关系,几如形影之不可暂离。虽老子亦不能离有以说无。只是两家之学各有所侧重而已。如此则不惟决定了两家哲学的不同取向,甚而影响到对待现实人生的态度。如老子反对有为主张"绝圣弃智",而孔子认为无为是至高境界,只可行之有于尧舜时代,现实中,只能奉行有为政教。在哲学观上,两家原本截然分明的分歧,经过两汉时期的各自演化,及汉儒的积极融合,至魏晋之际已有冶儒释道三学于一炉的玄学产生,岂止是"援道入儒"而已。王弼之玄学易论,持道体本无之义。如论"大衍之数","其用四十有九。则其一不用"者,即是"寂然至无"之道体。此道体既非数目之"一",亦非与"四十九"对立之"一",而是"演成天地之数、生发万物之有"的宗主,即其所谓"不用而用以之通,非数而数以之成"的"易之太极"。孔颖达《正义》虽选择王注为蓝本,但却没有完全接受其哲学思想。《正义卷首》论有无曰:

> 易之三义,唯在于有,然有从无出,理则包无,故乾凿度云:"夫有形者生于无形,则乾坤安从而生? 故有太易、有太初、有太始、有太素。太易者,未见气也。太初者,气之始也。太始者,形之始也。太素者,质之始也。气、形、质具而未相离谓之浑沌。浑沌者言万物相浑沌而未相离也。视之不见,听之不闻,循之不得,故曰易也"。是知易理备包有无,而易象唯在于有者,盖以圣人作易,本以垂教,教之所备,本备于有。故系辞云:"形而上者谓之道",道即无也;"形而下者谓之器",器即有也。故以无言之,存乎道体;以有言之,存乎器用;以变化言之,存乎其神;以生成言之,存乎其易;以真言之,存乎其性;以邪言之,存乎其情;以气言之,存乎阴阳;以质言之,存乎爻象;以教言之,存乎精义;以人言之,

存乎景行。此等是也。①

认为"易理备包有无",亦即兼容道器。故谓"形而上者谓之道,道即无也;形而下者谓之器,器即有也"。认为形而上的道即是"无",故又曰:"以无言之,存乎道体;以有言之,存乎器用",是说易理由无言之,则表现为道体;以有言之,则表现为器用。如"唯在于有"的易象,即属于器用的范畴。然后又从道器两方面,列举了四对范畴,八个侧面,说明了易理的表现形式与丰富内涵。易理虽然备包有无,但是圣人作易的初意,却似乎只在于"垂教"。所以颖达说:"盖以圣人作易,本以垂教,教之所备,本备于有。""有"是可见、可说、而且可以模仿而行,是教化必具的条件,当然不可见的"道",亦必将随之与俱。由此可知,所谓"行道",必须资"有"以与之俱行,否则就将成为空言。正如其于《序》中所言:"原夫易理难穷,虽复'玄之又玄',至于垂范作则,便是有而教有。"没有"玄之又玄"的道,则不能阐明"易理之难穷",道虽则无所不在,却是只可理喻,不可感知的存在;虽然可以化人,却难于直接用以垂教,所以说"垂范作则",还必须拿出实际行动,用可见的"有"来完成使命。实即体现了"道体器用"说。

《周易·系辞传》多次论及道器,如曰"一阴一阳之谓道","形乃谓之器"等。最具哲学意味的表述是提出"形而上者谓之道,形而下者谓之器"的命题,孔颖达《正义》论曰:

> 道是无体之名,形是有质之称。凡有从无而生,形由道而立。是先道而后形;是道在形之上,形在道之下。故自形外已上者谓之道也,自形内而下者谓之器也。形虽处道器两畔之际,形在器而不在道也。既有形质,可为器用,故云"形而下者谓之器"也。②

---

① 《周易正义·卷首》,《十三经注疏》整理本,北京大学出版社,2000年版,第6、7页。
② 《周易正义·系辞上》卷七,《十三经注疏》整理本,北京大学出版社,2000年版,第315、339、344页。

《正义》沿袭王注引进"有、无"概念诠释"道、器"的途径,深入分析了"道"、"器"范畴,认为居于"形"之上者为抽象的"道",表现为只可理喻而不可感知的阴阳变化之理(如昼夜的转换虽可感知,而道只是其所以转换之理);居于"形"及其以下者,则为具体之"器",表现为可见可闻具有形体的物质状态,包括声音、文字以及《周易》卦、爻的构成形式在内。孔颖达的论旨,在于"先道而后形"。即物之生成,必有其可生之理在先,也就是逻辑在先的理念。是以先后和内外的概念解释形之上下的范畴。并以无或道为体,而以有或器为用,有无体用兼备,道器相须为用,如此解析"道""器"之辩证关系,颇具匠心。自魏晋王弼韩康伯援道入儒,至孔颖达复会通儒、玄。这种以有、无释道、器的论易方法,已趋成熟。对开启宋明理学道器论之产生,具有一定的启示意义。然而有无毕竟不属儒家的哲学范畴,虽然儒家亦有"无极而太极"之论,赞成"上无为而下有为"之说,可是既借用道家之"无"以论"道",则依然易流入"虚无"之论,而"道"在儒家理学看来,亦是"实理",不可以"虚无"视之。于是,北宋张载、二程大张理学之帜,一扫虚无之弊。张载说:"大易不言有无,言有无,诸子之陋也。"① 理学家以理、气解释道、器,认为道在器中,即器以求道,道、器不可二分,言"有生于无",即是道、器分而为二;理学家更以理、气解释道、器,理和气不可谓无,人之耳目闻见能力有限,人见其无者实皆是有,世界从根本上说是有,而无所谓无。从而将道器论提升到更高的层次来认识。与其谓宋明义理之学承袭魏晋而来,不如说是继承了魏晋"得意忘言"的治学方法,魏注唐疏,曾借道家"有无"玄妙之理,解说大易"道器"幽赜之义,至宋理学出,但重义理,而弃其有无之论,亦可谓得鱼忘筌矣。

(三)《周易》分上下篇的问题

《周易》上下分篇的问题,本没有什么学术意义,但其分篇的依据或方法却与易理和阴阳观念密切相关,故不惜词费,为之一辨。其中

---

① 《张载集·大易篇第十四》,中华书局,1978年版,第48页。

有两事值得注意。一为其引《乾凿度》云:"'孔子曰:阳三阴四,位之正也。'故易卦六十四,分为上下而象阴阳也。夫阳道纯而奇,故上篇三十,所以象阳也。阴道不纯而偶,故下篇三十四,所以法阴也。"何以如此划分,颇难令人索解。按照今天的常识,奇数为阳,偶数为阴,八为少阴,九为老阳;至十为偶数,应该属阴,但从未闻有称其为阴数者,而皆称为阳数。谓之上篇三十,所以象阳者,其故何在?盖古人称数,至九而极,数极而复归于零,成为一个完整独立的单元;古人视数,复将十、百、千等单元,视之为计数单位,故称"十"数,不径称十,而谓之一"十"。一个"十",自然是阳数无疑。那么,三个十,自然也是阳数了;只有整数为阳而挂零为偶数者,如下经之三十又四及整数二十、四十方得称为阴数。此即上经三十卦,所以为阳的原由。

《易经》既已分篇,上篇主要阐释乾坤万物终始;下篇始述人道之始,虽为附会,却也有其将人事与天地并列的积极意义。尤其值得注意的是说"人道之兴",不仅"所以奉承祖宗",绵延人伦,而且还可"为天地之主",参预天地之化育。故而可"贵之也"。这当然是一种以人为天地中心和万物之主宰的思想。

另一个值得注意的事项是,孔颖达既已认定《周易》上下篇为文王所定之经,而又以孔子所作之"十翼"即《易大传》为纬。说是"夫子作《纬》以释其义也"。纬书历称孔子,阐述天地万物之理,意在诠释经典。经纬交错,方可以"弥纶天地之道"。然而"纬"与"谶"近,故而"谶纬"并称,不为汉魏诸儒所承认,其书遂废,亦理之必然。而孔颖达竟然认为孔子作《纬》,等于承认"纬"原是经学的一个组成部分,其所论当理者,实可用以诠释经义。所以每引纬书以证经。但同时也意识到纬书多系伪造,因而又指出"纬文鄙伪,不可全信"。因以《纬》"入经别释",[①]仅供参考而已。汲取纬书释经的合理成分,而对其他内容给予客观分析,这种治学态度是可取的。

---

① 《周易正义·卷首》第八,《十三经注疏》整理本,北京大学出版社,2000年版,第13页。

孔颖达《周易正义》的义疏,对《周易》经传,历有发挥,精义迭出,发覆索隐,多所创获,最足以代表其经学思想。限于篇幅,此处不拟详加缕述。仅择其荦荦大端,群疑之处,稍加辨析,以见其一斑而已。

二、《尚书正义》之学术思想

《尚书》又称《书经》也可单称为《书》,是记载上古三代夏商周政治、历史文献之书。所以称为《尚书》者,孔颖达释曰:"尚者,上也,言此上代以来之书,故曰《尚书》。"并引《书纬》云:"'书者,如也'。则书者,写其言,如其意,情得展舒也。"然"书"本是总名,百家六籍皆得称书,而惟此独称"书"者,是此书"本书君事,事虽有别,正是君言,言而见书,因而立号"①,成为专名。因此而有人解"上"为"君上";此外,"上"还有尊崇的意思等。孔子"删书"之时,上古之书,无虑千百,比所删定的百篇,要多出数十倍。② 然如史迁所言:"百家言黄帝,其文不雅训。"孔子因而将信史"断自尧舜",其余皆删去。因此,与所删之书相较,对删存的百篇《书》,当然含有"尊崇"之意;而与后出之书相较(比如《逸周书》等),实无逾其上者,斯为最古,故并用两义,称为《尚书》。

孔氏《尚书正义序》开宗明义曰:

> 夫书者,人君辞诰之典,右史记言之册。古之王者,事总万机,发号出令,义非一揆,或设教以驭下,或展礼以事上,或宣威以肃震曜,或敷和而散风雨。得之则百度惟贞,失之则千里斯谬。枢机之发,荣辱之生,丝纶之动,不可不慎,所以辞不苟出,君举必书,欲以昭法诫,慎言行也。

对《尚书》的性质及意义作了精辟而细微的阐述。由于君主的言

---

① 《尚书正义·尚书序正义》卷一,《十三经注疏》整理本,北京大学出版社,2000年版,第1页。
② 《经典释文序录·注解传述人》,第63页,引郑玄《书论》云:"孔子求《书》。得黄帝玄孙帝魁之书,迄秦穆公,凡三千二百四十篇,断远取近,定可为世法者百二十篇,以百二篇为《尚书》。"一说百篇。

行,关系至钜,国家的安危、上下的荣辱,无不系于"枢机之发",所以必须诚慎言行。明确指出,此是针对君王昭示法诫之书。

孔子手订的《尚书》亡于秦朝,至西汉有两种版本传出。一为伏生口诵所传的今文隶定《尚书》,一为鲁恭王坏孔子故宅壁所出的古文《尚书》。今文《尚书》的传习者,被迅速地立为博士,成为官学;而古文《尚书》由于文字难识(一说为蝌蚪文字,一说为六国大篆),仅仅成为孔氏家学。录呈朝廷者,也被藏之秘府,束诸高阁。二十九篇之今文《尚书》由师法家传,成为占据主流的权威学派,排斥经古文学;而五十八篇之古文本,虽历有中秘奏请立为学官,皆因命途多舛,国家多故而被搁置。至东汉许慎传习孔氏家学,其子冲献《古文尚书孔传》,孔安国所作《传》始与《古文尚书》并传于世。经今古文学之争,虽未平息,然古文经学已被贾马郑服等今文权威所承认,郑玄甚至已成融会今古文的经学大家。但古文《尚书》及《孔传》,不久又亡逸于汉末兵燹之中。但我一直认为此皆指官藏典籍而言。并不等于说孔氏家传和民间一定再无其书,而后来再现者,一定就是伪造。这本是一个事实上难于证明,而逻辑上讲不通的论断。然而竟统治学界近两千年之久,岂非咄咄怪事?若非地下文献重见天日,①及李学勤诸先生的不懈论证,恐怕真要成为终古沉冤了。

魏晋之际,《古文尚书孔传》重新面世,由郑冲、皇甫谧等学者传习。② 东晋时,由梅赜奏上元帝。陆德明《经典释文序录》"江左中兴,元帝时,豫章枚赜奏上孔传古文《尚书》"③,刘知几《史通·古今正史》亦

---

① 《东方早报》2008年10月26日报道:《焚书坑儒后2000年古文〈尚书〉惊现清华园》,"据李学勤介绍,此次清华大学入藏的这批珍贵竹简(简称"清华简")中发现的多篇《尚书》均是焚书以前的写本。《金縢》《康诰》《顾命》等部分篇目有传世本,但文句多有差异,甚至篇题都不相同。更多的是前所未见的篇章"。"清华简的发现,足以与西汉'孔壁中经'和西晋'汲冢竹书'相媲美。"应与传世所谓"伪古文《尚书》"相似,都是先秦不同学人系统的传本。孔颖达采用的《尚书正义孔传》应是其中的一个不同的传本而已,其中不应有"伪书"的成分。
② 据李学勤《〈尚书孔传〉的出现时间》一文所论证。载《古籍整理研究学刊》,2002年第1期。
③ 《经典释文序录·注解传述人》,中华书局,1984年版,第68页。

云"晋元帝时,豫章内史梅赜始以《孔传》奏上"①。这部《尚书》按朝代次序分为《虞书》、《夏书》、《商书》、《周书》四大部分,共计五十八篇。由于唐初孔颖达作《五经正义》,而广为流传以至于今。尽管这部《尚书》篇目,前人据明清学者考证,认为真伪难辨,问题殊多。但我认为恰恰是阎若璩《尚书古文疏证》的研究方法大成问题。比如阎氏认为古文《尚书》各篇多抄自诸子史籍,实际是很难论定两者孰为后先的,完全可以反证为诸子史籍据抄古文《尚书》。如杨善群通过古文《尚书》与旧籍引语的比较研究,从而证实:"古文为正确、合理、完整、全面、连贯流畅、自然贴切,而引语则往往错误、脱漏、片面、删节、篡改、掐头去尾、用词不当;且古文《尚书》与旧籍引语大多相异,许多旧籍引语在古文《尚书》中找不到;特别是旧籍引语在古文《尚书》中所占比例甚小,有些长篇古文只有一二个短语见于旧籍之中。"由此证明,所谓古文《尚书》是"搜集群书征引《尚书》原文"而"编造"出来的说法,也是"不考查事实、极不负责任的断语"②,而其中的许多论据,曾经是疑古派论证古文《尚书》为伪的证据。比如古文《尚书》较诸子旧籍流畅,便被认为是古文本抄撮旧籍后,经过文字加工的显证。而古文《尚书》许多文句比引文更为古奥而合理的证据反被忽略或隐匿,是从朱熹就开始的错误。必得如杨文将所有的疑点,组成一个坚实的证据链,方能予似乎已成铁案的疑古论调以有力的驳斥。近读张岩《审核古文〈尚书〉案》③及《阎若璩〈疏证〉伪证考》一文,将阎论全盘推翻,不禁为其学术勇气及缜密论证(还有犀利的文风)所叹服。而孔颖达《尚书正义》不仅涉及古文《尚书》伪案,还有所选传注即孔安国《传》亦被认为是伪书,而且被论定为"伪中之伪"的问题。但是由于《五经正义》自唐宋元明近千年以来享有的重名及权威性,如何越过这一公认的学术高峰,

---

① 《史通通释·古今正史》卷十二,上海古籍出版社,1978年版,第331页。
② 杨善群:《古文〈尚书〉流传过程探讨》,《学习与探索》,2003年第4期;《论古文〈尚书〉的学术价值》,孔子研究,2004年第5期。
③ 张岩:《审核古文〈尚书〉案》,中华书局,2006年版。

而直接攻击古文经和《孔传》，清初的疑古派还是煞费苦心的。

如阎氏《疏证》谓："唐贞观中诏诸臣撰《五经义训》，而一时诸臣不加详考，猥以晚晋梅氏之《书》为正。"①唐初四位大儒，陆、孔、颜、魏，学术渊源各不相同，而皆为举世公认的学术权威（这是阎氏不敢否定的），在《古文尚书》的真伪问题上，竟然取得不谋而合的一致；加之《正义》选为蓝本的隋代二刘义疏，尽弃今文而用《孔传》，历时近半个世纪（从二刘义疏与《释文》计起），前期学术检验的时间不可谓之仓促；唐太宗诏命"以师说多门，章句繁杂，命孔颖达与诸儒撰定《五经》疏"，而今古文之争及《孔传》真伪之辨，恰是"师说多门"的核心问题，也是太宗诏命重撰《五经》疏，首须解决的疑案，如此明确的学术目标，如此郑重的国家课题，又经高宗动员庞大的学术力量，几乎是倾朝之力，费时两年加以审定刊正，而阎氏欲以"一时不加详考"，轻巧的一笔，瞒天过海，其可得乎？

颖达本出北学，通晓《郑氏尚书》学。至撰《正义》，舍郑注用孔传，舍今文本而用"古文经"，实亦经过文献比较，择善而从的结果。与《周易正义》相同，选择《古文尚书孔传》作为底本，几乎得到唐初大儒的一致首肯，绝非颖达一孔私见，或"诸臣一时不加详考"的失误。陆氏《释文》、颜氏《定本》，以及魏征《群书治要》皆定《孔传》为《尚书》正传。唐初秘书监图书，经魏征、颜师古等先后搜罗、整理，汉魏《石经》拓本及贾马郑王传注尽罗眼底。因使颖达诸人得以尽"检古本并石经"②，以鉴定今古文之异同与真伪，岂待千百年后，作为原始证据的古籍碑石散逸殆尽，而由勇于疑古者，扪竽论定乎？是必不然也。

而实际上孔颖达等在《尚书正义》中，也曾对选用古文及《孔传》，以及杂用贾马郑王注释的理由加以说明。《尚书正义序》论述《尚书》

---

① 《尚书古文疏证》卷一，《影印文渊阁四库全书》66册，台湾商务印书馆，1986年版，第136页。
② 《尚书正义·尧典》卷二，《十三经注疏》整理本，北京大学出版社，2000年版，第22页。

今古文及传注问题曰：

> 暨乎七雄已战，五精未聚，儒雅与深穽同埋，经典共积薪俱燎。汉氏大济区宇，广求遗逸，采古文于金石，得今书于齐鲁。其文则欧阳、夏侯二家之说，蔡邕碑石刻之。古文则两汉有所不行，安国注之，实遭巫蛊，遂寝而不用。历及魏晋，方始稍兴，故马、郑诸儒莫睹其学，所注经传时或异同。晋世皇甫谧独得其书，载于帝纪，其后传授乃可详焉。

将《尚书》今古文经传的产生及注释情况交代的十分清楚。经过比较，然后对古文经传做出评价曰：

> 但古文经虽然早出，晚始得行，其辞富而备，其义弘而雅，故复而不厌，久而愈亮，江左学者，咸悉祖焉。

这里所谓"古文经早出"，是指其在战国之际即已写定而言，自是较汉文帝遣晁错赴伏生处隶定的今文经为早。由于避秦火而藏于屋壁，至武帝时方由鲁共王发现。而且据孔安国《尚书序》所云，只是孔氏家传其学。从"晚始得行"来看，所言早出之"经"，应是"经传"的省称。因为既认定《孔传》出自安国（至少由安国开其端，因为司马迁已听过安国的讲解）。则其时亦比今文经注要早得多，而行世则晚于今文经注。至东汉方得广为学者传习。颖达等经过比较，认为古文经传文辞、事义详备而弘雅，令人覆按不厌，即经得起反复推敲，原由在此，故为江左学者所乐于祖述传习。下面是隋代《尚书孔传》众家义疏的现状，颖达论之曰：

> 近至隋初，始流河朔，其为正义者，蔡大宝、巢猗、费甝、顾彪、刘焯、刘炫等。其诸公旨趣，多或因怙释注文，义皆浅略，惟刘焯、刘炫最为详雅。然焯乃织综经文，穿凿孔穴，诡其新见，异彼前儒，非险而更为险，无义而更生义。使教者烦而多惑，学者劳而少功。过犹不及，良为此也。炫嫌焯之烦杂，就而删焉。虽复微

稍省要,又好改张前义,义更太略,辞又过华,虽为文笔之善,乃非开奖之路。义既无义,文又非文,欲使后生,若为领袖,此乃炫之所失,未为得也。①

一方面赞扬二刘义疏"最为详雅",一方面指出二刘的弊病所在,这是欲以其义疏为底本,而必先明确的扬弃取舍方向。继而说明《正义》的撰述原则云:

今奉明敕,考定是非。谨罄庸愚,竭所闻见,览古人之传记,质近代之异同,存其是而去其非,削其烦而增其简。此亦非敢臆说,必据旧闻。

《尚书正义》主要根据《孔传》,但仍然杂录郑玄、王肃诸人之注,故笼统说是参照古人传记,以二刘义疏为主,对勘审定近代诸疏异同,无非都是为了"存其是而去其非",削刘焯之烦而增刘炫之简。每一条"正义"的论定,都不敢凭胸臆私见,必皆有其师说旧闻的依据。

兹举一例以见一般。如《皋陶谟》篇有:

天聪明,自我民聪明。天明畏,自我民明威。达于上下,敬哉有土! 皋陶曰:"朕言惠,可厎行。"禹曰:"俞,乃言厎可绩。"皋陶曰:"予未有知思,曰赞赞襄哉!"②

以下是摘自《孔传》的解释:

言天因民而降之福,民所归者天命之。民所叛者天讨之,言天所赏罚,惟善恶所在,不避贵贱。有土之君,不可不敬惧。

《孔传》释文,其义甚明,是说:"天"之聪明与明威,都来自下民。民心之所向,天命(予)之福;民心所叛,天讨之罪。明确指出"天所赏

---

① 以上诸段引文均见《尚书正义·序》卷首,《十三经注疏》整理本,北京大学出版社,2000年版,第3页。怗,音帖,服帖、安静意。引文有节略。
② 《尚书正义·皋陶谟》卷四,《十三经注疏》整理本,北京大学出版社,2000年版,第131页。厎,音指,致也。又音义同砥,砥砺。

罚,惟善恶所在"。告诫有土有责者,"不可不敬惧"！其文难解者,惟在皋陶自谦语"赞赞襄哉"。《孔传》释"赞"为"赞奏上古行事",而未释"襄"字。《正义》因而引马融注云:"襄,因也。"即因袭古之言论而已。复引显氏注云:"襄,上也。谓赞奏上古行事而言之也。"但是二刘义疏同于马融。并以"襄"为"因"。《正义》认为孔《传》不训"襄"为上,已从"襄陵"而释之。《尚书·益稷》篇有"洪水滔天,浩浩怀山襄陵"语。《孔传》释之为"包山上陵",则已释"襄"为"上"。因而否定二刘说曰:"若必为因,孔传无容不训其意。"然后又引郑玄《注》云:"赞,明也。襄之言畅,言我未有所知,所思徒赞明帝德,畅我忠言而已。"表示并不墨守《孔传》一家之言,而是博引众家以作参考。

　　古文《尚书》并《孔传》所体现的儒家思想,主要有民本论、天命论和诚慎论。经过孔颖达《尚书正义》总结和诠解,在此后的思想界和政治生活中产生了深远的影响。《尚书》和《孔传》的这三种思想,是密切相联的。

　　天命论如《大禹谟》益曰:"都,帝德广运,乃圣乃神,乃武乃文。皇天眷命,奄有四海为天下君。"又曰"四海困穷,天禄永终"。《传》曰:"困穷谓天民之无告者。言为天子勤此三者,则天之禄籍长终汝身。"民本论如舜曰:"可爱非君？可畏非民？非元后何戴？后非众罔与守邦？"《传》曰:"民以君为命,故可爱。君失道,民叛之,故可畏。言众戴君以自存,君恃众以守国,相须而立。"又如《盘庚》"呜呼！古我前后,罔不惟民之承。"《传》"言我先世贤君,无不承安民而恤之"。最经典的表述乃是"民惟邦本,本固邦宁"。① 但其天命论却是以民本为依据的。如《泰誓》所谓"天矜于民,民之所欲,天必从之"。又上引"天聪明,自我民聪明;天明畏,自我民明威"。《正义》疏曰:"此即《泰誓》所云'天听自我民听,天视自我民视'。故'民所归者,天命之'。"②天命实即假

---

① 《尚书正义·大禹谟》卷四,第104、112页;《盘庚中》卷九,第279页;《五子之歌》卷七,第212页。北京大学出版社,2000年版。古我前后,后谓君主。惟民之承,承,承当、奉承。句应解为:惟民意是承。

② 《尚书正义·泰誓上》卷十,第325页;《皋陶谟》卷四,第132页。《十三经注疏》整理本,北京大学出版社,2000年版。

天威以行民意,可称之为民本的天命观,是为正统的儒家天命论。天命常改实不足恃,然"惟德是辅"。因之而又有诚慎论的提出。如益赞禹曰:"惟德动天,无远弗届。满招损,谦受益,时乃天道。"益又曰:"吁!戒哉!儆戒无虞,罔失法度。罔游于逸,罔淫于乐。"孔颖达以"诚慎言行"以提领《尚书》精神,实符合《尚书》之原旨,更有现实之意义。然则《尚书》之经、传、疏的核心精神,无疑是使其足以彪炳千古为百世法的民本思想,殆无疑义。

三、《毛诗正义》之学术思想

孔子删定的《诗经》三百五篇,秦火之后,至汉代师传者,有鲁、齐、韩、毛四家。鲁、齐、韩三家师传属"今文经"学派,西汉时即立于学官。惟《毛诗》传"古文经",初为私家传授,东汉时方立于学官。《毛诗》即《诗经》毛氏《诂训传》的简称。① 郑玄《毛诗笺》,即是为这部《诂训传》所作的笺注。孔颖达《毛诗正义》,即选取毛《传》郑《笺》,而以二刘义疏为撰写《正义》的蓝本。

古文学派的《毛诗》,因毛公而得名。《汉书·儒林传》云:"毛公,赵人也。治《诗》为河间献王博士,授同国贯长卿。"②而郑玄说:"鲁人大毛公为《诂训传》于其家,河间献王得而献之,以小毛公为博士。"③因有大小毛公之别。陆玑《毛诗草木鸟兽虫鱼疏》述《毛诗》的传授渊源曰:

> 孔子删《诗》授卜商,商为之序,以授鲁曾申,申授魏人李克,克授鲁人孟仲子,孟仲子授根牟子,根牟子授赵人荀卿,卿授鲁国

---

① 毛亨《诂训传》,一作《故训传》。颜师古认为"今流俗《毛诗》改'故训传'为'诂'字,失真耳"(《汉书·艺文志·注》)。马瑞辰谓:"盖诂训本为故言,由今通古皆曰诂训,亦曰训诂。而单词则为诂,重语则为训,诂第就其字之义旨而证明之,训则兼其言之比兴而训导之,此诂与训之辨也。毛公传《诗》多古文,其释《诗》,实诂、训、传三体,故名其书为《诂训传》。"(《毛诗传笺通释》,中华书局,1989年版)毛奇龄亦以"故训传"三字分读,各有所指(见《诗札》)。
② 《汉书·儒林传》卷八十八,中华书局,1962年版,第3614页。
③ 《毛诗正义·关雎》卷一之一,引已佚郑玄《诗谱》,《十三经注疏》整理本,北京大学出版社,2000年版,第2页。

毛亨，毛亨作《诂训传》，以授赵国毛苌。时人谓亨为大毛公，苌为小毛公。以其所传，故名其诗曰毛诗。①

西汉是今文经学一统天下，《毛诗》自然不能与鲁、齐、韩三家《诗》相比。东汉以后，《毛诗》大盛，卫宏、郑众、贾逵、马融、郑玄等经学大师皆治《毛诗》。尤以郑玄《毛诗笺》，影响最大。《毛诗笺》问世，鲁、齐、韩三家诗说遂废。《四库全书总目》曰："郑氏发明毛义，自命曰《笺》。"引说文曰："笺，表识书也。"又引郑氏《六艺论》云："'注诗宗毛为主。毛义若隐略，则更表明。如有不同，即下己意，使可识别'。然则康成特因毛传而表识其傍，如今人之签记，积而成帙，故谓之《笺》，毋庸别曲说也。"②《毛诗笺》既宗《毛传》，遇毛说"隐略"之处，则或采今文说，或下己意以注明之。

毛诗于《诗》三百篇均有小序，而首篇《关雎》题下的小序后，另有长序，世称《毛诗序》或《诗大序》。是关于《诗》旨的一篇总论，也是理解《诗》本义的纲领，而作者历有争议。班固、王肃和陆机主张《诗序》为子夏作。郑玄、陆德明与之稍异，认为《大序》为子夏作，《小序》则子夏、毛公合作。魏征《隋书·经籍志》云："《序》，子夏所创，毛公及敬仲（卫宏字）又加润益。"此说最为近理，孔颖达与之合作修撰《隋书》，应该是大体同意的。《毛诗正义》多处称说"子夏作序"的观点。如《诗谱序》"正义"云："据今者及亡诗六篇，凡有三百一十一篇，皆子夏为之作序，明是孔子旧定，而《史记》、《汉书》云'三百五篇'者，阙其亡者。以见在为数也。"③当然，子夏《序》也应该包含孔子的遗教在内。

但《序》、《传》每有冲突，似非出自一人之手，所以仍然聚讼纷纭，迄未能决。毛奇龄《诗札》，论定为毛亨。即《诗序》为《故训传》的组成部分，同为毛亨所传之古义。其文甚有理致，足解千古之疑。《诗札》云：

---

① 《毛诗草木鸟兽虫鱼疏》卷二，《丛书集成初编》，中华书局，1985年版，第70页。
② 《四库全书总目·毛诗正义》卷一五，中华书局，1965年版，第120页上。
③ 《毛诗正义·诗谱序》卷首，《十三经注疏》整理本，北京大学出版社，2000年版，第9页。

小序何人作？臆通是毛亨作。何以知之？按《汉志》《毛诗》二十九卷，《故训传》三十卷，郑氏《诗谱》有云"大毛为故训传"，今《毛诗》比卷，卷首有若篇故训传，若干文。按之"故"即序首一句也，第不连属篇题。于篇题下判云若干章、章若干句，然后入此一句。自序首一句后便是训，如《关雎》"后妃之德也"一句是故，"风之始也"至末便是训。训者，推训此一句耳，然与首句不甚合，若二人作；自《关雎》诗文下"兴也"以后则是传，传者，传诗文也。然又与故训不必合，有若二人作，则臆"故"之为旨，故有此语而今述之也，非谓诂也。训者，训此故，则可不合，传诗文又非训此故也，则又可不合，此可知耳。然则称《毛故训传》即《毛序训传》，此明甚著者。①

《毛诗》序、传的歧异，是解读《毛诗》不可回避的问题。依《诗札》说，则所有疑问皆可涣然而释。意即旧有之释，谓之"故"。《序》称为"故"者，毛亨语也。斯乃解决此一疑案的关键所在。然按其说，则《序》不必定作于毛亨，实亦可证孔颖达说，乃"子夏作序"②，历传之至毛亨而写定。如此则更为符合毛以"故"、"训"、"传"分说《序》《传》，并定其本为一体，并不矛盾的逻辑论证。

《诗》三百篇的内容包容万象，体现了诗人的道德情感与价值取向。但文学并非《诗》的唯一属性③，歌诗是人随感遇而自然发舒的性情表达，所谓"畅怀舒愤"，体现了人们的真实愿望与是非观念，又复具有"温柔敦厚"的特点，有益于人之身心修养，因而被认为具有教化的功能。如纪昀即认为："圣人觉世牖民，大抵因事以寓教。《诗》寓于风谣，《礼》寓于节文。"④儒家所谓"诗教"，即欲通过歌诗对世道人心的引

---

① 毛奇龄：《诗札》卷一，《影印文渊阁四库全书》86册，台湾商务印书馆，1986年版，第1、2页。毛氏此书及所著《古文尚书冤词》，皆为充斥卓见之名著，皆因毛氏为人轻薄，其书亦为世所轻。
② 《毛诗正义·那》卷二十之三，《十三经注疏》整理本，北京大学出版社，2000年版，第1685页。
③ 有人说先秦经籍文史哲不分，亦非确论，即后世亦不能分。其所谓文学每因伤时感怀而兴无尽之思，此则史与哲俱矣；其史著岂可不及天人之辨，不以言辞动人？而诸子哲思莫不引古据今，文采斐然。岂有纯粹之文、史、哲哉？然研究可以有所侧重，亦必分梳抉发而后融会之乃可。
④ 《四库全书总目提要·易类总论》卷一，中华书局，1965年版，第1页中。

导与化育，注重的是人性善美品德的塑造与社会和谐氛围的营建。

孔子删诗的用意，在《诗序》中有充分表述，最著名的观点，首先是发挥《虞书》的"诗言志"论，《诗大序》曰："诗者，志之所之也，在心为志，发言为诗"。孔颖达《正义》疏曰："诗者，人志意之所适也：虽有所适，犹未发口，蕴藏在心，谓之为志；发见于言，乃名为诗。言作诗者，所以舒心志愤懑，而卒成于歌咏。"①刘毓崧论《诗序》曰："观于此。则千古诗教之源。未有先于言志者矣。""诚以言为心声。而谣谚皆天籁自鸣。直抒己志。如风行水上。自然成文。言有尽而意无穷。"②

第二个著名命题是"诗缘情"论。《大序》曰："情动于中而形于言"。孔子说"诗"可以"兴观群怨"③，无论是兴是怨，还是"诗言志，歌咏言"，无不牵动诗人的情感，发自歌者的肺腑。班固因之提出"哀乐之心感，而歌咏之声发"④的论点。孔颖达则在另一处释《诗序》的疏文中说："长歌以申意也。及其八音俱作，取诗为章，则人之情意，更复发见于乐之音声。出言为诗，各述已情。声能写情，情皆可见。听音而知治乱，观乐而晓盛衰。"⑤并孔颖达则进而提出"情志合一"论，其文曰："在己为情，情动为志，情、志一也，所从言之异耳"⑥。志因事而起，情因感而发，实为同时而发，只是从不同角度言之，而有情志之分。

孔颖达在《毛诗正义序》与疏文中，对《诗》的性质、功用及其与政教的关系作有详尽论述，其言曰：

> 夫《诗》者，论功颂德之歌，止僻防邪之训，虽无为而自发，乃有益于生灵。六情静于中，百物荡于外，情缘物动，物感情迁。若

---

① 《毛诗正义·关雎》卷一之一，《十三经注疏》整理本，北京大学出版社，2000年版，第7页。
② 《古谣谚·序》卷首，中华书局，1958年版，第1页。
③ 《论语集注·阳货篇》卷九，中华书局，1983年版，第178页。
④ 《汉书·艺文志》卷三十，中华书局，1962年版，第1708页。
⑤ 《左传注疏·襄二十九年》卷三十九，《十三经注疏》整理本，北京大学出版社，2000年版，第1260页。
⑥ 《春秋左传正义·昭二十五年》卷五十一，《十三经注疏》整理本，北京大学出版社，2000年版，第1675页。

政遇醇和,则欢娱被于朝野;时当惨黩,亦怨刺形于咏歌。作之者所以畅怀舒愤,闻之者足以塞违从正。发诸性情,谐于律吕,故曰:"感天地、动鬼神,莫近于《诗》。"此乃诗之为用,其利大矣!①

孔氏认为:诗歌的作用和性能,一是"论功颂德",记念人世之功勋;二是"止僻防邪",矫治社会之弊风。歌诗出自天籁,淳和而自然,感人至深,化育无形,容易引发共鸣,不胫而走,故能使苍生广受裨益。孔颖达的诗论思想与孔子诗教及《诗序》一脉相承,而更有深入之开拓。

如孔颖达认为《诗序》"嗟叹之不足,故永歌之"等语,表现了诗的本质特征,认为直言非诗,诗的特征必须是"长歌","言哀乐之情动于心志之中,出口而形见于言。初言之时,直平言之耳。平言之而意不足,嫌其言未申志,故咨嗟叹息以和续之。嗟叹之犹嫌不足,故长引声而歌之。长歌之犹嫌不足,忽然不知手之舞之,足之蹈之。言身为心使,不自觉知举手而舞身、动足而蹈地如是而后得舒心腹之愤,故为诗必长歌也"。② 不长歌,不足以抒情舒愤。所以后世方有"长歌当哭"之语,"拔剑击柱"之辞。皆因诗情因事而起,人之喜怒哀乐六情动乎中,天地山河百物作于外。情因物而感,物因情而变。歌者用以舒愤抒怀,闻者足以攘袂振起。诗歌之感人,每常若此。由其出自真情实感,遣辞驭句自然合于韵律,因而能惊动天地,感泣鬼神,可见诗歌作用之大。因之可以"发于情而用于政"。这就是孔颖达对诗歌的认识。

如释"治世之音。安以乐,其政和。乱世之音,怨以怒,其政乖。亡国之音,哀以思,其民困"之语曰:

> 序即云"情见于声",又言"声随世变"。治世之音既安又以欢乐者,由其政教和睦故也。乱世之音既怨又以恚怒者,由其政教

---

① 《毛诗正义·序》卷首,《十三经注疏》整理本,北京大学出版社,2000年版,第3页。
② 《毛诗正义·关雎》卷一之一,《十三经注疏》整理本,北京大学出版社,2000年版,第7页下。

乖戾故也。亡国之音既哀又以愁思者,由其民之困苦故也。①

不同的政教必将产生不同之影响,因而通过歌音反映出来的感情也就迥然而异。《正义》因以《诗》为例,以说明政教引起的情感变化曰:"《良耜》云:'百室盈止,妇子宁止。'安之极也。《湛露》云:'厌厌夜饮,不醉无归。'乐之极也。《天保》云:'民之质矣,日用饮食。'是其政和也。"此三诗之所以安、乐、和,是因为"治世之政教和顺民心,民安其化,所以喜乐,述其安乐之心而作歌,故治世之音亦安以乐也"。相反则如"《蓼莪》云:'民莫不谷,我独何害!'怨之至也。《巷伯》云:'取彼谮人,投畀豺虎。'怒之甚也。《十月》云:'彻我墙屋,田卒污莱。'是其政乖也"。此三诗之所以怨、怒、乖。是因为"乱世之政教与民心乖戾,民怨其政教,所以忿怒,述其怨怒之心而作歌,故乱世之音怨以怒"。"《苕之华》云:'知我如此,不如先生。'哀之甚也。《大东》云:'眷言顾之,潸焉出涕。'思之笃也。《正月》云:'民今之无禄,天夭是椓。'是其民困也。"这三首诗之所以哀、思、困。是因为"国将灭亡,民遭困厄,哀伤己身,思慕明世,述其哀思之心而作歌。故亡国之音亦哀以思也"。孔颖达总结说:"诗述民志,乐歌民诗,故时政善恶见于音也。"这是屡经历史证实不爽的论断。

孔颖达《毛诗正义》,选用传注,既尊《毛传》与《郑笺》,复能调停汉魏歧异众说,"乃论归一定,无复歧涂"②。至于所择义疏,则若《正义序》所言,其书以刘焯《毛诗义疏》、刘炫《毛诗述议》为稿本,并且"融贯群言,包罗古义"。对旧疏进行梳理与增删,以求准确地阐发《诗》本义,正是所谓"正义"重心之所在。颖达作为总揽大纲的主编,对每一首诗之《正义》,都与分撰人"对共讨论,辨详得失"③。公允地对待旧

---

① 《毛诗正义·关雎》卷一之一,《十三经注疏》整理本,北京大学出版社,2000年版,第10页。所谓治世之音的音,是指歌诗之音,非仅音乐。
② 《四库全书总目·毛诗正义》卷十五,中华书局,1965年版,第120页上。
③ 《毛诗正义·序》卷首,《十三经注疏》整理本,北京大学出版社,2000年版,第4页上。

疏,而于诗义之诠释务求精当,故而书成之后,"终唐之世,人无异词"①。即使宋明理学时代,尊崇朱子《诗集传》,终亦不能取代《毛诗正义》的学术地位。

《毛诗正义》虽有二刘义疏作为蓝本,但对于疏义,遵从"注不驳传,疏不驳注"的汉学传统。但此一原则,本是就大体而言,并非要求沿袭传注错误。其主张"不驳传注"者,是不可轻易驳斥传注者所释。若传注所释符合经义,偶有不通,则须为之疏解,以使之通;不符经义,然后纠正之。传注本为注《经》某义,偶或失之,必非其本意所欲,疏则踵接其意,纠正其误,继释其经义,此亦不可谓之有悖传注也。然而《毛诗正义》只将此原则施于郑《笺》,而未追本至《传》。黄悼因而批评说:孔氏"凡于毛、郑义有异同,遂多左毛右郑。而于郑玄宗毛为主之本意。反忽而少察矣。其分疏毛、郑也,于《郑笺》有引而未发之奥,必曲折以达其义;若《毛传》有难明者,弗能旁引曲畅,辄以'传文简质,一语了之'"。②《毛诗正义》宗郑,本所以尊毛,而于两者有所侧重,有所重必有所失,此亦为学之势所难免。然《正义》于宗郑同时,并未"不取异议,专宗一家",而是博引汉魏各派师说,并为六朝诸家义疏"正义",应该是对汉魏六朝以来的诗论,作一全面的总结,其造诣、其贡献,都达到了历史的高点。

《毛诗正义》的精髓在于肯定歌诗体现的是人的自然情性,歌诗使情性得以发舒宣泄,进而归于中和或者得到升华。因之通过"春诵夏弦",四时讴歌的歌诗音乐,"发乎情而止于礼",从而达到移情化性移风易俗的教化目的,应该是一条最根本有效的途径。《正义》认为"乐"与"诗"具有同样移人性情作用,说"《孝经》言乐能移风俗者,诗是乐之心,乐为诗之声,故诗、乐同其功也"③。意欲移风易俗,就应首先从感

---

① 《四库全书总目·毛诗正义》卷十五,中华书局,1965年版,第120页中。
② 《诗疏平议·序》,上海古籍出版社,1985年版,第1页。
③ 《毛诗正义·关雎》卷一之一,《十三经注疏》整理本,北京大学出版社,2000年版,第12页下。

化改移人的性情入手,使之潜移默化,日迁于善。如释《大雅·烝民》"吉甫作颂,穆如清风"云:"我吉甫作是工师之诵,其调和人之情性,如清微之风化养万物,使之日有长益也。"① 当然还要以顺应和保护人之天性为前提。如谓"有道者,谓顺其生长之性,使之得相长养,取之以时,不残暴夭绝其孩幼者。"② 又在《左传正义》释吴季札聘鲁观乐章,论《颂》曰:"言天子盛德,有形容可美。可美之形容,谓道教周备也。成功者,营造之功毕也。天之所营在于命圣,圣之所营在于任贤,贤之所营在于养民。民安而财丰,众和而事济,如是,则司牧之功毕矣。"③ 统治者知所"养民之性",使"民安而财丰,众和而事济",即是教化成功的表征。这也是《诗》所以为"经"的根本原因。

四、《礼记正义》之学术思想

孔颖达奉敕撰《五经正义》,顾名思义,应指《易》《诗》《书》《礼》与《春秋》五经,但是《礼经》亡于秦火,然而与之相近,亦堪称"经"的《周礼》与《仪礼》尚在,颖达修"礼经"《正义》,不取此二《礼》,而取《礼记》代之,是因《礼记》本附经而行,与经义最近,而《周礼》多为朝章制度,《仪礼》多为仪节,皆罕及"礼义",且不如《礼记》涉及之全面。

《汉书·艺文志》谓:"《礼古经》五十六卷,经七十[十七]篇,记百三十一篇,七十子后学所记也。"④

---

① 《毛诗正义·烝民》卷十八,《十三经注疏》整理本,北京大学出版社,2000年版,第1440页。
② 《毛诗正义·小雅·鸳鸯》卷十四,《十三经注疏》整理本,北京大学出版社,2000年版,第1012页上。
③ 《左传正义·襄二十九年》卷三十九,《十三经注疏》整理本,北京大学出版社,2000年版,第1267页下。这段疏文应为刘炫所作。
④ 《汉书·艺文志》卷三十,中华书局,1962年版,第1709页。清钱大昭《汉书辨疑》引宋刘敞说:"当作十七是也。"又钱大昕《廿二史考异》卷七云:"郑康成《六艺论》云:戴德《传记》八十五篇,戴圣《传记》四十九篇。此云百三十一篇,合大小戴所传而言。"(《嘉定钱大昕全集》,江苏古籍出版社,1997年版)。申屠炉明按:陈寿祺《左海经辩》对钱大昕说有补充,谓:"二戴为百三十一篇之说,各以意断取舍同参差,不必此之所弃,即彼之所录也。"见《清经解》卷一千二百五十一。按:所谓"百三十一篇",非谓二戴之前确有之传记数,《汉志》本即合两《记》篇数而来,纠之实无意义。二戴记篇目既有复重,则足证《礼记》不出于二戴,其篇同而文异者,则为二戴润饰所为。足证《礼经》原附之《记》正不知凡几,或许更多于此数。

据今人钱玄先生研究,《礼经》即是传世的《仪礼》十七篇,而《礼记》之篇目,如《冠义》、《昏义》等,恰是与"《仪礼》所述之冠、昏、乡(饮酒)、射、丧、祭、朝、聘八种礼仪相配合的"。有些篇章据其内容,亦"可知其属于哪一种礼,如:《檀弓上下》、《曾子问》、《杂记》等,均以阐述丧礼、丧服为主"。《礼记》所综述之各种礼制,对《仪礼》未涉及的内容多所补充。如:《曲礼》、《内则》、《深衣》等。还有些则与之无关,如《乐记》、《中庸》、《大学》等。① 但《仪礼》十七篇可能只是《礼经》的残存。然据此可知,《礼记》涵盖《礼经》的内容,且致力于"礼意"的阐发,比《礼经》含有更多的社会问题及其内容的义理阐发。这部分内容亦可能出自孔壁或汲冢的古文《逸礼》。《礼记》的作者,多为"七十子后学",即孔子的再传弟子。梁世沈约曾谓:

> 案汉初典章灭绝,诸儒捃拾沟渠墙壁之间,得片简遗文,与礼事相关者,即编次以为礼,皆非圣人之言。《月令》取《吕氏春秋》,《中庸》、《表记》、《防记》、《缁衣》皆取《子思子》,《乐记》取《公孙尼子》,《檀弓》残杂,又非方幅典诰之书也。礼既是行己经邦之切,故前儒不得不补缀以备事用。②

沈约的说法应该渊源有自,近年楚墓竹简的发现,证实了沈约说的正确。而陆德明仅谓:《中庸》为孔子孙"子思伋所作,《缁衣》是公孙尼子所制"。③《曾子问》出自曾子弟子所记。《檀弓》是作者名,亦六国时"知者"。④ 皆为"去圣非远"的春秋战国之际儒家贤哲所著。有些篇章,如《哀公问》、《仲尼燕居》、《孔子闲居》、《儒行》等四篇就是孔子之作,只是篇首和结尾处,对孔子讲学环境的说明,是后学想像当时场合的精彩动人,在整理时所添加。这也被上博简所证明。《大学》篇明显

---

① 见国学基本丛书《礼记·前言》,岳麓书社,2001年版,第1页。
② 《隋书·音乐志》沈约奏答武帝语,见卷十三,中华书局,1973年版,第288页。
③ 见《经典释文叙录疏证·注解传述人》,中华书局,1984年版,第101页。
④ 见《礼记正义·檀弓上》卷六,引郑玄《三礼目录》,《十三经注疏》整理本,北京大学出版社,2000年版,第194页。

的经传文体,出自曾子所撰;《学记》文风与《表记》、《缁衣》相似,应属同期作品。① 西汉时戴德、戴圣随后苍传习礼学,根据孔壁旧藏,汲冢遗书,编为大小戴《记》,《礼记》指戴圣所编的小戴《记》。

吴承仕引东汉仲长统云:"'《周礼》是经,《礼记》为传'。斯言近之。"② 今按,颖达之所以舍二《礼》,而独取《礼记》,其由尚有二:一则想是唐初国学仅立《礼记》为学官,因择取何经为官学,此非孔颖达所能专;二则,按《五经正义》之体例,皆为先有《经》、《传》或《注》、《疏》在,而且首先选择《传》、《注》,然后为其所属之《疏》"正义"。《礼记》虽非《经》,然其既述礼制复论礼义,属于《正义》首要选择的《传》,次及郑玄之《注》,并兼顾王肃等注,旧《疏》亦以传注为去取。《礼记》因此得列于"五经正义"其书,从而上升到"经"的地位。《春秋左传》乃至《公》《穀》亦同其例。

孔颖达于《礼》既重礼制的建置,尤重礼义的寻绎,其于《礼记正义序》论礼之起源及功用云:

> 夫礼者,经天纬地,本之则太一之初;原始要终,体之乃人情之欲。夫人上资六气,下乘四序。赋清浊以醇醨,感阴阳而迁变。故曰人生而静,天之性也;感物而动,性之欲也。喜怒哀乐之志,于是乎生;动静爱恶之心,于是乎在。③

是说经天纬地的"礼",推本则产生于人类之初,体验之实出人之常情的欲望。人生于阴、阳、风、雨、晦、明及四季变化的自然环境中,秉赋固有清浊厚薄之分,而人性皆随内外变化而迁转,人性生而本静,

---

① 见王锷《〈礼记〉成书考》第一章,中华书局,2007年版。是书于《礼记》各篇年代皆有考证与辨析,足可征信。
② 见《经典释文序录疏证·注解传述人》,中华书局,1984年版,第103页。
③ 《礼记正义·序》卷首,《十三经注疏》整理本,北京大学出版社,2000年版,第2页。《正义》曰:"礼者,理也。其用以治,则与天地俱兴。"即以"礼"为天地人伦的共同法则。与天地万物而并生,属于心物一元论。《正义》认为羊羔跪乳,鸿飞有序,尊卑之礼自然而有。如此,则礼之于人,亦为与生俱来的秉赋和规范,所以更须遵行。见卷一。

人欲感物而动,于是便产生喜、怒、哀、乐之情,并存有爱憎之心。这自然是一篇精辟的性理起源论。虽然"礼缘人情"的思想起源于先秦,汉代司马迁亦有"缘人情而制礼,依人性而作仪"①的认识。但孔颖达有进一步的论述,其曰:虽然如此,那些秉赋精纯者,仍会"凝然不动",而浮躁者则将"无所不为"。所以古代圣王就像设堤防以备洪水一样,为保持人性之正直,将其归纳于德义的规范之中。孔颖达认为鸿荒时代,先民已经注意"礼"的建设,因为这是人禽之别的必然趋势。衣冠文物之饰产生于神农时代,经由夏商易代的损益因革,至西周而"典章斯备"。史传"制礼作乐",对礼制做出奠基贡献的是周公,对此孔颖达论之曰:

> 洎乎姬旦,负扆临朝,述《曲礼》以节威仪,制《周礼》而经邦国。礼者,体也,履也,郁郁乎文哉!三百三千,于斯为盛。纲纪万事,彫琢六情。非彼日月照大明于寰宇,类此松筠负贞心于霜雪。顺之则宗祐固,社稷宁,君臣序,朝廷正;逆之则纪纲废政,政教烦,阴阳错于上,人神怨于下。故曰:人之所生,礼为大也。非礼无以事天地之神,辩君臣长幼之位,是礼之时义大矣哉!②

《周礼》是国家的典章制度,《曲礼》是礼仪法规,素有"经礼三百,曲礼三千"之说。繁文缛节,当时视为盛事,其作用确实不容轻忽:"纲纪万事,彫琢六情。"无论国家大事,还是个人举止,都有典礼仪式,行为规则。社会赖之而安,纲纪赖之以正,公法私德之信念,深入人心,成为人际间彼我遵守的操行;礼仪壮观,举止儒雅,文明于是大兴,遂有"郁郁乎文哉"的赞誉。

《序》中"礼者,体也,履也"。本是郑玄《礼序》为"礼"所作的诠释。《礼序》已佚,其后尚有进一步的诠释曰"统之于心曰体,践而行之曰

---

① 《史记·礼书第一》卷二十三,中华书局,1959年版,第1157页。
② 《礼记正义·序》卷首,《十三经注疏》整理本,北京大学出版社,2000年版,第2页。

履"。"体"应指本体或体制,"履"则是践履或途径意。郑序忽曰"统之于心曰体"。反而令人滋生疑惑。《正义》因而释之曰:"礼虽合训体、履,则《周官》为体,《仪礼》为履,故郑序又云:'然则三百三千虽混同为礼,至于并立俱陈,则曰此经礼也,此曲礼也。或云此经文也,此威仪也'。是《周礼》、《仪礼》有体、履之别也。所以《周礼》为体者,《周礼》是立治之本,统之心体,以齐正于物,故为礼。"《周礼》关乎体制,是国家的大经大法,故称"体";《仪礼》则为"别亲疏,辨上下",包含吉、凶、军、宾、嘉五礼与刑法在内,是体现与维护军国威仪尊严的礼仪节文和法律规定。皆可依之付诸践履,又为实现国体大法之具体途径。故《正义》云:"《仪礼》但明体之所行践履之事,物虽万体,皆同一履,履无两义也。"①

春秋时期,社会变迁,"礼坏乐崩",夷狄交侵,五霸迭兴。孔子之道不能见用于时,归而著书立说,定礼正乐,对古代文化作了全面的整理与总结。经过战国秦汉之交的战乱,及"异端并作"的学术纷争,孔子学说的"馀风襄烈,亦时或独存"。汉初治礼学者,"俱以所见,各记旧闻"。遂有"共氏分门"的大、小戴《记》,及"同经异注"的王、郑礼学。爰及南北朝,礼学之传,江南尤盛,各有数家,其为义疏,风格迥异。流传至唐初者,则惟有南朝皇甫侃和北朝熊安生两家,可为《正义》"撰定"旧疏之用。孔颖达因在《礼记正义序》中论及两家义疏曰:

> 熊则违背本经,多引外义,犹之楚而北行,马虽疾而去逾远矣。又欲释经文,唯聚难义,犹治丝而棼之,手虽繁而丝益乱也。皇氏虽章句详正,微稍繁广,又既遵郑氏,乃时乖郑义,此是木落不归其本,狐死不首其丘。此皆二家之弊,未为得也。然以熊比皇,皇氏胜矣。虽体例既别,不可因循,今奉敕删理,仍据皇氏以为本,其有不备,以熊氏补焉。

---

① 以上俱见《礼记正义·曲礼上》卷一,《十三经注疏》整理本,北京大学出版社,2000年版,第4页。

南北两朝为《礼记》作疏者,皆学问渊博,名重一时的大学者。惟北学不重义理,故其义疏训解烦琐枝蔓而不得要领;南学重义理而又义涉玄虚,往往违背传注而不知返。皇、熊两家盖亦若此。《正义》即取皇疏为底本,而以熊疏补其未备。然于其余诸家之胜义尚存者,亦时有采摭。择取的标准与鉴定的方法,则如《序》文所言:

> 必取文证详悉,义理精审,翦其繁芜,撮其机要。恐独见肤浅,不敢自专,谨与中散大夫守国子司业臣朱子奢、国子助教臣李善信、守太学博士臣贾公彦、行太常博士臣柳士宣、魏王东閤祭酒臣范义頵、魏王参军事臣张权等对共量定。①

以上两条标准:一是诂训周详悉备,二是义理精确慎密,对旧疏"翦其繁芜,撮其机要",然后重予撰定。这应是《五经正义》普遍的标准与方法。从"恐独见肤浅,不敢自专"一语,可知《礼记正义》多由颖达亲笔所撰。然后与参撰诸学者"对共量定",体现了对学术也是对待诏命的审慎态度。

《礼记》一书体大思精,虽非《经》,而实已包容"六经之义"。孔颖达《正义》于三《礼》"惟疏《礼记》,而实贯穿三《礼》及诸经。有因《礼记》一二语,而作疏至数千言者"。"元元本本,殚见洽闻,非后儒所能及也。"②《礼记》有《经解》篇,郑玄将其归之"通论"一类,历来学者将其视为解读《礼记》乃至六经的钤辖。《正义》因疏云:

> 《经解》一篇,总是孔子之言,记者录之,以为《经解》者。皇氏云:"解者,分析之名。"此篇为分析六经,体教不同,故云曰《经解》也。六经其教虽异,总以礼为本,故记者录入于《礼》。

孔颖达认为,《经解》一篇是由弟子记录孔子的言论而成,总论六

---

① 上引均见《礼记正义·序》卷首,《十三经注疏》整理本,北京大学出版社,2000年版,第4页。南北朝义疏,皇、熊二家之外,尚有南人贺循、贺玚、庾蔚、崔灵恩、沈重、范宣;北人徐遵明、李业兴、李宝鼎、侯聪诸家。当时不必全佚,应有残卷存世,《正义》多有称引。
② (清)陈澧:《东塾读书记》(九),世界书局,1936年版,第104页。

经之教的关联与异同,实为六经之纲领。六经之教虽有不同,要之总归于"礼"。六经皆言理,惟《礼》为可见之礼仪制度及行为。"以礼为本"者,即一切皆须落实为制度与行动也。

《正义》继而解释其文曰:

"入其国,其教可知也"者,言人君以六经之道,各随其民教义,民从上教,各从六经之性,观民风俗,则知其教,故云其教可知也。"温柔敦厚,诗教也"者,温谓颜色温润,柔谓情性和柔,诗依违讽谏,不指切事情,故云温柔敦厚是诗教也。"疏通知远,书教也"者,书录帝王言诰,举其大纲,事非烦密,是疏通上知帝皇之世,是知远也。"广博易良,乐教也"者,乐以和通为体,无所不用,是广博;简易良善,使人从化,是易良。"洁静精微,易教也"者,易之于人,正则获吉,邪则获凶。不为淫滥,是洁静;穷理尽性,言入秋毫,是精微。"恭俭庄敬,礼教也"者,礼以恭逊节俭、齐庄、敬慎为主,若人能恭敬节俭,是礼之教也。"属辞比事,春秋教也"者,春秋聚合会同之辞,是属辞比次,褒贬从事,是比事也。凡人君行此等六经之教,以化于下。

以上是《正义》疏解《诗》、《书》、《乐》、《易》、《礼》、《春秋》六经之教各自的特点,及其持循之方。其以"乐"之无所不用的"和通"功用,以及歌乐化人于无形,感人至深且易,释"乐教"之"广博易良";以谦让节俭以约己,庄严敬重以处事,解"礼教"之"恭俭庄敬"。使看似平易实则艰深的文意易于理解。礼、乐与诗教的作用,在于使人文雅温良,远离野蛮;而易、书及春秋之教,则旨在教人聪睿明辨,远离愚昧。这就是所谓的文明,中华古国文明,实由六经之教而来。

孔子重视六经之教,依之为致太平的途径,但同时指出即使正确如"六经",亦不可过度推行。过度则必有所失,甚至走向反面。《正义》疏解六经之失曰:

故"诗之失愚者",诗主敦厚,若不节之,则失在于愚;"书之失诬"者,书广知久远,若不节制,则失在于诬,"乐之失奢"者,乐主广博和易,若不节制,则失在于奢;易主洁静严正,远近相取,爱恶相攻,若不节制,则失在于贼害;"《礼》之失烦"者,《礼》主文物,恭俭庄敬,若不能节制,则失在于烦苛;春秋之失乱者,春秋习战争之事,若不能节制,则失在于乱。此皆谓人君用之教下,不能可否相济,节制合宜,所以致失也。①

至于为何六经复各有所失者,《正义》概释以"不加节制",意即过度推求。如"诗之失愚者",诗本主敦厚,若不节之,则失在于愚弄欺诈;"书之失诬"者,《书》本广知久远,若不节制,则失在诬枉抹杀,如疑古过勇者对《书》的过度推求,正是所谓的"诬";乐主宽广平和,若不节制,惟求丝竹管弦之盛,沉溺于乐律的狂放与颓靡,必将失之于奢靡委顿;易主洁静严正,故相取相攻而生悔吝吉凶,若不节制,妄意猜度,则将造成相互残害;礼本主文物张设合宜,行为庄敬有度,若追求豪华,盛陈装潢,则难免于诛求烦苛;春秋多述攻伐权谋,若过度沉迷,希图一逞,则会造成社会的扰乱。

总之是训诲人君即使用六经教下,也应"可否相济,节制合宜",庄敬严肃,守正不阿。不然,则仍有可能走向反面,导致败亡。

《经解》篇进一步阐释礼的特征与重要性云:

> 礼之于正国也,犹衡之于轻重也,绳墨之于曲直也,规矩之于方圆也。故衡诚县,不可欺以轻重;绳墨诚陈,不可欺以曲直;规矩诚设,不可欺以方圆;君子审礼,不可诬以奸诈。是故隆礼由礼,谓之有方之士,不隆礼,不由礼,谓之无方之民。敬让之道也。

认为礼是衡量检测国家政务的标准,制定礼法,诚如悬衡而"不可欺以轻重";列绳墨"不可欺以曲直";设规矩"不可欺以方圆";有了礼

---

① 上引均见《礼记正义·经解第二十六》卷五十,《十三经注疏》整理本,北京大学出版社,2000年版,第1597、1598页。

的标准,则官吏难以用其奸诈。实即是要求国家政务公平、公正、公开的主张。所以孔颖达认为此一节是"赞明礼事之重,治国之急"。① 时至今日,仍然是社会追求的目标。

礼,无论是国家制度、礼仪、礼法还是待人接物的礼节和礼貌,在古代,主要的是对君子的要求。孔子曰"不知礼无以立",即无法立身于世,无以成为君子的意思。实则更多的是对统治者的要求,即对社会主导者的约束。"礼不下庶人",应有礼不责于庶人的意思。但是君子之于庶人,却不能无礼。《曲礼》篇于总论礼之宗旨之后云:"夫礼者,自卑而尊人,虽负贩者,必有尊也,而况富贵乎?"《正义》释礼之于阶级曰:"礼者所以辨尊卑,别等级,使上不逼下,下不僭上,故云礼不逾越节度也。'不侵侮'者,礼主于敬,自卑而尊人,故戒之不得侵犯侮慢于人也。"②"负贩者"处于社会最底层,亦应尊重其人格尊严,不得"侵犯侮慢",此即所谓"礼"。而且,社会秩序只据单方面的要求是建立不起来的,所以作为保障社会秩序及人际和谐的"礼",实际上,乃是人际间的一种契约,再联系儒家以民意解读天命的观点,两相结合,则"礼"实即古代中国的社会契约论。人民付出的赋役,须要统治者(管理者)的回报,即须向人民提供和平安定生存生活环境之有效保证。所以官方扰民和过度的盘剥便被视为大恶,是违礼的行为,必将受到追纠或惩罚。《礼记·乐记》曰:"礼也者,理之不可易者也。"③礼,既是修身齐家治国平天下之主体,亦是修身齐家治国平天下之道,所以自天子以至庶人,无论何人何时都必须遵守的法则。

《礼记》一书的内容十分丰富,大至社会制度、风俗民情、学术义理,终极关怀;小至立身处世、人情物理、言动语默、人格修养,无不有精彩的论述。所以清儒陈寿祺评价说:

---

① 《礼记正义·经解第二十六》卷五十,《十三经注疏》整理本,北京大学出版社,2000年版,第1600、1601页。县,即悬,郑注孔疏俱释为"秤锤"。然与句句排比,应与陈、设词性相同,当为悬示意。
② 《礼记正义·曲礼》卷一,《十三经注疏》整理本,北京大学出版社,2000年版,第20、16页。
③ 《礼记正义·乐记》卷三十八,《十三经注疏》整理本,北京大学出版社,2000年版,第1300页。

《礼记》书各为篇，篇各为礼。微之在仁义性命，质之在服食器用，扩之在天地民物，近之在伦纪纲常，博之在三代之典章，远之在百世之治乱。其旨远，其辞文，其声和以平，其气淳以固。其言礼乐丧祭也，使人孝弟之性油然而生，哀乐之感，渀然而不能自已。则文词之精也，学者沉浸于是，苟得其一端，则抒而为文，必无枝多游屈之弊。盖《礼记》多孔子及七十子之遗言，故粹美如是也。①

《礼记正义》对《礼记》、《礼运》篇的大同理想，《儒行》篇的人格修养，对《乐记》人性论及礼乐相须观念的论述；以及对《中庸》、《大学》、《檀弓》等篇章儒家义理的阐扬，无不围绕以礼为中心而展开。不但使这部不足十万字的《礼记》，列为大经②，还用了数百万言详尽地阐释了其蕴涵的奥旨大义。由于《礼记正义》的表彰和诠释，不但使号称绝学的礼学，易于理解，也使儒家的礼学思想从此深入人心，为开元盛世的开创，做出了必要的学术指导。

一代有一代的制度和礼仪，所谓"五帝不相袭礼，三王不相沿乐"。自周秦汉魏以迄唐宋元明清，皆有其随时度宜之礼乐，各代礼虽不同，但却贯穿着一条统一的礼乐精神。盖各代之礼，如《周礼》和《仪礼》，以及《开元礼》之类，但言一代之制。而《礼记》与之不同，不仅记载了古代典章制度及人际间礼仪节文，更重要地是详尽论述了各种典礼的意义和制礼的精神，透彻地阐述了儒家的礼治思想，为社会秩序的建设提供了极富弹性的礼治理论。孔颖达《礼记正义》为此做出了卓越的贡献。以仁义和礼治为核心的儒家思想，调节了社会上下阶层的关系，规范了世人的思想和行为，是维护国家社会长治久安的大经大法，故能赢得历代统治者的青睐。清儒焦循曰："以余论之，《周官》、《仪

---

① 《左海文集》卷四下，《续修四库全书·别集类》1496 册，上海古籍出版社，1996 年版，第 182 页。
② 见《新唐书·选举志》卷四十四，中华书局，1975 年版，第 1160 页。

礼》,一代之书也。《礼记》,万世之书也。《记》之言曰:礼以时为大。此一言也,以蔽千万世制礼之法可矣。"①所言似乎有些绝对,但细思之,确有至理存焉。

五、《春秋正义》之学术思想

《春秋》是孔子根据鲁国的史记改编的一部编年体史书,书中每一句话,都饱含着孔子的历史及人生价值观,贬恶扬善,文约义丰,充满了所谓的"微言大义",对现实政治具有极强的规范意义,所以很早即被尊崇为六经之一。

历史并不随着时间的流转积累而发展进步,以平王东迁为标志,历史进入了一个"礼坏乐崩",王者熄迹的东周,亦即五霸迭兴以救敝的春秋时代。比起"郁郁乎文哉"的西周,历史进入的是乱世。孔子作《春秋》的志愿,正是要以西周为榜样,再造一个东周。所以孟子说:

> 世衰道微,邪说暴行。臣弑其君者有之,子弑其父者有之。孔子惧,作《春秋》。《春秋》,天子之事也,是故孔子曰:"知我者,其唯《春秋》乎!罪我者,其唯《春秋》乎!"

> 昔者禹抑洪水而天下平,周公兼夷狄,驱猛兽而百姓宁,孔子成《春秋》而乱臣贼子惧。②

西周时代,臣民以"兴观群怨"的歌诗,讽喻讥刺政治,即可使不合理的政策得到调整,此即所谓王道政治。《孟子·离娄下》说:

> 王者之迹熄而《诗》亡,《诗》亡然后《春秋》作。晋之《乘》、楚之《梼杌》、鲁之《春秋》,一也。其事则齐桓、晋文,其文则史。孔子曰:"其义则丘窃取之矣。"

十分明确,历史环境的变迁,"诗"的氛围没有了,则必将代之以

---

① 《礼记补疏·叙》卷首,《续修四库全书》105册,上海古籍出版社,1996年版,第1页。
② 《孟子集注·滕文公下》卷八,中华书局,1983年版,第295页。

《春秋》。《春秋》是继承发扬《诗》的精神,取《诗》之"义",而用史书褒贬定论的形式,著而为《春秋》一书。司马迁曾引董仲舒之言论之曰:

> "周道衰废,孔子为鲁司寇,诸侯害之,大夫壅之。孔子知言之不用,道之不行也,是非二百四十二年之中,以为天下仪表,贬天子,退诸侯,讨大夫,以达王事而已矣。"子曰:"我欲载之空言,不如见之于行事之深切著明也。"夫《春秋》,上明三王之道,下辨人事之纪,别嫌疑,明是非,定犹豫,善善恶恶,贤贤贱不肖,存亡国,继绝世,补敝起废,王道之大者也。①

司马迁还在《太史公自序》和《司马相如列传》中云:"《易》以道化,《春秋》以道义。""《春秋》推见至隐,《易》本隐以之显。"②通过与其所著《易传》的比较,以阐发《春秋》实则是通过历史现象,抉发其实质,阐扬其大义的特点。应比《庄子·天下》篇"《易》以道阴阳,《春秋》以道名分"③的认识,更为深刻切实。

孔颖达在《春秋正义序》中论述了《春秋》的性质和宗旨,其文曰:

> 夫《春秋》者,纪人君动作之务,是左史所职之书。王者统三才而宅九有,顺四时而治万物,四时序则玉烛调于上,三才协则宝命昌于下。故可以享国永年,令闻长世。然则有为之务,可不慎与? 国之大事,在祀与戎。祀则必尽其敬,戎则不加无罪。盟会协于礼,兴动顺其节,失则贬其恶,得则褒其善,此《春秋》之大旨,为皇王之明鉴也。若夫五始之目,章于帝轩,六经之道,光于《礼

---

① 《史记·太史公自序》卷一百三十,中华书局,1959年版,第3297页。
② 《史记·司马相如列传》卷一百一十七,中华书局,1959年版,第3073页。
③ 《庄子集解·天下篇》卷八,中华书局,1987年版,第288页。

记》,则此书之发,其来尚矣。但年祀绵邈,无得而言。①

论定《春秋》是"纪人君动作之务,是左史所职之书",《礼记·玉藻》有"天子玄端而居,动则左史书之,言则右史书之"之说。刘勰因而论之曰:"史者,使也。执笔左右,使之记也。古者左史记事者,右史记言者。言经则《尚书》,事经则《春秋》也。"②而《汉书·艺文志》谓:"左史记言,右史记事,事为《春秋》,言为《尚书》,帝王靡不同之。"同为记事之书,而左右史反。《左传·襄公十四年》记晋伐秦,下军帅栾黡擅自撤军,左史因谓魏绛:"不待中行伯(今按:指中军帅荀偃的同意)乎。"可知左史乃随军记事之官。孔颖达的判断是正确的。

孔颖达认为,"与国之大事,在祀与戎",然皆须律之以礼义,"失则贬其恶,得则褒其善,此《春秋》之大旨,为皇王之明鉴"。将《春秋》甚于斧钺的褒贬,直截与君主之明镜联系在一起。比《孟子》"孔子成《春秋》而乱臣贼子惧"的论断,视野高远;而比司马迁"为人君父而不通于《春秋》之义者,必蒙首恶之名"的警诫,③寓意委婉深沉。

孔颖达继论孔子当"九域骚然,三纲遂绝"之时,毅然修撰《春秋》的苦衷与意义曰:

> 夫子内韫大圣,逢时若此,欲垂之以法则无位,正之以武则无兵,赏之以利则无财,说之以道则无用,虚叹衔书之凤,乃似丧家之狗,既不救于已往,冀垂训于后昆,因鲁史之有得失,据周经以正褒贬,一字所嘉,有同华衮之赠,一言所黜,无异萧斧之诛。所谓不怒而人威,不赏而人劝,实永世之作则,历百王而不朽也。④

---

① 《春秋正义·序》卷首,《十三经注疏》整理本,北京大学出版社,2000年版,第3页。九有,《诗·商颂·玄鸟》:"方命厥后,奄有九有。"毛传:"九有,九州也。"五始,《春秋》纪事,始以元年、春、王、正月、公即位等五事,谓之"五始"。《汉书·王褒传》:"其惟《春秋》法五始之要,在乎审己正统而已。"颜师古注:"元者,气之始;春者,四时之始;王者,受命之始;正月者,正教之始;公即位者,一国之始,是为五始。"

② 《文心雕龙注·史传第十六》卷四,人民文学出版社,1958年版,第283页。

③ 《史记·太史公自序》卷一百三十,中华书局,1959年版,第3298页。

④ 《春秋正义·序》卷首,《十三经注疏》整理本,北京大学出版社,2000年版,第3页。

文中"冀垂训于后昆"一句,是说困迫当中的孔子,仍然以天下后世为己任,勇于承担起学术的责任,著《春秋》"以为天下后世法"。训,即是讲明道理,再结合史实,进行善恶褒贬,因而达到"不怒而人威,不赏而人劝"的效果。其对中国历史的影响的确是深刻而久远的。

孔颖达修撰《春秋正义》所选定的《传》为《左传》,《注》为杜预《左氏集解》,旧疏则是选取刘炫的《春秋左传述议》为底本。

《春秋》记事,大义寓于微言,须由传授者加以解释,方明其义。《传》即是传授的意思。孔颖达谓:"传者,传也,博释经意,传示后人。"①由于传述人不同的学术倾向,便产生不同的《传》。《春秋》之传,据《汉书·艺文志》记载,共有五家,著名的《春秋》三传,即《左氏传》、《公羊传》、《穀梁传》之外,尚有《邹氏传》和《夹氏传》,由于书佚而失传。《公羊传》和《穀梁传》属于经今文系统,因而在西汉就立有博士,成为官学。而《左氏传》是古文经,虽然早出,却在西汉备受排斥。

《左传》的作者为孔子同时代而"躬为国史"的左丘明,而且是孔子的朋友,服膺孔子学说,属于儒家学派。据《史记》记载,《春秋》修成之后,"鲁君子左丘明惧弟子人人异端,各安其意,失其真,故因孔子史记具论其语,成《左氏春秋》"。②《汉书·艺文志》则说:孔子"以鲁周公之国,礼文备物,史官有法,故与左丘明观其史记,据行事,仍人道,因兴以立功,就败以成罚,假日月以定历数,借朝聘以正礼乐。有所褒讳贬损,不可书见,口授弟子,弟子退而异言。丘明恐弟子各安其意,以失其真,故论本事而作传,明夫子不以空言说经也。《春秋》所贬损大人当世君臣,有威权势力,其事实皆形于传,是以隐其书而不宣,所以免时难也"。③班固所说的两点尤为重要,一是孔子讲解《春秋》之言,只

---

① 《春秋左传正义·春秋经传集解隐公》卷二,《十三经注疏》整理本,北京大学出版社,2000年版,第37页上。《春秋左氏经传集解》即杜预《左氏集解》的全名,《正义》有说明。
② 《史记·十二诸侯年表》卷十四,中华书局,1959年版,第519页。
③ 《汉书·艺文志》卷三十,中华书局,1962年版,第1715页。班固"隐其书而不宣,所以免时难"的说法,是以今律古,并不不符合春秋时代著书的情况。

是口耳相传,因而再传而可能有不同的传记。二是左丘明"恐弟子各安其意,以失其真,故论本事而作传"。说明《左传》特质是就"本事"以立传;而以"本事"立传,既可使《春秋》之传,不失其真,又可以证明孔子并非"以空言说经",所有"微言大义"皆有其事实之根据。孔颖达《正义》引沈氏云:"《严氏春秋》引《观周篇》云:'孔子将修《春秋》,与左丘明乘如周,观书于周史,归而修《春秋》之经,丘明为之传,共为表里。'"①查《严氏春秋》为严彭祖书,年代早于司马迁。②《后汉书·儒林传》谓:楼望"世称儒宗","少习《严氏春秋》"。③ 严氏本习《公羊春秋》,则其书《公羊》学之书也。然所引文字,不见于今本《孔子家语》,又鲁国为周公旧封,享有周公的待遇,各国重大事件,亦须向鲁国报备。所以周、鲁史记应该相同,根本不需要"如周"以观国史,还是班固的记载较为可靠。

孔颖达《左传正义序》叙述《左传》在汉代的流传及训诂情况曰:

> 其前汉传《左氏》者,有张苍、贾谊、尹咸、刘歆;后汉有郑众、贾逵、服虔、许惠卿之等。各为诂训。然杂取《公羊》、《穀梁》以释《左氏》,此乃以冠双屦,将系综麻,方凿圆枘,其可入乎!

西汉末年,刘歆在秘府校书,发现的一批古文经籍中,即有《左氏传》一种,哀帝时,刘歆上疏建议将《左氏春秋》、《尚书》、《逸礼》、《毛诗》等古文经传立于学官。刘歆认为"左丘明好恶与圣人同,亲见夫子,而《公羊》、《穀梁》在七十子后,传闻之与亲见之,其详略不同"。理由是充分的。"哀帝令歆与《五经》博士讲论其义",而"诸博士"或以《尚书》为备,谓《左氏》为不传《春秋》","或不肯置对"。刘歆遂联合五官中郎将房凤、光禄勋王龚联名撰写《移让太常博士书》,刘歆主张立为学官的

---

① 《春秋左传正义·春秋左传序》卷第一,《十三经注疏》整理本,北京大学出版社,2000年版,第15页上。
② 《汉书·儒林传·严彭祖传》卷八十八,中华书局,1962年版,第3616页。
③ 《后汉书·儒林列传·楼望传》卷七十九,中华书局,1962年版,第2580页。严氏本传《公羊》学,而其书名曰《严氏春秋》,当属于"虽曰承师,亦别名家"的学派。章帝时立为博士。见《章帝纪》。

《左氏春秋》，是出于"孔壁"的古文本经书，也有充分的理据。并说孔安国献书之后，只是因"遭巫蛊仓卒之难"，"未及施行"。且诸书可以与今文经传相印证，弥补今文"经或脱简，传或简编"的缺失，有利于探原旨、求道真。同时，也严厉谴责了太常博士的抱残守缺。惹怒大司空师丹，"奏歆改乱旧章，非毁先帝所立"。用这一令人恐惧的罪名，阻遏了刘歆的请求。可见为了捍卫利禄之途，已经达到无所不用其极的地步。但今文经学派内，也有学者深以刘歆所论为然，如《汉书·楚元王传》载："是时名儒光禄大夫龚胜以歆移书上疏，深自罪责，愿乞骸骨罢。"①看来，龚胜亦以《左氏传》当立，只是无力改变局面，因而自责。清代纪昀引徐彦《公羊传疏》曰："左氏先著竹帛，故汉儒谓之古学。""今以《左传》经文与二《传》校勘，皆左氏义长，知手录之本确于口授之本也。"②

《左传》当时虽未立为学官，但这场论争所造成的影响，却使《左传》在民间广为流传，至东汉初正式列为学官。此后贾逵、马融、郑玄、服虔等经学大师无不兼综今古文。然其传注，"杂取《公羊》、《穀梁》以释《左氏》"，孔颖达认为三《传》学理差距较大，以《公》、《穀》释《左传》，有些"方凿圆枘"，格格不入。

魏晋以后，由于玄学风气的熏染，《左传》的注释也产生了新的变化。孔颖达《正义序》曰：

> 晋世杜元凯又为《左氏集解》，专取丘明之传以释孔氏之经，所谓子应乎母，以胶投漆，虽欲勿合，其可离乎？今校先儒优劣，杜为甲矣。故晋、宋传授，以至于今。

自称有"《左氏》癖"的杜预作《春秋左传集解》，其所以卓绝一时，成为划时代的著作，是因其改变了汉儒《左传》研究的"诂训"方法。

---

① 《汉书·楚元王传》卷三十六，中华书局，1962年版，第1967、1972页。
② 《四库全书总目提要·春秋左传正义》卷二六，中华书局，1965年版，第210页下。

《左传集解》与东汉贾、服旧注的最大区别,首先在于其清除了汉注"肤引《公羊》、《穀梁》,适足自乱"之弊,而"专修丘明之传以释经"。① 其次是摆脱汉儒"繁文碎义"的诂训窠臼,转而为清通简要的为学风格。而且专重以史学诠经解传,尽删汉儒谶纬之说。《集解》除对《左传》文本进行诠释外,首次将《春秋》、《左传》合并为一,正式确立了《左传》传经之正统地位。可以说"《春秋左氏》,因元凯而方著",②并且首开"弃经信传"之风,宋代陈振孙评曰"(杜预)专修丘明之传以释经,后世以为《左氏》忠臣者也。其弊或弃经而信传,于传则忠矣,如经何"③?然杜预《集解》实亦聚集继承汉魏诸家传注,于服虔旧注吸收尤多。而《集解序》称:"分经之年,与传之年相附,比其义类,各随而解之,名曰《经传集解》。"很容易给人造成误解。致使《正义》认为:"杜言'集解',谓聚集经传为之作解,何晏《论语集解》乃聚集诸家义理以解《论语》,言同而意异也。"④实则是文同意同,不应该有偏差的。清代王鸣盛则认为:"夫名曰《集解》,则是集合诸家之解矣。"⑤则是符合事实的论断。

由于杜预《春秋经传集解》风靡江南,嗣后影响及于北朝,隋朝诸儒,亦多为《集解》作《义疏》。孔颖达因谓:

> 其为义疏者,则有沈文阿、苏宽、刘炫。然沈氏于义例粗可,于经传极疏;苏氏则全不体本文,虽傍攻贾、服,使后之学者钻仰无成。刘炫于数君之内,实为翘楚。然聪惠辩博,固亦罕俦;而探赜钩深,未能致远。其经注易者,必具饰以文辞;其理致难者,乃不入其根节。又意在矜伐,性好非毁,规杜氏之失凡一百五十余

---

① 《春秋左传正义·春秋左传序》卷一,《十三经注疏》整理本,北京大学出版社,2000年版,第26页上。
② 《全唐文·刘知几·重论〈孝经〉〈老子〉注议》卷二四七,中华书局,1984年版,第2786页。
③ 《直斋书录解题》卷三,上海古籍出版社,1987年版,第52页。
④ 《春秋左传正义·春秋左传序》卷第一,《十三经注疏》整理本,北京大学出版社,2000年版,第28页上。
⑤ 严蔚:《春秋内传古注辑存·王鸣盛序》卷首,《续修四库全书》122册,上海古籍出版社,2002年版,第1页。

条,习杜义而攻杜氏,犹蠹生于木而还食其木,非其理也。今奉敕删定,据以为本,其有疏漏,以沈氏补焉。若两义俱违,则特申短见。

杜预《集解》既已囊括汉魏众注,《正义》更于汉注众疏,博取广收。实可集唐前《左传》研究之大成。于前朝旧疏中,孔颖达对传世三家旧疏进行比较,认定刘氏《左传述议》最佳,沈氏《春秋义略》居次。在列举了各家义疏的优缺点后,决定《正义》撰述所据之底本,以刘氏义疏为主,其所不足,则以沈氏义疏弥补。若刘、沈所著均不可用,则自己提出看法和意见,使之臻于完善。也即以沈、刘二家为《正义》所据之本,孔氏原不讳言。可能正是因为在《序》言中已经声明,所以在疏文中就不再一一标注姓字,以保持行文的简捷流畅。且当时刘炫《述议》尚在,欲知两书异同,自可取原书对照。孔颖达等并不能逆料到《述议》等旧疏后来亡逸,更不必为此承担任何责任。清代汉学家无论出于疑古还是复古的目的,其考据学工夫用在从《正义》中,分析出何者是汉儒旧注,何者是隋儒原疏,都是具有重要学术意义的贡献;如果旨在证明孔颖达等意在剽窃前人成果,则实在是没有任何学术价值的考证。事实恰恰相反,汉魏旧注及南北众疏,若非官修《五经正义》的撰定,这些珍贵的文化思想资料,将更有可能散逸殆尽。由此亦可反证《五经正义》实为汉唐经学文化的集大成者。

《春秋左传》是一部侧重以历史本事阐释《春秋》经典的传记,其中蕴涵着丰富的思想内容,几乎包罗儒家所有的最基本最重要的观念。比如"济世拯民"的"王道政治";"赏善罚暴"的"神道设教";以及"民为神主","政顺民心"的施政观念,以及仁义礼智信以及忠孝观念等,皆用史实给予最生动最全面的阐释。孔颖达《正义》又根据杜预囊括汉魏旧注的《集解》和隋代迥出群疏之上的刘炫《述议》,对经传中的这些传统思想观念,经过全面梳理、开掘和总结,做出新的订正与阐扬。如"忠"之观念,本是一普遍的规范,但每被误解为下对上的忠诚。在《庄公十年传》,曹刿论战一节有:"公曰:'小大之狱,虽不能察,必以情。'对曰:'忠之属也。'"杜注"上思利民,忠也"。《正义》曰:"言以情审察,不用使之有枉,则是思欲利民,故为忠之属也。"①可见"忠"也是对统治者利于民的要求。又如《成公十六年传》叔时有"德、刑、详、义、礼、信,战之器也。德以施惠,刑以正邪,详以事神,义以建利,礼以顺时,信以守物。民生厚而德正"之语。②《正义》疏曰:"德者,得也,自得于心,美行之大名。有大德者以德抚人,是德用之以施恩惠也。有奸邪者断以刑罚,是刑用之以正邪辟也。详者,祥也,古字同耳。《释诂》云:'祥,善也。'义者,宜也,物皆得宜,利乃生焉,故义所以生立利益也。礼者,履也,其所践履,当识时要,故礼所以顺时事也。言而无信,物将散矣,故信所以守群物也。人君用此道以抚下民,民之生计丰厚,财用足,则民之德皆正矣。""由上施恩惠,故民生计丰厚也,财用有利益,而每事得节,饥则有食,寒则有衣,其事皆得节矣。""政不扰民","自上及下,和睦相亲,周旋运转,不有违逆,上之所求,下无不具,下民自知其中无复二心"。"在上德、义、礼三事,以教于下,则在下之人皆无邪恶,以信自守","故下民生计皆丰厚而多大,人皆和同其心以听进止,无不尽已之力以从上命","此战之所由得而胜也"。诸如此类的阐释与发挥,在《正义》一书中,可说俯拾皆是。通过浏览,可以了解古代儒家思想的真相,不至为人蒙蔽。

《五经正义》的撰定,是对隋唐以前的经学文化最大规模的一次系统总结,说其集五经研究成果之大成亦不过分。《正义》的编纂,有其明确的指导思想与体例,是编撰一部指导人民思想行为经世致用的经书,而非专供研究讨论之用的学术著作。虽然其本身亦具有很高的学术水平及极强的学术性,因此其于古注旧疏,必须要有所取舍,以求得

---

① 《春秋左传正义·庄公十年》卷八,《十三经注疏》整理本,北京大学出版社,2000年版,第275页上。
② 《春秋左传正义·成公十六年》卷二十八,《十三经注疏》整理本,北京大学出版社,2000年版,第889页下、891页。

思想的一致和便于遵行。所以不可能将各种学说和观点全部容纳进去。至于当时辑录所刊落的学术观点及其原书的失传,是中国文化的不幸,但却不能由《正义》任其咎。唐朝没有奉行过文化专制政策,书籍的遗逸是后来的战乱造成的。

《五经正义》的撰定,是一项极其浩繁的工程,且其为官修之书,多人参加,成于众手。虽历经讨论,对共参决,取舍仍不能不有所缺误脱漏。故高宗诏令"覆更详审",经过两年的精心修改和严格"覆审"才最终"刊定"完成。这个过程十分慎重,前后历时二十余年。参与者俱是英才通儒,代表了唐初学术的最高水平。

故清儒皮锡瑞云:"自《正义》、《定本》颁之国胄,用以取士,天下奉为圭臬。唐至宋初数百年,士子皆谨守官书,莫敢异议矣。"①近人马宗霍说:"自《五经定本》出,而后经籍无异文;自《五经正义》出,而后经义无异说。每年明经依此考试,天下士民,奉为圭臬。盖自汉以来,经学统一,未有若斯之专且久也。"②

《五经正义》的价值,本在于通过对古注旧疏的整理,统一并确立经注中的意义,以权威的文本示天下后世以准则。可以说唐代官修的《五经正义》,不惟是对古代阐释儒家经典的注疏所呈现之诂训义理,进行"正义",也是对儒家表现在社会历史、政治伦理、道德礼仪、思想行为等价值观的"正义"。作为古代儒家集大成的思想武库,其中的宝藏,还有待于进一步发掘,本章节只是作一大略的介绍而已。

第三节 九经正义的续成

唐初《五经定本》所谓的"五经"与文宗时代《石壁九经》的"九经",

---

① 《经学历史》,中华书局,1963年版,第146页。
② 马宗霍:《中国经学史》,上海书店,1984年版,第94页。

所指经书实际是一致的。所谓"五经",非仅指五部经书,而是指五部经书的传注之学,如"礼经"包括三《礼》,《春秋》实指三《传》。这样加起来,实则有九部。然孔颖达《五经正义》则的确只有五部。其舍《周礼》与《仪礼》而只取《礼记》,于《春秋》而独疏《左传》。这两部释经之传,与《易》、《诗》、《书》三部经典的传注之书,合在一起,仍谓之"五经",实即五经传疏。然从太学称《礼记》、《左传》为"大经"来看,唐初确已将与五经密切相关的几部传记视为"经"书。但是《礼记》与三《传》,毕竟是传而非经,只是属于五经之学亦即经学的重要组成部分。所以在经学的意以上,称"五经"可以包含三《礼》、三《传》。谓之"九经",则是将《五经》诸传全部上升到"经"的地位。嗣后的十二经、十三经,则是又将《孝经》、《论语》、《尔雅》及《孟子》等堪称"大传"的典籍收入其中,统称为儒家经典了。

孔颖达《五经正义》不包括《周礼》、《仪礼》及《公羊》、《穀梁》的传疏在内,这四部经典的传疏《正义》,是由高宗诏命贾公彦、杨士勋与徐彦分别撰定完成的。合称为唐人九经疏。时在永徽四年《五经正义》颁定之后,受命补撰。贾公彦撰二《礼》疏、杨士勋撰《穀梁传注疏》、徐彦撰《公羊传疏》,三人事迹,惟贾公彦于新旧《唐书》有简略传记,徐、杨竟然不见记载。这可能与此四部经典历来不甚受重视有关。

经过经今古文学错综复杂的斗争,一度在新莽时期立为官学,设博士的《周礼》,东汉时则主要在民间流传。魏晋之后,古文经学日趋兴盛,《周礼》复立于学官,再次取得合法地位。其作为儒家经典的地位,从此固定,再未发生过动摇。但其无论在南朝还是北朝,都未激起士子们的学习热情。三《礼》之中,虽然首列《周礼》,但人们还是舍二《礼》独喜《礼记》。或许与追求义理的玄风有关,而二《礼》则为五经中的实学,以其专讲名物制度以及天文律历、人情物理之学也。《南史·儒林传》记梁陆倕之言曰:"凡圣贤所讲之书,必以《周官》立义,则

《周官》一书,实为群经源本。此学不传,多历年世。"①《北史·儒林传》亦载:"诸生尽通《小戴礼》,于《周》、《仪》礼兼通者,十二三焉。"②由此可见,孔颖达《五经正义》之所独取《礼记》,也是时势使然。或以为其书难读之故,然自贾公彦作二《礼》义疏之后,形势依然不见扭转。《通典》载开元八年国子司业李元瓘上言:"三《礼》、三《传》等并圣贤微旨,生人教业。今明经所习,务在出身,咸以《礼记》文少,人皆竞读;《周礼》,经邦之规则;《仪礼》,庄敬之楷模;《公羊》、《穀梁》,历代崇习。今两监及州县,以独学无友,四经殆绝。"③由此可见科举仕途对学术好尚的影响,只有胸怀经邦之志或欲为人伦楷模,以及追求春秋微言大义的士子,才会留意这四部经典的研习。特别是二《礼》,陆倕所谓圣贤"必以《周官》立义","实为群经源本";李元瓘所谓"《周礼》,经邦之规则;《仪礼》,庄敬之楷模"。贾公彦更谓"《周礼》为末,《仪礼》为本","并是周公摄政太平之书"。④ 则其对中国传统礼教社会之影响,诚非浅显。作为礼法制度,唐代对后世影响深远的《开元礼》与《大唐六典》,即是据此因时损益而修撰的。

一、贾公彦与《周礼正义》的学术思想

贾公彦,洺州永年(今河北广平)人。贞观年间,以太学博士参与孔颖达《礼记正义》之编撰和历次修订工作。永徽中,官至朝散大夫行太学博士弘文馆学士。曾师从隋唐之际的名儒张士衡学礼,"当时受其业擅名于时者,唯贾公彦为最焉"⑤。撰《周礼义疏》五十卷、《仪礼义疏》四十卷。时又有"赵州李玄植,又受三《礼》于公彦,撰《三礼音义》行于代"。甚得高宗礼遇。纪昀将公彦与陆、孔并列,称之曰:"陆德

---

① 《南史·儒林传》卷七十一,中华书局,1975年版,第1741页。
② 《北史·儒林传》卷八十一,中华书局,1974年版,第2708页。
③ 《通典》卷十五,中华书局,1984年第1版,第83页。
④ 《仪礼注疏·仪礼疏序》卷一,《十三经注疏》整理本,北京大学出版社,2000年版,第1页上。
⑤ 《旧唐书·儒学传》卷一百八十九,中华书局,1975年版,第4949、4950页。

明、孔颖达、贾公彦诸人老师宿儒,布列馆阁。"①可见评价之高。

贾公彦所撰《周礼注疏》亦称《正义》,表明此书义疏,是继《五经正义》之后的续作。据《周礼正义序》称"贾公彦等奉敕撰"②,则知此书乃由朝廷敕命,公彦领衔主持,多位学者集体撰成。时间当在《五经正义》颁行不久,"永徽中,贾公彦始撰《周礼》、《仪礼》义疏"③。

《周礼》是一部记载典章制度的古代文献,原名《周官》,意即周代官制的意思,与其篇目分天官、地官、春官、夏官、秋官、冬官等六篇,专言体国经野、设官分职的内容名实相符。《史记·鲁周公世家》曰:"成王在丰,天下已安,周之官政未次序,于是周公作《周官》,官别其宜。作《立政》以便百姓,百姓说。"④或以为"周官"之名,非指周朝官制,实为"周天之官",⑤古以三百六十日为一周天,而《周官》法天地象四时,设三百六十官以治万物。其说甚有理致,效周天法度,以定周之官制,亦无不可,所以不妨两义并存。

《汉书艺文志》有《周官》经六篇、传四篇的记载。书名称《周礼》系刘歆所改,荀悦《汉纪·成帝篇》曰:"刘歆以《周官经》六篇为《周礼》,王莽时,歆奏以为礼经,置博士。"《经典释文·叙录》亦云:"王莽时,刘歆为国师,始建《周官经》以为《周礼》。"此名遂普遍为后之学者所认可。据孙诒让《周礼正义》谓:"歆盖以《周官》故名与《尚书》淆混,而此经为周公遗典,与《士礼》(今按:即《仪礼》)同为正经,因采《左氏》之文,以为题署,意实允当。"⑥因《尚书》中也有一篇《周官》,亦述官制,刘歆虑其彼此混淆,因以改名。所谓《左传》之文,是指《文公十八年传》:季文

---

① 《四库全书总目提要·子部一·中说》卷九一,中华书局,1965年版,第774页中。公彦师承张士衡,士衡出自刘焯之门,与孔颖达同辈,则公彦为陆、孔晚辈自不待言。
② 据《周礼正义序》签署,《周礼注疏》卷首,《十三经注疏》整理本,北京大学出版社,2000年版,第3页。
③ 顾炎武:《日知录》卷十八,上海古籍出版社,1984年版,第3页。
④ 《史记·鲁周公世家》卷三十三,中华书局,1959年版,第1522页。
⑤ 见彭林:《中国古代礼仪文明》,中华书局,2004年版,第67页。
⑥ 以上并引孙诒让:《周礼正义·天官冢宰第一·周礼疏》卷一,中华书局,1987年版,第3页。

子曰:"先君周公制周礼曰:则以观德,德以处事,事以度功,功以食民。"观德处事,度功食民,正是所谓的分官设职。而其实,作为典章制度的《周官》,就是周公制礼的主体部分,称之"周礼"亦甚惬当,不尽为避混淆也。东汉马融、郑玄为其书作注,即称为《周官礼》。此后《周官》、《周礼》两名一直通行互用。至唐代贾公彦为其作疏,径称《周礼正义》,《周礼》之名至此确立。

贾公彦于《周礼正义序》中引《马融传》云:

> 秦自孝公已下,用商君之法,其政酷烈,与周官相反。故始皇禁挟书,特疾恶,欲绝灭之,搜求焚烧之独悉,是以隐藏百年。孝武帝始除挟书之律,开献书之路,既出于山岩屋壁,复入于秘府,五家之儒莫得见焉。至孝成皇帝,达才通人刘向、子歆,校理秘书,始得列序,著于录略。然亡其冬官一篇,以考工记足之。时众儒并出共排,以为非是。唯歆独识,其年尚幼,务在广览博观,又多锐精于春秋。末年乃知其周公致太平之迹,迹具在斯。①

刘歆既极力主张此书是"周公致太平之迹",郑玄复从而论定曰:"周公居摄而作六典之礼,谓之《周礼》。""七年,致政成王,以此礼授之,使居洛邑治天下。"②郑玄是据《尚书大传》"周公摄政,一年救乱,二年克殷,三年践奄,四年建侯卫,五年营成周,六年制礼作乐,七年致政成王"的记载而言。贾公彦《疏》复引《礼记明堂位》云:"周公居摄六年,制礼作乐,颁度量于天下。"又引《书传》云:"六年制礼作乐,所制之礼,则此《周礼》也。"③郑注贾疏,言之有据,《周礼》为周公所作的说法,也就成为定论。史载周公"制礼作乐",是毫无疑问的,问题出在周公所制之礼,是否即是亦名《周官》的今本《周礼》?还是另有《礼经》已亡逸于焚坑之中?学者于是分为两派,刘、郑、陆、贾认为即是今本《周

---

① 贾公彦:《序周礼废兴》卷首,《十三经注疏》整理本,北京大学出版社,2000年版,第9页。
②③ 《周礼注疏·天官冢宰》卷第一,《十三经注疏》整理本,北京大学出版社,2000年版,第3页。

礼》;今文经学派皆以为非是,如东汉临硕谓"武帝知《周官》末世渎乱不验之书";何休亦认为是"六国阴谋之书"。① 而后之否定派在其书制作的年代上,又复歧说纷纭,迄无定论。②

其中,与本处有关的尚有刘歆伪造说。《周官》著录于《史记》,重现于刘歆父子校书之时,公诸于世却在新莽时期。由于《周官》系属古文经,为刘歆所推崇,故为今文经师所竭力排斥,谓皆歆所伪造。又由于刘歆晚年曾依附王莽,更以为是为佐莽改制,而托古伪撰。且不论哀帝时,王莽地位尚微(只是一闲居自守的新都侯),平帝时得势,欲借学术树立威望,也只是对刘歆的利用而已。只看《史记·封禅书》有"自得宝鼎,上与公卿诸生议封禅。封禅用希旷绝,莫知其仪礼,而群儒采封禅《尚书》、《周官》、《王制》之望祀射牛事"③之记载,及公私所藏,众多古籍涉及《周官》、周礼文句,可知如此大面积造伪,实乃绝无可能之事。且果如临硕所言,刘歆安得预造武帝得观之书? 在今文独盛,论敌环伺的处境下,刘歆倡古文经学,尚且畏祸,奏请外任州郡。而敢伪造经书,岂不惧"以律当诛"之罪乎? 刘歆虽为"达才通人",然而凭空伪造这样一部"于史有征"而又缜密无隙的旷世经典,亦属骇人听闻。

宋代朱熹认为:"《周礼》一书,也是做得缜密,真个盛水不漏。"非周公不能作。又说:"《周礼》规模皆是周公做,但其言语是他人做。今时宰相提举敕令,岂是宰相一一下笔? 有不是处,周公须与改。"④此即是周公手订说。纪昀《总目提要》云:"《周礼》一书,上自河间献王。于诸经之中,其出最晚。其真伪亦纷如聚讼,不可缕举。惟《横渠语录》曰:'《周礼》是的当之书,然其间必有末世增入者。'"又曰:"刘歆宗《左

---

① 贾公彦:《序周礼废兴》卷首,《十三经注疏》整理本,北京大学出版社,2000年版,第11页上。
② 关于《周礼》的制作年代,迄今学界约有七说,有周公手订说、西周说、东周春秋说、战国说、周秦说、汉初说、刘歆伪造说。
③ 《史记·封禅书》卷二十八,中华书局,1959年版,第1397页。古代帝王、诸侯祭祀天地、宗庙、必亲射牛以示隆重,事见《国语·楚语下》。
④ 《朱子语类·礼三》卷八十六,中华书局,1986年版,第2204、2203页。

传》，而《左传》所云《礼经》，皆不见于《周礼》。""歆果赝托周公为此书，又何难牵就其文，使与经传相合，以相证验，而必留此异同，以启后人之攻击？然则《周礼》一书不尽原文，而非出依托，可概睹矣。"①

而北宋陈振孙《直斋书录解题》云："此书多古文奇字，名物度数，可考不诬。"②近人顾实《重考〈古今伪书考〉》亦曰："殷周甲骨文、钟鼎文与相证合。"③这些皆非生于千百年之后人所能做到。足证《周官》其书，属于春秋以上古籍。因为东周以后，绝无更定官制之事。张亚初、刘雨著《西周金文官制研究》，认为"《周礼》在主要内容上，与西周铭文所反映的西周官制，颇多一致或相近的地方"。《周礼》保存了相当多的西周制度。由此可以推断，《周礼》成书当在距离西周不远的春秋时期。④ 这应是较为谨慎的论断。

若所谓"成书"，即指其写定编简成书而言，应该去事实不远。其后的流传过程中，难免不窜入春秋战国文字，然其书之草创，或初定"规模"，则应在西周开国之初。《周礼》固然有其理想的成分，这恰是大变革初期，政治设想方案的标识。孙诒让《周礼正义序》谓：

> 有周一代之典，炳然大备。然非徒周一代之典也，盖自黄帝、颛顼以来，纪于民事以命官，更历八代，斟酌损益，因袭积素，以集于文武，其经世大法，咸淬于是。故虽古籍沦佚，百不存一，而其政典沿革，犹约略可考。是岂皆周公所臆定而手剏之哉。⑤

虽说春秋以前似无简策之书，然其文献必有其保存与转播的方式，比如瞽史默记，口耳相传之类。与之并存的必有比甲骨、金文更为简捷的文字记录方式，只是不便保存罢了。今既以西周金文所刻官名与《周礼》相对照，已发现两者内容十分接近。官制之铸于鼎名者，已

---

① 《四库全书总目·经部·礼类一》卷一九，中华书局，1965年版，第149页。
② 《直斋书录解题·礼类》卷二，上海古籍出版社，1987年版，第43页。
③ 顾实：《重考〈古今伪书考〉》，上海大东书局出版，1928年版，第114页。
④ 转引自刘丰：《百年来〈周礼〉研究的回顾》，湖南科技学院学报2006年第2期。
⑤ 孙诒让：《周礼正义序》卷首，中华书局，1987年版，第1页。剏，创之古字。

属罕遇,更何况迄今发现的青铜铭文更是其中的少数。《周礼》制作年代的最终证明,还有待于地下文献的发现。所以,不能轻易否定《周礼》为成于西周之书。

贾公彦《周礼正义序》分两篇,题为《正义序》者,论述自传说时代开始的官制起源,即三皇五帝以迄夏商周三代的"官号沿革"。其文首曰:

> 夫天育烝民,无主则乱;立君治乱,事资贤辅。但天皇地皇之日,无事安民。降自燧皇,方有臣矣。是以《易通卦验》云:"天地成位,君臣道生。君有五期,辅有三名。"(郑)注云:"三名,公、卿、大夫。"①

认为原始社会部族间争乱的原因,是上无君主,所以立君设辅是为了止争防乱和处理各种事务。并引《易纬》说明君臣之道是根据天地之道而来。继而略述历代官号大端,论叙氏族社会有以图腾祥瑞名官的风习,如黄帝轩辕氏,"百官师长皆以云为名号";"炎帝以火纪事,名百官也";少皞氏以鸟名官之类。颛顼之世,始以四时五行名官。尧舜时代官名稍稍可观,有四岳、九州八伯、百揆(天官)之称;夏商迄周,官制渐备,贾《序》引郑注云:"有虞氏官盖六十,夏百二十,殷二百四十,周三百六十"。因而曰:"周监二代,郁郁乎文,所以象天立官,而官益备。"

贾《序》第二篇题为《序周礼废兴》,当是同篇序文的组成部分,学者见其专言周礼之废兴,因题笺其旁,复恐误会,特冠"序"字于其上。不意后竟窜入正文,成为篇题,刻书人所为也。这部分序言,论述了周礼及其书的兴废历程,如云:"周公制礼之日,礼教兴行。后至幽王,礼仪纷乱。故孔子云诸侯专行征伐,'十世希不失'"。即是说以典章制度为主体的周礼,奉行十世之后,出现礼坏乐崩的状况,其标志便是

---

① 《周礼正义·序》卷首,《十三经注疏》整理本,北京大学出版社,2000年版,第3页。

"诸侯专行征伐",周天子失去号令天下的权威。引《仪礼注》云:"礼经三百,威仪三千。及周之衰,诸侯将逾法度,恶其周亡,灭去其籍。"周礼散亡,以致诸侯竟然不能区分礼仪之别:"晋侯赵简子见仪,皆谓之'礼',孟僖子又不识其仪也"。至于孔子更修而定之时,已经没有完具的周礼。故《仪礼注》云:"后世衰微,幽厉尤甚,礼乐之书,稍稍废弃。"卒赖孔子的搜集整理,复使当时尚未完全丧失的礼乐得以全备。所以孔子曰:"吾自卫反于鲁,然后乐正,雅、颂各得其所。"孔子卒后的春秋战国之际,礼、乐复更散乱。至秦"燔灭文章,以愚黔首",礼乐之典更复"大坏",几至靡有了遗。"汉兴,至高堂生博士传(今文《仪礼》)十七篇。孝宣世,后仓最明礼,戴德、戴圣、庆普皆其弟子。三家立于学官。"而"《周官》,孝武之时始出,秘而不传。周礼后出者,以其始皇特恶之故也"。即指河间献王访书得《周官》于民间。据《隋书·经籍志》说:"汉时有李氏得《周官》。上于河间献王,独阙《冬官》一篇,献王购以千金不得,遂取《考工记》以补其处,合成六篇奏之。"①由于当时藏诸秘府,才有哀帝时命刘歆子承父业,整理中秘图书,发现《周官》事。刘歆为《周官》更名《周礼》,传其学于杜子春,再传而至东汉马融、贾逵。马融为作《周官传》,以授郑玄。而贾逵及郑兴、郑众父子皆为作《周礼解诂》。郑玄《周官礼序》云:

> 玄窃观二三君子之文章,顾省竹帛之浮辞,其所变易,灼然如晦之见明,其所弥缝,奄然如合符复析,斯可谓雅达广揽者也。然犹有参错,同事相违,则就其原文字之声类,考训诂,捃秘逸。谓二郑者,同宗之大儒,明理于典籍,犆识皇祖大经周官之义,存古字,发疑正读,亦信多善,徒寡且约,用不显传于世。今赞而辨之,庶成此家世所训也。②

---

① 《隋书·经籍志》卷三十二,中华书局,1973年版,第925页。
② 《序周礼废兴》卷首,《十三经注疏》整理本,北京大学出版社,2000年版,第10页。

可见郑玄之注"括囊大典,网罗众家",已是汉学之集大成,贾公彦因而论之曰:"然则《周礼》起于成帝刘歆,而成于郑玄"。"惟有郑玄徧览群经,知周礼者乃周公致太平之迹,故能答林硕之论难,使《周礼》义得条通"。"是以周礼大行,(为)后王之法。易曰'神而化之,存乎其人',此之谓也"。

贾公彦《周礼正义》又称《周礼注疏》,则是选择郑玄《周官礼注》和沈重《周官礼义疏》四十卷为底本①,兼以旁征博引,穷原竟委,古注旧疏,赖此以存;深文奥义,依之而明。故在唐人所作五经疏中,贾疏可列上乘。《四库全书总目》称:"公彦之《疏》,亦极博核,足以发挥郑学。《朱子语录》称'《五经》疏中,《周礼疏》最好。'盖宋儒惟朱子深于《礼》,故能知郑、贾之善云。"②与孔颖达《五经正义》相同,贾公彦《周礼注疏》也是对汉魏六朝《周礼》注疏所作的总结。

二、贾公彦《仪礼注疏》的学术思想

《仪礼注疏》是贾公彦完成《周礼注疏》后的又一部力作。

《仪礼》本称《礼》,是礼的本经。今本《仪礼》十七篇,就是汉代所谓的《礼经》。秦火之后,三《礼》在汉武帝时被同时发现。据《汉书》载:"献王所得书皆先秦古文旧书,《周官》、《尚书》、《礼》、《礼记》、《孟子》、《老子》之属,皆经传说记,七十子之徒所论。"③其中之《礼》,即指《仪礼》。《汉志》但称"《礼》",不称"《仪礼》"。汉时亦多有称《仪礼》为《礼记》者,如《史记·孔子世家》说"故《书传》、《礼记》自孔氏"出④,此处的《礼记》,实指《仪礼》。是因为着眼于礼经本文之后,又有"记曰"一段释经文字而言。"记"即是"传",只不过"传"是传述人自作,或就经

---

① 据《隋书·经籍志》著录至唐犹存的《周官》疏,著名的惟有沈重《周官礼义疏》四十卷;马端临《文献通考》和孙诒让均认为贾疏即是以沈疏为底本重修而成。
② 《四库全书总目·经部·礼类一》卷一九,中华书局,1965年版,第149页下。
③ 《汉书·景十三王传》卷五十三,中华书局,1962年版,第2410页。
④ 《史记·孔子世家》卷四十七,中华书局,1959年版,第1936页。

师传述而言;"记"则是学者对传述要义的记录,实则为一。《礼经》篇后的"记",比较简略,仅是钩玄提要而已;不如大小戴《礼记》系统详尽。两者属于同一性质的著作则是无疑的。

如果说《周礼》系国家官方的"治职文书"①,那么《仪礼》则是社会约定的行为规范。《释名》曰:"仪,宜也,得事宜也。"因此,"仪礼"即是指在各类行事中适宜得当的礼节行为。《仪礼》所述冠、婚、丧、祭、乡、射、朝、聘等礼仪,都有一个起源、演化、改进乃至完善的过程。礼本起源于敬事鬼神的仪式,后渐转化为人际相待的礼仪。从事神而事人,这一根本性质转化的标志,便是周公的"制礼作乐"。因此《礼》或《仪礼》所述之礼仪,肇端于周公之制作是不成问题的,经过近三百年的实践改进与变化,至东周而"礼坏乐崩",其书亦随之散乱。孔子述礼正乐,搜遗补缺,将之重新整合编纂为《礼》(经)十七篇,即班固所谓"缀周之礼"也。周礼向有"经礼三百,曲礼三千"②之说,经过孔子的缀集编次,"始于冠,本于昏,重于丧祭,尊于朝聘,和于射乡,此礼之大体也"③。秩然有序,首尾完具,使有周一代礼典,炳然大备。皮锡瑞、梁任公曾据《礼记·杂记下》"恤由之丧,哀公使孺悲之孔子学士丧礼,《士丧礼》于是乎书"④一语,论定《仪礼》为孔子所作,未免武断之嫌。孺悲赴孔子学"士丧礼",是先知有此"士丧礼"在,且孔子知之,因而派孺悲前往受学。"《士丧礼》于是乎书",也只表明《士丧礼》从此写定,哪里有孔子自作的意思?

汉代重新发现《周官》、《仪礼》的同时,还有《逸礼》五十六篇,邵懿辰认为"大抵秃屑丛残,无关理要",只不过是"孔子定十七篇时删弃之

---

① 林尹:《周礼今注今译·序》,台湾商务印书馆,1972年版。
② 《礼记集解·礼器》卷二十四,中华书局,1989年版,第651页。
③ 《礼记集解·昏义》卷五十八,中华书局,1989年版,第1418页。
④ 《礼记集解·杂记下》卷四十二,中华书局,1989年版,第1115页。梁启超之言见《古书真伪及其年代》。

余"①。冠、昏、丧、祭、射、乡、朝、聘八方面,已经囊括礼之大体,故孔子即手定此十七篇以为"礼"之教本。此外,历史上还有《仪礼》真伪之辨,古书写定之前后,窜入后世文字,本是难免之常事,以此论断其成书时间,讨论其书之真伪,可说毫无意义,因此不再辨析论述。

汉兴,传礼者有高祖时之叔孙通,武帝时之高堂生及徐生一门师弟,皆为鲁人。高堂、徐生所传,系今文经;至刘歆所重者,乃"献王所得书,皆先秦古文旧书"。自此而有今古文之争。今古文经本大同小异,只不过古文经学派认同《礼》书出自周公,今文经学派则认为出自孔子;今文学派压制古文经,并非维护孔子的著作权益,实则是维护自己的既得利禄,其用意已与拯时救敝的孔子大相径庭。

东汉马融传刘歆之学,最早为古文《仪礼》作注,弟子郑玄又复遍注三《礼》,所作《仪礼注》会通三《礼》,博综今古,转训互证,文简义通。并从中提取出五礼的观念。

此后历三国两晋南北朝讫隋,《仪礼》一直列在官学,士大夫间礼学之风不废,义疏迭出,可惜大多散佚。至唐,贾公彦继孔颖达《礼记正义》之后,奉敕为二《礼》作疏,《仪礼注疏》亦是按《正义》体例,总结往代《仪礼》传注疏解成就的集大成之作。

贾公彦在其《仪礼疏序》中分辨二《礼》的关系曰:

> 至于《周礼》、《仪礼》,发源是一,理有终始,分为二部,并是周公摄政大平之书。《周礼》为末,《仪礼》为本。本则难明,末便易晓。是以《周礼》注者,则有多门,《仪礼》所注,后郑而已。②

认为二《礼》"并是周公摄政大平之书",有一共同的源头,按其条理分为二部论述。并以《仪礼》为本,《周礼》为末。《周礼》乃国家的大经大法,《仪礼》多风习揖让进退之细枝末节,而其反以《仪礼》为本,

---

① 邵懿辰:《礼经通论·序》卷首,《清经解正、续编》,上海书店出版社,1988年12月据学海堂本、南菁书院本影印,第1277页。
② 《仪礼注疏·仪礼疏序》卷一,《十三经注疏》整理本,北京大学出版社,2000年版,第1页上。

《周官》为末,如此区分,殊难令人理解。意其盖以《仪礼》乃朝廷与社会普遍奉行之行为规范,而《周官》之分官设职,特又为维护管理此一社会秩序,以保证其行于朝廷乡党之间而设欤?又,《仪礼》多据名物以言理,《周礼》多依职官以言事,或其依理事之分以断本末,亦未可知。公彦紧接着论述道:"本则难明,末便易晓。"联系序文首句所谓:"道本冲虚,非言无以表其疏;言有微妙,非释无能悟其理,圣人言曲事资,注释而成。"是知其所谓"言曲事资"的微妙理道,即是指《仪礼》而言。则古人以为《仪礼》难读,则不惟文辞古奥,即其义理,亦且深奥难晓矣。故曰"《周礼》注者,则有多门",以其言事易晓故也;而能为《仪礼》作注者,惟有郑玄而已。这也是其选择郑注的理由。然后述及前代《仪礼》义疏的情况曰:

> 其为章疏,则有二家:信都黄庆者,齐之盛德;李孟悊者,隋曰硕儒。庆则举大略小,经注疏漏,犹登山远望而近不知;悊则举小略大,经注稍周,似入室近观而远不察。二家之疏,互有修短。时之所尚,李则为先。

在点明黄李两家义疏的特点后,举例指出两疏的缪妄失误之处。阐明所据为本的旧疏概况,随之确定为之"正义"的途辙,因曰:

> 今以先儒失路,后宜易涂,故悉鄙情,聊裁此疏,未敢专欲,以诸家为本,择善而从,兼增己义,仍取四门助教李玄植详论可否,佥谋已定,庶可施以函丈之儒,青衿之俊,幸以去瑕取玖,得无讥焉。①

为了避免先儒旧疏的失误,应该改进义释的方法,尽其平生所学,剪裁成此义疏,并未专依此两家之说,更取诸家义疏为本,择善而从,增以己意,但不敢自是,"仍取四门助教李玄植详论可否",看来李玄植

---

① 以上见《仪礼注疏·仪礼疏序》卷一,《十三经注疏》整理本,北京大学出版社版,2000年版,第1、2页。

一直是其修二《礼》义疏的主要助手。待群谋议定之后,方敢交付讲堂师儒与青衿学子使用,再由其去瑕取玖(美石),庶几可免无学之讥。虽属自谦之言,然"去瑕取玖"自是读书之一法。

《仪礼》所述五礼,无不关乎国家大事,贴近社会人生,无论其冠、婚、乡、射、燕之嘉礼,即其丧服之礼,影响人之心理与言行甚巨,不仅可使外在的举止高贵优雅,亦令内在的庄敬之心油然而生,能促使人们思考社会及人生之意义与责任,更利于自律人格的养成。吉凶军宾嘉五礼,将人伦纳入到家庭、社会、国家的秩序当中,使各安其所依,各行其所当为,家庭、社会、国家因之日趋于和谐之境,人伦礼仪的重要性由此可见。

郑注贾疏通过对古代"仪礼"及其蕴含之人伦义理的阐释,不仅可以增进对古代社会的理解,即使对现实人生及现代社会礼序环境之建构亦不无启示性教益。

总之,于《五经正义》颁布之后,贾公彦续作二《礼》义疏,继踵前业,以补未备,而其著疏之用心与方法,亦与孔氏同。盖自魏至隋,"战争相寻,干戈是务",古书旧籍,或焚烬于兵燹,或漂没于砥柱,淹灭无算。《正义》、《注疏》之撰,对前代传注之整理保存之功,几至无可替代。据牟润孙《论儒释两家之讲经与义疏》论证,"义疏"本是两事,"义"是讲义,即经旨义理的发挥;"疏"是疏通,专对旧注予以疏解。[①]准此,则孔、贾等《正义》撰述主旨,意在纠正先儒义疏或流入佛老、或师心自任、公然违背经传的错失,自无论矣;于疏解方面遵行"疏不破注"之原则,但疏通前人传注而不轻议其非,亦体式之当然;然在义释方面,虽能纠正前人之失,终嫌其于义理发挥缺乏创造性开拓,亦是不争之事实。然而这后一要求,未免苛刻,忠实于经传,方是注疏之学的首要职责。与《周礼正义》相同,公彦《仪礼注疏》亦是自汉至唐数百年

---

① 见《注史斋丛稿》,中华书局,1987年版,第239页。牟润孙认为"疏"只是讲经之记录,无疏通义。

间《仪礼》研究成果的结撰之作,对《仪礼》之古注旧疏进行了一次全面的汇集与删润,于郑注亦多所发明,甚有功于《仪礼》的研究及传播,在经学发展史上占据着一席重要的地位。

三、徐彦《公羊传注疏》的学术思想

《春秋》三传之一的《公羊传》,同《春秋左氏传》一样,是阐释《春秋》"微言大义"的一部传记体的著作。其传授源流,按汉人的说法,应是先由孔子讲授于子夏,子夏又传授于公羊高,公羊高传其子平,平传与其子地,地传与其子敢,敢传与其子寿。口耳相传至景帝时,公羊寿方与弟子齐人胡毋子都将其"著于竹帛"[①],故曰《公羊传》,意即公羊子所传之春秋大义也。至于其作者及时代究竟为谁何,实则无法深究。《汉志》以为"公羊子,齐人"[②]。戴宏《公羊传序》、颜师古《汉书注》认为即公羊高。其"书"既为公羊氏世代口耳授受,并无文字定本,则每一代都有可能增益新的理解,则著者"公羊子"为其一门之统称,殆无不可。其写定成书固在西汉景帝时,而其作始当即孔子作《春秋》时之讲解也。

司马迁曰:"(孔子)为《春秋》,笔则笔,削则削,子夏之徒不能赞一辞。弟子受《春秋》,孔子曰:'后世知丘者以《春秋》,而罪丘者亦以《春秋》。'"《春秋》寓含着孔子的政治观念和社会理想,所以将其视为全部名誉乃至生命的寄托;《春秋》文字至简,欲使有限的文字,蕴涵丰富的"微言大义",则须寓意于"书法"之中,这就是其口授子夏,传为《春秋传》的公羊义法。《公羊传》宣扬王道,尊崇大一统,维护君臣等级观,具有理想与现实并重的思想特点。

汉初,隶书写定的《公羊传》,自然属于今文经学系统,助公羊寿

---

① 《公羊传疏·公羊解诂序》卷首,徐疏引戴宏《公羊传序》,《十三经注疏》整理本,北京大学出版社,2000年版,第4页。
② 《汉书·艺文志》卷三十,中华书局,1962年版,第1713页。

"著于竹帛"的胡毋生,"治《公羊春秋》,为景帝博士。与董仲舒同业,仲舒著书称其德。"① 而董仲舒,则著《春秋繁露》将公羊学进一步理论化。自后传公羊学者尽出此两系门下。

东汉今文学大师何休撰有《春秋公羊解诂》。"覃思不窥门十有七年","妙得公羊本意",集众家学说之大成,② 并形成完备的公羊义法,成为最具权威的公羊学著作。

唐徐彦作《公羊传注疏》即选其为注本,而为之作义疏。何休在《春秋公羊解诂》序中,述己作注之意云:

> 昔者孔子有云:"吾志在《春秋》,行在《孝经》。"此二学者,圣人之极致,治世之要务也。
>
> 传《春秋》者非一。本据乱而作,其中多非常异义可怪之论,说者疑惑。③

认为《春秋》不仅体现了圣人的最高境界,同时也是当今"治世之要务"。《春秋》本据乱世而作,其中有许多由常理看来,"非常异义可怪之论"。学者惑之,不能理解其中的深意。"至有倍经、任意、反传违戾者。其势虽问不得不广,是以讲诵师言至于百万犹有不解,时加酿嘲辞,援引他经失其句读,以无为有,甚可闵笑者,不可胜记也。"当时公羊经师这种以其"疑惑",不得不碎义逃难,广为饰说,讲诵百万言犹不可解的窘迫状况。这是当时公羊学的两大创伤,被"以治古学贵文章者谓之'俗儒',至使贾逵缘隙奋笔,以为《公羊》可夺,《左氏》可兴"。此即发生于东汉初年的一次今古文学之争。由于争立《左传》的贾逵兼通今古文经,"作《长义》四十一条,云《公羊》理短,《左氏》理长,意望夺去《公羊》而兴《左氏》"。古文学派在论辩中胜出,几夺《公羊》之席。当时论辩的对方是公羊先师戴宏,"作《解疑论》而难《左氏》,不得《左

---

① 《汉书·儒林传》卷八十八,中华书局,1962年版,第3616页。
② 《后汉书·儒林传》卷七十九,中华书局,1965年版,第2582、2583页。
③ 《公羊传疏·公羊解诂序》卷首,《十三经注疏》整理本,北京大学出版社,2000年版,第4页。

氏》之理,不能以正义决之"。所以何休说:"恨先师观听不决,多随二创。此世之余事,斯岂非守文、持论、败绩、失据之过哉!"是说戴宏对《左氏传》的弊端和《公羊传》的现状缺乏了解,未能解决公羊学自身的上述两大创伤,墨守成说,故而难免在辩论中进退失据,终致败绩。何休通过对这次论辩的检讨,发现公羊学"败绩"的原因,在于公羊学者未能领会经传的"微言大义","不得圣人之本旨",墨守旧说而不能做出合理正确的诠释。何休认为这对学者而言,并非不能解决的难题,只要做出正确的解义,公羊学存在的危机,自当解除。何休最后在序中说:

> 余窃悲之久矣。往者略依胡生《条例》,多得其正,故遂隐括使就绳墨焉。

这是一篇富有自我批评精神,坚持以学理服人;同时又对公羊学说充满自信的序言。胡生即胡毋生,其《条例》今已不得其详,但何休依其义例对诸家公羊误说加以矫正,并自创新例,对传文做出合于原义、中规中矩的"发明"。《解诂》之注解方法依据胡毋生《条例》之外,其注则"多本于《春秋繁露》"①,还兼取《严氏春秋》和《颜氏春秋》,以及今文学博士李育与其师博士羊弼的学说。可谓汇聚众流,自成一家言,终使《公羊传》成为一部有系统的今文学经典,何休亦堪称当之无愧的一代今文经学大师。

如果说《春秋左传》阐释的是孔子的历史哲学,则《春秋公羊传》则阐释了孔子的政治哲学。《公羊传》所演绎的《春秋》"微言大义",彰显了儒家的政治品格,使一部修于乱世,寄寓孔子向往王道,憧憬大一统政治理想的史书纲要,成为儒家所主张的政治纲领。特别是西汉经秦火之后,需要拨乱反正、尊王攘夷,重建大一统国家的政治蓝图。正因为适应了时代需要,成为西汉政治的指导思想,《公羊传》亦因之跃居

---

① 陈澧:《东塾读书记·春秋三传》,世界书局,1936年版,第115页。

当时的显学。

《公羊传》是以设问作答的文体，专为释经之义理而作，与阐述本事以释经的《左传》不同，所以不能离经而独立。传文又往往依己意发挥，未免牵经以就传。何休《解诂》以其张三世、通三统、异内外的三科九旨义法解《公羊》，所作发挥，是否《公羊》原义，亦难定论。徐彦撰《公羊传注疏》效法拟问传体，以疏通何休《解诂》，亦不能免除斯蔽。故其书仍以多"非常异议可怪之论"，而获讥于世。杨向奎先生曰："其实《公羊》多精义，最可贵者为其大一统思想。"如《春秋》经：鲁隐公元年。《公羊传》开宗明义首创"大一统"说曰："元年春王正月。元年者何？君之始年也。王者孰谓？谓文王也。曷为先言王而后言正月？王正月也。何言乎王正月？大一统也。"此处之"大"，当有两义，一是大小之意，一为尊崇、赞美意，在当时不存在大一统局面的情势下，推崇"大一统"，实蕴涵着孔子改制的政治理想。

《春秋》纪事，始以元年、春、王、正月、公即位等五事，谓之"五始"。《汉书·王褒传》："共惟《春秋》法五始之要，在乎审己正统而已。"颜师古注曰："元者，气之始；春者，四时之始；王者，受命之始；正月者，正教之始；公即位者，一国之始，是为五始。"①徐彦《疏》解云："言凡正物之法，莫大于正其始时，是以《春秋》作五始，令之相正也。"又曰："'元年春'者，天之本，'王正月'者，人之本，故曰天人之大本也。"②即这"五始"便有正始、正本，"拨乱世而反诸正"的积极意蕴。③

又其"王正月"之王，《公羊传》谓指"文王"。何休《注》亦谓："周始受命之王"，徐彦《疏》曰："谓文王者，以见孔子作新王之法，当周之世，理应权假文王之法"。是知此乃孔子之权且假说，因为实指文王，则与史不应；若指隐公，则其不得称王，故《公羊传》以此"王"为孔子所立之

---

① 《汉书·王褒传》卷六十四，中华书局，1962年版，第2823、2824页。
② 《公羊传注疏》卷第一，《十三经注疏》整理本，北京大学出版社，2000年版，第12页。
③ 《公羊传注疏》卷第二十八，《十三经注疏》整理本，北京大学出版社，2000年版，第719页。

一代新王，并以此假托之王的名义行权，而实际上是孔子自己在行施其褒贬予夺之权。然孔子实无王者名位，故称孔子为"素王"。

《公羊传》具有内诸夏而外夷狄，异内外而治的思想，同时又提出以文化标准划分夷狄与诸夏的夷夏之辨说，认为夷狄有德可以进而为中国，诸夏无德则实已退而为夷狄。亦即韩愈所谓"诸侯用夷礼则夷之，夷狄进于中国则中国之"之所本。① 如此则中国与文明，夷狄与野蛮实已成为可以置换的同义词，摒弃野蛮即可进爵于中国，放弃文明也就等于自弃于中国。这非但没有屏绝夷狄民族，反而增进了"中国"对各少数民族的向心力与凝聚力。

《公羊传》所阐扬的经权思想也是值得重视的，如曰："权者何？权者反于经，然后有善者也。权之所设，舍死亡无所设。行权有道，自贬损以行权，不害人以行权。杀人以自生，亡人以自存，君子不为也。"② 肯定仁义为道德评判之"经"，即常设的标准；而以"不害人"为变通之"权"，即道德的底线原则。认为在人面临生死存亡的情势下，可以违反礼法制度的权变行为，有类于《孟子》"男女授受不亲，礼也；嫂溺援之以手者，权也"。③ 但《公羊传》之权论，提出了附加条件，即是要以自贬损或不害人为基本原则。

《公羊传》还有许多充满辨正精神，富有教益价值的学说，粗看皆是"非常异义可怪之论"，可是经过何《解》徐《疏》的阐释，都变成易于理解、启人心智的精神食粮。如"天子一爵"说，实际上体现了史迁所谓"贬天子、退诸侯"的思想观念。这些都是所谓的《春秋》"微言大义"，所以不读《公羊传》，不足以了解儒学。何《解》徐《疏》的缺点，在于过度相信灾异学说，并一再引用谶纬之言以释经传，使之蒙上了更加神秘的色彩，因而招致后世的批评。

---

① 《韩昌黎文集校注·原道》卷一，上海古籍出版社，1986年版，第17页。
② 《公羊传注疏》卷五，《十三经注疏》整理本，北京大学出版社，2000年版，第115页。
③ 《孟子集注·离娄上》卷七，《四书章句集注》，中华书局，1983年版，第284页。

四、杨士勋《穀梁传注疏》的学术思想

《春秋》三传之一的《穀梁传》,经历与《公羊传》相同,据说也是传自孔子弟子子夏,口授穀梁赤,自穀梁赤递次口耳相传,至汉方由学者用汉隶书之竹帛,著为定本。① 因此《穀梁传》与《公羊传》同属今文经。惟"穀梁子本鲁学,公羊氏乃齐学也"②。说明二《传》虽系出同源,但由于传习者理解的不同,加之地域文化的影响,而形成相去渐远的不同学派。所以东晋贺循曰:"《春秋》三传,俱出圣人,而义归不同,自前代通儒,未有能通得失兼而学之者也。"太常荀崧亦曰:"昔周之衰,孔子作春秋,左丘明、子夏造膝亲受,孔子没,丘明撰其所闻,为之传,微辞妙旨,无不精究。公羊高亲受子夏,立于汉朝,多可采用。穀梁赤师徒相传,诸所发明,或是左氏、公羊不载,亦足有所订正。"③可见三《传》虽然难于通习,却都从不同侧面阐述了孔子的学说,足可相互发明,不可或缺,皆有助于对《春秋》微言大义之领略。

汉代,三《传》尤其是《公羊》与《穀梁》的流传及兴衰,亦颇相起伏,据《汉书》载:"瑕丘江公,受《穀梁春秋》及《诗》于鲁申公,传子至孙为博士。武帝时,江公与董仲舒并。仲舒通《五经》,能持论,善属文。江公呐于口,上使与仲舒议,不如仲舒。而丞相公孙弘本为《公羊》学,比辑其议,卒用董生。""由是《公羊》大兴。"宣帝时,征江公孙为《穀梁》博士。"乃召《五经》名儒太子太傅萧望之等大议殿中,平同异,各以经处是非。""议三十余事。望之等十一人各以经谊对,多从《穀梁》。由是《穀梁》之学大盛。"④

《穀梁传》亦称《春秋穀梁传》、《穀梁春秋》,体裁与《公羊传》相似,

---

① 《穀梁传注疏·春秋穀梁传序》卷首,第3页下,《十三经注疏》整理本,北京大学出版社,2000年版。
② 《汉书·儒林传》卷八十八,中华书局,1962年版,第3618页。
③ 《通典·礼典》卷第五十三,中华书局,1984年版,第1465、1466页。
④ 《汉书·儒林传》卷八十八,中华书局,1962年版,第3617、3618页。

亦采用问答方式诠释《春秋》经义。这应是二《传》同源的明证。无论其书在口传或写定后的流传过程中，都有可能添加进后人的理解，窜入传习者的旁批文字，比如以汉时地名换掉春秋原称；攻驳他传观点等，不足作为其书晚出的证明。沈玉成、刘宁著《春秋左传学史稿》即认为："《穀梁传》与《公羊传》是同源异流、同本异末的两部著作。它们同属今文学派，同讲微言大义，同以释经义为主，同为问答体，《穀梁传》的写定则晚于《公羊传》。其所以有异说甚至驳论，是两家经师传授的不同，既是学术上的分歧，也是在野的《穀梁》学派与当权的《公羊》学派所进行的政治争夺，争夺的结果是两派并列于学官。"

《穀梁传》自西汉成书后，"瓌望硕儒，各信所习，是非纷错，准裁靡定"。解诂之书众，而可观者少。至晋范氏一门研习《穀梁》，范宁"以未有善释，遂沉思积年，著为《集解》"[①]。并撰《春秋穀梁传集解序》曰：

> 释《穀梁传》者虽近十家，皆肤浅末学，不经师匠。辞理典据，既无可观，又引《左氏》、《公羊》以解此传，文义违反，斯害也已。于是乃商略名例，敷陈疑滞，博示诸儒同异之说。[②]

既不满意前儒众说，乃自创"名例"，详密地辨析"疑滞"，讨论诸儒异同。书虽成于范宁之手，注解却多出于"二三学士及诸子弟各记所识，并言其意"。宁乃撰集"诸子之言，各记其姓名，名曰《春秋穀梁传集解》"。《穀梁传集解》虽亦经传并释，然其所谓"集解"，却主要是集其父及门生故吏，即"二三学士及诸子弟"，一门三代所作之解，并诸儒同异之说为一书。

范宁在《集解序》中，论述了《春秋》经产生的背景，分析了三《传》的得失，提出了一些释经的原则，可谓深中经传肯綮。其论《春秋》曰：

[①] 阮元：《春秋穀梁传注疏校勘记序》卷首，《十三经注疏》整理本，北京大学出版社，2000年版，第14页。

[②] 《穀梁传注疏·春秋穀梁集解传序》卷首，《十三经注疏》整理本，北京大学出版社，2000年版，第13页。

> 一字之褒，宠逾华衮之赠。片言之贬，辱过市朝之挞。德之所助，虽贱必申。义之所抑，虽贵必屈。故附势匿非者无所逃其罪，潜德独运者无所隐其名，信不易之宏轨，百王之通典也。

其论经传之关系曰：

> 《春秋》之传有三，而为经之旨一，臧否不同，褒贬殊致。
>
> 凡传以通经为主，经以必当为理。夫至当无二，而三《传》殊说，庸得不弃其所滞，择善而从乎？既不俱当，则固容俱失。若至言幽绝，择善靡从，庸得不并舍以求宗，据理以通经乎？

提出"通经为主"的原则和据理通经"的方法。具体的成果，便是杨士勋所称"范氏别为《略例》百余条"①以释经。因之可以不受"注不违传"的束缚，对旧注择善而从，"援汉、魏、晋各家之说甚详"。亦可谓集大成者矣。

唐朝杨士勋为《春秋穀梁传》作义疏，终使之得立为九经之一。与公羊学的"以义解经"相较，《穀梁传》是"借事明义"，更着重宣扬礼乐教化，推崇仁德之治，强调宗法情谊，并对"民为君本"的"重民"思想做出新的阐释。如"民者，君之本也。使民以其死，非其正也"②。又曰："其曰王者，民之所归往也。"③ "昭公出奔，民如释重负。"④从正反方面论证了民重于君的思想。

《穀梁传》常常援引古礼阐释《春秋》经文义理，并以此揭示经文中所寓含的褒贬损益之义。如《东观汉记》谓："礼重嫡庶之序，《春秋》之

---

① 《穀梁传注疏·春秋穀梁集解传序》卷首，《十三经注疏》整理本，北京大学出版社，2000年版，第14页。
② 《春秋穀梁传注疏·僖公二十六年》卷九，《十三经注疏》整理本，北京大学出版社，2000年版，第170页。
③ 《春秋穀梁传注疏·庄公三年》卷五，《十三经注疏》整理本，北京大学出版社，2000年版，第79页上。
④ 《春秋穀梁传注疏·昭公二十九年》卷十八，《十三经注疏》整理本，北京大学出版社版，第352页。

义大居正。"①《公羊传》即倡导"君子大居正"。何休注云:"明修法守正,最计之要者。"②"正"一般是指嫡长子,但"正"不必定"贤";《春秋》"与正不与贤"的观念,实为杜绝王位继承方面的乱阶;但又可能导致另一种昏乱政治的产生。面对着这种政治伦理(尊尊,尊贤)与亲属伦理(亲亲,重嫡)的冲突,《穀梁传》采取重尊尊而轻亲亲的主张。提倡"君子不以亲亲害尊尊,此《春秋》之义也"。③ 即主张不能以伦理取代政治。也是《穀梁》不同于《左传》、《公羊》处。《春秋穀梁传·桓公二年》书"桓内弑其君,外成人之乱"条下。杨士勋疏范宁注曰:"所以极言君父之恶,以示来世者,桓既罪深责大,若为隐讳,便是长无道之君,使纵以为暴,故《春秋》极其辞以劝善惩恶也。"④这都是对《春秋》笔削精神"贬天子,退诸侯,讨大夫,以达王事而已矣"的忠实继承。

《春秋》之释经也,各有所长,郑玄《六艺论》曾有评论曰:"左氏善于礼,公羊善于谶,穀梁善于经"。杨士勋认为这是"先儒同遵之义";阮元则曰:"《六艺论》云'穀梁善于经',岂以其亲炙于子夏,所传为得实与?公羊同师子夏,而郑氏《起废疾》则以《穀梁》为近孔子,公羊为六国时人。又云"传有先后,然则《穀梁》实先于《公羊》矣"⑤。二《传》先后可置勿论,其以"穀梁善于经",近于孔子,则洵为至论。

范宁在其《春秋穀梁经传集解序》亦曾评论《春秋》三传之特色云:

> 《左氏》艳而富,其失也巫;《穀梁》清而婉,其失也短;《公羊》辩而裁,其失也俗。若能富而不巫,清而不短,裁而不俗,则深于

---

① 《东观汉记校注·下邳惠王衍传》卷七,中华书局,2008年版,第88页。
② 《春秋公羊传注疏·隐公三年》卷二,《十三经注疏》整理本,北京大学出版社,2000年版,第49页。
③ 《春秋穀梁传注疏·文公二年》卷十,《十三经注疏》整理本,北京大学出版社,2000年版,第186页。
④ 《春秋穀梁传注疏·桓公二年》卷三,《十三经注疏》整理本,北京大学出版社,2000年版,第43页。
⑤ 《穀梁传注疏·春秋穀梁集解传序》卷首,杨士勋疏引,《十三经注疏》整理本,北京大学出版社版,第3、14页(实误植于卷一14页)。

其道者也。

据杨士勋疏释,"《左氏》艳而富"者,是因为左氏"躬亲载籍,属辞比事有可依据"。"'艳'文辞可美之称也"。其失在于"多叙鬼神之事,预言祸福之期";"《公羊》辩而裁"者,"'辩'谓说事分明,'裁'谓善能裁断"。"失于'俗'者,以其多及人之隐私也";"《穀梁》清而婉"者,"辞清义通"之谓。其失"短"者,谓其于经文大义,往往缺略不言故也。三《传》各有短长,故范宁以为避其短而扬其长,则可几于道矣。阮元称赏其书曰:"范注援汉、魏、晋各家之说甚详",杨士勋疏又为之"分肌擘理,为《穀梁》学者未有能过之者"①。杨士勋在为《春秋穀梁传集解》作疏的同时,尚著有《春秋公谷考异》五卷,宋代始佚。

第四节 从《五经壁本》到《开成石经》

《开成石经》是《五经定本》与《五经正义》撰成后二百年以后刊刻于石,立于国学的五经定本。因为同属维护经典文字字样及音义是否统一的问题,故有此举。惟其不称"五经"而号称"九经",当为九经《正义》(《注疏》)撰成后之习称。而其最终刊于石者,又不限于"九经",实为十二经。因述论之,以见唐代经学之发展云。

自《五经定本》及《五经正义》(675)颁布以来,有关五经文字及音义的讨论、修订以及订正传抄讹误的努力,一直持续不绝。在两书颁布之后六十余年,唐代宗大历十年(775)就曾将全本五经书于国子监讲堂屋壁,以供诸儒校刊正误之用。称之为《五经壁本》或径称《壁经》。

---

① 阮元:《春秋穀梁传注疏校勘记序》卷首,《十三经注疏》整理本,北京大学出版社,2000年版,第15页。

刘禹锡《国学新修五经壁本记》记其事颇详。其文曰：

> 初，大历中，名儒张参为国子司业，始定五经，书于论堂东西厢之壁。辨齐鲁之音取其宜，考古今之文取其正，繇是诸生之师心曲学，偏听臆说，咸束之而归于大同。①

据刘禹锡所记，可知《五经壁本》创始于大历年间，书于"论堂东西厢之壁"，主持勘定五经和书写的是国子司业张参，目的在于校定以往经籍中之讹谬。

张参，开元天宝间举明经，至大业初任司封郎，授国子司业。所编《五经文字》三卷，附刻于《开成石经》之末，卷首有《五经文字序例》一文，阐明《五经文字》的缘起和体例，及国子监书《五经壁本》的原因。其文曰：

> 自顷考功礼部课试贡举，务于取人之急，许以所习为通，人苟趋便，不求当否，字失六书，犹为壹事，五经本文，荡而无守矣。十年夏六月，有司以职事之病，上言其状，诏委国子儒官勘校经本，送尚书省。参幸承诏旨，得与二三儒者，分经钩考而共决之，互发字义，更相难极。又以前古字少，后代稍益之，故经典音字，多有假借，谓若借后为后，辟为避，大为太，知为智之类，经典通用。陆氏《释文》，自南徂北，遍通众家之学，分析音训，特为详举，固当以此正之，唯今文《尚书》改就今字，删定《月令》，依其时进本，与《释文》音训，颇有不同。卒以所刊，书于屋壁，虽未如蔡学之精密，《石经》之坚久，慕古之士，且知所归。②

因为当时出现"字失六书，犹为壹事，五经本文，荡而无守"的严重状况，大历十年夏六月，有司上言其状，代宗诏委国子儒官勘校经本。张参奉诏，"与二三儒者分经钩考而共决之，互发字义，更相难极"。最

---

① 《刘禹锡集·国学新修五经壁本记》卷八，中华书局，1990年版，第97页。
② 《全唐文·五经文字序例》卷四五八，中华书局，1983年版，第4677页。

后将所刊定的五经,书于屋壁,即所谓的《壁经》。

关于张参为之作序的这部《五经文字》,自然是这次勘定五经的副产品,因为"以经典之文六十余万,既字带惑体,音非一读","犹虑岁月滋久,官曹代易,境复荒污,失其本真",所以才在校勘经文的基础上,"命孝廉生颜传经收集疑文互体,受法师儒,以为定例,凡一百六十部,三千二百三十五字,分为三卷"。同时附于《五经壁本》之后,书于屋壁。全部工程的完成,前后费时一年。

清顾炎武在《日知录》中评价说:"张参《五经文字》,据《说文》、《字林》,刊正谬失,甚有功于学者。"①

国子监书《五经壁本》之后不久,建中四年朱泚在长安兵变,德宗出奔,此后兵连祸结,几无宁日。国子监曾经兵燹,废毁可知。

直到宪宗元和十四年(819),郑余庆任尚书左仆射兼国子祭酒,"以太学荒毁日久,生徒不振,奏率文官俸给修两京国子监"。此次重修包括先师庙及诸室宇,并重新缮写了《壁经》。此时距张参始书"壁经",已经四十余年。

文宗太和年间,由于壁书容易剥落,方改由漆书壁板之上。刘禹锡的《国学新修五经壁本记》,主要记述的是太和年间再新《五经壁本》之事。文曰:

> 《五经壁本》"揭揭高悬,积六十岁,崩剥污蔑,洟然不鲜,今天子尚文章,尊典籍,于苑囿不加尺椽,而成均以治。国学上言,遽赐千万。时祭酒皥实尸之,博士公肃实佐之。国庠重严,过者必式,遂以羡赢,再新壁书"。

唐文宗即位(826)后,革除穆、敬以来奢侈之风,释放宫人,裁减冗员,罢地方进献。不修葺宫苑,而特重国学的修缮。刘禹锡记述新修的情景曰:

---

① 《日知录·张参五经文字》卷十八,上海古籍出版社,1985年影印版,第6页。

惩前土涂不克以寿,乃析坚木负墉而比之。其制如版牍而高广,其平如粉泽而洁滑,背施阴关,使众如一;附离之际,无迹可寻。堂皇靓深,两庑相照。申命国子能通法书者,分章揆日,逊其业而缮写焉。笔削既成,雠校既精,白黑彬班。了然飞动,以蒙来求,焕若星辰,以敬来趋,肃如神明,以疑来质,决若蓍蔡。由京师而风天下,罩及九译,咸知宗师,非止服逢掖者钻仰而已。①

此次重新缮写可谓焕然一新,鉴于以前直书于土壁之上,无法长期保存,这次则采用上好木材,比照廊壁尺寸,剖成宽大平滑的木板,连接成密无间隙的整体版面,由善书之国子生员,缮写于木版之上。白底黑字,焕若星采。较之土壁,又是一番景象。刘禹锡十分重视此事,认为足可书之竹帛,志之艺文。于是在文末写道:"时余为礼部郎,凡黉宗之事,得以关决,故书之以移史官,宜附艺文云。"

但是,书于国子监讲论堂的《壁经》,主要提供给学官和国子生员校订经籍之用,未能普及于广大举子和社会人士。于是在太和四年,《壁经》落成后不久,翰林侍讲学士郑覃,即向文宗进言:"经籍讹谬,博士相沿,难为改正,请召宿儒奥学,校定六籍,准后汉故事,勒石于大学,永代作则,以正其阙。"文宗"从之"。但刊刻石经的建议并未及时实行,因为第二年李宗闵、牛僧孺执政,恶郑覃与李德裕相善,罢其侍讲学士。太和七年(833)李德裕复出,郑覃任御史大夫,仍召为侍讲学士,得在文宗左右。"十二月,敕于国子监讲论堂两廊创立《石壁九经》,并《孝经》、《论语》、《尔雅》共一百五十九卷,字样四十卷。"②太和九年十月,郑覃迁尚书右仆射,兼判国子祭酒,不久又以本官同平章事。郑覃以宰相兼国子祭酒的身份,领导了国子监刊刻"石壁九经"的

---

① 《刘禹锡集·国学新修五经壁本记》卷八,中华书局,1990年版,第97页。所谓"土壁",实即石灰土之简称,泥土是无法书写的。
② 《唐会要·东都国子监》卷六十六,中华书局,1955年版,第1162页。

工程。"覃乃表周墀、崔球、张次宗、孔温业等校订九经文字,旋令上石。"①

《开成石经》于附刻张参《五经文字》三卷之后,又附唐元度《新加九经字样》一卷。作为对张参《五经文字》的补充,亦附刻于石经之末,"用证谬误"②。

石经之刊刻,完成于开成二年。石经末署"开成二年丁巳岁月次于玄日维丁亥",即开成二年九月二十六日。至此,唐国学《五经壁本》用了六十余年时间,距太宗贞观七年颁布颜师古《五经定本》于天下,整整二百零四年。至此,儒家经籍由纸本而登壁,由土壁而木版、由木版而石刻,最终成就了《开成石经》这部卷帙浩繁的石刻典籍。历经近一千二百年历史风雨之后,至今保存完好。

《五经定本》所谓五经与《石壁九经》的"九经"实际是一致的,所谓"五经",礼经包括三《礼》,《春秋》实指三《传》。九经之谓,则是将五经分析而统称之为经。但是时称《石壁九经》只是《开成石经》的省称,文宗敕文明令"《石壁九经》,并《孝经》、《论语》、《尔雅》共一百五十九卷"。则《开成石经》实为十二经,应该无疑。后儒或未见《唐会要》,仍据《旧唐书》之省文,作了许多考证。《金石萃编·石刻十二经并五经文字九经字样》条引《石经考》曰:"按《旧唐书·文宗本纪》及《郑覃传》,皆言石壁九经,即黎持之祀亦然。③ 其实九经之外,更有《孝经》、《论语》、《尔雅》,凡十二经,不止九经也。"《金石萃编·石刻十二经》云:"惟验石刻,实十二经。"④

唐末五代社会虽处风雨飘摇之中,但各朝政府仍然十分重视经籍

---

① 《旧唐书·郑覃传》卷一百七十三,中华书局,1975年版,第4490、4491页。
② 《唐会要·东都国子监》卷六十六,中华书局,1955年版,第1162页。
③ 系指宋元祐年间龙图阁学士吕大忠倡议,京兆府学官黎持主祀,迁置唐石经碑于"府学之北墉",并作《京兆府学新移石经记碑》事。
④ (清)王昶:《金石萃编·石刻十二经并五经文字九经字样》卷一〇九,第88页;《石刻十二经》卷一一〇,中国书店出版社,1985年版,第88页。

与文教的存废与维持。由于五代雕版印刷术的进步,推动了经籍、字样书的发展和普及。后唐宰相冯道、李愚皆重经学,因"尝见吴蜀之人,鬻印板文字,色类绝多,终不及经典。如经典较定雕摹流行,深益于文教矣。乃奏闻。敕下儒官田敏等,考较经注。敏于经注,长于《诗》、《传》,孜孜刊正,援引证据,联为篇卷,先经奏定而后雕刻。乃分政事堂厨钱及诸司公用钱,又纳及第举人礼钱,以给工人"。即"长兴三年二月,中书省奏请依石经文字刻九经印板"[①]事。然此役至后汉乾祐年间方始雕板完毕。中国从此有了雕版印行的经籍,减少了公私抄本的文字讹误。后周又继印发行了雕版《五经文字》和《九经字样》。无疑是在经籍普及与文字规范方面的一大进步。

此后,直至南宋时确认《孟子》为"经",合晚唐确认的十二经,成为至今传世的"十三经"。

[①] 《册府元龟·学校部·刊校》卷六〇八,中华书局,2003年版,第7303页。

第五章

唐代儒家的史学理论

　　修史是儒家的传统,设馆修史是唐代的创举。唐高祖采纳儒臣建议,准备修撰前代各朝历史,总结历史兴亡经验,以为理政之借鉴。太宗委派重臣房玄龄、魏徵等成立史馆,倾数年之功,修成五代史志,终于完成此一壮举。史馆职司自此遂按儒家记事记言的原则定为制度,嗣后历朝《实录》以及《贞观政要》等史书,都是由专职史臣完成。这也是为了适应政治大一统以及寻求长治久安之道的实际需要,必须而且必然产生的结果。儒家修史的特点是史实与价值并重,价值评判贯穿于史事实录之中,这就为乾纲独断的执政者,提供了一种鉴戒:必须约束自己的言行。从而迫使其少犯错误或过而能改,以期收随时拨正方向之效。为历史的创造者提供历史的镜鉴和警戒,当然也是为确保政治局面的清明,而采取的必要文教措施。唐代的史家无论在理论还是实践方面,都丰富了正统史学的这一经世致用功能。

第一节　唐初修史的指导思想

一、儒家修史的宗旨

孔子作为儒家的创始人，其修史行为及其思想对古代史家文化的影响尤大，孔子修史思想对后代史家的修史作风产生了直接的影响，这在后世史家修史之笔法、修辞和立意上都有明确体现。主要包括实录直书、不褒美不隐恶，微言大义与皮里阳秋，①不语怪力乱神，以及多闻阙疑、无征不信等儒家修史原则。

孔子编定并讲授"六经"，既是对古代文化的全面继承和抉择总结，又在一定程度上体现了他对传播社会功能的追求或运用。② 这在中国古代，属于社会评价系统，称之为"名教"，具有褒贬善恶、评鉴是非的客观权威性。孔子编著《春秋》，主要目的是为了打击不遵周礼和"犯上作乱"的乱臣贼子，以挽救"礼崩乐坏"，生灵涂炭的社会现实，维护当时应有的社会秩序。《孟子·滕文公下》载："世衰道微，邪说暴行有作，臣弑其君者有之，子弑其父者有之。孔子惧，作《春秋》。《春秋》，天子之事也；是故孔子曰：'知我者其惟《春秋》乎！罪我者其惟

---

① 皮里阳秋，语见《晋书·褚裒传》；谯国桓彝见而目之曰："季野有皮里阳秋。"其言外无臧否，而内有所褒贬也。《世说新语·赏誉》：褚季野皮里阳秋。（宋）胡继宗《书言故事·事物譬类》：胸中褒贬，曰皮里阳秋。此指孔子寓褒贬于字里行间而不明言的书法，即所谓"春秋笔法"。

② 所谓传播的社会功能，是现代西方有关舆论社会作用的学说。其功能主要表现为：第一，赋予人物、事件和社会活动以某种社会地位。通过传播可以使社会事件和人物等正当化，树立威信，得到显著地位；也可使之威信扫地，为人唾弃。第二，社会控制中介作用。大众传播处于上层社会控制和广大成员之间的中介领域，能将某种公德和社会规范得到宣传和明朗化，广为人知，取得社会承认，使腐败现象受到舆论谴责。第三，模拟社会环境。W.李普曼在《舆论》（1922）一书中提出"拟态环境"概念，认为舆论给人们提供的消息和知识，即"头脑中的影像"能在人们生活中起到环境的支配作用。

《春秋》乎！'""孔子成《春秋》，而乱臣贼子惧。"①显然，孔子作《春秋》是将忠臣义士的忠肝义胆、乱臣贼子的丑恶暴行一一加以记述，蕴涵了不虚美，不隐恶的思想和动机。太史公曰：孔子著《春秋》"是非二百四十二年之中，以为天下仪表，贬诸侯，讨大夫，以达王事而已矣"。"《春秋》，辩是非，故长于治人"，"《春秋》以道义。拨乱世反之正，莫近于《春秋》。"②总之，"《春秋》凭义以制法，垂文以行教，非徒皆以日系月编年叙事而已"③。而是以道义明辨是非，制定法则，形诸文治以推行其教诫。孔子通过修订《春秋》，将自己的遵循周制、维护周礼、明王道、重人事、褒善贬恶、反对"邪说暴行"、志在拨乱反正等思想倾向或鲜明政治意图表达出来，便是后儒所称道的"微言大义"。"《春秋》上明三王之道，下辨人事之经纪，别嫌疑，明是非，定犹与，善善恶恶，贤贤贱不肖，存亡国，继绝世，补弊起废，王道之大者也。"④看来，阐明和表彰儒家的王道政治，以为天下仪表，是史书的首要任务。《春秋》本是一部编年史，孔子在编纂中隐喻褒贬，在客观叙述的形式下，表明自己的政见和理想（后世称为"微言大义"或"皮里阳秋"），以达到使"乱臣贼子惧"的目的，充分体现了孔子对社会评价系统（即舆论的社会监督功能）的追求。孔子擅长运用"皮里阳秋"的笔法，也就是"口无所臧否，而心有所褒贬"的"史笔"法。作者的看法并不直接表述强加给读者，而是通过具体的情节来表现深刻丰富的思想内容，表面上似乎并没有直接褒贬，但每一表述都饱含着褒贬的巨大力量，传达着明确的正义观，必须从不同时期、不同场合的各种形象的关联、发展上体会和了解。这是一种富有现实主义色彩的叙事方式。

不语怪、力、乱、神，是为修史的一条重要原则。在编修史事的过程中，对于没有见过的超自然现象和无从探究无法理解的事物，孔子

---

① 《孟子集注·滕文公下》卷六，《四书章句集注》，中华书局，1983年版，第272、273页。
② 《史记·太史公自序》卷一百三十，中华书局，1959年版，第3297页。
③ 《大唐新语·总论》卷末，中华书局，1984年版，第202页。
④ 以上均见《汉书·司马迁传》卷六十二，中华书局，1962年版，第2717页。

从不提及。如《春秋》中有一段记载,据《公羊传》讲,鲁春秋原文是"雨星,不及地尺而复"。① 即陨星下落如雨,离地一尺而又返回。由于事涉怪诞,故孔子编辑时不予记载,而将"雨星,不及地尺而复",改为"星陨如雨"。②

孔子在编修《春秋》的实践中,体现了多闻阙疑、无征不信、排斥虚妄的编辑原则,表现出极为严谨的治学态度。所谓多闻阙疑,是指在编辑古籍过程中,对阙文切忌独断妄改。如《春秋》是鲁国史书,记事时不书月、不书日的地方很多。由于无确凿材料订正,因而孔子整理时,凡阙误之处都一仍其旧,决不轻改,采取了非常审慎的态度,即所谓的无征不信。《论语·八佾》就说:"子曰:夏礼吾能言之,杞不足征也;殷礼吾能言之,宋不足征也。文献不足也,足,则吾能征之也。"③杞国是夏之后,宋国是殷之后。孔子认为:夏、殷两代的礼,虽然还能说一点,但因文献不足,所以难于验证了。从中,我们可以看到孔子注重考证的精神。能言还必需足征,如果没有客观证据,再自信也不能随意下笔。

二、唐初修史的概况

唐初史学之发达,在中国历史上形成一个盛况空前的高潮,从而确立了其于史学史上承前启后的重要地位。共修撰纪传体"正史"八部,其中《晋书》一百三十卷、《梁书》五十六卷、《陈书》三十六卷、《北齐书》五十卷、《北周书》五十卷、《隋书》八十五卷、《南史》八十卷、《北史》一百卷。"正史"之外,还有纪传体国史和编年体实录问世。国史如贞观时,姚思廉撰纪传体《唐史》三十卷,高宗显庆年间,由令狐德棻续成八十卷,易名为《武德贞观二朝史》,至龙朔年间,又由许敬宗等续成一

---

① 《春秋公羊传注疏》卷六,《十三经注疏》整理本,北京大学出版社,2000年版,第154页。
② 杨伯峻:《春秋左传注·庄公七年经》,中华书局,1981年版,第170页。
③ 《论语集注·八佾第三》卷二,《四书章句集注》,中华书局,1983年版,第63页。

百卷。实录则有房玄龄、敬播等撰《高祖实录》二十卷,房玄龄监修《太宗实录》二十卷,长孙无忌监修《贞观实录》二十卷等。初唐之修史,无论其数量还是质量,抑或修史的远见卓识与魄力,都展现了前所未有的盛况。

唐代史馆的渊源与创设

史馆是唐代官方设置的最重要的修史机构。史馆的源头,多认为可追溯到东汉时期的兰台、东观,原因是当时政府的一些修史活动就在此举行,名著《东观汉记》即修成于其中。但实际上二者与后来的史馆并不一样,兰台系"掌图籍秘书"之所,东观则是藏书之地,都非专供修史所设。当时于此修史,是因为藏书丰富,有取用之便。[①] 史馆一词,最早见于北齐,时人邢劭作有《酬魏收〈冬夜直史馆〉》一诗。《北齐书》、《北史》也屡次提及北齐的史馆或史阁,大概是记录皇帝起居、撰修国史的所在,然不见于正式记录,不知是泛称还是实有其建置。上述情况,至隋及唐初没有大的变化。

史馆正式设立于贞观三年(629),主要负责编修实录和国史。长期以来,国史修撰都是由秘书省著作局负责的,前人一般都将著作局称作"史馆"或"史阁",可见著作局的主要职责就是撰修国史。太宗即位后,为加强对修史工作的管理,单独组建史馆,从而使史馆从秘书省分离出来,提高了建制规格,成为一个独立的文馆。"贞观三年(629)闰十二月,始移史馆于禁中,在门下省北。宰相监修国史,自是著作郎始罢史职。"[②]这实际上指的是史馆建立以后,著作局本身不再以修史为主要任务,修史工作由原来的著作郎负责转移到由史馆派遣史官担任,同时还以宰相监修,此后宰相领衔修史延续成为定制。

唐代史馆的撰述活动

唐代史馆的活动,史书没有明确具体的记载,但从有关史料来看,

---

① 张荣芳:《唐代的史馆与史官·史馆的渊源》第二章第二节,台湾东吴大学中国学术著作奖助委员会刊行,第18页。
② 《旧唐书·志第二十三·职官二》卷四十三,中华书局,1975年版,第1852页。

主要有以下两项：一是修撰国史，一是修撰实录。修撰国史，即修撰纪传体本朝史；修撰实录，即修撰有关现任或前任皇帝的编年体史书。唐代国史的修撰始于贞观初年，唐代修撰实录则始于太宗执政时期，《贞观政要·文史》记载：

> 贞观十四年，太宗谓房玄龄曰："朕每观前代史书，彰善瘅恶，足为将来规诫。不知自古当代国史，何因不令帝王亲见之？"对曰："国史既善恶必书，庶几人主不为非法。止应畏有忤旨，故不得见也。"太宗曰："朕意殊不同古人。今欲自看国史者，盖有善事，固不须论；若有不善，亦欲以为鉴诫，使得自修改耳。卿可撰录进来。"玄龄等遂删略国史为编年体，撰高祖、太宗实录各二十卷，表上之。①

《高祖实录》和《太宗实录》就是唐朝最早的两部实录。太宗之后，修撰实录遂成为唐代史馆以及历朝史制的一个重要传统，几乎每朝各代皇帝在位时都要委派官员修撰，即使遭逢颓运季世亦无例外。

唐代史馆的基本制度

自唐太宗时期迄于唐末，史馆在唐朝共存在了约二百八十年。在这漫长的岁月中，唐代史馆以修史为中心，形成了一套独特的制度。

第一，以宰相为监修国史，领导史书的修撰工作，从政治上保证史书的质量。"贞观三年闰十二月，移史馆于门下省北，宰相监修"，编撰国史。又"于中书置秘书内省，以修五代史"。② 至此，史官制度正式确立。史馆取代著作局的修史之职，隶属门下、中书省，地处国家政治权力中心。宰相监修成为定制，"贞观以后，多以宰相监修国史，遂成故事也"③。太宗时期的宰相房玄龄、高宗时期的宰相长孙无忌、于志宁、褚遂良、张行成、高季辅、柳奭、来济等，都曾担任过监修国史。

---

① 《贞观政要辑校·论文史第二十八》卷七，中华书局，2003年版，第391页。
② 《唐会要·史馆上》卷六十三，中华书局，1955年版，第1089、1091页。
③ 《旧唐书·职官志二》卷四十三，中华书局，1975年版，第1852页。

第二,以政府官员为史官,分工负责史书的修撰工作,保证史书的修撰速度。唐代史馆史官分为两个层次,一是史馆修撰,"贞观年修《五代史》,移史馆于禁中。史官无常员,如有修撰大事,则用他官兼之,事毕日停"。一是直史馆,"天宝以后,他官兼领史职者,谓之史馆修撰,初入为直馆也","修撰中以一人官高者判馆事,其余名目,并请不置"。史馆中设有修撰、直馆、典书、掌固等职,分工明确,"楷书手二十五人,典书四人,亭长二人,掌固六人,装潢直一人,熟纸匠六人"。此外还规定了详细的"诸司应送史馆事例"①,各地官府为史馆修史提供资料。这样,一个从收集史料到编撰、监修、抄写、装潢,具有完备组织和制度的史馆就正式确立了。

唐代修史的指导思想是儒家史观,以历史兴衰为鉴戒,将仁政思想作为历史评价的主要基准,形成了儒家修史宗旨与价值判断的特色。强调社会政治伦理的儒家思想千百年来都是史学的指导思想,也是史书通过历史经验反复阐明的史义。

彰善瘅恶,以史为鉴

武德五年(622)十二月,高祖颁布《命萧瑀等修六代史诏》。清楚地表明了高祖对史书的认识,即"考论得失,究尽变通,所以裁成义类,惩恶劝善,多识前古,贻鉴将来"②。这同时也是其修史的目的,这种看法虽非首创,但作为皇帝的诏书,以往并不多见。

高祖重视修撰前朝历史,目的在于"握图驭宇,长世字民",尤其对隋朝历史的修撰,则具有更为直接的现实意义。一个"甲兵强盛,四十余年,风行万里,威动殊俗"的封建王朝,在很短的时间内,竟然"率土分崩"。③ 这样触目惊心的现实,不能不引起唐初统治者的警惕和深思。唐太宗在褒奖房玄龄、魏征等所上五代史诏书中,又作了进一步

---

① 《旧唐书·志第二十三·职官二》卷四十三,中华书局,1975年版,第1853页。
② 《旧唐书·令狐德棻传》卷七十三,中华书局,1975年版,第2597页。
③ 《旧唐书·魏征传》卷七十一,中华书局,1975年版,第2550页。

阐述,他说:"前事不远,吾属之师也","朕睹前代史书,彰善瘅恶,足为将来之戒。秦始皇奢淫无度,志存隐恶,焚书坑儒,用缄谈者之口。隋炀帝虽好文儒,尤疾学者,前世史籍,竟无所成,数代之事,殆将泯绝。朕意则不然,将欲览前王之得失,为在身之龟镜。公辈以数年之间勒成五代之史,深副朕怀,极可嘉尚"①,"以铜为镜,可以正衣冠;以古为镜,可以知兴替;以人为镜,可以明得失"②。并明确要求侍臣"公辈常宜为朕思炀帝之亡"③。因此,以儒家的历史观为指导,以史为鉴汲取历史教训便成为唐初修史的指导思想。

此外,在总结晋统治者施政的教训时,唐太宗说:"居治而忘危,则治无常治","良由失慎于前,所以贻患于后","虽则善始于初,而乖令终于末,所以殷勤史策,不能无慷慨焉"④。从言谈中,可看出他是带头发挥史书的鉴戒作用,其目的是借助史学来论述治国之道。这一精神,实际成了唐朝史书的编写准则。

唐太宗还对史书选录内容和笔法发表意见:贞观初,太宗谓监修国史房玄龄曰:

> 比见前、后《汉史》载录扬雄《甘泉》、《羽猎》,司马相如《子虚》、《上林》,班固《两都》等赋,此既文体浮华,无益劝诫,何假书之史策?其有上书论事,词理切直,可裨于政理者,朕从与不从皆须备载。⑤

唐太宗对两《汉书》中记载杨雄《甘泉》,司马相如《子虚》、《上林》,班固《两都》等赋都表示了异议,认为"此既文体浮华,无益劝诫,何假书之史策",这也都反映了唐太宗要求修史需突出质朴、真实、要"以史为鉴"的宗旨。

---

① 《册府元龟·国史部·恩奖》卷五五四,中华书局,1982年版,第6657页。
② 《旧唐书·魏征传》卷七十一,中华书局,1975年版,第2561页。
③ 《资治通鉴·唐纪十》卷一百九十四,中华书局,1956年版,第6100页。
④ 《晋书·世祖武帝纪》卷三,中华书局,1974年版,第82页。
⑤ 《贞观政要辑校·文史第二十八》卷六,中华书局,2003年版,第387页。

遵循儒家修史原则

实录直书、不褒美不隐恶,微言大义与皮里阳秋,王侯将相成为史家审美的聚焦点,不语怪力乱神,以及多闻阙疑、无征不信等儒家修史原则也是唐初修史的重要指导思想。

如太宗贞观十年(636)编成的《隋书》,能弘扬秉笔直书的优良史学传统,品评人物较少阿附隐讳,纪传较少曲笔,不为尊者讳。《隋书·炀帝纪下》曾对炀帝作如下评价:

> 淫荒无度,法令滋章,教绝四维,刑参五虐,锄诛骨肉,屠剿忠良,受赏者莫见其功,为戮者不知其罪。自肇有书契以迄于兹,宇宙崩离,生灵涂炭,丧身灭国,未有若斯之甚也。《书》曰:"天作孽,犹可违,自作孽,不可逭。"①

《隋书》对隋炀帝矫情饰貌、弑父诬兄、淫乱后宫、"锄诛骨肉,屠剿忠良"、大兴土木、荒淫无耻等历史事实,了无隐讳。显示了唐初修史能坚持儒家实录直书、不褒美不隐恶的修史原则和据事直书的修史风格。

重视修史,不论是历史记录还是史书撰述,对于文明传承都具有极其重要的意义。唐初开创史馆,设专职史官以修历代史书的壮举,对后世产生了深远的影响,使中国古代重视记述历史的传统,以国家制度的形式固定下来。天宝年间,李华著《著作郎厅壁记》,悬之衙壁。曾论及这次由天子亲自参与的修史活动,文虽短,而甚为洽切:

> 化成天下,莫尚乎文。文之大司,是为国史。史官之任有述作,盖王者之元符、生人之极教也。
>
> 前志所载,有左史记事,或箴王之阙,或司过于朝,所典不同,其纳君于善一也。
>
> 贞观初,诏梁国文昭公、郑国文贞公统英儒盛才,修五代史。

---

① 《隋书·炀帝纪下》卷四,中华书局,1975年版,第95页。

天子亲垂笔削,与《春秋》合符,巍巍乎史氏之光耀也!①

太宗"兼帝王之极功,总文武之能事,思所以比崇轩皞,绍美唐虞,润色乎大猷,发明乎皇道"②。文教是唐代国家大政方针(大猷)中,王道政治的具体体现,修史又是文教政策的终极体现。唐太宗在褒奖房、魏等所上五代史诏书中,曾评价史籍的作用曰:不出岩廊,神交千祀之外;穆然旒纩,临睨九皇之表。是知右史序言,由斯不昧;左官诠事,历兹未远;发挥文字之本,通达书契之源;大矣哉,盖史籍之为用也。"③这篇诏书十分精辟地反映出"史籍"对文化导向及文明传承的重要性。所谓"神交千祀之外","临睨九皇之表",指的是思想的驰骋和视野的拓展。可以这样认为,在唐太宗看来,正是"史籍"可以帮助人们同古人"对话"、"回归"历史,从而也就使人们更清楚地看到了文明的进程与方向。唐太宗与孔子对修史与传承文明的认识是相一致的,太宗对史书的这些思想认识,都直接地左右了唐代史书的修撰与史学观念的形成,在史学史上产生了深远的影响。

第二节 吴兢与《贞观政要》

一、吴兢生平事略

吴兢,汴州浚仪人(今河南开封)。励志勤学,博通经史。方直寡交游,惟与魏元忠、硃敬则友善,二人亦颇深器重之,及居相辅,荐兢有史才,堪居近侍,因令直史馆,修国史。④ 中宗时,改右补阙,累迁水部

---

① 《全唐文·著作郎厅壁记》卷三一六,中华书局,1983年版,第3205页上。
② 《全唐文·著作郎厅壁记》。本为李华赞扬玄宗语,愚以为移作评价太宗亦甚确当。
③ 《册府元龟·国史部·恩奖》卷五五四,中华书局,1982年版,第6657页。
④ 见《旧唐书·吴兢传》卷一百二,中华书局,1975年版,第3182页;《新唐书·吴兢传》卷一百三十二,中华书局,1975年版,第4525页。

郎中。玄宗时,为谏议大夫,卫尉少卿兼修国史,还曾出任台、洪、饶、蕲、相等州刺史,邺郡太守,后回京任恒王傅。

吴兢既为史臣,"直史馆,修国史"。后任谏官,性情耿直,每敢犯颜直谏。唐中宗时,大权旁落,武三思、韦后等效法武则天,意欲铲除李唐继承人,乃唆使奸党"日夜谋谮相王(李旦)"与太子李重俊"通谋"造反。吴兢不顾个人安危,毅然上疏中宗,直率地指出把相王说成太子同谋,是阴谋。"贼臣等共加罗织,此则祸乱之渐,不可不察",因劝中宗珍惜与相王"亲莫加焉"的手足之情,"若信任逸邪,置之于法,必伤陛下之恩,失天下之望。所谓芟刈股肱,独任胸臆,方涉江汉,弃其舟楫,可为寒心,可为恸哭",并进而指出"自昔翦伐枝干,假权异族者,未有不丧其宗社也","验之覆车,安可重迹"。① 吴兢分析说,如果相王被诬治罪,那么中宗本人也将陷入孤立无援境地。吴兢的表疏颇具影响,加之御史中丞萧至忠等同时上疏,终使相王转危为安。数年后,中宗被韦后等毒死,李隆基兴兵平乱,李旦继位,是为唐睿宗。

睿宗临朝,"改中宗之政,依贞观故事,有志者莫不想望太平"②。在宰相姚崇、宋璟辅助下,"协心革中宗敝政","当时翕然以为复有贞观、永徽之风"。③ 吴兢转官起居郎,"掌录天子起居法度"。"秉笔随宰相入殿",每"议政事,起居郎一人执笔记录于前",皇帝"有命,俯陛以听,退而书之,季终以授史官",起居郎可以"因制敕,稍稍笔削,以广国史之阙"。④

玄宗亲政之后,励精图治,倚重贤相姚崇,抑权幸、纳谏诤、却贡献,"旁求宏硕,讲道艺文。昌言嘉谟,日闻于献纳;长辔远驭,志在于升平"。终使"贞观之风,一朝复振"。⑤

---

① 《唐会要·谏诤》卷六十二,中华书局,1955年版,第1077页。
② 《隋唐嘉话》卷下,中华书局,1979年版,第47页。
③ 《资治通鉴·唐纪二十五》卷二百九,中华书局,1956年版,第6652页。
④ 《新唐书·百官志二》卷四十七,中华书局,1975年版,第1208页。
⑤ 《旧唐书·玄宗本纪下》卷九,中华书局,1975年版,第236页。

玄宗即位之初,"收还权纲,锐于决事",一反中宗、睿宗难以独掌权柄的局面,然而权力的集中也带来诸多负面影响。臣僚谏表可采者,未蒙召见细访;忤旨者,先见其责罚。吴兢虑及玄宗勇于果决,而疏于纳谏,乃上疏曰:

> 自古人臣不谏则国危,谏则身危。臣愚,食陛下禄,不敢避身危之祸。比见上封事者,言有可采,但赐束帛而已,未尝蒙召见,被拔擢。其忤旨,则朝堂决杖,传送本州,或死于流贬。由是臣下不敢进谏。使所言是,有益于国;使所言非,无累于朝。陛下何遽加斥逐,以杜塞直言?

> 夫人主居尊极之位,颛生杀之权,其为威严峻矣。开情抱,纳谏诤,下犹惧不敢尽,奈何以为罪?自顷上封事,往往得罪,谏者顿少。是鹊巢覆而凤不至,理之然也。臣诚恐天下骨鲠士以谠言为戒,桡直就曲,斗方为刓,偷合苟容,不复能尽节忘身,纳君于道矣。

> 夫与治同道罔不兴,与乱同道罔不亡。人将疾,必先不甘鱼肉之味;国将亡,必先不甘忠谏之说。呜呼,惟陛下深监于兹哉!

谏疏引经据典,不容置疑,直言谠论,令人震撼。历举拒谏灭亡史迹,并以"贞观故事"谏玄宗:"太宗尝谓宰相曰:'自知者为难。如文人巧工,自谓己长,若使达者、大匠诋诃商略,则芜辞拙迹见矣。天下万机,一人听断,虽甚忧劳,不能尽善。今魏征随事谏正,多中朕失,如明鉴照形,美恶毕见。'当是时,有上书益于政者,皆黏寝殿之壁,坐望卧观,虽狂瞽逆意,终不以为忤。故外事必闻,刑戮几措,礼义大行。陛下何不遵此道,与圣祖继美乎?"然后辨析说:"夫以一人之意,综万方之政,明有所不烛,智有所不周,上心未谕于下,下情未达于上。伏惟以虚受人,博览兼听,使深者不隐,远者不塞,所谓'辟四门、明四目'也。其能直言正谏不避死亡之诛者,特加宠荣,待以不次,则失之东隅,冀得之桑榆矣。"①自此玄宗一改拒谏作风,日闻献纳,终于开创中国历史上最负盛名的开元、天宝之治。

吴兢所上谏疏皆关乎国家大事。所进《谏十铨试人表》即是明显一例。当时在选用官员时,玄宗绕开吏部而在禁中做出决定。且程序繁杂,难于分清职责。吴兢于是奏疏予以谏止,认为朝廷各个部门应各司其职,选官事必须由吏部主之。强调要按既定法规行事,皇帝也不能任意改变制度,亦不得随意干预各部的工作。

此后,吴兢历转多官,如迁水部郎中,兼判刑部郎中,皆修史如故。参与修定《则天实录》,并新成《中宗实录》、《睿宗实录》三部史书;还奉诏参预编次秘书监图书;任卫尉少卿时兼修国史,撰成《贞观政要》。后因母丧去官,朝廷几次欲"夺情"起复,吴兢三上《让夺礼表》,坚守"三年之制"。② 期间,即使"停职还家",却依然"匪忘纸札",坚持修撰。开元三年守丧期满,"拜谏议大夫,依前修史,俄兼修文馆学士"。③ 开元八年,源乾曜为侍中、张嘉贞为中书令。即吴兢《贞观政要序》中所云:"有唐良相曰侍中安阳公、中书令河东公,以时逢圣明,位居宰辅。"二公并相之时,弼谐王政,缅怀故实,以"太宗时,政化良可足观","爰命下才,备加甄录"。吴兢受命,"于是缀集所闻,参详旧史,撮其旨要,举其宏纲"④,开始编录《贞观政要》。

但在次年,吴兢忽然辞去史职,请求外任。其《乞典郡表》云:

> 臣自掌史东观,十有七年。岁序徒淹,勤劳莫著,不能勒成大典,垂诫将来。顾省微躬,久妨贤路,乞罢今职,别就他官。至于理人之政,在兢尤所详晓,望令试典一郡,刺举外台,必当效绩循良,不负朝寄。⑤

---

① 《新唐书·吴兢传》卷一百三十二,中华书局,1975年版,第4526、4527页。
② 《全唐文·让夺礼表》卷二九八,中华书局,1983年版,第3020、3021页。
③ 《旧唐书·吴兢传》卷一百二,中华书局,1975年版,第3182页。
④ 《贞观政要集校·序》卷首,中华书局,2003年版,第7页。
⑤ 《全唐文·乞典郡表》卷二九八,中华书局,1983年版,第3020页。

玄宗批答曰:"岂转要以从闲,乃回难而就易,私愿或惬,公道若何。"①因而不许。吴兢之所以欲辞去史职,是因张说为相并监修国史。先是,吴兢与刘知几重修《则天实录》,记长安三年张昌宗诬陷魏元忠,引张说作证事,"颇言:'说已然可,赖宋璟等邀励苦切,故转祸为忠,不然,皇嗣且殆。'"张说读之,心不安,知兢所为,即从容谬谓曰:"刘生书魏齐公事,不少假借,奈何?"②其事据《唐会要》、《资治通鉴》所记为:张昌宗欲图皇太子,乃谮魏元忠等密谋拥立太子夺位。逼迫张说作证,并"赂以美官",张说"伪许之"。宋璟恐说阿意,乃谓曰:"大丈夫当守死善道"。刘知几又谓曰:"无污青史,为子孙累。"当武后让张说对质时,张说"因厉声言魏元忠实不反,总是昌宗令臣诬枉"。武则天因此斥责其为"翻覆小人"。于是,贬元忠,而流放张说。而此时,张说以宰相兼修国史,见《则天实录》中这段记述,明知是吴兢所记,却又假说刘知几论魏元忠事"殊不相饶假,与说毒手"。吴兢当面从容对曰:"是兢书之,非刘公修述,草本犹在。其人已亡,不可诬枉于幽魂。"在场的史官无不惊异,赞佩说:"昔董狐古之良史,即今是焉。"张说见暗示无效,便私下找吴兢,"频祈请删削数字",吴兢回答得很直率:"若取人情,何名为直笔。"③坚持不改。但吴兢深恐在其属下修史,难于直笔叙史,因而申请外调。后终因吴兢"以父丧解(职),宰相张说用赵冬曦代之"④。开元十三年,吴兢"丧终",转官太子左庶子。此后未再担任史职。

吴兢任太子左庶子的次年,上《请总成国史奏》,追述自武后朝以来预修国史的经历,及私撰国史的情况,特请朝廷给楷书手和纸墨,以便抄录成书。玄宗未复其史职,只是诏吴兢就集贤院"修成其书"。后张说致仕,亦诏其在家修史。宰相李元纮上奏曰:"国史者,记人君善

---

① 《全唐文·报吴兢书》卷四〇,中华书局,1983年版,第440页。
② 《新唐书·吴兢传》卷一百三十二,中华书局,1975年版,第4529页。
③ 《唐会要·史馆下》卷六十四,中华书局,1955年版,第1106页。
④ 《新唐书·吴兢传》卷一百三十二,中华书局,1975年版,第4528页。

恶,国政损益,一字褒贬,千载称之。今张说在家修史,吴兢又在集贤院撰录,令国之大典,散在数所。且太宗别置史馆,在于禁中,所以重其职,而秘其事。望勒说等就史馆参详撰录,则典册旧草不坠矣。"①诏从之。二人虽然同在史馆修撰,但是修史的文风却迥异其趣。张说是开元盛世有名的"燕、许大手笔",文笔自然高出吴兢,然其"志在粉饰盛时";吴兢质朴无华,且旨在"直书"、"实录",而伤于疏略、过简。期间,《贞观政要》书成,写《上贞观政要表》,并书稿一同呈上。在史馆日久,坐书事不当,贬荆州司马,后历转数郡刺使,皆"许以史稿自随"。及萧嵩入相领国史,奏遣使者就兢取书,得六十余篇。②

吴兢一生精力,主要集中在国史修撰上。除表疏之外,文章保存甚少,因此并无文集传世。史学著作,仅《新唐书·艺文志》所载,就有十余部,计有:《乐府古题要解》一卷,《齐史》十卷,《梁史》十卷,《陈史》二十卷,《周史》十卷,《隋史》二十卷,《唐书》一百卷(《隋史》、《唐书》与韦述、柳芳等合撰),《唐春秋》二十卷,《太宗勋史》一卷,《唐书备阙记》十卷,《高宗后修实录》十卷(初令狐德棻撰,刘知几、吴兢续成)、《中宗实录》三十卷、《睿宗实录》五卷、《贞观政要》十卷、《唐代名臣奏》十卷。"与韦承庆、崔融、刘子玄撰《则天皇后实录》"二十卷,《国史》一百六卷(又一百一十三卷),"兢卒后,其子进兢所撰《唐史》八十余卷"。③

此外还有目录学和兵家、医学著作,《新唐书·艺文志》还载有:《兵家正史》九卷,医书《五藏论应象》一卷。④ 其中《贞观政要》十卷属于晚年之作,也是吴兢唯一流传至今的一部史书。其余少部分著作尚有后人辑本。

---

① 《唐会要·在外修史》卷六十三,中华书局,1955年版,第1099页。
② 见《旧唐书·吴兢传》卷一百二,中华书局,1975年版,第3182页。
③ 《新唐书·艺文志二》卷五十八,第1458、1467、1471页;《旧唐书·吴兢传》卷一百二,第3182页。
④ 《新唐书·艺文志三》卷五十九,第1551、1571页。

二、吴兢的修史特点

吴兢编撰《贞观政要》,恪守"克遵前轨,择善而从"的编撰思想,独创了专题编排体例,继承了儒家秉笔直书的"董狐"作风,并用简赅叙事的生动文笔,提供了一个极佳的汲取儒家致治思想的帝王文化范本。《贞观政要》是"以儒家的政治学说为指针,对唐朝和前代的封建统治经验做了一个总结"[①]。

"克遵前轨,择善而从"的编撰思想

《贞观政要》编撰于玄宗开元后期,此时唐王朝虽然承续"贞观之治"而继续兴盛发展,但社会危机已初见端倪,"关东饥馑,蜀、汉逃亡,江淮以南。征求不息。人不复业,则相率为'盗'"[②],政治状况昭然不及贞观时代清明。身为朝廷官员的吴兢,深感有必要进谏皇上,改善政治,以保证唐王朝的长治久安。吴兢认为,"太宗时,政化良足可观。振古而来,未之有也"[③],如果玄宗能遵从太宗的治国方针、政策,"则不假远求上古之术,必致太宗之业"[④]。

因此,吴兢编撰《贞观政要》,概述贞观年间政事的纲要,皆人伦之纪,军国之政,以备玄宗君臣"克尊前轨,择善而从,则可久之业益彰矣,可大之功尤著矣"[⑤]。吴兢的编撰指导思想非常明确,用他自己的话说就是"义在惩劝":把历史文献编撰、整理落脚于实现历史文献的真正社会价值,并希望玄宗统治集团"克遵前轨,择善而从",以求国家长治久安。这正是《贞观政要》具有巨大社会价值和强大生命力的原因,吴兢以事过不久的当代史讽谏当今政治,反映出作者高度的胆识,这也是该书编撰的一大特色。吴兢这种"克遵前轨,择善而从"的编撰

---

① 蔡美彪等:《中国通史》第 6 册,人民出版社,1979 年版,第 134 页。
② 《旧唐书·狄仁杰传》卷八十九,中华书局,1955 年版,第 2891 页。
③ 《贞观政要集校·序》卷首,中华书局,2003 年版,第 7 页。
④ 《贞观政要集校·上贞观政要表》卷首,中华书局,2003 年版,第 3 页。
⑤ 《贞观政要集校·序》卷首,中华书局,2003 年版,第 8 页。

思想与"惩恶而劝善"的儒家《春秋》笔法在精神上是相一致的。

体例新颖,文约事丰的良史

在唐朝以前汇编的体例比较简单,如《尚书》,基本上以时间为序进行排列,不分类,以编年体例为主。而《贞观政要》是一部政论性的史书。这部书以记言为主,所记基本上是贞观年间唐太宗李世民与臣下魏征、王珪、房玄龄、杜如晦等人关于施政问题的对话以及一些大臣的谏议和劝谏奏疏。此外也记载了一些政治、经济上的重大措施。

《贞观政要》记载史实,并不按时间顺序组织全书,而是从总结唐太宗治国施政经验以告诫当今皇上的意图出发,将君臣问答、奏疏、方略等材料,按照为君之道、任贤纳谏、君臣鉴戒、教戒太子、道德伦理、正身修德、崇尚儒术、固本宽刑、征伐安边、善始慎终等一系列专题内容归类排列,从而把贞观时期的治国方针、君臣关系、道德规范、文史礼乐、社会风俗等各个方面都反映在相应的专题中,使人一目了然。为历代统治阶级了解"贞观之治"和今天研究唐初的历史及思想提供了极大的方便和较为系统的素材。吴兢这种开创性的体例编排,为后世学者如何编纂史书,开创了一条新路。在修史中追求形式创新,以容纳丰富多彩的历史内容,也是儒家学者一直延续的优良作风。终使这部著作既有史实,又有很强的政论色彩;既是唐太宗贞观之治的历史记录,又蕴含着丰富的治国安民的政治观点和施政的成功经验。

唐代与吴兢同时代的史学家刘知几曾提出评价史书优劣的标准曰:"夫国史之美者,以叙事为工,叙事之工者,以简要为主,简之时义大矣。""文约而事丰,此述作之尤美者也。"[1]就是说一部好的史书,首先应做到文约事丰,简捷明了。清代学者周中孚在《郑堂读书记》中称赞《政要》说:"其论治乱兴亡,利害得失,明白切要,可为法戒,文亦质朴,赅赡,足追古之作者。"[2]《贞观政要》正是一部叙事言简义丰,堪称

---

[1] 《史通通释·叙事第二十二》卷六,上海古籍出版社,1978年版,第168页。
[2] 周中孚:《郑堂读书记》卷十九,商务印书馆,1959年版,第409页。

"述作之尤美者"的一代良史。

秉笔直书的"董狐"作风

直书其事、资料丰富、信而有征。是《贞观政要》的一大特色。吴兢直笔写史,见于历史记载,如前引开元九年(721),张说入朝,与源乾曜、张嘉贞三人并相,兼修国史,见《则天实录》中记述张昌宗诱他诬陷魏元忠之事,深感不安,"祈兢改数字",吴兢断然拒绝,凛然回答曰:"若徇公请,则此史不为直笔,何以取信于后!"[①]吴兢的高风亮节,得到时人赞叹,被誉为"当世董狐"。

《贞观政要》一书直笔记史,信而有征,客观真实地记载了"贞观之治"的情况,涵括内容相当广泛,对当时社会政治、经济、思想的研究,都有重要的参考价值。作者在收集唐太宗君臣嘉言懿行、德治仁政的过程中,同时也如实地记录了唐太宗晚年一些任情放纵的劣迹。如到贞观后期,唐太宗好大喜功之性萌发,遂至征伐高丽,几蹈隋炀帝覆辙。吴兢如实载录下臣下的劝谏:"贞观十九年,太宗将亲征高丽。开府仪同三司尉迟敬德奏请:'车驾若自往辽左,皇太子又监国定州,东两二京,府库所在,虽有镇守,终是空虚。辽东路遥,恐有玄感之变。且边隅小国,不足亲劳万乘。若克胜,不足为武,倘不胜,恐为所笑。伏请委之良将,自可应时摧灭。'"并加之以"太宗虽不从其谏,而议者是之"[②]的评语,隐含了自己的倾向,表现出作者严肃的著史态度。

《贞观政要》在全面反映贞观之治成就的同时,也揭露了其弊端,指出后期大不如前期的事实,反映了作者敢于直书无隐的精神。如《诚信》篇著录了贞观十年魏征的上疏,指出贞观五六年以后,太宗不再从善如流,喜听直言,致使小人肆意无忌的事实:

> 昔贞观之始,乃闻善惊叹,暨八九年间,犹悦以从谏,自兹厥后,渐恶直言,虽或勉强有所容,非复曩时之豁如。睿谔之辈,稍

---

① 《资治通鉴·唐纪第二十八》卷二百一十二,中华书局,1956年版,第6748页。
② 《贞观政要集校·论征伐》卷九,中华书局,2003年版,第482页。

避龙鳞;便佞之徒,肆其巧辩。谓同心者为擅权,谓忠谠者为诽谤。谓之为朋党,虽忠信而可疑;谓之为至公,虽矫伪而无咎。强直者畏擅权之议,忠谠者虑诽谤之尤。正臣不得尽其言,大臣莫能与之争。荧惑视听,郁于大道,妨政损德,其在此乎?故孔子曰:"恶利口之覆邦家者?"盖为此也。①

生活在玄宗时代的吴兢,看到玄宗政治后不如前,为讽谏玄宗,在《贞观政要》中直书不讳,大写贞观后逊于前的事实及原因,从这里可以看出作为史学家吴兢的良苦用心,这也体现了吴兢身为一个儒家学者,努力恪守"惩恶而劝善"儒家修史宗旨的坚贞情操。

《贞观政要》一书,另一突出特色是叙事简赅,编排得法,文笔洗练,意趣盎然。吴兢把史实分类排列,标以醒目而又概括的题目,围绕中心,紧扣主题,选择若干典型的史实,一一列出,眉目清晰,主旨鲜明,加之简捷凝练生动传神的文笔,遂使所述故实,如在目前。而又处处紧扣大体,言近旨远,发人深省。

《贞观政要》并没有对贞观之治发表多少评论,只是就太宗时的政事分门别类地编排了贞观君臣的议论和政治措施,实际上是历史资料的汇编,但是书中有关文献资料的选择编排,无一不体现着吴兢的思想、无一不是吴兢见识的展现。作为历史文献而言,《贞观政要》是客观的,又是主观的,它是吴兢对贞观之治的客观历史的主观选择、解释,也是吴兢历史观点、历史识见的具体表现。吴兢对国家的治乱兴衰给以极大的关注,表现出其饱满而深沉的政治情怀,以经世致用为其出发点和归宿点,自觉地把为现实服务作为编写史书的落脚点,这正是儒家"惩恶而劝善"、"经世致用"修史笔法的最佳体现。

三、吴兢的史学成就与影响

吴兢一生硕果累累,其史学成就,一方面固然是受儒家"惩恶而劝

---

① 《贞观政要集校·诚信第十七》卷五,中华书局,2003年版,第309页。

善"、"经世致用"修史思想的影响,另方面,唐初成绩斐然的史学成果,也为吴兢修史提供了可贵的原始资料和榜样激励作用。

吴兢修史,上距贞观之治为期不远,虽然中经武后的改制,然而遗风犹存,民气可复。彼时朝野上下对儒学无以复加的推崇,形成了以儒家思想观察、思考问题的视角,这使贞观时期社会生活的方方面面充满着浓重的儒学色彩,吴兢的《贞观政要》,正是在唐太宗崇儒重道的历史背景下,在唐初史学尤其是修史之风的极深影响下诞生的。

《贞观政要》是一部汲取了儒家思想的帝王文化范本,帝王文化吸收了儒家思想这几乎是不争的事实。"内圣外王"、"儒表法里",帝王文化和儒家思想可以说是结合得最为紧密,在大一统问题上,帝王文化和儒家文化是基本一致的,儒家"四海之内皆兄弟"的"天下一家"思想和帝王文化的"家天下"思想也有其相通之处。这在吴兢《贞观政要》中,都有着充分的体现。

《贞观政要》是吴兢为了维护李唐王朝的专制制度,按照儒家的思想而撰述帝王文化的范本。吴兢认为"君道第一",应弘扬帝王的个人修养和政治谋略,以让皇帝从选拔官吏、施用刑赏、调度军事、生活作风等方面遏制皇权的恶性发展,让皇帝认真把历史上留下来的儒家思想接受过来,从而实现国家的长治久安。

唐朝末期,宪宗李纯、文宗李昂、宣宗李忱等都奉《贞观政要》为经典。其中,宣宗李忱还曾"书《贞观政要》于屏风,每正色拱手而读之"[①]。他们通过阅读和研究此书,慨然仰慕祖宗的辉煌业绩,从中获取鼓舞的力量,力图奋发有为,挽救业已走向衰败的大唐帝国。明、清两代,都有皇帝亲自为《贞观政要》新刻本作序。《贞观政要》对帝王的影响,由此可见一斑。这些帝王们之所以如此重视这本书,根本原因就在于他们感悟到《贞观政要》确实是一部有助于治国安邦的教材,可以从中学到许多有益的治国经验。

---

① 《资治通鉴·唐纪第六十四》卷二百四十八,中华书局,1956年版,第8032页。

《贞观政要》一书的影响面很广,除广泛流传于汉族地区外,还曾被译为西夏文、契丹文、女真文、蒙文和满文,以供西夏、辽、金等朝的统治者参考。这种影响甚至于延及古代日本,"这本书自日本平安时代开始,一直就是日本帝王的教科书"①。日本平安时代初(794年起)正当唐德宗贞元年间,表明《贞观政要》自唐末就已传入日本,并成为日本人心目中的宝典,据说"历代的幕府政权都相继援用,民间的高级知识分子,甚至寺庙的僧侣都争相研读"②。

《贞观政要》的忧患意识

《贞观政要》全书贯穿、透发着一种"居安思危"居高虑倾的忧患意识。这固然是贞观君臣的思想表现,也是吴兢史学思想的有意安排。"忧患"一词,最早见于《周易·系辞下》,文曰:"《易》之兴也,其于中古乎?作《易》者,其有忧患乎?"《系辞传》虽为孔子所作,但中华民族的忧患意识却是源远而流长,其产生可以追溯到殷周甚至夏商之际的社会变革时代。殷亡周兴的历史事件,引发了周初统治者及知识分子对家国兴亡治乱的历史经验教训的思考和总结,如《诗经》有言曰:"靡不有初,鲜克有终。""殷鉴不远,在夏后之世。"③《易经·乾卦》爻辞有"君子终日乾乾,夕惕若,厉无咎"等语,《文言传》曰:"何谓也?子曰:'君子进德修业,忠信,所以进德也。修辞立其诚,所以居业也。知至至之,可与言几也。知终终之,可与存义也。是故,居上位而不骄,在下位而不忧,故乾乾。因其时而惕,虽危而无咎矣。'"④这种临政"战战兢兢,如临深渊,如履薄冰"⑤的戒惧心理,经过儒家经典的传播与提倡,

---

① 〔日〕山本七平:《帝王学——〈贞观政要〉的领导艺术》原序,周君铨译,三联书店,1990年版,第4页。
② 葛景春今译:《中国帝王学——贞观政要》出版前言,北岳文艺出版社,1991年版,第4页。
③ 《诗集传·大雅·荡》卷十八,上海古籍出版社,1958年版,第203、204页。
④ 《周易大传今注·文言传》卷一,齐鲁书社,1979年版,第64页。
⑤ 《诗集传·小雅·小旻》卷十二,上海古籍出版社,1958年版,第138页。《诗集传》:"众人之虑,不能及远,暴虎凭河之患,近而易见,则知避之。丧国亡家之祸,隐于无形,则不知以为忧也。此惧及其祸之词也。"

特别是《周易》对事物成毁胜败规律以及如何持盈保泰的探索追求,逐渐沉淀为一种忧国忧民的忧患意识。这一"忧患意识"始终贯穿于中国历史以及人文精神之中,成为中华民族精神的精髓。从思想内涵上说,忧患意识是一种理性清醒的危机意识,一种富有远见的宏大历史意识,融合着深切的社会历史责任感和昂扬奋进的时代精神。

作为一位富有历史责任感和忧患意识的史官。吴兢敏锐地发现"贞观之治"与忧患意识之间的内在联系。"贞观之治"之所以能够成为历史上少有的太平盛世,与"贞观君臣具有着强烈的忧患意识"有着直接关联,时时处处以亡隋为借鉴,君臣戮力于太平盛世的政治与民生建设。"贞观之治"的治国思想和具体措施,正是建立在这一历史忧患意识的基础之上。

《贞观政要》使用大量篇幅记述太宗君臣对历史兴亡的探讨,表现了他们惕焉兢惧、临深履薄的思想和心态,借鉴历史,总结兴亡的经验与教训。即是其深沉的历史忧患意识的体现。这也是由多方面因素促成的,首先是与太宗的个人品质有关,史学家向来感叹"明君之难遇",范祖禹就曾在《唐鉴》中指出:"夫贤君不世出,自周武、成、康,历八百余年而后有汉,汉历八百余年而后有太宗,其所成就如此,岂不难得哉!"[①]其次是出现魏征、王珪、马周等一大批治世良臣,尤其魏征,其历史识见之卓越,善于谏诤的胆略,以及体国忘身的公忠,实为"不世出"的罕遇良才,太宗至将其比作诸葛亮而无不及。不世出之明君贤相,加之太宗君臣历史罕遇的风云际会,是贞观之治形成的内在因素。或许有人要说,这是历史的必然,没有太宗和魏征,还会出现他人之类的话。而这恰恰是历史唯心主义的典型表现。历史的必然恰是由无数历史的偶然性组成并体现出来的,而且必然性是不将时间计算在内的。所谓"五百年必有王者兴",以及"八百年一遇",虽为极而言之,倘若世不偶出"贞观君臣",岂不哀哉!当然,除此之外,还有一条重要原

---

① 《唐鉴》卷三,上海古籍出版社,1984年版,第86页。

因,那就是隋末那场前所未有的大动乱,涉及范围之深且广,破坏程度之严重与惨烈,皆为前古所未有,给予亲历其时其事的贞观君臣以强烈而深刻的刺激。恩格斯有句名言曰:"没有哪一次巨大历史灾难,不以历史的进步为补偿。"[①]加之其时其人,真是缺一不可,岂不信然。

贞观君臣的忧患意识及其在治国理政方面的具体体现,经过吴兢以文简而义丰的史笔,进行概括归纳,分门别类地予以采录,勾勒出一幅幅"贞观之治"历史图画,不仅给后人提供了真实的历史,也为后世提供了一部如何致治的政治教科书。这当然与其同样以忧患意识等史学思想用作修史的指导,有密不可分的关系。

《贞观政要》对后世及唐代史学的影响

贞观之治本身是封建社会统治的典范,再加上吴兢对这段历史的档案文献有一个比较好的编纂方法。于是贞观之治和《贞观政要》相得益彰。一方面《贞观政要》成为历代封建文人古籍整理的重要内容,唐代著名学者柳芳、欧阳询,宋代司马光、范祖禹,元代儒臣戈直等都先后为《贞观政要》校勘和重勘;另一方面从《贞观政要》中可以找到贞观之治,能帮助统治阶级从中找到成功的经验和失败的教训,故引起历代封建帝王的重视和赞赏。

《贞观政要》在史料学方面也具有重要价值。现在唐代起居注、实录、国史俱已不存,《贞观政要》是现存记载太宗朝历史较早的一部史书。书中保存了较多的重要史实,比它晚出的《旧唐书》《新唐书》、《资治通鉴》等书所记贞观年间史实,有些方面也不如其详尽。此外,吴兢生于唐太宗逝世二十年之后的公元670年,其生活与著述时代距贞观年间不远。因此,《贞观政要》是唐朝人写本朝事,所提供的史料自然要比后出史书更为翔实可信。

在历史编纂学上,《贞观政要》也拥有独特的地位。吴兢这种按照

---

① 恩格斯:《给俄国友人尼·丹尼尔逊的复信》,《马克思恩格斯全集》第39卷,人民出版社,1974年版,第49页。

专题分类,进行总结归纳,用以记述一朝历史的作法,使各类致治思想与措施,相对集中,脉络清晰,便于研习与效法。这是本书得以长期传习,广泛流布的重要原因。后世史家,争相效法,遂使后世类拟的论政书籍不断涌现。如北宋史家范祖禹纂成《唐鉴》一书,辑录了唐代君臣的政治言行。其所编撰的另一部著作《帝学》又纂辑了上至伏羲、下迄宋神宗的贤君事迹,并在每条后面附有论断。其中以记叙宋代的事实居多,俨然是一部新撰的"宋代政要"。明代宗朱祁钰在景泰年间主持编写了《君鉴》五十卷,其中七卷是记述明朝帝王的言行,与范祖禹的《帝学》相类似。这些书都是仿效《贞观政要》某一方面或某几个方面的特点而进行的补缀和发挥。

第三节 刘知几的社会史论及对儒学传统的发扬

一、刘知几生平概略

刘知几(661—721),字子玄,以避玄宗讳嫌,故以字行。出身于传习儒学的世代冠冕之家,累世通显,且多以文章史学知名。知几少年时期亦"与兄知柔俱以词学知名"[①]。尝自述早年学习经历曰:

> 予幼奉庭训,早游文学。年在纨绮,便受《古文尚书》。尝闻家君为诸兄讲《春秋左氏传》,每废《书》而听。逮讲毕,即为诸兄说之。因窃叹曰:"若使书皆如此,吾不复怠矣。"先君奇其意,于是始授以《左氏》,期年而讲诵都毕。于时年甫十有二矣。所讲虽未能深解,而大义略举。父兄欲令博观义疏,精此一经。辞以获麟已后,未见其事,乞且观余部以广异闻。次又读《史》、《汉》、《三国志》。既欲知古今沿革,历数相承。于是触类而观,不假师训。

---

① 《旧唐书·刘子玄传》卷一百二,中华书局,1975年版,第3168页。

>自汉中兴已降,迄乎皇家实录,年十有七,而窥览略周。①

他"年十二,已精通《春秋左传》",年十七,即已周览诸史,谙习"古今沿革,历数相承",摆脱"师训",触类旁通。然而为了"将求仕进,兼习揣摩",以便参加科举考试,终于弱冠之年"射策登朝",擢进士第,得调获嘉县主簿。上任之后,政务清简,公务余暇,历游京洛山川,恣情披阅经史子集及各类杂书每遇"异说","莫不赜彼泉薮,寻其枝叶,原始要终,备知之矣"。② 乃博览群籍,潜心钻研,在任十九年时光,积累了丰厚的社会阅历和学术功力。适值"武后证圣年间,有制文武九品已上各言时政得失,知几上表陈四事,词甚切直"。表章曰:

>"每岁一赦,或一岁再赦,小人之幸,君子之不幸"。又言:"君不虚授,臣不虚受。妄受不为忠,妄施不为惠。今群臣无功,遭遇辄迁,至都下有'车载斗量,杷椎碗脱'之谚。"又谓:"刺史非三载以上不可徙,宜课功殿,明赏罚。"后嘉其直,不能用也。③

唐代本来就是比较注重事功的朝代,至武后当政时,更是只重事功,不讲规范,遂使"官爵僭滥",吏治混乱不堪,使整个社会进入了一个追求功利更加活跃的时期。武后又重法术,"法网严密",信用酷吏,朝臣动辄得咎,"多陷刑戮"。而时人不悟,前仆后继,"竞为趋进";"知几悼士无良而甘于祸,乃著《思慎赋》以刺时,且以见意"。其《思慎赋序》认为:"惟利是视"者贪图功名爵禄,"犹卧于积薪之上,而不知火之将燃,巢于折苕之末,而不悟风之已至"。及至祸机先发,而悔之已晚。因此告诫士人"慎言语,节饮食,知止足,避嫌疑,若斯而已矣;非有朝闻夕死,去食存信之难也。违之则为凶人,蹈之则成吉士,其为宏益多矣"。因著以为赋,书之缙绅,刊于几案,以为座右之铭。苏味道、李峤见而

---

① 《史通通释·自叙第三十六》卷十,上海古籍出版社,1978年版,第288页。
② 《史通通释·外篇·忤时》卷二十,上海古籍出版社,1978年版,第589页。
③ 《新唐书·刘子玄传》卷一百三十二,中华书局,1975年版,第4520页。

叹曰:"陆机《豪士》之流乎,周身之道尽矣!"

刘知几精通经史,且多独到的见解,与流俗大异其趣,因之落落寡合,然亦并非独学无友,与当时以经史著名而具有共同学术观点的几位史官相友善,尝在《自叙》中说:

> 及年已过立,言悟日多,常恨时无同好可与言者。惟东海徐坚,晚与之遇,相得甚欢。虽古者伯牙之识锺期,管仲之知鲍叔,不是过也。复有永城朱敬则、沛国刘允济、义兴薛谦光、河南元行冲、陈留吴兢、寿春裴怀古,亦以言议显许,道术相知,所有摧扬,得尽怀抱。每云:"德不孤,必有邻",四海之内,知我者不过数子而已矣。①

数子者,皆有传世著作,且多有新颖而相近的学术见解,隐然形成一经史改革的学术流派。惟裴怀古以名将称,学术见解及著述不详。②

后经累次迁官,位至凤阁舍人,兼修国史。中宗时,擢太子率更令。因其介直自守,累岁不得迁转。中宗迁都回长安,知几乃自乞留在东都著书。后因有人上书言子玄身为史臣而私自著述,所以被召回京师,任命为领史事,即史馆的长官负责撰修国史,官迁秘书少监。时宰相韦巨源、纪处讷、杨再思、宗楚客、萧至忠皆领监修,子玄病长官多,意尚不一,而至忠数责论次无功,又仕偃蹇,乃奏记求罢去。因致书萧至忠言不能再任史官的"五不可",书曰:

> 古之国史,皆出一家,未闻藉功于众。唯汉东观集群儒,纂述无主,条章不建。今史司取士滋多,人自为荀、袁,家自为政、骏。每记一事,载一言,阁笔相视,含毫不断,头白可期,汗青无日,一不可。汉郡国计书上太史,副上丞相,后汉公卿所撰,先集公府,乃上兰台,故史官载事为广。今史臣唯自询采,二史不注起居,百

---

① 《史通通释·自叙第三十六》卷十,上海古籍出版社,1978年版,第289页。
② 《中国思想通史》第五章第四节,人民出版社,1959年版,第312页。

家弗通行状,二不可。史局深籍禁门,所以杜颜面,防请谒也。今作者如林,俛示褒贬,曾未绝口,而朝野咸知。孙盛取嫉权门,王劭见雠贵族,常人之情,不能无畏,三不可。古者史氏各有指归,故司马迁退处士,进奸雄;班固抑忠臣,饰主阙。今史官注记,类禀监修,或须直辞,或当隐恶,十羊九牧,其令难行,四不可。今监者不肯指授,修者又不遵奉,务相推避,以延岁月,五不可。①

知几直述胸臆,将不可再任史官的五条理由坦率地表达出来,认为朝廷任用其为史官是对其史学才能的重视,但由于有此"五不可"的存在,实则是"厚用其才而薄用其礼"。因而又是不尊重不信任,重用而不信任,则什么事情也无法做成。所以坚决求去。宰相萧至忠"得书大惭,无以酬答。又惜其才,不许解史任。而宗楚客、崔湜、郑愔等,皆恶闻其短,共仇嫉之。俄而萧、宗等相次伏诛,然后获免于难"②。然"十羊九牧"的局面,终莫能改。

中宗时,知几修订《武后实录》,有所改正,时任监修的武三思等却不予采纳。知几"自以为见用于时而志不遂,乃著《史通》内外四十九篇,讥评今古。徐坚读之,叹曰:'为史氏者宜置此坐右也。'又尝自比杨雄者曰:'雄好雕虫小伎,老而为悔;吾幼喜诗赋而壮不为,期以述者自名。雄准《易》作经,当时笑之;吾作《史通》,俗以为愚。雄著书见尤于人,作《解嘲》;吾亦作《释蒙》。雄少为范逡、刘歆所器,及闻作经,以为必覆酱瓿;吾始以文章得誉,晚谈史传,由是减价。'其自感慨如此"③。

知几内负才志有所未尽,乃将国史撰修委托于吴兢,自己则别撰《刘氏家史》及《谱考》。玄宗开元初年,由太子左庶子、兼崇文馆学士,迁左散骑常侍。上《〈孝经注〉议》,为古文《孝经》和《孔传》辩护,议《孝

---

① 《新唐书·刘子玄传》卷一百三十二,中华书局,1975年版,第4520页。
② 《史通通释·外篇·忤时第十三》卷二十,上海古籍出版社,1978年版,第594页。
③ 《新唐书·刘子玄传》卷一百三十二,中华书局,1975年版,第4521页。

经》郑氏学非康成注,举十二条证据佐证其谬,文长不录,^①而认为当以《古文孝经孔传》为正者,已见前述,亦不再赘。从中可以概见其考证之精详,思致之细密。又认为传《易》并无子夏传(当然,有之则必为伪撰)、《老子》书无河上公注,请存王弼学,即王著《老子注》。刘知几不仅谙习刘炫《古文孝经孔传》义疏,并对经学亦即儒家经典历代的传注之学有着深湛的研究。因而向玄宗提出"行孔废郑,于义为允"的建议。

宰相宋璟等不以为然,奏与诸儒质辩。博士司马贞等阿意,共黜其言。司马贞认为:

> 其古文二十二章,元出孔壁,先是安国作传,缘遭巫蛊,世未之行。荀昶集注之时,尚有孔传,中朝遂亡其本。近儒欲崇古学,妄作此传,假称孔氏。辄穿凿改更,又伪作闺门一章。刘炫诡随,妄称其善。且闺门之义,近俗之语,非宣尼之正说。^②

并罗列《孔传》"文句凡鄙,不合经典"的若干例证,断定其为"近儒诡说","妄作此传","非孔旧本",因之不可扬孔抑郑,要求"郑注与孔传,依旧俱行"。请二家兼行,惟子夏《易传》请罢。诏可。于是郑注与孔传得以并行于世。

后值长子贶为太乐令,犯事配流。子玄诣执政诉理,上闻而怒之,由是贬授安州都督府别驾,卒于任所,时年六十一。

知几"领国史且三十年,官虽徙,职常如旧。礼部尚书郑惟忠尝问:'自古文士多,史才少,何耶?'对曰:'史有三长:才、学、识。世罕兼之,故史者少。夫有学无才,犹愚贾操金,不能殖货;有才无学,犹巧匠无楩柟斧斤,弗能成室。善恶必书,使骄君贼臣知惧,此为无可加者。'时以为笃论。知几善持论,辩据明锐,视诸儒皆出其下"。^③知几勤于

---

① 《唐会要》卷七十七,中华书局,1955年版,第1407页。
② 《唐会要》卷七十七,中华书局,1955年版,第1408页。
③ 《新唐书·刘子玄传》卷一百三十二,中华书局,1975年版,第4522页。

著述,"自幼及长,述作不倦",朝廷每有论著,必居其职。曾预修《三教珠英》、《文馆词林》、《姓族系录》以及预修《唐书实录》等,皆流传于当代,有文集三十卷。知几卒后数年,玄宗敕令河南府遣人就家抄写《史通》以进,读而称善,追赠工部尚书,谥曰文。①

直笔书史,非趋时之道,说得何等痛切。《新唐书》论赞曾批评知几曰:"何知几以来,攻诃古人而拙于用己欤。"②好像知几只是一个拙于自处于世的士人。还是《旧唐书》传论的评价比较公允切当,其论知几及其学派诸人曰:"刘、徐(坚)等五公,学际天人,才兼文史,俾西垣、东观,一代粲然,盖诸公之用心也。然而子玄郁结于当年,行冲彷徨于极笔,官不过俗吏,宠不逮常才,非过使然,盖此道非趋时之具也,其穷也宜哉!"③

二、刘知几的史学

刘知几在幼年起开始研读史书,至晚年完成等身著作,致力于史学研究达五十年之久,著述之丰,堪称巨子。与人合作编撰的史书计有:《高宗实录》二十卷、《中宗实录》二十卷、《则天皇后实录》三十卷、《三教珠英》一百三十三卷、《姓族系录》二百卷、《唐书》八十卷。自力完成的著作计有《刘氏家乘》十五卷、《刘氏谱考》三卷、《睿宗实录》十卷、《刘子集》三十卷、《史通》二十卷。兹根据现有资料及历代的研究成果,对刘知几史学的主要特点与贡献,择其犹要者概述如下。

首先,刘知几对以往史学进行了全面总结。

中国史学传统,源远流长。然而知几之前,所谓史学,实为历史事件之载记、人物言行之纂述,以及史评史论之总称;唐代之前,可称史学评论的,有《后汉书·班彪传》所载对过去重要史籍的论述,然仅五百

---

① 《旧唐书·刘子玄传》卷一百二,中华书局,1975年版,第3174页。
② 《新唐书·刘子玄传》卷一百三十二,中华书局,1975年版,第4542页。
③ 《旧唐书·刘子玄传》卷一百二,中华书局,1975年版,第3186页。

余字;南朝刘勰《文心雕龙》中有《史传篇》,叙述从孔子至东晋这一时期史学发展的情况,也仅一千三百余字。《文心雕龙义证·史传》篇卷首,詹锳《义证》引纪昀评曰:"彦和妙解文理,而史事非其当行,此篇文句特烦,而约略依稀,无甚高论,特敷衍以足数耳。学者欲析源流,有刘子玄之书在。"又引范文澜案语曰:"《史通》专论史学,自必条举细目;《文心》上篇总论文体,提挈纲要,体大事繁,自不能如《史通》之周密。""至于烦略之故,贵信之论,皆子玄书中精义,而彦和已开其先河。"认为刘勰不仅史事当行,而且"深得史迁著述之遗意","尤得史法之精微。后世子玄作《史通》,盖即此意扩言之者"。① 今按,子玄《史通》实为对刘勰并及以前学者关乎史学的论述,有所继承、总结,发展而成。因之,若论内容之丰富,体例之完备,包揽之广泛,自成一系统的体系,当然要首推知几《史通》一书,堪称名副其实的史学或史学评论,实开中国史学评论的新学风。甚至亦可说自知几《史通》起,中国始有史学。

刘知几无疑是对唐代以前史学业绩进行全面总结的第一人,同时也是对中国史学新体系提出建设性意见的第一人。刘知几将中国历代史学流派,概括为六家二体,溯其源流,疏其得失,第一次给予较为全面的批评。

刘知几《史通》开宗明义,第一章便将我国浩如烟海的史书,分成"六家"与"二体":记言之《尚书》家、记事之《春秋》家、编年之《左传》家、分国别的《国语》家、纪传的《史记》家和断代的《汉书》家。以此六家统领中国史学发展的全局,诚足以纲维群史,而将前代所有的史书体例概括殆尽。并指出:"古往今来,质文递变;诸史之作,不恒厥体。"在众多"体式不同"的史学体裁中,惟经年纬月,铨次分明的编年体和以人物为中心的纪传体,最具生命力。故于叙"六家"之后,复作《二体篇》,为史书体例,竖起了编年、纪传两大支柱。编年体为左丘明传《春

---

① 《文心雕龙义证·史传第十六》卷四,上海古籍出版社,1989年版,第559页。

秋》所创制；纪传体则为司马迁著《史记》所立。此后遂成为我国史学体裁的主要潮流。并指出纪传、编年二体，各有所长及所短：编年体"系日月而为次，列时岁以相续，中国外夷，同年共世，理尽一言，语无重出，此其所以为长也"。但于人物的记载多所遗漏，"故论其细也，则纤芥无遗；语其粗也，则丘山是弃。此其所以为短也"。纪传体则"纪以包举大端，传以委曲细事，表以谱列年爵，志以总括遗漏。此其所以为长也。"但其短处在于"同为一事，分在数篇，断续相离，前后屡出"，"编次同类，不求年月"，缺乏清晰的时间概念。因此认为这两种著史体裁应该并存不可偏废。

《六家》、《二体》两篇史论，对自古以来的众多史书体例和体裁，做出穷源镜委，脉络分明的概括总结。虽然魏征的《隋书·经籍志·史部》，已将史学从经学中划分出来，使之成为典籍中一个独立的门类和学科，开拓了独立发展的空间，但对史学的功用及主要概念范畴，尚未做出清晰的阐释。《史通》则"辨其指归"，"殚其体统"，透过对史学源流及史体的剖辨，从此将史学的概念建立起来。刘知几在《史通·补注篇》中说：

> 至若郑玄、王肃，述五经而各异，何休、马融，论三《传》而竞爽。欲加商榷，其流实繁，斯则义涉儒家，言非史氏。

认为郑玄、王肃的经说及何休、马融对《春秋》三传的辨析虽然不同，但尚属章句训解，经义发明，与史学仍然大异其趣。而史学的特征在于："史之称美者，以叙事为先。"而叙事则须"识事详审，措辞精密"，"告诸往而知诸来者"。[①] 目的在于"记功司过，彰善瘅恶，得失一朝，荣辱千载"[②]。点出了史学的特有功能与作用。并进一步申论曰：

> 昔圣人之述作也，上自《尧典》，下终获麟，是为属词比事之

---

① 《史通通释·叙事第二十二》卷六，上海古籍出版社，1978年版，第165页。
② 《史通通释·曲笔第二十五》卷七，上海古籍出版社，1978年版，第199页。

言,疏通知远之旨。子夏曰:"《书》之论事也,昭昭然若日月之代明。"扬雄有云:"说事者莫辨乎《书》,说理者莫辨乎《春秋》。"然则意复深奥,训诂成义,微显阐幽,婉而成章,虽殊途异辙,亦各有美焉。谅以师范亿载,规模万古,为述者之冠冕,实后来之龟镜。既而马迁《史记》,班固《汉书》,继圣而作,抑其次也。故世之学者,皆先曰五经,次云三史,故经史之目,于此分焉。①

认为《尚书》、《春秋》涵意深奥,而儒者诂训成义,婉而成章,是为经学,和史学的叙事不同。但《尚书》、《春秋》亦为叙事之冠冕与龟镜,《史记》与《汉书》就是继承了这一叙事传统。而《尚书》乃左史载言之书,《春秋》为右史记事之史,至于《左传》并兼言事,刘知几认为是叙事的最高标准。因将"疏通知远"之《尚书》,"属辞比事"之《春秋》纳入史学的范围。② 所以他说"文籍肇创,史有《尚书》,柔远疏通,网罗历代",而"夫子修《春秋》,记二百年行事。三《传》并作,史道勃兴"。③ 因以《尚书》和《春秋》为著史叙事的典范。

这是刘知几针对以前学界一致认为《春秋》只是经书而言之的,但知几并未因此而否定《春秋》同时也是一部经书。因而为《春秋》正名曰:

> 仲尼之修《春秋》也,乃观周礼之旧法,遵鲁史之遗文,据行事,仍人道,就败以明罚,因兴以立功,假日月而定历数,藉朝聘而正礼乐,微婉其说,志晦其文,为不刊之言,著将来之法,故能弥历千载而其书独行。

孔子《春秋》之前的"百国春秋",即非单纯地记载本国和他国"赴告"的史实,还要加之以是非善恶的评价。故而《国语·楚语》记载叔时曰:

---

① 《史通通释·叙事第二十二》卷六,上海古籍出版社,1978年版,第165页。
② 《史通通释·外篇·忤时第十三》卷二十,上海古籍出版社,1978年版,第591页。
③ 《史通通释·人物第三十》卷八,上海古籍出版社,1978年版,第237、238页。

"教之春秋,而为之耸善而抑恶焉,以戒劝其心;教之世,而为之昭明德而废幽昏焉。"韦昭注曰:"以天时纪人事,谓之春秋。"又曰"为之陈有明德者世显,而阇乱者世废"的道理。① 孔子正是继承发扬这一传统,使用独创的简要笔法,突显了《春秋》褒贬的作用和意义,使之成为道德训诫和著史记事的圭臬。知几又说:

> 《左传》家者,其先出于左丘明。孔子既著《春秋》,而丘明受经作传。盖传者,转也;转受经旨,以授后人。②

明确地承认《春秋》经传,是通过史事所传授的仍然是"经旨"。可见经书的意旨,也是著史必须遵行的法则。著史重视实录之外,也要兼具"劝善惩恶"的褒贬功能。所以其在《史通·史官建置篇》又说:

> 若乃《春秋》成而逆子惧,南史至而贼臣书,其记事载言也则如彼,其劝善惩恶也又如此。由斯而言,则史之为用,其利甚博。③

刘知几认为《春秋》虽然属于经书,然其作为史书的社会功用则更为显著,而儒者诂训成义,斐然可观,但毕竟和史学的叙事不同。但《尚书》、《春秋》仍然是叙事的冠冕与龟镜,司马迁的《史记》,班固的《汉书》就是继承这个叙事的传统。因此,他在叙述史学源流时,《六家篇》首列《尚书》、《春秋》二家。并据左史记言,右史记事,认为"古之史氏区分有二焉:一曰记言,一曰记事"。《尚书》是载言之书,《春秋》是记事之史,至于《左传》并兼言事,刘知几认为是叙事的最高标准。《史通·六家》篇"左传家"条下:

> 观《左传》之释经也,言见经文而事详传内,或传无而经有,或经阙而传存。其言简而要,其事详而博,信圣人之羽翮,而述者之冠冕也。

---

① 《国语·楚语上》卷十七,上海古籍出版社,1988年版,第528页。
② 《史通通释·六家第一》卷一,上海古籍出版社,1978年版,第7、10页。
③ 《史通通释·外篇·史官建置第一》卷十一,上海古籍出版社,1978年版,第303页。

刘知几所以偏好《左传》，不仅因为《左氏春秋》是其家学，十二岁就由他父亲讲授《左传》，当时虽未能深解，却可略举其义，后来更博观义疏，故其颇以"精此一经"自负。① 因而在《史通》中有《申左》一篇，畅论左氏三长，其中三长之一，就是丘明既躬身为太史，除读鲁国文籍外，并"博总群书，至如梼杌、纪年之流，郑书、晋志之类，凡此诸籍，莫不毕睹。其《传》广包它国，每事皆详"②。因此称誉《左传》叙事"世称实录"。并且特详当代行事，《史通·申左篇》说：

> 盖是周礼之故事，鲁国之遗文，夫子因而修之。至于实录，付之丘明，用使善恶毕彰，真伪尽露。向使孔《经》独用，《左传》不作，则当代行事，安得而详者哉？

《左传》详实记载当代行事，这也是刘知几偏爱《左传》的另一原因。

《春秋左传》是古文家言。自来是经今古文争议最激烈的一部书。争议的焦点由于对经书中心人物孔子，彼此持不同的看法。今文学家认为孔子是素王，六经大部分是孔子所作，是孔子托古改制的手段。六经文学是糟粕，其中的微言大义，才是精旨所在。古文学家认为孔子是"述而不作，信而好古"的圣人，删《诗》《书》、订《礼》《乐》、著《春秋》的目的，是为了将这份文化遗产传授于人。所以，孔子是古代文化的保存者，也是史学家。③ 因此，就古文学家而言，认为经书多属历史或典章制度的记载。《周礼》和《春秋左传》，一是制度，一是历史。杜预的《左传集解》，就突出了这种历史意味的倾向。

《史通·申左》篇注引杜预《左传集解·释例》称："凡诸侯无加民之恶，而称人以贬，皆时之赴告，欲重其罪，以加民为辞。国史承以书于策，而简牍之记具存。夫子因示虚实，故《左传》随实而著本状，以明其得失也"，对于夫子"因示虚实，故《左传》随实而著本状，以明其得失

---

① 《史通通释·自叙第三十六》卷十，上海古籍出版社，1978年版，第288页。
② 《史通通释·外篇·申左第五》卷十四，上海古籍出版社，1978年版，第418页。
③ 见《周予同经学史论著选集·经今古文学·古文》，上海人民出版社，1996年增订版，第7页。

也",刘知几认为"杜氏此释,实得《经》、《传》之情者也"。[①] 以史贯穿经传,并以此作为解释《春秋》经传的依据。自杜预开始的以史学诠释《春秋》的治学路向,为刘知几继承与发扬,不仅扩展到《尚书》和《周礼》,并作了全面系统的论述。

虽然,当时将经书视为历史或典制的记录,是古文学家的基本精神。杜预以史为基点对春秋经传所作的诠释,以及西晋太康三年汲冢书的发现,引起学术界震撼。由于新出资料大异经传,经书的许多传统看法因之得到修正,同时引发出不少新观点。刘知几曾以《纪年》、《琐语》所载《春秋》时事与《左传》相校,发现多与左氏相同。因而说"向若二书不出,学者为古所惑,则代成聋瞽,无由觉悟也"。[②] 所以,汲冢书的出现不仅影响了杜预对《春秋》经传的解释,使之成为经史互通的桥梁,加速了史学脱离经学的进程。裴松之注《三国志》,从而由明理的经注形式,转变为达事的史注。刘知几将《尚书》、《春秋》纳入史学的领域,并以疑古、惑经的形式进行批判。也是受到自杜预开始以史解经,从而脱离单纯以理解经这一经学传统所影响,并对史学展开全面系统地论述,使中国史学从此得以确立。

其次是,提出了良史必备的条件,如"史学三长"说。

刘知几认为,作为史学家,必须具备"史学三长"。"三长"即"史才,史学,史识"。所谓"史才",是指表达史事见解和把握史料素材的能力。面对浩如烟海的繁杂史料,进行分析、组织、整理、加工亦即如何驾驭的能力,谓之史才。所谓"刊勒一家,弥纶一代,使其始末圆备,表里无咎"。[③] 如无相当的治学能力,难当此任。且史才与文才不同,史家撰史,必须言出有据,不可私意杜撰,而文士撰文,则着意于润饰辞藻,"逐文字而略于事实"。文人撰史,往往"喻过其体,词没其义,繁

[①] 《史通通释・外篇・申左第五》卷十四,上海古籍出版社,1978年版,第421页。依张振佩《笺注》删一"□"号。
[②] 《史通通释・外篇・杂说上第七》卷十六,上海古籍出版社,1978年版,第455页。
[③] 《史通通释・覈才第三十一》卷九,上海古籍出版社,1978年版,第250页。

华而失实,流宕而忘返,无裨劝奖,有长奸诈"①。唐初所设史馆,史职多为文士充任,文人修史遂成为惯例,而才识兼备的史家反遭排挤,亦即所谓:"自世重文藻,词宗丽淫,于是沮诵失路,灵均当轴"。"遂使握管怀铅,多无铨综之识;连章累牍,罕逢微婉之言。"②从而形成史坛文史混淆,是非难辨的局面。因此,主张史家之文与文士之文应加以区别。虽然优秀的史家亦应具备描摹物象的生花妙笔,而一部史著则要求必须文质并茂,方堪负此"不刊之业"的重任。故而既须重"质",亦不可废"文",唯以"求真"、"可信"为本。所谓"学",则指具备渊博的历史知识,熟知丰富的历史资料,所以《史通》一再强调史家必须广搜博采。但是,如果一位史学家没有判别史料真伪精粗和价值高低大小的能力,那么,纵然掌握有丰富的史料,也是枉然,充其量只不过是"藏书之箱箧"而已。所以刘知几在《史通》里再三强调要"善择",具有鉴别史料真伪精粗的鉴识能力,亦即史识。知几论史家应有"才、学、识"三长。其中史识,还应包括一个人的"识度",亦即知几所谓"犹须好是正直,善恶必书,使骄主贼臣所以知惧"。知几还强调说:"此则为虎傅翼,善无可加,所尚无敌者矣。脱苟非其才,不可叨居史任。"明确指出,三长莫重于史识,史识即秉笔直书,忠于史实的高尚品德和无畏精神。因之主张史家能"彰善贬恶,不避强御"方为上乘,否则是不足取法的。

刘知几就这样对史学的性质、范畴、体例、方法与技巧,以及良史所应具备的条件,进行了全面系统的阐发与论述;划分了史学与经学乃至文学的分野,使史学成为一门真正独立的学科。

三、以儒家伦理为史论的内涵

刘知几以儒家伦理思想为其史论的内涵,这在很长的一个时期内

---

① 《史通通释·载文第十六》卷五,上海古籍出版社,1978年版,第124页。
② 《史通通释·覈才第三十一》卷九,上海古籍出版社,1978年版,第250、251页。

不为人们所理解。《史通》一问世,便遭到毁誉不一的评价、批评。同时代的柳灿即以刘知几议驳过当,而著《史通析微》以反对之。《新唐书》则批评他勇于"攻讦古人",却拙于检察自己。宋初孙何更著《驳史通》十余篇,纠其谬误。明代于慎行著《史通举正论》,抨击知几"好奇自信,抱见深文,小则取笑于方家,大则得罪于名教"。尤其《疑古》、《惑经》两篇,更是后人评议的焦点。清钱大昕指斥刘知几"于迁固已降,肆意觝排,无所顾忌,甚至疑古惑经,诽议上圣"。因之被后人"目为名教罪人,自是百世公论"。但又分析说:知几"三为史官,再入东观,思举其职,既沮抑于监修,又见嫉于同列,议论凿枘,不克施行,感愤作《史通》内外篇"。因对史局制度及权臣的干涉不满,所以"但以祖宗敕撰之本(指唐初所撰六史),辄加弹射,又恐谗谤取祸",于是"阳为狂易侮圣之词,以掩诋毁先朝之迹"。实为自知"蚍蜉撼树,言匪由衷,柳翳隐形,志在避祸,千载之下,必有心知其意而莫逆者"。同时又认为:"然刘氏用功既深,遂言立而不朽,欧、宋《新唐》,往往采其绪论。"①颇能以辨证的观点看待和分析问题。黄叔琳则直斥《疑古》、《惑经》是"非圣无法"的"邪说淫辞",并力主删去其中部分篇章。纪昀在《书浦氏通史通释后》的跋语中说:《史通》,号学者要书。其间精凿之论,足拓万古之心胸;而迂谬偏激之处亦往往不近人情,不合事理,宜分别观之。"②并在《史通削繁序》说:

> 刘氏之书,诚载笔之圭臬也,顾其自信太勇,而其立言又好尽。故其抉摘精当之处,足使龙门失步、兰台变色,而偏驳太甚、支蔓弗剪者亦往往有之,使后人病其芜杂,罕能卒业;并其微言精义亦不甚传,则不善用长之过也。③

纪昀亦因"病其芜杂",故而又在所作《史通削繁》中全部删去《疑古》等

---

① 《十驾斋养新录·史通》卷十三,上海书店出版社,1983年版,第303页。
② 《纪晓岚文集》卷十一,河北教育出版社,1998年版,第250页。
③ 《纪晓岚文集》卷八,河北教育出版社,1998年版,第178页。

四篇,削去《惑经》中"五虚美"的大段文字。删去的亦即其认为"偏驳太甚、支蔓弗剪者",这便是纪昀善用其长,以使其"微言精义"得以广传的办法,而当代一些学者从思想解放的角度,对刘知几给孔子及儒家经典提出的尖锐批评,大加赞誉,认为刘知几确实击中了儒家的要害。应该说,这种观点不无偏颇之处。就封建时代而言,《疑古》、《惑经》确有不同寻常的怀疑精神和进步意义。大胆指出尧、舜、禹、汤、文王、周公,并不像传颂的那么大仁大智;而被贬斥的桀、纣、武庚,也未必如此罪恶滔天。又指出后人对孔子所修《春秋》的大量赞誉很多不符实际。还揭露了古代"圣王"争斗之行,隐含着对当代统治阶级残酷倾轧的抨击。

由今观之,对于刘知几"疑古"、"惑经"的进步意义,不应过分夸大。具体考察其"疑"、"惑"的内容,才是我们予以客观评价的前提。《疑古》篇对《尚书》、《论语》的记载指出十条"可疑",主要是两类问题:一是记史不实,二是史料处理不当。《惑经》篇还批驳了后人对《春秋》的五条"虚美"(盲目吹捧),认为孔子作《春秋》对所凭旧史刊修不力,史料考核不精,记事隐讳等等。可以看出,刘知几"疑古"、"惑经"的目的,是为纠正古史和儒家经典的某些舛误不实之处,反对不切实际的虚美,并非要否定孔子和儒家经典。尤需注意的是,他所运用的批判武器,依然是儒家礼义的准则及传统观念。如《疑古》篇认为,周公"挟震主之威",对兄弟"遽加显戮",这就是"行不臣之礼","于友于之义薄矣",《尚书》不应对周公刻意"美谈"。①《惑经》篇认为《春秋》仅凭虚假来告记事,没能反映出宋襄公扣留滕国国君和楚灵王杀郑敖之罪行,使善恶颠倒,"求诸劝戒,其义安在?"又指出"自夫子之修《春秋》也,盖他邦之篡贼其君者有三,本国之弑逐其君者有七,莫不缺而靡录,使其有逃名者。而孟子云:'孔子成《春秋》,乱臣贼子惧。'无乃乌有之谈

---

① 《史通·疑古》卷十三,上海古籍出版社,1978年版,第392、393页。

欤?"①虽是批评孔子或儒家经典,但着眼点却是嫌其未坚持礼教之义。所以,刘知几并未冲破儒家思想的束缚,更谈不上击中了儒家的要害。可以进一步提出佐证的是,刘知几多次表明对孔子及儒家经典的认同和景仰。

如《惑经》篇就赞扬孔子"大圣大德",是"生人已来,未之有也"的"命世大才"。《六家》篇则称孔子作《春秋》"为不刊之言,著将来之法,故能弥历千载,而其书独行"②。《浮词》篇云:"昔尼父裁经,义在褒贬,明如日月,持用不刊。"③通观《史通》全书,在赞同、推崇的意义上引用六经之语共十二处,尊崇孔子的议论有十六处,作为立论根据而引用孔子的言论,其中从《论语》中就引用了二十五处。可见,刘知几敢于疑古、惑经、品评圣贤,根本原因就在于对儒家伦理的认同。因此,刘知几看似反叛激烈,其实是儒家伦理最坚定的捍卫者和实践者。总之,刘知几的学术风格明显带有儒家伦理色彩,儒家伦理思想是其治学之本。

刘知几在《自叙》篇曾言及《史通》之为书曰:"其书虽以史为主,而余波所及,上穷王道,下掞人伦,总括万殊,包吞千有。"又说"盖谈经者恶闻服、杜之嗤,论史者憎言班、马之失。而此书多讥往哲,喜述前非。获罪于时,固其宜矣。"最后更说"尼父有云'罪我者《春秋》,知我者《春秋》',亦斯之谓也"。④可见刘知几早已有此体认,并非自外于人伦王道与儒家经典。

张振珮先生《史通笺注》即说过:"其实知几既不反儒,更不薄孔,这是我们现在研究刘知几史学思想必须掌握的钥匙。只是由于他以严肃认真的态度治史,在对待《尚书》、《春秋》时,就不能回避冒犯圣经。他提出怀疑、迷惑,是就史而论,客观上虽也含有破灭儒经圣光的

---

① 《史通·惑经》卷十四,上海古籍出版社,1978年版,第412页。
② 《史通·六家》卷一,上海古籍出版社,1978年版,第7页。
③ 《史通·浮词》卷六,上海古籍出版社,1978年版,第158页。
④ 《史通通释·自叙第三十六》卷十,上海古籍出版社,1978年版,第292页。

作用；但在今天如据此就说它具有批儒的进步思想，不仅会陷入'虚美'的泥坑，读《史通》也会扞格难解。"①

对同一书，从不同的视角阅读，就会产生不同的认知。就经学立场而论，经书乃论道之书，须要从中抉发"微言大义"，因为经乃教化之用，但取其义，不必细究其事，何况史迹虽同，而用心有别，就周公杀管蔡而言，可以信其"为王室"之言，亦可以认其为借口。这就要断以情理观其嗣后言行了；至于《春秋》之记载失实，是因为"为尊者讳"的原因。这是孔子删述《春秋》曾予说明的著书体例和原则。孔子在传授《春秋》时，终须说明真相的。然而就史学立场言，可谓"六经皆史"，而史则必须为真实之记录，既取其事，则必有其实可考而据乃可。知几即是从著史的角度，以史家严正之态度，视经为史，指出孔子"自违义例"，其惑盖出于此。知几虽"喜谈名理"，然却暗于义理，作为史学思想家，未能理解经学义理哲学，亦不足深怪。其怀疑精神继承自儒家传统，是不应有疑义的。

四、刘知几史论对儒家学派的影响

刘知几的史论，颇具历史发展的眼光，这一点在《史通·惑经》序中表露无遗，他曾经感叹时殊世异，不能再回到孔子的时代，亲自向孔子请教说："嗟夫！古今世殊，师授路隔，恨不得亲膺洒扫，陪五尺之童；躬奉德音，抚四科之友。而徒以研寻蠹简，穿凿遗文，菁华久谢，糟粕为偶。遂使理有未达，无由质疑。""倘梁木斯坏，魂而有灵，敢效接舆之歌，辄同林放之问。"②可见，刘知几觉得时过境迁，时殊世异，孔子的言论被后世儒者所误解。因而感叹不可能再回到孔子时代，直接向孔子请教经义；若然，则会效法楚之狂人，以凤歌劝谏孔子。朱熹等注此语，皆认为"楚狂接舆盖知尊孔子而其趋不同者"。又如林放问"礼之

---

① 《史通笺注·惑经·解题》卷十三，贵州人民出版社，1985年版，第496页。
② 《史通通释·外篇·惑经第四》卷十四，上海古籍出版社，1978年版，第497页。

本"一样,自己亦将向孔子请教微言大义甚或事物的本原。认为倘能直接面对孔子,质疑问难,那就势将抛弃现有的经注义释了。可见,刘知几究其怀疑、重释经典的意图,实际是向原典的复归。并非要推翻儒家经典的权威地位,而且是以史学实录的角度以及自己的理解来重释经典,以便得出更为合乎经典原义的解释,这当然须得对现有经注有所背离。

实际上,刘知几对儒家经典是非常推崇的。他在《史通》中不时流露出这层感情:他称《尚书》、《春秋》为"六经之冠冕""述者之冠冕"、"后来之龟镜"。① 刘知几经学造诣也相当深厚。他在玄宗时讨论几部经典的传注问题时提出的"《孝经》郑氏学非康成注,《易》书无子夏传,《老子》书无河上公注"等观点,② 充分展示他在经学上的功力。

总而言之,刘知几一直以史学家的学术态度,对照其他文献,对经典中失实、缺略处进行怀疑和探讨。这种质疑的学术态度,是一个史官的历史责任,有利对史实追根究底。诚然,他的史论思想的最终目的是试图做出更富有新意、更为合理的诠释。这是当时不少学人都拥有的共同愿望。不过需要指出的是,他受古文学派和史学家的身份的限制,使他的史论仅仅局限在史实上,而不是对传统经典的完全否定。他一方面要求重释经书,另一方面却单纯地从注重史料的视角看待经书,他的史论只是为了追究真实的历史,而不涉及经典的义理。这样必然会受到某些影响,局限其研究视野和领域,使其不可能毫无束缚地疏解经文。

刘知几敢于怀疑的史学批判精神,本是儒家固有的传统,却不可避免地遭到后人的非议和指责。如唐人柳灿指责刘知几"讥驳经史过当";宋祁说他"工诃古人";清人皮锡瑞也指责其"低毁圣人,尤多狂

---

① 《史通通释·鉴识第二十六》卷七,第205页;《叙事第二十二》卷六,第165页,上海古籍出版社,1978年版。
② 《新唐书·刘子玄传》卷一百三十二,中华书局,1975年版,第4521页。

悖"。但是,这些说法亦早已被否定,而不能被我们所否定的则是他大胆疑古、勇于惑经的思想。这似一束亮光照亮了中唐时期沉闷、落寞的传统经学,为它的重生带来了希望。《四库全书总目提要》说他"洞恶利病,实非后人所及"。王维俭也说,《史通》"实有益于后学"。郑樵、章学诚等人也正是继承和发扬了他的批判精神,做出了突出成就。这种史论要求重释经典的风气在一定程度上影响了在此之后的啖助、赵匡和陆淳等人的学术取向,实开宋代社会史论思潮之先河。

刘知几信奉的依然是先秦儒家的伦理思想。刘知几在谈到人时,总是先考虑人的道德品质,并做出善、恶的区分。比如他说:"夫人禀五常,士兼百行,邪正有别,曲直不同。若邪曲者,人之所贱,而小人之道也;正直者,人之所贵,而君子之德也。"①"人禀五常",就是说,人皆具有天赋的仁、义、礼、智、信五项常规的道德能力。而作为士阶层的人,更将其贯穿于各类言行当然也包括著史的行为之中。如在《史通·杂说下》曰:"子曰:'汝为君子儒,无为小人儒。'儒诚有之,史亦宜然。盖左丘明、司马迁,君子之史也;吴均、魏收,小人之史也。其薰莸不类,何相去之远哉?"②如能为人处世表现正直公允,那就具备了君子的品德,反之则成为被人轻贱的小人。个人的品质,表现于所著史书中,同样会有君子之史与小人之史的区别。刘知几正是以此要求自己的史才的。如曰:"彰善贬恶,不避强御,若晋之董狐,齐之南史,此其上也。"③可见,刘知几的人伦道德思想不仅谨遵孔子仁学,而且能够自觉地运用于及学行理论之中。

在谈到君臣关系时,刘知几一方面坚持君臣之间的大义名分,君君,臣臣,不能"君臣相杂,升降失序"。另一方面他又认为君、臣也都是可以区分的。君有明君、贤主和淫君、乱主之分,臣有忠良和乱贼、

---

① 《史通通释·直书第二十四》卷七,上海古籍出版社,1978年版,第192页。
② 《史通通释·杂说下第九》卷十八,上海古籍出版社,1978年版,第528页。
③ 《史通通释·辨职第三十五》卷十,上海古籍出版社,1978年版,第282页。

奸佞之别。有时谴责"贼臣逆子,淫君乱主",有时表彰"忠臣义士"。如说:"盖霜雪交下,始见贞松之操;国家丧乱,方验忠臣之节。若汉末之董承、耿纪,晋初之诸葛、毋丘,齐兴而有刘秉、袁粲,周灭而有王谦、尉迥,斯皆破家殉国,视死犹生。而历代诸史,皆书之曰逆,将何以激扬名教,以劝事君者乎!古之书事也,令贼臣逆子惧;今之书事也,使忠臣义士羞。若使南、董有灵,必切齿于九泉之下矣。"①这里表彰的东汉的董承、耿纪,西晋的诸葛诞、毋邱俭,刘宋的刘秉、袁粲,北周的王谦、尉迟迥,都是忠于本朝的忠臣,而《三国志》、《晋书》、《宋书》、《隋书》等追叙其事皆目为叛逆,刘知几认为这实有违于儒家纲常名教。后世史书皆为前朝反对本朝的忠臣立传,加以表彰,盖即受到《史通》宣扬直笔善恶的影响。

孔子主张"君使臣以礼,臣事君以忠"要求君臣之间忠诚相待。并未要求臣下绝对服从君主,"所谓大臣者,以道事君,不可则止"。②著在《论语》,尽人皆知。而子思更认为"君臣,朋友其择者也"。③说明忠君是有原则的,不能盲从。这与后世统治者强调的尊主卑臣的绝对专制主义有着严格不同。可见,刘知几的君臣伦理思想比较符合先秦儒家伦理的原典精神。

知几之怀疑旧典,固然与其治学观念有关,但同时也是有其学术依据的,甚至可以说怀疑精神,正是儒家为学的传统之一。张舜徽先生在《史通平议》书中,对此有着详细的论述。认为知几之质疑经典,实为上而继承孔门之传统,下而开启考信派之先路。如《史通·疑古》篇曰:"若乃轮扁称其糟粕,孔氏述其传疑。孟子曰:'尽信书,不如无书。《武成》之篇,吾取其二三简。'推此而言,则远古之书,其妄甚矣。"张舜徽先生加案语曰:

---

① 《史通通释·曲笔第二十五》卷七,上海古籍出版社,1978年版,第198页。
② 《论语集注·先进第十一》卷六,《四书章句集注》,中华书局,1983年版,第128页。
③ 《郭店楚墓竹简·语丛一》,文物出版社,1998年版,第197页。

> 上世之事，著之竹帛甚晚。十口相传，不能无增饰之言。五方殊语，不能无讹变之辞。是以纣之不善，不如是之甚，子贡已致其疑。《武成》之"血流漂杵"，《云汉》之"靡有孑遗"，孟子亦纠其谬。然则疑古之风，孔门实发其端，汉儒已畅其说，其所由来旧矣。《荀子·非十二子》篇曰："信信，信也；疑疑，亦信也。"然则学贵善疑，古有名训。知几所论，容有失之偏激，而取证或不可据。固由考证之业，未臻精密，犹多未厌人意。然其识力之锐，发例之周，实为后世史家，辟一新径。降至有清，遂开崔述考信一派。读书求实之风，超越往代，而古史考证之业，乃成专门。论者不察其失，遽诋知几此篇为作俑之始。皆由囿于世俗佞古尊经之见，牢不可破，相与短之，岂通识哉？

知几之失，则在于言辞过于偏激，甚至有些刻薄，这固然与其当时的处境，以及"著书寄愤"的为学旨趣有关。但学者治学著论，实贵乎用心公允、立言平正。对此，张舜徽先生亦曾论及。其于《浮词》篇论云："大抵古今才识之士，逞其雄辩，有所论列。其精处，在能通贯群书，揭橥大例，实有突过前人者。其粗处，则在勇于判断，自信不疑，亦有贻误后学者。若王充、郑樵，皆坐此失，不第知几为然。论其摧陷廓清之功，又足掩穿凿附会之失。学者取其长而弃其短，可也。"此诚通人之允论！

五、刘知几对内圣外王思想的深化

儒家注重的理想人格，首先是内圣的规定，其次是外王的要求。"内圣"，首先表现为善的德性，这个善以广义的仁道精神为其内容。儒学以"仁"为核心，这个"仁"既体现了人道原则，又为理想人格提供了多重规定，比如仁、义、礼、智、信都可视为仁德，仁德还可表现为对人的尊重关怀、真诚相待等。

人格的塑造除了仁德，还要"知"，所谓"知"（智）是指人具有智慧和认识能力。"知"是一种理性的品格。没有理性的品格,人们往往会受制于情,很难达到健全的境界。只有通过理性升华,启发人们的道德自觉,才能形成完善的人格。《大学》强调"欲修其身者,先正其心;欲正其心者,先诚其意;欲诚其意者,先致其知"①,便概括了儒家的这种思路。

外王是儒家追求的终点,儒家理想中的圣人,不仅要具有很高的仁德,而且要能够成就安民济众的事业。修己以安人,内圣而外王。所谓"外王"是指治国平天下的事功。儒家所塑造的理想人格,以修身为本,但不限于"修己",还要推己及人,成己成物,由"内圣"转向"外王"。

刘知几非常注重"内圣"。在谈到人时,他总是首先考虑人的道德品质并且做出善恶、邪正的区分,判定是君子还是小人。比如前引"人禀五常"说。"正直者,人之所贵,而君子之德也。"作为士人仅具备仁、义、礼、智、信的道德修养,是远远不够的,为人正直,或君子的道德。还要贯彻于百行之中,方能"不避强御"、敢于"彰善瘅恶"。因此,他特别表彰南、董:"彰善贬恶,不避强御,若晋之董狐,齐之南史,此其上也。"刘知几牢记孔子"汝为君子儒,无为小人儒"的教导,联系到自己从事的史学工作,感到"儒诚有之,史亦宜然"。左丘明、司马迁,君子之史,吴均、魏收,小人之史,两者"薰莸不类",相去甚远。在刘知几看来,像史官魏收"曲笔诬书","假手史臣,以复私门之耻"②,恶直丑正,书为秽史,人为小人。而董狐、左丘明、司马迁等,敢于好善嫉恶,名与书俱传,流芳百世。刘知几说:"史者固当以好善为主,嫉恶为次。若司马迁、班叔皮,史之好善者也;晋董狐、齐南史,史之嫉恶者也。必兼此二者,而重之以文饰,其唯左丘明乎!"③

---

① 《大学章句》,《四书章句集注》,中华书局,1983年版,第3页。
② 《史通通释·曲笔第二十五》卷七,上海古籍出版社,1978年版,第198页。
③ 《史通通释·外篇·杂说下第九》卷十八,上海古籍出版社,1978年版,第528页。

刘知几更追求"外王"。刘知几好史学,自幼及长,博览群籍,深思博考,几十年如一日,持之以恒,从没放弃史学志趣,书写青史的巨大精神力量始终支持着他。《史通·史官建置》中有一段话充分表达了刘知几对世俗人生、功名利禄、青史流芳的追求和未能建立功业的感叹:"夫人寓形天地,其生也若蜉蝣之在世,如白驹过隙,犹且耻当年而功不立,疾没世而名不闻。上起帝王,下穷匹庶,近则朝廷之士,远则山林之客,其于功也,名也,莫不汲汲焉,孜孜焉。夫如是者何哉?皆以图不朽之事也。何者而称不朽乎?盖书名竹帛而已。"①刘知几从心灵深处感叹人生天地之间,生命之短促犹如"白驹之过隙",耻于"当年"美好年华未能建功立业,深恐没世而名不闻,其深沉的人生忧患与当年孔子长叹"君子疾没世而名不称焉"是何等相似!② 刘知几认为,这种求取功名之心,谋图显达之志,上自叱咤风云的帝王,下至默默无闻的黎民百姓,亦包括冠冕堂皇、显赫一时的"朝廷之士"和自命清高的"山林之客",无不热切向往和积极追求,而他们的奋发进取,追求功名均是为了"书名竹帛"以求不朽。而这正是儒家传统的三不朽思想。《左传》载有:"太上有立德,其次有立功,其次有立言,虽久不废,此之谓不朽。"欲追求不朽,就须立德立功立言,儒家对人生境界的理解,激发了刘知几积极进取的精神。

唐代是一个积极进取的时代。在历经漫长的分裂之后,中国又一次走向大一统,积蓄既久的统一愿望,至此表现为格外具有生命力的勃发与张扬,空前的大一统的局面为唐代仕人积极进取提供了政治基础。其次是科举制度的实行,使原本在汉魏六朝无法晋身仕途的寒门仕子,看到了自己广阔的政治前景,激发了参政从政的热情,知识分子得以报效国家,实现人生的政治抱负。整个社会洋溢着昂扬的进取精神。在这种进取的精神感召下,刘知几产生了无比的自豪感和坚定的

---

① 《史通通释·外篇·史官建置第一》卷十一,上海古籍出版社,1978年版,第303页。
② 《论语集注·卫灵公第十五》卷八,《四书章句集注》,中华书局,1983年版,第165页。

报国心。国家的富强,社会经济的繁荣,疆域的辽阔,交游的广泛,使刘知几形成了开阔的胸襟和豪迈的气魄;政治的开明、环境的宽松,使刘知几具有开放的个性和深邃的目光。所有这一切凝结在一起,把刘知几内在的自信心,积极进取精神,建功立业的渴望,报效国家的信念,雄视天下的气度,人格独立的意识,自我表现的欲望和坚定执著的追求突显出来。他要上继孔子修《春秋》的大业而改定由司马迁以来的前人史著。《史通·自叙》中表达了这一愿望说:

> 昔仲尼以睿圣明哲,天纵多能。睹史籍之繁文,惧览之者不一。删《诗》为三百篇,约史记以修《春秋》,赞《易》道以黜八索,述《职方》以除九丘。讨论坟典,断自唐虞,以迄于周,其文不刊,为后王法。自兹厥后,史籍逾多,苟非命世大才,孰能刊正其失!磋予小子。敢当此任?其于史传也。尝欲自班、马以降,迄于姚李、令狐、颜、孔诸书,莫不因其旧义,颇加厘革。①

在这里,刘知几高度赞扬了当年孔子厘定群籍,删《诗》、修《春秋》、赞《易》、述《职方》,即是在笔削旧籍,述唐虞以来至周的历史,且文正义深,为后世立下光辉典范。但自孔子之后,事多史繁,故需要有命世之才方能加以刊正厘定,刘知几早年的宏伟抱负就在于"敢当此任",他要效法孔子修《春秋》的榜样,"其文不刊,为后王法"。写出不刊之典,作为后世标准楷模,这是一个很高的要求。应该说这样的宏伟抱负是逐步树立起来的,刘知几并不怀疑自己的能力,但他担心受到世俗的攻击。"将恐致惊末俗,取咎时人。徒有其劳,而莫之见赏。所以每握管叹息,迟回者久之。非欲之而不能,实能之而不敢也。"②这里如实地表露了刘知几当时矛盾的心态,既意识到厘定群史的历史使

---

① 《史通通释·自叙第三十六》卷十,上海古籍出版社,1978年版,第290页。《职方》,《周礼·夏官》有《职方氏》,"职方氏掌天下之图,以掌天下之地,辨其邦国、都鄙、四夷、八蛮、七闽、九貉、五戎、六狄之人民"。孔子《春秋》多所涉及。九丘,张注:旧谓九州之书。

② 《史通通释·自叙第三十六》卷十,上海古籍出版社,1978年版,第290页。

命责无旁贷,又担心世俗白眼,劳而无赏。但对实现儒家人生价值的憧憬,对建功立业的渴望,使他终于冲破压力,勇敢地担当起历史重任,这正是深受儒家伦理思想熏陶的刘知几追求"外王"的结果。

刘知几以儒家伦理思想为治学之本,坚持求真取信的治学态度,故其能在学术上思想上多所建树。除了史学理论之外,尚有许多治学经验与学术观点是值得效法的。如提出要消除门户之见,树立"兼善"风气,不要为一派的学术观点所限制。对各类图籍,都应一视同仁地加以分析、比较,以便兼取各家之长。他忠告学子,凡"正经雅言"、"诸子异说",都应该"参而会之,以相研核"。又如对待历代兴亡问题,刘知几极力反对定命论的历史观,他说,"夫论成败者,固当以人事为主,必推命而言,则其理悖矣","夫推命而论兴灭,委运而妄褒贬,以之垂诫,不其惑乎",从而特别强调史学的褒贬功能,[①]这些认识都使其更富有求真求实的客观精神。《史通》一书,精当之论,所在多有,本文仅举其大要以概其余,深入的研究,还当俟之来日。

第四节 杜佑《通典》的史学及"礼法刑政"思想

一、杜佑的生平事略

杜佑(735—812),字君卿,唐京兆万年(今西安市)人。父希望,重然诺,交游皆一时俊杰。曾为和亲使,出使突厥。历鸿胪卿、恒州刺史、西河太守,赠右仆射。杜佑不喜科举之途,尝自述曰:"佑少尝读书,而性蒙固,不达术数之艺,不好章句之学。"[②]后以父荫入仕,补济南

---

① 《史通通释·外篇·杂说上第七》卷十八,上海古籍出版社,1978年版,第463页。
② 《通典序》卷一,中华书局,1988年版,第1页。篇名为引者据《全唐文》所加。

郡参军、剡县丞。润州刺史韦元甫有疑狱不能决,试讯于佑;佑口对响应,区处皆得其要。元甫目为奇士,乃奏为司法参军。元甫后徙浙西、淮南节度史,皆表佑入幕府。入朝为工部郎中,充江淮青苗使,再迁容管经略使,历金部郎中,水陆转运使,改度支兼和籴使。全是与财政经济有关的使职,于是军兴以来之馈漕,佑得专决。以户部侍郎判度支。由于唐中期财务行政渐趋繁杂,乃特简大臣分判户部、度支及充盐铁转运使,分别管理租赋、财政收支和盐铁专卖事务。执掌天下租赋、物产丰约之宜、水陆道涂之利,岁计所出而支调之,以近及远,无不调度适宜,是为度支。

历任代宗、德宗、宪宗三朝宰相,善于理财,政绩显赫;精通史籍,著作丰厚。虽身居高位,仍勤奋不辍,公余之暇,研究史典,笔耕不息,常常秉烛达旦。"先是,刘秩摭拾百家,俸拟《周礼》六官法,为《政典》三十五篇,房琯称才过刘向。杜佑以为尚未能将历代官制搜罗殆尽,因广其阙,参益新礼,为二百篇,自号《通典》,在淮南节度史任上奏进之,优诏嘉美,儒者服其书简约而详明。"①这大概是杜佑传世的唯一著作。是我国史籍中有系统、有门类、专载历代制度最早的一部政书,在中华民族文化史上写下了光辉一页,杜佑因之成为唐代著名的史学家。

唐德宗建中初,河朔战乱不息,民生困迫,赋无所出。杜佑以为救敝莫若省用,省用则须省官,认为"官职重设,庶务烦滞",因而"欲求理要,实在简省"。②

乃上议曰:

> 贞观初省内官六百员。设官之本,以治众庶,故古者计人置吏,不肯虚设。自汉至唐,因征战艰难以省吏员,诚救弊之切也。
>
> 当开元、天宝中,四方无虞,编户九百余万,帑藏丰溢,虽有浮

---

① 《新唐书·杜佑传》一百六十六,中华书局,1975年版,第5090页。
② 《通典·职官七·总论诸卿》卷二十五,中华书局,1988年版,第691页。

费,不足为忧。今黎苗凋瘵,天下户百三十万,陛下诏使者按比,才得三百万,比天宝三分之一,就中浮寄又五之二,出赋者已耗,而食之者如旧,安可不革?①

因而提出"随时立制,遇弊则变,何必因循惮改作"的观点。认为只有大刀阔斧地裁剪冗员,官员冗滥的局面才会得到彻底改变。朝廷也许是考虑到这样将会触动很多权势者的利益,议疏奏入,竟未予理睬。及卢杞为相当国,深恶正论之士,贬杜佑为苏州刺史,改饶州。不久迁任岭南观察使,杜佑在驻地广州开辟大衢,疏析民居,以息绝火灾。召拜尚书右丞。不久又出为淮南节度使,"初公之至也,岁丁骄阳,人有菜色,于是息浮费以悦之,蠲杂征以利之。夫家之税有冒没者,免其罪以购之;废居之豪有委积者,盈其直以出之。濒海弃地,茭刍填淤,一夫之勤,百亩可获。终古遗利,沛然嘉生,成于指顾,得以蕃殖"②。深为当地百姓、官吏所爱戴,从而被立碑刻石图形。德宗崩,诏摄冢宰。进检校司徒,兼度支盐铁使。在度支任上时,由于度支"署吏权摄百司,繁而不纲;佑以营缮还将作,木炭归司农,漆染还少府,职务简修"③。由此可见杜佑的确精于吏治。

元和元年,河西党项羌潜导吐蕃入寇,边将邀功,亟请击之。"而公卿廷议,以为诚当谨兵戎,备侵轶,益发甲卒,邀其寇暴。"杜佑认为"此盖未达事机,匹夫之常论也。"因而上疏论之曰:

> 党项小蕃,杂处中国,本怀我德,当示抚绥。间者边将非廉,亟有侵刻,或利其善马,或取其子女,便赂方物,征发役徒。劳苦既多,叛亡遂起,或与北狄通使,或与西戎寇边,有为使然,固当惩革。《传》曰:"远人不服,则修文德以来之。"《管子》曰:"国家无使勇猛者为边境。"此诚圣哲识微知著之远略也。今戎丑方强,边备

---

① ③ 《新唐书·杜佑传》卷一百六十六,中华书局,1975年版,第5086页。
② 《全唐文·权德舆·杜公遗爱碑》卷四九六,中华书局,1983年版,第5055页。

未实,诚宜慎择良将,诫之完葺,使保诚信,绝其求取,用示怀柔。来则惩御,去则谨备,自然怀柔,革其奸谋,何必遽图兴师,坐致劳费!①

这是一篇唐朝君相论定四裔边境政策的重要文献,不可等闲视之。杜佑作为当国宰相,故当力排众议,继续贯彻唐朝自开国以来,一贯坚持的"协和万邦"(包括藩邦属国,党项羌即属属国)的外交与民族政策。杜佑首先提出了"圣王之理天下也,唯务绥静烝人"的儒家治国理念,明确地表示了以文德绥靖,以诚信感化的对外政策和严整武备,慎择良将,"使保诚信,绝其求取,用示怀柔;来则惩御,去则谨备,自然怀柔"的安边策略。

杜佑一方面主张"和藩",另一方面,也是十分重视军事建设,他曾说:"夫戎事,有国之大者。"②"天生五材,人并用之,废一不可,谁能去兵?历代以来,祸乱之作,非武不定,是以君子习之。"③认识到国家政权的稳定必须靠军队来支撑。就国家的军事布局而言,应该呈内重外轻、弱枝强干之势,唯其如此,才能号令海内,指纵自如,因而建议效法西汉和唐初的军事布防:"缅寻制度可采,惟有汉氏足征,重兵悉在京师,四边但设亭障,又移天下豪族辇居三辅陵邑,以为强干弱枝之势。"④正是这种军事布部署的合理性,西汉和唐初军力特别强盛,能够不为外来势力入侵所累。但是天宝之末,唐初军事布防的格局被破坏了。好战的风气导致了在边境上囤积粮草、驻防军队,而朝廷又无足够的军力来控制局势:"于是骁将锐士,善马精金,空于京师,萃于二统。边陲势强既如此,朝廷势弱又如彼,奸人乘便,乐祸觊欲,胁之以害,诱之以利,禄山称兵内侮,未必素蓄凶谋。是故地逼则势疑,力侔

---

① 《旧唐书·杜佑传》卷一百四十七,中华书局,1975年版,第3979页。引文有节略。
② 《通典·兵序》卷一百四十八,中华书局,1988年版,第3781页。
③ 《通典·礼三十六》卷七十六,中华书局,1988年版,第2068页。
④ 《通典·兵序》卷一百四十八,中华书局,1988年版,第3779页。

则乱起,事理不得不然也。"①针对安史乱后唐朝数遭回纥、吐蕃的侵扰,以及朝臣们提出的"应谨兵戎,备侵轶,益发甲卒,邀其寇暴"的论调,杜佑提出以和亲安抚为主,但又必须在军事上严加防备的应对方略。因而奏表曰:

> 臣静思远图,久计莫若存信,施惠以愧其心,岁通玉帛,待以客礼。昭宣圣德,择奉谊之臣;恢拓皇威,选谨边之将,积粟塞下,坐甲关中,以逸待劳,以高御下。重其金玉之赠,结以舅甥之欢。小来则慰安,大至则严备。明其斥候,不挠不侵,则戎狄为可封之人,沙场无战死之骨。若天下无事,人安岁稔,然后训兵,命将破虏,摧衡原州,营田灵武。尽复旧地,通使安西,国家长算,悉在于此。②

只有在军事上作了充分的准备,对西戎各国实行和藩安抚政策,等待国家经济实力增强,农业丰收,再逐步收复失地。杜佑反对轻易地大动干戈,认为必须"计熟事定",然后才能收"举必有功"之效。与贞元朝勇于用兵的大臣相比,杜佑温和的军事谋略,无疑是当时唐朝摆脱困境的长远之策。

因为年事已高,杜佑屡请致仕,宪宗不许,仍诏三五日一入中书,参议平章政事。"佑每进见,天子尊礼之,官而不名。后数年,固乞骸骨,帝不得已,许之。仍拜光禄大夫、守太保致仕,俾朝朔望,遣中人锡予备厚。元和七年卒,年七十八,册赠太傅,谥曰安简。"

杜佑为人平易逊顺,与物不违忤,人皆爱重之。唐宪宗评价杜佑为:"岩廊上才,邦国茂器;蕴经通之识,履温厚之姿,宽裕本乎性情,谋猷彰乎事业。博闻强学,知历代沿革之宜;为政惠人,审群黎利病之要。""累历藩方,出总戎麾,入和鼎实,聿膺重寄,历事先朝,左右朕躬,

---

① 《通典·兵序》卷一百四十八,中华书局,1988年版,第3780页。
② 《刘禹锡集·为淮南杜相公论西戎表》卷三十九,中华书局,1990年版,第581页。

夙夜不懈。兹可谓国之元老,人之具瞻者也。"①《新唐书》则说杜佑"天性精于吏职,为治不皦察,数斡计赋,相民利病而上下之,议者称佑治行无缺"。认为他是"惇儒","大衣高冠,雍容庙堂,道古今,处成务,可也;以大节责之,盖碔中而玉表欤!"②形容杜佑的学养和风度特出如玉石中的玉表,足为朝臣的表率。

二、作为史学家和政治家的杜佑

出身于名门大族的杜佑,自小就接受了系统的儒家思想教育,因此,杜佑的史学及"政治"思想皆是以儒家思想为基础的。

中国传统儒家史学中有各种特色,其中最突出的是褒贬与经世,前者是针对历史人物,后者则针对历史人物所订的制度及决策。除了据事直书,传统儒家史学精神很重视治国平天下的志业。《史记》是继《春秋》而作,虽然其叙事技巧及搜罗史料之勤,考察史事之勇屡为后人所乐道,但学者指出其主要的用意在向后世揭橥如何完美统治天下之大法。而这种抱负也成为儒家史学日后的传统特色之一,只是时显时隐,与据事直书成为两大潮流,亦为中国史学两大内在资源。总之,历代史学虽重在呈现事实真相,但其功能则在褒贬与经世,以安邦定国,具明显道德及实用目的。

杜佑《通典》中的史学思想

杜佑的《通典》是我国历史上第一部记载历代典章制度的通史或史学著作,也是一部阐述典章制度得失与政治成败理论的政书,亦即政治理论著作。《通典》一书蕴涵着杜佑丰富的史学理论与政治思想,它开创了典制体史书编撰之先河。

唐代是我国封建社会的鼎盛时期,经济的繁荣为学术文化的发展和繁荣提供了物质基础,尤其是封建社会的政治、经济、军事、文化诸

---

① 《旧唐书·杜佑传》卷一百四十七,中华书局,1975年版,第3981页。
② 《新唐书·杜佑传》卷一百六十六,中华书局,1975年版,第5090、5104页。碔同珉。

制度的发展和成熟，为史家稽考制度的得失，总结历史经验，提出了客观的要求。而中国封建社会典章制度的发展，如秦汉的"三公九卿"制到隋唐时期，便形成了三省六部制；还有科举制度、土地赋税制度、募兵制度等等，都经历了一个发展的阶段，到唐代则基本趋于完备和成熟。这种客观情况的发展，就必然会促使总结和稽考制度源流、沿革、得失，为专论典章制度提供了客观的条件，杜佑的《通典》正是这种历史条件下的必然产物。

《通典》的产生，也是史学发展到一定阶段的结果；但中国古代记载典章制度的史记，并不是从《通典》开始的。从学术源流上说，典制体通史是在历代正史"书"、"志"和唐代刘秩《政典》等基础上发展而来的。司马迁的《史记》首创"八书"，记载礼、乐、律、历、天官、封禅、河渠、平准等相关内容；班固《汉书》，作有"十志"，备录律历、礼乐、刑法、食货、郊祀、天文、五行、地理、沟洫、艺文各项典制。《史记》以后的纪传体史书，都是断代史，其中列"志"记载各朝典章制度，但篇目、记载各不相同，且多限于一代，很难看出历代制度的沿革变化。因此，开元年间，刘秩就曾编著一部《政典》，记载历代的政治制度，"初，开元末，刘秩采经史百家之言，取《周礼》六官所职，撰分门书三十五卷，号曰《政典》，大为时贤称赏"。这一时期，还有《唐六典》记及制度的沿革，但均仅为"一时之制，非长久之道"，难以反映历代制度的因革损益。因此，杜佑并不满意，认为其内容狭隘，"佑得其书，寻味厥旨，以为条目未尽"，故早就有志重新撰著。由于他长期担任中央和地方的要职，有着丰富的行政经验，加之久任水陆转运、度支、盐铁等财政方面的大员，因而熟悉有关政治、经济各方面的典章制度。这方面的经历，是历来史家所很少有的，这就为他撰写《通典》提供了得天独厚的有利条件："因而广之，加以开元礼、乐，书成二百卷，号曰《通典》。"[①]正是基于上述诸因，通过杜佑的推陈出新，顺应了史学发展的客观要求，从而开

---

① 《旧唐书·杜佑传》卷一百四十七，中华书局，1975年版，第3982页。

创了一种新的史体。正如梁启超所说:"纪传体中有志书一门,盖导源于《尚书》,而旨趣在专纪文物制度,此又与吾侪所要求之新史较为接近者也。然兹事所贵在会通古今,观其沿革。各史既断代为书,仍发生两种困难:苟不追叙前代,则原委不明;追叙太多,则繁复取厌。况各史非皆有志,有志之史,其篇目亦互相出入,遇所缺遗,见斯滞矣,于是乎有统括史志之必要。其卓然成一创作以应此要求者,则唐杜佑之《通典》也。"①梁氏的话,清楚地说明了《通典》产生的历史条件及其特色。

《通典》的出现,也和杜佑所生活时代的刺激分不开。杜佑所生活的中唐,正是唐王朝由盛而衰的转折时期。他既经历了开元、天宝的盛世,又目睹了安史之乱及动乱后的衰落。这一切促使杜佑思考和寻找王朝衰落的原因,他想通过对历代典章制度的研究,寻求所谓"富国安民之术"。正如他在《通典序》中所说"所纂《通典》,实采群言,征诸人事,将施有政"②,清楚地表明了他撰述《通典》出于经世致用的思想动机。充分体现了儒家重视治国平天下的史学精神。

杜佑在《进通典表》中说:

> 夫《孝经》、《尚书》、《毛诗》、《周易》、三《传》,皆父子君臣之要道;十伦五教之宏纲,如日月之下临,天地之大德,百王是式,终古攸遵。然多记言,罕存法制;愚管窥测,莫达高深,辄肆荒虚,诚为亿度。每念懵学,莫探政经,略观历代众贤著论,多陈紊失之弊,或阙匡拯之方。臣既庸浅,宁详损益,未原其始,莫畅其终。尚赖周氏典礼,秦皇荡灭不尽,纵有繁杂,且用准绳。至于往昔是非,可为来今龟镜,布在方册,亦粗研寻。③

"往昔是非,可为来今龟镜",是《通典》的著述宗旨。杜佑对五经

---

① 梁启超:《中国历史研究法》,上海古籍出版社,1987年版,第21页。
② 《通典序》卷一,中华书局,1988年版,第1页。
③ 《旧唐书·杜佑传》卷一百十四七,中华书局,1975年版,第3983页。

的评价很高,也指出了五经中存在的问题,认为要有一种发展变化的眼光看问题。充分说明了他崇古但不泥于古的治史态度;同时也看出其著述宗旨是想从历代制度的得失中寻找出治国的"匡拯之方",编纂史书的目的是想理清一条治国的线索。

中唐的古文大家李翰为《通典》作序曰:

> 今《通典》之作,昭昭乎其警觉群迷欤?以为君子致用在乎经邦,经邦在乎立事,立事在乎师古,师古在乎随时。必参今古之宜,穷终始之妙,始可以度其终,古可以行于今。问而辨之,端如贯珠;举而行之,审如中鹄。夫然,故施于文学,可为通儒;施于政事,可建皇极。故采五经群史,上自黄帝,至于我唐天宝之末,每事以类相从,举其终始,历代沿革废置,及当时群生论议得失,靡不条载,附之于事。如人支脉,散缀其体。凡有八门,勒成二百卷,号曰《通典》。①

点出杜佑作《通典》的目的在于经邦治国,"经邦在乎立事,立事在乎师古,师古在乎随时。必参古今之谊,穷始终之要,始可以度其古,终可以行于今"。从古代的历史中吸取经验教训,为当代的政治服务。并引申其作用曰:"施于政事,可建皇极。""皇极"即皇极大中之道,既是儒家"用中"方法论的最高境界,也是施于有政,指导政治的终极指南。还将《通典》与前代撰集的巨著作了比较说:"近代学士,多有撰集,其最著者,《御览》、《艺文》、《玉烛》之类,纲罗古今,博则博矣。然率多文章之事,记问之学。至于刊列百度,缉熙王猷,至精至粹,其道不杂,比于《通典》,非其伦也。"②从而给予高度评价。

继《通典》之后,杜佑又进上《理道要诀》十卷三十三篇,详辨古今治道的要点,斟酌时宜可行者,以为决策者临事参考取用,实为二百卷《通典》的撮要之作。其《理道要诀序》云:"隋季《文博理道集》多主于

---

① ② 《全唐文·李翰·通典序》卷四三〇,中华书局,1983年第1版,第4378页。

规谏,而略于体要;臣颇探政理,窃究始终,遂假问答,方冀发明。第一至第三食货、第四选举命官、五礼教、六封建州郡、七兵刑、八边防、九十古今异制议。"看来,隋朝先有类似之书,目的是用以规谏帝王之用,而忽略于治道之大要。杜佑深研政理之根本,探究政体之始终,采用问答的形式,随方解答。对食货、礼教乃至兵刑、边防等问题皆有新的发明。杜佑又在《进〈理道要诀〉表》中说:"窃思理道,不录空言。由是累记修纂《通典》,包罗数千年事,探究礼法刑政,遂成二百卷。先已奉进。从去年春末,更于二百卷中,纂成十卷,目曰《理道要诀》。凡三十三篇。详古今之要,酌时宜可行。贞元十九年二月十八日上。"①可惜其书早佚,若非宋代王应麟《玉海·艺文》辑得此文,后人很难知道杜佑尚著有《通典》的简要本《理道要诀》其书。杜佑将数千年来关乎礼法刑政的典章制度一一列出,试图将《通典》编成一本类似法典的制度类政书,他在处理唐代史料时说:"国家程式,虽则俱存,今所在纂录,不可悉载,但取其朝夕要切,冀易精详,乃临事不惑。"②认为《通典》的作用在为封建帝王决断大政时提供方便,以免临事疑惑,随时可以和前古的制度进行参照,并从数千年礼法刑政经验中,提炼总结出一套系统的理道亦即治道来,再加以自己体会和发明,缩写成三十三篇《通典》撮要,题为《理道要诀》,以便决策者随时取用,这是儒家经世致用的政治观念的具体体现,前文说到杜佑善于吏治,也与其学问之渊博有极大关系。

杜佑与盛唐时期的名相姚崇等都是主张尚吏,亦即重视官吏治术能力的名臣,但是时代正在悄然中发生着变化,由于唐代在选举人才任用官员方面,进一步完善了科举考试制度,尤其是重视文采的进士科考试,使原来朝庭的尚吏之风,逐渐转变为整个朝野的尚文之风。

---

① 陈尚君辑校:《全唐文补编》卷六十一,中华书局,2005年版,第743页。《表》内"数千年"原为"数十年";据《玉海》卷五十一,第975页,原辑佚文改。
② 《通典·食货二·田制下》卷二,中华书局,1988年版,第29页。

中下阶层读书人通过研习文笔应举进入统治阶层，与此同时也出现了一股信古与崇古的风气，隐然形成了一派新的社会思潮，但总得说来，自汉迄唐的知识分子，主要致力于"致君尧舜"、治国平天下的外王事业，特别是中唐时期，由于安史之乱，唐王朝迅速衰落，更加迫使士人重新思考现实问题，寻求新的治国良方，所以经世致用的实学又开始兴盛，杜佑就是一位代表人物。

对于如何才能有效地促进社会前进，杜佑认为最好的办法有二：一是师古，一是变革。师古就是学习、吸收先王的良法美制。杜佑向宪宗建议道："陛下上圣君人，覆育群类，动必师古，谋无不臧。"[①]吸取前代既有的经验，以便为当前社会所用。当然师古并非复古，目的在于变今，杜佑在主张师古的同时，又竭力批评"非今是古"的倾向，指出"人之常情，非今是古，不详古今之异制，礼数之从宜"[②]，他认为"古今既异，形势亦殊"[③]，"欲行古道，势莫能遵"[④]。不详古今异制、因革从宜的道理，纵使滞古非今，抑或师心自是，厚今薄古，不能借鉴古制恰当地为今所用，都是违背社会发展规律，只能起到阻止历史前进的作用。

杜佑这种"师古"与适时因革的现实观点，与儒家尚褒贬重经世致用的史学精神是一脉相承的。

杜佑的"礼法刑政"思想

杜佑生当开元盛世，历玄、肃、代、德、顺、宪六朝，社会变化的巨大级差予其很大的触动，在儒家"入世"思想的激励下，杜佑把挽救国家危亡作为自己义不容辞的责任，在这种情况下，杜佑吸收了中唐一些士大夫先进的政治观点，以此为基础上建立了自己的理论，形成了一套系统的"礼法刑政"的改革思想。

---

① 《旧唐书·杜佑传》卷一百十四七，中华书局，1975年版，第3981页。
② 《通典·礼沿革十八·嘉礼三》卷五十八，中华书局，1988年版，第1633页。
③ 《通典·州郡四·安西府·风俗》卷一百七十四，中华书局，1988年版，第4557页。
④ 《通典·职官十三·王侯总叙》卷三十一，中华书局，1988年版，第871页。

首先注重吸取儒法重礼乐的思想。古代的礼乐制度随着时代而发展变化，使中国古代社会更进一步走向文明，上层建筑的意识形态也发生了深刻变化，而这种变化的最突出的表现，就是越来越强调礼乐对于现实人生的约束和教化。杜佑重礼的思想正是承此而来，因此对于《礼典》的作用特别予以重视。

在杜佑看来，"圣人制礼，合诸天道，使不数不怠，故有四时之祭焉。而又设殷祭者，因天道之成，以申孝敬之心，用尽事终之礼"①，用以申张孝敬之心的事终之礼，之所以合诸天道，是因为告诫人们不可忘记自己所从来，即使先人已渺，亦不可因之而放纵自己的行为，使祖先蒙羞。目的还在于强调"礼"的现实制约作用。而杜佑关于"礼"的作用也受到荀子的影响，荀子认为"礼起于何也。曰：人生而有欲，欲而不得，则不能无求，求而无度量分界，则不能不争。争则乱，乱则穷。先王恶其乱也；故制礼义以分之，以养人之欲，给人之求，使欲必不穷乎物，物必不屈于欲。两者相持而长，是礼之所起也"。②

在各种"礼"中，杜佑尤为重视成人礼和婚礼，将其看作是人之所以为人的根本标尺。如其所述对成人礼的观点云：

> 《冠义》云："冠者，礼之始也。凡人之所以为人者，礼义也。礼义之始，在于正容体，齐颜色，顺辞令，而后礼义备，以正君臣，亲父子，和长幼。故冠而后服备，服备而后容体正，颜色齐，辞令顺。古者圣王重冠，所以为国本也。"《五经要义》云："冠，嘉礼也。冠，首服也。首服既加，而后人道备，故君子重之，以礼之始也。"孔子曰："正其衣冠，尊其瞻视，俨然人望而畏之。"又曰："不庄以莅之，则民不敬。"此人君早冠之义也。王教之本，不可以童子之道理焉。③

---

① 《通典·礼九·沿革九·吉礼八》卷四十九，中华书局，1988年版，第1379页。
② 《荀子集解·礼论篇第十九》卷十三，《新编诸子集成》，中华书局，1988年版，第346页。
③ 《通典·礼十六·沿革十六·嘉礼一》卷五十六，中华书局，1988年版，第1572页。

杜佑对婚礼也很重视:"礼记婚义云:婚礼者,将合二姓之好,上以事宗庙,下以继后代也,故君子重之。""成男女之别,立夫妇之义,而后父子亲,君臣正,故曰婚礼者礼之本也。"①又说:"议曰:有夫妇而后有父子,有父子而后有君臣,则婚姻王化所先,人伦之本。"②反复强调婚姻为人伦之本,说明其对婚姻的重视。

杜佑认为"乐"的特点和作用是:

> 夫音生于人心,心惨则音哀,心舒则音和。然人心复因音之哀和,亦感而舒惨,则韩娥曼声哀哭,一里愁悲;曼声长歌,众皆喜忭,斯之谓矣。是故哀、乐、喜、怒、敬、爱六者,随物感动,播于形气,协律吕,谐五声。舞也者,咏歌不足,故手舞之,足蹈之,动其容,象其事,而谓之为乐。乐也者,圣人之所乐,可以善人心焉。古者因乐以著教,其感人深,乃移风俗。将欲闲其邪,正其颓,唯乐而已矣。③

乐即人的心声,是人心哀乐的发舒;而人心之喜怒哀乐乃至敬爱之情,又是感受外物而在内心的自然反映。由于人心同情同理同,所以人心这种借助歌声或器乐的自然流露,便会感染所有的听闻者。人的心气本来是平和的,感于外物而心失其平,气失其和,经过歌乐的发舒得到宣泄受到感染,自然便会恢复平和,人心平,则社会安。认为此即圣人因乐立教的原因。杜佑一方面强调"乐缘情",另一方面强调"乐"的政治教化作用,显示出其思想的贯通性与深刻性。为补充自己的观点,又说:"夫乐本情性,浃肌肤而藏骨髓,虽经乎千载,其遗风余烈尚犹不绝。"④

和这种主"情"的"乐"观相对应的是"教化观",因此又说:"太宗文

---

① 《通典·礼十八·沿革十八·嘉礼三》卷五十八,中华书局,1988年版,第1633页。
② 《通典·礼十九·沿革十九·嘉礼四》卷五十九,中华书局,1988年版,第1682页。
③ 《通典·乐一·乐序》卷一百四十一,中华书局,1988年版,第3588页。
④ 《通典·乐一·乐序》卷一百四十一,中华书局,1988年版,第3592页。

皇帝留心雅正,励精文教。贞观之初,合考隋氏所传南北之乐,梁、陈尽吴、楚之声,周、齐皆胡虏之音。乃命太常卿祖孝孙正宫调,起居郎吕才习音韵,协律郎张文收考律吕,平其散滥,为之折衷。"①由此亦可看出唐初重新制乐的行为带有很强的意识形态色彩,突出乐为政治服务,起到寓教于乐的作用。杜佑作为一个现实的政治家提出"乐"的教化作用并不奇怪,但是难能可贵的是他根据"乐本性情论",进而提出"乐可善人心"的观点,并综合了这两种思想,使儒家乐教思想更具理论意义,这些都显示了他的通达与调和的儒家思想特点。

"国足则政廉,家足则教从"的社会经济思想

《通典》一书结构安排的先后次序是:食货、选举、职官、礼、乐、兵、刑、州郡、边防。以食货为先,这是正史书志所未有的。关于《通典》的结构安排,杜佑在《通典序》中作了十分清楚的说明:

> 夫理道之先在乎行教化,教化之本在乎足衣食。易称聚人曰财。洪范八政,一曰食,二曰货。管子曰:"仓廪实知礼节,衣食足知荣辱。"夫子曰:"既富而教。"斯之谓矣。夫行教化在乎设职官,设职官在乎审官才,审官才在乎精选举,制礼以端其俗,立乐以和其心,此先哲王致治之大方也。故职官设然后兴礼乐焉,教化隳然后用刑罚焉,列州郡俾分领焉,置边防遏戎敌焉。是以食货为之首,选举次之,职官又次之,礼又次之,乐又次之,刑又次之,州郡又次之,边防末之。或览之者庶知篇第之旨也。②

特别点明篇第之旨,亦即为政之要务及其先后次第。《通典》的这一结构安排及内容选取,充分体现了杜佑的治国思想。他认为在治国中,政治和经济固然都很重要,但二者相比,经济为最,经济对政治起决定作用,是国家发展的重要基础,是关系到国计民生的头等大事。

---

① 《通典·乐二·历代沿革下》卷一百四十二,中华书局,1988年版,第3621页。
② 《通典序》卷一,中华书局,1988年版,第1页。

因此,特意将食货放在诸典之首,以明其意。这种重视经济的观点不仅符合当时的社会需要,"其书大传于时,礼乐刑政之源,千载如指诸掌,大为士君子所称",而且还得到了后世封建帝王的赞同。

杜佑对西周姜太公、春秋齐国管仲、战国魏相李悝、秦国商鞅、北周绰、隋代高颖等人的经济思想和措施备加推崇赞赏,称颂他们为"六贤",说他们"上以成王业,兴霸图,次以富国强兵,立事可法。"①即使对前人有非议的汉代理财家桑弘羊、耿寿昌也给予了公允的评价和肯定,认为他们的经济改革,"犹事有成绩"。这种见解不是偶然的,反映了杜佑对经济改革的高度重视和特殊兴趣。

对前人有关重视经济的论述,杜佑大量收集,并将重要论述整篇整段地载入《通典》。他充分吸取前人的思想精华,结合现实,明确地提出"教化之本在乎足衣食"②的进步观点,认为"国足则政康,家足则教从"③。"财足而食丰,人安而政洽,诚为邦之所急,理道之所先。"④反之,则不可能出现国泰民安的局面。无疑,这是一种符合客观实际的正确见解,有利于封建社会的稳定和巩固。

安史之乱后,"兵革荐兴",百姓流亡,国家赋税日益减少,财政入不敷出,针对这一局面,杜佑指出:"详今日之宜,酌晋隋故事,版图可增其倍,征缮自减其半。赋既均一,人知税轻,免流离之患,益农桑之业。安人济用,莫过于斯矣。"⑤赋税均平,徭役减半,则户口数自会增长;户口数增长,则赋税就会增加,经济的良性循环就会出现。同时,从解决百姓浮浪这一点出发,杜佑极力反对惰务游闲及农民经商。他认为"其工商虽有技巧之作、行贩之利,是皆浮食不敦其本",应"皆罚其惰,务令归农"。⑥ 因为杜佑认为农业是国家经济的命脉,"农者,有

---

① ④ 《通典·食货十二·轻重》卷十二,中华书局,1988年版,第295页。
② 《通典序》卷一,中华书局,1988年版,第1页。
③ 《通典·食货七·户口》卷七,中华书局,1988年版,第156页。
⑤ 《通典·食货七·后论》卷七,中华书局,1988年版,第158页。
⑥ 《通典·食货四·赋税上》卷四,中华书局,1988年版,第69页。

国之本也"，①"谷者人之司命也，地者谷之所生也"，"有其谷则国用备，辨其地则人食足"。② 只有稳定农业，才会出现太平盛世。而要使农业稳定并得以发展，必先制定一个理想的土地制度。杜佑认为井田制便是这样一种土地制度。然而"古井田法虽难卒行，宜少近古，限民名田，以赡不足，名田，占田也。各为立限，不使富者过制，则贫弱之家可足也。塞并兼之路，然后可善治也"。③ 古井田制虽已难恢复，但他认为唐初之庸调制，"犹存古井田"之义，"旧制，百姓供公上，计丁定庸调及租，其税户虽兼出王公以下，比之二三十分唯一耳"④。薄赋轻徭，因而"泽及万方，黎人怀惠"。⑤ 但安史之乱"兵兴以后，经费不充。于是征敛多名，且无恒数，贪吏横恣，因缘为奸，法令莫得检制，烝庶不知告诉。"⑥ 杜佑认为必须改变这种局面，因而提出了改革的办法和建议：

> 今甲兵未息，经费尚繁，重则人不堪，轻则用不足。酌古之要，通今之宜，既弊而思变，乃泽流无竭。夫欲人之安也，在于薄敛；敛之薄也，在于节用。若用之不节，而敛之欲薄，其可得乎？先在省不急之费，定经用之数，使天下之人知上有忧恤之心，取非获已，自然乐其输矣。⑦

国家首先要节用，省不急之费，才能使得薄敛得以实现；只有实施了薄敛的政策，百姓才能"乐其输"，国家的财政收入才有可靠的保障，经济就会好转，国力便会强盛。

杜佑严厉地批评以税折变征求货币、加重百姓负担的两税法，指出折变不利于农业的发展，只能使豪富大贾从中牟利受益。他说："天下农人皆当梟鬻，豪商富室乘急贱收，旋致罄竭，更仍贵籴，经复受弊，

---

①⑦ 《通典·食货十二·后论》卷十二，中华书局，1988年版，第295页。
② 《通典·食货一·田制上》卷一，中华书局，1988年版，第3页。
③ 《通典·食货一·田制上》引董仲舒语，卷一，中华书局，1988年版，第9页。
④⑥ 《通典·食货七·后论》卷七，中华书局，1988年版，第157页。
⑤ 《通典·食货十二·后论》卷十二，中华书局，1988年版，第294页。

无有已时。欲其安业,不可得矣。"①两税法虽然有利于政府的财政收入,却于农民纳输十分不便甚至有害。所以遭到杜佑的强烈抨击。

杜佑的社会改革思想在许多方面都具有创建性,提出一系列合理的建议。在当时的官僚士大夫阶层,像杜佑这样提出较为完整系统之改革思想者,实属不可多得,其以重视经济建设为先导的改革思想,不仅是合理的,也是可行的,具有现实而且超前的进步意义。

---

① 《通典·食货十二·后论》卷十二,中华书局,1988年版,第295页。

第六章
盛唐时期的儒学及其制度化

唐代历史发展至开元盛世，无论是疆域的辽阔还是社会政治经济文化诸方面的繁荣兴盛，都展现了空前未有景况，达到世界的高峰，成为世界的中心，故而史称这一历史时期为"盛唐"。盛唐时期所展现的文化风貌被称之为盛唐气象，这一时期所发出的声音，被称之为盛唐之音。盛唐气象，因之成为中国文化历史至高点的重要标识，而其奠基与发端却肇始于初唐的贞观之治。

盛唐气象是盛世文明全方位的展现，其最直观的突出表现，便是李杜王孟等"光焰万丈"，与日月争辉的动人歌诗和张说、苏颋以"燕许大手笔"驰誉文坛，雍容华贵，气势雄浑的高文典册；以及沉雄浑厚，风神整峻，素有"颜筋柳骨"之誉的颜柳书法，①堪与"曹衣出水"媲美，具有"吴带当风"神韵的吴道子绘画，各个领域均呈现出登峰造极、精妙

---

① 当然还有笔走龙蛇以张旭、怀素为代表的狂草和堪与王右军并称的李邕行书以及雍容大度的李阳冰篆书。

入微而又恢廓大度的艺术风格,因以汇统归之曰"盛唐气象"。然而愚以为"气象"也者,乃是其生存状态、文化根基、艺术修养、思想内蕴之外在展现,一种艺术风神的养成及其发皇光大,必有其浸成社会整体风貌的所以然在。故曰"盛唐气象"的呈现,有其更为深厚的社会根基与深远的历史原因,非突如其来,一朝一夕之故也。于现实而言,实赖整个社会思想文化诸因素的相互激荡、支撑而后可;于历史而言,则唐初诸帝,特别是贞观朝太宗君臣在平定战乱,恢复经济的同时,迅速确立以民为本,胡汉一体的立国方针;以儒为主,三教并举的宗教政策;总结历代兴亡教训,撰修八朝史志,引为施政借鉴;整合汉魏六朝经学,撰著《五经正义》,确立思想主旨;以及兴复礼乐,制定法度,莫不是亘古罕见的大匠手笔。卒用软硬结合,虚实相应诸举措,使一个疮痍满目,人心浮动的国家迅速地步入国富兵强,民心安定的儒治社会,史称贞观之治。欧阳修《新唐书·太宗本纪》赞扬太宗曰:"除隋之乱,比迹汤、武;致治之美,庶几成、康。"[①]其文治武功,所展现的恢弘气度、博大胸怀与进取精神,说明"盛唐气象"之精髓早已孕育肇端于贞观之世。

唐玄宗平乱登基之后,尽复太宗遗规,奉行初唐制定的基本国策,使"贞观之风,一朝复振"。致力于富国强兵,繁荣经济的同时,扩大儒学教育,开科取士,亲撰《孝经》和《老子》注疏,修定《开元礼》,编纂《大唐六典》,于中国礼法社会的确立,良风美俗的养成,做出杰出贡献。

开元之治的各项举措,表现了更加开放的文化心态,而且莫不合于天心民意(所谓天心者,事物发展之客观规律也)。儒治之下的富国强兵,主张协和万邦;儒治之下的礼法制度,旨在建立发展的秩序;儒治之下的开科取士,更为士子进取开辟了广阔的进身之路,社会于是愈加安定,经济于是愈加繁荣,文化亦于是愈加昌盛,这使朝野上下,无不充满着强烈的自信心和责任感,愈加激发了儒家士子以天下为己

---

① 《新唐书·太宗本纪赞》卷二,中华书局,1975年版,第48页。

任的使命感和担当精神,拯世济民,致君尧舜的信念,更是不以顺逆险夷而易其初心。以主人公的姿态讴歌盛世,抨击现实,睥睨一世,雄视百代,发而为歌诗,抒而为文章,挥洒翰墨而为书法绘画,焉有不雄浑沉郁、汪洋恣肆者乎!动既如此,静亦如之,心灵的安宁,境遇的闲适,如身心之自由,如草木之逢时,莫不奔赴笔端,发而为歌诗绘事之极致,此亦当是盛世气象题内应有之义。如此看来,富有包容雅量的儒治精神和礼法社会,不惟是"盛唐气象"实质的精髓内蕴,且亦是"盛唐之音"存续的社会根本保障。因述盛唐儒学与其在制度层面的建设落实,对中国礼教(实为礼法之教)社会之形成,所起的模范决定作用。

第一节 唐玄宗的崇经《孝经注》及其影响

一、唐玄宗与开元、天宝之治

唐玄宗李隆基(712—756),睿宗李旦第三子。《旧唐书》称其"性英断多艺,尤知音律,善八分书。仪范伟丽,有非常之表"。《新唐书》亦称其"性英武,善骑射,通音律、历象之学"。始封楚王,累迁卫尉少卿、潞州别驾。居藩邸时,属"王室多故,上常阴引材力之士以自助"。[①]看来玄宗不但具有英武果断的秉赋,且早畜平定政乱的志向。

自武则天末年,还政其子,而中宗、睿宗迭经废立。唐廷政局益加动荡,吏治败坏,民生凋弊,险象环生,已经危及政权的存亡。景云元年,欲效法武则天的韦皇后,弑杀中宗,临朝称制。且将不利于睿宗,于是,玄宗乃与太平公主联合,定计削灭政乱。当此之际,有人曾提议应先事报请居藩的睿宗,"上曰:我拯社稷之危,赴君父之急,事成福归于宗社,不成身死于忠孝,安可先请,尤怵大王乎!若请而从,是王与

---

① 《旧唐书·玄宗本纪上》卷八,第165、166页;《新唐书》卷五,第121页。中华书局,1975年版。

危事；请而不从，则吾计失矣。"遂夜入禁苑，尽诛韦党。仍拥立睿宗复即皇帝位。由于太平公主不惟揽权干政，且欲阴谋篡位，继承其母武后的大统。睿宗乃及时禅位于太子李隆基。玄宗于继位的次年，除去这一隐患，改元为开元。在一系列事变中，表现了一代明主临事英断果决的风范。玄宗亲临大政之后，立即召同州刺史姚崇入朝主政，与张说同为宰相。君臣共治，开启了拨乱反正，励精图治，重振军威，再兴儒学的开元之治。

文治方面，"玄宗在东宫，亲幸太学，大开讲论，学官生徒，各赐束帛。及即位，数诏州县及百官荐举经通之士。又置集贤院，招集学者校选，募儒士及博涉著实之流"。① 自高宗武后以来，太学释奠，废散已久，陈子昂曾上疏武后专论官学废弃的情况："国家太学之废，积岁月矣；堂宇芜秽，殆无人踪，诗书礼乐，罕闻习者。"并再三恳言："天子立太学，可以聚天下英贤，为政教之首"，"是以天子得贤臣，由此道也。今则荒废，委而不论，而欲睦人伦，兴礼让，失之于本，而求之于末，岂可得哉"？② 中宗虽然一度恢复国学，但由于政局动荡，终至不振。玄宗秉政，方立志整顿，敕令兴学，并亲临释奠。其《将行释奠礼令》云：

> 夫谈讲之务，贵于名理，所以解疑辩惑，凿瞀开聋，使听者闻所未闻，视者见所未见。爰自近代，此道渐微。问《礼》言《诗》，惟以篇章为主，浮词广说，多以嘲谑为能，遂使讲座作俳优之场，学堂成调弄之室。瘖夫利口，可以骧首先鸣；太元俊才，自当俛首垂翅。舍兹确实，竞彼浮华，取悦无知，见嗤有识。假令曹张重出，马郑再生，终亦藏锋匿锐，闭关却扫者矣。寡人今既亲行齿胄，躬诣讲筵，思闻启沃之谈，庶叶温文之德。其侍讲等，有问难释疑，不得别构虚言，用相凌忽。如有违者，所司量事纠弹。③

---

① 《旧唐书·儒学传上》卷一百三十九，中华书局，1975年版，第4942页。
② 《全唐文·陈子昂·谏政理书》卷二一三，中华书局，1983年版，第2154页下。
③ 《全唐文·元宗·将行释奠礼令》卷二〇，中华书局，1983年版，第234页下。

对太学讲经论学提出严格的要求,要能"解疑辩惑,凿瞽开聋"。改变并无实学,哗众取宠,"取悦无知,见嗤有识"的讲学颓风。希望能够听到启沃心灵,增益道德的讲论。并对讲筵纪律做出规定:问难释疑之际,既不得回避问题,也不可互相攻讦,如有违犯,量事纠弹。对时代良好学风的树立,起到规范作用。

开元十三年,玄宗与"学士宴于集仙殿。上曰:'仙者凭虚之论,朕所不取。贤者济理之具,朕今与卿曹合宴,宜更名曰集贤殿。'"①诏改集仙殿为集贤殿,改丽正修书院为集贤殿书院,简称集贤院。兼具藏书、修撰、侍读三大功能。据《新唐书·百官志二》云:"集贤殿书院。学士、直学士、侍读学士、修撰官,掌刊辑经籍。凡图书遗逸、贤才隐滞,则承旨以求之。谋虑可施于时,著述可行于世者,考其学术以闻。"②故《新唐书》谓:"褚无量、马怀素等劝讲禁中,天子尊礼,不敢尽臣之。置集贤院部分典籍、乾元殿博汇群书至六万卷,经籍大备,又称开元焉。"③即是说其藏书超过以往任何时代。

玄宗有《命张说等与两省侍臣讲读制》言及儒臣侍讲及其意义,以见其求治之切:

> 先王务本,君子知教;化人成俗,理国齐家;必由于学矣。朕往在储宫,旁求儒雅,则张说、褚无量等为朕侍读。咸能发挥启迪,执经尊道,以微言匡菲德者,朕甚休之。自虔奉圣训,祗膺大宝,冀天下学士,靡然向风,实获我心。登于近侍,复欲勉听虚伫,论思献纳。孔子曰:"德之不修,学之不讲,是吾忧也。"岂食而不知其旨,耕而不知其耨,将何以因于义,求于善,补朕之阙,诲人罔倦哉?宜令守中书令燕国公张说、右常侍崇文馆学士兼国子祭酒舒国公褚元量等,公务之暇,于中书与两省侍臣讲读,其有昌言至

---

① 《资治通鉴·唐纪二十八》卷二百一十二,中华书局,1956年版,第6764页。
② 《新唐书·百官志二》卷四十七,中华书局,1975年版,第1212页。
③ 《新唐书·儒学传上》卷一百九十八,中华书局,1975年版,第5637页。

诚,可体要经远者,仍令行黄门侍郎昭文馆学士李乂、中书侍郎兼知制诰苏颋与左右起居随事编录,朕将亲览,庶施乎海内,始自京师。①

不仅鼓励坐而论道,而且准备起而施行,通过讲读,收集"体要经远"的至诚昌言(有益的建议),向全国推行。并希冀"天下学士,靡然向风",因义求善,以补自己为政阙失,可见其"执经尊道"之诚。也为开元之治,奠定了思想基础,并储备了人才。

玄宗即位后,求治甚切。重用"欲复贞观之政"②的姚崇、宋璟、张嘉贞等人为相,作为"救时之相"的姚崇,初闻拜命,并未立即接受,而是向玄宗献以十事,"有不可行,臣不敢奉诏"。其十事主要有:先仁义后刑法;不贪求边功;中官不预公事;租庸调外之征敛悉予罢停;停建佛寺道观;容忍犯颜直谏等。致治之要,一尽于此。玄宗一一应允,且曰:"朕非唯能容之,亦能行之。"③终于开创了历史上著名的开元盛世。

开元初年,玄宗既欲依贞观故事,复贞观之政,首要的任务,就是贯彻儒治立国的基本国策。为达到"正君臣、明贵贱、美教化、移风俗"的目的,不仅注意经籍的搜集,而且关注经籍的传播。一改只是诏奖献书的旧习,于开元七年五月,"降敕于秘书省、昭文馆、礼部、国子监、太常寺、及诸司,并官及百姓等,就借缮写之。"同年九月,再次下诏:"比来书籍缺亡,及多错乱","令丽正殿写四库书","其三教珠英,既有缺落,宜依旧目,随文修补","及整比四部书成,上令百姓官人入乾元殿东廊观书,无不惊骇"。④

玄宗尊崇孔子,曾下诏敕曰:"弘我王化,在乎儒术。孰能发挥此

---

① 《全唐文·元宗·命张说等与两省侍臣讲读制》卷二〇,中华书局,1983年版,第235页下。引文有节略。
② 《资治通鉴·唐纪二十七》卷二百一十一,第6729页。
③ 《资治通鉴·唐纪二十六》卷二百一十,中华书局,1956年版,第6689页。据《考异》引《开元昇平源》文意概括。《昇平源》今载《开元天宝遗事十种》,上海古籍出版社,1985年版,第111、112页。
④ 以上均见《唐会要·经籍》卷三十五,中华书局,1955年版,第644页。

道，启迪含灵，则生人已来，未有如夫子者"，认为孔子之学，"能立天下之大本，成天下之大经，美政教，移风俗，君君臣臣，父父子子，人到于今受其赐"。① 因而追谥孔子为文宣王，立庙释奠行王者礼。同时追赠孔子弟子六十七人，以示崇儒重教。又欲继贞观考定《五经文字》，撰定《五经正义》之后，对其他数部经典做同样的校定疏理。开元七年（719）三月，玄宗下《令诸儒质定孝经尚书古文诏》，敕令群儒质定《尚书》、《孝经》今、古文本和郑注、孔传的异同优劣。② 并屡次下诏裁定诸儒争论，由于对前儒注疏殊难满意，乃于开元十年，"玄宗自注《孝经》，诏行冲为疏，立于学官"。③ 至天宝二年（743），玄宗重注《孝经》并亲自作序。天宝五年，玄宗因元行冲疏"虽粗发明，幽赜无遗，未能该备"。因此"今更敷畅，以广阙文"，予以一并重修。天宝二年五月，重注本颁于天下。次年十二月，诏天下民间家藏户备。四年（745）九月，将重修本《御注孝经》刊石立于太学，是为石台《孝经》。天宝五年重修《义疏》"颁示中外"。至此，玄宗历时近三十年，倾注大量心血，正定注疏《孝经》，以弘扬儒家孝道教诲的工作基本告成。说明玄宗在其前期执政生涯中，特别重视儒家经典的学习、整理与传播，每常读书有间，便改正经文，如读《尚书·洪范》"至无颇，以声不协韵，改颇为陂"，"仍宣示国学"。又改《礼记》月令为时令等。玄宗御注《孝经》，非仅是学术研究，而是将之作为一项移风美俗的政治举措来对待的。《旧唐书·玄宗本纪下》有一段论赞文曰：

> 我开元之有天下也，纠之以典刑，明之以礼乐，爱之以慈俭，律之以轨仪。黜前朝徼幸之臣，杜其奸也；焚后庭珠翠之玩，戒其奢也；叙友于而敦骨肉，厚其俗也；搜兵而责帅，明军法也；朝集而计最，校吏能也。庙堂之上，无非经济之才；表著之中，皆得论思

---

① 《旧唐书·礼仪四》卷二十四，中华书局，1975年版，第902页。
② 《唐会要·论经义》卷七十七，中华书局，1955年版，第1405页。
③ 《新唐书·儒学传下》卷二〇〇，中华书局，1975年版，第5691页。

之士。而又旁求宏硕,讲道艺文。昌言嘉谟,日闻于献纳;长辔远驭,志在于升平。贞观之风,一朝复振。①

论述了开元之治的措施及成就。其中"叙友于而敦骨肉,厚其俗也"一语,即是表彰玄宗御注《孝经》的目的及其效果。亦且为其"长辔远驭,志在升平"的政治目的服务。所谓"开元盛世",应该说即是开元经济社会成就与一朝复振的贞观学风相互交融的总和。

开元之盛,还在于臣贤主明,史称:"开元之代,多士盈庭";"所置辅佐,皆得贤才","朝多君子,信太平基欤"。② 然自开元末年,玄宗陶醉于盛世的颂声之中,特别是在姚崇、宋璟、张说等没世之后,玄宗骄逸之心渐起,不再乐听谏诤之言。开元二十年后,相继罢免韩休、张九龄相位,专意依重李林甫。李林甫是一个喜怒不形于色,"面柔而有狡计,能伺候人主意",口蜜腹剑的阴险小人,"初,上欲以李林甫为相,问于中书令张九龄,九龄对曰:'宰相系国安危,陛下相林甫,臣恐异日为庙社之忧。'上不从。"③李林甫"妒贤疾能,举无比者"④,尤难容不附于己者,而且"猜忌阴中人,不见于词色,朝廷受主恩顾,不由其门,则构成其罪"⑤。独掌相权之后,排挤贤能之臣,或迫害致死,或废锢终身。为了固权,不惜连兴大狱,残害忠良,株连无辜,灭族达百余家。

天宝六年(747)"上欲广求天下之士,命通一艺以上皆诣京师。李林甫恐草野之士对策斥言其奸恶,建言:'举人多卑贱愚聩,恐有俚言污浊圣听。'乃令郡县长官精加试练,灼然超绝者,具名送省。既而至

---

① 《旧唐书·玄宗本纪下》卷九,中华书局,1975年版,第236页。引文有删略。
② 《旧唐书·张九龄等传·论赞》卷九十九,第3107页;《新唐书·张、源、裴传·论赞》卷一百二十七,第4455页。中华书局,1975年版。
③ 《资治通鉴·唐纪三十》卷二百一十一,中华书局,1956年版,第6729页。
④ 《新唐书·奸臣上》卷二百二十三,中华书局,1975年版,第6349页。
⑤ 《旧唐书·李林甫传》卷一百六,中华书局,1975年版,第3236页。李林甫可与赵高指鹿为马相媲美的名言是立仗马之喻,"仗仗马食三品豆,一鸣而去之"。似较易令人接受,所以影响也更为深远。

者皆试以诗、赋、论,遂无一人及第者,林甫乃上表贺野无遗贤"。① 具有讽刺意味的是,当时的大文豪大诗人如杜甫、元结等皆参加此次科举,却被一概黜落。一无录取,竟谓之"野无遗贤",这种近乎指鹿为马不合常理的逻辑,来自于佛教的无漏学说,常理认为水在盂中一无渗漏谓之无漏,而佛教认为漏尽则不漏。正与李林甫的一名不取而谓之"野无遗贤"等。

林甫居相位达十九年,市恩固宠,任法弄权。在安宁繁荣的背后,是罗钳吉网②,是谏争路绝,在如此高压政策下,只能迫使天下人道路以目,何盛世之可言。外戚杨国忠初与林甫狼狈为奸,又相互倾轧,及甫殁而当国,专作威福,比李林甫有过之而无不及,是导致安史之乱的罪魁祸首。"自两京陷没,民物耗弊,天下萧然。"使一个繁华的大帝国,瞬间訇然跌落为乱世,世皆谓玄宗用人之失也。《旧唐书·玄宗纪论赞》即曰:"俄而朝野怨咨,政刑纰缪,何哉? 用人之失也。自天宝以还,小人道长。如山有朽坏,虽大必亏;木有蠹虫,其荣易落。以百口百心之谗谄,蔽两目两耳之聪明,苟非铁肠石心,安得不惑? 而献可替否,靡闻姚、宋之言;妒贤害功,但有甫、忠之奏。豪猾因兹而睥睨,明哲于是乎卷怀,故禄山之徒,得行其伪。""谋之不臧,前功尽弃。"诚哉斯言!

但其背后还有更为深远的原因,即玄宗执政思想由尊儒转而为崇道的缘故。三教并举,独尊儒术,本是李唐立国的基本国策,老子的道家思想,只能用来作为儒治的辅佐,所以位居三教之首者,只因老子姓李而已。三教并重的唐玄宗在其执政的前期,还是比较侧重于儒教,这可从其勇于纳谏、两注《孝经》以及勤于兴利除弊的诸多举措中得到证明。然而天下大治的结果,却让玄宗误以为大功告成,自今而后,天

---

① 《资治通鉴·唐纪三十一》卷二百一十五,中华书局,1956年版,第6876页。
② 《资治通鉴·唐纪三十一》卷二百一十五,中华书局,1956年版,第6866页。李林甫欲除不附己者,重用酷吏罗希奭、吉温,"二人皆随林甫所欲深浅,锻炼成狱,无能自脱者,时人谓之'罗钳吉网'"。

下可以无为而治。如天宝三年,玄宗谓高力士曰:"'天下无事,朕欲高居无为,悉以政事委林甫,何如?'对曰:'天子巡狩,古之制也。且天下大柄,不可假人;彼威势既成,谁敢复议之者!'上不悦。"①"无为而治"是儒道共有的理念,孔子承认其乃为政的最高境界,至汉代,无为而治被诠释为"上无为而臣下有为"的思想,这一点,御注《老子》的玄宗是清楚的,故有委政于宰臣之议。高力士虽然暂时谏止了玄宗的行为,却无法解开玄宗崇信道家乃至道教的心结。

自开元后期始,玄宗的头脑几乎完全被其"祖宗"的思想所盘踞。开元二十一年,玄宗亲注《道德经》;越两年,修《老子义疏》成;天宝二年,诏令崇玄馆学士讲《道德》、《南华》诸经,群公百辟,咸就观礼;天宝四载诏令:宜以《道德经》列诸经之首,其《南华真经》等,不宜编在子书;天宝八载下敕:今内出《一切道经》,令崇玄馆缮写分发诸道,令诸郡转写,颁示诸观。天宝十四载十月,颁示《御注老子》并《义疏》于天下,令学者习之。由于玄宗日益崇道,公主嫔妃多入道为女真,杨贵妃即被度为太清宫女道士。李林甫等朝臣皆请舍宅为道观,一时间长安城内道观达三十余所。道士升官进爵者颇不乏人。王公大臣对玄宗之"尊道教",更是"表贺无虚月"。据《旧唐书·礼仪志》载:"玄宗御极多年,尚长生轻举之术。于大同殿立真仙之像,每中夜夙兴,焚香顶礼。天下名山,令道士、中官合炼醮祭,相继于路,投龙奠玉,造精舍,采药饵,真诀仙踪,滋于岁月。"②试想沉浸在《玄真道曲》和《霓裳羽衣曲》中的玄宗,怎能不飘飘欲仙呢!

然而吊诡(至异)的是,玄宗舍儒崇道,意欲无为的结果,却是李林甫的任法、用势、弄权,攘窃天下而能令之噤声的一套法家权谋术数。细检玄宗天宝君臣所为,没有一条不与姚崇所约十事相违。除却经济社会的表面繁荣,人们的精神世界可谓与开元时期"天下大治,河清海

---

① 《资治通鉴·唐纪三十一》卷二百一十五,中华书局,1956年版,第6862页。
② 《旧唐书·礼仪志四》卷二十四,中华书局,1975年版,第934页。

晏"、"朝清道泰"、"人情欣欣然"的景况不啻云泥之隔,①此所以天宝不得称盛世也。岂不信然!

二、唐玄宗与《御注孝经》

唐玄宗是"以孝治天下"的典范,他在开元、天宝年间两度进行御注《孝经》,系统保存汉魏六朝以来《孝经》传注的宝贵思想,也是《十三经注疏》中唯一一部由皇帝注释的儒家经典。唐玄宗以帝王之尊,亲为《孝经》作注,是历史上绝无仅有的盛举,上有所好,下必甚焉,其对儒治社会的影响可想而知。玄宗的《御注孝经》丰富并发展了《孝经》思想,多方位地阐发了"孝治"要义,将"孝治"思想转化为极其重要的治国理念,实现了以孝治天下的目的,对后世影响既远且深。

以孝治教化天下,具有顺乎人情、敦厚风俗、安定社会、为国尽忠的突出作用,已经成为自汉代以还,国人首要的价值观和历代统治者的共识。唐玄宗初年,英武有为,崇尚儒学,立志革故鼎新,规复贞观之政,遂能留意经籍,谘访治术,标榜"以孝治天下"作为施教方针,两次御注《孝经》并颁行天下。此举是继《五经正义》之后,唐代最重要国家撰著。一则表现出其人确有过人之识;一则表现出其人善继先人之志。唐代之有开元之治,盖始于此也。

史称玄宗为"好文之君"②,唐睿宗亦曾评价玄宗曰"孝而克忠,义而能勇"③。玄宗生长于帝王之家,自幼接受包括《孝经》在内的儒家经典与礼仪的良好教育,无论居藩还是担任地方官时,皆喜接儒雅之士。即位后,设立集贤院,以宰相为学士,由侍读学士轮值进讲。"开元三年十月敕:朕每读史籍,中有阙疑,时须质问。宜选耆儒博学一人,每日侍读。遂命光禄卿马怀素,右散骑常侍褚无量,更日入。"④对待侍读

---

① (唐)郑綮:《开天传信记》,《开元天宝遗事十种》,上海古籍出版社,1985年版,第50页。
② 《旧唐书·马怀素传》卷一百二,中华书局,1975年版,第3185页。
③ 《旧唐书·玄宗本纪上》卷八,中华书局,1975年版,第167页。
④ 《唐会要·侍读》卷二十六,中华书局,1955年版,第510页。

学士"天子尊礼,不敢尽臣之"。"每至阁门,令乘肩舆以进;或在别馆道远,听于宫中乘马。亲送迎之,待以师傅之礼。以无量羸老,特为之造腰舆,在内殿令内侍舁之。"①一日,唐玄宗欲与姚崇论时务,苦雨不止,便"令侍御者抬步辇召学士来。时元崇为翰林学士,中外荣之。自古急贤待士,帝王如此者,未之有也"。②玄宗不惟尊师重道,友于兄弟的事迹,亦颇传为佳话。《资治通鉴》记唐开元二年事:"上素友爱,近世帝王莫能及;初即位,为长枕大被,与弟兄同寝。"甚至亲为兄弟执爨煎药,笃厚之情,古今罕俦。惟"不任以职事",言谈之间,恭慎而已,"未尝议及时政"。③并作《诫宗属制》,以为宗族约誓。其文曰:

> 朕君临宇内,子育黎元。内修睦亲,以叙九族;外协庶政,以济兆人。勋戚加优厚之恩,兄弟尽友于之至,务崇敦本,克慎明德。今小人作孽,已伏宪章,恐不逞之徒,犹未能息。凡在宗属,用申惩诫。所以共存至公之道,永协和平之义。贵戚懿亲,宜书座右。

一方面睦亲敦本,一方面用惩申诫,这不仅符合孝悌之道对亲情的爱护,也表现出儒道处理此类关系的高超智慧。如果说世间还有一种既不违逆人性,而又可用为治国之道的典籍,那就是《孝经》了。所以推行"以孝治天下",实则是一举两得的事情。故而历代执政者乐此不疲,而玄宗又从而提升了其境界。

盛唐时期,唐玄宗第二次为《孝经》所作御注,颁行天下,合经文一并刻石立于太学。玄宗注释《孝经》的过程,既牵涉到当时为政的方向,也牵涉到历代学术的源流。开元七年三月初,玄宗连下两封明诏,敕令"诸儒质定《孝经》、《尚书》古文",其三月一日诏曰:

---

① 《资治通鉴·唐纪·唐玄宗开元二年》卷二百一十一,中华书局,1956年版,第6712页。
② 王仁裕:《开元天宝遗事》卷上,《开元天宝遗事十种》,上海古籍出版社,1985年版,第65页。
③ 《资治通鉴·唐纪·唐玄宗开元二年》卷二百一十一,中华书局,1956年版,第6701页。

《孝经》、《尚书》有古文本孔、郑注,其中指趣,颇多踳驳,精义妙理,若无所归,作业用心,复何所适?宜令诸儒并访后进达解者,质定奏闻。①

孔安国所传儒家经典,皆为古文经;郑玄遍注群经,传世《孝经》郑氏注,虽为今文经本,然郑氏为学,主今古文兼综,诏书云有"古文本孔、郑注",当即指此而言。诏令的主旨,在于要求质定经传的舛讹以及相互矛盾之处,使其精义妙理有所统归,以便于学者的思想行为有所凭依。数日后,玄宗又发表自己的意见,于六日下达《令孝经参用诸儒解(易经兼帖子夏易传)诏》云:

《孝经》者,德教所先。自顷以来,独宗郑氏,孔氏遗旨,今则无闻。诸家所传,互有得失,独据一说,能无短长。其令儒官,详定所长,令明经者习读。若将理等,亦可兼行。详其可否奏闻。②

诏文首先指明《孝经》在儒家德教中所具有的先导地位。然后论及《孝经》自两汉以来,郑、孔两家传注,而世所传习者惟有郑氏注,孔传则今已无闻。各家所传经旨,互有得失,若独具一家之言,怎能避免短长?因命儒官较其所长,以便明经之士习读。若其所传经义顺理,亦可两家并传。完全撇开孔、郑今古文之争,直截探问两家经义优劣,这种通达的态度,表现了政治家与学者不同的治学风格。然而事情远不如玄宗想像的如此简单,诏书一下,就触发了以刘知几和司马贞为主的经今古文学之争。

以刘知几为代表的一派学者力主"行孔废郑"。知几上玄宗《〈孝经注〉议》论今文《孝经》郑氏注曰:

谨按今俗所行《孝经》,题曰郑氏注。爰自近古,皆云郑即康

---

① 《唐会要·论经义》卷七十七,中华书局,1955年版,第1405页。
② 《全唐文·元宗·令孝经参用诸儒解易经兼帖子夏易传诏》卷二八,中华书局,1983年版,第234页下。引文有节略。

成。而魏晋之朝,无有此说。至晋穆帝永和十一年,及孝武帝太元元年,再聚群臣,其论经义,有荀昶者,撰集孝经诸说,始以郑氏为宗。自齐梁以来。多有异论。陆澄以为非玄所注。请不藏于秘省。王俭不依其请。遂得见传于时。魏齐则立于学官。著在律令。盖由肤俗无识,故致斯讹舛。然则孝经非元所注。其验十有二条。

其十二条理由,分别从郑玄自述文字、弟子追记师所著述之《郑志》、记载其生前事迹的碑铭与史志,以及王肃于郑注群经尽行驳斥,而独不及《孝经》注等诸多方面,论证其书非郑玄所作。认为"世之学者,不觉其非,乘彼谬说,竞相推举,诸解不立学官,此注独行于世。观夫言语鄙陋,固不可示彼后来,传诸不朽"①。

刘知几比较认同《孝经孔传》,认为《孔传》"正义甚美",只是其在隋代重出后,由刘炫"校定","辄以所见,率意刊改",然绝非其所伪撰。因而提出"行孔废郑,于义为允"的建议。

而国子祭酒司马贞认为今文《孝经》郑注,"纵非郑氏所作,而义旨敷畅,将为得所"。数处注释小有非稳,但并不违背经传义旨。其古文二十二章本《孝经》,原出孔壁,但于中朝亡佚。今传《孔传》是近儒妄作,"且闺门之义,近俗之语,非宣尼之正说"。并罗列《孔传》"文句凡鄙,不合经典"的若干例证,断定其为"近儒诡说",因之不可扬孔抑郑,要求"郑注与孔传,依旧俱行"。

玄宗对辩论的结果并不满意。乃于其年五月五日,就《孝经》孔郑传注及《老子》河上公注等问题,一并下诏评判曰:

间者诸儒所传,颇乖通议,敦孔学者,冀郑门之息灭;尚今文者,指古传为诬伪。岂朝廷并列书府,以广儒术之心乎。其河、郑二家,可令依旧行用。王、孔所注,传习者稀,宜存继绝之典,颇加

---

① 《唐会要·论经义》卷七十七,中华书局,1955年版,第1406页。

奖饰。①

经过这场辩论之后，玄宗并未受刘知几和司马贞观点的影响，依旧主张郑注与孔传并行。然而，既要孔郑传注并行传习，又要质定其优劣短长，令士子舍其短而习其长，则非另为一部新书不可。因此，这次围绕《孝经》孔郑注所展开的学术辩论，实则已经开启了玄宗时期《孝经》的整理正定工作，并使玄宗萌发了另作一部《孝经》注的设想。

由于前儒注疏"颇乖通议"，"理蔼词繁"，已不能满足现实政教的需要；孔传、郑注之争亦不利于经学思想的统一。因此，另撰一部《孝经》传注，已经势在必行。玄宗既欲"以孝治天下"，鉴于《孝经》在政教方面的重要性，又由于其书篇幅不大，乃决定亲自着手注释。时间应距这次辩论之后不久，《新唐书·元行冲传》载"玄宗自注《孝经》，诏行冲为疏，立于学官"②。但未注明时间。据《唐会要》所载：开元"十年六月二日，上注《孝经》，颁于天下及国子学"③。是知开元十年其书已经著成，并颁行于天下诸学。

由于今古文本《孝经》，文字差别不大，而十八章本今文《孝经》行用既久，玄宗不欲违俗，所以最终还是选择了为今文本作注。据元行冲为《御注孝经》所作序言，玄宗动笔之前，作了充分准备："爰命近臣，畴咨儒学，搜章摘句，究本寻源；练康成、安国之言，铨王肃、韦昭之训；近贤新注，咸入讨论；分别异同，比量疏密，总编呈进。"④即是通过搜罗汉魏以来众家注释，招集儒臣斟酌讨论、分析综合，择优取长，集为新注。

在此过程中，玄宗"每伺休闲，必亲披校，涤除氛荟，搴摭菁华；寸长无遗，片善必举；或削以存要，或足以圆文。其有义疑两存，理翳千

---

① 《唐会要·经义》卷七十七，中华书局，1955年版，第1409页。
② 《新唐书·儒学下》卷二〇〇，中华书局，1975年版，第5691页。
③ 《唐会要·修撰》卷三十六，中华书局，1955年版，第658页。
④ （唐）元行冲：《御注孝经序》卷首，《丛书集成》0728册，中华书局，1991年版，第3、4页。

古,常情所昧,玄鉴斯通,则独运神襟,躬垂笔削,发明幽远,剖析毫厘,目牛无全,示掌非著;累叶坚滞,一朝冰释"①。可见,唐玄宗作《孝经注》确实倾注了很多心力。

玄宗在其亲撰《御注孝经序》中,论及孝道在仁礼体系中的位置云:

> 朕闻上古,其风朴略。虽因心之孝已萌,而资敬之礼犹简。及乎仁义既有,亲誉益著。圣人知孝之可以教人也,故因严以教敬,因亲以教爱。于是以顺移忠之道昭矣,立身扬名之义彰矣。②

是知孝者诸德之本,百行之首。对《孝经》"昔者明王之以孝理天下也,不敢遗小国之臣,而况于公侯伯子男乎"一语,感触良深,"尝三复斯言",叹为仰止。表示"虽无德教加于百姓,庶几广爱刑于四海"。既谦言无德教加于百姓,但希望推广仁爱,仪型(作榜样)于四海。在《答李齐古石台孝经表批》中更说:"孝者德之本,教之所由生也,故亲自训注,垂范将来。"③认识到"孝"不仅是众德之本,而且是礼教所由产生的根基,从孝道入手,就是把握住政教治化的根本。所以要亲注《孝经》,以垂范于将来。这是继贞观《五经正义》、永徽续成九经以来,最具学术与政治双重意义的大事。

按照唐制,国子监以经史课士,分九经为三等:"凡《礼记》、《春秋左氏传》为大经,《诗》、《周礼》、《仪礼》为中经,《易》、《尚书》、《春秋公羊传》、《穀梁传》为小经",均为选修科目。而《论语》、《孝经》,则为国子学必修之科(皆兼通之)。"凡治《孝经》、《论语》,共限一岁",是国子学先修科目。《孝》、《论》卒业始得渐次进修九经。④ 又"唐有童子科,凡十岁以下能通一经,及《孝经》、《论语》每卷诵文十通者予官;七通

---

① (唐)元行冲:《御注孝经序》卷首,《丛书集成》0728册,中华书局,1991年版,第4—5页。
② 《孝经注疏·孝经注序》卷首,《十三经注疏》整理本,北京大学出版社,2000年版,第13—14页。
③ 《全唐文·元宗十八·答李齐古石台孝经表批》卷三七。
④ 《文献通考·学校考二》卷四十一,中华书局,1986年版,第391页下。

者,予出身"①。可见《孝经》、《论语》是唐代士子自幼修习的科目。无论其对人生的影响,还是其在经学中的位置,都有其不可低估的重要意义。无怪乎引起玄宗的重视,正定文字,讨论经义,并亲自为其作注了。

在御注《孝经》的过程中,玄宗对于篇简错乱,大义乖绝的状况,十分感慨,其《序》文曰:

> 近观《孝经》旧注,踳驳尤甚。至于迹相祖述,殆且百家;业擅专门,犹将十室。希升堂者,必自开户牖;攀逸驾者,必骋殊轨辙。是以道隐小成,言隐浮伪。且传以通经为义,义以必当为主。至当归一,精义无二,安得不翦其繁芜而撮其枢要也?②

前人关于《孝经》的旧注将及百家,庞杂舛错,递相沿袭,能够登堂入室的并不多。然犹自开户牖,另辟途辙,致使真理隐蔽于一得之见,至言掩没于浮华之辞。而不知传注之作,目的在于通畅经旨,释义必须准确。深刻的经义及合理的解说,只能有一种,因而必须剪除那些繁芜的浮词,而会通其精要的观点。反映了玄宗的经学理念与治学方法,然后就其《孝经注》所依据的旧注情况,以及自己对圣贤用意的理解,一一加以说明:

> 韦昭、王肃,先儒之领袖;虞翻、刘邵,抑又次焉。刘炫明安国之本,陆澄讥康成之注,在理或当,何必求人?今故特举六家之异同,会五经之旨趣,约文敷畅,义则昭然。分注错综,理亦条贯,写之琬琰,庶有补于将来。且夫子谈经,志取垂训,虽五孝之用则别,而百行之源不殊。是以一章之中,凡有数名,一句之内,意有

---

① 《文献通考·选举考八》卷三十五,中华书局,1986年版,第329页上。
② 《孝经注疏·孝经注序》卷首,《十三经注疏》整理本,北京大学出版社,2000年版,第17、18页。踳驳,即舛驳。

兼明,具载则文烦,略之又义阙,今存于疏,用广发挥。①

是说新注,无非举六家之异同,会五经之旨趣。敷畅经义,冀望有益于将来。最后言及其对《孝经》的总体看法,认为圣贤著书,其志但取垂训后代而已。《孝经》根据人的地位不同,分孝行为五等,但其源不殊,其用则一。至于经文言约意深,殷勤垂训;若详加注释则文烦,太略则大义或缺。因而又命儒臣再作义疏,以发挥经传义旨。在此玄宗提出一个注疏体例的问题,即注宜简而疏宜详,疏将顺从注释经旨的有余不尽之言及相关知识,尽量予以发挥、说明。则注在于阐明经义,而疏则是传注的延伸,从而有利于加深学者对经传的理解。

元行冲所作义疏,原本已佚,北宋邢昺《注疏》即依其基础修成,其疏亦称"正义",一依《五经正义》模式,或即行冲原书体例如此。一般传注与义疏作者皆非同时代人,而《御注》之义疏,却是在玄宗指导下完成。及玄宗第二次修订完成《御注》时,行冲已经谢世,玄宗只好另委儒臣修改义疏,一并颁行天下。

在第一次御注《孝经》颁行之后,近二十年的行用过程中,玄宗对《孝经》注释又复历有发明,遂决定对《御注》作进一步的修改,于"天宝二年(743)五月二十二日,上重注,亦颁于天下"②。天宝五载(746),诏令集贤院学士修改《孝经义疏》,其诏曰:"《孝经》书疏,虽粗发明,幽赜无遗,未能该备。今更敷畅,以广阙文。仍令集贤院具写,送付所司,颁示中外。"③至此,萧梁时并立国学的《孝经》孔、郑二家注,遂因之废止。

三、《孝经御注》的主要思想

儒家之所以视孝为诸德之本,是因为按照儒家的设计,社会的伦

---

① 《孝经注疏·孝经注序》,《十三经注疏》整理本,北京大学出版社,2000年版,第20页下。琬琰,美石。
② 《唐会要·修撰》卷三十六,中华书局,1955年版,第658页。
③ 《唐会要·论经义》卷七十七,中华书局,1955年版,第1411页。

理体系是以个体人为基点或中心向外层层辐射的。如孟子曰:"人有恒言,皆曰天下国家,天下之本在国,国之本在家,家之本在身。"①然后据"爱有差等"的原则,层层由里向外推扩。首先是血缘关系范围之内,人自幼小便知的"爱亲",属于人为善的本能;这种"亲亲"之情,不须任何文饰伪装,只是一种自然流露,真实而恒定的天性。因之成为发展仁德的基础与依据。如孔子云:"君子笃于亲,则民兴于仁。"②有若则一语道破"笃于亲"与"兴于仁"之间的联系曰:"君子务本,本立而道生。孝弟也者,其为仁之本欤!"③但是这种有差等的亲亲之爱,并不就等同于仁,因为亲亲之爱终会因亲疏而有隆杀之别,随着血缘的渐远而愈衰。而仁德却是不分远近亲疏的德行。但孝毕竟是能够发展为仁德的一个起点和基础。

唐玄宗的孝经注对此作了进一步的说明,认为:"孝者,德之至,道之要也"④,"孝为百行之首,人之常德"⑤,"人之行莫大于孝,故为德本"⑥。所以要求父母在孩子蒙幼之年,就要教之以孝悌,"出以就傅,趋而过庭,以教敬也;抑搔痒痛,悬裳箧枕,以教爱也"⑦,培养其感激之情,知所有以回报之。所以子孝所隐含的前提是父母的慈爱;而臣忠的前提则是君仁。如此,则"天下之为人子弟者,无不敬其父兄也;天下之为人臣者,无不敬其君也"⑧。

除此之外,礼也是以孝悌为中心而引申出来的行为规范。如《礼记·祭义》云:"居处不庄,非孝也;事君不忠,非孝也;莅官不敬,非孝

---

① 《孟子集注·离娄上》卷七,《四书章句集注》,中华书局,1983年版,第278页。
② 《论语集注·泰伯第八》卷四,《四书章句集注》,中华书局,1983年版,第103页。
③ 《论语集注·学而第一》卷一,《四书章句集注》,中华书局,1983年版,第47页。
④⑥ 《孝经注疏·开宗明义章第一》卷一,《十三经注疏》整理本,北京大学出版社,2000年版,第3页。
⑤ 《孝经注疏·三才章第七》卷三,《十三经注疏》整理本,北京大学出版社,2000年版,第22页。
⑦ 《孝经注疏·圣治章第九》卷五,《十三经注疏》整理本,北京大学出版社,2000年版,第38页。
⑧ 《孝经注疏·广至德章第十三》卷七,《十三经注疏》整理本,北京大学出版社,2000年版,第53页。

也;朋友不信,非孝也;战阵不勇,非孝也。"①一切伦理教化、礼仪制度,都是从这里推衍派生出来。

《孝经》分天子、诸侯、卿大夫、士、庶人为五等之孝,由于处于不同社会地位,同为孝道,而产生不同的表现形式。玄宗通过其"御注"的释文表达了自己的观点。玄宗认为"天子虽无上于天下,犹修持其身,谨慎其行,恐辱先祖而毁盛业也"②,要以"博爱广敬之道",③以垂范天下。君主更要发挥榜样的作用,"君爱其亲,则人化之,无有遗其亲者;君行敬让,则人化而不争"④。皇帝作为天子,作为一国之君,其行事举止无疑是起到一定的表率作用,影响也是广泛的。君主若能做到"尊诸父、先诸兄"⑤,"正身以率下",给臣僚百姓做一个绝好的榜样,则臣民定会"顺上而法之",受感化而仿效,"则德教成,政令行也"⑥。政令能够通达天下,又有忠臣孝子遵行,帝王自然可以坐待天下大治。

诸侯也要遵守礼法,这样才能安社稷、和人臣。卿大夫要"言必守法,行必遵道"⑦,而不能"僭上逼下"。士大夫则要"移事父孝以事于君,移事兄敬以事于长"⑧,努力做忠臣,忠于天子的委任,为国家恪尽职守。庶民则要辨别五土,以尽地利;要恭谨礼让以保其身,节省用度以养父母,做到公赋充实,私养不阙,⑨以维护家庭的和睦稳定。唐玄宗以明白浅显的语言,将五等之孝的内涵表达得畅晓而无余。

《孝经》宣扬孝道的根本宗旨,是实行"孝治"。因此,"孝治天下"、

---

① 《礼记集解·祭义第二十四》卷四十六,中华书局,1989年版,1226页。
② 《孝经注疏·感应章第十六》卷八,《十三经注疏》整理本,北京大学出版社,2000年版,第61页。
③ 《孝经注疏·天子章第二》卷一,《十三经注疏》整理本,北京大学出版社,2000年版,第6页。
④ 《孝经注疏·三才章第七》卷三,《十三经注疏》整理本,北京大学出版社,2000年版,第24页。
⑤ 《孝经注疏·感应章第十六》卷八,《十三经注疏》整理本,北京大学出版社,2000年版,第60页。
⑥ 《孝经注疏·圣治章第九》卷五,《十三经注疏》整理本,北京大学出版社,2000年版,第42页。
⑦ 《孝经注疏·卿大夫章第四》卷二,《十三经注疏》整理本,北京大学出版社,2000年版,第13页。
⑧ 《孝经注疏·士章第五》卷二,《十三经注疏》整理本,北京大学出版社,2000年版,第16页。
⑨ 《孝经注疏·庶人章第六》卷三,《十三经注疏》整理本,北京大学出版社,2000年版,第19页。

"孝顺天下"是贯穿全部注疏的重要思想。玄宗着重论述父子关系的天性情感:"万物资始于乾,人伦资父为天。故孝行之大,莫过尊严其父也"①,"君能尊诸父,先诸兄,则长幼之道顺,君人之化理"②。即使身为天子,也须尊严其父、先诸兄,更何况臣民。父亲如果有过失,为避免陷父亲于不义,做子女的一定要直言以谏,"不诤则非忠孝"③。在一个家庭或家族内,"若能孝理其家"④,就会"上敬下欢,存安没享,人用和睦,以致太平,则灾害祸乱,无因而起"⑤,社会自然也就安定了。

在阐述移孝作忠的问题时,玄宗指出"父子之道,天性之常,加以尊严,又有君臣之义"⑥,《孝经》有"资于事父以事君,而敬同"语,故玄宗曰:"因严以教敬,因亲以教爱。于是以顺移忠之道昭矣,立身扬名之义彰矣。"⑦由对父母之敬,推演出对君主之忠,从而完成了由孝而忠,由悌而顺的转化。"以孝事君则忠,以敬事长则顺。君子所居则化,故可移于官也。"⑧既然事父要谏诤,事君则更要"思尽忠节,君有过失,则思补益。君有美善,则顺而行之。君有过恶,则正而止之",⑨将忠孝思想与谏诤精神有机地结合在一起。事君治国,以忠孝之心,行谏诤之实,则教化可成而太平可期。

《孝经》一书虽然文字浅近,篇幅短小,但所涉及的范围和包含的

---

① 《孝经注疏·圣治章第九》卷五,《十三经注疏》整理本,北京大学出版社,2000年版,第33页。
② 《孝经注疏·感应章第十六》卷八,《十三经注疏》整理本,北京大学出版社,2000年版,第60页。
③ 《孝经注疏·谏诤章第十五》卷七,《十三经注疏》整理本,北京大学出版社,2000年版,第56页。
④ 《孝经注疏·孝治章第八》卷四,《十三经注疏》整理本,北京大学出版社,2000年版,第30页。
⑤ 《孝经注疏·孝治章第八》卷四,《十三经注疏》整理本,北京大学出版社,2000年版,第31、32页。
⑥ 《孝经注疏·圣治章第九》卷五,《十三经注疏》整理本,北京大学出版社,2000年版,第40页。
⑦ 《孝经注疏·孝经注序》卷首,《十三经注疏》整理本,北京大学出版社,2000年版,第14页。
⑧ 《孝经注疏·广扬名章第十四》卷七,《十三经注疏》整理本,北京大学出版社,2000年版,第55页。
⑨ 《孝经注疏·事君章第十七》卷八,《十三经注疏》整理本。北京大学出版社,2000年版,第64页。

内容却是宏大而深远的。唐玄宗御注《孝经》摒弃了旧注对《孝经》的繁琐解释,根据现实的情势,以儒家孝治为宗旨,加以重新诠释,将孝道上升为"孝治"的治国原则,凸显了《孝经》的政治色彩,表现出典型的儒家伦理政治特征,反映出封建君主以"孝道"治国临民的政治理想。《孝经注》完成后,诏令天下家藏一本,使妇孺皆知,终成为指导每一社会成员思想行为的圭臬,具有现实而突出的政治意义。

唐玄宗以皇帝的名义御注《孝经》,通过对上下阶层进行孝道规范教育,维护和传递以忠孝节义为核心内容的政治文化,对实现社会和谐及国家的长治久安,产生了广泛而深远的影响,成为后世帝王竞相借鉴和采纳的治国方略。

第二节 张说的复古思想与封禅泰山

一、张说生平事迹

张说(667—731),字道济,一字说之。其先范阳(今河北涿州)人,后徙河南,故而张说更为洛阳人。其祖远祧汉丞相张良与晋司空张华,有人认为说本寒门,此系"冒族",恐系臆说。张说"家世尚儒",是没有问题的。这从其名字也可看出,说是傅说的说,取《论语》"说子之道"的意思,所以及冠命字"道济",则又是《系辞》"道济天下"之义。[①]可见少年时期的张说,已有儒家以天下为己任的志愿。说父骘,高宗调露元年卒于洪洞丞任所。说幼年失怙,"赖(太)夫人抚养孤藐,躬加训授"[②]。其母冯氏出于德望之家,故能为张说兄弟授学。说聪颖而好

---

① 《论语注疏·雍也》卷六:"冉求曰:非不说子之道,力不足也。"第83页,说,通悦;《周易正义·系辞传上》卷七:"知周乎万物,而道济天下。"第314页。《十三经注疏》整理本,北京大学出版社,2000年版。

② 《全唐文·张说·府君墓志铭》卷二三二,中华书局,1983年版,第2345页下。

学,张九龄《燕国公墓铭》称颂其幼时曰:"生以宁济,幼而休祥,鹰扬虎视,英伟磊落,越在诸生之中,已有绝云霓之望矣。"①永昌中,武后策贤良方正,亲自临试。张说弱冠应举,"对策为天下第一,则天以近古以来,未有甲科,乃屈为第二等"。其《对词标文苑科策》(第二道)文曰:

> 臣闻政犹水火,刑譬阴阳。顷者三监乱常,有司既纠之以猛;于今四罪咸服,陛下宜济之以宽。明肆赦之渥恩,安万人之反侧,布深仁于罗鸟,收至察于泉鱼,岂不大哉。是故刑在必澄,不在必惨;政在必信,不在必苛。

这些被时人视为警句的对策,其警策之处,即在于针对当时"经术不闻,猛暴相夸"②,刑滥及于善人的严酷政风,用儒家宽猛相济的中庸思想,既准确地针砭了现实,又指明政刑的正途所在。

其于《对词标文苑科策》(第一道)亦云:

> 臣闻古者因人以立法,乘时以设教,以义制事,以礼制心。夫人者,理得则气和,业安则心固。崇让则不竞,知耻则远刑。政不欲烦,烦则数改,数改无定,人怀苟免之心;网不欲密,密则深文,深文多伤,下有非辜之惧。窃见今之俗吏,或匪正人,以刻为明,以苛为察,以剥下为利,以附上为诚。

阐明国法之立,本于人情,政教之设,因时兴革的道理;并引用《书·仲虺之诰》之语:以义制事,以礼制心。主张运用理义处理重大事务,用礼法来征服人心。政烦法密的结果只能造成官吏"以剥下为利,以附上为诚"的状况。

此次制举,则天亲临殿试,以其临朝既久,政权稳固,亦欲稍易弦辙,以收民望。故能以张说此策为天下第一。当时朝廷所颁诏令称:

---

① 《全唐文·张九龄·燕国公赠太师张公墓志铭并序》卷二九二,中华书局,1983年版,第2965页上。
② 《新唐书·韦嗣立传》卷一百一十六,中华书局,1975年版,第4230页。

"洛州人张说,文词清典,艺能优裕。金门对策,已居高科之首;银榜效官,宜加一命之秩。"①"拜太子校书,仍令写策本于尚书省,颁示朝集及蕃客等,以光大国得贤之美。"②亦以借此宣示中朝政策将有所变化。

累迁左补阙,兼珠英学士,预修《三教珠英》。李峤为监修,而经年不成。实赖张说与徐坚"构意撰录"③,终以成书。

武后通天年间,张说曾两度从军出塞,第一次为武攸宜节度管记,从讨契丹。由于后援望风先遁,陷十七万将士阵亡殆尽。张说"驰奏其事",并作《吊国殇文》以伤悼之。第二次从军,任并州道行军大总管魏元忠判官,佐理军务。后遂出将御边,即得益于此时之经验。时张易之欲"构陷御史大夫魏元忠,称其谋反,引说令证其事。说至御前,扬言元忠实不反,此是易之诬构耳。元忠由是免诛",张说亦因坐元忠党配流钦州。此事据传得益于朝中诸大臣的事先勉励,究为张说忠直性格所决定,虽因此贬谪岭表,九死一生,终竟因此获得朝野称美的令名。

中宗即位,召拜兵部员外郎,累转工部侍郎,丁母忧去职。起复授黄门侍郎,累表固辞,言甚切至,优诏许之。"是时风教紊类,多以起复为荣,而说固节恳辞,竟终其丧制,大为识者所称。"④

睿宗时,迁中书侍郎,兼雍州长史。玄宗为太子,说与褚无量侍读,尤见亲礼。鉴于高宗武后以来,"政教渐衰,薄于儒术,尤重文吏"。"则天称制,以权道临下,不吝官爵,取悦当时。其国子祭酒,多授诸王及驸马都尉。""至于博士、助教,惟有学官之名,多非儒雅之实。""因是生徒不复以经学为意,唯苟希侥幸。二十年间,学校顿时隳废矣。"⑤张

---

① 《记纂渊海·科举部》卷三十七引《登科记》,《影印文渊阁四库全书》,台湾商务印书馆,1986年版,第16页。
② 《大唐新语》卷八,中华书局,1984年版,第127页。
③ 《旧唐书·徐坚传》卷一百二,中华书局,1975年版,第3175页。
④ 《旧唐书·张说传》卷九十七,中华书局,1975年版,第3051页。
⑤ 《旧唐书·儒学传·序论》卷一百八十九上,中华书局,1975年版,第4942页。

说于是作《上东宫请讲学启》,其文曰:

> 臣闻安国家、定社稷者,武功也;经天地纬礼俗者,文教也。社稷定矣,固宁辑于人和;礼俗兴焉,在刊正于儒范。顺考古道,率由旧章;故周文王之为世子也,崇礼不倦;魏文帝之在春宫也,好古无怠。博览史籍,激扬令闻,取高前代,垂名不朽。
>
> 伏愿崇太学,简明师,重道尊儒,以养天下之士。今《礼经》残缺,学校凌迟,历代经史,率多纰缪,实殿下阐扬之日,刊定之秋。伏愿博采文士,旌求硕学,表正九经,刊考三史,则圣贤遗范,粲然可观。幸以问安之暇,应务之馀,引进文儒,详观古典,商略前载,讨论得失,降温颜,闻说议,则政途理体,日以增益,继业承祧,永垂德美。①

玄宗于是下达《将行释奠礼令》并两度亲临太学释奠,后又降《崇太学诏》云:"化人成俗,必务于学。""朕志于求理,尤重儒术。先王设教,敢不底行。顷以戎狄多虞,急于经略,太学空设,诸生益寡。""子弟欲得习学者,自今以后,并令补国子学生。"②

逾年,进同中书门下平章事,监修国史。次年,玄宗即位,献策诛除权倾朝野图谋篡政的太平公主,召为中书令,封燕国公。

因素与姚崇政见不和,罢为相州刺史、河北道按察使。迁右羽林将军,兼检校幽州都督。开元七年,检校并州大都督府长史,兼天兵军大使,摄御史大夫。八年秋,朔方大使王晙诛降虏阿布思,致使河曲九姓皆怀疑惧。张说持旌节从轻骑,直诣其部,宿帐下,召见酋豪慰抚之。副使李宪驰状谏以"夷虏难信,不宜轻涉不测"。说回书曰:"士当见危致命,亦吾效死秋也。"由是九姓遂安。时党项羌连兵攻掠银城,张说将步骑万人出合河关,掩击破之。乃招纳党项奔溃馀众,使复故

---

① 《全唐文·张说·上东宫请讲学启》卷二二四,中华书局,1983年版,第2265页。
② 《全唐文·元宗·将行释奠礼令》卷二〇,中华书局,1983年版,第234页下。

处。面对副使提出的斩尽杀绝之议,张说以为"先王之道,推亡固存,如尽诛之,是逆天道也"。因奏置麟州以安羌众。对边地民族一贯主张实行文治武备怀柔绥远的安抚政策。

开元九年,召拜兵部尚书、同中书门下三品。开元十年,即以兵部尚书同中书门下三品兼朔方军节度大使的任命巡视朔方。"亲行五城,督士马",总戎临边。张说率军平叛之后,边镇兵赢六十万,说以时平无所事,请罢二十万还农。天子以为疑,说曰"边兵虽广,诸将自卫营私尔,所以制敌,不在众也","不虑减兵而招寇"。玄宗采纳了张说裁军和改府兵为募兵的建议,不仅促进了农业生产,还提高了军队的战斗力。数年期间,出将入相,任右羽林将军检校幽州都督时,"入朝以戎服见,帝大喜"。兼天兵军大使期间,仍兼"修国史,敕赍稿即军中论譔"①。《旧唐书》传论谓:"张燕公解逢掖而登将坛,驱貔虎之师,断獯戎之臂,暨居衡轴,克致隆平,可谓武纬文经,惟申与甫而已。"以文儒临边,于军帐修史,集儒雅伟烈于一身,可谓古今罕俦矣。

开元十七年,复拜尚书左丞相、集贤院学士。十八年,遇疾,玄宗每日令中使问疾,并手写药方赐之。十二月薨,时年六十四。上惨恻久之,遽于光顺门举哀,因罢十九年元正朝会,诏曰:"弘济艰难,参其功者时杰;经纬礼乐,赞其道者人师。"称赞张说道德文章,则曰"精义探系表之微,英辞鼓天下之动";感念其功业政绩,则曰"授命兴国,则天衢以通;济用和民,则朝政惟允"。②玄宗于震悼之余,撤乐停飨。敕赠太师,议谥曰文贞。

《旧唐书》评价张说曰:"前后三秉大政,掌文学之任凡三十年。""喜延纳后进,善用己长,引文儒之士,佐佑王化,当承平岁久,志在粉饰盛时。"《新唐书》亦谓:"说敦气节,立然诺,喜推藉后进,于君臣朋友

---

① 《新唐书·张说传》卷一百二十五,中华书局,1975年版,第4407页。
② 《旧唐书·张说传》卷九十七,中华书局,1975年版,第3056页。系表,系,本指系辞,后指言辞之外。

大义甚笃。帝在东宫,所与秘谋密计甚众,后卒为宗臣。朝廷大述作多出其手,帝好文辞,有所为必使视草。善用人之长,多引天下知名士,以佐佑王化,粉泽典章,成一王法。天子尊尚经术,开馆置学士,修太宗之政,皆说倡之。"①

在此,有两个概念须要略加辨析:"文学"的概念古今不尽相同,作为孔门四科之一的文学,宽泛言之即人文学术,具体地讲是指经典之文或诗书礼乐的学问。《谥法》谓:"经纬天地曰文;道德博闻曰文;学勤好问曰文;慈惠爱民曰文;愍民惠礼曰文;赐民爵位曰文。"②没有一条涉及文笔诗词,后来才泛指文才或文艺之学。唐宋时代之"文学",尚未完全丧失古义,虽已包含辞章述作在内,但仍然以经典之道的内涵为主。"掌文学之任凡三十年",即指掌管诗书礼乐典章述作之任,含有把握其发展导向的意味,非仅指诗歌文章之属。玄宗称赞张说即将其学术列于文章之前:"精义探系表之微",指其对经典义理辨析毫芒,精微处能够出乎系辞之外;"英辞鼓天下之动",则是说其所铸造的宏词伟句,亦即文章有足以感动鼓舞天下的功效。在古代,经典之道一直是现实政治之上的指导思想,但并不等同于政治。古人视"文学"为载道之具,为文可以脱离政治,但不可以不言道,道是文学的核心内容。完全为粉饰政治服务,或完全与政治无关的文学观念,都不是古之所谓"文学"。而"粉饰"一词,今天只是修饰掩盖意,古则兼有修正、彰明意。所以《旧唐书》谓"当承平岁久,志在粉饰盛时"。则有使文学与"承平"相称,足以彰显"盛时"的意思。

其实,张九龄在《燕国公墓志铭》中已对张说之文学,有详细的阐释:

> 及夫先圣微旨,稽古未传,缺文必补,坠礼咸甄,与经籍为笙簧,于朝廷为粉泽,固不可详而载也。始公之从事,实以懿文,而

---

① 《新唐书·张说传》卷一百二十五,中华书局,1975年版,第4410页。
② 《史记·史记正义·谥法解》附录,中华书局,1959年版,第19页。

风雅陵夷,已数百年矣。时多吏议,摈落文人,庸引雕虫,沮我胜气,邱明有耻,子云不为,乃未知宗匠所作,王霸尽在。及公大用,激昂后来,天将以公为木铎矣,斯文岂丧?而今也则亡。①

张说之"斯文",实则"与经籍为笙簧,于朝廷为粉泽",而且"王霸尽在"其中。其实张说所标榜的正是"贯涉六籍百家之书,其要在霸王大略,奇正大旨,君亲大义,忠孝大节而已。"②

《旧唐书》本传称张说"为文俊丽,用思精密,朝廷大手笔,皆特承中旨撰述,天下词人,咸讽诵之。尤长于碑文、墓志,当代无能及者"。③《新唐书·苏颋传》亦云:"景龙后,苏颋与张说称望略等,时称'燕许大手笔'。"④今观其文,一字千钧,笔力扛鼎,其应制文章,代表国家之重,朝廷权威,骈散结合,音节流畅,思绪开阔,辞采飞扬,气势沉雄,勃郁奔放,最重要的是其思想格调之纯正与深沉。张说为学与徐坚并称,为文与苏颋齐驱,开启了盛唐清新拔俗宏伟壮丽的一代新风,思想领袖文坛宗匠,殆非虚论。

张说有文集三十卷,名曰《张燕公文集》,至宋代只剩二十五卷,即今四库全书本。

二、吏治与文治之争

张说治国方略的最大特色是主张文治。方其为东宫侍读时就为玄宗拟定"崇太学,简明师,重道尊儒以养天下之士"的治国方针,提出"引进文儒,详观古典,商略前载,讨论得失"的具体措施。当玄宗重用姚崇等,整顿吏治,巩固政权之后,复启用张说为相,致力于实现"王道"的一系列"文治"主张。"引文儒侍从之臣,以左右王化。天子始以

---

① 《全唐文·张九龄·燕国公赠太师张公墓志铭并序》卷二九二,中华书局,1983年版,第2965页下。
② 《全唐文·张说·贞节君碑》卷二二六,中华书局,1983年版,第2286页。
③ 《旧唐书·张说传》卷九十七,中华书局,1975年版,第3057页。
④ 《新唐书·苏颋传》卷一百二十五,中华书局,1975年版,第4402页。

经术之道,开集贤院殿置十八学士,以修太宗之政。当时绍文之士始尚古风。上之好文,自说始也。"①终使开元之治进入"文物彬彬","粉饰盛时"的新阶段。

在这里便出现这样一个问题:开元之治的前期任用姚崇,中期任用张说,而姚张的政策截然不同,何以皆能臻于至治?

张说和姚崇不合,史有明文。先是张说设计阻挠姚崇入相,后是姚崇借故将张说排挤出阁。史书语焉不详,易令人产生两人之间有私怨的误会,其实只是政见不同而已。一个主张文治,一个主张吏治,而且皆为三朝元老,彼此了解,当然无法合作。张说与玄宗有师生之谊,玄宗岂不欣赏其"崇道尊儒"、"博采文士"的文治主张。但鉴于初掌大政,革故鼎新之际,首要的是整饬朝纲,恢复经济。于是玄宗于先天二年下达《命诸州举贤才诏》,令官吏推荐"抱器怀才"之士,而且"务求实用,以副予怀"。②又于开元六年下达《禁策判不切事宜诏》云:"我国家敦古质,断浮艳。礼、乐、诗、书,是宏文德,绮罗珠翠,深革弊风。必使情见于词,不用言浮于行。比来选人试判,举人对策,剖析案牍,敷陈奏议,多不切事宜,广张华饰。何大雅之不足,而小能之是衒。自今以后,不得更然。"③所以毅然选择了"吏事明敏"的姚崇、宋璟、张嘉贞等相继为相,遂"使赋役宽平,刑罚清省,百姓富庶"④。张说虽然被贬出中枢,但不就被委以巡边的重任。

开元九年姚崇卒,张说即于当年拜相,但直到开元十一年张嘉贞罢相,张说亦完成靖边绥民的功业,然后才回朝主政。史称:"张嘉贞尚吏,张说尚文。"⑤这一年便被看作是玄宗由吏治转向文治的开始。

---

① 《职官分纪》卷十五,引韦述《集贤注记》,《影印文渊阁四库全书》,台湾商务印书馆,1986年版,第94页b。
② 《全唐文·元宗·命诸州举贤才诏》卷二六,中华书局,1983年版,第297页上。
③ 《全唐文·元宗·禁策判不切事宜诏》卷二七,中华书局,1983年版,第313页上。
④ 《资治通鉴·唐纪二十七》卷二百一十一,中华书局,1956年版,第6725页。
⑤ 《资治通鉴·唐纪三十》卷二百一十四,中华书局,1956年版,第6825页。

张说推行其文治主张，遂将开元之治推向文明昌隆的高潮。姚、张政见不合，却能各至隆平，可见是各应其时而已。据史载，两人之间也是存在友谊与合作的。如《资治通鉴》记载景云二年，太平公主对时为太子的玄宗构成威胁，睿宗问计于侍臣。张说曰："愿陛下使太子监国，则流言自息矣。"姚元之曰："张说所言，社稷之至计也。"①大局遂定。其后，张说奉敕撰《梁国公姚文贞公神道碑》，赞扬姚崇"言为代之轨物，行为人之师表"，比之致君尧舜的禹与弃。称其"真率径尽，而应变无穷"，"言不厉而教成，政不威而事理"等等。②对其一生功业，称美备至。

所谓"吏治与文治之争"，③实际只是在儒治前提下，如何因时制宜之争，至多是主政风格或侧重点的分别。姚崇主张吏治，而开元之治赖崇以成其政理，张说主张文治，而开元之盛赖之以壮其声势。吏治尚质重实务，文治尚文重教化，皆就其总体治政导向而言，其时双方宰臣还都是科举出身的文儒。风格不同，应该都是"文质彬彬"的君子。与则天朝以来任用但识风咏的文人与执法峻刻的吏士已经截然不同。姚崇批评文儒说："庸儒执文，不识通变，凡事有违经而合道者，亦有反道而适权者。"④文儒执守先王之道，不知通变，拙于治事者居多，也是事实。如马利征开元八年补修书直学士，选授济川山茌令。素儒缓无吏干，到任无几，为吏人所诈遂免官。"⑤张九龄则批评吏治云："时多吏议，摈落文人，庸引雕虫，沮我胜气。"⑥于是，玄宗不得不敕令纠正另一

---

① 《资治通鉴·唐纪二十六》卷二百一十一，中华书局，1956年版，第6663页。
② 《全唐文·张说·故梁国公姚文贞公神道碑》卷二三〇，中华书局，1983年版，第2327、2328页。
③ 汪篯先生《唐玄宗时期吏治与文学之争》一文首先提出问题，嗣后多有学者深入论述。汪文载《汪篯隋唐史论稿》，中国社会科学出版社，1981年版。
④ 《旧唐书·姚崇传》卷九十六，中华书局，1975年版，第3024页。
⑤ 《职官分纪》卷十五，引韦述《集贤注记》，《影印文渊阁四库全书》，台湾商务印书馆，1986年版，第94页a。《注记》马利征作乌利贞，据《新唐书·儒学中》改。
⑥ 《全唐文·张九龄·燕国公赠太师张公墓志铭并序》卷二九二，中华书局，1983年版，第2965页下。

种倾向:即"谓儒士为冗列,视之若遗;谓吏职为要津,求如不及"的观念,要求"天下官人百姓,有道德可尊、工于著述、文质兼美,宜令本司本州长官,指陈艺业,录状奏闻"。① 可见文儒已经成为斯时亟需之才。

张九龄所谓"文人"实亦指"精于经史","文质兼美"的"文儒",而与"雕虫篆刻"的文人不同。"文儒"一词,最早见于王充《论衡》,是一具有特定含义的概念,与孔颖达所谓"文而又儒"其义相近。所以张说在"引进文儒"于朝廷的同时,也为时代引进了"文儒"这一概念。

《论衡·效力篇》云:"人有知学,则有力矣。文吏以理事为力,而儒生以学问为力。""故博达疏通,儒生之力也;举重拔坚,壮士之力也。"首先将儒生与文吏致力的专长作了区分,又将儒生智力与壮士勇力作了比较。然后引据经典,证明"能学文,有力之验也"。陈留庞少都尝向太守推荐儒生,谓其"才能(抵)百万人"。太守斥其妄言!少都曰:"文吏不通一经一文,诸生能说百万章句,非才知百万人乎?"但王充认为"诸生能传百万言,不能览古今,守信师法,虽辞说多,终不为博"。"使儒生博观览,则为文儒。文儒者,力多于儒生。如少都之言,文儒才能千万人矣。"又说:"文儒怀先王之道,含百家之言。"② 即是说"文儒"是胸怀先王之道,熟知经史百家,善为礼义文章,博览古今兴衰,集文章与儒生之才力于一身的儒士。比如董仲舒、扬子云一流人物。王充继而论证了文才之于文儒的重要性,比如"出谷多者地力盛,出文多者才知茂"。"少文之人,与董仲舒等涌胸中之思,必将不任,有绝脉之变。"才力智能不及故也。然而才力茂盛,智能满胸的文儒,亦须遭遇有力者的引荐,方得"升陟圣主之庭,论说政事之务",致君尧舜,一展平生所学。

然而令王充始料不及的是,自汉末以迄齐梁,抛弃仁智之道,崇尚释道玄虚,浮荡华靡的文风却成为笼罩文坛的主流,一直影响到武则

---

① 《全唐文·元宗·令本州长官举人敕》卷三五,中华书局,1983年版,第383页上。
② 《论衡校释·效力篇》卷十三,中华书局,1990年版,第579、584页。

天时代。武则天尚吏,委政于精于吏治的狄仁杰,赖其一力维持,国家倒也无事;武则天亦好文,宫廷内聚集了大批文士,酬唱赠答,歌舞升平,言不及义,更无关乎经国大业。文学与吏治两不相涉。这样的一些"迹荒淫丽,名陷俳优"①的文士,充斥文坛,列居要津,当然无益于国计民生。无怪乎要为姚崇宋璟以及受其影响的玄宗所轻。如开元六年有人向宋璟推荐山人范知璿,并献其所为文,"宋璟判之曰:'观其《良宰论》,颇涉佞谀。山人当极言谠议,岂宜偷合苟容!文章若高,自宜从选举求试。不可别奏。'"又如同年四月,"河南参军郑铣、朱阳丞郭仙舟投匦献诗,敕曰:'观其文理,乃崇道法;至于时用,不切事情。宜各从所好。'并罢官,度为道士"。②姚宋选官偏重吏能而贬斥文学之士,与此有绝大关系。而二张(说与九龄)欲兴文治,所反对的也是这种脱离儒道的文学风气,所以才启用"文儒"这一概念,以示区别。同时认为纯任吏治不惟乏文,也易产生脱离儒术的倾向,当然也在反对之列,双方对立因是而起。

　　姚崇宋璟所用多为"吏干"之才,虽乏文采,而学不疏;张说张九龄所引进多为文儒之士,亦颇通吏道,张说本人出将入相,吏能亦高。两派皆可致治者,非谓为文为吏,实则是客观上适应了不同时势之需要,主观上皆能根于公忠体国仁智爱民之心。虽各有侧重,要在皆未背离儒治之故。若细加分析,文治比吏治要求的标准更高,比如用人,文治主张任用怀有先王之道的文儒,属于动机与效果的统一论者;而吏治主张任用精于理事的能吏,侧重于一时一事的实际效果。相比而言,文治追求理想,迂阔而难切于事情;吏治注重现实问题的解决,而忽略意义与后果,容易走向事物的反面。比如李林甫之辈,即以吏治为名,实则任用的皆是有吏能而无人格,不择手段聚敛的势力小人,终至造成天宝末年的乱世。

---

① 《全唐文·陈子昂·上薛令文章启》卷二一四,中华书局,1983年版,第2162页。
② 《资治通鉴·唐纪二十八》卷二百一十二,中华书局,1956年版,第6733页。

由此可见,文治吏治皆为因时因势所需,时需吏治,而不可无文饰,无文则无以振奋人之精神志气,亦无以与社会物质成就相辉映;时需文治则不可轻吏能,无吏能则不足以解脱实际政经困境。所幸姚张之党争,并未以私憾妨碍公务,亦未将政纲偏向因喜恶而推向极端,适应了各自时期的发展需要。姚、张之前的房杜、狄仁杰,其后的杜佑、李德裕皆精于吏职;而之前的魏征,其后的三郑、裴度则为文儒之相,治术不同,皆不失为拯时救敝理政致治之良策。故皆能训致承平,为有唐之名相。因此说,无姚崇则无开元经济复苏政治清平之治,无张说则无开元文明昌隆人心舒畅之盛。张说文治是在姚崇吏治基础之上的进一步开展,文治吏治交相为用,各得其宜,若缺其一,则无以成亦无以称之为尽善尽美的全盛之世。因此,姚张文吏之争,属于君子之争;张(九龄)李(林甫)文吏之争则纯系君子与小人之争矣。

因此,无论吏治还是文治,在玄宗思想尚未转向道家"无为之治"之前,皆能因时制宜善加控驭,"所用之相,姚崇尚通,宋璟尚法,张嘉贞尚吏,张说尚文,李元纮、杜暹尚俭,韩休、张九龄尚直,各其所长也"。[①] 使开元盛世的余波一直延续到天宝初年,其影响当然就更加深远。

张说主政期间,开创了历史上尊重"文儒"尤为尊重"学问"的社会传统。"张燕公尝谓人曰:'学士者,文儒之美称。皆须诏敕特授,岂合因循自称。'"[②]同为宰相的源乾曜问张说"学士与侍郎何者为美"?说对曰:"侍郎为衣冠之华选,自非望实具美,无以居之。虽然,终是具员之英,又非往贤所慕。学士者,怀先王之道,为缙绅轨仪,蕴扬、班之词彩,兼游、夏之文学,始可处之无愧。二美之中,此为最矣。"[③]指出学士"怀先王之道,为缙绅轨仪",既有词彩,兼具"文学"。"辞彩"指诗文即

---

① 《资治通鉴·唐纪三十》卷二百一十四,中华书局,1956年版,第6825页。
② 《职官分纪》卷十五引韦述《集贤注记》,《影印文渊阁四库全书》,台湾商务印书馆,1986年版,第92页b。
③ 《大唐新语》卷十一,中华书局,1984年版,第165页。

今之所谓文学,而"文学"实指彰明经典的学问。故而说非具员之吏可比。

集贤院学士宴会,按惯例,官重者先饮,说曰:"吾闻儒以道相高,不以官阀为先后。"于是引觞同饮,时人伏其得体。中书舍人陆坚以学士或非其人,而供拟太厚,无益国家,将议罢之。说闻曰:"古帝王功成,则有奢满之失,或兴池观,或尚声色。今陛下崇儒向道,躬自讲论,详延豪俊,则丽正乃天子礼乐之司,所费细而所益者大。陆生之言,盖未达邪。"①

开元十年,玄宗与宰相议广州都督裴伷先罪,张嘉贞请予庭杖之,张说曰:"臣闻刑不上大夫,为其近于君,且所以养廉耻也,故士可杀不可辱。""有罪应死则死,应流则流,奈何轻加笞辱,以皂隶待之。"且曰:"吾此言非为伷先,乃为天下士君子也。"②王夫之因而评之曰:"其言韪矣,允为存国体、劝臣节之讦谟矣。"③古礼"刑不上大夫",非谓不置诸法;而"士可杀不可辱"与"养廉耻"相关联的道理,被张说说破,即尊重士大夫的人格,有利于培养其自尊心,也有利于养成整个社会的廉耻意识。从而由内外两方面提高了士阶层的社会地位。

贵戚长孙昕以细故殴击御史大夫李杰,杰上表自诉曰:"发肤见毁,虽则痛身,冠冕被陵,诚为辱国。"④凌侮衣冠,视同国辱,这在当时似乎已成共识。

总之,玄宗与张说,在开元年间所努力营造的尊重人才、宽松融洽的社会氛围,进一步激发了士阶层的社会责任感和报国豪情,以百倍热情投入到盛唐社会与文明的建设之中,盛唐诗歌便是其最为突出的表现。

---

① 《新唐书·张说传》卷一百二十五,中华书局,1975年版,第4410页。
② 《资治通鉴·唐纪二十八》卷二百一十二,中华书局,1956年版,第6754页。
③ 《读通鉴论·玄宗》卷二十二,中华书局,1975年版,第770页。讦谟,远大宏伟的谋略。
④ 《资治通鉴·唐纪二十七》卷二百一十一,中华书局,1956年版,第6715页。

三、复古思想与封禅泰山

（一）文章复古

在开元天宝年间，曾经涌起一次复古思潮，突出的表现在天宝年间的文儒之间，其代表人物为李白、杜甫、元结、李华、萧颖士等人，然而这一思潮的滥觞，却起于开元之初的张说。张说重视文教，其引进文儒的举措，目的在于恢复儒学，振兴礼乐。这当然是针对远自齐梁、近自高宗以来，"颂声不作"，"礼乐陵迟"，"薄于儒术，尤重文吏"。① 致使政教渐衰，学校隳废的状态而提出的救敝方案。

隋唐时期，兴复礼乐一直被儒家看作社会的理想境界，唐初三朝都曾对此做出不懈努力，贞观礼、永徽礼的一再修订，无不是根据古礼因时制宜的改作。张说所谓"率由旧章"，主要即指贞观遗规。而"详观古典"，"好古无怠"，则带有明显的复古倾向。其明确的复古主张，则是针对武后中宗时代"文章道弊"而提出的文学改革论。一则关乎文体，反对追求骈俪对偶，堆砌典故，文辞浮艳纤巧、思想空虚贫乏的骈体文与宫体诗，主张诗追风雅，文复两汉；一则涉及诗文内容，反对自晋朝以来"祖尚浮虚，弛废礼乐"思想浮靡的风气；主张恢复三代两汉文以载道的儒家质实学风。表面上是一场文体与诗风的改革，实质上是在思想层面深入至文学领域开展的一场儒学复兴运动。初唐四杰的王勃，及初盛唐之际的陈子昂已经夺其先声，只是人微言轻，势单力孤，没有形成声势罢了。

中唐时期的大文豪梁肃曾谓："唐有天下凡二百载而文章三振：初则广汉陈子昂以风雅革浮侈；次则燕国公说以宏茂广波澜；天宝以还，则李员外、萧功曹、贾常侍、独孤常州比肩而出，故其道益炽。"② 姚铉《唐文粹序》给其在唐代古文运动中的定位是："有唐三百年，用文治天

---

① 《旧唐书·儒学传序》卷一百八十九上，中华书局，1975年版，第4942页。
② 《全唐文·补阙李君前集序》卷五一八，中华书局，1983年版，第5261页。

下。""洎张燕公以辅相之才专述之任,雄辞逸气,耸动群听,苏许公继以宏丽,丕变习俗。"故曰唐代第一次复古运动的转捩点,是因为有燕许大手笔这样的宰辅级人物倡导,遂使群起景从,蔚然成风。张说亦特别注重奖掖文儒,提拔张九龄、赵冬曦、孙逖、王翰等二十余人,皆为国家柱石,文坛领袖。

张说长于经术,而且所作碑传对策,善于化用经典,对策已见前引,兹不具论。此处仅引其一封书札对《易传》的论述,以窥一斑。《易系辞传》有云:"精义入神,以致用也;利用安身,以崇德也。过此以往,未之或知也;穷神知化,德之盛也。"对此张说评论曰:"孔云:'穷神知化,德之盛者',神不可穷而穷之,是神合于我;化不可知而知之,是化为我用,唯此二义,系庄生亦未始尽言焉。"①张说拈出孔子"穷神知化"一语,加以诠解,以为"神""化"不但可"穷"可"知",且可为我用。认为孔子之言,即以善于言化著称的庄子亦所未及。妙悟入神,可谓发千古未发之覆,诚所谓"精义探系表之微"者矣。

张说的思想与文学成就,主要表现于其所撰作颂铭碑志之中。歌功颂德的同时能将儒家的仁义训诫融化其中,所谓"左右王化,粉饰盛时"正此之谓也。至于碑志,本属国史之笔,出自张说手笔的碑铭,更是大气磅礴,议论生风,儒道经术贯通其间,雄才逸气溢出言表,文句则骈散间出,论赞则酣畅淋漓。"报德教忠"②,足传不朽。无愧思想领袖,文坛巨擘之称。

张说注重经术,但又主张博学,在给"乡人谓之曾子"的张希元文集所作《序》时,首先赞扬文集作者的学问曰:

> 下帷覃思,穿墙嗜古,蓬山芸观之书,群玉悬金之记,鲁宫藏篆,汲冢遗编,无不日览万言,暗识三箧。博学吞九流之要,处盈若虚。雄辩敌四海之锋,退藏于密。

---

① 《全唐文·张说·与郑驸马书》卷二二四,中华书局,1983年版,第2264页上。
② 《全唐文·张说·赠太尉裴公神道碑》卷二二八,中华书局,1983年版,第2307页。

"鲁宫藏篆,汲冢遗编"之外,还要博通"九流之要"。正因为张希元博极群书,胆略识见高出常人,"故得雄飞白简,鹰扬丹笔",白简专指弹劾奸佞的奏章,丹笔是指修史的才能。可见张说论文对渊博学问的重视。继则阐述文与道,言与政的关系曰:

> 夫言者志之所之,文者物之相杂。然则心不可蕴,故发挥以形容;辞不可陋,故错综以润色。万象鼓舞,入有名之地;五音繁杂,出无声之境:非穷神体妙,其孰能与于此乎!

> 旌贤有通德之教,疾恶存署背之文。继轨前途,遇物成兴,理关刑政,咸归故事之台;义涉箴规,尽入名臣之奏。发言而宫商应,摇笔而绮绣飞。逸势标起,奇情新拔,灵仙变化,星汉昭回。感激精微,混韶武于金奏;天然壮丽,綷云霞于玉楼,当代名流,翕然崇尚。①

认为言辞文章,不仅要"理关刑政","义涉箴规",还须辞采飞扬,合乎声律,要有"奇情新拔","感激精微"的充沛情感,展现"逸势标起","天然壮丽"的气势与风度。认为惟其如此,方可"穷神体妙",使"万象鼓舞",翕然崇尚。

由此可见,张说与陈子昂专尚"风雅"的不同,张说是文质并重论者,其固然注重礼乐王道的思想内容,向往汉魏风骨,但对晋宋以来文章的形式美,并不一概否定,而是十分重视文才之于儒道的意义。如其在《唐昭容上官氏文集序》中曰:

> 是知气有壹郁,非巧辞莫之通;形有万变,非工文莫之写;先王以是经天地,究人神,阐寂寞,鉴幽昧,文之辞义大矣哉!②

由于朝廷对文辞的重视,右职大臣,无不以"精学为先","无文为耻"。至于"雅颂之盛,与三代同风",则应视为张说心目中的理想

---

① 《全唐文·张说·洛州张司马集序》卷二二五,中华书局,1983年版,第2275、2276页。
② 《全唐文·张说·唐昭容上官氏文集序》卷二二五,中华书局,1983年版,第2574、2575页。

境界。

又如其在《齐黄门侍郎卢思道碑》中进一步阐述儒学与文才的关系说:"至于求已励学,探道睹奥,思若泉涌,文若春华,精微入虚无,变化合飞动,斯固非学徒竭才仰钻之所逮也。"①在探道睹奥的前提下,文才高者,对道的体认、阐述,可以"思若泉涌",精微入神,极尽变化之妙,这就不是对儒道"竭才仰钻"者所可及了。于此可见作为儒士,才之难得,文之可贵。张说认为自仲尼之后,历代文才之士"皆应世翰林之秀者也,吟咏性情,纪述事业,润色王道,发挥圣门,天下之人,谓之文伯"。岂独"吟咏性情,纪述事业",圣门王道,亦须仰赖文章予以润色发挥。因而说:"千数百年,群心相尚,竟称者若斯之鲜矣,才难不其然乎?""润色王道,发挥圣门。"也是张说倡导为文的宗旨和提携后进的标准,所以张九龄曰"乃知宗匠所作,王霸尽在,及公大用,激昂后来,天将以公为木铎矣"②。后来在盛唐展现非凡才华的诗人文士,无不受张说的影响和经过二张的奖掖与提携。

张说揄扬复古,奖掖文儒的最直接的成果便是产生出历代诗歌之冠的盛唐诗风及中唐以后的第二次古文运动。这当然与二张不遗余力地倡导文体改革,培养并引荐后进文儒有关。开元二十二年前后,张说门生孙逖知贡举,取人有颜真卿、李华、萧颖士、赵骅等。这些文章高手,都成为天宝年间文章复古的干将。还有诗坛的杜甫、李白、孟浩然等,亦皆引为复古的同调,当李林甫擅权黜抑文士之际,亦正是复古风气愈挫愈勇之时。

这是一次从学术思想、文章体势、直至声韵格调,气象境界的全方位复古运动。古意古道古风古辞与今时今事今人今物相遇合,所产生的却是万古常新的唐代诗文,二李(翰、华)、萧、梁(肃)古文的危言侻

---

① 《全唐文·张说·齐黄门侍郎卢思道碑》卷二二七,中华书局,1983年版,第2290页。
② 《全唐文·张九龄·燕国公赠太师张公墓志铭并序》卷二九二,中华书局,1983年版,第2965页下。

论,李杜王孟抒发的盛世悲歌,都是足以代表盛唐气象的时代强音。

张说的复古情结,是十分深重的,当其按边巡防军务倥偬之际,对于复古事业犹且梦萦魂牵,《与褚先生书》曰:"自授军镇躬当夷狄,出入以驰突为群,坐卧以戈剑为友,翰墨都废,典籍生尘。时凭梦魂,一见宫阙,每忆朝侣,邈若云天。愧乏武才,供国粗使,岂望立明主之侧,陈先王之道哉?"①应该说,"陈先王之道",复文章之古,是由张说倡导,并由后继者延续发扬,终竟确立为与儒家道统并列的文统之传。

所谓复古,其实只是对过去特定时间中特定事物的追慕,如向往三代的淳朴和谐,如倾心于周孔的制礼论道等等,皆是因为现实中,浇伪日甚,政刑紊乱,异端昌炽,文教荒废所致,思欲援引古道恢复古文,期以对现实状态有以更张改变之。取过去所有之优良传统,甚至某项制度,而为今时已失且亟需者损益规复者,以拯时济世补偏救敝而已。此即谓之复古矣,岂是尽行恢复古代社会之谓哉。

所谓古代,即是已经定格的历史,而一切历史都是只可以复述,而不可能在现实中再现,因为任何人也不可能起周孔于九原,移古初于当今,即是说"古"是不可能"复"的。一切复古或对古的复制,其实都是对古代传统经验的借鉴,都是在现实时空条件下对古代某一优良传统的再创造。只能说是借鉴或继承古时的某一价值观念或文化传统,用以在现实中指导新的实践活动而已。于物质层面而言,肯定是古不如今;但是在精神层面,经过历史检验,证明其合理性的价值观念和行为规范,却可以用于调整现实秩序中的失范与偏颇。鉴古所以证今,执古之既有以制今之所失,现实才会更加合理。古今中外所有大的时代进步,都与复古有着绝大联系,汉唐盛世的出现以及欧洲文艺复兴莫不如此。以为"复古"即是倒退,是不符合历史真实的论断。

(二) 封禅泰山

兴复礼乐,是张说最大的心愿,这可从其岳州《赦归道中作》的诗

---

① 《全唐文·张说·与褚先生书》卷二二四,中华书局,1983年版,第2264页上。

中可以看出："复是三阶正，还逢四海平。谁能定礼乐，为国著功成。"①张说最大的功业，也许就体现在礼乐制度的制定上了。《开元礼》及《唐六典》这两部模仿古代礼法的高文典册，都是在张说提议下开始制作的，所谓"佐佑王化，粉泽典章，成一王法"②，即是指此而言。两部礼典虽然都没有在其生前完成，但开创谋划之功，实不可没。张说倡导礼乐的另一事迹，便是主持泰山封禅大典。也是其立足儒家政教，"润色王道"，"粉饰盛时"政纲的组成部分。

兴复礼乐，是清平之治的主要标志，《礼记·乐记》有云："王者功成作乐，治定制礼。其功大者其乐备，其治辩者其礼具。"③封禅泰山，则是其中最隆重盛大的典礼。司马迁《封禅书》曰："自古受命帝王，曷尝不封禅。"并引《管子·封禅篇》封禅礼起于无怀氏的三皇时代，然太史公只断自尧舜。认为"厥旷远者千有余载，近者数百载，故其仪阙然堙灭，其详不可得而记闻云"。所以《封禅书》主要记述秦汉的封禅活动。封禅的仪程据张守节《史记正义》与司马贞《索隐》所释：封为筑坛"祭天"，禅为除土"祭地"，"登封报天，降禅除地"④，然后勒石纪铭，即谓之封禅，多在泰山顶峰和山下小丘进行。但东晋袁宏则从意义上解释说："崇其坛场，则谓之封；明其代兴，则谓之禅。然则封禅者，王者开务之大礼也。德不周洽，不得辄议斯事；功不弘济，不得髣髴斯礼。"⑤

封禅泰山，是属于古代国家祭祀的大典，具有严格的条件与规定，并非受命君主皆可施行。据刘向《五经通义》云："易姓而王，致太平，必封泰山，禅梁父，荷天命以为王，使理群生，告太平于天，报群神之功。"⑥封禅与上古以来的尊天思想有关，王者皆认为自己是承荷天命

---

① 《张燕公集·敕归在道中作》卷四，《丛书集成》1846 册，中华书局，1990 年版，第 40 页。三阶，此指自天子、公卿，士庶三个阶层，见颜师古《汉书·东方朔传》注。
② 《新唐书·张说传》卷一百二十五，中华书局，1975 年版，第 4410 页。
③ 《礼记集解·乐记第十九之一》卷三十七，中华书局，1989 年版，第 991 页。辩，即遍。
④ 《史记·封禅书第六·所隐》卷二十八，中华书局，1959 年版，第 1404 页。
⑤ 袁宏之论，引自《通典·礼典》卷五十四，中华书局，1988 年版，第 312 页。
⑥ 《史记·封禅书第六·正义》卷二十八，中华书局，1959 年版，第 1355 页。

而王。不过还可以从其天命观中看到"民"的影子,所谓天命,实则就是民意的曲折体现。如《尚书·周书》载武王伐殷所作《泰誓》云:"天佑下民,作之君,作之师,惟其克相上帝,宠绥四方。""天矜于民,民之所欲,天必从之。"①封禅则是向天汇报自己"理群生"的政绩。"告太平于天,报群神之功。"这里所谓"报群神",按刘向的说法:"神之大者,曰昊天,上帝其佐曰五帝,王者所以祭天地何?王者父事天,母事地,故以子道事之。""王者所以因郊祭日月星辰,风伯雨师山川何?以为皆有功于民,故祭之也。"②这种对自然神灵的崇拜,似乎也不是盲目的迷信,而是因为天地日月、风雨山川"皆有功于民"。而且其功用具有不可思议的神妙,故尊之以为神灵,祭祀以报答之。如果说封禅的积极意义,那就是在于让统治者明白,还有一个地位高于其上的天在,而天是不可欺的。

西晋司马彪论封禅曰:"自上皇以来,封泰山者,至周七十二代。易姓则改封者,著一代之始,明不相袭也。""且唯封为改代,夏少康、周宣王,由废复兴,不闻改封。"所以秦至西汉的泰山封禅,惟有始皇与武帝各一次。东汉光武帝"欲因孝武故封",淡化"易姓而王"的改订,强调"登封告成,为民报德,百王所同"的特色,以示自己为西汉政权的继续。

不过,对于封禅,历代都有大儒反对,如梁朝许懋向梁武帝进谏曰:"封于泰山,考绩柴燎,禅乎梁甫,刻石纪号。此纬书之曲说,非正经之通义也",并说出"若是圣主,不须封禅;若是凡主,不应封禅"的至理名言。③其次是隋代文中子王通之说。《新唐书·礼乐志》曾引其言曰:"封禅,非古也,其秦、汉之侈心乎?"④可谓一语中的。故马端临《文

---

① 《尚书正义·泰誓上》卷十一,《十三经注疏》整理本,北京大学出版社,2000年版,第323、325页。
② 刘向:《五经通义》,朱彝尊:《经义考》卷二三九,中华书局1998年版,第1211页。
③ 《梁书·许懋传》卷四十,中华书局,1973年版,第575页。
④ 《新唐书·礼乐志四》卷十四,中华书局1975年版,第349页。

献通考》认为,自古封禅之说"盖出于齐鲁陋儒之说,诗书所不载,非事实也。当以《文中子》之言为正"①。

至唐代,贞观、永徽以迄开元都曾多次讨论封禅,只是太宗没有果行罢了。如果说高宗封禅,还是继承太宗未竟之志,向天下宣示大唐革命成功,训致太平,行其告成之典。那么,唐玄宗继高宗东封泰山后,再次封禅,则是援引光武帝继汉武之后而封禅的先例,含有向天下昭示天命已复的用意。其实用封禅宣示政权的合法性,并没有太大的意义。所以司马彪曰:"帝王所以能大著于后者,实在其德加于人,不闻在封矣。"②如贞观年间的议封禅,唐太宗就曾说过:"如朕本心,但使天下太平,家给人足,虽阙封禅之礼,亦可比德于尧舜;若百姓不足,夷狄内侵,纵修封禅之仪,亦何异桀纣。"又曰:"礼云,'至敬不坛',扫地而祭,足表至诚,何必远登高山,封数尺之土也!"侍中王珪赞扬太宗之言为"德音",深"明封禅本末"。秘书监魏征则曰:"升中之礼,须备千乘万骑,供帐之费,动役数州。户口萧条,何以能给?"太宗深嘉征言。但是,劝行封禅的中外章表不绝,太宗还是同意了房玄龄颜师古等人的意见,准备东封。只是因为"是年两河水潦,其事乃寝"。

魏征之所以极力反对,固然是受其师王通的影响,主要还是因为国家疮痍新复,山东尚且穷乏,"陛下东封,万国咸萃",千乘万骑,一则扰民,二则恐为藩国邻邦窥破虚实。然而时殊势异,至开元年间的大唐已经达到物质、文化的鼎盛时期,于是大兴礼乐,亦好像是顺理成章的事情。

开元十二年岁末,"文武百僚、朝集使、皇亲及四方文学之士,皆以理化升平,时谷屡稔,上书请修封禅之礼并献赋颂者,前后千有余篇"③。群臣上表奏请玄宗封禅。先是文武百官吏部尚书裴漼等,奏称

---

① 《文献通考·郊社考十七》卷八十四,浙江古籍出版社,1988年版,第761页。
② 司马彪之论,引自《通典·礼典》卷五十四,中华书局,1988年版,第311页。
③ 《旧唐书·礼仪志三》卷二十三,中华书局,1975年版,第882、891页。

玄宗"英威迈于百王,至德加于四海",群臣"咸申就日之诚,愿睹封峦之庆"。玄宗手诏答之曰:

> 朕承奉丕业,十有余年,德未加于百姓,化未覃于四海。至若尧舜禹汤之茂躅,轩后周文之懿范,非朕之能逮也。其有日月之瑞,风云之祥,则宗庙社稷之余庆也。天平地成,人和岁稔,则群公卿士之任职也。抚躬内省,朕何有焉?难违兆庶之情,未议封崇之礼。①

玄宗将开元之治的功绩,上而归于"宗庙社稷之余庆",下而归于"群公卿士之任职",谦恭之情跃然纸上。后由中书令张说与侍中源乾曜再三上书奏请,玄宗一再回绝,最后势不获已而应允。于是颁《允行封禅诏》曰:"可以开元十三年十一月十日,式遵故实,有事泰山。所司与公卿诸儒详择典礼,预为备具,勿广劳人,务存节约,以称朕意。"②

张说负责撰拟封禅仪注,与徐坚、韦绦、康子元、侯行果,并众礼官一起"稽虞典,绎汉制",综合《贞观礼》和《显庆礼》,反复推敲,对封禅礼仪多所改订,如奏请以睿宗配享皇地祇等。比起汉代以及贞观、显庆二礼,最大的特点,就是程序的简化。如改汉武的两封两禅,为一封一禅,并将初、亚、终三献之礼一次完成等。

在仪注拟订过程中,众说纷纭,莫衷一是,如柴望之礼,有人主张先燔柴后祭祀,有人以为应先祭祀后燔柴。各引经典,相持不下。张说议曰:"凡祭者,本以心为主,心至则通于天地,达于神祇。既有先燔、后燎,自可断于圣意,圣意所至,则通于神明。"燔之先后,不好由臣僚越俎代庖。即认为祭祀本以心意为主,心灵贯注,自然能够通于神明。燔、燎之后先,只是末节,这些具体仪节应该随皇帝的心思而定。与之相应的,张说还提出一个"临时量事改摄"的原则。即针对琐屑的

---

① 《唐会要·郊议》卷八,中华书局,1955年版,第105页。
② 《唐会要·郊议》卷八,中华书局,1955年版,第107、108页。

仪节，可根据具体情况，临时决定取舍。如四门助教施敬本有驳旧封禅礼八条意见，言之有理，张说将其中四条吸收在仪注中，其余则建议玄宗根据"圣意"，临时斟酌"改摄"。这种对于国家隆重大典，采取灵活变通方法的态度，与上述"凡祭者，本以心为主"的理论，均表明此次封禅属于儒家神道设教的政治特性，而冲淡了蒙于其上的宗教神秘性色彩。

玄宗一行于十一月初六(丙戌)至泰山，休整之暇，又与贺知章议定了封禅的最后仪程。如分昊天上帝与五方帝为君臣，改封、禅由玄宗君臣于泰山上下同时进行("陛下享君位于山上，群臣祀臣位于山下，诚足以垂范来叶，为变礼之大者也")等。

玄宗又问贺知章何以前代帝王封禅所用的玉牒总是秘而不宣？贺知章答曰："玉牒以通意于天，前代或祈长年，希神仙，旨尚微密，故外莫知。"玄宗则光明磊落地宣称："朕今此行，皆为苍生祈福，更无密请。宜将玉牒出示百僚，使知朕意。"其文有曰：

> 有唐嗣天子臣某，恭承大宝，十有三年。敬若天意，四海晏然。封祀岱岳，谢成于天。子孙百禄，苍生受福。

玄宗亲自撰书《纪泰山铭》，勒于岱顶大观峰，并令张说撰《封祀坛颂》、源乾曜撰《社首坛颂》、苏颋撰《朝觐坛颂》，均勒石纪德。

这次封禅，声势规模空前浩大，"张皇六师，震詟九宇。旌旗有列，士马无哗"，仪仗绵延长达百里。还邀请四夷君长及蕃夷客使"从封泰山"。既使其得以"观国之光"，又保障了四裔边境的安全，促进了国际文化交往。

这次封禅，礼仪之庄重，规模之盛大，气势之宏伟，天下壮观。"夜中燃火相属，山下望之，有如连星自地属天"；"丝竹之声，飘若天外"。[①]

---

① 《旧唐书·礼仪志三》卷二十三，中华书局，1975年版，第902、896、898、899、902、900页。燔柴祭天祀山川，谓之柴望。

这种盛大隆重祥和庄敬的典礼,是开元盛世社会安定,财力雄厚,文化鼎盛的集中体现。不仅宣示了帝王的尊荣、国家的权威,也扩大了儒道文化的影响,促进了中华文化圈的形成。

封禅泰山,是张说倡导复古运动的重要组成部分,复兴儒家礼乐制度,其意义不仅仅是为尊崇王室地位,更是盛世之治社会文明不可或缺的一环。

第三节 《大唐开元礼》在礼制史上的地位与意义

一、《大唐开元礼》的制作缘起

礼乐的制定标志着一个新时代的开始,正如《礼记·乐记》所云:"王者功成作乐,治定制礼。"[1]唐高祖入关时"方天下乱,礼典湮缺",以窦威熟谙朝章国典,乃令其裁定制度。高祖"语裴寂曰'威,今之叔孙通也'"[2]。这是每个朝代兴起,功成治定,都要发生的事情,即使礼典并未湮缺,也必须重新制礼作乐。因为《礼记·乐记》又说:"五帝殊时,不相沿乐;三王异世,不相袭礼。"[3]但这并不等于说古代的礼乐经典失去权威和恒定性,可以任意而为,各行其是。而是重在强调礼乐因时制宜的特点。孔颖达《正义》对此语疏解曰:"若论礼乐之情,则圣王同用也。""此论礼乐之迹,损益有殊,随时而改,故云不相袭也。"即是说夏商周三代圣王制礼的意图是相同的,但其具体的表现形式,却应该随着时代的改变,而进行因时制宜的损益和改作。尤其是当一个

---

[1] 《礼记正义·乐记第十九》卷三十七,《十三经注疏》整理本,北京大学出版社,2000年版,第1271页。

[2] 《新唐书·窦威传》卷九十五,中华书局,1975年版,第3844页。

[3] 《礼记正义·乐记第十九》卷三十七,《十三经注疏》整理本,北京大学出版社,2000年版,第1272页。

王朝走向没落时，其礼乐的形态也会发生相应的变化，这就是为什么季札有观礼闻乐而知兴衰之说。例如东汉隆礼，其后期便出现虚伪的礼教，加之魏晋司马氏肆意践踏礼教的最基本准则，遂激起魏晋时代玄学弃礼的反动。又如南朝政权更迭频仍，世族朝不虑夕，及时行乐思想的驱使，便产生哀感靡丽的乐声，被指为靡靡的亡国之音。失去了先王制礼作乐的精神，所以非重新改作不可，非仅以示区别而已。

其实，各时代都不乏潜心研究礼乐经典，追求礼乐精神，企图补偏救时的学者。所以在南北朝及隋时，礼学研究，因衰世颓风所激，反而呈上升趋势。据南北史《儒林传》所载，南朝"通三《礼》"、"善三《礼》"或"尤精三《礼》"、"尤长三《礼》"的学者举不胜数。北朝则因周文帝以《周礼》为立国大法。"公卿以下，多习其业。"[1]并直接影响到隋唐的政治制度与学风。所以赵翼《廿二史札记》曰："六朝人最重'三《礼》'之学，唐初犹然。"并在历述唐代礼学名家之后说："此可见唐人之究心三《礼》，考古义以断时政，务为有用之学，而非徒以炫博也。"[2]但是，社会礼乐文明的状况，不在其有多少人研究这门学问，而在于是否由当政者以政府的权威在提倡和推行。所以朝廷审礼正乐重订具有国家法律效力的礼典，其意义就显得尤为重大。

唐初，孔颖达、贾公彦等奉敕撰三《礼》正义，定为择士授官的科举教材。然而影响唐初两帝决心奉行礼乐之治的，却是温大雅、窦威、陈叔达、魏征、房玄龄等儒学名臣。五人皆在隋末问学于王通之门，王通十分重视礼乐，认为礼乐是王道兴起的标志。曾说："王道之驳久矣，礼乐可以不正乎？"[3]认为王道之所以为政治所背弃，并非因为历代没有礼乐，而是这些礼乐没有体现出王道的精神，所以他提出修正礼乐的观念。礼学虽非房、魏诸人之所长，然而耳濡目染，尚能明文中子

---

[1] 《北史·熊安生传》卷八十二，中华书局，1974年版，第2744页。
[2] 《廿二史札记校证·唐初三礼汉书文选之学》卷二十，中华书局，1984年版，第440、441页。
[3] 《文中子中说·天地篇》卷二，《二十二子》本，上海古籍出版社，1986年版，第1309页。

复礼正乐之遗意。例如太宗礼乐缘自人情说,即是深受河汾学派的影响,故能以此为基点,参稽古礼经典,重新制定出便时易行既往开来的《贞观礼》,并成为《显庆礼》和《开元礼》因时改订的张本。

据《新唐书·礼乐志》载:

> 唐初,即用隋礼,至太宗时,中书令房玄龄、秘书监魏征,与礼官、学士等因隋之礼,增以天子上陵、朝庙、养老、大射、讲武、读时令、纳皇后、皇太子入学、太常行陵、合朔、陈兵太社等,为《吉礼》六十一篇,《宾礼》四篇,《军礼》二十篇,《嘉礼》四十二篇,《凶礼》十一篇,是为《贞观礼》。高宗又诏太尉长孙无忌、中书令杜正伦、李义府、中书侍郎李友益、黄门侍郎刘祥道、许圉师、太子宾客许敬宗太常卿韦琨等增之为一百三十卷,是为《显庆礼》。其文杂以式令,而义府、敬宗方得幸,多希旨傅会。事既施行,议者皆以为非。上元三年,诏复用《贞观礼》。由是终高宗世,《贞观》、《显庆》二礼兼行。而有司临事,远引古义,与二礼参考增损之。①

唐高祖武德初年,"未遑制作,郊庙宴享,悉用隋代旧仪"②。太宗即位,"悉兴文教",始令房玄龄、魏征等修改旧礼。撰成《贞观礼》"总一百三十八篇,分为一百卷"。《贞观新礼》与《隋礼》相比,增加了天子上陵、农隙讲武、养老辟雍、太子入学、读时令等计二十九条内容。其余则"准依古礼,旁求异代,择其善者而从之。"③重要的区别是重新排列五礼顺序,将凶礼移于最后,定为吉、宾、军、嘉、凶。按照事物发展的次序排列,似乎更为合理一些。可见这是对古礼的一次因时制宜的审定与系统总结。

高宗即位后,"议者以《贞观礼》节文未尽"。于是,诏令长孙无忌、杜正伦、李义府、许敬宗等人,"重加缉定,勒成一百三十卷"。于显庆

---

① 《新唐书·礼乐志》卷十一,中华书局,1975年版,第308页。
②③ 《旧唐书·礼仪志一》卷二十一,中华书局,1975年版,第816页。

三年春正月,诏颁天下行之,故名《显庆礼》。由于"其文杂以式令",且多"希旨傅会"之目。"议者皆以为非",导致出现二礼错杂并用,临事参酌古义施行,"无复定制"的局面。二礼之不同如封禅祭天燎柴之礼,自古有先后之别。先燔则祭奠在后,牲币须备两次之用;后燔则奠献在前,且可减省繁复和靡费。《贞观礼》已定先祭后燎,《显庆礼》又据许敬宗之议,改为先燔后祭。及开元中,诏定封禅仪注,康子元等提出降神以乐说,指出"先燔后祭"说"深乖礼制,事乃无凭。请依贞观旧礼,先祭后燎,庶允经义"。① 然而两派意见相持不下,于是张说奏请玄宗:"若欲正失礼,求祭义,请从《贞观礼》。如且因循不改,更请从《显庆礼》。凡祭者,本以心为主,心至则通于天地,达于神祇。既有先燔、后燎,自可断于圣意。"② 玄宗令依先奠后燔之仪。封禅泰山的礼仪,后皆收入《开元礼》中。

由于《贞观礼》既"节文未尽",《显庆礼》又"事不师古",都难以与盛世礼仪的需求相适应,迫切需要重修一部新的礼典。"开元十四年,通事舍人王嵒上疏,请改撰《礼记》,削去旧文,而以今事编之。诏付集贤院学士详议。右丞相张说奏曰:'《礼记》汉朝所编,遂为历代不刊之典。今去圣久远,恐难改易。今之五礼仪注,贞观、显庆两度所修,前后颇有不同,其中或未折衷。望与学士等更讨论古今,删改行用。'制从之。"③在王嵒上疏的同年八月,元行冲奉敕集学者撰著的魏征《类礼义疏》,适亦完成,将立学官。"张说驳奏曰:'今之《礼记》,是前汉戴德、戴圣所编录,历代传习,已向千年,著为经教,不可刊削。''贞观中,魏征因孙炎所修,更加整比,兼为之注,先朝虽厚加赏锡,其书竟亦不行。今行冲等解征所注,勒成一家,然与先儒第乖,章句隔绝,若欲行

---

① 《全唐文·康子元·南郊先燔后祭议》卷三五一,中华书局,1983年版,第3553页。燔、燎,须将玉帛牲体,置于柴上燔之。先燔,则祭时须再备一份玉帛牺牲,后燎,则将祭献后的玉帛牺牲投入即可。
② 《旧唐书·礼仪志三》卷二十三,中华书局,1975年版,第894页。
③ 《旧唐书·礼仪志一》卷二十一,中华书局,1975年版,第818页。

用,窃恐未可。'上然其奏。"①魏征就《礼记》新编《类礼》,元行冲所作《义疏》,以及王嵒奏议,都是针对古礼不敷今用而发。这与张说意欲复古通今的方向是一致的。但为何皆被其用同一理由予以驳止呢?盖张说之意以为,自古传习的经典,应该保持原貌,"不可刊削",即是尊重历史。如要改作,以敷今用,就不如以贞观、显庆两度所修的《五礼仪注》为基础,参详折衷,著成一部《新礼》。《五礼仪注》应是贞观、显庆二礼的书名,所云"仪注"即是制度、仪节之谓,虽然是参酌礼义所定,但其内容并不涉及礼仪的义理。不似《礼记》为专论礼意之书。所以与唐代三部《五礼仪注》相对应的礼学经典应是作为礼典的《仪礼》而非作为礼论的《礼记》。

玄宗采纳张说重修《五礼仪注》的建议,张说领衔,委托集贤学士徐坚、李锐、施敬本等检撰,"历年不就"。开元十八年徐坚、张说相继辞世,历时四年,其书尚未最后完成。但从继任者萧嵩代为集贤院学士,委托王仲丘撰著,只一年多时间即已完成来看,其书在张说辞世前即已完成太半。萧嵩最后完成的"五礼仪注"共计一百五十卷,名曰《大唐开元礼》。"二十年九月,颁所司行用焉。"②

《大唐开元礼》是一部足以与大唐盛世辉煌相匹配的礼乐文明巨著,标识着中国礼乐文明已发育至一个前所未有的高度。《开元礼》在继承古代礼乐精神的同时,因时制宜地对经典古礼进行了因革损益,制定了一个庞大严整而又简约可行的礼制体系,改变了前此遵行古礼而又与现实相互抵牾矛盾的状况,解决了难于议定施行的难题。《开元礼》是以国家法定的权威颁定的礼典,与其同期诞生的《大唐六典》,则与三《礼》中堪称政典的《周礼》相当;加之永徽年间著成的《唐律疏议》,犹如鼎之三足,缺一不可,共同构筑起中国礼法社会的千年巨厦。

---

① 《旧唐书·元行冲传》卷一百二,中华书局,1975年版,第3178页。
② 《旧唐书·礼仪志一》卷二十一,中华书局,1975年版,第818页。

二、《大唐开元礼》在礼制史上的地位与意义

作为大唐盛世辉煌的产物,《大唐开元礼》代表着中古礼乐文明发展的最高阶段。在中国礼制史上,占有崇高的历史地位,为了阐述其重要的历史地位与意义。还得简略地回顾一下礼制的历史。作为上古三代礼乐遗存的三《礼》,尤其《周礼》和《仪礼》简直就是一个包罗万象,体系庞杂的礼乐系统,举凡社会风习、官制政令、名物礼仪、兵刑法律、农工虞商,成为几乎无所不包而又缺乏明确类目的百科全书,加之百家异说,从政者难于从中按需取用。秦汉以后,官制与法律逐渐从中脱离,成为专门的体系,礼仪作为朝章典制一个独立系统,也变得明晰起来,遂渐次形成以"五礼"为纲目的礼典。

五礼之名初见于《周礼·春官·大宗伯》有吉、凶、宾、军、嘉诸礼之分述,而《地官·保氏》始出现"五礼"之文,而且是与六艺、六乐以及射、驭、书、数并列而言。至东汉郑玄作注,始指明曰:"五礼:吉、凶、军、宾、嘉也。"[①]郑玄对五礼的概括分类,遂成为后世礼仪的基本框架。东汉末期朝廷制定的礼典,才明确地将礼仪概括为"五礼"。历魏晋以迄六朝,各代裁定《仪注》大典皆以"五礼"为线索进行编撰。

隋朝"寰区一统,文帝命太常卿牛弘集南北仪注,定五礼一百三十篇"。实现了南北礼学的合流。炀帝又在广陵重加修订,谓之《江都集礼》,"由是周、汉之制,仅有遗风"。[②] 可见隋朝新礼已是古代礼仪集大成之作。其于古礼搜逸补遗或许超迈前代,然而终嫌缺乏刊削与拓新。

唐高祖定鼎长安,"未遑制作,郊庙宴享,悉用隋代旧仪"。贞观年间,"偃武修文",国事大定,唐太宗乃令房玄龄、魏征并礼官学士修改

[①] 《周礼注疏·春官·大宗伯》卷十八,第529—551页;《周礼·地官·保氏》卷十四,第416页上。《十三经注疏》整理本,北京大学出版社,2000年1版。

[②] 《旧唐书·礼仪志一》卷二十一,中华书局,1975年版,第816页。

旧仪。这次修礼再次显示了贞观君臣勇于改制创新的气魄。太宗"更创新乐,兼修大礼",魏征称其"自我作古,万代取法"①。而魏征的修礼原则则是:"随时立法,因事制宜。自我而作,何必师古。"②一上来就对《隋礼》进行了大刀阔斧的刊削。如房玄龄等与礼官述议,以为祭祀"五天帝、五人帝、五地祇,皆非古典,今并除之。又依礼,有益于人则祀之。神州者国之所托,余八州则义不相及。近代通祭九州,今除八州等八座,唯祭皇地祇及神州,以正祀典"。又以为汉世封禅之法,"不在经诰,又乖醇素之道,定议除之"。又以旧礼禅梁甫于山上,"乃乖处阴之义。今定禅礼改坛位于山北"。增加皇太子入学、天子大射、陈兵太社、农隙讲武、养老于辟雍等礼,"皆周、隋所阙,凡增多二十九条"。还于凶礼中特增"《国恤》五篇"。"余并准依古礼,旁求异代,择其善者而从之。太宗称善,颁于内外行焉。"③《贞观新礼》与《隋礼》相比,重要的区别是重新排列五礼顺序,将凶礼移于最后,定为吉、宾、军、嘉、凶。既按照事物发展的次序排列,又用以象征太平之治对待吉凶的态度。

  高宗《显庆礼》是因为"《贞观礼》节文未尽",诏令重修,虽然增加了三十余卷,但由于"其文杂以式令",且多"希旨傅会"之目,如避讳天子丧礼,竟然删除《国恤》之篇;所增篇目又"事不师古",故而"议者皆以为非"。因此导致临事参酌旧礼,使礼典处于"无复定制"的状态。

  玄宗朝由张说、萧嵩前后主持编修的《大唐开元礼》,参酌折衷于《贞观》、《显庆》二礼,增至一百五十卷之多。其所增益刊削的标准,则多继承贞观君臣"自我作古"的精神。其实,这并不违背古代制礼的原则。如《礼记·礼运篇》谓:"故礼也者,义之实也。协诸义而协,则礼虽先王未之有,可以义起也。"④即只要合乎礼意,完全可以因时适宜地新

---

① 《新编魏征集·魏郑公谏录》卷四,三秦出版社,1994年版,第183页。
② 《旧唐书·礼仪志二》卷二十二,中华书局,1975年版,第851页。
③ 《旧唐书·礼仪志一》卷二十一,中华书局,1975年版,第816页。
④ 《礼记正义·礼运第九》卷二十二,《十三经注疏》整理本,北京大学出版社,2000年版,第827页。

制或改作。南宋宰相周必大尝拟作一篇《开元礼序》，亦曾阐述此理曰："盖古今之不同，质文之迭变，虽先王未之有者，可以义起。奈何区区残编断简，泥古而窒今，使我朝盛典不传于后世耶？"完全肯定了这种自我作始的制礼精神。周必大还对礼典制作的意义及唐之三部礼典做出评价曰：

> 朝廷之所用，有司之所守，非一定之论，则内外无所适从；非不刊之书，则子孙无所取法。今自贞观而至显庆，阅岁未久，二礼之不同，固未害损益之义也。然既出义府傅会，则非所谓一定之论，猥杂百司令式，则非所谓不刊之书。惟开元皇帝励精政治，有意太平，故能遴选儒臣，厘正钜典。惟坚等辩博通贯，体上之意，故能不泥不肆，克辑成书。自时厥后，朝廷有大疑，不必聚诸儒之讼，稽是书而可定。国家有盛举，不必茇野外之仪，即是书而可行。世世守之，毋敢失坠，不其休哉。①

认为《开元礼》是一部"不刊之书"，此后，"朝廷有大疑，不必聚诸儒之讼，稽是书而可定"。国家举行盛大典礼，按书施行，也不必再到郊野摆布茅束进行预演了。从此结束了历朝各代聚讼千年纷纭不已的礼仪之争。

《开元礼》于《贞观礼》采撷既多，然两者最大的不同，是质文之别。贞观制礼之时，疮痍未平，国力方复，故其时尚质尚简，凡"乖醇素之道者，定议除之"。所谓"节文未尽"者，节指仪节，文指文饰。有重本轻文的倾向；及至开元盛世，玄宗为好文之君，张说为文儒之雄，又志在粉饰盛时，其所修订之礼典重文的倾向可想而知，这从封禅泰山的规模铺张与礼器之豪华亦可窥见一斑。《礼记·礼器》有云："先王之立礼也，有本有文。忠信，礼之本也；义理，礼之文也。无本不立，无文不

---

① 《大唐开元礼》卷首，民族出版社，2000年版，第5页。茇，古代朝会时表示位次的茅束，用于预演。

行。"《正义》释曰:"礼虽用忠信为本,而又须义理为文饰也。得理合宜,是其文也。""忠信为本易见,而义理为文难睹。"其实与本相对之文,还应该包括表现本实的形式,如礼器与仪节等。所以孔颖达又说:礼文之"丰俭随时也"。① 汉代扬雄则曰:"实无华则野,华无实则贾,华实副则礼。"注云:"华实相副,然后合礼。文质彬彬,然后君子。"②《开元礼》便是与开元盛世相副,在丰实物力基础上绽放的文明华彩。

《开元礼》颁行后的第四年,玄宗骄侈之心日增,"制令礼官议加笾豆之数及服制之纪。太常卿韦縚奏请加宗庙之奠"。崔沔建议曰:"当申敕有司,祭如神在,无或简怠,勖增虔诚","新鲜肥浓,尽在是矣,不必加于笾豆之数也"。产生了一定遏制效果。崔沔同时还有一段名言曰:"我国家由礼立训,因时制范,考图史于前典,稽周、汉之旧仪。"③意指《开元礼》即是国家隆礼而立之法则,是考稽周汉古礼旧仪,因时所制的规范,应予遵守。这是对《开元礼》权威的首次说明与肯定。

《大唐开元礼》确是古代礼制的集大成者,上承周秦汉魏,下启宋元明清,在中国古代礼制史上占有承前启后的重要地位。此后各朝制礼,或官修、或私撰,皆祖周公而宗开元。《开元礼》颁行后约七十年,杜佑在所著《通典·礼典》赞叹说:"於戏!百代之损益,三变而著明,酌乎文质,悬诸日月,可谓盛矣!"《通典·礼典》共一百卷,以六十五卷篇幅,述上古至唐代诸礼之沿革;以三十五卷,撰为《开元礼纂类》,声明是"悉依旧文,敢辄有删改","冀寻阅易周,览之者幸察焉"。④ 节取章目,重排礼序,可视为《开元礼》的节本或纲目,且论之曰:

> 通典之所纂集,或泛存沿革,或博采异同,将以振端末、备顾问

---

① 《礼记正义·礼器第十》卷二十三,《十三经注疏》整理本,北京大学出版社,2000年版,第836、837页。
② 《法言义疏·修身》卷三,中华书局,1987年版,第97页。贾,谓贾人衒鬻过实。
③ 《全唐文·崔沔·加笾豆增服纪议》卷二七三,中华书局,1983年版,第2770页。
④ 《通典·礼一·礼序》卷四十一,第1120页;《礼六十六·开元礼纂类一》卷一百六,中华书局,1988年版,第2761页。

者也,乌礼意之能建乎!但前古以来,凡执礼者,必以吉凶军宾嘉为次;今则以嘉宾次吉,军凶后宾,庶乎义类相从,始终无黩云尔。①

《开元礼》循贞观之旧,将凶礼改置"五礼"之末,根据这一原则,杜佑《开元礼纂类》复将《开元礼》原定的五礼次序:"吉、宾、军、嘉、凶",调整为"吉、嘉、宾、军、凶"。将嘉礼提为第二,使礼制在国家礼典的顺序更为合理。实际上,唐礼是把礼制的性质按照礼意,区分为吉凶两种,宾、嘉均属于吉庆性质,故尔以类相从,列于吉礼之次;军礼介乎两者之间,因为兵凶战危,无论战争胜负,战场与阵亡将士总是须要凭吊的,所以列于凶礼之前。进一步体现了"事有本末,知所先后"和以生民为本的礼乐观念。

《四库全书总目提要》评价《开元礼》曰:"讨论古今,斟酌损益,首末完具,粲然勒一代典制","诚考礼者之圭臬也"。②

《新唐书·礼乐志》谓:《大唐开元礼》书成,"唐之五礼之文始备,而后世用之,虽时小有损益,不能过也"。③是说有关五礼的仪注至唐而大备,然而任何一部典则,只能提供一个基本准则,临时临事取用,还须根据具体情况予以损益调整,但都不会超过其所具有的权威性。据《唐会要》载,贞元二年,德宗敕令:"开元礼,国家盛典,列圣增修。今则不列学科,藏在书府。使效官者昧于郊庙之仪,治家者不达冠婚之义。移风固本,合正其源。自今已后,其诸色举人中,有能习开元礼者,举人同一经例。"④将之列入正式的考试科目。

按照唐人自己的说法,"《开元礼》者,其源太宗创之,高宗述之,元宗纂之,曰《开元礼》,后圣于是乎取则。其不在礼者,则有不可以

---

① 《通典·礼一·礼序》卷四十一,中华书局,1988年版,第1120页。
② 《四库全书总目提要》卷八二,1965年版,第702页上。
③ 《新唐书·礼乐志》卷十一,中华书局,1975年版,第309页。
④ 《唐会要·开元礼举》卷七十六,中华书局,1955年版,第1396页。

传"①。即是说《开元礼》是唐代前期几代人心血的结晶。不仅是对有唐,也是对自周公制礼以来历代礼典的总结与集大成,无疑是中国礼仪发展史上卓然特立的一座丰碑。

《大唐开元礼》作为一代典制,全书体例严谨,内容广博,系统详明,巨细靡遗,因而成为古代礼乐典制的渊薮。礼仪与礼制,虽非政治,却决定了治国临民的行事风格;虽非宗教,却令人产生诚悫敬畏之心;虽非法典,却具有法律的约束效力;虽非道德,却能提升人之心灵境界;虽非艺术,却予人文雅高贵的仪态美感。总之,其为现代社会学科所无法涵盖,却又可以贯通于所有人文领域,处理人与自然、社会、人生多重关系的系统方式;属于中国先贤原创与特有的人文学术,则是确定无疑的。

作为国家盛典的《大唐开元礼》,从国家祭祀大典到重文视学的释奠;从协和万邦待人接物的宾礼,到农隙讲武冬狩畋猎的军备;从冠婚乡射饮酒投壶的嘉礼,再到赈抚凶年、劳问疾苦、丧葬吊祭服制等凶礼处理程式,无不周详备载。重要的仪节还配以相应的音乐,令人庄敬之心肃然而生。举凡上自帝王,下至百僚,以及士大夫阶层的政治活动与日常生活都作有详尽规定。并已涉及平民的礼仪规范,开启了"礼下庶人"的发展趋势。诚所谓"人道经纬万端,规矩无所不贯"②者矣。作为一种可见的充满诗意的礼仪行为,渗透到当时乃至后世的政治经济、社会文化、士农工商、朝野风尚等各个领域之中,对中国礼教社会的形成,产生了重大的影响。

总之,《大唐开元礼》作为"今王定法","一代典制",既是开元之治国力雄厚民心所向的产物,又集中地反映了开元时代文明鼎盛意气昂扬的盛唐气象。中国从此成为名副其实的"衣冠上国","礼仪之邦"。

---

① 《全唐文·唐文拾遗·三公上仪约开元礼为仪注议》卷六〇,中华书局,1983年版,第11050页。

② 《史记·礼书第一》卷二十三,中华书局,1959年版,第1157页。

其历史作用及现实意义都是不可以低估的。

第四节 《唐律疏议》与《大唐六典》的儒家法制精神

一、《唐律疏议》的法制思想

中国古代的法律体系以其起源最早,礼法合一、情、理、法、兼顾等特点,而在世界五大法系中独树一帜,是为中华法系。而《唐律议疏》则是其最具代表性的集大成之作。

中国古代法律思想的起源可以远追至尧舜时代,而成文法当始于周代,《周礼》六官之一的《秋官司寇》即全是有关刑狱的法规。而最早独立的法典,当属《尚书》中的《吕刑》,西周中期大司寇吕侯受周穆王之命而撰。《吕刑》的立法原则即是历圣所传的中道思想,如云"非天不中,惟人在命","吉人观于五刑之中"(量刑适当谓之中),从而反对"惟作五虐之刑,曰法,杀戮无辜"。提出一个"轻重诸罚有权"和"刑罚世轻世重"[①]的经权原则,即判案要根据违礼的具体情况,以及世之治乱的大势,作出轻重权变的选择。蔡沈《书集传》释之曰:"轻重诸罚有权者,权一人之轻重也;刑罚世轻世重者,权一世之轻重也。惟齐非齐者,法之权也,有伦有要者,法之经也。"[②]并将《舜典》"惟刑之恤"与《大禹谟》"疑罪惟轻"的主张条文化。[③]《吕刑》虽是从"周礼"最早独立出来的刑典,但仍属于礼法体系建构的组成部分。在儒家"礼以行义,刑

---

① 《尚书正义·吕刑第二十九》卷十九,《十三经注疏》整理本,北京大学出版社,2000年版,第630、647页。
② 《书集传·吕刑》卷六,《影印文渊阁四库全书》58册,台湾商务印书馆,1986年版,第135页。
③ 《尚书正义·大禹谟第三》卷四,《十三经注疏》整理本,北京大学出版社,2000年版,第109页。

以正邪"①思想的影响下,《周礼》与《吕刑》成为历代修礼定律的思想渊源。

真正独立意义上最早的法典,是战国初李悝所著的《法经》,实亦刑典。然其视法为经,具有明显的法家倾向。后经"商鞅传《法经》,改法为律"②,《汉书·刑法志》云:"战国,韩任申子,秦用商鞅,连相坐之法,造参夷之诛,增加肉刑。大辟有凿颠、抽胁、镬烹之刑。"扬雄因之斥责曰"申韩之术不仁至矣,若何牛羊之用人也"③。韩非即曾明确地说"用法之相忍,以弃仁人之相怜"④,并且把人民和国家的利益对立起来,"严刑重罚者,民之所恶也,而国之所以治也;哀怜百姓轻刑罚者,民之所喜,而国之所以危也"⑤。所以扬雄认为申韩之法非法,"法者,谓唐虞成周之法也"⑥,亦即儒家礼义之法。

至汉萧何损益秦法为九章律,成为由国家正式颁布的第一部成文刑典。是自秦汉而后,又以"律"专称刑典。盖认为"律以著法,所以裁制群情,断定诸罪,亦犹六律正度量衡也,故制刑之书,以律名焉"⑦。自汉文帝废除秦朝发明的收孥连坐之法;改肉刑为笞杖,儒家轻刑的主张又得以恢复。武帝时,董仲舒开启经义决狱的先河,使古代的法学再度走向"应经合义",礼法结合的道路。

真正开始引礼入律的是西晋时期的《泰始律》,"峻礼教之防,准五服以制罪","蠲其苛秽,存其清约,事从中典,归于益时"。⑧ 从制法内容和量刑准则上实现了儒家化。隋《开皇律》则是"采魏、晋刑典,下至

---

① 《左传正义·僖二十八年》卷十六,《十三经注疏》整理本,北京大学出版社,2000年版,第527页。
② 《唐六典》卷六,中华书局,1992年版,第180页。
③ 《法言义疏·问神》卷五,中华书局,1987年版,第130页。
④ 《韩非子集释·六反第四十六》卷十八,上海人民出版社,1974年版,第950页。
⑤ 《韩非子·奸劫弑臣第十四》卷四,上海人民出版社,1974年版,第248页。
⑥ 《法言义疏·问神》卷五,中华书局,1987年版,第134页。
⑦ 《大学衍义补·定律令之制》卷一〇二,《影印文渊阁四库全书》713册,台湾商务印书馆1986年版,第196页。
⑧ 《晋书·刑法志》卷三十,中华书局,1974年版,第927页。

齐、梁,沿革轻重,取其折衷"①,是较为宽简的一部律法。及至炀帝执政,凡《开皇律》已改进者,《大业律》又予复旧,所以大唐开国之初,首先宣布废除《大业律》,而命儒臣在隋《开皇律》的基础上,略加增损,制定了《武德律》。太宗即位后,又以《武德律》为基础,命房玄龄与学士加以修改。"戴胄、魏征等又言旧律令重,于时议绞刑之属五十条。免死罪,断其右趾,应死者多蒙全活。太宗寻又愍其受刑之苦,谓侍臣曰:'前代不行肉刑久矣,今忽断人右趾,意甚不忍。'"遂废除刖刑,代之以流放。房玄龄提出一个"据礼论情"的修法原则,提请废除祖孙、兄弟连坐俱死,亦改为配流,从之。② 这样共"制为死、流、徒、杖、笞凡五等,以备五刑"③,著为《贞观律》。

在唐初立法制律的过程中,贞观君臣曾就法律宽严及量刑轻重等原则问题,展开激烈的争论。有劝太宗以威刑肃天下者;有言王政本于仁恩,所以爱民厚俗者;魏征尝痛切陈辞曰:"古之听狱,求所以生之也;今之听狱,求所以杀之也。"④谴责了析言破律,锻炼成狱的酷烈之风。其论刑律的指导思想云:"刑赏之本,在乎劝善而惩恶,帝王之所以与天下为画一",不可以贵贱亲疏、喜怒好恶而轻重、屈伸之,"刑滥则小人道长,赏谬则君子道消。小人之恶不惩,君子之善不劝,而望治安刑措,非所闻也"。⑤ 唐太宗则表示"法者,非朕一人之法,乃天下之法"⑥。因而主张立法"深宜禁止,务在宽平";又说:"死者不可再生,用法务在宽简","得使平允"。并总结历史经验和群臣的观点,创造性地提出"为国之道,必须抚之以仁义,示之以威信,因人之心,去其苛刻"⑦的主张。为避免重蹈秦隋严刑峻法的覆辙,必须废除严刑苛法。因

---

① 《隋书·裴政传》卷六十六,中华书局,1975年版,第1549页。
② 《唐会要·议刑轻重》卷三十九,中华书局,1955年版,第708页。
③ 《旧唐书·刑法志》卷五十,中华书局,1975年版,第2135、2136页。
④ 《贞观政要集释·论诚信第十七》卷五,中华书局,2003年版,第297页。魏征引孔子语。
⑤ 《贞观政要集校·论刑法第三十一》卷八,中华书局,2003年版,第440页。
⑥ 《贞观政要集校·公平第十六》卷五,中华书局,2003年版,第281页。
⑦ 《贞观政要集校·仁义第十三》卷五,中华书局,2003年版,第446、428页。

而,《贞观律》比隋律"减大辟九十二条,减流入徒者七十一条,凡削烦去蠹,变重为轻者,不可胜纪"①。奉行儒家"德主刑辅"的思想,从而奠定了"唐律""以仁为宗,以刑为助"的基本特色。此外,太宗还注意到"援礼入律"的作用,把礼学作为制订与修改律令的指导思想。

唐太宗这种以人为本的法律思想,有其哲学认识的根源与依据,并非全是出于恻隐之心或者利害考量,而实为对天赋人权的一种敬畏。太宗《帝范》有云:

> 夫天之育物,犹君之御众。天以寒暑为德,君以仁爱为心。寒暑既调,则时无疾疫;风雨不节,则岁有饥寒。仁爱下施,则人不凋弊;教令失度,则政有乖违。防其害源者,使民不犯其法;开其利本者,使民各务其业。显罚以威之,明赏以化之。威立则恶者惧,化行则善者劝。适己而妨于道,不加禄焉;逆己而便于国,不施刑焉。故赏者不德君,功之所致也;罚者不怨上,罪之所当也。故《书》曰:无偏无党,王道荡荡。此赏罚之权也。②

一方面是由"天之育物"而赋予的生命存续权利,君王须体天心而以仁爱莅民;一方面天也有寒暑长育肃杀的权威或功能,所以帝王也须德威并施,以维持人间的秩序。所以法律教令之设,及其赏罚权量的适宜,目的还是为了"开其利本,使民各务其业";"防其害源,使民不犯其法"。只有如此"显罚以威之,明赏以化之"。才能使民安而政清,俗化而归淳,此即所谓的大中至正,无偏无颇的王道。这种礼法并重的措施,对促进贞观之治法良政善局面的形成,起了重要的推动作用。

太宗还对律令的制定,提出一个"国家法令,惟须简约"的原则,认为如果"一罪作数种条格,格式既多,官人不能尽记,更生奸诈,若欲出罪即引轻条,若欲入罪即引重条。数变法者,实不益理道,宜令审细,

---

① 《资治通鉴·唐纪十》卷一百九十四,中华书局,1956年版,第6126页。
② 《唐太宗全集·帝范·赏罚篇》文告编,天津古籍出版社,2004年版,第613页。

毋使互文"。又说:"诏令格式,若不常定,则人心多惑,奸诈益生。""不可轻出诏令,必须审定,以为永式。"①在太宗的指示下,《贞观律》因而具备了了立法审慎、律条简明、相对稳定的三大特点。"自房玄龄等更定律、令、格、式,讫太宗世,用之无所变改。"②

《贞观律》一方面是继承了孔孟思想重视亲情,培养廉耻之心,以敦厚风俗的原则,一方面又弘扬了荀子"隆礼至法则国有常"的制度伦理。使儒家仁礼精神渗透于刑法之中,融为一体。嗣后历朝制订的刑律,皆以此为准则,不惟为唐立法,实亦为百世立法。也为中华法系的形成与确立,奠定了坚实的基础。

高宗永徽初,敕长孙无忌、李勣、于志宁、张行成等"共撰定律令格式。旧制不便者,皆随删改。"《永徽律》之于《贞观律》几乎无所损益,只是一次必要的审定而已。永徽于唐律的贡献,不在立法,而在法律的解释。永徽三年,诏曰:"律学未有定疏,每年所举明法,遂无凭准。宜广召解律人条义疏奏闻。仍使中书、门下监定。"所谓"定疏",既是法律的标准解释,以用作考试与断案的"凭准"。于是长孙无忌、于志宁并刑部尚书唐临、大理卿段宝玄等,"参撰《律疏》,成三十卷,四年十月奏之,颁于天下。自是断狱者皆引疏分析之"③。其特征即是为每条律令,加以符合儒家经典义理和法意的注疏,即传世《唐律疏议》其书。钱大群先生说:作为古代刑律中旷古奇迹的《唐律疏议》,非为立法,而是侧重于法律解释而作,其直接目的,是作为法律专业考试评判试卷时的统一标准。然而史称"自是断狱者皆引疏分析之",律学是应用性学科,被各级法官作为"正刑定罪"的标准依据,必也在情理之中。《唐律疏议》首篇《名例》言及为律作疏的动机与宗旨曰:

> 今之典宪,前圣规模,章程靡失,鸿纤荜举。而刑宪之司,执

---

① 《贞观政要·赦令第三十二》卷八,中华书局,2003年版,第450页。
② 《新唐书·刑法》卷五十六,中华书局,1975年版,第1413页。
③ 《旧唐书·刑法》卷五十,中华书局,1975年版,第2141页。

行殊异:大理当其死坐,刑部处以流刑;一州断以徒年,一县将为杖罚。不有解释,触涂睽误。皇帝彝宪在怀,纳隍兴轸。德礼为政教之本,刑罚为政教之用,犹昏晓阳秋相须而成者也。是以降纶言于台铉,挥折简于髦彦,爰造律疏,大明典式。远则皇王妙旨,近则萧贾遗文,沿波讨源,自枝穷叶,甄表宽大,裁成简久。譬权衡之知轻重,若规矩之得方圆。迈彼三章,同符画一者矣。①

准此,则高宗诏令作《律疏》的目的,还是以法律的平衡一致、统一适用为重心。《律疏》第一作用,是使刑宪之官知其然,即知其必须如此;然后阐明德礼为本,刑罚为末之理,沿波讨源,穷其枝叶,譬犹权衡之知轻重,规矩之得方圆,是使之知其所以然,亦即为什么必须如此。这就不仅仅是为科举考试作统一答案,而是由科举进入司法,期望通过义疏使执法者如何一致理解和统一适用法律了。

《唐律疏议》本名《律疏》,据两《唐志》可知。宋后《疏义》、《疏议》其名错出,沈家本以为"或谓律文之疏并称'疏议曰',当以疏议为是"。然又将此"议曰",与疏中之"问曰"等同,引《十三经注疏》或为"正义曰",或为"释曰"为证,"称《疏议》者,亦后来流俗相沿之名,非此书之本名也"②。后来又在其《重刻唐律疏议序》中说:"名疏者,发明律及注意;云议者,申律之深义及律所不周不达,若董仲舒春秋决狱、应劭决事比及集驳议之类。盖自有疏议,而律文之简质古奥者,始可得而读焉。"③

钱大群先生则以《唐律疏议》为一将错就错的书名,认为疏议曰的"议曰"是"做解释的发语词"。因为"到元代后,疏文部分开头所标的'疏'与'议曰'之间的句读关系被忽略,整个解释部分被直呼为'疏

---

① 《唐律疏议·名例》卷一,中华书局,1996年版,第2、3页。
② 《历代刑法考·律令四》,中华书局,1985年版,第933页。
③ 《历代刑法考·寄簃文存》卷六,中华书局,1985年版,第2208页。

议',于是就将错就错地产生了一个书名——《唐律疏议》"①。这是一个不无可商的论断。

《唐律疏议》既是为《永徽律》所作之疏,则其格式,将一如经疏,作疏之前,必是先已有注,故其书由律文、注文及疏解之文三部分组成。作为义疏的《五经正义》,确有"疏,正义曰"的格式,然则,"疏"乃疏解义理之文体,而"正义"其名则标明其疏之目的,在于正旧疏之义;《疏议》之名亦可律此,同为义疏,《律疏》却是以"议"的形式出之。称为"疏议"者,因其亦为疏之一体,最早见之于隋代刘炫的《五经述议》,即于疏解注文义理之外,再加评价式的议曰之文,是其创新的疏体。议有判断评价的意思,议以辨析决疑,其设问之文,正是为此而作。可见"议"与"疏"之释文解义有异曲同工之妙。且"议"本身就是一种文体,用以论事说理或陈述意见,至此而与疏体结合,谓之疏议,一如奏议、驳议然。即使疏、议各自为义,书名亦可顺理成章地称为《疏议》,不应存在任何疑问。

律疏与经疏几乎并无不同,经疏虽有疏不破注之说,但还是以追求经义为主,由于注欲简而疏可详,故可对经传义理多所发挥;律疏亦然,要求忠实详尽地阐明注文和律义;稍异的是,经疏是以解传疏注为主,而律疏则对律条及其注文同等对待,按照律十二篇的顺序,对律文和律注皆须进行逐条逐句的详细疏解。诚如清励廷仪《唐律疏义序》所云:"其疏义则条分缕别,句推字解,阐发详明,能补律文之所未备;其设为问答,互相辨难,精思妙意,层出不穷,剖析疑义,毫无遗剩。"②在阐明律义推原法意的同时,也扩大充实完善了律文的内容。

据刘俊文先生研究,律疏对唐律的解释,并非律义的简单重复,而是对律文的引申发展,具有与律文同等的权威性。它不但体现了中国古代法学的优良传统,也适应了唐代司法实践的需要;不但使唐律"典

---

① 见钱大群:《〈唐律疏议〉结构及书名辨析》,《历史研究》2000年第4期。
② (清)励廷仪:《唐律疏义序》,《唐律疏议·附录》,中华书局1983年版,第665页。

式"大明,也使律疏本身成为唐律不可分割的组成部分,具有了与唐律"并行"的国家法典性质。①

元人柳赟在《唐律疏义序》中历数律典的演变,至唐律而赞叹曰:

> 所谓十二篇云者,裁正于唐。而长孙无忌等十九人承诏制疏,勒成一代之典,防范甚详,节目甚简,虽总归之唐可也。盖姬周而下,文物仪章,莫备于唐。始太宗因魏征一言,遂以宽仁制为出治之本,中书奏谳,常三覆五覆而后报可,其不欲以法禁胜德化之意,皦然与哀矜慎恤者同符。②

唐律之所以成为历代律法之翘楚,不惟是历代法典的集大成,也是儒家宽仁立法精神精华之汇聚。

《唐律疏议》作为唐代立法与法律解释的权威文献,德刑并重,寓礼于法,充分体现了中华法系的精神素质。诚如《四库全书提要》所引:"论者谓唐律一准乎礼,以为出入得古今之平。"③其主旨即是"德礼为政教之本,刑罚为政教之用,犹皆晓阳秋,相须而相成者也。"又说:"五刑之中,十恶尤切,亏损名教,毁裂冠冕特标篇首,以为名诫。"④律令既以"德礼"为本,则刑罚的对象主要是"亏损名教"即违反伦理道德的行为。将礼、法合一,统一了礼法规范,将"人情(情理)、国法"进一步联系起来。《唐律疏议》的制作与颁行,标志着儒家礼法思想的制度化,为古代礼法社会的形成,迈出了决定性的一步。

二、《大唐六典》的制度意义

唐代法治精神较前代最大的不同,即其法制已经不仅限于刑法,古代礼法浑然一体、政刑不分的状态,产生了明显分化的趋势。《唐律

---

① 见刘俊文:《唐律疏议笺解·序论》卷首,中华书局,1996年版,第70—72页。
② 《唐律疏议·附录》元柳赟《唐律疏义序》,中华书局1983年版,第663页。
③ 《四库全书提要·史部政书类二》卷八二,中华书局,1965年版,第712页。
④ 《唐律疏义笺解·名例》卷一,第2页;《十恶》,第56页。中华书局,1996年版。

疏议》、《开元礼》和《唐六典》的分别制定,即是唐代立法者力图将行礼法政刑分开的一次尝试。《唐律疏议》是历史上礼法分立的集大成;《开元礼》则将"礼"明确限定为五礼之仪的范围之内;而礼中有关国家法制的部分,如典章制度,官制及其职责范围,相当于古礼《周官》的内容,则由撰著《唐六典》来承当,至是礼法有了明确的分工。根据《唐六典》内容、性质与功能,按照现代学科分类,将其定为古代行政法典,是十分恰当的判断。因之可说,《唐六典》的出现,是中国法制史上的划时代事件。

《大唐六典》题为唐玄宗"御撰,李林甫等奉敕注上"。其实二人皆非《六典》的撰、注者。题为"御撰"者,表明此乃国家法典,故由皇帝签署也;唐代法典及史书例由宰相监修,《六典》适完成于李林甫任上,故得由其签署进上。

《唐六典》撰修缘起,最早见于韦述《集贤记注》,《直斋书录解题》引其文曰:"开元十年,起居舍人陆坚被旨修是书,上手写白麻纸凡六条曰理典、教典、礼典、政典、刑典、事典,令以类相从,撰录以进。张说以其事委徐坚,思之历年,未知所适。又委毋煚、余钦、韦述,始以令式入六司,像《周礼》六官之制,其沿革并入注中。"①据唐令,"凡拜免将相、号令征伐,皆用白麻"②。玄宗以白麻纸书诏,可见是视为国家头等大事。韦述是《唐六典》的主要修撰人,所记自是其亲历见闻,真实无妄。

《新唐书》除上引记述之外,述及张说卒后,"萧嵩知院,加刘郑兰、萧晟、卢若虚。张九龄知院,加陆善经。李林甫代九龄,加苑咸,二十六年书成"③。

其书从创意到修成,前后"历十六年,知院四人,参撰官十九人"④。

---

① 《直斋书录解题·唐六典》卷六引韦述《集贤记注》,上海古籍出版社,1987年版,第172页。
② 《新唐书·百官志一》卷四十六,中华书局,1975年版,第1183—1184页。
③ 《新唐书·艺文志》卷四十八,中华书局,1975年版,第1477页。
④ 《玉海·艺文》卷五十一,日本中文出版社,1977年版,第1017页。

动议由玄宗发起,除手书六条大纲之外,尚有敕令一道,名为《定开元六典敕》,文曰:"听政之暇,错综古今。法以周官,作为唐典。览其本末。千载一时。"① "法以周官,作为唐典",即是撰修《六典》的宗旨或指导思想。不云六典,而曰唐典,唐者国号也,以《唐典》与《周官》作比,则起始即有作成一代国典之立意。可见并非为粉饰盛时之侈,或一时兴到之举。实为健全国家政制、巩固李唐统治之需要。据元和名臣吕温于《代郑相公请删定六典开元礼状》所说:

> 国家与天维新,改物视听,太宗拯焚溺之余,粗立统纪,玄宗承富庶之后,方遐论思,爰敕宰臣,将明睿旨,集儒贤于别殿,考古训于秘文,以论才审官之法,作《大唐六典》三十卷。以道德齐礼之方,作《开元新礼》一百五十卷。网罗遗逸,芟翦奇邪,亘百代以旁通,立一王之定制。②

在吕温看来,立法制礼,是在李唐开国之初,即已立定的志愿。国家既欲"与天维新",就应在刷新政治,改革礼法诸方面,使人耳目一新。"改物视听",即是改变前朝文物制度,以正视听的意思。所以必须重订政书和礼典,以统理当世,垂范将来。太宗为李唐政制肇定初基,但终属草创时期,只能"粗立统纪";只有时至开元,"富庶之后,方遐论思",以审官之法,著《大唐六典》,以齐礼之方,为《开元新礼》,这都是为新王立法的一代典章制度。

玄宗所谓"六典",自然是源于《周礼》。《周礼·大宰》云:

> 大宰之职,掌建邦之六典,以佐王治邦国。一曰治典。以经邦国,以治官府,以纪万民;二曰教典。以安邦国,以教官府,以扰万民;三曰礼典。以和邦国,以统百官,以谐万民;四曰政典。以

---

① 《唐会要·庙议下》卷十六,中华书局,1955年版,第340页。
② 《全唐文·吕温·代郑相公请删定施行六典开元礼状》卷六二七,中华书局,1983年版,第6326页。

平邦国,以正百官,以均万民;五日刑典。以诘邦国,以刑百官,以纠万民;六曰事典。以富邦国,以任百官,以生万民。①

这是《周礼》关乎国计民生的国家根本制度。玄宗意在仿效《周礼》"体国经野,设官分职"之轨辙,总结开国以来太宗"所以弥纶庶务"的"建官制理之方";将国家现行职官权能以及与之相关的各种制度,重新调整,按照六典"以类相从",编纂成一部堪与圣经贤传媲美,既实用,又能展示开元繁荣昌盛、恢弘气度、前无古人的法典巨制。同时也意在表明当代政统的渊源有自。

玄宗一朝,凡兴大著作,皆交由集贤殿书院编撰,《大唐六典》也不例外。集贤书院前身丽正书院,玄宗任命张说为学士接掌书院编修《六典》时,尚未改名。张说是玄宗在东宫时的老师,对玄宗政治思想影响甚巨。玄宗对张说亦知之甚深,任命其为宰相而兼学士,目的就在让其实现"引进文儒",兴复文治的政治主张。为此改集仙殿和书院名为集贤殿书院。职能与规格亦随之产生重大变化,由原来的编刊经籍,文史顾问,一变而为制礼订法,撰拟政令的立法机构。据《唐六典》记载:

> 集贤院学士,掌刊缉古今之经籍,以辩明邦国之大典,而备顾问应对。凡天下图书之遗逸,贤才之隐滞,则承旨而征求焉。其有筹策之可施于时,著述之可行于代者,较其才艺,考其学术,而申表之。②

《大唐六典》与《开元新礼》无疑都属于"邦国之大典"。而与一般用作翻检的政书类书不同。张说知院其间,委托副知院事学士徐坚主持其事,"坚多识典故,前后修撰格式、氏族及国史等,凡七入书府,时论美

---

① 《周礼注疏·天官·大宰》卷二,《十三经注疏》整理本,北京大学出版社,2000年版,第28页。
② 《唐六典·中书省》卷九,中华书局,1992年版,第280—281页。

之。"①由于《六典》非一般经史著作,是作为一代政制的宏纲巨领,具有现实可操作性的行政大法。而现行官制则是承接汉魏而来,与《周礼》之规制有很大差距。故令徐坚思之历年无从措手。加之这一时期(开元十二年至十三年)张说、徐坚与众礼官主要忙于撰拟《封禅仪注》,准备东封泰山;开元十四年,又奉敕编纂《新礼》,仍由集贤院同时进行,由徐坚、李锐、施敬本等检撰。十五年至十七年,张说"既遭讪铄,罢知政事,专集贤文史之任"②。得以与徐坚等众学士共同讨论两书之制作,并拟订两书内容之分工,编写体例及资料的准备,写作班底的确定等,为《六典》、《新礼》的编纂成书奠定了坚实的基础。可惜不久,徐、张相继赍志以殁。萧嵩知院事,张九龄为副知院,采纳"雅有良史之才"的韦述"以令式入六司,像周礼六官之制,其沿革并入注"的方法,"摹周六官领其属,事归于职,规制遂定"。③二十一年,九龄拜相知院事,引进陆善经,并亲自参预斯役,方使《六典》的编纂取得实质性进展。故能在其二十四年罢相之前,已将《六典》草案,进呈御览。及李林甫知院事,引进苑咸,当是据玄宗的修改意见,进行删改补充的定稿工作。

据曾巩《乞赐唐六典状》所言:"臣向在馆阁时尝见此书,其前有序,明皇自撰意,而其篇首皆曰御撰,李林甫注。及近得此书不全本,其前所载序同,然其篇首不曰御撰,其第四一篇,则曰集贤院学士知院事中书令修国史上柱国始兴县开国子臣张等奉敕撰。盖开元二十二年,张九龄实任此官,然则此书或九龄等所为欤?"④大概曾巩所得残本《六典》,就是九龄二十四年进呈本,或李林甫定稿后删刈未尽的遗存。《唐会要》中有"二十七年二月,中书令张九龄等撰《六典》三十卷成。上之,百官称贺"的记载。当是年月之误,不会是人名之误。由此条记

---

① 《旧唐书·徐坚传》卷一百二,中华书局,1975年版,第3176页。
②③ 《旧唐书·韦述传》卷九十七,中华书局,1975年版,第3056页。
④ 《曾巩集·奏状》卷三十四,中华书局,1984年版,第488页。

载亦足证《大唐六典》其书的著成,是举朝重视的大事,所以才有"百官称贺"的举动。

《六典》撰修周期过长,有多方面原因,一是两部大典同时进行,精力不够集中;二是主编更换频繁,思路缺乏衔接;三是由于《六典》(包括新礼)编纂本身的难度过大,集贤院聚集如此众多的饱学之士、文章高手,而竟拖延十数年,可见遇到的难点之多。然而最主要的还是由《六典》的性质所决定,因其非一般学术著作,而是在为盛世参酌古典制作一部现实可行的旷世法典,尤其须要慎重对待之。具体而言,既要求其按《周官》模式或理想,规划制定当世官制,便有与如何与现实衔接的问题。一般说来,周礼是经是常,现实为纬为变,非"常"则等于斩断民族历史,非"变"则没有当世的发展,所以为国确立宏规,必须在经纬常变之间进行权衡、抉择,反复磋商研究,然后方能定为规制。可见是一项难度繁剧的浩大工程,绝非旦夕可就的事情。

《唐六典》在依据《周礼》设置了当代的官制及其权力范围,还对唐代以前的职官沿革做了系统梳理。此外,还涉及土地、经济、赋税、军事、监察、礼乐、教育、刑法等制度以及行政区划等。凡有关唐代的行政制度的各项法令法规,无不以类相从,纳入到《六典》的体系当中。可说《六典》即是一部以《周礼》官制为纲,而以现实法令为纬。纲目清晰以便于各部门随时征引使用的正式法典。

值得注意的是,《唐六典》关于三省职权的划分,已经具备了三权分立的性质。尚书省为行政机构,负责政令的执行。"尚书令掌总领百官,仪形端揆。其属有六尚书,法周之六卿,一曰吏部,二曰户部,三曰礼部,四曰兵部,五曰刑部,六曰工部,凡庶务皆会而决之。"① 门下省为监察机构,负责对政令的审查,长官为侍中,除"佐天子而统大政"外,"凡军国之务,与中书令参而总焉,坐而论之,举而行之;此其大较也。凡下之通于上,其制有六:一曰奏抄,二曰奏弹,谓御史纠劾百司不法

---

① 《唐六典·尚书都省》卷一,中华书局,1992年版,第6页。

之事。三曰露布，四曰议，疏：谓朝之疑事，下公卿议，理有异同，奏而裁之。五曰表，六曰状：其有疑事，公卿百官会议而执异意者曰驳议。其驳议、表、状等至今常行。其奏抄、露布侍中审，自余不审。皆审署申覆而施行焉。覆奏书可讫，留门下省为案。更写一通，侍中注'制可'，印缝，署送尚书施行。"①中书省是立法机构，负责政令的起草拟定。"中书令之职，掌军国之政令"，"凡王言之制有七"：如"四曰发日敕，谓御画发敕也。增减官员，废置州县，征发兵马，除免官爵，授六品已下官，处流已上罪，用库物五百段、钱二百千、仓粮五百石已上则用之。皆宣署申覆而施行焉"。其"中书舍人掌侍奉进奏，参议表章。凡诏旨。制敕及玺书、册命，皆按典故起草进画；既下，则署而行之"②。所谓知制诰，即是起草诏令。三省长官皆是宰相，首相是中书令。无论从政事的程序还是从宰相的位次，《大唐六典》的排列顺序都与实际相反。唐代政令的实行，首先由中书省按照皇帝的旨意制定法令，签署后发往门下省审核，门下省审核没有问题，然后发往尚书省付某部具体实施。这一程式被后世总结为"中书取旨，门下封驳，尚书奉而行之"。这一权力制约程式的设计，实则早已是唐朝政治运行的模式。贞观初年，时为门下省给事中的魏征，接到征中男入伍的敕令，认为不合法，三次予以驳回，拒绝签署，当然也就不能发往尚书省实行。太宗无奈，召见魏征责问，经魏征剀切陈辞，终使太宗撤销了这一错误政令。说明三权分立的政治模式，最早是由唐儒设计立法，并在唐代已经实行过的制度。

唐代的法律，除律以外，还包含着令、格、式三种形式。据《唐六典》云："凡文法之书有四，一曰律、二曰令、三曰格、四曰式，律以正刑定罪，令以设范立制，格以禁违止邪，式以轨物程事。《新唐书·刑法志》进一步解释说："令者，尊卑贵贱之等数，国家之制度也；格者，百官有司之所常行之事也；式者，其所常守之法也。凡邦国之政，必从事

---

① 《唐六典·门下省》卷八，中华书局，1992年版，第241、242页。
② 《唐六典·中书省》卷九，中华书局，1992年版，第273、276页。

于此三者。其有所违及人之为恶而入于罪戾者，一断以律。"①是说唐代法典包括律、令、格、式四部分。律即刑法典，用于定罪正刑。"令"是国家的制度和政令。"格"是对文武百官的职责范围的规定，用作考核任免官员的依据。"式"是尚书各部和诸寺、监、十六卫的工作章程。《唐律疏议》即是其中之律，而令、格、式三种大多散佚。而《唐六典》恰是摘录在行的令、式汇编而成，一改繁杂不便征引的《令》、《式》汇编，而为以职官为纲令式为目的新体例。

《六典》书成，曾经"宣示中外"，应是作为草案，征求意见。不久安史乱起，故无暇颁行。虽然德宗以后各朝将其奉为法典，然而终竟时行时辍。诚如后唐明宗诏敕所云："其《律》、《令》、《格》、《式》、《六典》凡关庶政，互有区分，久不举行，遂至缤紊，宜准旧制，令百官各于其间录出本局公事，巨细一一抄写，不得漏落纤毫，集成卷轴，兼粉壁书在公厅。"废帝亦诏令曰："其诸道州县亦有《六典》，内合行公事条件抄录粉壁，官吏常宜观省。"②《唐六典》时行时废的原因，除去政局动荡的因素，就是因为始终没有"明诏施行"。所以才有吕温《代郑相公请删定施行六典开元礼状》，分析"草奏三复，只令宣示中外，星周六纪，未有明诏施行"的原因，并提出建议曰：

> 伏见前件《开元礼》、《六典》等，圣朝所制，郁而未用，奉扬遗美，允属钦明。然或损益之间，讨论未尽；或张弛之际，宜称不同。将贻永代之规，必俟不刊之妙。臣请各尽异同，量加删定。然后敢尘睿览，特降德音，明下有司，著为恒式。使公私共守，贵贱遵行，苟有愆违，必正刑宪。③

在此出现两个问题，一是两书的性质；一是是否曾经行用？第一

---

① 《新唐书·刑法志》卷五十六，中华书局，1975年版，第1407页。
② 《册府元龟·帝王部·发号令五》卷六六，中华书局，1960年版，第734、738页。
③ 《全唐文·吕温·代郑相公请删定施行六典开元礼状》卷六二七，中华书局，1983年版，第6326页。星周六纪，即是星纪六周，星纪一周为12年。

个问题比较容易回答:正因为两书具有法典性质,所以才有讨论是否行用的必要。吕温在这里说得十分清楚,两书皆是可为"永代之规"的不刊之典,望能于"量加删定"之后,明下诏旨,"使公私共守,贵贱遵行"。除法典而外,任何著作都不可能具有"苟有愆违,必正刑宪"的约束作用。第二个问题比较复杂,从贞元十一年博士李岩的议状文曰:"伏以《开元礼》,玄宗所修,上纂累圣,旁求礼经,其道昭明,其文彰著,藏之秘府,垂之无穷,布在有司,颁行天下,率土之内,固宜遵行,有违斯文,命曰败法乱纪。伏请正牒,以明典章。"①则《开元礼》是曾经"布在有司,颁行天下"的。但未说明是哪任皇帝颁布的,或许是就玄宗的"宣示中外"与德宗的"开元礼举",合而言之。但这就否定了吕温的"未有明诏施行"之说。至于《六典》,自"宣示中外"之后,历朝"准六典"或"按六典"确定或纠正当世之务者,史不绝书。意其只要一经皇帝"宣示",就已具有相应法律效力。但也可征引、施行也可不征引、不施行;这就是为什么时行时辍的原因。所以吕温希望宪宗于《六典》修成七十年后"明诏施行",使之成为强力推行的国家大法。

因此,应该承认论定《大唐六典》为中国古代"行政法规",是当今学界研究古代法律所取得的重要成果,如果一定要按照现代西方科学分类严格甚至苛刻要求,则无异于削足适履,与说中国古代没有哲学的论调如出一辙。因此,只能说中国古代哲学以及"行政法典",与西方哲学及其各项法规有着不同的学术表达而已。

三、小结:三大典所体现的礼法关系

盛唐时期,唐朝完成了《唐律疏议》、《大唐六典》和《大唐开元礼》三大典的编纂,使古代礼法关系发生了重大变化,即结束了过去礼法不分浑然一体的状态,《唐律》在重新定立五刑,即以笞、杖、徒、流、死,

---

① (唐)李涪:《李氏刊误·舅姑服》卷下,《丛书集成初编》第812册,中华书局,1990年版,第16页。

取代秦汉以来的墨、劓、剕、宫、大辟，取消肉刑的同时，也恢复了刑法的儒家特色。

《唐律疏议》作为中华法系的典型代表，其律条及律疏深受传统的纲常名教所支配，是儒家的伦理法典，其基本精神就是刑以弼教，法以济礼，刑法是完成礼教功能的手段。因此"出礼则入刑"，便是再自然不过的事情。刘俊文先生甚至认为："全部礼的原则都无异于律的条文，都具有法律的性质和效力。这是最明白不过地承认了礼为唐律的法源。"《唐律》如此，《律疏》更是广泛地征引礼义来解释法意。《唐律》虽然以儒家礼法为主要特色，但对法家思想的合理成分，也尽量予以吸收继承，如韩非子"明主治吏不治民"[①]的思想，在《唐律》中就有充分的体现。《唐律》十二篇，有一半以上的条款属于官吏渎职罪。可见渎职罪设定的范围十分广泛；严刑虽不是唐朝立法者的目的，对渎职罪的刑罚，亦力求"罚当其罪"，但刑罚还是十分严厉的。不过唐律自贞观律始，已经充分注意到对人生命权的尊重，《疏议》又通过详明严密的法律解释，杜绝了法吏上下其手，陷人于罪的弊端；如在解释有关刑讯律条时引用贞观年间颁布的《狱官令》，禁止"狱吏锻炼饰理"以成狱的不法风气。贯彻了"疑罪从轻"的断案原则；由于魏征的建议，还促成了唐代三司推事、九卿议刑乃至都堂集议等制度的设立。减少了官吏专断而造成的冤假错案。《唐律疏议》继承完善了《贞观律》的优良传统，因之成为历史上一部"慎刑恤典"，"法平刑宽"的良法。

《大唐六典》按照《周礼》设官分职的模式，将国家行政的职权分门别类地纳入六大纲目之中，不但可使各行政职能部门有法持循，而且便于随时征引检阅，可以极大地提高办事效率。虽然与《周礼》一样，仍然带有理想的充分，但不能因此认其为脱离现实，相反，这正是一部良法必须具有的特征。试想一部行政法典不能有高出现实的要求，如何能使政府机构的职能趋向完善，取法者岂不更将等而下之？更重要

---

① 《韩非子集释·外储说右下》卷十四，上海人民出版社，1974年版，第759页。

的是,这两部法典都体现了以人为本的儒家礼法精神。

唐代礼法的分立,并未削弱礼的作用,反而标志着礼法思想的成熟,三大典的制作完成,使政典、刑典和礼仪,趋向进一步地专业化,使得分工更为明晰,三者之间融会贯通,相辅相成,法中依然渗透着礼的精神,礼则具备了法的威严。中国礼法社会的形成,正是通过唐代将礼法通过立法形式使之从汉代起,刑律从最初的"法三章"到"九章律"一直发展到六十余章,走着法网日益繁密的路线。而唐律只有十二章五百条,"史称其刑纲简要,疏而不失"①。《唐律》彻底废除肉刑,笞杖刑的数量也有所降低;但加重了触犯纲常伦理及违礼行为的惩处,如《孝经》谓:"五刑之属三千,而罪莫大于不孝。"《唐律》便把"不孝"列为"十恶",属于不赦之罪;并且规定"诸子孙违犯教令及奉养有缺者,徒二年";又"礼云'凡教学之道,严师为难。师严道尊,方知敬学'。如有亲承儒教,伏膺函丈,而殴师者,加凡人二等"②等等。《新唐书·刑法志》评论说:"盖自高祖、太宗除隋虐乱,治以宽平,民乐其安,重于犯法,致治之美,几乎三代之盛时。考其推心恻物,其可谓仁矣!""玄宗初励精为政,二十年间,刑狱减省,岁断死罪才五十八人。以此见致治虽难,勉之则易,未有为而不至者。"③《大唐开元礼》和《大唐六典》便是玄宗勤勉为政,励精求治时期的杰作,加之《唐律疏议》,一并被后世视为融贯礼法精神的典范,在中国法制史上享有崇高的声誉与权威。礼法结合、寓礼于法,以及天理人情国法的三位一体,遂成为中华法系的显著特点。

初唐时期的《唐律》及其《疏议》代表着古代刑法思想的至高点,与开元盛世的《开元礼》和《唐六典》都属于代表古代礼法思想的集大成之作。这三部煌煌大典都是堪与大唐盛世辉煌物质成就相匹配的精

---

① 《四库全书总目提要·史部三十八》卷八二,中华书局,1965年版,第711页。
② 《唐律疏议·斗讼》卷二十三,第61、1636、1576页。
③ 《新唐书·刑法志》卷五十六,中华书局,1975年版,第1407页。

神产品。当然也是儒家外王思想在制度层面的落实。三大典的编纂，正处在唐朝国力日趋强盛，经济日臻富足，社会环境安定和人心舒畅的上升时期，开元之所以臻于至治，大唐之所以能有盛世，都与之有着密切的内在联系。因之可说，三大典的问世是"大唐盛世"的时代标志，同时也代表着中国礼法社会的正式形成。

第七章

中唐儒家的经世思想

经世一词本是古代习用语,是经世济民、经邦济世或经纶世务亦即经理人间事务的意思,目的在于"使天下有序"。最早见于《庄子·齐物论》,其言曰:"春秋经世,先王之志"。《春秋》是史书也是经书,无论是对经世方略的记述还是对其经世义理的阐扬,都是先王的志意所在。这就是最早的为学经世说,后遂成为儒家思想特有的概念。《庄子》书还将儒家思想概括为内圣外王之道,而经世思想即属于儒家的外王部分。凡表现与国事民生相关的思想行为,都可以归类于儒家经世学术之中。经世思想至中唐时期,引起士人普遍而深切的关注,为了挽救世运,大唐中兴,提出了"文章经世"、"经术经世"的口号,隐然兴起了一股经世潮。本章择取较有代表性的数家,尝试论之,并以概见其余云。

第一节 经世济民——刘晏的经济改革

一、刘晏的生平事略

刘晏(715—780),字士安,曹州南华人(今山东东明)。历仕玄宗、肃宗、代宗、德宗四朝。曾主持唐廷财政二十年,是中唐时期杰出的理财专家。自幼聪慧好学,八岁时,玄宗东封泰山,晏曾"献颂行在",玄宗感到惊奇,命宰相张说面试,评价是:"国瑞也。"玄宗授秘书省正字,号为"神童",名震一时。开元末年,河南河北水患,玄宗派员赈灾,触动了刘晏济民水火的情怀,于是一反乐为京官的风气,申请外任县令。历经夏、温两县,"所至有惠利可纪,民皆刻石以传"①。再迁侍御史。

安史乱起,刘晏适在襄阳。永王璘起兵,"署晏右职,固辞"。且移书宰相房琯,论当世形势曰:"今诸王出深宫,一旦望桓、文功,不可致。"文辞虽然委婉,却一语击中要害,可见刘晏的远见卓识。永王果然并不讨贼,而是欲往东南自立。时刘晏任度支郎中,领江淮租庸事。晏至吴郡与采访使李希言谋拒之。希言战不利,意欲弃城。晏为陈可守计,因分兵坚守苏杭,使永王不得南下,西取扬州,兵败身死。然晏"终不言功"。后历陇、华二州刺史,迁河南尹,进户部侍郎,兼御史中丞、度支铸钱盐铁等使,兼京兆尹。史评其在官"大体不苟,号称职"。

刘晏上任后的第一件事情,就是恢复凋敝已极的农业生产,上疏肃宗曰:"当府蒿荒地,其本户有能复业者,请蠲免差科;如无复业者,请散给居人及客户,并资荫家,随例纳官税,所冀田亩不荒。"②迅速使京畿生产恢复了生机。刘晏所作的第二件事情,就是抑制物价,稳定

---

① 《新唐书·刘晏传》卷一百四十九,中华书局,1975年版,第4793页。
② 《册府元龟·劝课》卷六七八,中华书局,1989年版,第2321页。

币值。此前,第五琦为了解决财政困难,决定新铸以一当十,一当五十的乾元重宝钱,造成物价腾飞,民怨沸腾,第五琦亦因之贬官。上元元年(760)六月,刘晏按照自己设想,在替肃宗起草的诏书中曰:

> 因时立制,顷议新钱,且是从权,知非经久。如闻官炉之外,私铸颇多,吞并小钱,逾滥成弊。抵罪虽众,禁奸未绝。况物价益起,人心不安。事藉变通,期于折衷。其重棱五十价钱,宜减作三十文行用。其开元旧时钱,宜一当十文行用。其乾元十当钱,宜依前行用。仍令京中及畿县内依此处分。
>
> 其天下诸州,并宜准此。①

这样就使重棱乾元五十价钱,币值下降;开元旧钱,币值上升。采取这种折衷变通的办法,确实须要高超的能力,既维护了政策的一贯性,又防止了币值的起落;稳定了物价,安定了人心。而且用权宜之计,"知非经久"一语,给予原决策人以解脱。体现了刘晏凡事顾全大局,团结同僚的办事风格。从此,刘晏成为一系列政策的决策者,对唐王朝平乱后的经济恢复起到不可替代的作用。

肃宗晚年,听信酷吏诬劾,贬刘晏为通州刺史。代宗即位,复为京兆尹、户部侍郎,领度支、盐铁、转运、铸钱、租庸使。代宗给刘晏的第一道诏命曰:"岁之不易,征伐繁兴,河洛肃然,江外尤剧。供上都之国用,给诸道之军需,庶务征求,未遑少息。""今区宇渐宁,凋残日甚,惕然在躬,姑务息人。""宜令太子宾客兼御史大夫刘晏,往诸郡宣慰。"

刘晏拜命之日,立即赶赴当时漕运起点扬州,沿途考察、查勘遗迹、访问船家,与各地官员商讨恢复漕运办法。于是给宰相元载上书,冷静地分析了当前的局势,并提出解决的方案。刘晏指出:恢复久废的漕运是"社稷之奇策",可使"三秦之人,待此而饱;六军之众,待此而强",具有重大战略意义。刘晏以事实为依据,着重分析了恢复漕运的

---

① 《旧唐书·食货志上》第四十八,中华书局,1975年版,第2100页。

"四利"、"四病"所在。"京师三辅百姓,唯苦税亩伤多,若使江湖米来,每年三二十万(石),即减徭赋",其利一;"东都残毁,百无存一,若米运流通,则饥人皆附",其利二;"诸将有在边者,诸戎有侵败王略者,或闻三江五湖,贡输红粒,云帆桂楫,输纳帝乡,可以震耀夷夏",其利三;"今舟车既通,商贾往来,百货杂集,航海梯山,圣海辉光,渐近贞观、永徽之盛",其利四。然欲实现"四利",必先克服"四病"。刘晏分析曰:"函、陕凋残,东周(洛阳)尤甚。""今于无人之境,兴此劳人之运,固难就矣,其病一也";"自寇难以来,河、汴不复疏治,崩岸灭水,所在淤塞,千里洄上,罔水行舟。其病二也";"北河运处五六百里,戍卒久绝,县吏空拳,夺攘奸宄,夹河为害。其病三也";最难办的是:"东至淮阴,西临蒲坂,互三千里,屯戍相望。中军皆鼎司元侯,贱卒仪同青紫,漕挽所至,船到便留,即非单车使、折简书所能制矣,其病四也"。

刘晏在辨明漕运利病之后,毅然表示:"思殒百身","率罄愚懦,当凭经义,请护河堤,冥勤在官,不辞水死","见一水不通,愿荷锸而先往;见一粒不运,愿负米而先趋"。① 时"载方内擅朝政,既得书,即尽以漕事委晏,故晏得尽其才"②。建议获得批准,刘晏立即组织疏通河道,建造漕船;调集武装护运,当年就从江淮漕运输送四十万斛粮食入关中。史称当时关辅地区,"大雨未止,京城米斗值钱一千文","蝗食田殆尽",漕米的到来,不啻雪中送炭。代宗驰使慰劳曰:"卿,朕鄷侯也。""自是关中虽水旱,物不翔贵矣!"③代宗称刘晏是自己的萧何,绝非过誉之词。

由于刘晏的功绩和能力,至此而身兼六职。刘晏一向钦佩公忠体国之士,因而向代宗荐贤让能,以户部让颜真卿,以京兆让严武,而自

---

① 《旧唐书·刘晏传》卷一百二十三,中华书局,1975年版,第3512、3513页。《祭法》郑注"冥,水官也"。

② 《新唐书·刘晏传》卷一百四十九,中华书局,1975年版,第4795页。

③ 《旧唐书·代宗纪》卷十一,第276页;《新唐书·刘晏传》卷一百四十九,第4795页,中华书局,1975年版。

任国子祭酒。代宗在《答刘晏让官手诏》赞扬其行为曰：

> 卿蕴经国之文，怀济时之略。军储是切，转运攸难，励以公勤，适于通变。远疏沟洫，绩显京坻，爰奖勤劳，是明赏劝。俾迁六职，兼综九流。益用挢谦，切陈恳让。宜从雅旨，所请者依。①

刘晏以两职让贤的事迹，一时传为美谈。旋拜吏部尚书、同中书门下平章事，使如故。

刘晏作成的第三项大事，是对盐政的改革，而且与漕运和造船统筹考虑。"盐铁兼漕运，自晏始也。"先是，唐王朝实行的是榷盐法。至刘晏而改为官办商营，只以差价充作国税，既降低了成本，又增加了收入。乃以盈余之"盐利为漕佣"，从此不再无偿从沿途郡县征发丁男；又以盐资在扬州建造船厂，选雇工匠，厚给其值，以建造适合江河不同水域行驶的坚固船只。皆为便国利民，前无古人的创举。

刘晏先后担任多官，位至宰相，总以财政经济为主，时间长达二十余年。而且每次都是临危受命，奉行"理财常以养民为先"的宗旨，悉皆转危为安。改革敝政，疏通漕运，整顿盐政，平抑物价，对平叛时期的民食军需，以及战后的经济恢复，社会安定做出巨大贡献。特别是能在不增加农民负担的前提下，完成国家财政所需。时人对其评价是："晏有精力，多机智，变通有无，曲尽其妙。"②

大历年间，元载招权纳贿事败，代宗欲将其党羽一并翦除，刘晏览诏，与同审官御史大夫李涵等曰："重刑再覆，有国常典，况大臣乎！法有首从，不容俱死。"涵等从之。上乃将王缙、杨炎等免诛贬官③。刘晏秉公断处，王缙等因而获生，史书对此评论说："晏平反之力也。"④

及德宗即位，宰相崔祐甫荐杨炎为相。炎有才学，然心胸偏狭，自

---

① 《全唐文·代宗·答刘晏让官手诏》卷四七，中华书局，1983年版，第514页。
② 《资治通鉴》卷第二百二十六，中华书局，1955年版，第7285页。
③ 《资治通鉴》卷第二百二十五，中华书局，1955年版，第7242、7243页。
④ 《新唐书·王缙传》卷七十，第4717页；《旧唐书·刘晏传》卷一百二十三。中华书局，1975年版，第3514页。

是而"欲为元载报仇",因而诬陷刘晏,先被罢相;建中元年七月,再贬忠州刺史。"荆南节度使庾准希杨炎指,奏忠州刺史刘晏与朱泚书求营救,辞多怨望,又奏召补州兵,欲拒朝命,炎证成之。""乃下诏赐死。天下冤之。"死后抄家,只有"杂书两车,米麦数斛"①而已。刘晏忠而被诛,许多大臣深致不满,上表指责"诛晏太暴,不加验实,先诛后诏,天下骇惋"。刘晏八岁入仕,历玄、肃、代、德四朝,掌财政大权二十年,至建中元年被杨炎构陷而死,终年六十三岁。代宗曾称"朕之鄡侯",时人许"为管(仲)、萧(何)之亚",然其转输国需"不发丁男,不劳郡县,盖自古未之有也"。②

"晏理家以俭约称,而重交敦旧,颇以财货遗天下名士,故人多称之。"更重要的是刘晏理财,处处以生民为念,《旧唐书·刘晏传论》史臣曰:"历代操利柄为国计者,莫不损下益上,危人自安,变法以弄权,敛怨以构祸,皆有之矣。如刘晏通拥滞,任才能,富其国而不劳于民,俭于家而利于众。""晏治天下,无甚贵甚贱之物,泛言治国者,其可及乎!举真卿才,忠也,减王缙罪,正也,忠正之道,复出于人,呜呼!木秀于林,风必摧之,常衮见忌于前,杨炎致冤于后,可为长叹息矣!"③

数年后,唐德宗渐有省悟,于出奔途中诏许刘晏归葬,并赐郑州刺史,加司徒。

二、"养民理财"的富国之策

刘晏的理财策略并不仅仅限于单纯的财政范围,而是从解决当时财政困难问题入手,广开利源,运用经济杠杆,充分调动市场作用,盘活整个经济形势。刘晏理财的指导思想即是"理财以爱民为先","户口滋多,则赋自广"。从其"以盐利为漕佣",厚值以偿造船之资的举措

---

① 《资治通鉴》卷二百二十六,中华书局,1955年版,第7284页。
② 《新唐书·刘晏传》卷一百四十九,第4797页;《旧唐书·食货志下》卷四十八,第2117页。中华书局,1975年版。
③ 《旧唐书·刘晏传》卷一百二十三,中华书局,1975年版,第3515、3523页。

来看,其二十年来的理财转输措施,无不体现了这一思想。可见国蓄和民利,并非一定对立,要在于长吏如何运筹了。

安史乱后,"天下户口什亡八九,州县多为藩镇所据,贡赋不入,朝廷府库耗竭"①,庞大的军需和官俸开支,使唐王朝陷入了严重的财政危机。加之唐政府强征各种苛捐杂税,酷烈地搜括,导致人民更大的痛苦,激起更大的反抗,政治危机、经济危机同时暴发。刘晏就是在唐政府财政濒临崩溃、"中外艰食"的困境下,临危受命,接掌财政的。

刘晏理财,采取了平稳物价、改进漕运、整顿盐法三大策略,统筹策划,标本兼治,整顿财政,并进而改革税制,充分体现了其体国忠忱和理财的智慧,而且收到显著的成效,缓解了唐王朝的财政危机。以下从三方面加以论述:

(一) 理财以养民为先的思想与措施

春秋战国时代的儒家,即已注意到财政和经济的关系,认识到后者是前者的基础,只有经济发展了,财政才能充足的思想。著名的如《论语》中有若说:"百姓足,君孰与不足,百姓不足,君孰与足?"②荀况则曰:

> 下贫则上贫,下富则上富。故田野县鄙者,财之本也;垣窌仓廪者,财之末也。百姓时和,事业得叙者,货之源也,等赋府库者,货之流也。故明主必谨养其和,节其流,开其源,而时斟酌焉。潢然使天下必有余,而上不忧不足。如是,则上下俱富,交无所藏之。是知国计之极也。③

"潢然使天下必有余,而上不忧不足。"上下俱富,方是"国计"之极致,这是历代理财家,极力想达到的理想境界。刘晏继承了历史上儒

---

① 《资治通鉴》卷二百二十六,中华书局,1955年版,第7284页。
② 《论语集注·颜渊第十二》卷六,《四书章句集注》,中华书局,1983年版,第135页。
③ 《荀子集解·富国篇第十》卷六,中华书局,1988年版,第194页。

家的财政思想,"故其理财,常以养民为先"。①

由于中国封建财政是以对劳动人民的搜刮为特征的,所以其对经济的反作用,在主导方面是耗蚀、侵害和破坏,两者经常地处于尖锐对立之中。对于封建财政与经济的这种矛盾关系,以前的思想家多主张限制封建财政对经济发展的这种消极作用,即一方面主张"节其流",减少国家的财政支出;一方面主张"开其源",以促进社会经济的发展,达到"藏富于民"的目的。都把限制财政的消极作用看成是处理经济和财政关系主要的甚至唯一的原则。

刘晏的财政思想比前人高明的地方在于,并不把财政看成是经济发展的对立面,而是在其"养民理财"思想指导下,将其转化为促进经济发展的积极因素。不仅继承了儒家的理财思想,同时也吸取了法家的轻重敛散之术。不过刘晏与法家不同的是,并非运用这些理财之术,处心积虑地为满足国家财政需要而巧剥民财,而是利用财政需要的契机,使之成为统筹全局,救贫振乏,扶助生产、活跃流通的积极手段,运用一系列财经政策及理财之术,达到了发展经济、培养财源,富其国而不劳其民的目的。

刘晏"理财养民"思想的形成,是当时客观经济情势的产物。安史之乱所造成的经济破坏,人口锐减,藩镇割据,是唐朝国家财政枯竭的直接原因。所以刘晏认为,"户口滋多则赋税自广"。而要使户口滋多,必须先使社会恢复生机,使人民安居乐业,休养生息,即帮助人民发展生产,生活富裕了,人口自然就会增加,财源自然就会随之扩大。

而要扶助生产,就必须了解和掌握全国的生产状况。因此,刘晏十分重视收集解各地的经济动态。在各主要城市设立巡院,负责管理粮食和其他商品,并随时把当地"雨雪丰歉之状"②,"货殖低昂及它利

---

① 《资治通鉴》卷二百二十六,中华书局,1955年版,第7285页。
② 以上均见《资治通鉴》卷二百二十六,中华书局,1955年版,第7285页。

害"①等情况,按旬、按月迅速上报,使各地的实际情况尽快地传递到刘晏手里。由于建立了这种严密高效的经济联络,因而对全国的生产及流通情况了如指掌,达到"四方丰凶贵贱,知之未曾逾时。"②可以及时采取应对措施:"丰则贵籴,歉则贱粜,或以谷易杂货供官用,及于丰处卖之。"③不惟用纾民困,且以流通有无,以丰补歉,活跃经济。

刘晏不仅重视调查了解情况,而且还要对情报进行分析剖断,"每朝谒,马上以鞭算。质明视事,至夜分止,虽休瀚不废。事无闲剧,即日剖决无留。"所以他能在掌握全局的情况下,对各地经济的发展和变化做出准确的预测,事先确定统筹解决的预案。"民未及困,而奏报已行矣。"④"不待其困弊、流亡、饿殍然后赈之也。"⑤这样就可以预防或减轻灾害给农业生产和人民生活造成的损失。

为了使国家防备凶歉进行放贷躅救的储备,以及对经济发展进行财政调节时,能有雄厚的物质储备以资调度,刘晏恢复了被安史之乱所破坏的各州常平仓,根据各地的情况,"丰则贵取,饥则贱与,率诸州未尝储三百万斛。然后运用常平仓的储备,"常岁平敛之,荒年蠲救之","权万货低昂,使天下无甚贵甚贱而物(价)常平。"这样,就可以保证农民有从事生产的正常条件。在救灾工作中,刘晏反对采用向灾区直接发放救济粮的做法,认为"灾渗之乡,所乏粮耳,它产尚在,贱以出之,易其杂货,因人之力,转于丰处,或官自用,则国计不乏"。灾区虽然粮食歉收,但其他农副业仍在,国家用"以粮易货"的办法交换灾区的农副产品,这样既可以使灾民得到粮食,又可以节省国家财政开支,同时还促进了灾区各项农副业生产的发展。此即所谓"王者爱人,不在赐与,当使之耕耨织纴。"因而招致"议者或讥晏不直赈救,而多贱出

---

① 《新唐书·刘晏传》卷一百四十九,中华书局,1975年版,第4796页。
② 《续资治通鉴》卷六十七,中华书局,1957年版,第1657页。王安石引刘晏语。
③ 以上均见《资治通鉴》卷二百二十六,中华书局,1955年版,第7285页。
④ 《新唐书·刘晏传》卷一百四十九,中华书局,1975年版,第4796、4798页。
⑤ 《资治通鉴》卷二百二十六,中华书局,1955年版,第7286页。

以济民"。对此,刘晏之故吏陈谏表述其观点说:

> 善治病者,不使至危惫;善救灾者,勿使至赈给。故赈给少则不足活人,活人多则阙国用,国用阙则复重敛矣;又赈给近侥幸,吏下为奸,强得之多,弱得之少,虽刀锯在前不可禁,以为二害。①

刘晏惠民的做法,符合孔子"因民之利而利之"的原则,既避免了赈穷则国困,国困则复重敛的恶性循环,又避免了官吏贪污和分配不公现象的发生。刘晏将国家财政随时与不同情况下的生产活动关联起来,着眼于促进生产,互通有无以养民,则又是孔子"惠而不费"思想的体现。

刘晏不仅注意以财政促进生产,而且注意活跃商业流通以养民。其所以建议恢复漕运,就是希图通过漕运的流通以繁荣经济,增殖户口。当关中粮食丰收,长安漕米需求不如往常迫切时,就以部分租赋和盐利,在东南采购土特产品,用船运至汴州和关中各地。减运粮食,增运"轻货",运费可以节省,而东南手工业品的销路也得以扩大,对商品生产起到一定的促进作用。

刘晏以"养民为先"的思想,还体现在对人民劳动的尊重上面。在进行漕运和盐法的改革中,所采用的人力、物力和技术,无不以货币计量给予偿付。改变了官府与人民的关系,将政府无偿征派徭役的传统作法,改为雇佣招募的方式。征派徭役是封建国家通过超经济剥削对农民剩余劳动的无偿占有,在过去漕运中征调的民伕,由于"人不堪命,皆去为盗贼。"②漕运成了一件"人以为苦"的差事。由于使用无偿的强制劳动,不可能调动人民的积极性,当然也谈不上效率和质量的问题。

相反,雇佣劳动则不同,人民向国家提供劳务,可以从政府取得佣

---

① 以上均见《新唐书·刘晏传》卷一百四十九,中华书局,1975年版,第4796、4798页。
② 《新唐书·刘晏传》卷一百四十九,中华书局,1975年版,第4798页。

金作为报酬,对漕运做出重大贡献者,还将"授优劳,官其人",这样就充分调动起劳动者的积极性。自刘晏采用这种有偿的雇佣劳动以后,情况发生了根本的改观。漕运速度加快,自扬州向京师运盐,只用四十天时间,"人以为神"。而且"无升斗沉覆者"。只此一项,每年为国家财政节省几十万缗经费。

不仅漕运如此,在其他各项事业中,刘晏也广泛地利用雇佣劳动代替徭役。如于扬子县置十场造船,每船给钱千缗,有人说造船成本实不及一半,虚费太多。刘晏对曰:

> 论大计者固不可惜小费。凡事必为永久之虑。今始置船场,执事者至多,当先使之私用无窘,则官物坚牢矣。若遽与之屑屑校计锱铢,安能久行乎!异日必有患吾所给多而减之者;减半以下犹可也,过此则不能运矣。①

论大计者不惜小费,自是千古名言。可贵的是刘晏认识到劳动的价值,造船不仅是成本而已,倘不能使各方面执事人员(包括设计管理)"私用无窘",则官船能不能保证质量,则会成为严重的问题。"异日必有患吾所给多而减之者","船场既隳,国计亦圮矣"。刘晏的话不幸而言中,五十年后但会敛财的理财官员,果然锱铢必较,结果,"物无剩长,十家船场即时委弊"。②

前述刘晏所建的情报网络中,为了保证消息传递迅捷,使用重价招募"疾足",用以代替过去指派富户负责驿传的"捉驿"的办法。以及官炉铸钱,及官府所需物品,也一概改由设厂雇工制造。由徭役劳动到雇佣劳动的转化,是历史的一项巨大进步。刘晏在封建国家的财政工作中,广泛推行雇佣劳动的形式,在一定程度上促进了人身依附关系的解体,促进劳动力买卖关系的推广和发展,从而有利于国家经济

---

① 《资治通鉴》卷二百二十六,中华书局,1955年版,第7287页。
② 《唐语林》卷一,中华书局,1987年版,第61页。

发展和社会进步。

《新唐书》论赞曰："生人之本，食与货而已。知所以取，人不怨；知所以予，人不乏。道御之而王，权用之而霸，古今一也。刘晏因平准法，斡山海，排商贾，制万物低昂，常操天下赢货，以佐军兴。虽挈兵数十年，敛不及民而用度足。唐中债而振，晏有劳焉，可谓知取予矣。"①自古操生民之大权者，只在食货两项，御之以其道，则谓之仁政；突破常规地变通，亦足以称霸一时，惟在于取予是否得当；刘晏借鉴汉代常平均输法，斡旋山海之利，疏通商贾之业，随物价之高低，运用轻重散敛之术，赢得可观的财政收入，而非采用强征暴敛、巧取豪夺的方法，以解决财政所需，敛不及民而国用足。刘晏对唐朝中兴所作的贡献，岂仅在财政而已，更重要的是对民心的争取。

（二）工商经营的刘晏模式

中国历代的工商经营，大体分为两种模式：官营与民营。但是自汉至唐，凡是关系国计民生的重大工商业，还是完全由政府垄断。至唐代中期，经刘晏改革，始由官府和私人共同参与，从而形成一种新的工商经营模式。陈新岗将之称为"刘晏模式"。

自从汉武帝时桑弘羊"官山海"，"榷盐铁"之后，历朝皆把重大工商业纳入官营轨道，通过控制生产资源和营销渠道，达到"利归于上"，利益独占的目的；在此种情势下，民间工商几无任何发展空间。史称："食湖池，管山海，刍荛者不能与之争泽，商贾不能与之争利。"②汉儒因之发出"塞兼并之路，盐铁皆归于民"③的呼吁。然而历朝政府为满足军国开支，是不会轻易放弃工商官营这一财经政策的。只有在以儒治著称的贞观年间，"弛山泽之禁"，"通盐池盐井与百姓共之"，实行过完全的自由经济。但是这种局面因安史之乱而被彻底打破，为了维持庞

---

① 《新唐书·刘晏传论》卷一百四十九，中华书局，1975年版，第4806页。
② 《盐铁论·贫富》卷四，天津古籍出版社，1983年版，第217页。
③ 《汉书·食货志上》卷二十四，中华书局，1962年版，第1137页。

大的军费和财政支出,统治者不得不控制利源,敲剥民财,以满足用度。当然这只能是饮鸩止渴每况愈下而已。

安史乱后,由于军国费用大增,国家开始大量获取盐利,以弥补财政收入之不足。《新唐书·食货志》对此有较详的记载:"天宝至德间,盐每斗十钱。乾元元年盐铁铸钱使第五琦初变盐法,就山海井灶近利之地,置监院,游民业盐者为亭户,免杂徭,盗鬻者论以法。及琦为诸州榷盐铁使,尽榷天下盐,斗加时价百钱而出之,为钱一百一十。"[1]实行垄断食盐体制,财政收入增加,但官营弊端很快暴露出来。除大幅提价增加人民负担之外,官营官销,到处设置销盐机构,盐吏冗多,开支浩繁;经营不善以及中饱私囊等现象层出不穷。官盐运输要向民间征集工具,强派劳役,辗转千里,使农民旷时废业;山川阻隔,供应难于普及,并且不赊欠、不换购,农民缺少现钱,则只好淡食;然而一旦食盐积压不售,就硬性摊派,强迫认购。财政困难尚未解决,又将激起民愤。时代危机在呼唤新盐法的诞生。

刘晏模式就是在这种情势下应运而生。刘晏改革的基本方略,就是以官产商销替代官产官销,在盐业经营中引入商业机制。在食盐产地,将所收官盐高价批发给盐商运销,所谓"收盐户所煮之盐鬻于商人,任其所之,其余州县不复置官"。官府只把握生产与总批发,将销售权充分地让渡于商人。不仅节省了由国家承付的运销成本,也使官盐的销售范围得以扩大。刘晏又于"其江岭间去盐乡远者,转官盐于彼贮之。或商绝盐贵,则减价鬻之,谓之常平盐,官获其利而民不乏盐"。不数年间,唐朝的盐利就激增到六百万缗,"天下之赋,盐利居半,宫闱服御、军饷、百官俸禄皆仰给焉"。在盐法改革中,刘晏为了保证国家盐利收入,实现对商人的有效控制,采取了两方面的措施:一方面,采取恤商政策,取消苛捐杂税,简化盐税的征收,"诸道加榷盐钱,商人舟所过有税,晏奏罢州县率税,禁堰埭邀以利者"。允许商人在资

---

[1] 《新唐书·食货志四》卷五十四,中华书局,1975年版,第1378页。

金短缺的情况下,可以纳绢代购,"商人纳绢以代盐利者,每缗加钱二百,以备将士春服"。开放盐价,零售价格由盐商自行定夺,"粜盐商,纵其所之"。另一方面,采取一些预防和控制措施:严查禁绝不法行商与私盐,维护国家和合法盐商的丰额收入;整顿盐政管理机构,因为"盐吏多则州县扰",除盐业产储之地外,一律不设盐政机构;刘晏所设立的盐政机构,不止是征收盐税。像扶助农业生产一样,对十几处盐场的生产予以督导和改进生产工具。"乃随时为令,遣使晓导,倍于劝农。"①以保证食盐生产的质量,避免造成损失。并且按照常平粮仓的模式,建立了常平盐系统,在商人运送不到的边远地区,设立常平盐仓,以调剂供求矛盾,保证百姓的需要。不仅"盐廪至数千,积盐二万余石",而且"每商人不至,则减价以粜民"②通过这些措施,国家既可以获取极大收益,又可避免对盐业经营的失控。刘晏在改革中,采取官营与民营相结合的方式变直接专卖制为官产商销的间接专卖制,寓税于价,做到了"官收厚利而民不知贵"。"晏之始至也,盐利岁才四十万缗,至大历末,六百余万缗。天下之赋,盐利居半。宫闱服御,军饷,百官禄俸皆仰给焉。"③在这一体制下,官府和商人以至百姓都是榷盐的受益者。国家权利以获得税收,商人运销以获得厚利,百姓则以较为低廉价格获得生活必须的食盐。

因为税收既已寓于盐价之中,所以从表面上看,国家权利的直接交纳者是商人,但实际上每个百姓都是纳税人。正如韩愈所云:"国家榷盐,粜与商人,商人纳榷,粜与百姓。则是天下百姓,无贫富贵贱,皆已输钱于官矣!"④尽管商人在经营过程中要分取部分利润,但为了加快专卖商品的流通。官商分工合作的经营模式,还是获得了巨大的成功。

---

① 《新唐书·食货志》卷五十四,中华书局,1975年版,第1378页。
② 《资治通鉴》卷二百二十六,中华书局,1955年版,第7286页。
③ 《新唐书·食货志四》卷五十四,中华书局,1975年版,第1378页。
④ 《韩昌黎文集校注·论变盐法事宜状》卷八,上海古籍出版社,1985年版,第650页。

刘晏不仅在盐政中利用私商,而且在常平仓粮的调剂中,也把以粮易物的贸易活动交给私商经营。国家从常平仓中"多出菽粟,恣之巢运,散入村闾,下户力农,不能诣市,转相沾逮"。沾逮就是分润的意思;还有"易其杂货,因人之力,转于丰处"①。这些都须利用行商来完成。史称其"不发丁男,不劳郡国,盖自古未之有也"②。说明其经营模式,适应了商品经济的客观实际,符合社会发展的要求,具有重大进步意义。

从西汉以来,国家经营、垄断工商业的目的在于抑商,贱视商人,夺商贾之利。而刘晏则在国家经营的工商事业中重视商人,利用商人,依靠商人。由打击商人转而利用商人,用以改善国家的财政经济,这是中国财政思想史上的一个重大转变。是社会商品经济日益发展,商人势力愈加壮大的反映。刘晏的重商政策,既促进了封建社会中商品货币经济的发展,又反过来对自然经济起到瓦解的作用。很显然,这是有利于社会经济向更高阶段发展的重要一环。

刘晏榷盐新制是唐代盐政史中最为成功的、最具成效的改革。其取得巨大成效的原因,不仅具有十分重要的学术意义,也可为现实社会提供有益的参考。胡寄窗强调,在封建中国的财政史上,刘晏是以往秉政的儒者中,特别强调以一般商业经营原则处理国家财政的唯一思想家,因而他的财政措施对人民的干扰较小。刘玉峰也认为,新法的高明之处是在食盐的零售上尊重市场经济规律,引入商人和商业机制,从而使其更加灵活和富有成效。

(三) 刘晏与税制改革

刘晏理财所处的李唐时代,是一个亟需实行变革的时代,安史之乱的冲击,使李唐王朝的一切制度弊端都暴露无遗,曾给大唐带来富强的均田制和租庸调法,在推行百年之后,均田制逐渐解体,农民大量

---

① 《新唐书·刘晏传》卷一百四十九,中华书局,1975年版,第4798页。
② 《旧唐书·食货志下》卷四十九,中华书局,1975年版,第2117页。

逃亡,户籍混乱。"唐初,赋敛之法为租、庸、调,有亩则有租,有身则有庸,有户则有调。玄宗末年,板籍浸坏,多非其实。"①至德以后,赋税繁多,无复常准。百姓旬输月送,不胜困弊。"富人多丁者,以宦、学、释、老得免,贫人无所入则丁存。故课免于上,而赋增于下。是以天下残瘁,荡为浮人,乡居地著者百不四五。"②因此,以计丁征课的租庸调制已经无法实行;藩镇割据,专霸一方,已使国家的税收严重萎缩,而平叛战争的需要,又使军国用度有增无已,国家财政因之陷入崩溃的边缘。史称肃、代之际,"官厨无兼时之积"③;"太仓空虚,雀鼠犹饿"④。唐政府为了解决财政困难,千方百计筹措办法,另立多种税目,强行勒索,以致"科敛之名凡数百,废者不削,重者不去,新旧仍积,不知其涯"⑤。为了摆脱困境,唐政府一直在实行税法改革,由于华北已非朝廷所有,遂决定于江淮以南试行新税。至德二年(757),刘晏拜度支郎中兼侍御史,领江淮租庸。代宗七月的诏书曰:

> 逆虏未平,师旅淹岁,军用匮乏,常赋莫充,所以税亩于荆、吴,校练于淮海,从权救弊,盖非获已。⑥

李华《润州丹阳复练塘颂》亦载:

> 时前相国刘尚书晏,统东方诸侯,平其贡税,闻而悦之。⑦

可惜,这一试行于江淮,"从权救弊"的税亩法,究竟与战前的地税有何不同?刘晏又是如何"平其贡税"的?其具体内容,实施时间的久暂,由于书阙有间,都已无从知晓。

---

① 《资治通鉴》卷二百二十六,中华书局,1955年版,第7275页。
② 《新唐书·杨炎传》卷一百四十五,中华书局,1975年版,第4724页。
③ 《旧唐书·刘晏传》卷一百二十三,中华书局,1975年版,第3511页。
④ 《全唐文·元结·问进士第三》卷三八〇,中华书局,1983年版,第3860页。
⑤ 《旧唐书·杨炎传》卷一百一十八,中华书局,1975年版,第3421页。
⑥ 《全唐文·贾至·遣郑叔清往江淮宣慰敕》卷三六七,第3731页,中书舍人贾至代代宗起草的敕令。
⑦ 《全唐文·李华·润州丹阳县复练塘颂》卷三一四,中华书局,1983年版,第3193页。

然而却可以根据同时期的一些类似改革,推知其大体内容。如舒州刺史独孤及别辟蹊径,创立"口赋法"进行征税。被人嘲笑和攻击为:使"富倍优,贫倍苦"。独孤及在《答杨贲处士书》中辩解说:

> 昨者据保薄数,百姓并浮寄户共有三万三千,比来应差科者惟有三千五百,其余二万九千五百户,蚕而衣,耕而食,不持一钱以助王赋。每岁三十一万贯之税,悉钟于三千五百人之家。
>
> 方今为口赋,诚非彝典。意欲以五万一千人之力,分三千五百家之税。愚谓之可复,使多者用此以为哀,少者用此以为益,损有余补不足之道,实存乎其中,富人贫人,悉令均减。今已择吏分官,以辨其差等,量分入赋,其数悬榜,以示之信。①

可知其所创"口赋法"并非历史上的人口税。而且点明改革的原因是官僚、豪强以及众多浮寄户等,以各种名目逃脱租税。只剩为数不多的税户,来承担繁重的赋税,实在不堪重负。改行"口赋法",旨在"损有余补不足"。"口赋法"明显不同于租庸调的计丁征课,也和分等征收户税的方案不同。因此,这是一种革新的税法。

关中京畿地区亦相继进行税制改革。京兆府曾以"量沃瘠之差,定赋敛之重"。开始按土地肥沃程度定出等差征收田亩税;并以夏麦与秋田对举,每年分夏秋两季交纳。《新唐书·食货志》记载:"自代宗时,始以亩定税而敛以夏秋。"②田亩税区分夏税与秋税,这是以往历史上所没有的,说明斯时实践中已经开始征集"两税"。

值得注意的是,大历四年三月的一篇敕文《免京兆府税钱制》中,第一次出现"两税法"字样。文曰:

> 敕:守位聚人,有赋有税,所以奉宗庙之祀,备水旱之灾,事之大经,古今不易。国家计其户籍,俾出泉货,著在令典,谓之两税,

---

① 《全唐文·独孤及·答杨贲处士书》卷三八六,中华书局,1983年版,第3929页。
② 《新唐书·食货志》卷五十二,中华书局,1975年版,第1351页。

天下通制，行之久矣。自师旅荐兴，征调烦数，法度多峻，遂废其名。近举旧章，用导薄赋，施于中外，其法一也。①

可见"两税"之说早在大历四年即已提出，且已立法推行，只不过一度废止罢了。

如此，则"两税"法究竟由谁最先提出？则成为问题。张鸿生经考证著文说：可以断定：绝非杨炎，而是在刘晏、第五琦二人之间，而刘晏最为可能。②

大历四年，刘晏早已恢复漕运，改革盐法，解决了濒临崩溃的国家财政。作为分掌财政的宰相，参预了这一时期朝廷包括税制在内的所有经济政策的制定。

在刘晏执掌财政期间，朝廷颁发一系列减免税赋的新税则。大历四年，前后五个月，连发三道敕文，夏秋两税一减再减，总量几乎过半，可见用心之慎重和细密。通观这三篇敕文，有几点值得注意。第一，敕称"令在必行，用明大信"③，说明朝廷具有改革税制的决心；第二，重新规定每亩税额，比以往有所减轻，成为两税法中亩税的蓝本；第三，按土地质量和产量分等收税，使负担更为合理；第四，亩税分为夏秋两季征收，实已奠定两税法的基础。

大历十一年，藩镇反叛，"河南节帅所据，多不奉法令，征赋也随之。州县虽益减，晏以羡余相补，人不加赋，所入仍旧，议者称其能"④。而杨炎在两税法奏疏文中，说"军国之用仰给于度支、转运二使，四方大镇，又自给于节度、团练使，赋敛之司增数而莫相统摄。于是朝纲大坏"⑤，则显然不符合事实，对于刘晏来说，则无异污蔑。杨炎对于刘晏

---

① 《全唐文·常衮·免京兆府税钱制》卷四一四，中华书局，1983年版，第4245页。
② 张鸿生：《刘晏》第五章第二节，解放军出版社，1997年版。
③ 《全唐文·代宗·减次年麦税敕》卷四八，第532页；另两篇即《免京兆府税钱制》见上注和《京兆府减税制》全唐文卷四一四，中华书局，1983年版。这一时期由常衮起草减免租赋的制敕达八篇之多。
④ 《旧唐书·刘晏传》卷一百二十三，中华书局，1975年版，第3515页。
⑤ 《旧唐书·杨炎传》卷一百一十八，中华书局，1975年版，第3421页。

掌管的度支、转运二使的全盘否定,明显带有挟私报复的强烈偏见。尽管如此,仍须承认杨炎的"两税法"是唐王朝财政史上最为重要的经济改革。但刘晏在大历年间所进行的财税整顿,"两税法"已经呼之欲出,也是不争的事实。杨炎初上两税法,朝端"属望贤相",但其后的作为无不令人失望,以致被卢杞构陷致死。但杨炎与卢杞的矛盾,没有一件关乎军国大计,全是小人意气之争。所以《新唐书传论》说其咎由自取,不是没有道理的。

王夫之在《读通鉴论》中评价刘晏曰:

> 晏之理财于兵兴之日,非宇文融、王鉷、元载之额外苛求以困农也,察诸道之丰凶,丰则贵籴,凶则贱粜,使自有余息以供国,而又以蠲免救助济民之馁瘠,其所取盈者,奸商豪民之居赢,与墨吏之妄滥而已。仁民也,非以殃民也。榷盐之利,得之奸商,非得之食盐之民也;漕运之羡,得之徒劳之费,非得之输挽之民也。上不在官,下不在民,晏乃居中而使租、庸不加,军食以足。晏死两年,而括富商、增税钱、减陌钱、税间架,重剥余民之政兴。①

刘晏掌管财政以来,力挽狂澜,恢复漕运,改革盐法,稳定币值,惠及工商,首要任务是解决濒临崩溃的国家财政。但刘晏理政,富国裕民,素以谋及长远著称,立事则从根本上着手,"富其国而不劳于民"②,"敛不及民而用度足"③,故其法足可行于世而垂于后。

---

① 《读通鉴论·德宗》卷二十四,中华书局,1975年版,第829页。
② 《旧唐书·刘晏传》卷一百二十三,中华书局,1975年版,第3523页。
③ 《新唐书·刘晏传》卷一百四十九,中华书局,1975年版,第4806页。

第二节　絜矩之道——陆贽的政治理想

一、陆贽的生平事略

陆贽(754—805),字敬舆,苏州嘉兴人。父侃,溧阳令。贽少孤,特立不群,颇勤儒学。大历六年,年十八登进士第,次年又以博学宏词登科,授华州郑县(今陕西华县)尉。秩满东归省母,路由寿州,刺史张镒有时名,贽往谒见。镒与语三日,甚奇之,请为忘年交。既行,饷钱百万,曰:"请为母夫人一日费。"贽不纳,止受茶一串,曰:"敢不承公之赐?"①可见其立身之不苟。

不久以书判拔萃补渭南尉。德宗即位,遣黜陟使庾何等十一人巡行州县。贽说使者曰:"请以五术省风俗,八计听吏治,三科登隽义,四赋经财实,六德保罢瘵(今按:指疲困百姓),五要简官事。"六个方面全是关乎施政理民的实学实务。其中五术指从五方面考察各地的民情风尚;八计是对政绩的考察;具体内容是:"视户口丰耗以稽抚字(今按:谓安抚体恤百姓),视垦田赢缩以稽本末,视赋役薄厚以稽廉冒(今按:冒,贪冒),视案籍烦简以稽听断,视囚系盈虚以稽决滞,视奸盗有无以稽禁御,视选举众寡以稽风化,视学校兴废以稽教导。"三科是指从三方面发现人才:"茂异,贤良,干蛊(今按:敢于担当,勇于主事的能力)。"四赋是指完成国家赋税正确做法:"阅稼以奠税,度产以衰征,料丁壮以计庸,占商贾以均利。"六德则是:"敬老,慈幼,救疾,恤孤,赈贫穷,任失业。"五要曰:"废兵之冗食,蠲法之挠人(今按:使人困惑无措的律法),省官之不急,去物之无用,罢事之非要。"一介位处下吏的县令,指点政要,切中肯綮,故而"时皆韪其言"。陆贽亦因此于建中元年

---

① 《旧唐书·陆贽传》卷一百三十九,中华书局,1975年版,第3791页。

迁官监察御史。德宗久闻其名,召为翰林学士,转祠部员外郎,再转考功郎中。

陆贽为人忠诚,既于翰林院就职,得以接近君主,感念知遇之恩,思有以报效,故政或有缺,巨细必陈,由是顾待益厚。

会马燧讨贼河北,久不决,请济师;李希烈寇襄城。诏问策将安出,陆贽进言曰,用兵有急有缓,而现在朝廷的精兵,全部集中去讨伐较缓的叛镇,对官军而言,"将多而势分,兵广而财屈";对叛镇而言,"急则合力,退则背憎"。所以,应该急调李芃回军援洛,派李怀光军驰救襄城。此制缓应急之策也;然后又全面提出一"端本整梦之术",提请德宗,废除京畿一带榷酒、抽贯、贷商等苛捐杂税,以收民心;调还神策六军及将家子弟,守备京师,以应万一有如朱滔、李希烈辈乘间窃发,攻掠京师。可谓洞晓军机,克敌自全之策,可惜"帝不纳。后泾师急变,贽言皆效"。

朱泚叛变,长安失陷,陆贽从狩奉天,机务繁忙,征发指踪,千端万绪,书诏日数百,皆经贽手,初若不经思,而皆周密详尽,人人可晓。口授指划,致使"旁吏承写不给,它学士笔阁不得下,而贽沛然有余"。

由于仓卒变故,德宗每自克责。陆贽上书分析京师失守的直接原因,大略有二:这次平叛战争,由于"聚兵日众,供费日博,常赋不给,乃议蹙限而加敛";以致吏民皆不堪命,此其一;"边陲之戍以保封疆,禁卫之旅以备巡警,邦之大防也"。而陛下悉令东征,致使京师边备空虚,此其二。继而分析德宗政策失误和群臣的责任曰:

> 陛下又谓百度弛废,则持义以掩恩,任法以成治,断失于太速,察伤于太精。断速则寡恕于人,而疑似不容辨也;察精则多猜于物,而亿度未必然也。寡恕而下惧祸,故反侧之衅生;多猜而下妨嫌,故苟且之患作。由是叛乱继产,怨谤并兴,非常之虞,惟人主独不闻。

致使凶卒犯阙,竟然"重门无结草之御,环卫无谁何之人。陛下虽有股肱之臣,耳目之佐,见危不能竭诚,临难不能效死,是则群臣之罪也"。

最后批评德宗的天命论曰:

> 陛下方以兴衰诿之天命,亦过矣。《书》曰:"天视自我民视,天听自我民听。"则天所视听,皆因于人,非人事外自有天命也。纣之辞曰:"我生不有命在天?"此舍人事推天命,必不可之理也。《易》曰:"自天祐之。"仲尼以谓:"祐者助也。天之所助者顺也,人之所助者信也。履信思乎顺,是以祐之。"《易》论天人祐助之际,必先履行,而吉凶之报象焉。此天命在人,盖昭昭矣。

陆贽认为"治或生乱者,恃治而不修也;乱或资治者,遭乱而能治也"。因鼓励并劝谏德宗说:"今生乱失序之事不可追矣,其资治兴邦之业,在刻励而谨修之。当至危之机,得其道则兴,失则废,其间不容复有所悔也。"只要能够"舍己以从众,违欲以遵道,远憸佞,亲忠直,推至诚,去逆诈",事无不济。可见所谓天命即是人事,"斯道甚易知,甚易行,不耗神,不劬力,第约之于心耳"。"约之于心",即是格君心之非。革欲去非,则又"何畏乎厄运,何患乎不宁哉?"

德宗是一位意欲有为的君主,然每自恃聪明,性好猜疑。陆贽劝德宗:推至诚于天下,"群臣参日,使极言得失。若以军务对者,见不以时,听纳无倦。兼天下之智以为聪明。"德宗反谓:"朕岂不推诚!然顾上封者,惟讥斥人短长,类非忠直。往谓君臣一体,故推信不疑,至憸人卖为威福。今兹之祸,推诚之敝也。又谏者不密,要须归曲于朕,以自取名。朕嗣位,见言事多矣,大抵雷同道听,加质则穷。故顷不诏次对,岂曰倦哉!"[①]针对德宗这种拒谏逶过的心理,陆贽开导极谏之曰:"人君临下,当以诚信为本。谏者虽辞情鄙拙,亦当优容以开言路,若震之以威,折之以辩,则臣下何敢尽言。"乃复上疏,其略曰:"天子之

---

① 《新唐书·陆贽传》卷一百五十七,中华书局,1975年版,第4911、4912、4913、4914、4915页。

道,与天同方,天不以地有恶木而废发生,天子不以时有小人而废听纳。"又曰:"唯信与诚,有失无补。一不诚则心莫之保,一不信则言莫之行。陛下所谓失于诚信以致患害者,臣窃以斯言为过矣。"又曰:"驭之以智则人诈,示之以疑则人偷。上行之则下从之,上施之则下报之。若诚不尽于己而望尽于人,众必怠而不从矣。不诚于前而曰诚于后,众心疑而不信矣。是知诚信之道,不可斯须而去身。愿陛下慎守而行之有加,恐非所以为悔者也!"①

不惟劝德宗推诚,并进而劝德宗改过,其言曰:

> 今盗遍天下,舆驾播迁,陛下宜痛自引过,以感动人心。昔成汤以罪己勃兴,楚昭以善言复国。陛下诚能不吝改过,以言谢天下,使书诏无忌,臣虽愚陋,可以仰副圣情,庶令反侧之徒,革心向化。

德宗然之。故奉天所下书诏,虽武夫悍卒,无不挥涕感激,多贽所为也。② 其中最著名的,便是在平定朱泚后,改建中五年(784)为兴元元年,陆贽替德宗所作的《奉天改元大赦制》,亦即所谓"罪己诏"。诏文曰:

> 致理兴化,必在推诚;忘己济人,不吝改过。朕嗣守丕构,君临万方,失守宗祧,越在草莽。不念率德,诚莫追于既往;永言思咎,期有复于将来。肆予小子,获缵鸿业,惧德不嗣,罔敢怠荒。然以长于深宫之中,暗于经国之务,积习易溺,居安忘危,不知稼穑之艰难,不察征戍之劳苦,泽靡下究,情不上通,事既壅隔,人怀疑阻,犹昧省己,遂用兴戎。天谴于上,而朕不悟,人怨于下,而朕不知,驯致乱阶,变兴都邑。上辱于祖宗,下负于黎庶。痛心胭

---

① 《资治通鉴》卷二百二十九,中华书局,1955年版,第7382页。偷,苟且。人偷,人皆偷合取容。
② 《旧唐书·陆贽传》卷一百三十九,中华书局,1975年版,第3792页。

貌,罪实在予,永言愧悼,若坠深谷。

对于群臣劝其更上徽号一事,诏制一则曰"朕晨兴夕惕,惟念前非"。二则曰"昨因内省,良用矍然"。然后说:

> 体阴阳不测之谓神,与天地合德之谓圣,顾惟浅昧,非所宜当。文者所以成化,武者所以定乱,今化之不被,乱是用兴,岂可更徇群情苟膺虚美,重余不德,祇益怀惭。自今以后,中外所上书奏,不得更称圣神文武之号。

在痛切地深致自责之后,一再表示改元之后,"与人(民)更始",既往责任全在朕躬,"朕抚驭乖方,信诚靡著,致令疑惧,不自保安。兵兴累年,海内骚扰,皆由上失其道,下罹其灾,朕实不君,人则何罪"。因而除朱泚之外,包括泚弟朱滔在内的诸叛镇也一概赦免,"待之若旧"。对战乱之后的百姓则宣布减免当年的赋税,税间架及榷茶铁之属,亦悉停罢。并表示愿从自我作始,与天下共渡时艰。

陆贽替"圣天子"所作的"罪己诏",确实收到德宗意想不到的巨大反响和良好效果,不惟前线将士人人感奋,诸叛镇如"王武俊、田悦、李纳见赦令,皆去王号,上表谢罪"[①]。权德舆《翰苑集序》在叙述这段史实后说:"议者以德宗克平寇乱,不惟神武之功,爪牙宣力,盖亦资文德腹心之助焉。及还京师,李抱真来朝,奏曰:'陛下在南山时,山东士卒闻书诏之辞,无不感泣,思奋臣节,臣知贼不足平也。'"[②]

德宗奉天蒙难期间,仍是卢杞主政,德宗猜忌之心重,卢杞不惟阿意逢迎,而且利用之以遂其私,巧言误国,不计其极。若非此时陆贽深得德宗信任,得在内署议事,运筹画策,成为名副其实的"救时内相",则唐之存亡,真不可量。当奉天军情危急之际,附近四州聚集兵马驰

---

① 《资治通鉴》卷二百二十九,中华书局,1955年版,第7393页。
② 《全唐文·权德舆·唐赠兵部尚书宣公陆贽翰苑集序》卷四九三,中华书局,1983年版,第5032页。

援,本有一条安全路线可达,卢杞却以恐惊动先帝陵寝为由,令援军走两面夹山的漠谷,结果遭遇伏击,全军覆没。李怀光解奉天之围,卢杞却不让其陛见,令其迅即解救长安,怀光功高未赏,致令怨望,终至叛变。幸赖陆贽设计使怀光主动同意李晟移军渭桥,总算保留下李晟一支生力军,成为嗣后收复长安的主力。说明陆贽不惟有文且多谋,知君知国知兵知人,运筹帷幄,如运诸掌,通过一系列事变考验,德宗对陆贽更加依重。《通鉴》载:

> 贽在翰林,为上所亲信,居艰难中,虽有宰相,大小之事,上必与贽谋之,故当时谓之内相,上行止必与之俱。梁、洋道险,尝与贽相失,经夕不至,上惊忧涕泣,募得贽者赏千金。久之,乃至,上喜甚,太子以下皆贺。①

在梁州期间,陆贽谋划的几件大事,对收复长安具有决定性意义。斯时在长安前线的只有浑瑊与李晟两支兵马,吐蕃援军因受朱泚重贿抢掠而退,德宗颇以兵力不足为虑。陆贽为德宗分析形势,认为反复无常的蕃兵撤退并非坏事,且叛贼气焰亦衰,有瑊、晟之兵马足矣。"但愿陛下慎于抚接,以奋起忠勇之心;勤于砥砺,以昭苏远近之望。中兴大业,旬日可期。"②德宗对陆贽的分析,甚感宽慰,自是又欲对浑瑊诸军进行"商量规划,令其进取"。无非遥制将帅,号令自专而已。陆贽因之再上《兴元奏请浑瑊李晟等诸军马自取机便状》,论用兵机宜曰:

> 臣闻将贵专谋,兵以奇胜,军机遥制则失变,戎帅禀命则不威。是以古之贤君选将而任,分之于阃,誓莫干也,授之于钺,俾专断也。自昔帝王之所以夷大艰,成大业者,由此道也。
>
> 锋镝交于原野,而决策于九重之中;机会变于须臾,而定计于千里之外。上有掣肘之讥,下无死绥之志。自昔帝王之长乱繁

---

① 《资治通鉴》卷二百三十,中华书局,1955年版,第4718页。
② 《陆贽集·兴元贺吐蕃尚结赞抽军回归状》卷十六,中华书局,2006年版,第485页。

刑,丧师蹙国者,由此道也。①

德宗听取了陆贽建议,长安不久收复,陆贽虑"谄谀希旨之徒,险躁生事之辈",建议鼓乘胜之师,继续用兵淮西。使此前的《奉天大赦诏》难于取信天下。各藩镇惧"祸将次及",势必再度联合抗命,局面将不可收拾。所以此时"诚宜上副天眷,下收物情,布恤人之惠以济威,乘灭贼之威以行惠。宥河中染污之党,悉无所问;赦淮右僭逆之罪,咸与维新。蠲贷疲氓,休罢战士,符经岁息兵之令以彰信,丕大君含垢之德以布仁。"②以观其衅,静待其变。德宗遂命陆贽起草《诛李怀光后原宥河中将吏并招谕淮西诏》,充分肯定李怀光奉天勤王解围之功,宽宥河中胁从叛变将吏,褒奖壮烈死节之士;再次痛切自责,深致贬损,以昭示朝廷息兵罢战的诚意。遂使僭越者无以为辞,观望者其心亦安。河北诸镇相继上表输诚,李希烈不久亦被其部将所杀,一如陆贽所料。

《唐鉴》评价陆贽之言曰:

> 贤者之知国,如良医之知疾,察其形色,视其脉理,而识死生之变,不待其颠仆而后以为病也。陆贽论用兵之乱,如蓍龟之先见,何其智哉!夫岂如瞽史之知天乎,亦观其事而知之也。非独为贽之贤者能知之意,天下之凡民,亦必有知之者,惟人君不觉也。天下之患在于人莫敢言而君不得知,言之而不听,则末如之何也,必乱而已矣。③

唐廷返都之后,陆贽仍任中书舍人充翰林学士。贞元三年,陆贽丁母忧,寓居嵩山丰乐寺。免丧,权知兵部侍郎,依前充学士。"恩遇既隆,中外属意为辅弼,而宰相窦参素忌贽,贽亦短参之所为,言参黩货,由是与参不平。"同时还有吴通玄、吴通微兄弟在翰林"与陆贽、吉

---

① 《陆贽集·兴元奏请浑瑊李晟等诸军马自取机便状》卷十六,中华书局,2006年版,第487、488页。
② 《陆贽集·收河中后请罢兵状》卷十六,中华书局,2006年版,第521、531页。
③ 《唐鉴》,上海古籍出版社,1984年版,第186页。

中孚、韦执谊并位,贽文高而有谋,特为帝器遇,且更艰难,有功。通玄等特以东宫恩旧进,昵而不礼,见贽骤擢,颇媢恨"①。"会贽权兵部侍郎,知贡举,乃正拜之,罢内职,皆通玄谮之也。"②贞元七年,陆贽"罢学士,正拜兵部侍郎,知贡举"。贞元八年科试,同考官有崔元翰、梁肃等,"肃与元翰推荐艺实之士,升第之日,虽众望不惬,然数年之内,居台省清近者十余人"③,"得人之盛,公议称之"④。据《旧唐书·欧阳詹传》说:"(詹)举进士,与韩愈、李观、李绛、崔群、王涯、冯宿、庾承宣联第,皆天下选,时称'龙虎榜'。"⑤唐《科举记》更录二十三人姓名,曰:"榜多天下孤隽伟杰之士,号'龙虎榜'。"⑥韩愈亦曰:"其一二年,所与及第者皆赫然有声。"⑦而导致谤毁的起因是陆贽的取人之法,亦即所谓"通榜"法,宋人洪迈释之曰:"唐世科举之柄专付之主司,仍不糊名,又有交朋之厚者为之助,谓之'通榜'。故其取人也,畏于讥议,多公而审。"⑧"通榜"之优点在于对人才的全面考察,缺点是易牵于私人请托,以致"众望不惬"。这就易给政敌以可乘之机。"窦申恐贽进用,阴与通玄、则之作榜书以倾贽。"⑨《旧唐书·吴通玄传》亦云"则之令人造榜书,言贽考试举人不实,招纳贿赂。"德宗曾批评陆贽"清慎太过",劝其"如不能纳诸财物,至如鞭靴之类,受亦无妨者",结果还受到陆贽的反驳,岂肯相信这等谣言。但是五人的被贬终至被杀,却是因为这一事件暴露出朝臣与亲王(李则之)过从太密,有"交结中外,意在不测"的

---

① 《新唐书·窦参附吴通玄传》卷一百四十五,中华书局,1975年版,第4731页。
② 《旧唐书·文苑·吴通玄传》卷一百九十下,中华书局,1975年版,第5057页。
③ 《旧唐书·陆贽传》卷一百三十九,中华书局,1975年版,第3800页。
④ 《全唐文》权德舆《唐赠兵部尚书宣公陆贽翰苑集序》卷四九三,中华书局,1983年版,第5033页。
⑤ 《新唐书·欧阳詹传》卷二百三,中华书局,1975年版,第5787页。
⑥ 《古今事文类聚前集》卷二十九引《科举记》,《影印文渊阁四库全书》,台湾商务印书馆,1986年版,第11页。
⑦ 《韩昌黎文集校注·与祠部陆员外书》卷三,上海古籍出版社,1986年版,第200页。
⑧ 洪迈:《容斋四笔》卷五,中州古籍出版社,1993年版,第5页b。
⑨ 《资治通鉴》卷二百三十四,中华书局,1955年版,第7527页。

嫌疑,这是德宗所不能容忍的。陆贽上《商量处置窦参事体状》等奏章,就德宗对窦参的处理提出公平中肯的意见,但都没被采纳,窦参等终被处死并没收财产。虽然如此,陆贽"以直报怨"的高风却足以令人感佩。

是年,陆贽被任命为中书侍郎、门下同平章事,成为真正的"宰相"。"贽久为邪党所挤,困而得位,意在不负恩奖,悉心报国,以天下事为己任。"陆贽任相后,"请许台省长官自荐属官,仍保任之,事有旷败,兼坐举主。上许之"。俄以"外议云:'诸司所举,多引用亲党,兼通贿遗,不得实才。'此法行之非便,今后卿等宜自选择,勿用诸司延荐。"又取消这一决定。对政府设立的职司及宰臣不信任,是德宗出尔反尔的根本原因。陆贽因上疏论之曰:"陛下既听臣言而用之,旋闻横议而止之,于臣谋不责成,于横议不考实,此乃谋失者得以辞其罪,议曲者得以肆其诬。"若由宰臣"悉命群官",则是"变公举为私荐,易明扬为暗投"①,将会造成更为严重的弊端。德宗虽嘉其言,但仍追寝前诏。

陆贽不仅洞晓兵机,而且熟稔经济,知人善任,正是其担任宰臣的优势。贞元八年七月,户部尚书判度支班宏卒,这是关系国家安危的重任,所选务须得人。陆贽向德宗推荐杜佑、卢徵、李衡、李巽四人,除杜佑外,其余三人均为刘晏培养提拔的理财能吏,皆堪当此大任。德宗本已同意,不料突然改悔,认为"司农少卿裴延龄甚公清有才,宜令判度支"。陆贽因上《论宣令除裴延龄度支使状》曰:

> 今之度支,准平万货,均节百司,有无懋迁,丰败相补。利害关黎元之性命,费省系财物之盈虚。加以馈饷边军,资给禁旅,刻吝则生患,宽假则容奸。若非其人,不可轻授。裴延龄僻戾而好动,躁妄而多言。遂非不悛,坚伪无耻,岂独有识深鄙,兼为流俗

---

① 《旧唐书·陆贽传》卷一百三十九,中华书局,1975年版,第3800、3801、3802页。敫,音义并同扬字。

所嗤。顷列班行,已尘清贯,更居要重,必斁大猷。①

希望德宗能够"重循前议",更于四人之中,选择取其优者。或更与其他宰臣"参详,去邪勿疑,天下幸甚"。斯时已无失国失位之虞的德宗,自然是圣意难移了。

而此时,陆贽所上《均节赋税恤百姓六条》《三奏量移官表》《论沿边守备事宜状》均被德宗搁置,《议汴州逐刘士宁事状》《请不与李万荣汴州节度使状》亦是"不从",《论朝官阙员及刺史等改转伦序状》则直截"不听",更惶论《论裴延龄奸蠹书》了。这与陆贽"内相"时期形成鲜明对比。细思其由,皆因裴延龄所言所行无不切合德宗此时的至尊心态与享乐心理;而陆贽仍旧思欲励精图治致君尧舜,且语言切直,少所避讳,早已使圣心不悦。《新唐书》本传说其"及辅政,不敢自顾重,事有可否必言之,所言皆剀拂帝短,恳到深切。或规其太过者,对曰:'吾上不负天子,下不负所学,不恤其他!'"

《旧唐书》谓"裴延龄,奸宄用事,天下嫉之如仇。以得幸于天子,无敢言者。贽独以身当之,屡次面陈和上疏极言其弊。自古忠奸不两立,延龄亦对陆贽日加谮毁。终于在贞元十年十二月,除贽太子宾客,罢知政事。十一年春,旱,边军刍粟不给,具事论诉;延龄言贽与张滂、李充等摇动军情,激怒德宗,将诛贽等四人,会谏议大夫阳城等极言论奏,乃贬贽为忠州别驾。

陆贽在忠州十年,常阖户不出,人不识其面。又避谤不著书,地苦瘴疠,因为《今古集验方》五十篇以示乡人。是其不能作救时良相,犹可为救世良医也。其间,德宗曾令新任刺史宣旨慰安,韦皋又累上表请以贽代己。顺宗即位,与阳城、郑余庆同诏征还。诏未至而贽卒,年仅五十二岁。朝廷议谥曰宣,世称陆宣公。

史书屡言"贽性畏慎",然每临国事,则又"不自顾重",剀切陈词,

---

① 《陆贽集·论宣令除裴延龄度支使状》卷十八,中华书局,2006年版,第578、579页。斁,音度,败也。

"不恤其他!"是真公而忘身者矣。故《旧唐书》传论曰:"贽居珥笔之列,调饪之地,欲以片心除众弊,独手遏群邪,君上不亮其诚,群小共攻其短,欲无放逐,其可得乎!"①

陆贽著作有诗文集十五卷,早佚,仅存收辑其制诰、奏草、奏议的《翰苑集》二十二卷。今有收录《翰苑集》及辑佚之作的《陆贽集》和《陆宣公集》。

二、陆贽的治道思想

(一) 格君心之非

陆贽是历史上少数思想与言行高度统一的政治思想家。陆贽"勤于儒学",自然深谙儒家的治道,所谓治道,即是所以治国理民平天下之道。在儒家的政治哲学中,君权固然须得之于天命,而天之明命又须视民意之向背为若何而定。因而《泰誓》云"民之所欲,天必从之"②。《虞书》亦曰:"天聪明自我民聪明,天明畏自我民明威。"《孔传》:"言天因民而降之福,民所归者,天命之;天明可畏,亦用民成其威。民所叛者,天讨之。"③可见所谓天命,实际上亦即我民之命。《尚书》孔传:"夏桀不畏天命,乃大其逸豫,惟乃自乐其身,无忧民之言。"④不畏天命的具体内容即是"大其逸豫","无忧民之言"。反之,孔子所谓之"畏天命",亦即是"大畏民志"⑤。《大学篇》在说过"大畏民志"之后,紧接着说"此谓知本"。即是说民意乃是政本。至荀子则径直曰:"天之生民,

---

① 《旧唐书•陆贽传》卷一百三十九,中华书局版,第3817、3818页。珥笔,指谏官;调饪,喻宰相。
② 《尚书正义•周书•泰誓上》卷十一,《十三经注疏》整理本,北京大学出版社,2000年版,第323、325页。
③ 《尚书正义•虞书•皋陶谟》卷四,《十三经注疏》整理本,北京大学出版社,2000年版,第131页。
④ 《尚书正义•多方第二十》卷十七,《十三经注疏》整理本,北京大学出版社,2000年版,第539页。
⑤ 《大学章句》,《四书章句集注》,中华书局,1983年版,第6页。

非为君也；天之立君，以为民也。"①两者的本末关系在儒家的意识中是十分清楚的。民为政本，也是法家出现之前，古代思想界的共识。虽然如此，本来在民的"权原"，仍然让渡于代表民意的君王，但是倘若王而非圣，却没有正常的制度来限制其权力，又没有正常的力量来执行"则易位"的主张。所以儒家在不得已的情势下，支持拨乱反正的政变和顺天应人的革命。而在一般情况下，只有"致君尧舜"之一途可行，即依靠说服的办法来解决君主与天下之民的矛盾。

所以，中国为治之道的核心问题，就成为如何"格君心之非"，而格君心的方法和标准即是絜矩之道。"格君心之非"与"絜矩之道"都是古代圣贤提出的为治理论，"絜矩之道"是曾子为修齐治平而提出的为人处世准则，属于可以跨越时空的普世伦理。而"格君心之非"的理论，由孟子提出，由于君主成为中国治道的"权原"和关键，所以孟子曰："人不足与适也，政不足间也。惟大人为能格君心之非。君仁莫不仁，君义莫不义，君正莫不正。一正君而国定矣。"②意即治理国家，最重要的是正君主的用心。国君心正，则国家政事皆可正定。而能够格正君心的人，自然是以"天下为己任"的儒者，因其具有这方面的德能胆识，故称之为"大人"。这是一个在中国专制政体下特有的命题。而这样的"大人"，在后世历史上并不鲜见，但能将道术两者完美结合起来，淳熟地加以运用者，则非陆贽莫属。

作为中唐名臣的杰出政论家陆贽，和唐初的魏征同以直言极谏著称，但陆贽却没有遭遇明主的幸运。由于唐德宗的自负和任用小人，使陆贽所处的政治环境远较魏征时代复杂而充满险恶。因之坚持民本主义而格君心之非的难度也就更大。但由于陆贽的才具和识见，对于时局的原委及动向，多有洞彻的审视，故其见解立意深远，析理透

---

① 《荀子集解·大略篇》卷十九，中华书局，1988年版，第504页。
② 《孟子集注·离娄章句上》卷七，中华书局，1983年版，第285页。适，同谪，与"间"皆为批评指责意。

辟,情辞感人,委曲尽至,因而能启沃人主,拯时救敝,而历为后人所尊仰。《旧唐书》本传称其"于议论应对,明练体理,敷陈剖判,下笔如神,当时名流,无不推挹"①。《新唐书》贽传论赞则从思想作用着眼,称其"论谏数十百篇,讥陈时病,皆本仁义,炳炳如丹,帝所用才十一。唐祚不竞,惜哉!"②意即陆贽本诸仁义拯救时敝的论谏,倘能为德宗多数采纳,唐祚何患乎不盛。直接把陆贽和国家的兴衰联系在一起。

苏轼对陆贽更是推崇备至,在上宋仁宗《乞校正陆贽奏议进御劄子》中,高度评价曰:"唐宰相陆贽,才本王佐,学为帝师。论深切于事情,言不离于道德。智如子房而文则过,辨如贾谊而术不疏。上以格君心之非,下以通天下之志。"是说陆贽在议论当世要务的时候,既能切中时弊的要害,又能坚守治道的原则,思理、文采、辨才、治术,都超过了古之名臣。又将陆贽的奏议论谏与古代的经典相比,认为"六经三史,诸子百家,非无可观,皆足为治。但圣言幽远,末学支离,譬如山海之崇深,难以一二而推择。如贽之论,开卷了然。聚古今之精英,实治乱之龟鉴。"③所言亦是事实,因为时代的巨大变化,古圣先哲关于治道的训诫,多为针对当时史事随时而发,只是给后世提供一个理论原则,并不能直接拿来解决现实问题。而陆贽却能将古今的智慧,凝聚在一处,以解决错综复杂、积弊已深的各类军政问题,把握住"格君心之非"这一关键,然后运用"絜矩之道"的立体思维方法,对上下左右先后,举凡人我关系之各个方面,兵刑食货用人治事均无所失,皆以仁恕之道加以取舍安顿,真可谓划无遗策,计无不中,虑及深远,即时见效。而且皆从关系国家的大利大害处着眼,用以格正君心之非,而消解君心与民心的对立,亦即所以疏通天下之民意;使掌握权原的君主能以天下人之心为心,即是抓住了拯溺解梦的关键。

---

① 《旧唐书·陆贽传》卷一百三十九,中华书局,1975年版,第3800页。
② 《新唐书·陆贽传》卷一百五十七,中华书局,1975年版,第4932页。祚,祚胤,有天下者子孙相继。
③ 《苏轼文集·乞校正陆贽奏议进御札子》卷三十六,中华书局,1986年版,第1012页。

陆贽在奉天兴元的奏议,其实并非什么奇计妙策,无非就是经国成务之要,用人听言之法、治边驭将之方、节用安民之术、布德服远之策。然而终能招复人心,克敌制胜,还于旧都者,就是能用诚信二字格正德宗之心,以"絜矩之道"度己及人,故能料敌如神,感人至深。化危机于无形,挽狂澜于既倒。所以分析陆贽这些饱含激情和睿智的政论,无疑也会增强对儒家为治之道的理解,岂虚言也哉。

儒家的民本主义理想原则,就是将君主与天下人同欲作为基准,以民为政治之主体,亦即政治权力的根源。陆贽将民与德宗最关心的财及兵的关系进行比较曰:"人者,邦之本也;财者,人之心也;兵者,财之蠹也。"①因而治国理乱必须"以人为本,以财为末",至于兵,若非万不得已,绝不能轻用。陆贽强调民是源,财是流;民是本,财是末。应该重民而非重财,只要得人何患无财,因为"夫财之所生,必因人力","有人必有土,有土必有财"。"民为邦本,本固邦宁"的道理易于理解,但如何使之落在实处,却非易事。一般统治者以为拥有广土众民,即谓"得国",而实则须得民心方谓之得国。所以陆贽说:"夫欲治天下而不务得人心,则天下固不治。"陆贽反复强调人君"得人心"的作用与方法"在于审查群情",其言曰:

> 若群情之所甚欲者,陛下先行之。所甚恶者,陛下先去之。欲恶与天下同,而天下不归者,自古及今未之有也。夫理乱之本,系于人心,况乎当变故动摇之时,在危急向背之际,人之所归则植,人之所去则倾。②

此即孟子所谓"得其民有道,得其心,斯得民矣;得其心有道,所欲与之聚之,所恶勿施尔也"③之意。陆贽又曰:

---

① 《陆贽集·论两河及淮西利害状》卷十一,中华书局,2006年版,第324页。
② 《陆贽集·奉天论奏当今所切务状》卷十二,中华书局,2006年版,第367页。
③ 《孟子集注·离娄章句上》卷七,《四书章句集注》,中华书局,1983年版,第280页。

舟即君道,水即人情。舟顺水之道乃浮,违则没;君得人之情乃固,失则危。是以古先圣王之居人上也,必以其欲从天下之心,而不敢以天下之人从其欲。①

以上议论,阐述了治道的两大要点,一是摆正君心与群情的关系;二是按照民心处理好人与财的关系。此处只论治道的第一要点:既然"理乱之本,系于人心。人心之向背是政权安危国家兴亡的关键,那么,治国理乱,就应"以天下之欲为欲,以百姓之心为心"②。亦即须奉行晋代袁准所谓"以人治人,以国治国,以天下治天下"③之道。明代吕坤曾引伸《中庸》"故君子以人治人,改而止。忠恕违道不远,施诸己而不愿,亦勿施于人"之言曰:"君子以人治人,不以我治人。"④则此语即是以国人乃至天下人之欲恶治国理天下,而不可以皇帝一人之欲恶强加于天下人。道家《关尹子》其书对这一思想阐述得更为明白:"圣人不以一己治天下,而以天下治天下。"⑤可见此是儒道两家共同认可的治世真理。

由于君主掌握着权原,所以其意志便成为决定国家政策,并进而成为影响国家兴衰的关键。格君心之非的意义,正在于此。而关于人心之向背,不是让民心向君心靠拢,而是要求君心与民心同其好恶,不仅出于民心关系天下得失的利害考虑,也是对民心民意的真正尊重,可谓已经触及政治良窳的核心部位。其价值、其意义,是值得深入研究的。

德宗向陆贽求教"当今切务",陆贽认为当前政治危机,都是由于君主的不能推诚于群下,甚而无端猜疑,又不能察纳雅言,以塞忠谏之

---

① 《资治通鉴》卷第二百二十九,中华书局,1955年版,第7380页。
② 《陆贽集·收河中后请罢兵状》卷十六,中华书局,2006年版,第527页。
③ 《全上古三代秦汉三国六朝文·全晋文·袁子正书·治乱》卷五十五,中华书局,1958年版,第1777页。
④ 吕坤:《呻吟语·广喻》卷六,上海古籍出版社,2000年版,第354页。
⑤ 《百子全书·关尹子·三极》第八册,浙江人民出版社,1984年版,第3页b。

路,终于招致"驯臻离叛,构成祸灾"①的乱局。所以竭力劝勉德宗"广接下之道,开奖善之门,宏纳谏之怀,励推诚之美"。使上下一心,共图治道。陆贽论曰:

> 人之所助在乎信,信之所立由乎诚。守诚于中,然后俾众无惑;存信于己,可以教人不欺。唯信与诚,有补无失。
>
> 诚信一亏,则百事无不纰缪;疑贰一起,则群下莫不忧虞。

明君治国,必须广开言路,陆贽阐述纳谏之益曰:

> 其纳谏也,以补过为心,以求过为急;以能改过为善,以得闻其过为明。故谏者多,表我之能好;谏者直,示我之能贤;谏者之狂诬,明我之能恕,谏者之漏泄,彰我之能从。有一于斯,皆为盛德。是则人君之与谏者交相益之道也。谏者有爵赏之利,是君亦有理安之利;谏者得献替之名,君亦得采纳之名。然犹谏者有失中,而君无不美。唯恐谠言之不切,天下之不闻。如此则纳谏之德光矣。②

陆贽阐发推诚纳谏的意义可谓淋漓尽致。但欲解决天下分崩离析的所有矛盾,则必须消融德宗与天下人的对立,对立既然是君主自逞才智所造成,那就必须抛弃君主个人之好恶与才智,"叶成汤改过之美","体大禹拜言之诚",唯其如此,才能转祸为福,复归太平。陆贽曰:

> 至于匹夫片善,采录不遗,庶士传言,听纳无倦。是乃总天下之智以成聪明,顺天下之心以施教令。则君臣同志,何有不从!③

总天下之智以成我之聪明,所见自明,顺天下之心以施教令,其令必行。因之意欲平治天下者,应有公天下之心,而不可私其腹心,其

---

① 《陆贽集·兴元论续从贼中赴行在官等状》卷十五,中华书局,2006年版,第474页。
② 《陆贽集·奉天请数对群臣兼许令论事状》卷十三,中华书局,2006年版,第390、403页。
③ 《陆贽集·奉天论奏当今所切务状》卷十二,中华书局,2006年版,第370页。

第七章 中唐儒家的经世思想

论曰:

> 夫君天下者,必以天下人之心为心,而不私其心。以天下人之耳目为耳目,而不私其耳目,故能通天下之志,尽天下之情。夫以天下之心为心,则我之好恶,乃天下之好恶也。安在私腹心,以售其侧媚也。以天下之耳目为耳目,则天下之聪明,皆我之聪明也。安在偏寄耳目,则以招其蔽也,同欲者谓之圣帝,与天下违欲者谓之独夫。①

先于陆贽的刘晏亦有类似的思想,其言曰:"臣闻统天下者以天下,举直错枉,不私其观,故能启至公之门,塞群邪之路。"②可见天子以私欲临天下,亦必然同时为奸邪之徒广开方便之门,这是一事之两面,势不能免。按照儒家的政治理想,陆贽希望君主顺应天下"自为"的规律,认同天下人的欲恶,不须对国家各职司部门及天下之自治进行过多的干涉。也就是说陆贽具有"无为而治"的为政倾向。其言曰:

> 圣王知宇宙之大,不可以耳目周,故清其无为之心,而观物之自为也。知亿兆之多,不可以智力胜,故一其至诚之意,而感人之不诚也。异于是者,乃以一人之听觉,而欲穷宇宙之变态;以一人之防虑,而欲胜亿兆之奸欺;役智弥精,失道弥远。蓄疑之与推诚,其效固不同也。以虚怀待人,人亦思附;任数御物,物终不亲。情思附则感而悦之,虽寇雠化为心膂有矣;意不亲则惧而阻之,虽骨肉结为仇慝有矣。③

"清其无为之心,而观物之自为",即《老子》所云"无为而无不为"之意。不过在此提请注意的是,"无为"属于道家思想,但"无为而治"

---

① 《陆贽集·论裴延龄奸蠹书》卷二十一,中华书局,2006年版,第682页。
② 《全唐文》王谏《为刘相请女婿潘炎罢元帅判官陈情表》卷四三九,中华书局,1983年版,第4479页。
③ 《陆贽集·兴元论续从贼中赴行在官等状》卷十五,中华书局,2006年版,第472、473页。引文有节略。

却是孔子提出的哲学命题。"治"作为动词的治理是有为,与"无为"正相反对;而作为形容词的至治状态,也有违于道家崇尚的自然境界。是孔子融会老子思想,将两者结合,移之于治道,用以表述为政的最高境界。但尧舜的无为,既非"作为",亦非毫无作为,然则"夫何为哉,恭己正南面而已矣。"①恭己是为道德属性,为儒家所独有;正南面,则是端坐而视,并不亲力亲为的意思,亦即主张君主无为而群下有为。其义与道家的无为已自不同,所以,说陆贽具有道家思想,是不确切的判断。就陆贽的议论而言,其意无非主张天子临政,只须总揽全局,推赤诚于天下,但事"委任责成"即可。

陆贽认为在政务上君臣必须有所分工,"尊领其要,卑主其详;尊尚恢弘,卑务近细。是以练核小事,纠察微奸,此有司之守也"。"黜其聪察,匿瑕藏疾而务于包含,不示威而人畏之如雷霆,不用明而人仰之如日月。此天子之德也。"因而认为天子"降尊而代卑职",反是失德的表现。因之应该"启至公之门,令职司皆得自达"。陆贽又阐述其要云:

> 夫君上之权,特异臣下者,唯不自用,乃能用人。其要在顺于物情,其契在通于时变。今之要契,颇具于兹。②

德宗最大的失败,在于其自任才智,为了显示其天纵英明,尤喜过问具体的军政事务。按照陆贽的看法,德宗喜好过问具体政务的作风,只能算是为臣之道,而非为君之道。君道应是只管分责命官,而不过问具体的职事。所以陆贽苦苦争执的就是希望德宗能把握这种君道,归根至本,行施合于理政规律的治道。

陆贽在德宗"困则思治"之际,力劝其"舍己以从众,违欲以遵道"。推至诚于天下,推诚之不足,复劝之以悔过,悔过之不足,复劝其罪己。

---

① 《论语集注·卫灵公第十五》卷八,《四书章句集注》,中华书局,1983年版,第162页。
② 《陆贽集·兴元奏请浑瑊李晟等诸军马自取机便状》卷十六,中华书局,2006年版,第488页。

如曰:"夫悔过不得不深,引咎不得不尽,招延不可不广,润泽不可不弘,使天下闻之,廓然一变,人人得其所欲,安有不服哉?"①而陆贽代德宗所拟的罪己诏,痛切感人,确也达到招复人心,收复故都,国家复归平静的良好效果。可见,君主能够无为而治,进而"悔过"、"罪己",而罪己悔过的切实表现,则在于以推诚代猜嫌,以纳谏代好谀,以宽恕代忌刻。无为,罪己,改过,用以解消自己与天下的对立;而推诚,纳谏,宽恕,则足可体现君道在治道之中的位置与作用,果如此,天下何愁不治。

(二)陆贽经济思想的特色

陆贽独到的经济思想,是其治道理论的重要组成部分。陆贽认为君主应在政治上以天下百姓之心为心,体察群情,以俯允民意,并且将其落在实处。因之治术的第二要点即是按照民心所欲,处理好人与财的关系。民为邦国之本,财为养命之源。故陆贽说:"人者邦之本也;财者人之心也。""建官立国,所以养民也","立国而不先养人,国固不立矣。"②所以立国首在养民,得人心则必除聚敛,此即"损上以益下","财散则人聚"之意。何况站在君主的角度看,散财不惟得人心,而且并非就是失财,其最终结果反而会使国家更加富有。即"所费者财用,所收者人心,若不失人,何忧乏用。"③"人既厚矣,财必赡矣",人民富裕,货贿增加,财政来源自然充沛。因此,统治者在对待人和财的问题上,要以人为本,以财为末,切莫竞事搜刮,专务聚敛,聚财贿而伤民心。"其心伤则其本伤,其本伤则枝干颠瘁而根柢蹶拔矣。"④所以极力谴责对百姓"搥骨沥髓,隳家取财"⑤式的财政搜刮,告诫德宗说:"务鸠

---

① 《新唐书·陆贽传》卷一百五十七,中华书局,1975年版,第4920页。
② 《陆贽集·均节赋税恤百姓第四条》卷二十二,第759页,《第五条》,中华书局,2006年版,第764页。
③ 《陆贽集·请遣使臣宣抚诸道遭水州县状》卷十七,中华书局,2006年版,第555页。
④ 《陆贽集·论两河及淮西利害状》卷十一,中华书局,2006年版,第324页。财贿,金银为财,布帛为贿。
⑤ 《陆贽集·均节赋税恤百姓第三条》卷二十二,中华书局,2006年版,第756页。

敛而厚其帑椟之积"者是"匹夫之富",只有"务散发而收其兆庶之心"者才是"天子之富"。

兴元元年正月,陆贽上疏劝德宗去其私库,将货物尽赐有功,避免平叛靖乱的将士产生"思乱之情","悔忠之意"。指出对于兵民,无论智愚,"不可以尊极临,而可以诚义感",散财示诚,广收人心。并进而指出藩镇的贡献解交天子私藏,是没有历史根据的:

> 天子所作,与天同方,生之长之,而不恃其为;成之收之,而不私其有。取之不为贪,散之不为费,以言乎体则博大,以言乎术则精微。亦何必挠废公方,崇聚私货,降至尊而代有司之守,辱万乘以效匹夫之藏。

这是对古代"天子不问有无,诸侯不言多少"思想的深化。告诫德宗不可以天子之尊,等同于匹夫之私。明确地说:"国家作事,以公共为心者,人必乐而从之,以私奉为心者,人必咈而叛之。"①泾原兵变,即由于大盈富藏,李怀光叛变,是因为功高不赏,由此言之,"财聚人散,不其然欤!"为此,陆贽不惜反复向德宗开陈民本财末的思想云:

> 夫理天下者,以义为本,以利为末;以人为本,以财为末,本盛则其末自举,末大则其本必倾。自古及今,德义立而利用不丰,人庶安而财货不给,因以丧邦失位者,未之有也。自古及今,德义不立而利用克宣,人庶不安而财货可保,因以兴邦固位者,亦未之有焉。②

陆贽能在秦制君臣模式的框架之下,从民本主义出发,对国家的经济与财政,提出一系列富国强兵,纾民解困的建议方案。陆贽首先关心的是如何解决农民失地问题。陆贽说:"夫欲施教化,立度程,必

---

① 《陆贽集·奉天请罢琼林大盈二库状》卷十四,中华书局,2006年版,第421、423、426、424页。
② 《陆贽集·论裴延龄奸蠹书》卷二十一,中华书局,2006年版,第684、687页。

先域人,使之地著","理人之要莫急于兹"。① 因之推崇土地国有的均田制,在均田制下"人无废业,田无旷耕,人力田畴,二者适足,是以贫弱不至竭涸,富厚不至奢淫,法立事均,斯谓制度。今制度弛紊,疆理隳坏,恣人相吞,无复畔限。富者兼地数万亩,贫者无容足之居"。加之国家"赋税烦重,百姓困穷",佃农"终年服劳,无日休息,罄输所假,常患不充",而"有田之家,坐食租税,贫富悬绝"。因之建议:"令百官集议,参酌古今之宜,凡所占田,约为田限,裁减租价,务利贫人。"一方面限制土地的兼并,一方面裁减穷人租价,争取做到:"微损有余,稍优不足,损不失富,优可赈穷"。② 并且认为"此乃古者安富恤贫之善经"。陆贽一方面谴责统治者毫无节制地盘剥聚敛,对贫苦农民寄予深切的同情,但其并不一味地提倡赈穷济贫,而是注意到贫富之间相养相济的关系,其调节贫富的损优说有其独到之处和深刻意义,提出损富而并非要使其"失富",只是要求其拿出盈余的部分用于赈济,以达到"振穷"的目的和效果。并且主张在"赈穷"的同时,也还要注意"安富"。"安富"不仅仅是对富者的安抚,也不仅仅是为了社会的安定,乃是认识到只有在贫富之间不断调均之,社会才可稳步持续发展。陆贽在这里并不像一般为民请命的官员,只会唱赈灾济贫的高调,而毫无深谋远虑切实可行之策。

陆贽经济思想的第二个特色是赞同庸调制的立法精神,而反对两税法的诸多弊端。早在渭南县尉任上,陆贽即提出"以四赋经财实":"阅稼以奠税,度产以衰征,料丁壮以计庸,占商贾以均利"。但这还都是一般的赋税原则,其完整的财政观是在秉政之后提出的。

由于陆贽赞成均田制,所以认为与之相应的租庸调法也是完美的税制。但是均田制已经解体,租庸调也失去了存在的依据。陆贽必须承认两税法税制的现实。如上所述,两税法确也存在诸多弊端,非但

---

① 《陆贽集·均节赋税恤百姓第三条》卷二十二,中华书局,2006年版,第756页。
② 《陆贽集·均节赋税恤百姓第六条》卷二十二,中华书局,2006年版,第768、769页。

没有减轻人民的负担,反而加重了人民的痛苦。陆贽因之疑及其变法的动机,首先提出"作法裕于人(民)",还是"作法裕于财"的质问,意即新税法的目的旨在减轻人民赋税负担,还是仅为增加财政收入?显然这是两种截然对立的立法宗旨。虽然并不排除在实际运作中,运用政策调节,可以使两者得以兼顾,如刘晏理财即达到了"富国裕民"的双重效果。但是立法者的动机,乃是决定该法是否具有合法性(即人民性),以及在执行中将对百姓利益产生何种影响的大问题。王夫之在评论两税法时即曰:"杨炎以病民而利国",罪不足诛。[①] 以民为本的陆贽,当然赞成的是前者。陆贽还提出一个"时弊"还是"法弊"的命题,认为"凡欲拯其积弊,须穷致弊之由,时弊则但理其时,法弊则全革其法"。而租庸调制之败坏,是因"兵兴之后,供亿不恒,乘急诛求,渐隳经制,此所谓时之弊,非法弊也。时有弊而未理,法无弊而已更,扫庸调之成规,创两税之新制"。这两个命题在新法实行十数年后提出,均已失去其时效性,但作为对两税法的评价,以及今后立法的原则和方法,却具有足资借鉴的普遍意义。

贞元八年德宗询以赋税之事,陆贽上《均节赋税恤百姓六条》,集中地论述了其财政与赋税观念。其言曰:

> 建官立国,所以养人也;赋人取财,所以资国也。明君不厚其所资而害其所养,故必先人事,而借其暇力,先家给而敛其余财,遂人所营,恤人所乏,借必以度,敛必以时。

认识到赋税是支撑国家财政运转的经济来源,而国家本为养民而设,因之财政除支付军政之需,尚应包括备荒济民之蓄,岂可竭泽而渔,罄其所有。所以赋税征收必须限于劳动的剩余产品,数量须有限度,纳税期限亦应适当。但两税法征纳的期限过于迫促,陆贽指出其危害曰:

---

① 《读通鉴论·德宗》卷二十四,中华书局,1975年版,第828页。

> 法制或亏，本末倒置，但务取人以资国，不思立国以养人，非独徭赋繁多，复无蠲贷，至于征收迫促，亦不矜量。蚕事方兴，已输缣税；农功未艾，遽敛谷租。上司之绳责既严，下吏之威暴愈促，有者急卖而耗其半值，无者求假而费其倍酬。

刚开始养蚕，即已开征绢税；庄稼尚未收割，已来催征谷租，这是多么悲哀的景况。迫于税吏的威逼，有粮帛者只好降价出售，告贷者须付出加倍偿还的代价。可见其期限的迫促，是如何地妨碍农副业的生产和加重农民的赋税负担。针对两税征收迫促的问题，陆贽提出："迟速之间，不过月旬之异，一宽税限，岁岁相承，迟无所妨，速不为益，何急敦逼，重伤疲人？顷缘定税之初，期约未甚详衷，旋属征役多故，复令先限量征。"因而建议："委转运使与诸道观察使商议，更详定征税期限闻奏，各随当土风俗所便，时候所宜，务于纾人，俾得办集。所谓惠而不费者，则此类也。"①陆贽的这种主张自是兼顾公私、考虑周全的救敝方略。

陆贽虽然批评两税法，但并无将其废除之意，而是准备对其进行改造。其《均节赋税恤百姓六条》第一条即明确提出"论两税之弊须有厘革"的观点。厘革者，整顿改革之意也，既非全盘复旧，亦非因循不变。其改革的宗旨在于"既免扰人，且不变法，粗均劳逸，足救凋残"；"今欲不甚改法，而粗救灾害。"因之制定了一系列救敝方略。两税法是以地税和户税为基础，根据资产的价值决定税额，看似合理，但是资产的多寡不易测定。"一概计估算缗，宜其失平长伪。"②二是两税法并非就是货币税，③而是以货币形式预算税额，然后按税额征收实物的税制。齐抗上疏德宗曰："百姓本出布帛，而税反配钱，至输时复取布帛，

---

① 《陆宣公集·均节抚恤百姓第四条》卷二十二，中华书局，2006年版，第759、760页。
② 《陆宣公集·均节抚恤百姓第一条》卷二十二，第721、720、733、723页；《第二条》，第738页。中华书局，2006年版。
③ 见陈明光：《陆贽论两税法平议》，《中国社会经济史研究》1991年第4期。

更为三估计折,州县升降成奸。"①足见两税钱不过是"以钱为税名"而已,征纳的仍多为布帛。定税之初,"钱轻物重",后来"钱重货轻",依然"计钱纳物",遂使人民的实际纳税量成倍增长。百姓将实物税折算为货币,再由货币转换为实物,此一过程胥吏与商人居中盘剥,更造成农工商各界的不必要损失。这就是为什么陆贽提出"请两税以布帛为额,不计钱数"②的原因。将两税钱的预算名目和课纳环节一律采取"以布帛为额"的实物形态,免除"计钱纳物"的中间环节。这在"钱重货轻"不断发展的经济形势下,的确是稍纾民困的有效办法。但并未被德宗采纳,嗣后经齐抗、韩愈、李翱、杨于陵等人的不懈吁请,终于在元和十六年被穆宗付诸实施,可见其的确具有重要的实践价值。

此外,陆贽还有很多富国裕民的经济主张,如针对杨炎"量出制入"确定财税总量的办法,提出"量入制出"作为财政开支原则,以使收支两者达到大体平衡。大略法久则敝,必须因时改易,务在利民。并且援引"三代立制,山泽不禁,天地材利,与人共之"③的典训,主张山泽煮海之利,应该公私兼得,具有反对官府垄断,让民间参与经营的思想。

(三) 陆贽的絜矩之道

陆贽一介书生,本不知兵,唯其心蕴忠愤,体谅人情,故能论列军机,动合机宜。如云:

> 臣本书生,不习戎事。窃惟霍去病,汉将之良者也。每言"行师用军之道,顾方略何如耳,不在学古兵法"。是知兵法者无他,见其情而通其变,则得失可辩,成败可知。古人所以坐筹樽俎之间,制胜千里之外者,得此道也。臣才不逮古人,而颇窥其意。④

---

① 《新唐书·食货志二》卷五十二,中华书局,1975年版,第1358页。
② 《陆宣公集·均节抚恤百姓第二条》卷二十二,中华书局,2006年版,第769页。
③ 《陆宣公集·议减盐价诏》卷四,中华书局,2006年版,第118页。
④ 《陆宣公集·论两河及淮西利害状》卷十一,中华书局,2006年版,第318页。

又云：

> 臣质性孱昧，不习兵机，但以人情揆之，时亦偶有所得。①

陆贽以人情为把握兵法的关键，可谓得千古不传之秘。所谓兵法，无非人际彼我之间争战的谋略，而谋略无非是根据彼我之形势利害所定，皆可就人情而推断之。陆贽曾论人情之意义云："仲尼以谓人情者圣王之田，言理道所由生也。是则时之否泰，事之损益，万化所系，必因人情。"②只要"备该物理，曲尽人情"③。则计无不中，事无不成。

陆贽之谋划军国大计，无不本诸人情，将其置于"絜矩之道"的立体思维框架之中考虑问题。如河陇地区陷入吐蕃，西北边防形势紧张，历年调动河南江淮兵轮番"防秋"，由于风土不习，连年致败。陆贽认为"镇抚四夷，宰相之任"。乃上《论缘边守备事宜状》，"备边御戎，国家之重事；理兵足食，备御之大经。兵不治则无可用之师，食不足则无可固之地。理兵在制置得所，足食在敛导有方"。将"理兵足食"作为戍边首要问题。认为历年用兵无功的根源在于违背人情与天下人的习性。"今远调屯士，以戍边陲，邀所不能，强所不欲"，是用兵失败的根本原因。陆贽分析曰：

> 穷边之地，千里萧条，寒风裂肤，惊沙惨目，与豺狼为邻伍，以战斗为嬉游，昼则荷戈而耕，夜则倚烽而觇，日有剽害之虑，永无休暇之娱，地恶人勤，于斯为甚。自非生于其域，习于其风，幼而睹焉，长而安焉，不见乐土而不迁焉，则罕能宁其居而狎其敌也。

陆贽曰"夫人情者利焉则劝，习焉则安，保亲戚而后乐生，顾家业而忘死"。因而主张建立边防屯田制，供给边疆百姓口粮、种子、农具，使之安居乐业，习知彼此之风土民情，然后从中募兵戍边。而且待当

---

① 《陆宣公集·兴元贺吐蕃尚结赞抽军回归状》卷十六，中华书局，2006年版，第481页。
② 《陆宣公集·奉天论前所答奏未施行状》卷十二，中华书局，2006年版，第372页。
③ 《陆宣公集·奉天请数对群臣兼许令论事状》卷十三，中华书局，2006年版，第389页。

地生产自给后,若有余粮,则由官府高价收购。这样可一举而解决边防"理兵足食"的难题。如此则"既息调发之烦,又无幸免之弊,出则人自为战,处则家自为耕",实则是对府兵制和募兵制优点的结合。可惜德宗不用其策,只是"极深嘉纳,优诏褒奖之"而已。

德宗蒙难期间,曾经叛归朱泚的凤翔节度使李楚琳,鼠首两端,及至乘舆回京,德宗将欲绕道凤翔,以大军劫持其同归,议者以此为权宜之计,无妨一试。陆贽又上《论替换李楚琳状》曰:

> 议者谓之权宜,臣又未谕其理。夫权之为义,取类权衡,衡者称也,权者锤也。故权在于悬,则物之多少可准;权施于事,则义之轻重不差。其趣理也,必取重而舍轻;其远祸也,必择轻而避重。苟非明哲,难尽精微,故圣人贵之。今者甫平大乱,将复天衢,辇路所经,首行胁夺,易一帅而亏万乘之义,得一方而结四海之疑,乃是重其所轻,而轻其所重,谓之权也,不亦反乎?以反道为权,以任数为智,君上行之必失众,臣下用之必陷身,历代之所以多丧乱而长奸邪,由此误也。①

其阐述经权之妙义,权变不可违道,不惟得圣贤骨髓,且亦得圣贤论事之方,"易一帅而亏万乘之义"者,一是胜之不武,二是言而无信;"得一方而结四海之疑"者,天下如李楚琳者正多,其谁不疑?楚琳不过一凶恶小丑,杀之不足补其愆,而已杜绝归化自新之路;留之不足为患,且可彰大信于天下。王道荡荡,正大光明,岂可行此房执之事。审时度势,辨明利害,申明大义,虑及深远,一以大局为重,完全不计个人恩仇。可见陆贽论议,很少仅从彼我双向度关系立论,而是将其置于多维度全方位立体框架之中,纵横捭阖,而不失规矩,面面俱到,而能皆中肯綮。此即得益于"絜矩之道"。"絜矩之道"者,度情揆理之思维方法也。故清人刘熙载《艺概》评价曰:"陆宣公文,既非瞀儒之迂疎,亦

---

① 《陆宣公集·论替换李楚琳状》卷十六,中华书局,2006年版,第514、515、516页。

异杂霸之功利,于此见情理之外无经济也。"①

陆贽所拟奏议、制诰不虑百数十篇,这些论议文章都是传统的骈文,从形式上看,骈俪文体的句式两两相对,意思则或相近而并趋,或相反而对立,有益于全面地阐明问题。所以我怀疑骈体文之产生,与"絜矩之道"的思维方式有关。但其文体一旦形成,如乏真情实感,则易于产生拘于形式堆砌辞藻的流弊;所以激起唐宋古文运动的反对。而陆贽却能运用这一文体,晓畅地论议当世之事,抒发天下人的情感。欧阳修、宋祁在编纂《新唐书》时,对唐人的骈体文献,率多刊削,惟独保留陆贽的奏议。可见古文运动所重的还是思想内容,并非仅在文体形式。据《四库全书总目提要》云:"《新唐书》例不录排偶之作,独取贽文十余篇,以为后世法。司马光作《资治通鉴》,尤重贽议论,采奏议三十九篇。其后,苏轼亦乞以贽文校正进读。"因而评鉴陆文说:"盖其文虽多出于一时匡救规切之语,而于古今来政治得失之故,无不深切著明,有足为百万世龟鉴者,故历代宝重焉。"②

唐德宗能用陆贽,是陆贽之幸,亦德宗之幸;用而不能尽其才,则非独陆贽之不幸,直是天下苍生之大不幸矣。苏轼有言曰:

> 德宗以苛刻为能,而贽谏之以忠厚;德宗以猜疑为术,而贽劝之以推诚。德宗好用兵,而贽以消兵为先;德宗好聚财,而贽以散财为急。至于用人听言之法,治边驭将之方;罪己以收人心,改过以应天道;去小人以除民患,惜名器以待有功,如此之流,未易悉数,可谓进苦口之药石,针害身之膏肓。使德宗尽用其言,则贞观可得而复。③

明代理学家薛瑄《陆宣公庙记》论陆贽之功业云:

---

① 《艺概》卷一,上海古籍出版社,1978年版,第19页。
② 《四库全书总目·翰苑集提要》卷一五〇,中华书局,1965年版,第1287页。
③ 《苏轼文集·乞校正陆贽奏议进御劄子》卷三十六,中华书局,1986年版,第1012页。

> 盖三代之佐，皆以正君行义为本。自汉以来，为辅相者鲜克知此。独公之告德宗正心行义，使天下万事粹然一出于天理之公，此王道也。惜乎公言虽大，所告不合，入相未久，即有忠州之行，而卒不得大行其志，遂使后世论唐之贤相，曰房、杜、姚、宋，而公不与。夫岂知公有王佐之才，使时君能用其言，三代之治可待，岂复贞观、开元之盛而已哉！故善论相业者，当观其学术规模之大小，不当以事功成与否而高下之也。①

陆贽于唐有再造之功，其功业固不逊于房杜姚宋，至于相业高下，则在君不在相也。陆贽之所以可惜者，正在其学术规模之大，"使时君能用其言，三代之治可待"，薛瑄之论可谓知言矣。

第三节 春秋大义——中唐的经学新风

一、经学变古思潮产生的原因

由于贞观、永徽年间，官定《五经正义》的目的在于统一自两汉以来纷纭淆乱的经学思想，不得不首先对既往的经注义疏作一舍弃与选择，使之既符合当代的需要，又不背弃经传的本义。在选择经传方面，于《周易》选择了义理派的王弼注，舍弃了象数派的汉易；于《春秋》则但取《左传》，而舍弃《公》、《穀》。在当代实际需要方面，《五经正义》主要是用于统一思想和作为考举选士的教材，义理易要比象数易更具现实意义；而《左传》是了解《春秋》微言大义最基本的依据。如朱子即说："看《春秋》，且须看得一部《左传》，首尾意思通贯，方能略见圣人笔

---

① 薛瑄：《敬轩文集》卷十九，《影印文渊阁四库全书》1243册，台湾商务印书馆，1986年版，第342页。引文有节略。

削,与当时事之大意。"①三《传》相较,"《公》、《穀》守经,《左氏》通史,其体异尔"②。若"夫删除事迹,何由知其是非?"③所以,如果需要在其中选取更为基本的典籍进行整理的话,选择《左传》是无可厚非的。其次,《五经正义》毕竟是义疏体的解经著作,受体例所限,即使并不完全遵守"注不击传,疏不破注"的原则,也不会有突破性的义理发挥。在不改变体例的前提下,《五经正义》对以往的注疏成就,标举众说,择善而从,已经做出最大限量的学术总结,其意义其作用都是不容低估的。

然而,《五经正义》在总结纠正前代经学成就与疏失的同时,有所得亦必有所失,且不论其所作义疏,多受选本注文所囿,虽然力图博引各家各派,但与之出入较大的诂释义训,如对立学派的经学成就,就只好被整体遗落。所以在学界渐渐生出不满。在《五经正义》完成伊始,参预是役的太学博士马嘉运即已向主编孔颖达发起攻击,可见当时对古注旧疏之去取及学术观点统一之难。虽然《五经正义》经过两次审定修改,但限于既定的范围及其学术性质,仍然是一部存在着许多美中不足的集大成之作。既极大地促进了学术思想的统一与发展,也带有十分明显的缺陷,其缺陷主要表现在经学范围上,刊落侧重阐发《春秋》微言大义的《公》、《穀》二传,而于三《礼》只取《礼记》;《周易》既取王弼注为底本,自是以玄学易为主,虽有意兼顾象数和义理,亦不得不遗落大量的汉代易说。所以在《五经正义》颁布不久,即有《仪礼》、《周礼》和《公》、《穀》二传义疏的补撰,以及中唐时期李鼎祚《周易集解》的问世。五经传疏在高宗朝臻于齐备之后,旧有的学术纷争遂因九经正义的面世,而大多平息,然而也正是在这平静的学术氛围中,伴随着世运的迁移变化,正酝酿着新的突破和发展。

于是在初盛唐之际,学术界从思想到治学方法出现一派疑古思

---

① 《朱子语类·春秋》卷八十三,中华书局,1986年版,第2148页。
② 《直斋书录解题》卷三,上海古籍出版社,1987年版,第57页。
③ 《四库全书总目·春秋类》卷二六,中华书局,1965年版,第210页上。

潮,其代表人物是刘知几、元行冲和王元感。须要在此说明的是,所谓"疑经",所谓"变古",都不是对经书和古史的否定,而是对于其中不符合圣人义旨和客观事实的记载,提出质疑,并进而阐述自己认为正确或合于事实的结论。出于秦火余烬的儒家经典,在后人整理和诠释的过程中,不容没有错漏,如果没有怀疑精神,那只能任其以误沿误,永无改正之期;二是初唐将经传全部提高到"经"的地位,而事实上,自古经无达诂,所以在经学统一的基础上,所发表的新的诠解,也被视为疑古思潮的组成部分。当学术研究达于一定高点之后,紧随之而来的,既可能是原先被掩盖的问题,而在此时凸显出来;也可能是旧的矛盾解决之后,又产生出新的矛盾,并不必是《五经正义》本身的错误,须要纠正;或经学的统一约束了思想的活跃,必须打破之类。而是经学发展的内在规律使然:既要不断地提高对经典意蕴的认识,又要适应社会现实的发展需要。此即经学能够具有持久生命力的原因所在。

  知几学术,前有专章;行冲事迹,亦略涉及,唯其与施敬本、范行恭诸人奉旨为魏征《类礼》所作《义疏》五十卷,为张说所阻,谓章句隔绝,有乖旧本,竟不得立于学官。行冲于《释疑》文中,曾针锋相对地批评对方:"章句之士,坚持昔说,特嫌知新,欲仍旧贯"。[1] 张说固然有守旧的倾向,但其于此只是不同意改易历史旧籍,而主张根据现实需要重新撰定新礼,《开元礼》即是在其建议与主持下开始撰定的,可以视为另一种形式的经学变古。然行冲所云:坚持昔说的章句之士,仍然是学界的主流。对此,顾炎武评论说:"夫《礼记》,二戴所录,非夫子所删,况其篇目之次,元无深义,而魏征所注则又本之孙炎。以累代名儒之作,申之以诏旨,而不能夺经生之所守,盖唐人之于经传其严也如此。"[2] 据新旧《唐书》,长安年间,四门博士王元感表上所著《尚书纠谬》、《春秋振滞》、《礼记绳愆》百数十篇,并《孝经》、《史记》、《汉书》注。

---

[1] 《旧唐书·元行冲传》卷一百二,中华书局,1975年版,第3179页。
[2] 《日知录集释》卷二,上海古籍出版社,1984年版,第36页b。

有诏两馆学士、成均博士议可否。专守章句之学的祝钦明、李宪等人见其讥诋先儒旧义,"数沮诘其言,元感缘罅申释,竟不诎"。徐坚、刘知己、张思敬等则"惜其异闻,每为助理",连表举荐。武后因下诏褒奖曰:"王元感质性温敏,博闻强记,手不释卷,老而弥笃。掎前达之失,究先圣之旨,是谓儒宗,不可多得。"魏知古尝称其所撰书曰:"信可谓五经之指南也。"① 王元感"掎前达之失,究先圣之旨",显然是指先儒注疏不符圣人经旨者,元感则以己意抉发之。所谓"异闻",正是指这些不见于传疏的议论。知几等不仅甚为珍惜,而且予以赞同附益之。可惜其书早佚,今已不得其详。据史籍所载,其有些议论并不合经旨也不合时宜,如认为三年之丧应为三十六个月,比唐制多出十一个月,盖此实出于对亲丧尽哀的孝思。然而,礼固缘于人情,同时礼也是对人情的节制,故为张柬之所驳,其论遂废。但这一时期同时出现"疑经"思潮和"以意解经"的学术新风,却是值得注意的趋向。

元结在代宗永泰二年所拟《问进士》策,其第五题曰:

> 问:古人识贵精通,学重兼博。不有激发,何以相求?三《礼》何篇可删?三《传》何者可废?②

自初唐已来,三《礼》、三《传》皆已被提高到"经"的地位,盛唐时期的法典《大唐六典》规定:"凡正经有九:《礼记》、《左传》为大经,《毛诗》、《周礼》、《仪礼》为中经,《周易》、《尚书》、《公羊》、《穀梁》为小经。"③ 作为考试科目为天下通习。而至中唐,作为官方科举的试题,竟然认为其中应有可删、可废之书,可见其时学术思想的自由。《五经正义》列为考试的科目天下通习之后,并未因其权威性而成为控驭学者思想的工具,问题出在科举考试的功利导向和考试方法上,这一点当时有识之士看得十分清楚。代宗广德元年礼部侍郎、主考官杨绾上疏指出明经

---

① 《旧唐书·儒学下》卷一百三十九下,第4963页,中华书局,1975年版。
② 《全唐文·元结·问进士》卷三八〇,中华书局,1983年版,第6627页上。
③ 《唐六典·尚书吏部》卷二,中华书局,1992年版,第45页。

试帖,积弊尤深,主张废进士、明经科,取通晓经术的孝廉,进荐于朝廷。取得当时许多大臣的赞同。尚书左丞贾至更指陈明经帖试的弊病曰:

> 今试学者以贴字为精通,而不穷旨义,岂能知迁怒、贰过之道乎?考文者以声病为是非,唯择浮艳,岂能知移风易俗化天下之事乎?是以上失其源而下袭其流,波荡不知所止,先王之道,莫能行也。夫先王之道消,则小人之道长;小人之道长,则乱臣贼子由是生焉。臣弑其君,子弑其父,非一朝一夕之故,其所由来者渐矣。渐者何?谓忠信之陵颓,耻尚之失所,末学之驰骋,儒道之不举,四者皆取士之失也。①

认为帖试所考只不过是默诵经疏的记忆能力,而与对经书旨义的理解相较,实为"小道"、"末学"。"今取士试之小道,而不以远者大者,使干禄之徒,趋于末术,是诱导之差也"。明确指出科举取向的不当,导致"末学之驰骋,儒道之不举",终使经学教化功能的沦丧,并进而演化为社会秩序的动荡。元和元年元稹对策犹云:"所谓通经者,又不过于覆射数字,明义者才至于辨析章条,是以中第者岁盈百数,而通《经》之士蔑然。"②士子大多只能习诵章句,即使是熟知传疏之学,亦不见得能够贯通经旨,颇违兴复儒术之本意。宪宗元和年间李行修复指陈其弊曰:

> 近学无专门,经无师授,以音定字,以疏释经,是能使生徒由之中才,不能使天下由之致理明矣。大率五经皆然。③

如何通过调整经学研习的方向,培养治世人才,本应是由国家制定政策予以解决的问题,但由于安史乱后,藩镇割据,民生凋敝,"于是嗣帝

---

① 《全唐文·贾至·议杨绾条奏贡举疏》卷三六八,中华书局,1983年版,第3735页上。
② 《全唐文·元稹·对才识兼茂明于体用策》卷六五二,中华书局,1983年版,第6627页上。
③ 《全唐文·李行修·请置诗学博士书》卷六九五,中华书局,1983年版,第7132页上。

区区救乱未之得,安暇语贞观、开元事哉!"①所以便由朝野士大夫自觉承担起这一学术救敝的重任,涌现出一批新的学派。"大历时,助、匡、质以《春秋》,施士匄以《诗》,仲子陵、袁彝、韦彤、韦茝以《礼》,蔡广成以《易》,强蒙以《论语》,皆自名其学,而士匄、子陵最卓异。"②可惜诸家"自名其学"的经说大都散佚,韩愈为《施先生墓铭》曰:"先生明毛、郑《诗》,通《春秋左氏传》,善讲说,朝之贤士大夫从而执经、考疑者继于门。"③《困学纪闻》引《唐语林》云:"刘禹锡与韩、柳俱曾诣士匄听说《诗》。"④"舍毛传郑注而另出新义,甚得太学生与朝野名士的拥戴。"士匄亦传《春秋》,其所讲《春秋》不取三《传》任何一家之注疏,而径直为《春秋》作传,史载:"士匄撰《春秋传》,未甚传。后文宗喜经术,宰相李石因言士匄《春秋》可读。帝曰:'朕见之矣。穿凿之学,徒为异同。但学者如浚井,得美水而已,何必劳苦旁求,然后为得邪?'"⑤所谓"穿凿之学,徒为异同","劳苦旁求"之评,说明其书属于以意说经,复能旁征博引,比勘三《传》得失的著作。这些"卓异"学派的新颖学说,给沉寂的中唐经学带来新风,但由于文献有阙,已难窥其全貌,至今能够完整保留下来的惟有啖助的新《春秋》学。

二、啖赵陆三儒及新"春秋学"学派

新《春秋》学派的创始人是啖助。助(724—770),字叔佐,赵州人,后徙关中。为人聪悟简淡,博通深识。以文学入仕,天宝末,调临海尉、丹阳主簿。秩满,屏居著书,甘足疏糠。淹该经术,尤善《春秋》,考三家短长,缝绽漏阙,号《春秋集传》,凡十年乃成,复撮其纲条为《例统》。⑥其言孔子修《春秋》意,三《传》所释皆未为得。《春秋》三传,歧

---

① 《新唐书·儒学上》卷一百二十三,中华书局,1975年版,第5637页。
②⑤ 《新唐书·儒学下》卷一百二十五,中华书局,1975年版,第5707页。
③ 《韩昌黎文集校注·施先生墓铭》卷六,上海古籍出版社,1986年版,第351页。
④ 《困学纪闻·诗》卷三,第7页b,原文见《唐语林》卷二,中华书局,1987年版,第127页。
⑥ 据《新唐书》本传及《全唐文》之陆淳《春秋例统序》。

异甚多，但有一共同点即认为《春秋》是孔子为挽救"礼坏乐崩"的衰世，恢复周天子的政治权威，再建王道于天下而著。如《左传》学者认为孔子修《春秋》是为了"考其行事而志其典礼，上以遵周公之遗制，下以明将来之法"；《公羊》学者认为是为了"将以黜周王鲁，变周之文，从先代之质"；《穀梁》学者则认为是为了"明黜陟，著劝戒，成天下之事业。定天下之邪正，使夫善人劝焉，淫人惧焉"。《左传》著重于典章制度，以历史本事揭示孔子修《春秋》之旨意；《公羊》、《穀梁》二家则著重于善恶褒贬，从义理的角度去阐发孔子《春秋》的微言大义。啖助却说："吾观三家之说，诚未达乎《春秋》大宗，安可议其深指？可谓宏纲既失，万目从而大去者也。"作为宏纲大领的宗旨既失，那么作为节目的传说也就很难准确了。认为《春秋》之作，并非是为了"遵周公之遗制"，或以一字之褒贬，使乱臣贼子惧。而是欲以夏政之忠道"救世之弊，革礼之薄"。其言曰：

> 夏政忠，忠之弊野；殷人承之以敬，敬之弊鬼；周人承之以文，文之弊僿。救僿莫若以忠。复当从夏政。

以忠、敬、文概括夏、商、周三代文化的特色，并认为三王之道互为因果，可以循环往复以救其弊。三者之中，尤应以忠为本，以文为末，其曰：

> 夫文者，忠之末也。设教于本，其弊且末；设教于末，弊将奈何？武王、周公承商之敝，不得已用之。周公既没，莫知改作，故其颓弊甚于二代。以至东周，王纲废绝，人伦大坏。

认为西周文物之盛、礼仪之隆，都不过是武王周公为拯救殷道敬鬼之失，不得已而作。"郁郁乎文哉"的周道，只是政教之末，只是权宜之计，而非设教之本。政教之本是忠道，周公未及改作而没，致使其弊甚于二代，陵夷至于东周，遂造成"王纲废绝，人伦大坏"的局面。遂引《礼记·表记》孔子之言以证其说非虚造：

> 孔子伤之曰:"虞、夏之道,寡怨于民;商、周之道,不胜其敝!"故曰:"后代虽有作者,虞帝不可及已。"盖言唐、虞淳化,难行于季末,夏之忠道,当变而致焉。故《春秋》以权辅正,以诚断礼,原情为本,不拘浮名,不尚狷介,从宜救乱,因时黜陟。或贵非礼勿动,或贵贞而不谅,进退抑扬,去华居实。故曰救周之弊,革礼之薄。

孔子认为唐虞淳化之道虽然难行于今,但夏之忠道,还是可以通过变革而导致的。所以要"进退抑扬,去华居实",以救周之弊。所谓"革礼之薄",就是要将礼文之末,安置在忠厚之本的基础之上。细绎其意,所谓夏之忠道,即是"寡怨于民"。这与孔子以仁民为本,而已礼制为表的主导思想是完全一致的。啖助复引《淮南子》之语曰:

> "商变夏,周变商,春秋变周。"而公羊子亦言:"乐道尧、舜之道,以拟后圣。"是知《春秋》用二帝三王法,以夏为本,不壹守周典明矣。①

也就是说孔子《春秋》是以夏之忠道为本,对尧舜禹汤文武之道的总体继承,非仅要恢复"周礼"维护西周的典章制度而已。因此啖助指出:既然《春秋》参用二帝三王之法",则其"不全守周典礼",也即成为必然的结论。

三《传》对孔子著《春秋》这一基本点的认识,虽各有不同,但都没有把握其精神实质。比较而言,杜预《左传注》的《春秋》说可谓全然无当弘旨,故啖助驳之曰:"杜氏所论褒贬之指,唯据周礼,若然,则周德虽衰,礼经未泯,化人足矣,何必复作春秋乎?"何休《公羊》说虽有见于《春秋》"变周之文,从先代之质",却又归结为"黜周王鲁","悖礼诬圣,反经毁传,训人以逆,罪莫大焉";范宁《穀梁》说认为《春秋》只是以"明黜陟,著劝戒,成天下之事业"。见识未免过于肤浅,"殊无深指,且历

---

① 《春秋集传纂例·春秋宗指议第一》卷一,《丛书集成初编》,商务印书馆,1936年版,第1、2页。

代史书,皆是惩劝,《春秋》之作,岂独尔乎"? 是以皆未喻《春秋》宗旨,故而不得其门而入。

然而三《传》毕竟是了解《春秋》指意的入门阶梯,啖氏并未因之将其一笔抹杀。如评《左传》:虽有"是非交错,混然难证"的弊病,然而"大略皆是左氏旧意,故比余传其功最高。博采诸家,叙事尤备,能令百代之下,颇见本末。因以求意,经文可知。又况论大义得其本源,解三数条大义,亦以原情为说,欲令后人推此以及余事。"评《公》、《穀》曰:二《传》"初亦口授,后人据其大义,散配经文,故多乖谬,失其纲统。然其大指亦是子夏所传,故二《传》传经密于《左氏》。《穀梁》意深,《公羊》辞辨,随文解识,往往钩深"。"意有不合,亦复强通,舛驳不伦,或至矛盾。"啖助分析三《传》得失颇中肯綮,所谓舍传求经者,只不过是将其视为筌蹄,得其意而后弃之。实则于《公》、《穀》旧说,颇多采择,会通三《传》以成其新学。啖氏之言曰:

> 微言久绝,通儒不作,遗文所存,三《传》而已。传已互失经指,注又不尽传意,《春秋》之义几乎泯灭,唯圣作则,譬如泉源,苟涉其流,无不善利。在人贤者得其深者,其次得其浅者。若文义隐密,是虚设大训,谁能通之? 故《春秋》之文简易如天地焉,其理著明如日月焉。但先儒各守一传,不肯相通,互相弹射,仇雠不若,诡辞迂说,附会本学,鳞杂米聚,难见易滞,益令后人不识宗本,因注迷经,因疏迷注,党于所习,其俗若此。①

三《传》之歧异,实则是经学最大的家法宗派,若不能打破此疆彼界,然后加以会通,则对《春秋》经义,永难得到确解。此即新《春秋》学变"专门"为"通学"的意义所在。

安史之乱,使啖助丹阳之任秩满后不得北归,遂客寓江东,精研《春秋》,既不满意于前人对《春秋》的理解,认为"传已互失经旨,注又

---

① 《春秋集传纂例·啖氏集传集注义第三》卷一,商务印书馆,1936年版,第4—5页。

不尽传意,《春秋》之义几乎泯灭",于是发愤著述,"考核三《传》,舍短取长,又集前贤注释,亦以愚意裨补阙漏,商榷得失,研精宣畅,期于浃洽",①从唐肃宗上元二年(761)到唐代宗大历五年(770),历时十年,成《春秋集传集注》,复"撮其纲目,撰成《统例》三卷,以辅《集传》,通经意焉"。② 以著书讲学为生。也就是在此期间,陆淳从之问学,赵匡与之定交。

赵匡,字伯循,天水人也。曾师从著名古文家萧颖士问学,代宗大历初,淮南节度使陈少游之领宣歙,召匡入幕府。累随少游镇守迁拜,后为殿中侍御史、淮南节度判官,官终洋州刺史。大历庚戌岁啖助书成,而"赵子时宦于宣歙之使府,因往还浙中,途过丹阳,乃诣室而访之。深话经意,事多响合,期返驾之日,当更讨论"。岂料赵匡返日,啖助已逝,时年四十有七。"是冬也,赵子随使府迁于浙东,(陆)淳痛师学之不彰,乃与先生之子异,躬自缮写,共载以诣赵子。赵子因损益焉,淳随而纂会之,至大历乙卯岁而书成。"③即《春秋集传纂例》其书。然赵子所损益者,亦自成一书,北宋《春秋》学者章拱之谓"赵氏集啖氏《统例》、《集注》二书及已说可以例举者,为《阐微义统》十二卷"④,此书北宋时尚存,后与啖助所著两书均佚。今传赵匡《春秋阐微纂类义统自述》,文曰:

> 啖先生集三《传》之善,以说《春秋》,其所未尽,则申已意,条例明畅,真通贤之为也。惜其经之大意,或未标显;传之取舍,或有过差。盖纂述仅毕,未及详省尔。予因寻绎之次,心所不安者,随而疏之。

所谓"心所不安者,随而疏之",并非就是师心自任的穿凿之论,啖书既

---

① 《春秋集传纂例·啖氏集传集注义第三》卷一,商务印书馆,1936年版,第4、5页。
② 《全唐文·啖助·春秋统例自序》卷三五三,中华书局,1983年版,第3582页。
③ 《全唐文·陆淳·春秋例统序》卷六一八,中华书局,1983年版,第6239页。
④ 《经义考·春秋九》卷一七六,引章拱之说,中华书局,1998年版,第909页。

名《统例》,赵书亦称《义统》,是其自有义例可循,故其意乃心知其论不安于义例者,更随而疏之,以成其书。文中亦明确提出自己与啖助见解的不同之处:

> 啖氏依公羊家旧说,云《春秋》变周之文,从夏之质。予谓《春秋》因史制经,以明王道,其指大要二端而已:兴常典也,著权制也。①

其实,啖赵关于《春秋》宗旨的界定并无矛盾,啖氏着眼于目的,故曰"救世之弊,革礼之薄";赵氏从方法立论,故曰"兴常典也,著权制也"。至此而可谓《春秋》新学之宗旨大要已备。赵匡解释说:《春秋》诸侯行事,"皆违礼则讥之,是兴常典也"。"非常之事,典礼所不及,则裁之圣心,以定褒贬,所以穷精理也。精理者,非权无以及之。"孔子"当机发断,以定厥中,辨惑质疑,为后王法"。此即是著权制也。不过"兴常典"确又与啖助"周典未亡,焉用《春秋》"的质疑产生矛盾。赵匡认为:"礼典者,所以防乱耳,乱既作矣,则礼典未能治也。"并将礼典喻为防病的养生之书,不依其法而生病,此时再用其法已经无益;只能付诸针药治疗方可。"故《春秋》者,亦世之针药也。"其说颇类"礼禁未然之前,法禁已然之后"说,世既乱矣,则以《春秋》代法,只不过《春秋》之赏罚,是以"一字之褒贬"为斧钺而已。

今《全唐文》尚辑有赵匡《举选议》等一组议疏,文中有"兵兴以来,士人多去乡土"语,知当作于大历后期匡为殿中侍御史时,《文献通考·选举考》系于开元十七年后,大误。该组奏议完整地记录了赵匡关于科举选官的重要主张,既能切中当时科举之失,又提出可行的改革之策。真知灼见,洵为的论。

经与前代举选法相较,《举选议》指出唐代取士的十大积习流弊;其举人、选人两《条例》则提出若干改革措施;又有设为有司问答的《举

---

① 《春秋集传纂例·赵氏损益义第五》卷一,商务印书馆,1936年版,第6页。题从《全唐文》。

选后论》进而申论其主张的必要性与可行性。此处仅就其与经术密切相关者,引述于次:

> 进士者,时共贵之,主司褒贬,实在诗赋,务求巧丽,以此为贤,溺于所习,悉昧本原,欲以启导性灵,奖成后进,斯亦难矣,故士林鲜体国之论。

> 疏以释经,盖筌蹄耳。明经读书,勤劳已甚,既口问义,又诵疏文,徒竭其精华,习不急之业,而当代礼法,无不面墙,及临人决事,取办胥吏之口而已,所谓所习非所用,所用非所习者也。故当官少称职之吏。

认为进士科溺于文辞,而昧于本原,本原是指忠君体国的经义,故士林多为身谋而鲜体国之论;明经科帖试,须熟诵疏文,殊不知"疏以释经,盖筌蹄耳",得意则须弃去。因习非所用,用非所习,故少称职之官吏。因而提出"且稍变易,以息弊源"的建议,以期再现"官多佳吏,风俗可变"的盛世。

其《举人条例》则谓:

> 立身入仕,莫先于《礼》;《尚书》明王道,《论语》诠百行,《孝经》德之本,学者所宜先习。其明经通此,谓之两经举,《论语》、《孝经》为之翼助。诸试帖一切请停,试策问经义及时务,但令直书事义,解释分明,不用空写疏文及务华饰。

值得注意的是,其于一经举至五经举外,主张新设《春秋》举,和以兼通经史者为秀才举以及兼通诸子的茂才举等。

> 学《春秋》者,能断大事。有兼习三《传》,参其异同,商榷比拟,得其长者,谓之《春秋》举。策问经义并口问,并准前(今按:即直书事义等)。其有学兼经史,达于政体,策略深正,其词典雅者,谓之秀才举。经通四经,或二《礼》,或三家《春秋》,兼通三史以上,即当其目。其试策,经问圣人旨趣,史问成败得失,并时务共

二十节,仍与之谈论,以究其能。①

考经问旨趣,考史问得失,这与但事默诵注疏的贴经已是大异其趣,重在考察举子的识解能力。这些措施和议论,应与其新学说联系起来看,本来任何一新学说的建立,其目的都在于改革世运,赵匡《举选议》从科举和选官入手,所提出的改革方案,既切中时弊,亦改变了经学研习的方向,充分体现了新《春秋》学派务实黜虚、经世致用的学术特点。

啖赵两人的学术著作虽佚,其论大要,卒赖陆淳汇聚师友诸书,参以己意而著成的《春秋集传纂例》而得以保留传世。

陆淳(约745—805),字伯冲,后避宪宗讳改名质。吴(今苏州)人也,世以儒学著称。"质有经学,尤深于《春秋》。"《旧唐书》谓其"少师事赵匡,匡师啖助";《新唐书》又谓"助门人赵匡、陆质,其高弟也"②。陈振孙《直斋书录解题》、朱临《春秋集传纂例后序》又说陆淳师啖助、赵匡二人。对于三人关系之种种歧说,《四库全书总目》辨析说:"案《吕温集》有《代淳进书表》,称以啖助为严师,赵匡为益友。又淳自作《修传始终记》,称助为啖先生,称匡为赵子,余文或称为赵氏。"《重修集传义》又云:"淳秉笔执简,侍于啖先生左右十有一年,而不及匡。又柳宗元作淳墓表,亦称助、匡为淳师友。当时序述,显然明白。刘昫以下诸家,并传闻之误也。"③当以陆淳自述为准。即啖助为淳之师,而赵匡为助之益友,淳则尊之为"师友",盖于师则为之友,己则亦师亦友之谓也。"助、匡皆为异儒,(淳)颇传其学,由是知名。陈少游镇扬州,爱其才,辟为从事。后荐于朝",据《修传始终记》说,"时又为陈公荐,诏授太常寺奉礼郎"。据吕温《祭陆给事文》"德宗旁求,始宾明庭"语。

---

① 《全唐文·赵匡·举选议》卷三五五,中华书局,1983年版,第3602、3603、3604页。引文有节略。
② 此为《新唐书·啖助传》说,而《陆质传》所记与《旧唐书》同。
③ 《四库全书总目·春秋类》卷二六,中华书局,1965年版,第213页上。

知陆淳入朝,当在德宗建中初年。不久诏拜左拾遗,由仓部郎中转官太常博士。因为贞元六年十一月,德宗亲行郊享之礼,"上重慎祀典,每事依礼。时(柳)冕为吏部郎中,摄太常博士,与司封郎中徐岱、仓部郎中陆质、工部郎中张荐皆摄礼官,同修郊祀仪注,以备顾问"①。贞元十一年,官左司郎中,参加禘祫礼廷议,事见《新唐书·儒林传》。所著《类礼》二十卷,大约作于此时。此后,坐细故,改国子博士,讲习之余,"辄集注《春秋》经文,勒成十卷,上下千年,研覃三纪,元首虽白,浊河已清。"②贞元十二年,于国子博士任上,向德宗进献《集注春秋》,此时距其从师研习《春秋》,已经整整三十六年。陆质在朝任国子博士期间,其学倾动朝野,新颖的学术观点和研究方法,以及深切时弊的学术主张,无异于给沉闷的学界带进一股清凉新风,引起热烈的社会反响,在其周围迅速凝聚了大批新锐才俊,如柳宗元、凌准、韩泰、吕温等无不纳贽从学。新《春秋》学遂成为嗣后永贞革新的指导思想,这一学术流派的同人遂亦成为政治改革的同道。如韩愈《顺宗实录》即云:王叔文所欲任用者,"并有当时名,欲侥幸而速进者:陆质、吕温、李景俭、韩晔、韩泰、陈谏、刘禹锡、柳宗元等十数人,定为死交"③。由于《实录》非私著书,须按朝廷所定基调评述,故愈于此处所述颇有贬意。然足见革新派人物之杰出思想之一致。而此时的陆淳,几乎已是革新派的思想领袖。此后,陆淳又外任信州(今江西上饶)、台州(今浙江临海)刺史。

贞元二十一年(805)正月,顺宗李诵即位,王叔文执掌朝政。革新派得据朝廷要职,并征召素负重望的贬谪官及外任官回京。"质素与韦执谊善,由是征为给事中、皇太子侍读。"因太子讳纯,"仍改赐名质"。④《顺宗实录》于贞元二十一年四月条下记载:"古之所以教太子,

---

① 《旧唐书·柳冕传》卷一百四十九,中华书局,1975年版,第4032页。
② 《全唐文·吕温·代国子博士进集注春秋表》卷六二六,中华书局,1983年版,第6322页。
③ 《韩昌黎文集校注·顺宗实录》外集下卷,上海古籍出版社,1986年版,第721页。
④ 《旧唐书·儒学下》卷一百八十九,中华书局,1975年版,第4977、4978页。仍,古同乃。

必茂选师傅以翼辅之,法于训词而行其典礼,左右前后,罔非正人,是以教谕而成德也。给事中陆质、中书舍人崔枢,积学懿文,守经据古,夙夜讲习,庶协于中,并充皇太子侍读。"①如所周知,顺帝虽信任王叔文、韦执谊等厉行改革,然而是时其寝疾已深,而时在春宫的宪宗,倾向于保守,"执谊惧,质已用事,故令质入侍,而潜伺上意,因用解。及质发言,上果怒曰:'陛下令先生与寡人讲义,何得言他?'质惶惧而出。未几病卒"②。《旧唐书》这段记载具有否定"永贞新政"的倾向,所以描写执谊、陆质情状如此狼狈,实则是因顺宗病亟,而质为宪宗侍读日浅,恩信未孚,其学尚未为宪宗接受,骤而语及时政,引起宪宗不满。陆质看到大势已去,因忧国而病卒。据柳宗元《陆文通先生墓表》载:"嗣天子践阼而理,尊优师道,先生以疾闻,临问加礼",颇尽师生之谊。"卒,门人以质能文圣人书,通于后世,私共谥曰文通先生。所著书甚多,行于世。"③计有《春秋啖赵集传纂例》十卷、《春秋集传辨疑》七卷、《春秋微旨》三卷,《旧唐书》笼统称为集注《春秋》二十卷;此外尚有《类礼》二十卷,《君臣图翼》二十五卷,据柳撰《墓表》谓:"永贞年,侍东宫,言其所学,为《古君臣图》以献,而道达乎上。"④则此图实即结合古礼,为其《春秋》王道思想所作之图解,后两书均佚,今已不得其详。

陆淳《春秋》三书,是汇聚师友学说,续以己见而著的新《春秋》学派的集大成之作。啖助本为《春秋集传》,经赵匡损益之后,陆淳乃汇聚啖赵之说,附以己见重加修订,柳、吕谓之《春秋集注》者,实即《春秋啖赵集传纂例》其书。陆淳于该书目录解题曰:"啖子所撰《统例》三卷,皆分别条流,通会其义。赵子损益,多所发挥,今故纂而合之。有辞义难解者,亦随加注释,兼备载经文于本条之内,使学者以类求义,昭然易知。"又于《重修集传义》叙述此一经历及重修宗旨曰:

---

① 《韩昌黎文集校注·顺宗实录》外集下卷,上海古籍出版社,1986年版,第706页。
② 《旧唐书·儒学下》卷一百八十九,中华书局,1975年版,第4977、4978页。仍,古同乃。
③④ 《柳宗元集·唐故给事中皇太子侍读陆文通先生墓表》卷九,中华书局,1979年版,第208页。

淳秉笔持简侍于啖先生左右十有一年,述释之间,每承善诱,微言奥指,颇得而闻。嗟乎,神不与善,天丧斯文,笔削才终,哲人其丧。是以取舍三《传》,或未精研,《春秋》纲例,有所遗略,及赵氏损益,既合《春秋》大义,又与条例相通,诚恐学者卒览难会,随文睹义,谓有二端,遂乃纂于经文之下,则昭然易见。其取舍传文,亦随类刊附,又《春秋》之意,三《传》所不释者,先生悉于注中言之,示谦让也。淳窃以为既自解经,理当为传,遂申己见,各附于经,则《春秋》之指,朗然易见。①

可见《纂例》、《辨疑》两书是按照啖、赵二人所定义例,加以扩充,重加编著而成。所谓《集传》即是取舍三《传》旧说,所谓"集注"即指啖赵新说,并陆淳所加注释。《辨疑》则是"摭三家得失,与经戾者,以啖、赵之说订正之"。至于《春秋微旨》,则先列三《传》异同,参以啖、赵之说,而断其是非。其《春秋微旨序》云:

> 宣尼之心,尧舜之心也;宣尼之道,三王之道也。故春秋之文,通于礼经者,斯皆宪章周典可得而知矣。其有事或反经而志协乎道,迹虽近义,而意实蕴奸,或本正而末邪,或始非而终是,贤智莫能辨,彝训莫能及,则表之圣心,酌乎皇极,是生人以来未有臻斯理也,岂但拨乱反正使乱臣贼子知惧而已乎!②

凡三《传》所释,介于疑似之间隐微莫辨者,并委曲发明,故曰微旨。可知这部书为陆淳自撰。但每条必称"淳闻于师曰",以示不忘本。啖赵之学卒赖陆淳之书而光大之。陈振孙《直斋书录解题》云:"汉儒以来,言《春秋》者惟宗三《传》,三《传》之外,能卓然有见于千载之后者,自啖氏始,不可没也。"但又认为陆淳"党王叔文","然则其与不通《春秋》之

---

① 《春秋集传纂例·重修集传义第七》卷一,商务印书馆,1936年版,第13页。
② 《春秋微旨·序》卷首,《丛书集成初编》,中华书局,1991年版,第1页。

义者,相去无几耳"。① 斯论大谬,啖赵陆之学,本在通经致用,迨至陆淳躬逢永贞革新,为之思想领袖,欲用《春秋》之义,改革德宗敝政。然权在叔文、执谊,而顺宗病危,机缘万变,谋之不臧,遂至于败。是以宗元叹惜曰:"先生道之存也以书,不及施于政;道之行也以言,不及睹其理。门人世儒,是以增恸。"

三、新《春秋》学派的思想特色及其影响

《春秋》学派在中唐几乎产生移易一世的作用,而且并不因永贞革新的失败而削弱其学术影响。嗣后更为宋儒所发扬光大,成为理学的重要组成部分。

赵匡给《春秋》所下的定义是"因史制经,以明王道",认为《春秋》是孔子的历史哲学,是用以阐明王道政治,为后世创立法制的著作。啖赵陆三儒的新颖学说,因之引起处在危机存亡之际士大夫阶层的普遍注意。在永贞诸君子中,吕温(和叔,又字化光)是陆淳的入室弟子,先是尝与其族兄书曰:"夫学者,岂徒受章句而已,盖必求所以化人。""所曰《春秋》者,非战争攻伐之事,聘享盟会之仪也,必可以尊天子,讨诸侯,正华夷,绳贼乱者,某愿学焉。"学则学救世化人之学,而《春秋》正是这样一部经典。后竟如志,得游陆氏之门,其曰:"某以弱龄,获谒于公,旷代之见,一言而同。"其对《春秋》及师说的评价即是:"正大当之本,清至公之源";"实欲以至公大当之心,沃明主之心"。② 后来柳宗元解释说:"当者,大中之道也。"柳宗元则是从吕温处获知《春秋》之道的。其在《祭吕衡州温文》中说:"宗元幼虽好学,晚未闻道。洎乎获友君子(吕温),乃知适于中庸,削去邪杂,显陈直正,而为道不谬,兄实使然。"③ 遂认为《春秋》之书虽然久行于世,但是"《春秋》之道久隐,而近

---

① 《直斋书录解题》卷三,上海古籍出版社,1987年版,第57页。
② 《全唐文·吕温·与族兄皋请学春秋书》卷六二七,第6333页;《祭陆给事文》卷六三一,第6370页;《代国子博士进集注春秋表》卷六二六,第6322页。中华书局,1983年版。
③ 《柳宗元集·祭吕衡州温文》卷四十,中华书局,1979年版,第1053页。

乃出焉"。其在《答元饶州论〈春秋〉书》中言及其与陆淳《春秋》学之因缘曰:先是在"京中于韩(泰)安平处始得《微旨》,和叔处始见《集注》,恒愿扫于陆先生之门。及先生为给事中,与宗元入尚书同日,居又与先生同巷,始得执弟子礼。未及讲讨,会先生病,时闻要论,常以易教诲见宠"①。陆质卒后,柳宗元又从凌准处尽得陆淳之书,伏而读之,颇得要领。如评陆淳解"纪侯大去其国"义,"见圣人之道与尧舜合,不惟文王周公之志,独取其法耳"。柳宗元虽是永贞诸君子最晚拜识陆淳的一人,但对陆淳思想的领会也最为深刻,所以能对陆淳此条经解给予如此高度评价。

对于《春秋·庄公四年》经"纪侯大去其国"之文,三《传》各有诠释。《左氏传》在叙述纪、齐结怨始末后曰:"纪侯大去其国者,违齐难也";《公羊传》以"大去"为灭。认为经文是褒贤齐襄公复九世仇,而贬斥纪侯灭国为罪有应得;《穀梁传》则认为大去者,是举国从之而去意,"不言灭而言大去国者,不使小人(齐襄公)加乎君子(纪侯)。《公》、《穀》二传所解虽然相反,但皆未说出其所以然。与《春秋》三传不同,陆质对经文"纪侯大去其国"的解释是:"诸侯去国之美,莫过于纪侯。"②"大"是褒崇意,"大去其国",即是赞扬纪侯的去国精神。陆淳述其闻于师之言曰:

> 国君死社稷,先王之制也。纪侯进不能死难,退不能事齐,失为邦之道矣,春秋不罪其意何也?曰天生民而树之君,所以司牧之,故尧禅舜,舜禅禹,非贤非德莫敢居之。若捐躯以守位,残民以守国,斯皆三代以降,家天下之意也。③

认为纪侯主动放弃君位和封国,既使自己得以保全,也使百姓免受战乱之苦,这是最大的美德,符合尧舜时期"公天下"的思想。从而

---

① 《柳宗元集·答元饶州论〈春秋〉书》卷三十一,中华书局,1979年版,第819页。
② 《春秋集传纂例·名位例第三十二·都论褒异》卷八,商务印书馆,1936年版,第183页。
③ 《春秋微旨·纪侯大去其国》卷上,《丛书集成初编》,中华书局,1991年版,第16页。

批判诸侯割据势力为守住君位和封国,互相攻伐,既使自己丧命,也使百姓遭殃,皆是自三代"家天下"始所造成的祸患。陆质舍传求经,借古讽今,既赋予经文以颂扬"公天下"之新意,又斥伐了自三代以来"家天下"的弊端。

所以柳宗元说:

> 有吴郡人陆先生质,事其师友天水啖助洎赵匡,能知圣人之旨,故《春秋》之言,及是而光明,使庸人小童,皆可积学以入圣人之道,传圣人之教,是其德岂不侈大矣哉!(其《春秋》三书),明章大中,发露公器,其道以圣人为主,以尧舜为的,包罗旁魄,膠辖上下,而不出于正。其法以文武为首,以周公为翼,揖让升降,好恶喜怒,而不过乎物。既成,以授世之聪明之士,使陈而明之。故其书出焉,先生为巨儒。①

宗元曾认为:"近世之言理道者众矣,率由大中而出者咸无焉。""故道不明于天下,而学者之至少也。"②但是自陆淳表彰师说,《春秋》之言,圣人之道,从而易知易晓;而《春秋》三书,彰明大中之道,揭示为学之方,使知圣人微言大义,在于远追尧舜,效法文武周公,虽千变万化,"不出于正";喜怒好恶,"不过乎物"的中道。故而堪称"巨儒"。其将《春秋》之道归结为"大中之道",的确把握了新《春秋》学的特质。宗元又于《答元饶州论政理书》中称"兄通《春秋》,取圣人大中之法以为理"③。刘禹锡亦有"素王立中区之教,懋建大中"④之言。皆足说明《春秋》、"大中之道"和现实政治的关系。日本学者斋木哲郎认为:"素王"为春秋学之概念,这也表明大中之说也是由春秋学生发出来。今按,大中之说本由《尚书》"洪范九畴"之五的"建用皇极"而来,《孔传》:

---

① 《柳宗元集·唐故给事中皇太子侍读陆文通先生墓表》卷九,中华书局,1979年版,第208页。
② 《柳宗元集·与吕道州温论非国语书》卷三十一,中华书局,1979年版,第822页。
③ 《柳宗元集·答元饶州论政理书》卷三十二,中华书局,1979年版,第833页。
④ 《刘禹锡集·袁州萍乡县杨岐山故广禅师碑》卷四,1990年版,第56页。

"皇,大;极,中也。凡立事当用大中之道"。而陆淳正是用"皇极"来表述"大中"思想的,如前引《春秋微旨序》即云:"春秋之文","其有事或反经而志协乎道","贤智莫能辨,彝训莫能及,则表之圣心,酌乎皇极"。皇极大中之道遂成为辨识善恶、衡量正邪的尺度。大中之文虽不见于《春秋》经传,但《春秋》经文,乃至三《传》释经,尤其是新《春秋》学,随时运用并贯穿着大中之道的精神,则是确定无疑的。

朱子之论《春秋》曰:"圣人作《春秋》,不过直书其事,而善恶自见。"又曰:"《春秋》传例多不可信,圣人纪事,安有许多义例?"①朱子之论似有未审,圣人与中正之道冥合,或可"直书其事,而善恶自见"。后之学者,安可不寻其义例而循之乎?义例者何?标准也。何谓乎标准?中正之道也。《春秋》之所以褒,所以贬,所以讥,所以美,必先有一中正标准横亘胸中,尔后据事评判,方可通其变而不失其正,反常礼而能合于权。陆淳所谓"变而得中"②者,皆是也。赵匡至谓《春秋》宗旨即是"兴常典也,著权制也"。两者皆以"大中"为标准,应是明确无疑的。至是,而为革新派取为施政的基本价值理念,也就无足为怪了。新《春秋》学派认为孔子《春秋》"用二帝三王法,以夏为本,不壹守周典","二帝三王法"的核心即是"允执厥中",而且施政的最高目标即是尧舜之治。饶有兴味的是:顺宗的《即位赦文》中亦有"思与群公卿士,方伯连帅,祗若丕训,惟怀永图,内熙庶绩,外宏至化,以弼予理,臻于大中"的致治理想。可见,永贞革新与春秋大义之间的密切关联,绝非偶然巧合。

尧舜及夏商周三代之法的思想基础是"允执厥中"的皇极大中之道,而在政治上的表现则是递相救弊的所谓"王道"之治。这一点,啖助已经阐述得十分清楚,其以《春秋》宗旨为"立忠为教,原情为本"的

---

① 转引自《四库全书总目提要·春秋类四·御纂春秋直解》卷二九,中华书局,1965年版,第235页中。
② 《春秋微旨·秋公子牙卒》卷上,《丛书集成初编》,中华书局,1991年版,第23页。

"救世之弊，革礼之薄"说，目的即在于"拨乱反正，归诸王道"，挽救"礼坏乐崩"的乱世，重建王道的社会秩序。所谓"立忠为教"，的"忠道"，其基本含意是忠厚、忠诚、忠信等义项，从夏商周以迄春秋，是从不分阶级上下，尽人皆应遵行的准则。汉代以后，则主要指忠君的思想与行为。啖助据孔子之言，将"寡怨于民"作为其主要内涵，将忠道与"王道"思想联系起来，强调的是统治者对待生民的忠厚之道。而所谓"原情为本"的情，也应该是指人之常情。是说立教立事皆应推原人情，要"以诚断礼"，不要净作逆天违人的事情。例如前揭陆淳对"纪侯大去其国"的解说，批判家天下守位残民之意，即是这一思想的注脚。

新《春秋》学派对王道之治的具体论述，见于陆淳所记啖助之言：

> 观民以定赋，量赋以制用，于是经之以文，董之以武，使文足以经纶，武足以御寇。故静而自保，则为礼乐之邦，动而救乱，则为仁义之师。今政弛民困，而增虚名以奉私欲，危亡之道也。

复记赵匡之语曰：

> 赋税者国之所以治乱也，故志之。民，国之本也，取之甚，则流亡，国必危矣，故君子慎之。①

都把"民本主义"作为王道思想的内容，告诫统治者：勿蹈剥民以奉私欲的危亡之道。赵匡亦认为《春秋》之作，目的在于救世，即"尊王室，正陵僭，举三纲，提五常，彰善瘅恶，不失纤芥，如斯而已"②。啖助更说："夫子之志，冀行道以拯生灵也。"在"尊王室，正陵僭"的同时，啖助主张可兴"仁义之师"；而赵匡却具有普遍非战的思想：

> 赵子曰：《春秋》纪兵曷无曲直之辞与？曰：兵者，残杀之道，

---

① 《春秋集传纂例·军旅例第十九》卷六，第130页；《赋税例第二十一》，第132页。商务印书馆，1936年版。
② 《春秋集传纂例·重修集传义第七》卷一，第3页；《春秋宗指议第一》，第13页。商务印书馆，1936年版。

灭亡之由也,故王者制之。王政既替,诸侯专恣,于是仇党构而战争兴矣。为利为怨,王度灭矣。故《春秋》纪师无曲直之异,一其罪也。不一之,则祸乱之门辟矣。

由于"《春秋》无义战",《春秋》经于征伐行为虽有诸多区别,但实质上是没有曲直之别的。因为但凡"用兵,皆'乱'之大者也。'次'(今按:驻师曰次)犹不可,况侵、伐乎"①。认为战争是社会纷乱至极的表征,首先殃及的是百姓。若评判对错曲直,则自认有理的一方便会以兴师讨罪名义,肆行杀伐;而且容易导致雠仇相报,国无宁日。因此,所有的战争侵伐都不值得鼓励,甚至被侵伐者也必须为战争的兴起背负责任。当然,这只是针对内战而言。

啖、赵、陆的《春秋》学,对大中至正之道的标举,随处表现为通权达变的思想主张。如"反经合道"、"变而得中"等,既肯定事物的发展有其常规,又主张在久行生弊之时,则应使用反常合道的方法予以变革,使反诸正。赵匡论政治改革曰:

> 法者,以保邦也,中才守之,久之而有弊,况淫君邪臣从而坏之哉!故革而上者比于治,革而下者比于乱,察其所革,而兴亡兆矣!②

赵匡的高明之处,在于并不认为所有的改革都是值得肯定的,有革而上者,有革而下者,要在"察其所革",则改革之成败、或兴或亡,从而可知矣。

新《春秋》学派正是通过这些令人耳目一新的解说,对尧舜之道,以及孔子的微言大义,都有深入的揭示与开拓,并认为这就是真实的尧舜之道和《春秋》大义。

所以陆淳对其弟子吕温说:"子非入吾之域,入尧舜之域。子非睹

---

① 《春秋集传纂例·用兵例第十七》卷五,商务印书馆,1936年版,第95、123页。
② 《春秋集传纂例·改革例第二十三》卷六,商务印书馆,1936年版,第135页。

吾之奥,睹宣尼之奥。"而此奥域无他,实即以"生民为重"的王道之治,及其致治方法。故而又说:"异日,天子咸临泰阶,清问理本,其能以'生人为重,社稷次之'之义,发吾君聪明,跻盛唐于雍熙者,子若不死,吾有望焉。"①王道之治一向为儒者所追求的太平之治。其首要的指标就是"民为邦本"("理本"亦即治本),连所谓天命,实际也是民意的曲折表达;这是尧舜乃至孔孟奥域的核心,中唐时期的思想家之所以集中强调"民为治本"(如陆贽),说明这一点的缺失,正是造成动乱的根本原因。其次是统一和平的国家,而非诸侯争霸的天下;再其次则是政刑清简,轻徭薄赋,使民生富足的国家政策;最后一个指标即如陆淳所云:"跻盛唐于雍熙"。"雍熙"两字不可以闲文字看待,其义是指和乐升平的社会景况。是包含言论自由(今按:容忍谏诤)在内,公平正义,人心舒畅的升平治世。现实虽然是君主专制的家天下,但倘若得遇诚心详问治本的开明君主,即以此王道"发吾君聪明",使国家臻于至治,也并非完全没有希望。反之,当君主有一天领悟到"君为轻"(吕文隐去此语)的时候,则悔之晚矣。

唐初修《五经正义》乃至九经《正义》,本为解决经学"儒家多门,章句繁杂"的弊病,使之统一为目的。无论只取其一,还是三《传》并注,都只是章句注疏的统一,皆未曾疑及三《传》即是最大的师法宗派。新《春秋》学,高屋建瓴,截断众流,不屑致力于章句饾饤之学,固然是对九经《正义》的挑战。而诸儒抨击传注的目的,是欲建立一种更加简捷的解经模式,"但以通经为意",荡弃家法,不根师说,兼取三《传》,务归于是。啖助说:

> 予所注经传,若旧注理通,则依而书之;小有不安,则随文改易;若理不尽者,则演而通之;理不通者,则全削而别注;其未详者则据旧说而已。②

---

① 《全唐文·吕温·祭陆给事文》卷六三一,中华书局,1983年版,第6370页。
② 《春秋集传纂例·啖氏集注义例第四》卷一,商务印书馆,1936年版,第5页。

所谓"理",即指"大中"之理,或曰大中之法,实即一种客观的评价标准,绝非仅凭想像的主观方法。一系列新义例的设置,对旧凡例的批评舍弃,都是为找寻到一个适当的标准依据,有此标准,然后才可据史事,判断经文的用意,衡量前人传注的是非得失,"考核三《传》,舍短取长",直接为《春秋》作注,使之归于统一。从这一点看,《春秋》学派则又是对《五经正义》解决"儒学多门,章句繁杂"之目的与精神的继续与继承。

自啖、赵、陆开创新《春秋》学派之后,继起者大有其人,舍传求经以治《春秋》,遂亦蔚为风气。卢仝著《春秋摘微》,韩愈赠诗说"《春秋》三《传》束高阁,独抱遗经究终始"①,可知其捐弃三《传》的态度更为彻底。此外,尚有冯伉《三传异同》、刘轲《三传指要》、韦表微《春秋三传总例》、樊宗师《春秋集传》、张杰《春秋指元》、陆希声《春秋通例》、陈岳《春秋折衷论》、郭翔《春秋义鉴》等十数家一百余卷《春秋》学著作问世。这绝非偶然现象,说明当时学者对社会治乱的普遍关注,企望通过对《春秋》三《传》异同的调和,或裁决三《传》之是非,以寻求为治之本,亦即对《春秋》大义的追求,重建合于王道理想的太平盛世。因此,无论会通或舍弃三《传》,中唐经学的这一趋向表明,生当其时的儒者,具有为变革政治寻找理论支撑,力图中兴而通经致用的学术风尚。

啖、赵、陆新《春秋》学虽然获得革新派学者的拥戴,开一代学术新风,但也遭到后世史家的严厉批评。《新唐书》作者在啖助等人传赞中评论说:"啖助在唐,名治《春秋》,摭诎三家,不本所承,自用名学,凭私臆决,尊之曰'孔子意也'。赵、陆从而唱之,遂显于时。呜呼!孔子没乃数千年,助所推著果其意乎?其未可必也。以未可必而必之,则固;持一己之固而倡兹世,则诬。诬与固,君子所不取,助果谓可乎?徒令后生穿凿诡辩,垢前人,合成说,而自为纷纷,助所阶已。"②

---

① 《韩昌黎诗系年集释·寄卢仝》卷七,上海古籍出版社,1984年版,第782页。
② 《新唐书·儒学下》卷二〇〇,中华书局,1975年版,第5708页。

而理学家则不惟给予崇高评价且直接继承其治学路向,如《四库全书总目》称:"程子称其绝出诸家,有攘异端,开正途之功。盖舍《传》求《经》,实导宋人之先路。"①"宋人说《春秋》,本啖、赵、陆一派,而不如啖、赵、陆之平允。"②朱子曰:"近时言春秋者,皆是计较利害,大义却不曾见。如唐之陆淳,本朝孙明复之徒,他虽未能深于圣经,然观其推言治道,凛凛然可畏,终是得圣人个意思。"③吴澄曰:"唐啖助、赵匡、陆淳三子,始能信经驳传,以圣人书法纂而为例,得其义者十七、八,自汉以来,未闻或之先。"

新《春秋》学派,通过对《春秋》经文纲领体例的分梳,以及三《传》得失的考辨,又重新设定了解读义例,目的在于减少凭主观好恶评判史迹的随意性,杜预"五十凡"亦不出此范围,至于所设义例能否符合圣人著书之意,尚须经过反复推敲检验,啖赵陆正是在前人的基础上,解析《春秋》经文之宏纲大体,修订纂制出解读经文本意的义例,并依之解经议传,褒贬善恶得失。诚如赵匡所言:"故褒贬之指在乎例,缀叙之意在乎体","知其体,推其例,观其大意,然后可以议之耳。"④观意循例,从而使所议所释皆能有所依据,可见,其说绝非率意而为,师心自是之伦可比。且经学本为诠释之学,只要持之有据,言之成理,而非师心自任,无根游谈,即使稍有发挥,亦无所不可。顾炎武评价新《春秋》学派曰:"故啖助之于《春秋》,卓越三家,多有独得,而史氏犹讥其不本所承,自用名学,谓后生诡辩,为助所阶。"史家所说啖助等"自用名学"是实,而后生"师心妄作"之过,是未得其门而入,知其然而不知其所以然的结果,责任固不应由啖赵诸儒承担,斯亦不可不辨也。

---

① 《四库全书总目提要·春秋集传纂例》卷二六,中华书局,1965年版,第213页上。
② 并下吴澄语俱见《经学通论·春秋》卷四,中华书局,1954年版,第59页。
③ 《朱子语类·春秋》卷八十三,中华书局,1984年版,第2174页。
④ 《春秋集传纂例·赵氏损益义第五》卷一,商务印书馆,1936年版,第7页。

第四节 极深研几——唐儒对汉晋易学的继承与整合

一、易象数学的渊源及意义

众所周知,《周易》最初只是一部卜筮之书,后经孔子讲解诠释,遂使之成为一部哲理经典。然而能从巫祝使用的卜筮之书中,阐发出哲理来,必须是其本身即具有此种潜在的可能。据称所有的人类文化最初皆起源于宗教,所幸的是我民族在脱离蒙昧迈向文明的起点上,并非受到什么天启或神赐,而全凭自己对世界的观察,并对自然进行模拟而迈向了文明之路。我之先民,远自伏牺时代,"仰则观象于天,俯则观法于地,观鸟兽之文与地之宜,近取诸身,远取诸物,于是始作八卦,以通神明之德,以类万物之情"①。八卦完全是像天地物象而得,没有任何迷信色彩。唯其作八卦"以通神明之德"一语,究竟是否是指神灵呢?察其文意,此处人所欲贯通的神明之德,系指天地的"神明之德",非指天地之外,另有所谓的"神明"也。然则,何谓之"神明",又何谓之"德"呢?

先释"德","神明之德"的"德",在这里显然不是指后天所得的道德之"德",而是指天地原本具有的性质。"德者,变及物理之所出也。"②"德者,性之端也。"③《管子·心术》谓:"化育万物谓之德。"《庄子·天地》则曰:"物得以生谓之德。"这里所引的"德",皆是本性的意思,只不过管、庄之文是从天地和万物相对的角度界定"德"。就天地一方言,其具有生育万物的本性或功能;就万物一方言,人与万物得之

---

① 《周易正义·系辞下》卷八,《十三经注疏》整理本,北京大学出版社,2000年版,第350、351页。
② 《新书·道德说》卷八,《百子全书》,浙江人民出版社,1984年版,第4页a。
③ 《礼记集解·乐记》卷三十八,中华书局,1989年版,第1006页。

以生,谓之得,只不过人得之而有感激之情(德之),更效法之而有道德之德(与之相关的天地或阴阳之道的"道",则是指生物之理)。

关于什么是"神"或"神明",《易传》说得十分清楚。"神也者,妙万物而为言者也。"①神即是天地的神妙作用,而非超自然的力量或存在。是由天地之本质属性亦即是阴阳的变化体现出来的特性。《易·系辞上》又说:"阴阳不测之谓神。"不测,即是《说卦传》所谓的"不知所以然而然也"。王弼注:"神也者变化之极,妙万物而为言,不可以形诘者也。"其神妙作用是在无形中展现的,不可"形诘",所以为"神"。但并不因此而成为不可知,人通过对其作用的体察,还是可以明了并把握其实质和变化规律的。如曰"化而裁之,存乎变;推而行之,存乎通;神而明之,存乎其人"。②韩康伯注曰:"体神而明之,不假于象,故存乎其人。"孔疏:"言人能神此易道而显明之者,存在于其人。"通过观察体会和逻辑推理,即可知其神妙之所在。然皆不如杜预说得明白:"夫宣尽物理,神而明之,存乎其人。"③杜预说来自京房,意为欲通晓"神明之德",知其神妙之所在,须要"宣尽物理",即通过推敲物性,疏导物理,方可予以把握。颇有即物以穷其理,"穷理尽性以至于命"的意味。(命在这里指事物发展之究极限度。)世间万物之产生,是通过阴阳的相互作用而产生的。所以孔子把乾坤阴阳看做进入易学殿堂的门户。如曰"阴阳合德,而刚柔有体。以体天地之撰"④。天地的神妙之处,就在其"阴阳合德",亦即天地阴阳两种性质的结合,产生出"刚柔有体"的万物。虽神妙而可知(神而明之),没有任何不可知的神秘力量在其间。通此神明之德,即可体会通晓天地创生(撰,制作)万物的道理。

易卦首先是以乾坤代表天地,而其本质被确定为阴阳。阴阳其字不见于殷契,但不能据认为其时尚无此观念。《诗·大雅·公刘》:"相其

---

① 《周易正义·说卦》卷九,《十三经注疏》整理本,北京大学出版社,2000年版,第386页。
② 《周易正义·系辞上》卷七,《十三经注疏》整理本,北京大学出版社,2000年版,第345页。
③ 《晋书·杜预传》卷三十四,中华书局,1974年版,第1026页。
④ 《周易正义·系辞下》卷八,《十三经注疏》整理本,北京大学出版社,2000年版,第366页。

阴阳,观其流泉""度其阴阳,豳居允荒"之诗。说明至迟到殷周之际已有其字。而阴阳的观念则产生得更早,从伏牺画卦时就已存在,不然—、--两爻符号何由产生,又如何称呼?所以愚以为这一对阴阳符号(也可能写作一点、和两点、、),其名当时即应读作阴阳,不然八卦六十四卦无法继续推衍,并且就应该视为阴阳两字的初文。后来为与卦画相区别,才另创阴阳二字。既然将天地万物的性质规约为阴阳,因之由—、--两符号组成的整个易卦爻象体系,也就可以代表天地万物及人间的各类事业。卦爻系辞,则是对这一象数系统的及其所含义理的说明。关于易象,《系辞》云:

> 夫象,圣人有以见天下之赜,而拟诸形容,象其物宜,是故谓之象。圣人有以见天下之动,而观其会通,以行其典礼,系辞焉,以断其吉凶,是故谓之爻。

万事万物皆有其象,易象就是拟诸其形容,"象其物宜"的卦爻象。事物有其象必有其数,易数则是指天地的生成之数和大衍之数而言,易数与易象往往密不可分。如云:

> 天一地二,天三地四,天五地六,天七地八,天九地十。天数五,地数五,五位相得而各有合。天数二十有五,地数三十,凡天地之数,五十有五,此所以成变化而行鬼神也。(今按:鬼神亦是莫测意)①

即是说,阴阳象数是易卦的基石,易卦由阴阳推衍而成,易道亦由象数推衍而出。《系辞传》谓:易"有圣人之道四焉,以言者尚其辞,以动者尚其变,以制器者尚其象,以卜筮者尚其占"。"以制器者尚其象",只是圣人之道的一项。但是,《易传》在追溯易卦的起源时候,却是将效仿天地法则,用以创物制器以改进人民生活条件和生产活动,

---

① 《周易正义·系辞上》卷七,《十三经注疏》整理本,北京大学出版社,2000年版,第344、330、331页。

放在首要位置提出。与之相应的第二项目的,才是预测未来的祸福即卜筮。孔子晚而好易,并没有完全否定筮占,只是更为重视易之"德义"而已。孔子将言、动、制器、卜筮四者列为圣人之道,"圣人之道"当然都与"德义"相关。"言"指言论,孔子反对"群居终日,言不及义"①。则此言者之所尚,即是指卦爻辞所含有的"德义"。而动者是指将有利民举措者,崇尚其变化的法则。德义、变化、制器、占筮,这样的一些精神,在《周易》中,都是首先通过象数来体现的。

象数与义理的关系,是历史上争论最多的问题,整个易学史,甚至就是象数与义理的消长史。象数最初的意义,除去制物成器之外,也并不仅仅是义理的依据,也还有其独立的意义;义理也是可以脱离象数,按照逻辑推理而自成体系。象数则可根据自然之象的自身变化规则,以及数字的加减乘除,推导出变化的规律或法则。所以说,象数是比较接近自然科学发展的治易路向。汉代形成的几种成系统的象数解易方法和独立学说,都可以追溯到战国以前的源头,虽然受汉代天人感应学说的影响,未能摆脱天象示警灾异说的影响,但主要还是希图借助周易象数模型,用以解释或建构自然世界的现象或图式。

本来经学的基础即是章句之学和诂训之学,义理体现于训释之中;而作为经学的易学,章句诂训之外,还有义理之学和象数之学的区分。章句训诂主要注释经传文本之意,须要对名物制度进行考证,也涉及简要的义理和基本的象数;但是义理之学和象数之学,则与章句之学有着明显的不同,其主要目的既是用以解易,而更主要的是借助《周易》经传文本,甚至运用诂训的形式,或发挥某项义理精神,或建构某一象数体系,其特征是对易学的深度引伸或开掘利用,虽然也可以加深对易学的理解,但已不限于注释易卦之本义。在历史上,易学之义理、象数两大派系,各又形成三个宗派。《四库全书总目提要》论易之学派云:

---

① 《论语·卫灵公》卷八,中华书局,1983年版,第165页。

《易》之为书，推天道以明人事者也。《左传》所记诸占，盖犹太卜之遗法。汉儒言象数，去古未远也。一变而为京、焦，入于机祥，再变而为陈、邵，务穷造化，《易》遂不切于民用。王弼尽黜象数，说以老庄。一变而胡瑗、程子，始阐明儒理，再变而李光、杨万里，又参证史事，《易》遂日启其论端。此两派六宗，已互相攻驳。又《易》道广大，无所不包，旁及天文、地理、乐律、兵法、韵学、算术以逮方外之炉火，皆可援《易》以为说，而好异者又援以入《易》，故《易》说愈繁。

两派六宗指象数派的卜筮、机祥、造化；义理派的玄学、儒理、史事。造化与史学派，产生在宋代，而此前的易学也并不乏相关的内容。纪昀等提及的诸学科，如天文、地理、乐律、兵法、韵学、算术以逮方外之炉火（化学实验），皆属科学的范围，而且皆"援《易》以为说"，从而建构其理论体系，可见《周易》是上古儒家五经之中唯一一部探讨天人法则，最具科学精神的典籍。钩深及远，极数索象的汉魏象数易学，旨在探讨自然天道，其本身虽然并不就是科学，但其思维方法辨正逻辑，却足以予科学发现以深刻的启示与指导。中世纪最先进的天文历法，即以易数"大衍"命名，而发明者一行，亦将汉易"卦气"说采纳其中。所以对待易学，无论是鄙薄还是神化，都非科学的态度，惟有用《易传》"极深研几"的态度，研究其学，方能在自然科学与社会人生两方面获得新的教益。

由于易本卜筮之书，所以，汉易象数学派，涉及机祥和占卜，并不奇怪，但这不是其本质属性。这一结合天人感应学说，以阴阳进退、五行生克、奇偶之数、爻象卦气、纳甲星象等说易，并用以占候解释阴阳灾变的象数学派，其目的是解释自然现象，并对自然体系进行摹写，企图构建一个天地人和谐相处的世界模型。其代表人物孟喜称其易学得自遁世隐士的心传，其学用"分卦值日之法"，"以风雨寒温为候"，引入周易文本之外的干支纪历，在更加明确的时空坐标系统中说易，是具有科学倾向的治易路数。其学说经京房的弘扬光畅而趋于完备。孟京学术虽被儒家正统斥为易外别传,但却对当时及后世的易学产生了深巨的影响。荀爽、虞翻大都属于这一治易路向的学问大家,郑玄的易学,更是象数易学的集大成者。

魏晋之际,何晏王弼等玄学易兴起,一扫象数易学的烦琐机械,而侧重以义理解易。玄学重义理的解经模式,侧重人事,以探求《周易》所蕴涵哲学义理为目的,具有抽象而贯通的特点,再度把易学升华为一种具有高度抽象性和深刻思想性的理论。推动了易学向更深层次发展,有其重大的学术意义。在玄学易成为学术主流之后,象数易学并未因之灭绝,魏晋时期一批象数易学家如陆绩、干宝等一方面反击玄学易弃象谈理,背离《周易》"观象系辞"的宗旨,使《周易》成为无本之木,无源之水。更为重要的是助长玄谈之风,脱离现实的学风;一方面竭力修正两汉象数易学过于拘泥、烦琐、牵强的弊病,使象数易学续有发展。而且南北朝时期,象数与义理犹且并行于南北,至隋,在"王注盛行,郑学寝微"的情势下,国子博士何妥独取爻辰说注《易》。唐初,几乎与孔颖达作《周易正义》同时,尚有阴颢、阴弘道父子相承,"杂采子夏、孟喜等十八家之说,参定其长,合七十二篇",著为《周易新论传疏》十卷,《崇文总目》称其"于《易》有助云"①,当是指其可以弥补《周易正义》的不足而言。不能确定其所作新论和所辑旧疏,是否针对《正义》的独取王注,但至少说明象数易学之传,代不乏人。

唐初,魏征等撰《隋书·经籍志》于易类称:"郑学寝微,今殆绝矣。"四库馆臣亦云:"至颖达等奉诏作疏,始专崇王注而众说皆废。"皆是指官学而言。实际上,仍有学者传习象数易学,然亦仅是不绝如线而已。汉魏以来的象数易著作,也已很少有传世者,职此之故,盛中唐之际的蜀中学者李鼎祚鉴于孔疏盛行,象数将绝的学术状态,收集汉魏以迄

---

① 《文献通考·经籍考二》卷一七五,引《崇文总目》。《旧唐书·傅仁均传》称"贞观初,有益州人阴弘道",《新唐书·艺文志·易类》称"颢子,临涣令"。

当代四十名家易注汇为《周易集解》一书。少者只取一两条，多者甚达千余节，其余依次不等，可见是经过筛选比较，将最具代表性的注疏观点收进其书，带有明显的学术倾向，非仅是保存文献而已，其中涉及当代的易学家就有两位。因并述之，以见唐儒对易学的全面继承与发展云。

二、崔憬、侯果的易学

崔憬，生平不详，姓字著作俱不见于史传。惟李鼎祚《周易集解》颇引其书，其书述及《孔疏》，知当生活于初盛唐之际，在颖达之后而鼎祚之前，其论易之书名《周易探元》。清代马国翰等人曾对其生平作过考证：

> 憬说述及孔疏，知为唐人，在孔颖达后，又鼎祚云："案崔氏探元，病诸先达，及乎自料，未免小疵。"知《探元》为其书名，兹据题焉。《集解》于憬论有所驳斥而采取独多。盖其人不墨守辅嗣之注，而于荀、虞、马、郑之学，有所窥见，故求遗象者，援据为言，第不知唐志何以佚之也。①

崔憬之学，兼重象数义理，不墨守一家，复因其易注颇多创见，被鼎祚"称为新义"，在《周易集解》中，引其易注多达二百余节，仅次于汉易大家虞翻和荀爽的易注，在《集解》引文中，位列第三。从李鼎祚对其易注的推崇重视程度，可见其学术地位与影响。

崔憬的易学观是与玄学易相对立的，与王弼的尽扫象数相反，认为易象乃是《周易》立学之根本，易卦是效法天地自然，并对自然万物形象及物性的忠实摹写。因此，《周易》的精蕴全在于通过象数方能得以体现。如注《系辞》"易者象也"云："言易者象于万物，象者形象之象也。"注"《易》之为书也，广大悉备"句云："言《易》之为书，明三才广无

---

① 《玉函山房辑佚书·周易探元》卷上，广陵古籍刻印社，1990年版，第280页。

不被,大无不包,悉备有万物之象者也。"注"圣人有以见天下之赜"云:"此重明易之缊,更引易象及辞以释之。言伏羲见天下之深赜,即易之缊者也。"注"默而成之,不言而信,存乎其德行"云:"言伏羲成六十四卦,不有言述,而以卦象明之。"又注"圣人立象以尽意"一节云:

> 言伏羲仰观俯察而立八卦之象,以尽其意。设卦谓因而重之为六十四,卦之情伪尽在其中矣。文王作卦爻之辞,以系伏羲立卦之象,象既尽意,故辞亦尽言也。①

崔憬对《周易》起源、卦象的作用及与言意的关系做出进一步论述。《易经》初期,只有伏羲卦象,尔后文王据其爻象卦意系以卦爻之辞,卦爻立象之初,即已同时表明其意含,而文王的言辞,对卦爻辞含意的表述也已无余蕴。即其所谓"象既尽意,故辞亦尽言"。反之,欲明所言之意,亦可"更引易象及辞释之"。正因为意、象、言、辞的高度统一,故而可以转相互证。

这是与王弼"言生于象,故可寻言以观象,象生于意,故可寻象以观意"②针锋相对的观点。王弼"意以象尽,象以言著。故言者所以明象,得象而忘言,象者所以存意,得意而忘象"说,甚为辨捷,从这段论述是找不出矛盾的,其误在于立论的倒因为果。本来"得意"之后,可以"忘象"、"忘言",可是王弼却说:"得意在忘象,得象在忘言。故立象以尽意,而象可忘也。"言、象即已忘矣,则意何从而得?王弼"扫象",不仅歪曲《系辞》本意,也违背了逻辑规范。崔憬的诠释明显是针对王弼失误所作的纠正。

崔憬易注,虽于汉易诸说,如十二消息卦、卦气说等,多所资取,然其更注重运用易卦符号本有的卦爻象诠《易》;并采用《易传》本有的解《易》方法,如"比"、"乘"、"应"、"承"、"中"、"得位"、"失位"等象数原则

---

① 《周易集解·系辞》卷十五,第5页;卷十六,第7页;卷十四,第10、9页。中国书店,1984年版。

② 《周易略例·明象》,中华书局,1980年版,第609页。

注《易》。崔氏易注中，不同于汉易的所谓"新义"，反而多出于此。虽然如此，但并未完全拘泥于象与辞的刻板对应，而是随机而发，既不拘泥于象数，亦未忘乎义理。如注升䷭六四《象》云："为顺之初，在升当位，近比于五，乘刚于三，宜以进德，不可修守。此象太王为狄所逼，徙居岐山之下，一年成邑，二年成都，三年五倍其初，通而王矣，故曰'王用亨于岐山'。以其用通，避于狄难，顺于时事，故'吉无咎'。"①此即先取爻象，再引史实而释其辞，而义理自见。虽然重象，但亦兼顾义理，既继承了汉晋易学的优点，又避免了其走向极端的弊病。

《易·系辞》"大衍之数"，历来是易学研究的焦点，而崔憬提出不同于诸家的新说。崔氏承认大衍之数与天地之数的内在联系，然其却不本于《系辞》，而以《说卦》为据，其释"大衍之数五十，其用四十有九"云：

> 案《说卦》云："昔者圣人之作《易》也，幽赞于神明而生蓍，参天两地而倚数。"既言"蓍数"，则是说"大衍之数"也。明倚数之法，当"参天两地"。参天者，谓从三始，顺数而至五七九，不取一也。两地者，谓从二起，逆数而至十八六，不取于四也。此因天地之数上以配八卦而取其数也。艮为少阳，其数三。坎为中阳，其数五。震为长阳，其数七。乾为老阳，其数九。兑为少阴，其数二。离为中阴，其数十。巽为长阴，其数八。坤为老阴，其数六。八卦之数，总有五十，故云"大衍之数五十"也。不取天数一地数四者，此数八卦之外，大衍所不管也。"其用四十有九"者，法长阳七七之数也。六十四卦既法长阴八八之数，故四十九蓍则法长阳七七之数焉。蓍圆而神象天，卦方而智象地，阴阳之别也。舍一不用者，以象太极，虚而不用也。且天地各得其数，以守其位，故太一亦为一数而守其位也。②

---

① 《周易集解·升象传》卷九，中国书店，1984年版，第9页b。
② 《周易集解·系辞传》卷十四，中国书店，1984年版，第1页。

按《系辞传》的说法,十个天地自然数之和,本为五十有五;而经崔憬按《说卦传》解释,十数与八经卦相配,必然遗落两个。因"其天一、地四之数无卦可配","为大衍之数所不管","故虚而不用"。如此,则所取天地之数,正好符合"大衍之数五十"。"其用四十有九"者,是因为"卦方象地,法长阴八八之数,故卦有六十四卦"。而"蓍圆象天,法长阳七七之数,故蓍用四十九策"。而其舍一不用者,以象太极。其说甚有理致,对大衍之数的由来,做出全新解释。

崔憬接着又对王弼、孔颖达、及颖达所引顾欢诸说提出批评,说王弼"演天地之数,所赖者五十,其用四十有九,其一不用也。不用而用以之通,非数而数以之成。即易之太极也"。未释天地之数五十之所从来,"则是亿度而言,非有实据"。又以法象太极之一非数,"义则未允"。对孔颖达的"虚无"说和顾欢的"神不可知"说,也给予否定性的批判。

崔憬以易诠易的学风是值得肯定的,其说对纠正玄学易以无说易的弊端,起到了积极的推动作用。然其大衍新说,有一不可克服的障碍,即如何解释天地之数五十有五的问题。李鼎祚批评其曰:"既将八卦阴阳以配五十之数,余其天一地四,无所禀承,而云八卦之外,在衍之所不管者,斯乃谈何容易哉!且圣人之言,连环可解,约文申义,须穷指归,即此章云;天数五,地数五,五位相得,而各有合。""此所以成变化而行鬼神,是结大衍之前义也。既云五位相得而各有合,即将五合之数,配属五行也,故云大衍之数五十也。其用四十有九者,更减一以并五,备设六爻之位。蓍卦两兼,终极天地五十五之数也。"既点中崔说之要害,复援郑玄诸说以为证,应该更为接近历史的真实。

崔憬还提出与玄学易完全不同的体用论,其注《系辞》"形而上者谓之道,形而下者谓之器"云:

> 凡天地万物,皆有形质。就形质之中,有体有用。体者,即形质也。用者,即形质上之妙用也。言有妙理之用,以扶其体,则是

道也。其体比用,若器之于物。则是体为形之下,谓之为器也。假令天地,圆盖方轸,为体为器,以万物资始资生,为用为道。动物以形躯为体为器,以灵识为用为道。植物以枝干为器为体,以生性为道为用。①

玄学易的本体论是以道为体,而且即体即用,"体用一如";而崔憬则以具有形质的"器"为体,器的功能为用。这一不具形质的功能,即是"用"亦即是"道"。崔说甚有理致,然其这一质朴的体用论,并不具有哲学的超越性,仍然不能解释天地万象何以存在的问题。

崔憬在唐代王学易占据主流的学术氛围中,能够独树一帜,弘扬以易解易的新学风,既批判了玄学易以虚无诠易,及其得意忘象说对《系辞》本意的歪曲;又避免了汉易夸大易象、忽略义理的倾向。提出一系列颇具创新性的学术见解,对正确理解《周易》经传,颇多启发。如其释《系辞》"辨是与非则非其中爻不备"时,驳韩注孔疏视"中爻"为二五爻说,申明此"中爻"乃中四爻。其说甚当,说明其眼界确实高人一等。然其所创新说往往并不尽合经典原义,也是不争的事实。如近人柯劭忞即云:崔氏"好为新说","皆自逞胸意,失之穿凿,非小疵也"。②

盛中唐之际,学界兴起"以意说经"的新学风,说明学者已不满以固定成说解经的模式,试图以新的方法与视角重新诠释经典,这种探索精神是值得肯定的。易学界的崔憬和侯果等人敢于标新立异,力矫时弊,由专意崇王而向汉易复归,开辟了一代易学研究新风,在易学史上有其不容忽视的学术地位。

见于李鼎祚《周易集解》的另一位唐代易学名家是侯果,由于史书失载,其生平亦不甚详。据清人马国翰考证,侯果即侯行果。名果字

---

① 《周易集解·系辞》卷十四,中国书店,1984年版,第9页b。
② 《续修四库全书总目提要·周易探元》卷一,中华书局,1993年版,第27页。

行果,取《论语》"言必信,行必果"之意,这一判断应该真确无疑。马氏云:"果名于史志无考,惟《唐书·褚无量传》云:'始,无量与马怀素为侍读,后秘书少监康子元、国子博士侯行果亦践其选。'意侯行果即侯果,唐人多以字行,果名而行(果)其字也。"①今按,侯行果,新、旧《唐书》屡见而不一见。《新唐书·儒学下·本传》云:"行果者,上谷人,历国子司业,侍皇太子读。卒,赠庆王傅。始行果、会真及长乐、冯朝隐同进讲,朝隐能推索《老》、《庄》秘义,会真亦善《老子》,每启篇,先薰盥乃读。帝曰:'我欲更求善易者,然无贤行果云。'"又《康子元传》云:"开元初,诏中书令张说举能治《易》、《老》、《庄》者,集直学士侯行果荐子元及平阳敬会真于说","子元擢累秘书少监、会真四门博士,俄皆兼集贤侍讲学士。玄宗将东之太山,说引子元、行果、徐坚、韦绦商裁封禅仪。"②从以上记载看,侯行果是玄宗朝集贤书院一位颇受君相器重的学士,官至国子司业,尤精易学,玄宗甚至认为当世易学,无贤于行果者。可见其学在当时已经官方认可。

侯果易学是典型的象数学派,其易注以郑学为主,而参酌荀虞之学。如柯劭忞所言:"然则果之易学,固渊源于高密,而参以荀、虞卦变者矣。唐之初叶,郑氏易学行于河北,王辅嗣之学盛于江南。侯氏固北方之学者。李鼎祚刊王辅郑,宜乎探摭侯氏之注,至百余事之多也。"③柯氏这一判断虽不无小疵,但基本上还是正确的。玄学易至隋即已风靡南北,象数易仅为北朝学术的流风余韵而已,而侯氏实为其硕果仅存者。

卦变说是易学的基本命题之一,发轫于《易传》,完备于汉魏。以荀、虞为代表的汉代易学家,阐发《易·彖传》卦变之义,创立了体系庞大而完备的卦变体系。此后经由魏晋南北朝时期的蜀才、伏曼容、卢

---

① 《玉函山房辑佚书·周易侯氏注》卷上,广陵古籍刻印社,1990年版,第267页。
② 《新唐书·儒学下》卷二〇〇,中华书局,1975年版,第5702、5701页。
③ 《续修四库全书总目提要·侯氏易注》卷一,中华书局,1993年版,第27页。

氏等人修正,克服了其说所暴露出的部分问题。唐代以降,虽然义理之风盛行,但卦变仍然是难以绕开而必须关注的问题。

按照汉儒成说,卦变说建立在消息卦基础之上,即由乾坤两卦阴阳消长而形成十二消息卦,其余各卦即由此而相次生成。这一生成秩序,展现了自然界阴阳升复的变化规律。如侯果于复䷗卦论节候曰:"五月天行至午,阳复而阴升也;十一月天行至子,阴复而阳升也。天地运往,阴阳升复,凡历七月,故曰'七日来复'。此天之运行也。"①自然节气的变化,用十二消息卦表示,即表现出乾阳坤阴互为消长的节律。如乾阳长至坤初为复䷗,代表十一月;长至坤二,为临䷒,代表十二月;长至坤三为泰䷊,代表正月;长至坤四为大壮䷡,代表二月;长至坤五为夬䷪,代表三月;长至坤六为乾䷀,代表四月。以此类推,坤阴长至乾初直至上六,则依次为姤䷫(五月)、遁䷠(六月)、否䷋(七月)、观䷓(八月)、剥䷖(九月)、坤䷁(十月)。

所谓卦变,即指易卦之阴阳爻按照相应爻位进行有规律的互换。如一阴一阳卦卦变之例,侯果注谦䷎《彖》云:"此本剥䷖卦。乾之上九来居坤三,是'天道下济而光明'也。坤之六三上升乾位,是'地道卑而上行'者也。"通过爻象变化,即阐明了卦爻及其系辞所含的义理。

此外,侯果注《易》,还广泛地采纳汉晋易学通用的爻象说,如乘、承、比、应等爻象注《易》;以及象数易学所独具的爻位、互体、卦主诸说解易。值得注意的是,侯果在使用这些解易方法时,或加以简化,或予以修正,并不照搬套用成说。如易卦原本具有的互体,经汉儒的"极深研几",发展为象数易的一派分支学说。互体的意义,在于揭示每卦在发展变化的过程中,所隐含的内容。为探求其变化规律,而有西汉京房的三爻互体和东汉郑玄的四爻互体说,至虞翻而变本加厉,除三、四爻互体之外,还发明了五画连互和半象互体,互体说于是乎大备。而

---

① 《周易集解·复·彖》卷六,中国书店,1984年版,第2页a。侯果此注引诗证周代有呼月为日之习。

侯果只取其前两种互体之法,说明侯氏以平易解《易》,于互体取象,没有如汉儒过度深求的倾向。如一般足以名家的易学家一样,侯果也对关于筮法的蓍数,提出自己的研究。此处不拟介绍其演算过程,只介绍其蓍数观。其云:

> 夫通变化行鬼神,莫近于数,故老聃谓子曰:"汝何求道?"对曰:"吾求诸数。"明数之妙,通于鬼神矣。①

"夫通变化行鬼神"者,意谓能够贯通变化之机,运行鬼神不测之功的,莫过于数的演算。而这句话的潜在主语,当然是指人,是说人可以通过数字的运演,洞悉变化之理,达到鬼神不测之妙,而这正是所谓的"道"。所以当老聃问孔子"何以求道"时,对曰:"吾求诸数"。侯果因之论断曰:明于运数之妙,则可以通同于鬼神不测的变化之理矣。可见,所谓鬼神变化之理,也是可以为人所知的。鬼神在这里,也是指不为人显见的神妙变化,含有规律的意思。《系辞》有"极数知来之谓占"的论述,其意无非是说:通过究极数的运演,以预知未来的变化结果,即谓之筮占。侯果的思想与此别无二致,并无神化蓍数的倾向。

侯果象数易学的特色,在能运用象数诠易的同时阐明义理,与其说其学兼取象数与义理两派之长,不如说其已具有超越两者,达到即象以明理,使两者高度统一的学术水准与思想倾向。《周易集解》引其注文数量仅次于崔憬,可以想见鼎祚对其易学的重视及其在当时的影响。

侯果的注《易》之书已佚。其易注散见于李鼎祚《周易集解》中。清儒马国翰据李氏《集解》所引,辑得《周易侯氏注》三卷,收入《玉函山房辑佚书》。黄奭复搜罗宋明众多注易之书所引侯氏注,辑为《侯果易注》一册,收入《黄氏逸书考》中。

---

① 《周易集解·系辞》卷十四,中国书店,1984年版,第2页b。

三、李鼎祚及其《周易集解》

李鼎祚,新、旧《唐书》无传,生卒年不详,生活于盛中唐之际,清人刘毓崧据唐宋以来舆地史志对李鼎祚的生平仕履作有尽可能的考辨。其文曰:

> 盖鼎祚系资州盘石县人。盘石即资州治所,州东有四明山,鼎祚兄弟读书于山上,后人名其地为读书台。明皇幸蜀,时鼎祚进《平胡论》,后召守左拾遗。肃宗乾元元年,奏以山川阔远,请制泸、普、渝、合、资、荣等六州界,置昌州。二年春,从其议兴建,凡经营相度皆躬与其劳,是时仍官左拾遗。尝充内供奉。曾辑梁元帝及陈乐产、唐吕才之书,以推演六壬五行,成《连珠明镜式经》十卷,又名《连珠集》,上之于朝,其事亦在乾元间。代宗登基后,献《周易集解》,其时为秘书省著作郎,仕至殿中侍御史。①

李鼎祚"以经术称于时"②,尤以《易》学显名于唐。刘毓崧以《周易集解》一书避代宗以前诸帝讳,而不避讳德宗嫌名,因断其书成于代宗时代。观其序文后署"秘书省著作郎臣李鼎祚序",则其时正在著作郎任上。

鼎祚"少慕玄风,游心坟籍,历观炎汉,迄今巨唐",读书不限于经史,颇亦关注现实。所以能在安史之乱,玄宗幸蜀时,及时献上所著《平胡论》,其文当系针对安史叛乱而制的讨叛杜乱之策,文虽已佚,难知其详,但肯定对敌我双方的情势,具有深刻精到的分析,并提出可行的平叛安胡之策,引起玄宗及身边大臣的重视,否则不会仅凭一篇策论即被授官左拾遗。肃宗时,又凭其对西南边备情况的考察,请合六州边界地,另置昌州建制,具有控驭形胜防御叛乱的战略意义。此议

---

① 《通义堂文集·周易集解跋下篇》卷一,《续修四库全书》1546册,上海古籍出版社,2002年版。
② 《经义考》卷十四,引朱睦㮮《集解序》,中华书局,1998年版,第90页下。

为朝廷采纳,并得以躬亲斯役,说明颇受肃宗信任。这些议论与作为都应该是鼎祚壮盛之年的经历。可见李鼎祚是一个胸怀经国大略,具有政治眼光和军事才能,主张为学经世致用的儒生。刘毓崧因而赞扬说:"鼎祚之优于经济而好进谟猷","在唐代儒林之内不愧为第一流人物,非独《集解》有功于易学已也。"

林忠军偿考史志不为鼎祚立传的原因,主要是因《集解》的学术地位尚不足与《正义》相比,以及鼎祚官位低微等,持之有故,言之成理。余则以为另有其因,刘毓崧考其"尝充内供奉",唐时内供奉盖有两种,一即"掌殿廷供奉之仪,检校文物亏失者",本即殿中侍御史之职守;①二为以某种技艺侍奉帝王者,如"王叔文以棋艺进"等。鼎祚著有《易髓》一书,见于《新唐志》五行类。又《蜀故》记载:鼎祚"预察胡人判亡日期无爽毫发,象数精深,盖如此。"②可能即因精于数术而被召为内供奉。如为侍御史之内供奉,则不应另行述及。以技艺充内供奉,虽可亲近君主,但不会受到应有的尊重。司马迁有言:"文史星历,近乎卜祝之间,故主上所戏弄,倡优蓄之,流俗之所轻也。"③看来鼎祚精通数术,也许会为其赢得社会声誉,却很可能因此而被史官轻视,不为其立传盖有由然。

《周易集解》就其在学术史上的作用,是足以和《周易正义》相媲美的重要著作。其书所采录的易注,以汉象数易学为主,而兼及义理之学,保留了大量为《周易正义》所遗落的象数学说,弥补了《正义》偏重王学的缺失,使人得窥易学之全貌,因此而为后世所推重。陈振孙《直斋书录解题》云:"凡隋、唐以前,易家诸书逸不传者,赖此书犹见一二,而所取于荀、虞者尤多。"④《四库全书总目提要》亦云:"盖王学既盛,汉易遂亡。千百年后学者得考见画卦之本旨者,惟赖此书之存耳,是真

---

① 《新唐书·百官志三》卷四十八,中华书局,1975年版,第1239页。
② (清)彭遵泗:《蜀故》卷十二,《四库未收书辑刊》第27册,北京出版社,2000年版,第641页。
③ 《汉书·司马迁传》卷六十二,中华书局,1962年版,第2732页。
④ 《直斋书录解题》卷一,上海古籍出版社,1987年版,第7页。

可宝之古笈也。"①

关于《周易集解》的篇卷,李氏在自序中称十卷。晁公武说:"《唐录》称鼎祚书十七卷,今所有止十卷而始末皆全,无所亡失,岂后人并之耶?"②《四库全书总目》则据其书序文,推断"《集解》本十卷,附《略例》一卷为十一卷。尚别有《索隐》六卷,共成十七卷"。"至宋而《索隐》散佚,刊本又削去《略例》,仅存《集解》十卷,故与《唐志》不符"。批评学者,"盖自宋以来均未究序中'别撰《索隐》'一语,故疑者误疑,改者误改。即辨其本止十卷者亦不能解《唐志》称十七卷之故,致愈说愈讹耳。"《索隐》书佚,不可致诘,所幸《集解》主体完具,足资考见易学发展之大势。

《周易集解》的编纂体例,以汇集各家《易》说为主,只在适宜之处加以案语。全书共集《易》注二千七百余节,而鼎祚案语只有一百零八条,然亦足可考见其治易的学术倾向与思想内涵。《集解》所收汉魏以迄隋唐解易名家,除刘焯刘炫之外,可谓网罗无遗,在易学史上实属前无古人的壮举。《集解》自序称:"集虞翻、荀爽三十余家。"《中兴书目》考察为三十二家:"集子夏、孟喜、京房、马融、荀爽、郑康成、刘表、何晏、宋衷、虞翻、陆绩、干宝、王肃、王弼、姚信、王廙、张璠、向秀、王凯冲、侯果、蜀才、翟玄、韩康伯、刘瓛、何妥、崔憬、沈驎士、卢氏、崔觐、孔颖达等凡三十余家,附以《九家易》、《乾凿度》凡十七篇。"③续经古今学者考证,全书包括李氏本人的注解在内,实有四十二家之多。北宋计用章《周易集解后序》称:"古之能事,亡逸者多矣,后或有惜之者。况此书圣贤之遗旨所存乎?"④认为从象数易的角度解释《周易》经传,关系到古代圣贤的遗旨,端赖此书而不至于失坠,岂不厥功斯伟。清朱

---

① 《四库全书总目提要》卷一,中华书局,1965年版,第4页。
② 《郡斋读书志》卷一,上海古籍出版社,1990年版,第19页。
③ 《经义考》卷十四,引《中兴书目》,中华书局,1998年版,第89页。
④ 《经义考》,引计用章《周易集解后序》,中华书局,1998年版,第90页上。

彝尊为《李氏周易集解跋》曰:"由唐以前《易》义多轶不传,藉此犹存百一。"①卢文弨说:"汉儒解《易》之书至多,今皆不可得见,唯唐资州李氏所著《易》传集解中采取三十余家,后之学者犹得以见其崖略。"

《周易集解》所录《易》注以虞翻、荀爽为最多,而虞氏之注"独多近一千三百节",佔全书《易》注之半,荀氏之注亦"三百余节",则其书以荀虞象数之学为全书之核心和主轴,殆无疑义。柯劭忞称:"李鼎祚《周易集解》,撰集汉魏以来诸家《易》说,惟采虞氏义最详,几得原书十之七八。故纳甲十二辟卦、旁通之卦、两象《易》之说,尚可寻其门径。"此说颇可信据。

然其辑录原则,并不因取虞、荀而排斥不同训解,而是博采众义,广纳群说,不主一家之言。卢文弨评其书称:"李氏之为此书,未尝执己之意,以抉择诸家而去取之也。故凡异同之说,往往并载不遗。"如"既济之禴,虞翻谓夏祭也,崔憬曰春祭。如此之类,不可以遍举"。又如小过《彖辞》引虞翻说,"离为飞鸟,震为音,以'或指卦象二阳在内,四阴在外,有似飞鸟之象'为俗说矣;乃至《象传》又引宋衷说,则固虞翻之所斥为俗说者,而亦具载。若必为一家之言,则所取者转狭,而己之所非,安知不为人之所是?设使由我削之,而遂泯焉,不复传于后世,岂不大可惜乎?"②

如训小过䷽卦象辞,虞翻的训解是:"离为'飞鸟',震为'音',艮为止。"小过的离象,是由晋䷢卦变而来,"晋上之三,离去震在,鸟飞而音止,故'飞鸟遗之音'。又据《说卦》"离为雉",所以"离为飞鸟"。小过内卦为震,《说卦》"震善鸣",故"震为音"。虞翻的训解须据京房八宫卦说来引申推导,迂回曲折,方可引导出卦辞、爻辞所列的物象。并谓"俗说或以卦象二阳在内,四阴在外,有似飞鸟之象,妄矣。"而鼎祚于

---

① 《曝书亭集·李氏周易集解跋》卷四十二,《影印文渊阁四库全书》1318册,台湾商务印书馆,1986年版,第128页。
② 《抱经堂文集·李既方补李鼎祚周易集解序》卷三,中华书局,1990年版,第27页。

其《象辞》下,复引"宋衷曰:二阳在内,上下各阴,有似飞鸟舒翮之象,故曰'飞鸟'。"恰是虞翻所谓的"俗说"。但宋衷说理据翔实,简洁明了,符合易简的要求;而虞氏所解则迂曲难通,有穿凿之嫌。是李鼎祚有意使两解并存,保持原貌,以待知者。后朱熹《周易本义》即采用宋说:"卦体内实外虚,如鸟之飞。"遂成定论。

《周易·序卦传》是讲解六十四卦卦序之所以然,从而揭示《周易》卦序所蕴涵的深刻内涵,阐明六十四卦每一卦都有着承前启后的特定意义,是对《周易》卦象的一种最早的诠释。每一卦所在位置的先后,各有其因,是读易首应掌握的知识。鼎祚因之将其分解,分置于经文各卦之前,复列全篇于后,另外予以诠释。这样的编纂体例,无疑有助于理解《易经》的整体性布局和系统性之贯通。宋儒程颐对此十分赞赏,其《伊川易传》即沿用此一方法编纂。俞琰《读易举要》云:"崇政殿说书伊川先生河南程颐正叔撰《易传》,止解六十四卦,以序卦分置诸卦之首,盖李鼎祚《集解》亦然。"[1]嗣后的注易之书,亦皆承袭不改,遂成定式,而鼎祚实居开创之功。

李鼎祚的易哲学思想集中地反映在其所作《周易集解序》中,其世界观属于元气生成论,而且具有明显的道气一元论倾向,其论世界与易卦的形成云:

> 元气絪缊,三才成象;神功浃洽,八索成形。在天则日月运行,润之以风雨;在地则山泽通气,鼓之以雷霆。至若近取诸身,四支百体合其度;远取诸物,森罗万象备其工。阴阳不测之谓神,一阴一阳之谓道,范围天地而不过,曲成万物而不遗。仁者见之以为仁,知者见之以为知,百姓日用而不知,君子之道鲜矣。斯乃显诸仁而藏诸用,神无方而易无体,巍巍荡荡,难可名焉。

天地人三才,及夫日月风雷,四肢百骸,森罗万象,莫不由元气之

---

[1] 《读易举要》卷四,上海古籍出版社,1990年版,第22页b、461页。

阴阳交融而生成。这与《易·繫辞》:"天地絪缊,万物化醇;男女构精,万物化生"的思想一脉相承。同时认为天地元气的这种神妙功能,是普遍溉及万物万事的,八卦(由八索代指)亦因之而形成。而这种阴阳不测的神妙变化,即是所谓的道或规律。与天地万物同时存在,贯穿于任何事物之中。人们随时都在应用而并没有意识到它的存在,此即所谓的"藏诸用";惟仁、智者知道取法其宽厚之德及变化之妙,以成就其仁与智的品行,此即所谓的"显诸仁";因此而有鲜明照耀于世的君子之德。因为天地间的神妙变化是没有方所没有止境的,所以作为宇宙代数学的易卦(或模拟天地间万变万化的易),也是"惟变所适"(与神妙的变化相适应),并没有固定的形体,因之也是不可执著不变的。正是因为易道的无所不在,博大精深,故而很难一言以尽,给其一个简单的说明(有之,则"易"也)。在这里,鼎祚是将元气阴阳交融之功能和天地阴阳变化之道,看作同时发生而分别表述的一回事,所以我们称其易学观为道气一元论。

在《序》文中,鼎祚引用大量《易传》原文,阐释易卦象数与易道义理的形成及其作用。看似简单地引述,实则匠心独运,简约明晰地阐论了"易有圣人之道四焉",即言宣德义、行崇变化、象以制器、占而决策四大功能。引导人们"探赜索隐,钩深致远,定天下之吉凶(今按:选择社会发展的正确方向),成天下之亹亹(今按:勤勉不倦地成就天下之事业)",表明其易学具有强烈的经世致用倾向。《周易》的道理对社会人生都具有现实的指导意义。鼎祚续论之曰:

> 原夫权舆三教,钤键九流,实开国、承家、修身之正术也。自卜商入室,亲授微言,传注百家,绵历千古,虽竞有穿凿,犹未测渊深。唯王、郑相沿,颇行于代;郑则多参天象,王乃全释人事。且易之为道,岂偏滞于天人者哉! 致使后学之徒,纷然淆乱,各修局见,莫辨源流。天象远而难寻,人事近而易习,则折扬皇华,嗑然

而笑,方以类聚,其在兹乎!①

认为易学是衡量三教得失的权舆,开启九流奥秘的锁钥,这确实是针对唐代社会文化的现实,而提出的新观点。唐代的开国君主虽然制定了儒学为主,三教并举的文化宗教政策,可是后世君主仍然会迷惑于三教的主次关系,各种诬世罔民的学说也乘间而起,思想的混乱终于导致社会的动乱。其源盖即缺乏一衡量得失、判断是非的尺度和方法,而这一标准和方法即是易学。所以说易学"实开国、承家、修身之正术也"。有了易学对世界、人生的认识,不仅能够识别各种荒谬的学说,不受其欺骗;而且可以用之以修身、治国、平天下,实则寄托着鼎祚欲以周易经术实现国家中兴的期望。

可是,自子夏亲受夫子传易以来,《周易》这一荷载圣人微言深意的儒家经典,历经学者传注,甚至过度诠释,仍未能测其高深。后形成王、郑两派易学,递相行世,但是,"郑则多参天象,王乃全释人事"。易之为道,范围天地,包罗万有,怎么能偏滞于自然、人事的任何一方呢。遂造成纷然淆乱,无所适从,各持偏见,莫辨源流的局面,鼎祚的这一基本判断是正确的。然其以"天象远而难寻,人事近而易习",为探讨自然之象数学失坠,而规范人事之义理学盛行的原因,则是没有找到产生这一现象的社会根源。其实,铁血战火与昏乱政治交替出现的历史表明,科学的发展固然重要,但尤以社会人事的安顿为亟,斯即古代学人多致力于追求义理的根本原因。

鼎祚复述其编纂《集解》的宗旨云:

> 臣少慕元风,游心坟籍,历观炎汉,迄今巨唐,采群贤之遗言,议三圣之幽赜,集虞翻、荀爽三十余家,刊辅嗣之野文,补康成之逸象;各列名义,共契元宗。先儒有所未详,然后辄加添削,每至

---

① 权舆,此不取开始义。权者,所以称重;舆者所以载物,亦有量义,古有"车量斗载"之语,故以衡量诠之。折扬皇华,语出《庄子》,王先谦《集解》"折扬皇荂",成云:"盖古之俗中小曲。""则嗑然而笑",成云:"至言不出,俗言胜也。"见《庄子集解·天地》卷三,中华书局,1987年版,第110页。

章句,含例发挥,俾童蒙之流,一览而悟;达观之士,得意忘言。当仁既不让于师,论道岂惭于前哲?

《集解》的目的十分明确,就是"刊辅嗣之野文,补康成之逸象",列各家"名义",以期契合玄妙的易旨。览其"先儒有所未详,然后辄加添削"语,应指其于诸家易注后所加"案语",但亦不排除在不损害引文原义的原则下,对辞语进行"添削"加工,其当仁论道不让于前哲的精神是可嘉的。意其主要的易学观点多在所撰《索隐》之中,如其后文所云:"至如卦爻彖象,理涉重元,经注《文言》,书之不尽,别撰《索隐》,错综根萌,义音两存,详之明矣。"惜乎《索隐》已佚,其"理涉重元"之论,亦已不可得而详之。其书虽然重视象数,甚至目王注为"野文",但仍将王氏《略例》附于卷末,且曰"其王氏《略例》,得失相参",并非一无是处,引《诗·邶风》之语"采葑采菲,无以下体",以示不因其所短而舍其所长。

鼎祚之所以对"郑则多参天象,王乃全释人事",表示不满,是其认为"易之为道,岂偏滞于天人者哉!"乃是主张"学究天人之际"。企图调和汉易专注天道,与玄学易专明人道的关系,使之归于"阐天道以明人道"之途。鼎祚为《周易》集解,不为任何一家所左右,而是打散原有注疏体系,经过审慎选择,然后进行重新组合。这即是为什么此句刚引何妥之注,下句又引孔颖达曰的原因。岂是为保存文献而已耶?以此亦可窥见其集注以解《周易》的良苦用心,学究天人的学术主张与匠心独运的编纂方式,所以才形成《集解》荟萃百家而又浑然一体的学术风貌。

然从李鼎祚所作注解案语上看,其于象数解易方法,并无所创新,其长处即在于不徒以象数解易,而是坚持"阐天道以明人道"的原则,先解以象数,然后从象数中引伸出义理。如释屯卦䷂《象传》,即先引荀爽卦变之说曰:"物难在始生,此本坎卦也。"然后以案语释坎䷜之屯䷂的卦变过程:"案初六升二,九二降初,是'刚柔始交'也。交则成震,震为动也,上有坎,是'动乎险中'也。动则物通而得正,故曰'动乎险中,大亨贞'也。"又如解师卦䷆六五爻辞,先释以爻位卦变说,然后引伸出义理。注曰:"六五居尊失位,在师之时,盖由殷纣而被武王禽于鹿台之类是也。以臣伐君,假言田猎。六五离䷝爻体坤䷁,离为戈兵,田猎行师之象也。"通过卦爻象阐明史事成败之义理,实开易史学派之先河。

鼎祚"阐天道以明人道"的解易风格,首先通过对卦爻象数的分析,尔后引伸出义理,从而使义理具有坚实的易象根据,避免了空泛说理的弊病。更为重要的是,以象数阐天道,然后以天道明人事,天道人事密切结合,会增强人们的敬畏感,更能加强义理的说服力量,这恐怕也与其经世致用的为学精神有关。如其释乾䷀上九爻"亢龙有悔",先引干宝注:"阳在上九,四月之时也。亢,过也。乾体既备,上位既终。天之鼓物,寒暑相报;圣人治世,威德和济;武功既成,义在止戈。盈而不反,必陷于'悔'。"然后鼎祚案曰:"以人事明之,若桀放于南巢,汤有惭德,斯类是也。"又释《文言》"亢龙有悔,穷之灾也"。案曰:"此当桀纣失位之时,亢极骄盈,故致悔恨,穷毙之灾祸也。"又释"知存而不知亡"句,引荀爽曰:"在上当阴,今反为阳,故曰'知存而不知亡'也。"案曰:"此论人君骄盈过亢,必有丧亡。若殷纣招牧野之灾,太康遘洛水之怨,即其类矣。"鼎祚惜墨如金的案语,较多地集中于乾卦,非无意也,其针对"亢龙有悔"的问题,不惜三复斯言,诫之勉之,目的就在于劝谏当朝的皇帝,不可"骄盈过亢",重蹈乱亡的覆辙。同时也指出训致中兴的途径与应有的作为,如解《文言·大人章》连加案语曰:"谓抚育无私,同天地之覆载";"威恩远被,若日月之照临也"。"赏罚严明,顺四时之序也"。又曰"大人惟德动天,无远不届。鬼神(今按:指先祖)飨德,夷狄来宾。人神叶从,犹风偃草,岂有违忤哉"。深恐先贤诸解,语之不尽,而乃画龙点睛,彰明易旨,目的在于引导时君效法天地之德,以治理人世之政,可谓深心远虑,要言不烦。

又释《文言传》"知进退存亡而不失其正者,其唯圣人乎"一语。鼎祚案曰:

> 此则"乾元用九,天下治也"。言大宝圣君,若能用九天德者,垂拱无为,刍狗万物,"生而不有,功成不居","百姓日用而不知",岂荷生成之德者也。此则三皇五帝,乃圣乃神,保合太和,而天下自治矣。今夫子《文言》再称"圣人"者,叹美用九之君,能"知进退存亡而不失其正",故"大明终始,万国咸宁,时乘六龙,以御天也"。斯即"有始有卒者,其唯圣人乎",是其义也。①

鼎祚此处融会《易》、《老》之言,阐述何以"乾元用九",而"天下治"。而以"垂拱无为"、"生而不有,功成不居"等以退为进之术,和"保合太和"之理,为"知进退存亡而不失其正"之注脚。"垂拱无为"者,固为政之最高境界,实亦致治必循之途经,于道家谓之"任运自然",于儒家谓之"各正性命",意为创造一个良好的政治环境,让其自由发展,只要不扰民兴役,天下将自治。而曰"有始有卒者,其唯圣人乎",则是劝戒时君毋将战火方熄之后的与民休息,看做权宜之计,而应视为贯彻始终的理政原则。儒道共同推崇的"无为而治",含有丰富的政治内涵,其大要无非如上所云,应该效法天德,不可居功骄盈,轻徭薄赋,不可大兴劳役,甚至驱民于战等等。一言以蔽之,即是以德服天下,而非强人所不欲。"乾元用九:见群龙无首,吉"者,其意盖即如此。然后再举反面例证,以申其说,并以作结云:"三王五伯揖让风颓,专恃干戈递相征伐。失正忘退,其徒实繁,略举宏纲,断可知矣。"忧民之思,拳拳忠忱,无不跃然纸端,形于辞色。

李鼎祚有惩于汉晋以来,论易两派,各执一偏的弊病,在王学独盛,象数将息的情势下,采用"取象论义"的方法,意欲恢复圣人作易的本旨,于是博采汉魏以来象数易说,既以巩固易学之本,又以阐明天地

---

① 《周易集解·上经·乾》卷一,中国书店,1984年版,第5—11页。

之道,然后由天道引伸而至人事,复使人道得以彰明。其所作《周易集解》的目的,端在于此。"取象论义",学究天人,既是李鼎祚注《易》集《解》的标准,也是其诠象论易的学术风格,非欲摒弃玄学义理,而独钟象数也。明人潘恩似已有见于此,故其《周易集解序》云:"夫二气运行,彰往察来,莫赜于天道,而八象备之,消息盈虚,其数不可略也;贞悔相因,杂物撰德,莫辨于人事,而六位穷之,乘承失得,其理不可遗也。故曰'易也者,天人之间者也'。"[①]纪昀亦云:"故《易》之为书,推天道以明人事者也。"而鼎祚之成就,其书之价值亦在于此。至如学者多称扬其保存文献之功,则实非其初愿。如《四库全书总目提要》称:"盖王学既盛,汉易遂亡,千百年后学者得考见画卦之本旨者,惟赖此书之存耳。是真可宝之古籍也。"鼎祚岂能自料其书必传,而余书将佚,遂以预作是书耶?使后人赖此书之存,得以考见易学发展之大势者,意外之收获也。

---

① 《经义考》卷十四,引潘恭定《周易集解序》,中华书局,1998年版,第90页。

第八章

唐代古文运动

——儒学复兴

　　作为文体改革的唐代古文运动,并不始于韩愈、柳宗元,而实肇端于初盛唐以来的陈子昂、张说,以及张说倡导复古运动以来,风起云从的孙逖、李华、萧颖士、权德舆、梁肃、柳冕、元结诸人,甚至,还可以远追西魏的苏绰和隋代的李谔。而作为提倡文章宗经明道的古文运动,也不始于韩、柳,而是始于梁代的刘勰和隋代的王通。初、盛唐诸贤或致力文体文风改革,或倡导儒学振兴,已为中唐古文运动导夫先路,夺其先声。而终将儒学复兴与文体改革合而为一,号曰古文运动,予以倡导并付诸实践,遂成一代风气,"文起八代之衰,道济天下之溺"者,却非韩、柳而莫属。以下两章主要侧重于阐述韩、柳诸人对儒学复兴的贡献。

第一节　韩愈、李翱的生平

　　韩愈(768—824),字退之。河南河阳(今孟县)人。生于唐代宗大历三年,卒于穆宗长庆四年。其先世曾居昌黎,故以郡望自称"昌黎韩愈",世称韩昌黎。又以官至吏部侍郎,卒后谥号"文",故后世又称韩吏部、韩文公。

　　韩愈出身儒学世家,父亲韩仲卿"为武昌令,有美政,既去,县人刻石颂德"。其文即李白所撰《武昌宰韩君去思颂碑》。至比之为孔子之宰中都、子贱之宰单父,君子所过者化,"乃知德之休明不在位之高下",在任"惠如春风,三月大化"。"官绝请托之求,吏无丝毫之犯"。① 终秘书郎。韩愈三岁而孤,初依长兄韩会,其兄韩会官至起居舍人,善文章。柳宗元《先君石表阴先友记》云韩会"善清言,有文章,名最高,然以故多谤"②。贬为潮州刺史。韩愈七岁时即开始随兄读书作文,《旧唐书·韩愈传》说他"幼刻苦学儒,不俟奖励"。十三岁时,长兄又贬死于任所,乃由其嫂郑氏鞠育成人。韩愈的道德文章,受其家学家风的影响甚深,又从游于倡导古学的独孤及、梁肃之徒。"锐意钻仰,欲自振于一代。"③至十九岁时,"壮志起胸中"④,遂辞家赴京师应举。三次落第后,于贞元八年,即二十五岁始擢进士第,自以为从此可得入仕,一伸平生之志,"其小得,盖欲以具裘葛,养穷孤;其大得,盖欲以同吾之所乐于人耳"⑤。无奈又三应吏部博学鸿词科不第,雄心难酬。二

---

① 《李白全集编年注释·武昌宰韩君去思颂碑》,巴蜀书社,2000年版,第1784、1787页。
② 《柳宗元集·先君石表阴先友记》卷十二,中华书局,1979年版,第301页。
③ 《旧唐书·韩愈传》卷一百六十,中华书局,1975年版,第4195页。
④ 《韩昌黎诗系年集释·赠族侄》卷一,上海古籍出版社,1984年版,第98页。
⑤ 《韩昌黎文集·答崔立之书》卷三,上海古籍出版社,1986年版,第167页。

十九岁始受董晋辟举,先后在宣武节度使、宁武节度史幕下作观察和节度推官。贞元十七年调任国子监四门博士。二年后改任监察御史,与柳宗元、刘禹锡同曹为官。韩与刘、柳此后的进退荣辱虽有不同,但正是在此时结下终生不渝、以道义、学问、文章相勉相许的挚友关系。同年冬初,韩愈作《御史台上论天旱人饥状》,揭露"京畿诸县,夏逢亢旱,秋又早霜,因种所收,十不存一","至闻有弃子逐妻,以求口食,坼屋伐树,以纳税钱,寒馁道涂,毙踣沟壑,有者皆已输纳,无者徒被追征"的境况,并以"急之则得少而人伤,缓之则事存而利远"的道理。① 说服皇帝,要求缓征粮、税,结果还是得罪了专政的权幸,被贬为连州阳山令。

韩愈阳山令任职期间,深入民间,参加山民耕作和渔猎活动,实行德礼文治,爱民惠政。《新唐书·韩愈传》因此特书"有爱于民,民生子以其姓字之"②。大批青年才俊投奔其门下,韩愈与青年学子吟诗论道,诗文著作颇丰。并于此时开始构思并著述《原道》等篇章,构成了韩学的重要论著"五原"学说——这是唐宋时期,新儒学的先声,其理论建树影响巨大。

顺宗永贞年改任江陵法曹参军;宪宗元和初,召拜权知国子博士,后历任比部郎中、史馆修撰、考功郎中知制诰及中书舍人等职。这期间,唐宪宗颇欲革除藩镇世袭,重树中央政权的权威,不允成德节度使之子王承宗、淮西节度使之子吴元济要求自立的申请,于是两镇相继叛乱。朝臣中主张讨伐叛镇的是极少数派,韩愈是其中持议最力的一个。王承宗派人暗杀讨伐派宰相武元衡,刺伤御史中丞裴度之后,朝廷决定用兵淮西,然而连年无功。直至元和十二年,诏命裴度为帅、李愬为将,更命韩愈为行军司马,参赞戎机,军威于是大震。李愬雪夜袭蔡州,擒吴元济,终于平定了叛乱。朝廷威望大增,韩愈也因功迁升刑

---

① 《韩昌黎文集·御史台上论天旱人饥状》卷八,上海古籍出版社,1986年版,第588页。
② 《新唐书·韩愈传》卷一百七十六,中华书局,1975年版,第5255页。

部侍郎,并受命撰《平淮西碑》。

元和十四年,宪宗遣使者至凤翔法门寺,将佛骨迎入大内,供奉三天后送返佛寺。王公士庶奔走施舍,甚至倾家荡产,烧顶灼背,争相供奉。韩愈为了卫道,也出于厌恶,遂上《论佛骨表》,极力反对。宪宗一览大怒说:"愈言我奉佛太过,我犹为容之。至谓东汉奉佛之后,帝王咸致夭促,何言之乖剌也!愈人臣,狂妄敢尔,固不赦。"幸赖裴度、崔群等援救,贬为潮州刺史,后量移袁州。到袁州计庸抵债,解放奴隶;在潮州办乡校,驱逐鳄鱼,亲率百姓,兴修水利,令务农桑,所至皆有惠政。终使潮州成为最具地域特色的礼仪之邦。

穆宗即位,诏拜国子祭酒。第二年转任兵部侍郎。时镇州兵变,讨伐军被困。韩愈受命前往宣抚,情势至为危险,穆宗亦谕其"便宜行事"。韩愈胆略过人,竟疾驰入镇,感召说服王廷凑,使之解围归顺朝廷。于是穆宗大喜,转愈为吏部侍郎,又授京兆尹御史大夫。长庆四年,韩愈复任吏部侍郎后不久染疾,至冬底病逝于靖安里第,享年五十六岁。朝廷诏赠礼部尚书,谥曰文。韩愈遗著诗文由门人李汉编为《昌黎先生集》四十卷,又有《论语注》十卷、《顺宗实录》五卷,单行。

韩愈一生功业,主要在于他所倡导的古文运动,这是一场与中唐时期政治改革、军事统一遥相呼应的,意在革除道丧文敝的社会风气,挽救分裂动乱的政治局面,以复兴儒学、改革文体相表里的思想文化运动。唐代的政治革新、平藩战争以及前朝抑制佛老、改革文体运动,都必须借助政权的力量,自上而下的来推行,而且往往人亡政息、中途夭殂。韩愈所领导的思想文化运动乃是所谓的匹夫救国,完全是自下而上的、单凭个人的道德力量作号召来推行的。然其影响之深广、成就之巨大,与前数者相较,莫不有过之而无不及。韩愈是这场运动公认的领袖,其主要观点为:天下的安与危,系于纪纲的存与亡,而纪纲的存与亡,又系于圣贤之道的传与否。因此平治天下,首先应振兴古道,辟除佛老,统一思想于儒家的相生相养学说。其次是反对割据、整顿纪纲,恢复中央集权的大一统政治局面。他一生都在致力于完成这一历史使命。在朝廷则犯颜直谏,几致杀身之祸;在贬所则兴利除害,德泽加于民。力主平淮西,则亲赴戎机;只身抚叛将,则忠义感人。虽其政治、思想成就,不及文学成就之大,其言其行足以彪炳史册。

李翱(772—842),字习之,陇西成纪(今甘肃秦安)人。一说赵郡人。生于唐代宗大历七年,卒于武宗会昌元年。其先为西凉武昭王后裔,至唐时门第早已衰微以至穷贱。其父曾为贝州司法参军,家在赵郡是完全可能的。据《旧唐书·李翱传》载"翱幼勤于儒学,博雅好古,为文尚气质"①。据其自述所云:"自年十五已后,即有志于仁义,见孔子之论高弟,未曾不以及物为首,克伐怨欲不行,未得为仁。"②唐德宗贞元九年,李翱应贡举,"执文章一通",谒见名满天下的古文家梁肃,梁肃对李翱的文章大加赞扬,"谓翱得古人之遗风,期翱之名不朽于无穷,许翱以拂拭吹嘘"。③ 李翱于贞元十四年进士及第,历官国子博士、庐州、朗州刺史、中书舍人、史馆修撰、户部侍郎、山南东道节度使等。贞元十二年,李翱和韩愈相遇于汴州,从此结为志同道合的朋友,追随韩愈发起古文运动。李翱标榜韩愈说:"我友韩非前世之文,古之文也;非兹世之人,古之人也。其词与其意适,则孟轲既没,亦不见有过于斯者。"④韩愈则称李翱说:"习之可谓究极圣人之奥矣。"⑤可见二人学术志趣的一致。《新唐书·李翱传》称他"始从昌黎韩愈为文章,辞致浑厚,见推当时"。欧阳修更将他与韩愈相提并论说:"唐文之善,则曰

---

① 《旧唐书·李翱传》卷一六〇,中华书局,1975年版,第4205页。
② 《李文公集·与陆傪书》卷八,《影印文渊阁四库全书》1078册,台湾商务印书馆,1986年版,第138页。
③ 《唐摭言》卷七,中华书局,1960年版,第76页。
④ 《李文公集·与陆傪书》卷七,《影印文渊阁四库全书》1078册,台湾商务印书馆,1986年版,第134页。
⑤ 《论语笔解·子路第十三》卷下,《丛书集成初编》,中华书局,1991年版,第19页。

韩李。"李翱也曾自负说:"昔与韩吏部退之为文章盟主。"①由此可见,在中晚唐的文坛学术上,李翱占有相当重要的位置。与韩愈相较,李翱的伤时忧时之心,好像更为强烈,拯世救道的意念也更为执著。欧阳修曾比较二人的异同说:"凡昔翱一时人,有道而能文者,莫若韩愈。愈尝有赋矣,不过羡二鸟之光荣,叹一饱之无时尔。推是心,使光荣而饱,则不复云矣。若翱独不然,其赋曰:'众嚣嚣而杂处兮,咸叹老而嗟卑;视余心之不然兮,虑行道之犹非。'又怪神尧以一旅取天下,后世子孙不能以天下取河北以为忧。呜呼!使当时君子,皆易其叹老嗟卑之心,为翱所忧之心,则唐之天下,岂有乱与亡欤?"②李翱正是时时怀着"虑道之犹非"的心情,投入到名为改革文风的儒学复兴运动之中。任史官时曾多次上书,提出:用忠正,屏邪佞;改税法,绝进献;厚边兵,息蓄戎;以及引见待制官询以时事,以通壅蔽之路等主张。据《新唐书·李翱传》载"翱性峭鲠,论议无所屈"。曾面斥宰相李逢吉的过失。逢吉当面虽未计较,但李翱颇不自安,遂托病辞职,出为庐州刺使。当时庐州发生旱灾和瘟疫,豪强乘机贱价收买田宅,可仍然由穷户负担赋税。以致"逋捐系路,亡籍口四万"。李翱下令:"以田占租,无得隐。收豪室税万二千缗,贫弱以安。"在政治的功用下,李翱认为文德与武功应相辅为用,"定祸乱者,武功也;能复制度兴太平者,文德也。非武功不能定祸乱,非文德不能以致太平"。士若能"得位于时,道行天下",就应该效法贤圣"以其事业存于制度";若"身卑处下,泽不能润物,耻灰烬而泯",就应该著书立说,"假空言是非一代,以传无穷",以求有补于治道。李翱和韩愈一样,都是从"华戎道统"的角度排斥佛教,而对佛教理的态度,两人则稍有不同。李翱曾问学于梁肃,又曾与禅僧药山惟俨交游,并赠诗曰:"练得身形似鹤形,千株松下两函经。

---

① 《刘禹锡集·唐故中书侍郎平章事韦公集纪》卷十九,中华书局,1990年版,第228页。
② 《欧阳修全集·居士外集·读李翱文》卷二十三,中国书店,1986年版,第532页。

我来问道无余说,云在青霄水在瓶。"①对佛学有较深的理解。所以并不予以绝对排斥,而是相反地吸收了佛学的一些内容,来充实儒家子思、孟轲一派关于性命的学说,以与释道相抗衡。李翱一生行迹大抵与韩愈相同,故卒后"有司亦谥曰文"。其著述有《李文公集》十八卷,与韩愈合著《论语笔解》二卷传世。

第二节　韩愈的道论与道统说

中唐时期举国上下无不怀念贞观、开元盛世,渴望大唐再度中兴,遂兴起运用各家学说提出国家振兴方案的思潮。在中国历史上,称得上体用完备,而又能在不同时期,因时制宜地起到治世作用的学说,只有儒道法三家,而且皆有其治世之道。每当世乱之亟,就会有学者根据三家学说,提出自己应对世乱的解决方案来。正如元和十五年刘轲在《上韦右丞书》所言:

> 今天下白屋之士,有角立秀出者,或能以黄老言,或能以儒术言,或能以刑法言,思愿吐一奇、设一策,使司化源者开目而见四方之事。②

在这为"中兴"而展开的争鸣思潮中,即有对盛世的怀想,也有对乱源的反省,揭示历代治乱之由,目的在于使当政者与士人开张心目,知如何才是正确的复兴方略,并用以转移世运。韩愈提出的方案,则是以复兴儒学来谋求"中兴",并迅速成为"中兴"思潮中的主流,这便是其以儒学复古为内容,以改革文风为表象的儒学振兴运动。韩愈的道论,就是在批评佛老以及与儒学不同学派之间的辩论中形成的。

---

① 《全唐诗·赠药山高僧惟俨二首》卷三六九,中华书局,1960年版,第4149页。
② 《全唐文·刘轲·上韦右丞书》卷七四二,中华书局,1983年版,第7673页。

韩愈在《原道》篇中，对儒家之道进行了纲领性的阐述，使之成为儒学复古运动的宣言书和古文运动的压卷之作。这篇文章的要点有二：一是阐明何为儒家之道，一是建立了儒家道统的传承谱系。韩愈在《原道》篇开宗明义地提出"道"的界说：

> 博爱之谓仁，行而宜之之谓义，由是而之焉之谓道，足乎己无待于外之谓德。仁与义为定名，道与德为虚位。故道有君子小人，而德有凶有吉。①

以道德为虚位，以仁义为定名，含有深刻的哲学蕴涵，这便是著名的"定名虚位"论。从逻辑上看，道德是比仁义更高一层的抽象概念，而仁义则是具有确定指义的规范；可以说仁义即是道德，但道德并不必是仁义，甚至可以是非仁义，如《孟子·离娄上》就曾引孔子之言曰："道二，仁与不仁而已矣。"②可见"道"是极为抽象而空洞的"虚位"，可以填充不同甚至相反的思想内容，为了与佛道两家所谓的道德教义不相混淆，必须要以"仁义"这样具有明确含义的"定名"为其实际内容，才能保证所行之"道"为儒家之道。所以他在后文再次强调："凡吾所谓道德云者，合仁与义言之也。"宋代曾有人认为，仁与义属于"五常"之教，教是器而非道，韩愈如此原道，反而将形而上之道，降低为形而下之器。③"仁与义"当然是儒家学说的核心，但儒家并非不重自然之道，孔子于《易大传》里曾明确地论述"立天之道，曰阴与阳；立地之道，曰柔与刚；立人之道曰仁与义"。三极之道皆属形而上之道，天地之道属于自然之道，而人之道则是承接天地自然之道而又与之有所区别的应然之道，自然之道或可与其他学派所共同遵奉，惟此三极之道的核心，即立人之道的仁与义，为儒家所原创而独有。而且其即是从天道

---

① 《韩昌黎文集校注·原道》卷一，上海古籍出版社，1986年版，第13页。
② 《孟子集注·离娄上》卷七，《四书章句集注》，中华书局，1983年版，第277页。
③ 如张舜民云："其《原道》也，大抵言教。"苏辙则谓："自形而上者，愈所不知也。"俱见《韩昌黎文集校注·原道》卷一，题注，上海古籍出版社，1986年版，第13页。

直接下贯而来,甚至就是天道之于人的自然体现("天命之谓性,率性之谓道")。荀子有言曰:"道者,非天之道,非地之道,人之所以道也,君子之所道也。"①韩愈正是按此理路来认识并把握"道"的。

韩愈"五原"中的《原人》篇,名为"原人",实则依然是论道,其言曰:道之"形于上者谓之天,形于下者谓之地,命于其两间者谓之人。形于上,日月星辰皆天也;形于下,草木山川皆地也;命于其两间,夷狄禽兽皆人也"。道赋予人为两间之道的最高代表,是天地之间的灵明和宗主,所以曰"人"可以包括夷狄、禽兽等生命体皆在内,但举禽兽而谓之人则不可。人道可以"博爱",可以"仁民而爱物",而佛家所谓之佛性、所谓之"众生平等"道(韩愈称之为戎狄之道),则等于是对"人"以及对人道的否定。只有"圣人之道",才可以对天地万物"一视而同仁,笃近而举远"。②"笃近而举远"亦即举人道以概见天地之道的意思。而道家所谓道,只是属于自然之道的天道,并且认为人道与天道相反,因而应该效法天道而废人道。所以,必须将各家所谓之"道"的实质进行严格的区分,韩愈之意正在于此。

在韩愈以前,《孟子》即曾首先揭橥儒学的大纲大领曰"亦有仁义而已矣"③。而韩愈则进一步揭示出诸家之所谓道德,往往使人迷惑的原因,就在于道德只是"虚位",只有标举出"仁与义"这一实际内容,通过予"虚位"以"定名",使之名实相副而且到位的方式,才能区分出两者不同的实质,并进而将道与教统一起来。如此不惟可以使从天道而人道的"道",落实为"教"的实在性或现实性,而且使"教"具有了"道"的超越性或神圣性,使之更具有可知可信可遵可行的说服力与实践性。

宋代学者杨时认为:"仁义,性所有也。则舍仁义而言道者,固非

---

① 《荀子集解·儒效篇》卷四,中华书局,1988年版,第122页。
② 《韩昌黎文集校注·原人》卷一,上海古籍出版社,1986年版,第26页。
③ 《孟子集注·梁惠王上》卷一,《四书章句集注》,中华书局,1983年版,第201页。

也。道固有仁义,而仁义不足以尽道,则以道德为虚位者,亦非也。"意即仁义是天命之性的自然展现,仁与道是一而非二,不须定名。是没有理解韩愈《原道》的用意,韩愈开宗明义,即以点明仁、义与道、德的关系,只有通过仁义,而至于道(由是而之焉之谓道),易言之,就是仁义乃道之下贯。仁义固然"不足以尽道",但仁义却是自天道、地道推衍而来,又与天地之道相贯通的人间正道。说"仁义"之道,即已包含了天命之道的意蕴;然而不可否认的是,佛老亦在侈言"道德",说明"道德"范畴中,可以容纳不同的理念。诚如杨诚斋所言:"道德之实非虚也,而道德之位则虚也。韩子之言,实其虚者也。"[①]正因如此,"仁义"这一人间正道,到韩愈所处的唐代,遭遇严重的挑战,儒释道三教各言其道,造成了人心浮动,"皆欲以其道易天下"的混乱局面。如其在同篇所言:

> 周道衰,孔子没,火于秦,黄、老于汉,佛于晋、魏、梁、隋之间。其言道德仁义者,不入于杨,则入于墨;不入于老,则入于佛。入于彼,必出于此。入者主之,出者奴之;入者附之,出者污之。噫!后之人其欲闻仁义道德之说,孰从而听之?

佛道二教尤其是佛家文化在中国的传播,大有出主入奴,反客为主之势,这是作为传统文化之核心之中坚的儒学,必须予以回应的严峻挑战,是韩愈主动承担起这一学术重任。他在学理上找到了令国人惑于杨墨佛老的原因,即诸家虽皆言道,其言虽同,而其实不同,亦即"虚位定名"的问题。韩愈进而指出:佛老之言,"其所谓道,道其所道,非吾所谓道也;其所谓德,德其所德,非吾所谓德也。凡吾所谓道德云者,合仁与义言之也,天下之公言也。老子之所谓道德云者,去仁与义言之也,一人之私言也"[②]。"公言"犹言公理,非公理的"私言"则不可

---

① 见《韩昌黎文集校注·原道》卷一,注引,上海古籍出版社,1986年版,第14页。
② 《韩昌黎文集校注·原道》卷一,上海古籍出版社,1986年版,第13页。

行之于天下。佛之道宣扬"必弃而君臣,去而父子,禁而相生养之道,以求其所谓清净寂灭者",岂止不谈仁义,简直就是有违人道。韩愈之所以辟佛老,即是辟佛老之道。北宋张耒看得此点甚明,他指出:"此正是退之辟佛老要害处。老子平日谈道德,乃欲搥提仁义,一味自虚无上去,曾不知道德自仁义中出。故以定名之实,主张(道德)在此仁义二字,亦未始薄道德也。特恶佛老不识仁义即是道德,故不得不表出之。"①

在韩愈的道论中,"道"既然是由仁义而至,那么,由存于内的"仁",到见乎外的"义"之整个过程即是"道"。这一由道到仁义的展现过程,充分显示了韩愈道论的有为特点和入世精神,他认为"仁义"之道,即是《大学》篇所谓的治国平天下学说,并用此与佛老的无为及出世之道相对抗。他引《大学》之言曰:

> 《传》曰:"古之欲明明德于天下者,先治其国;欲治其国者,先齐其家;欲齐其家者,先修其身;欲修其身者,先正其心;欲正其心者,先诚其意。"然则古之所谓正心而诚意者,将以有为也。②

韩愈援引《大学》作为与佛老相抗的理论材料,是想说明他所谓的"道",不但同样具备"治心"之说,而且要见之于治国平天下之行,而佛老则仅欲"治心"而外天下国家。他说:"今也,欲治其心而外天下国家,灭其天常,子焉而不父其父,臣焉而不君其君,民焉而不事其事。"可见,他的道乃在于君臣、父子之"天常",而佛道有悖于此,因此亦有害于天下国家。

但是,由于唐代佛、道两教的昌盛,使古代社会原有的士农工商四民,加上佛道而成六民,故《原道》曰:

> 古之为民者四,今之为民者六;古之教者处其一,今之教者处

---

① 见《韩昌黎文集校注·原道》卷一,注引,上海古籍出版社,1986年版,第14页。搥提,抛弃。
② 《韩昌黎文集校注·原道》卷一,上海古籍出版社,1986年版,第17页。

其三。农之家一,而食粟之家六;工之家一,而用器之家六;贾之家一,而资焉之家六;奈之何民不穷且盗也!

天下之财利资源有限,"食之者众,为之者寡",是使民"穷且盗"的根本原因。而陡然增多的这佛道二民,不仅其所言之道不符合社会发展规律,而且其本身亦不事生产,坐享其成,简直就是社会的沉重负担。因而提出"不塞不流,不止不行。人其人,火其书,庐其居,明先王之道以道之,鳏寡孤独废疾者有养也"①的解决方案。即是让佛道教徒恢复正常人的生活,使之明仁义之道,而其中的废疾者照样可以得到照顾。

韩愈根据唐代的现实,沿着儒家之道,继续求端讯末,得出人道或曰仁义之道即是相生相养之道的结论,其曰:

> 古之时,人之害多矣。有圣人者立,然后教之以相生养之道。为之君,为之师,驱其虫蛇禽兽而处之中土。是故君者,出令者也;臣者,行君之令而致之民者也;民者,出粟米麻丝、作器皿、通货财以事其上者也。

相生养之道,即是君令臣行,以除民患;民则以其劳作以供其上。反之,若"君不出令,则失其所以为君;臣不行君之令而致之民,民不出粟米麻丝、作器皿、通货财以事其上,则诛"②。如果各失其职,则君不成其为君,民不成其为民,破坏相生相养之道,则必须予以责罚。按照文法语势,这里应予加"诛"的,也包括前面的君与臣在内。"诛"是诛讨义,意即追究责任。解为诛杀,实为误解。即使是说民之当诛者,也是在暗示"灭绝纲常","子焉而不父其父,臣焉而不君其君,民焉而不事其事",实指"六民"之中的佛、道二教。

可见,韩愈的"相生养之道"乃君、臣、民立身行事之规则,而此规

---

① 《韩昌黎文集校注·原道》卷一,上海古籍出版社,1986年版,第19页。
② 《韩昌黎文集校注·原道》卷一,上海古籍出版社,1986年版,第16页。

则,则是相生相养,互为依存的。韩愈又深入地阐述其"相生养之道"曰:

> 其文《诗》、《书》、《易》、《春秋》,其法礼、乐、刑、政,其民士、农、工、贾,其位君臣、父子、师友、宾主、昆弟、夫妇,其服丝、麻,其居宫室,其食粟米、果蔬、鱼肉。其为道易明,而其为教易行也。是故以之为己,则顺而祥;以之为人,则爱而公;以之为心,则和而平;以之为天下国家,则无所处而不当。是故生则得其情,死则尽其常;郊焉而天神假,庙焉而人鬼飨。曰:"斯道也,何道也?"曰:"斯吾所谓道也,非向所谓老与佛之道也。"①

这就是韩愈由仁义而至、依仁义而行、"正心诚意"、"有为"而尽其天常的儒家仁义之道,而非"清净寂灭"的佛道,或"剖斗折衡"的道家之道。

佛道两教都是封建统治者的御用宗教,但是佛教的发展又和封建制度产生了一定的矛盾。自南北朝以来,许多政治家都对佛教展开攻击之势。这种反佛斗争一直到中唐都没有中断。唐睿宗时辛替否说:"今天下佛寺无数。一寺当陛下一宫,壮丽用度,尚或过之,是十分天下之财,而佛有其七八,陛下何有之矣!"他又指出:"当今出财依势者,尽度为沙弥,避役奸讹者,尽度为沙弥,其所未度者,惟贫人与善人耳!将何以作范乎?将何以租赋乎?将何以力役乎?"②这当然也是对社会"相生相养"之道的破坏。

韩愈之辟佛老,与前贤相比,不仅是出于政治经济的考量,更从分别华夷之道出发,以捍卫孔孟仁义之道为号召,扩大了反佛的影响。韩愈的《论佛骨表》是反佛的名文。他说:"佛者,夷狄之一法耳。自后汉时流入中国,上古未尝有也。"他从华夷之辨入手,指斥佛教为"夷

---

① 《韩昌黎文集校注·原道》卷一,上海古籍出版社,1986年版,第15页。
② 《唐会要·议释教》卷四十八,中华书局,1955年版,第851页。

狄"之法,与中国先王之教相违悖:"夫佛本夷狄之人,与中国语言不通,衣服殊制,口不言先王之法言,身不服先王之法服,不知君臣之义,父子之情。"①像这种外来的宗教,在大唐立国之初,"即不许度人为僧尼道士,又不许创立寺观"。因此韩愈认为奉佛有违高祖之志。又从历代盛衰来检验佛教的实效,指出佛法传入中国之前,百姓安乐寿考,自有佛法之后,反而"乱亡相继,运祚不长","宋、齐、梁、陈、元魏已下,事佛渐谨,年代尤促",因此得出结论说"事佛求福,乃更得祸,由此观之,佛不足事,亦可知矣"。在自皇帝以下,王公大人,举国若狂,"焚顶烧指,百十为群。解衣散钱,自朝至暮,转相仿效,惟恐后时,老少奔波,弃其生业",来迎接一小块所谓佛骨的时候,韩愈敢于上表极谏,宣称"臣实耻之",要求"以此骨付之有司,投诸水火,永绝根本,断天下之疑,绝后代之惑"。而且敢于表示:"佛如有灵,能作祸祟,凡有殃咎,宜加臣身。"②可见韩愈对于佛教的深恶痛绝。

韩愈的这些反佛思想在当时并不鲜见,其以前及同时代人中也有很多类似的观点和思想,而韩愈与之不同的地方,正在于他企图建立一个完整的与佛教及道教相抗衡的理论体系。韩愈于是以儒道与佛老之道的区别为基点,进而提出与佛教之法统相对抗的道统说。这就是韩愈在复兴儒学反对佛老的斗争中,依照佛教传法世系的祖统说,建立的一套儒家道统论,这也正是韩愈儒学思想的集中体现。他认为"先王之道"本是一脉相承的,从尧开其端,一直传到孔、孟,未曾间断:

> 尧以是传之舜,舜以是传之禹,禹以是传之汤,汤以是传之文、武、周公,文、武、周公传之孔子,孔子传之孟轲。轲之死,不得其传焉。

而孟轲死后,"道"虽曾中断,但仍后继有人,这个人非韩本人莫属。韩

---

① 《韩昌黎文集校注·论佛骨表》卷八,上海古籍出版社,1986年版,第613、615页。
② 《韩昌黎文集校注·论佛骨表》卷八,上海古籍出版社,1986年版,第616页。

愈正是以"先王之道"的继承者和捍卫者自居,他曾说:"天如使兹人有知乎,非吾其谁哉! 其行道,其为书,其化今,其传后,必有在矣。"①又说:"释老之害过于杨墨,韩愈之贤不及孟子。孟子不能救之于未亡之前,而韩愈乃欲全之于已坏之后。呜呼! 其亦不量其力,且见其身之危,莫之救以死也! 虽然,使其道由愈而粗传,虽灭死万万无恨。"②著书立说,"扶树教道"③,成为韩愈终生的职志。

儒家的这一教道合一,列圣相承的道统,在韩愈之前,若存若无,司马迁、扬雄、王通诸人也都曾以传道自任,但都没有像韩愈说得如此明确,坚持得这样执著。所以还应该有其时代的原因,这就是受到唐代佛教法统相传的刺激,佛教法统,本来是摹仿世俗门阀士族的宗法谱系而制定,用以表示法统如宗法一样具有不可移易的权威性与绵延性。韩愈为了从理论上与佛教抗衡,表示自己所继承的儒家思想有本有源,而且更为源远流长,所以将历史上列圣承传不绝如缕的传道之统,进行了浓墨重笔地描摹,并明确地将之称为道统。充分表现了其以道统自任的历史责任感和使命感。那么,这个道统究竟是什么呢? 那就是中国传统的先王之学,其中心思想是被韩愈称之为定名的"仁"和"义"。仁义乃正统儒家学说与佛老宗教学说的根本区别,而推行仁义之道,教化万民的就是处在道统源头的"先王"或"圣人",人类历史的发展,物质财富生产活动的发明、创造和推进,都是圣人教化的结果。"有圣人者立,然后教之以相生养之道。""为之礼以次其先后,为之乐以宣其壹郁,为之政以率其怠倦,为之刑以锄其强梗。"④生民的生产技艺,国家的政治法令、社会的伦理法规无不由圣人制作、传授,因此才有了人类社会、国家社稷。从韩愈的道统论思想可见其圣人史观,正是由于有了圣人,人类才不至于毁灭,"害至而为之备,患至而为

---

① 《韩昌黎文集校注·重答张籍书》卷二,上海古籍出版社,1986年版,第136页。
② 《韩昌黎文集校注·与孟尚书书》卷三,上海古籍出版社,1986年版,第215页。
③ 《韩昌黎文集校注·上兵部李侍郎书》卷二,上海古籍出版社,1986年版,第144页。
④ 《韩昌黎文集校注·原道》卷一,上海古籍出版社,1986年版,第15页。

之防"。这是继承了孟轲的劳心、劳力说与社会分工论。

韩愈儒家思想最突出的表现,是他从统治阶级与人民应该相生相养的角度出发而提出了圣人、百官亦不应怠于民事,君臣民三者皆应"各致其能"、"劳而后食"的观点,以及由此出发,而对统治阶级中那些"多行可愧"、"患得患失"、"贪邪亡道"者的谴责态度。这与他所设想的由"礼、乐、刑、政"的社会制度、"士、农、工、商"的社会分工和"君臣、父子、师友等"之伦常关系所构成的社会蓝图而力主排斥佛老的思想是一致的。可见韩愈为攘佛老而建立的儒家道统,实即中国固有的道德文化之统,并进而以此道统来校正天下国家的政统,其意义又非仅为反佛道而已。两者相较道统要比政统重要得多,政统中绝,还可依道统的模式重建。道统若绝,政统自然随之消亡。道统的确立,即是中国文化主体的确立。若无此道统,无此文化主体,则非但纷纶歧异的中国固有文化无所统归,更谈不上对佛学等外来文化的吸收。所以,韩愈道统说不仅在儒学史上,而且在中国文化史上,都具有不可低估的借鉴意义。

慨然以儒家的教道自任的韩愈,是历史上第一个推崇孟子的学者。他认为,"孔子之徒没,尊圣人者,孟氏而已","周之衰,好事者各以其说干时君,纷纷藉藉相乱,六经与百家之说错杂,然老师大儒犹在。火于秦,黄老于汉,其存而醇者,孟轲氏而止耳"。因称"孟氏醇乎醇者也"。① 又说"愈不助释氏而排之者",是因为"孟子云:'今天下不之杨则之墨,杨墨交乱,而圣贤之道不明,则三纲沦而九法斁,礼乐崩而夷狄横,几何其不为禽兽也!'故曰:'能言距杨墨者,皆圣人之徒也。'""赖其言,而今学者尚知宗孔氏,崇仁义,贵王贱霸而已。""向无孟氏,则皆服左衽而言侏离矣。故愈尝推尊孟氏,以为功不在禹下者,

---

① 《韩昌黎文集校注·读荀》卷一,上海古籍出版社,1986年版,第15页。

为此也。"①韩愈极力称扬孟子辟斥"异端邪说"的"卫道"之功,"以为功不在禹下",遂使《孟子》其书日益引起重视,最后以子学而升格为经书。韩愈既以儒家道统自居,又被公推为古文复兴的文章宗主,两者合而为一,互为表里,相得益彰,加之弟子友朋的群起呼应,掀起了那场盛行于中唐时代,绵延数世纪之久的古文运动,遂亦奠定了中国的文统。韩愈思想中也充满着矛盾:比如他盛赞孟子辟排杨、墨,认为杨、墨偏废正道,却又主张孔墨相用;他提倡宗孔氏,贵王道,贱霸道,而又推崇管仲、商鞅的事功;他抨击二王集团的政治改革,但在反对藩镇割据、宦官专权等大是大非方面,又与二王的主张并无二致。这些复杂矛盾的现象,在其诗文中都有反映。说明他的思想仍然处在不断的发展变化之中,这也是时代的世势使然,不足为怪。

第三节 李翱的复性论

李翱和韩愈志同道合,共同揭举振兴"孔孟之道"、攘斥佛、老的旗帜。他的排斥佛教,和韩愈一样,是从道统的高度着眼,而兼及社会民生诸方面的批判。他指出:

> 夫不可使天下举而行之,则非圣人之道也。故其徒也,不蚕而衣裳具,弗耕而饮食充,安居不作,役物以养己者,至于几千百万人,推是而冻馁者几何人,可知矣。于是,筑楼殿宫阁以事之,饰土木铜铁以形之,髡良人男女以居之,虽璇室、象廊、倾宫、鹿台、章华、阿房弗加也。是岂不出乎百姓之财力欤?②

---

① 《韩昌黎文集校注·与孟尚书书》卷三,上海古籍出版社,1986年版,第214页。
② 《李文公集·去佛斋》卷四,《影印文渊阁四库全书》1078册,台湾商务印书馆,1986年版,第117页。

这些排佛理由和韩愈相同,应该说是正当、可取的。不过,在对待佛教的态度上,韩、李并不完全相同。李翱对佛学并不绝对排斥,相反,他的学说很大一部分是来自佛学,他吸取了佛学的一些思想和方法内容,用来充实子思、孟轲一派关于性命的学说,并以和老、庄、列、释之学对立。他讶怪于批判佛教的人不懂佛学,所驳不能令佛教之徒心服,"惑之者溺于其教,而排之者不知其心,虽辩而当,不能使其徒无哗、而劝来者,故使其术若彼其炽也。"他主张用两种方法对待佛教:"其君子可以理服,其小人可以令禁。"这里所谓的君子,是指佛教的学问高僧、小人则指徒有佛教形迹的僧徒。他曾说:"佛法论心术则不异于中土,考教迹则有蠹于生灵。"①他所要厉禁的正是佛教的形迹。对其心术之论,则给予肯定。所以对天下之人的引导,应该是"以佛理证心",而不是以"土木铜铁周于四海",可惜"天下之人,以佛理证心者寡矣"。②而李翱正是准备将佛教"以理证心"的学说吸收到儒学之中。其《复性书》就是《中庸》与佛学相结合的理论,从中可以看到李翱吸取佛学的态度及对佛学复性说的消化改造。

李翱的《复性书》上、中、下三篇,是代表李翱哲学思想、也是集儒家性命思想之大成的扛鼎之作。先秦儒家有关心性的论述散见于《易传》与诸子书中,较为集中的是子思的《中庸》,李翱述其宗旨曰:

> 子思述《中庸》四十七篇,以传于孟轲。轲曰:"我四十不动心。"轲之门人达者公孙丑、万章之徒盖传之矣。遭秦灭书,《中庸》之不焚者一篇存焉,于是此道废缺,其教授者唯节行、文章、章句、威仪、击剑之术相师焉,性命之源则吾弗能知其所传矣。道之

---

① 《李文公集·再请停修寺观钱状》卷十,《影印文渊阁四库全书》1078册,台湾商务印书馆,1986年版,第151页下。
② 《李文公集·与本使杨尚书请停率修寺观钱状》卷十,《影印文渊阁四库全书》1078册,台湾商务印书馆,1986年版,第151页上。

极于剥也必复,吾岂复之时邪?①

这是李翱著《复性书》的缘起,儒家的性命之学,自秦汉以迄于唐,缺废衰落以至"极于剥"的地步,导致儒家"性命之书虽存,学者莫能明,是故皆入于庄列老释"的局面。为了改变"不知者谓夫子之徒不足以穷性命之道"的局面,李翱因而就其所知,以《中庸》为理论依据,旁采《易传》、《大学》、《乐记》等经典,综会老、庄以及佛教禅宗的部分思想,笔之于书,"以开诚明之源,而缺绝废弃不扬之道,几可以传于时,命曰《复性书》,以理其心,以传乎其人"②,终于建立起系统的儒家心性学说。

如《中庸》开宗明义即讲:"天命之谓性,率性之谓道,修道之谓教。"李翱解释曰:

> 何谓"天命之谓性"?曰:人生而静,天之性也。性者,天之命也。"率性之谓道",何谓也?曰:率,循其源而反其性者,道也。道也者,至诚也;"至诚者,天之道也。"诚之者,择善而固执之者也。修是道而归其本者明也;教也者,则可以教天下矣。③

李翱首先借助《中庸》天赋人性的界定,循此性而自然展开即是道,而人之道即是至诚,修持此一至诚之道,"归其本者",亦即是他所谓的"复性",并认为此即是可以教天下的"教"。整个"复性说"即是以此为纲领而展开的论述。所以欧阳修在读过其文后说:"予始读翱《复性书》三篇,曰:此《中庸》之义疏耳。"④可见《复性书》是对儒家固有学说的发挥,有本有源,有统有绪,绝非向壁虚造的无根之谈。

《复性书》开篇写道:

---

①② 《李文公集·复性书上》卷二,《影印文渊阁四库全书》1078册,台湾商务印书馆,1986年版,第108页。

③ 《李文公集·复性书中》卷二,《影印文渊阁四库全书》1078册,台湾商务印书馆,1986年版,第109页。

④ 《欧阳修全集·居士外集·读李翱文》卷二十三,中国书店,1986年版,第532页。

> 人所以为圣人者,性也;人之所以惑其性也,情也。喜、怒、哀、惧、爱、恶、欲七者,皆情之所为也。情既昏,性斯匿矣,非性之过也;七者而交来,故性不能充也。①

从中即可看到《中庸》的影子,也可以看到韩愈论性的痕迹,然李翱所使用的阐释方式,却引入或袭取了禅宗"见性成佛"的论证方法,这是与韩愈最大的不同。

韩愈亦有《原性》篇,其性论主要是继承发挥董仲舒的性三品说,并对孟、荀、扬雄等人的人性论进行补充修正,而提出其新的性三品说。其贡献在于论性而引进了情的概念,他认为"性"是天生的,"情"是后起的。"性也者,与生俱生也;情也者,接于物而生也。"构成"性"的要素有五:仁、礼、信、义、智,构成"情"的要素有七:喜、怒、哀、惧、爱、恶、欲。"性"与"情"各有三品的等级。性三品的划分依据是:生来就具备五常之德者,属上品人性;五常之德有所欠缺者,属中品人性;五常之德全不具备者,斯乃人性之下品。"上焉者,善焉而已矣;中焉者,可导而上下也;下焉者,恶焉而已矣。"②

与性之三品相应,"情"也有上、中、下三品:"上焉者之于七也,动而处其中;中焉者之于七也,有所甚,有所亡,然而求合其中者也;下焉者之于七也,亡与甚,直情而行者也。"上品之情的发动都符合道德原则;中品之情的发动有过有不及,但尚有求合于道德原则的愿望;下品之情的发动则全不合于道德标准。情的上、中、下三品与性的上、中、下三品一一相应,上品的性,必发为上品的情,中品的性必发为中品的情,下品的性必发为下品的情。他还认为人性之上品与下品是不可改变的,但是通过教育,上品的性可以"就学而愈明","下之性畏威而寡罪"。于是,韩愈便得出"上者可教而下者可制"的结论。

---

① 《李文公集·复性书上》卷二,《影印文渊阁四库全书》1078册,台湾商务印书馆,1986年版,第106页。

② 《韩昌黎文集·原性》卷一,上海古籍出版社,1986年版,第20页。

韩愈反对佛教宣传所谓灭情以见性的出世观念，教人逃避君臣、父子、夫妇的责任，不然就会为情所累，影响见性成佛。韩愈也认为善恶的表现实由于情，但亦可因情以见性，正是在君臣、父子、夫妇等伦理关系之内，才能使情"动而处其中"，从而与佛教出世的人性论划清了界限。

李翱对于韩愈的人性论，既有所继承，又有所修正，更有所发挥。他同韩愈一样，认为人有性和情两个方面，性是基本的，但性须通过情方能表现出来；情是由性所派生，从属于性而又反制于性。"性者，天之命也；圣人得之而不惑者也；情者，性之动也，百姓溺之而不能知其本者也。"①即是说，人性与生俱来，普遍存在于每一个体生命之中，圣人与凡人没有差别。所以说"百姓之性与圣人之性弗差也"。而且"人之性皆善"，但是有性必然有情，"情由性而生，情不自情，因性而情"。②情即是性之情，两者不能相无。正因为如此，本来皆可超凡入圣的人，因为有此无以摆脱的情而成为凡人甚至恶人。这就是李翱用《中庸》作为理论根据，而提出的性善情恶说。如曰："人之所以为圣人者，性也；人之所以惑其性者，情也。喜、怒、哀、惧、爱、恶、欲，皆情之所为也。情既昏，性斯匿矣，非性之过也。七者循环而交来，故性不能充也。"③七情循环往来，交攻于人，所以人性之善，不能得到充实。

李翱认为人之性皆善，而"情有善有不善"，这似乎同韩愈关于"情"的主张相似。不过，他所说的善情，虽然指的是圣人之情，但并不就是韩愈所说"动而处其中"，情欲发动而合乎中道的圣人之情。他认为，圣人之情是一种超脱喜怒哀乐的情，这种所谓的善情，其实在人间并不存在。所以他说：圣人"虽有情也，未尝有情也"④。他所注重的情，实际上是指凡人之情，即"不善之情"，亦即"情者，妄也，邪也。"也就是说，就人的本性而言，每一个人都是先天地符合五常之德，这种本

---

①②③④ 《李文公集·复性书上》卷二，《影印文渊阁四库全书》1078册，台湾商务印书馆，1986年版，第106页。

性就是成为圣人的前提。那么为什么众人做不到圣人呢？则正是由于受到这种"不善之情"的诱惑与干扰，七情六欲从各个方面不断干扰人的本性，才使得人为情所困、为欲所支配，以至成为凡人或沦为恶人。

李翱就是这样把性和情确定为既相联系又相对立的两极，以区别凡人和圣人的品类，一种人不以情累性，是为圣人，另一种人却以情累性，是为凡人。

> 问曰："凡人之性犹圣人之性欤？"曰："桀纣之性犹尧舜之性也，其所以不睹其性者，嗜欲好恶之所昏也，非性之罪也。"曰："为不善者，非性邪？"曰："非也，乃情所为也。情有善有不善，而性无不善焉。"①

正是因为凡人的性与情是对立的，凡人之情感欲望是败坏人性的主要原因，因此李翱主张只有去情，才能复性。"妄情灭息，本性清明，周流六虚，所以谓之能复其性也。"②他将"性"喻为水、火，而将"情"喻为泥沙和烟雾。凡人之"性"，犹如夹杂着泥沙的水流和笼罩着烟雾的火光，待到泥沙沉淀，烟雾散去，那么，水就清了，火就明了。"凡人"除却了邪情，也就恢复了"善"性。或者说，凡人只有去情，才能成圣。李翱这种对待性情关系的认识以及反对一切情感的态度，显然是受了佛教学说的影响。

李翱进一步强调"复性"的必要性以及复性的方法、途径，他说："情者，性之动也，百姓溺之而不能知其本者也。"为了使人复其本性，他提出了一套融会儒释道三教神秘而近于宗教式的修炼方法：

> 或问曰："人之昏也久矣，将复其性者必有渐也，敢问其方。"
> 曰："弗虑弗思，情则不生。情既不生，乃为正思。正思者，无虑无

---

① ② 《李文公集·复性书中》卷二，《影印文渊阁四库全书》1078册，台湾商务印书馆，1986年版，第110页。

思。"曰:"已矣乎?"曰:"未也,此斋戒其心者也,犹未离于静焉。有静必有动,有动必有静,动静不息,是乃情也。"《易》曰:"吉凶悔吝,生于动者也,焉能复其性邪?"曰:"如之何?"曰:"方静之时,知心无思者,是斋戒也;知本无有思,动静皆离,寂然不动者,是至诚也。"①

这无疑是受了佛性论的影响。佛学把"清净"看作人的本性,主张消灭人欲,以恢复清净本性,而李翱也是这样。他所讲的性,其实相当于佛学的"佛性";他所讲的情,其实相当于佛学的"妄念"。李翱所提出的修养方法,用佛学的术语说,乃是"渐悟"以至"顿悟"的神秘过程,他把"复性"划分为两段;首先是作到一种所谓"弗思弗虑"的境界,使情不生,但"无虑无思"的所谓"正思"仍是"思",它还没有超出有动有静的层次,而真正的"复性"还要进一步作到"知本无有思",于是"动静皆离",也就是"情性两忘"的神秘境界,李翱称之为"至诚"。到了"至诚"的境界,即为圣人。"诚者,圣人之性也,寂然不动,广大清明,照乎天地,感而遂通天下之故,行止语默无不处于极也。"②如能达到这样的境界,人就可以具有照明万物的能力,然后去感应万物。把复性和知人、知物、知天统一起来,在这种人与万物融合一体的状态下,"心寂不动,邪思自息;唯性明照,邪何所生"③。李翱的这种思想,显然是受《大乘起信论》的影响,与"心生则种种法生,心灭则种种法灭"的净染说,从推理方法到遣词用语,都极为相似。

李翱和韩愈的人性论,同是建立在儒家人性论基础上的。两者的不同之处在于:韩愈没有以情为恶,而是认为应该使七情合乎中道即可;李翱既以情为恶,意欲复性则首先必须摆脱情欲的束缚。然而在本质上两人还是相通的,李翱追求"清净"本性,把"清净"看作是仁义的基础,是对韩愈仁义本性论的深化。同样,李翱主张人性皆善,宣扬

---

①②③ 《李文公集·复性书中》卷二,《影印文渊阁四库全书》1078册,台湾商务印书馆,1986年版,第108页。

去情复性,人人可以成为圣人,也应是韩愈的性、情各分"三品","上者可教而下者可制"主张的必然归宿。但是李翱的"复性说"在理论上比韩愈的"原性"更为深入细致而系统。他一方面教人断除"嗜欲爱憎之心",使"视听昭昭而不起于见闻",主动去追求"诚明之源"的神秘主义境界。但同时也认为社会环境以及文化的引导,比如制礼作乐,也是指引人们走向去情复性之道可靠保证。如曰:"圣人知人之性皆善,可以循之不息而至于圣也,故制礼以节之,作乐以和之。安于和乐,乐之本也;动而中礼,礼之本也。""视听言行,循礼而动,所以教人忘嗜欲而归性命之道也。"①这个"忘嗜欲而归性命之道"的口号,到宋明理学家那里,逐渐演变成"存天理,灭人欲"的重大命题。

李翱的"复性论",固然因受佛道性命学说盛行的刺激而作,然而他能别树一帜,卓然一代之中,还在于他能于儒学经典中发掘出固有的心性学说,吸取运用佛教的思维方法,营建起他的"复性"新说,从而使儒家心性论获得新的生命力,并可与佛道相抗衡而无不及,则不能不说是李翱的远见特识。

第四节 韩愈、李翱在儒学史上的地位

韩愈和李翱,是我国儒学史上具有影响的两位文学家兼思想家型的学者。他们以攘除佛老、维护儒家思想的独尊地位为己任,发动起以复兴儒学和古文运动为表里的思想文化运动,思想上上承孔孟儒学,下启宋明理学,在中国儒学史上处于承先启后的地位。

韩愈、李翱通过回应佛老在思想文化领域的挑战,复兴和重建儒

---

① 《李文公集·复性书中》卷二,《影印文渊阁四库全书》1078册,台湾商务印书馆,1986年版,第107页。

学的理论基础与体系,重新确立了儒学在中国学术文化中的独尊地位。韩愈、李翱所处的中唐时期,社会问题已相当严重,突出的表现是藩镇割据、宦官专权、经济困顿、民生凋敝,国家已走向分崩离析的边缘;在意识形态领域里,儒、道、释相互攻伐,互争高低,大有佛道势力恶性膨胀,占据文化主导地位之势。韩、李力主排斥佛老、兴复儒学的根本原因,既是由当时的社会政治、经济状况所决定,也是由不同文化所代表的社会功能及其社会发展方向而决定的。儒学对于整顿封建社会的纲常伦理,维护社会统治秩序,固然是得心应手的工具,然而更为重要的是,儒家的仁义之道,代表着人类社会发展的正确方向;而佛老之术,不惟不利于整顿国家政治经济秩序,而且存在着其究竟要把人类社会引向何方的严峻问题。这才是韩、李排佛以建道统,援佛以复心性的动因和目的。《原道》和《复性书》,就是他们发起古文运动,排佛老以兴扬儒学的宣言书和奠基石。韩、李致力于继承和复兴儒学,标举"文以载道"的大纛(纛,意大旗。音到),"文起八代之衰,道济天下之溺",既以力挽中国文化之狂澜于既倒,又欲扶持唐王朝之大厦于将倾。具有拨正中国文化发展方向和巩固社会道义基础的重要作用,同时也为国人挽回了几乎失去的文化自信。

关于儒家道统的提出与传承,孟子已略有所论。《孟子·尽心下》历叙圣贤相传的统系,且有隐然自命之意。但从孟子之后,这种对文化兴亡的承担精神,在历史上已经很少出现,直到韩愈作《原道》,始又重新提出。韩愈详叙上自尧舜下至孟轲这个一脉相承、轲后中断的先王之道,明确宣示韩愈本人即是儒学道统的兴复者、继承人。韩愈之后,及至宋明,儒学道统能被周、程、朱等理学家争相传承、阐发,韩愈可说是导夫先路、开其先声的。

《复性书》以儒家仁礼思想为原则,综合吸取佛、道二家的思想方法,对既往心性学说加以创造性的熔铸,形成较为系统的儒家心性理论,弥补了儒学在心性论方面的不足,丰富完善了儒家哲学的体系。

李翱对性、情这一对范畴的深入阐释,使人们摆脱了遇有心性困惑,必须乞灵于佛道两教的尴尬。开启了嗣后宋明理学大讲情性之论、理欲之辨的学风。

李翱的复性学说,则着重表彰《中庸》,是对《中庸》心性论思想所作的创造性发挥。傅斯年在其《性命古训辨证》一书中认为:"李习之者,儒学史上一奇杰也。""新儒学发轫之前,儒家惟李氏有巍然独立之性论,上承《乐记》、《中庸》,下开北宋诸儒,其地位之重要可知。自晋以降,道、释皆有动人之言,儒家独无自固之论。""儒家书中,谈此虚高者(玄虚高论,借指性命问题),仅有《孟子》、《易系》及《戴记》之《乐记》、《中庸》、《大学》三篇,在李氏前皆不为人注意,自李氏提出,宋儒遂奉为宝书,于是将此数书提出,合同其说,以与二氏相角。"①可见,由于李翱和韩愈对《中庸》、《大学》、《孟子》和《论语》价值的重新发现,并极力予以称扬发挥,据以建立新的学说,不仅开创了中唐儒学的新局面,遂也开启了后世重视四书甚于五经的先河。

韩、李针对佛老势力对当时政治、经济、生活秩序的破坏及社会文化发展方向的扰乱,挟古文运动风起云涌之势,提出兴复和重建儒学。他们的观点尽管还缺乏详密严谨的理论形态,但毕竟是与佛老学说直接抗衡的论战。在当时佛、道、儒互相攻伐,互争高低的情况下,揭露了佛道学说的荒诞,有效地遏制了其所带来的社会危害,产生了极大的社会反响,增强和提高了儒学的权威地位,具有维护文化主体命脉的理论意义和现实作用。

韩、李阐扬儒学攘斥佛老的具体内容和方法,大都为宋代儒家学者所承认所吸纳,并予以深入地发挥和发展。以中唐儒学所开辟的道路为基础,继续改造和扩展儒学的论域,遂有兼综三教,超越佛、道之宋代理学的产生,使之成为我国文化学术史上的一种崭新的哲学形态。

---

① 《中国现代学术经典·傅斯年卷》,河北教育出版社,1996年版,第172页。

韩愈的道论及其"性三品说",李翱的复性说及其"性善情恶"论,对宋儒"气质之性"以及"理欲之辨"等重大哲学命题的提出,开拓了道路。因此,宋明理学家在最后拟定儒家道统的传承谱系时,在孟子之后、宋儒之前,确立了韩愈的位置,这是对韩、李儒学贡献的肯定。

第九章

柳宗元、刘禹锡的儒学思想

第一节 柳宗元、刘禹锡的生平

柳宗元(773—819)字子厚,河东(今山西永济)人。生于唐代宗大历八年,卒于宪宗元和十四年。柳氏本属"关陇集团"中的世家大族,唐高宗时公侯满朝,后受武则天打击以致衰微。其父柳镇,玄宗朝任太常博士,母亲亦系名门之女,柳宗元自幼受书香熏陶,加之聪颖刻苦,过目成诵,遂被视为"奇童"。十余岁时便结交同好,开始讲道论文。据《新唐书》载:"宗元少精敏绝伦,为文章卓伟精致,一时辈行推仰。"[①]十七岁参加进士考试,因当朝宰相与其父有宿怨,而未被录取。直至贞元九年进士及第,贞元十四年考中博学鸿词科,正式踏入仕途。

---

① 《新唐书·柳宗元传》卷一百六十八,中华书局,1975年版,第5132页。

柳宗元尝自述曰:"始仆之志学也,甚自尊大,颇慕古之大有为者。"①并解释自己应制科考的目的并非"慕权贵之位",而是"乐行乎其政","以理天下为悦者也"②。此时他的文名益盛,"俊杰廉悍,议论证据古今,出入经史百子,踔厉风发,率常屈其座人。一时皆慕与之交"③。贞元十五年,宗元通过好友吕温之介,拜陆淳为师,全面接受新《春秋》学。初任集贤殿书院正字期满后,调补蓝田县尉,留京未赴。

贞元十九年,柳宗元迁官监察御史里行,受到王叔文、韦执谊的赏识,从此参加王叔文为首的革新集团,成为重要成员。贞元二十一年,顺宗即位,改元永贞,王叔文实主朝政,柳宗元被任命为礼部员外郎,将欲大进用之。这时他作《守道论》表明对做官的态度,"官也者,道之器也,离之非也。未有守官而失道,守道而失官之事者也",决意"兴尧、舜、孔子之道,利安元元"。④ 柳宗元正是抱持这样的志愿积极投入到永贞革新之中的,多所谋划,为新政做出不少兴利除弊的善举。可惜王叔文对形势估计不足,又不善自处,在很短时间内便招致失败。二王不久被害,柳宗元、刘禹锡等八人被贬为远州司马。这即是历史上著名的"二王八司马"事件。柳宗元被贬永州员外安置。过汨罗江,作《吊屈原文》,寄托身世之感。有句云:"穷与达固不渝兮,夫唯服道以守义。矧先生之悃愊兮,蹈大故而不贰。"⑤表示愿以屈原为榜样,服道守义,矢志不渝。从此"万死投荒",历时十余年。

柳宗元一向主张的"辅时及物之道",既不得施之于事实,乃驰骋于文章,论学、论政、论处世,揭橥"文以明道"的大旗,投入到古文运动之中。他的思想经过谪居生活的磨砺与反思,得到进一步深化,并开始研究佛学,他的那些统合儒释深探道本的哲学著作,大都作于此时。

---

① 《柳宗元集·答贡士元公瑾论仕进书》卷三十四,中华书局,1979年版,第876页。
② 《柳宗元集·上大理崔大卿应制举不敏启》卷三十六,中华书局,1979年版,第913页。
③ 《韩昌黎文集·柳子厚墓志铭》卷七,上海古籍出版社,1986年版,第511页。
④ 《柳宗元集·寄许京兆孟容书》卷三〇,中华书局,1979年版,第716页。
⑤ 《柳宗元集·吊屈原文》卷十九,中华书局,1979年版,第517页。

元和九年,循"例召"返还京师,非但未被复用,反于次年再贬至更远的柳州出任刺史。宗元在柳州多有惠政,敷扬文教,革除陋俗,劝农耕桑,兴修水利。如柳州旧俗,以男女质钱,过期则没入为奴,宗元出私钱赎之,尽革其俗。又据《新唐书·柳宗元传》载:"南方为进士者,走数千里从宗元游,经指授者,为文辞皆有法。世号'柳柳州'。"① 其实文辞对柳宗元来说,只是其末事,他念念不忘的是吾道重兴,以"伸其大略"。可惜柳宗元没有经受住命运的打击,过早地赍志以殁。临终时,遗书给韩愈和刘禹锡。向韩愈托孤并请为他作墓铭,请刘禹锡为他整理遗稿,把身后的两件大事委托给了最知己的朋友。② 柳宗元和韩愈作为唐代古文运动实即思想文化运动的两大领袖,除政见与学术多有不同外,作为政治家、文学家和学者,在个人人格方面都有更多的相通之处。两位巨子一直保持着友谊,包括学问和哲学观点上的往复辩论,都说明这种友谊关系的严肃性所在。古人以"和"不以"同"论交,韩、柳关系给我们树立了这方面的又一典范。至于两人对儒学发展的贡献,韩则侧重于儒学权威的维护与重树,柳则侧重于儒学理论的辨正和开新,曾明言经学"探奥义、穷章句,为腐烂之儒"③。柳宗元与韩愈一起开辟了唐代儒家子学的新路。

刘禹锡(772—842),字梦得,洛阳(今河南洛阳)人。生于唐代宗大历七年,卒于武宗会昌二年。自称是汉中山靖王刘胜之后,"世为儒而仕"。其父"讳绪,亦以儒学"。④ 因安史之乱,避居江东,刘禹锡少年时代在江南度过。由于家学渊源的影响,刘禹锡自幼以儒学为素业,

---

① 《旧唐书·柳宗元传》卷一百六十,中华书局,1975年版,第4214页。
② 参见韩愈:《祭柳子厚文》、《柳子厚墓志铭》;刘禹锡:《河东先生集序》。
③ 《柳宗元集·上大理崔大卿应制举不敏启》卷三十六,中华书局,1979年版,第912页。
④ 《刘禹锡集·子刘子自传》卷三十九,中华书局,1990年版,第590页。

熟读儒家经典,"习《诗》、《书》,佩觿韘,恭敬详雅,异乎其伦"①。曾从僧皎然、灵彻学诗。在《澈上人文集纪》中说:"初上人在吴兴,居何山,与昼公为侣。时予方以两髦执笔砚,陪其吟咏,皆曰孺子可教。"②为其后的融佛思想奠定了基础。刘禹锡自幼学习刻苦,"厚自淬琢,靡遗分阴"③。研读儒家经典之前,广泛涉猎诸子百家,"九流宗指归,百氏旁捃摭"④,以至天文、医药无不含英咀华,兼收并蓄。

贞元九年,他与柳宗元同登进士第,同年又登吏部博学鸿词制科。贞元十一年(795),刘禹锡复"以文登吏部取士科,授太子校书"⑤。从此踏上仕途。禹锡后在《苏州谢上表》中有云:"谬以薄伎,三登文科。"⑥即指前年的进士科、宏辞科及本年的吏部取士科。马端临《文献通考·选举考》云:"唐士之及第者,未能便解褐入仕,尚有试吏部一关。"⑦通过吏部考选,才能获得官职。

然而刘禹锡并不以作一个文士和官僚为满足,自称"少年负志气,信道不从时"⑧。意欲直道而行,不从流俗,表现出改革时政的志愿。又有诗云:"昔贤多使气,忧国不谋身。目览千载事,心交上古人。"⑨表示要以昔贤为榜样,愿在千载之下,继承古人但以国事为忧不为身谋的忠贞情操。刘禹锡正是抱持着这样的意愿,投入到当时风云变幻的政治潮流之中。贞元十六年,入杜佑幕府任徐泗濠节度掌书记,杜佑素以长于"富国安人"著称,禹锡从之得闻"发敛重轻之道"、"宽猛迭用"之术,⑩增长才干,获益匪浅。十八年调任渭南县主簿,次年与韩

---

① 《权德舆诗文集·送刘秀才登科后侍从赴东京觐省序》,上海古籍出版社,2008年版,第567页。
② 《刘禹锡集·澈上人文集纪》卷十九,中华书局,1990年版,第239页。
③ 《刘禹锡集·献权舍人书》卷十,中华书局,1990年版,第121页。
④ 《刘禹锡集·游桃源一百韵》卷二十三,中华书局,1990年版,第295页。
⑤ 《刘禹锡集·子刘子自传》卷三十九,中华书局,1990年版,第590页。
⑥ 《刘禹锡集·苏州谢上表》卷十五,中华书局,1990年版,第185页。
⑦ 马端临:《文献通考·选举考·举士》卷二十九,中华书局,1986年版,第280页。
⑧⑨ 《刘禹锡集·学阮公体三首》卷二十一,中华书局,1990年版,第258页。
⑩ 《刘禹锡集·答饶州元使君书》卷十,中华书局,1990年版,第124页。

愈、柳宗元同登御史台任监察御史。韩愈遭贬逐后，与柳宗元一起参与永贞革新运动。时"朝廷大议秘策多出叔文，引禹锡及柳宗元与议禁中，所言必从"①。"禹锡尤为叔文知奖，以宰相器待之"②。不久，顺宗因病内禅，永贞新政宣告失败。禹锡被贬为连州刺史，行至半途又改为朗州司马。元和元年唐宪宗犹且诏令：八司马"纵逢恩赦，不在量移之限"③。强大的政治压力，并未使其豪情稍减，仍然锐意于学术与治道。与韩柳讨论哲学，著《天论》三篇；与元稹讨论经济，写《答饶州元使君书》，坚持"稽其弊而矫之"的革新思想。元和九年十二月"例召"回京。次年三月因赋《戏赠看花诸君子》诗，语含讥讽，得罪执政，复被外放，虽历经打击，却不肯降心辱志。后历多州刺史，所至皆以民瘼为念，广与隐士僧徒交游，亦只是守道待时而已，并不说明意志的消沉，甚而宣言："蹈道之心一，而俟时之志坚。"④大和二年，奉调主客郎中，作《再游玄都观》绝句称："种桃道士归何处，前度刘郎今又来。"特于小序中注明"以俟后游"⑤，显示了初衷不改、无所畏避的坚强性格。又由裴度荐举，兼任集贤院学士，集贤院本为储才之所，大有出居要职的希望，无奈裴度罢相，他也随之外任苏州刺史。适苏州水灾，赖其全力赈救，使社会秩序迅速恢复。受到朝廷"政最"的嘉奖，及百姓建祠怀念的殊荣。后徙任汝州、同州刺史，内迁任太子宾客，分司东都。晚年加检校礼部尚书、秘书监等衔。

刘禹锡也是古文运动的健将，仕宦未能偿其报国夙愿，乃托意于文章事业。谪居期间，"为江山风物之所荡，往往指事成歌诗，或读书有所感，辄立评议，穷愁著书，古儒者之大同，非高冠长剑之比耳"⑥。

---

① 《新唐书·刘禹锡传》卷一六八，中华书局，1975年版，第5128页。
② 《旧唐书·刘禹锡传》卷一百六十，中华书局，1975年版，第4210页。
③ 《旧唐书·宪宗纪上》卷十四，中华书局，1975年版，第418页。
④ 《刘禹锡集·何卜赋》卷一，中华书局，1990年版，第12页。
⑤ 《刘禹锡集·再游玄都观绝句》卷二十四，中华书局，1990年版，第308页。
⑥ 《刘禹锡集·刘氏集略说》卷二十，中华书局，1990年版，第251页。

认识到著书传道的意义,自非显宦高位可比。刘禹锡曾引述李翱的话"翱昔与韩吏部退之为文章盟主,同时伦辈,惟柳议曹宗元,刘宾客梦得耳"①,可见其对此评价表示首肯。禹锡早年主张文章应为"见志之具"②,后更进一步指出"文非空言","文之细大,视道之行止"。③ 此外,刘禹锡还强调了文章的社会政治功能,如曰:"古之所以导下情而通比兴者,必文其言以表之。"④这些都与韩柳"文以载道"复兴儒学的古文理论相一致。其文及诗于中唐自成一格,纪昀在《刘宾客文集》提要中评论说:"其古文则恣肆博辨,于昌黎、柳州之外,自为轨辙。"⑤

刘禹锡与韩、柳一直保持着友谊,韩愈有诗云:"同官尽才俊,偏善柳与刘。"⑥禹锡则在《祭韩吏部文》中说:"昔遇夫子,聪明勇奋,常操利刃,开我混沌。子长在笔,矛长在论,持矛举楯,卒不能困。时惟子厚,窜言其间。"⑦"每与其徒讲疑考要,王霸富强之术,臣子忠孝之道,出入上下百千年间,诋诃角逐,叠发连注。得一善辄盱衡击节,扬袂顿足,信容得色,舞于眉端。"⑧可以想见中唐诸子相与论学的盛况,可谓千载一时。宋人评价他在古文运动中的地位时说:"唐之文风,大振于贞元、元和之时,韩、柳倡其端,刘、白继其轨。"⑨实属公允之论。刘禹锡对儒学的贡献,主要是对天人之际的古老命题所给予的全新阐释,以及对佛学有益成分的汲取。

---

① 《刘禹锡集·唐故中书侍郎平章事韦公集纪》卷十九,中华书局,1990年版,第228页。
② 《刘禹锡集·献权舍人书》卷十,中华书局,1990年版,第121页。
③ 《刘禹锡集·唐故相国李公集纪》卷十九,中华书局,1990年版,第224页。
④ 《刘禹锡集·上淮南李相公启》卷十八,中华书局,1990年版,第213页。
⑤ 《四库全书总目·刘宾客文集提要》卷一五〇,中华书局,1965年版,第1290页。
⑥ 《韩昌黎诗系年集释·赴江陵途中寄赠翰林三学士》卷三,上海古籍出版社,1984年版,第288页。
⑦ 《刘禹锡集·祭韩吏部文》卷四十,中华书局,1990年版,第605页。
⑧ 《刘禹锡集·吕君集纪》卷十九,中华书局,1990年版,第235页。
⑨ (宋)谢采伯:《密斋笔记》卷三,《影印文渊阁四库全书》864册,台湾商务印书馆,第666页。

第二节　柳宗元的道论与天论

一、柳宗元的道论

柳宗元思想体系的核心是中道,无论为文为政,论世论天,一皆以明道为目的,以中道为准绳,其尝自述云:"始吾幼且少,为文章,以辞为工。及长,乃知文者以明道。是固不苟为炳炳烺烺,务采色、夸声音而以为能也。凡吾所陈,皆自谓近道。""抑之欲其奥,扬之欲其明,疏之欲其通,廉之欲其节,激而发之欲其清,固而存之欲其重,此吾所以羽翼夫道也。"①自幼求学为文,就已立志"学圣人之道"②,"凡为学,略章句之烦乱,採摭奥旨,以知道为宗"③。鼓励学者,声名"不患不显,患道不立尔"④。其论仕官与行道的关系曰"道不苟用,资仕乃扬"⑤。道,尤其圣人辅时及物之道,并非常人即可使之发挥作用,必须借助仕官的权势,才能使其得到弘扬。所以"官也者,道之器也,离之非也","且夫官所以行道也,而曰守道不如守官,盖亦丧其本矣"。可见闻道、明道、近道、翼道,乃至守道、行道,是柳宗元一生的追求:"苟一明大道,施于人世,死无所憾。"⑥

柳宗元思想体系的形成,当于贞元十五年前后的数年之间。这时朝廷聚集一大批与宗元先后中举的青年才俊,如吕温、刘禹锡以及韩愈、李翱等,时常相与讲道论学,探讨与反思大唐中兴之路,一以致君尧舜兴国拯民为己任。柳宗元在《衡州刺史东平吕君诔》中回忆说:

---

① 《柳宗元集·答韦中立论师道书》卷三十四,中华书局,1979年版,第873页。
② 《柳宗元集·报崔黯秀才论为文书》卷三十四,中华书局,1979年版,第886页。
③ 《柳宗元集·柳常侍行状》卷八,中华书局,1979年版,第181页。
④ 《柳宗元集·答韦珩示韩愈相推以文墨事书》卷三十四,中华书局,1979年版,第882页。
⑤ 《柳宗元集·衡州刺史东平吕君诔》卷九,中华书局,1979年版,第218页。
⑥ 《柳宗元集·贞符并序》卷一,中华书局,1979年版,第30页。

"君昔与余,讲道讨儒。时中之奥,希圣为徒。志存致君,笑咏唐、虞。揭兹日月,以耀群愚。"①宗元之所以"笑咏唐、虞",不仅是因大唐的国号以绍继唐尧有关,更重要的是欲"跨腾商周,尧舜是师"②,认为圣人之道即是唐虞之道,不仅周礼而已。这一新春秋学派的根本观点,显然要与韩愈的"道统"论产生歧异,争辩是不可避免的。所以刘禹锡才说:"每与其徒讲疑考要,王霸富强之术,臣子忠孝之道,出入上下百千年间,诋诃角逐,叠发连注。"③至于柳宗元,则更是"议论证据今古,出入经史百子,绰厉风发,率常屈其座人。"诸子互相论辨激荡的结果,便是产生了许多廓清一世的论道名篇和准备大唐中兴的鸿猷远略。

在这一时期,柳宗元创作的一系列重要论著,其中都贯穿着一条本诸圣人的辅时及物之道。如果说尧舜、孔孟等圣人之道或辅时及物之道,还是就其政治属性而言,那么,柳宗元对道之哲学方法论意义的认识,即是中道,又称之为大中之道。柳宗元服膺陆淳的新《春秋》学说,受《春秋》学派的影响甚钜。吕温对其师说《春秋》学的评价为:"正大当之本,清至公之源","实欲以至公大当之心,沃明主之心"④。柳宗元则进而诠释说:"当者,大中之道也。"肯定陆淳的贡献即在于"明章大中,发露公器"⑤。在另一篇与人书中,也发表过类似的思想:"道固公物,非可私而有。"⑥所以一定要彰明大中之道,使之成为天下共明共享的工具。然而当世之为政言儒术治道者,竟然率皆不知大中之道为何物,以至于不是流入申韩,便是沉溺佛道,故使道不明于天下。柳宗元在《与吕道州论非国语书》中说:"近世之言理道者众矣,率由大中而出者咸无焉。其言本儒术,则迂回茫洋而不知其适;其或切于事,则苟

---

① ② 《柳宗元集·衡州刺史东平吕君诔》卷九,中华书局,1979年版,第220页。
③ 《刘禹锡集·唐故衡州吕公集纪》卷十九,中华书局,1990年版,第235页。
④ 《全唐文·吕温·祭陆给事文》卷六三一,第6370页;《代国子博士进集注春秋表》卷六二六,中华书局,1983年版,第6322页。
⑤ 《柳宗元集·唐故给事中皇太子侍读陆文通先生墓表》卷九,中华书局,1979年版,第208页。
⑥ 《柳宗元集·答杨诲之第二书》卷三十三,中华书局,1979年版,第857页。

峭刻核,不能从容,卒泥乎大道。甚者好怪而妄言,推天引神,以为灵奇,恍惚若化,而终不可逐。故道不明于天下,而学者之至少也。①"为了使道复明于天下,施于政教,就必须申明"圣人之道"即是"大中之道","立大中,去大惑,舍是而曰圣人之道,吾未信也"。② 同时指出:"圣人为教,立中道以示于后,曰仁、曰义、曰礼、曰智、曰信,谓之五常,言以为常行者也。"③大中之道或者中道,并非玄虚的东西,而是实有所指,就是以仁义礼智信五常为具体内容。而其中的仁义,又是圣人之道或中道的核心与提纲,他说:"圣人之所以立天下,曰仁义。仁主恩,义主断。恩者亲之,断者宜之,而理道(今按:即治道)毕矣。蹈之斯为道,得之斯为德,履之斯为礼,诚之斯为信,皆由其所之而异名。"④道、德、礼、信,皆是仁义表现在不同方面的别名。所以用五常之德修身理政,即是"立大中",而铲除怪力乱神,刻薄寡恩,即是"去大惑"。"圣人之心,必有道而已矣,非于神也,盖于人也。"⑤为使"道达于天下",就必须"以百姓之心为心","心乎生民"。⑥ 主动地想民之所想,为其兴利除弊,"凡其所欲,不遏而获;凡其所恶,不祈而息"⑦。要推行宽松祥和的仁政,"克宽克仁,彰信于民",以取得百姓的信任。这样才能实现"讼者平,赋者均,老弱无怀诈暴憎"⑧、"和之至"的清平之治。

　　从方法论的角度而言,"大中之道"就是行事之"当",而欲使事务处置达到适当、恰当,则须明了经与权的关系。柳宗元《断刑论》指出:

　　　果以为仁必知经,智必知权,是又未尽于经权之道也。何也？经也者,常也;权也者,达经者也。皆仁智之事也。离之,滋惑矣。

---

① 《柳宗元集·与吕道州论非国语书》卷三十一,中华书局,1979年版,第824页。
② 《柳宗元集·时令论下》卷三,中华书局,1990年版,第89页。
③ 《柳宗元集·时令论下》卷三,中华书局,1990年版,第88页。
④ 《柳宗元集·四维论》卷三,中华书局,1990年版,第78页。
⑤ 《柳宗元集·楷说》卷三,中华书局,1990年版,第78页。
⑥ 《柳宗元集·伊尹五就桀赞》卷三,中华书局,1990年版,第78页。
⑦ 《柳宗元集·贞符》卷一,中华书局,1990年版,第34页。
⑧ 《柳宗元集·送薛存义序》卷二十三,中华书局,1990年版,第616页。

> 经非权则泥,权非经则悖。是二者,强名也,曰当,斯尽之矣。当也者,大中之道也。离而为名者,大中之器用也。知经而不知权,不知经者也;知权而不知经,不知权者也。①

命物制事是否恰当,必先有一可依据之标准,这一标准即是经,经即是常规;而要达到目的,采取行动之先,还要针对实际情况进行权衡利弊制定方略,这样相对于既定标准而言,难免不有所变通,此即谓之权。柳宗元认为,如果仅是仁者知经守常,而智者通权达变,这还不是经权之道的全部蕴涵。经权两者应该是相互为用的关系,权变不可离开常经,离则与常规相悖;常经亦不能离开权变,离则拘泥自缚,而不能达到目的。经是常规,是目的,而权是为实现经之原则、目的,所采用的变通方法或途径。离"经"而用"权"则非"权";离"权"而言"经"则非"经",将两者关系阐释得极为透辟明澈,从而使这一对范畴具有了普遍性的方法论意义。在此意义上,经、权关系的恰当处置,亦即是大中之道;而经与权则即统领于"大中之道"内的器与用,用不离器,器不离用,经权器用统一而不相离,终使"大中之道"变得易懂而便于持循。

又其论处世之道,则主张外圆内方,而反对所谓的柔外刚中说,认为这是表里不一。正确的态度应是:"刚柔无常位,皆宜存乎中。有召焉者在外,则出应之,应之咸宜,谓之时中,然后得名为君子。""刚柔同体,应变若化,然后能志乎道也。"②以中道为标尺,刚柔同体相济,当刚则刚,当柔则柔,随机应变若化,则无不咸宜。相反,在处理事宜时,纯柔纯刚,亦即任刚无柔或守柔无刚的思想行为,都是有违于中道的。其《佩韦赋》有云:

> 纯柔纯弱兮,必削必薄;纯刚纯强兮,必丧必亡;韬义于中,服和于躬,和以义宣,刚以柔通。守而不迁兮,变而无穷;交得其宜

---

① 《柳宗元集·断刑论下》卷三,中华书局,1979年版,第91页。
② 《柳宗元集·答杨海之第二书》卷三十三,中华书局,1979年版,第850页。

兮,乃获其终。①

为了说明问题,柳宗元在这里又引入"和"与"义"的观念,义近于刚烈,和近于柔慈,因而提出"和以义宣,刚以柔通"的法则。只要坚守不迁,即可应变无穷,获得理想的结果。

此外,宗元还用中道诠释孔子的"过犹不及"论,其《惩咎赋》曰:"旁罗列以交贯兮,求大中之所宜。""不及则殆兮,过则失贞。谨守而中兮,与时偕行。万类芸芸兮,率由以宁。刚柔弛张兮,出入纶经。"②这个"刚柔弛张"的方法,实际上隐括自《礼记·杂记》对张弛之道的论述,原文曰:"张而不弛,文武弗能也,弛而不张,文武弗为也,一张一弛,文武之道也。"③意指经纶世务应须刚柔适度,张弛有节,以解决过与不及的现实问题。柳宗元这些有关大中之道在理政处世原则和方法的论述,固然是对孔子思想方法的领悟和继承,也表现出其对大中之道创造性发展的境界和智慧。

柳宗元最大的志趣在于明道和行道,虽为一世文章伯,然初不以文章为意,其《答吴武陵论非国语书》说:

> 仆之为文久矣,然心少之,不务也,以为特博弈之雄耳。故在长安时,不以取名誉,意欲施之事实,以辅时及物为道。④

竟然认为为文不过是博弈小道之雄;这正是其仕途顺遂,志在"乐行乎其政","以理天下为悦"的时期。及至贬谪岭南,身处穷裔,不能大展宏图,则一度发出"道之穷也,而施乎事者无日"⑤的悲叹,但不久即改变看法,认识到"辅时及物之道,不可陈于今,则宜垂于后。言而不文则泥,然则文者固不可少耶"⑥!既然不能施之事实,则须垂空言以传

---

① 《柳宗元集·佩韦赋》卷二,中华书局,1990年版,第45页。
② 《柳宗元集·惩咎赋》卷二,中华书局,1990年版,第54页。
③ 《礼记集解·杂记下》卷四十二,中华书局,1989年版,第1115页。
④⑥ 《柳宗元集·答吴武陵论非国语书》卷三十一,中华书局,1979年版,第824页。
⑤ 《柳宗元集·与吕道州论非国语书》卷三十一,中华书局,1979年版,第822页。

道,而载道之具,当然就是文辞了。他在《寄许京兆孟容书》中说:"贤者不得志于今,必取贵于后,古之著书者皆是也,宗元近欲务此。"①渴望自己"能著书,断往古,明圣法,以致无穷之名"②。著书以"明圣法",亦即明圣道,希望通过著书明道,取贵于后,使自己的名声与道而俱传无穷。这也是古来圣贤通常的作为。柳宗元许多语言犀利,思想深邃的论著大都成于斯时,说明柳宗元身处贬官生涯的逆境中,"辅时及物"之念并未稍衰。由于更多地接触民生的艰辛,"上惭王官,下愧农夫",深以自己不能为民解危济困为憾。为政为文"以生人为主"的意念益加强烈。儒家本有"达则兼济天下"的思想,而宗元说"仕虽未达,无忘生人之患"③。甚至说出"苟守先圣之道,由大中以出,虽万受摈弃,不更乎其内"的豪言壮语。④在"贤者之作,思利乎人(民)"⑤的精神指引下,治政之余,则倾力于人文化成和理论建树,担当起一代宗师的职责,如曰:"言道、讲古、穷文辞以为师,则固吾属事。"⑥这当然是对师道的推崇(但出于现实处境的考虑,柳宗元不得不坚辞人师之名而仅务其实,以让韩愈独擅其名)。作为古文运动的干城,责无旁贷地推动"道论"的普及,拓展"古文"的领域,希冀圣人的大中之道,由我而传,垂于后世,行于人间。

总之,柳宗元的道论是柳宗元思想和行动的总纲,其学术思想和生平功业,皆以道为中心而展开,道在柳宗元的文章事业中具有核心地位和主导作用。

二、柳宗元的天论

天人之际是中国哲学永恒的论题,学究天人之际,是每个有成就

---

① 《柳宗元集·寄许京兆孟容书》卷三十,中华书局,1979 年版,第 783 页。
② 《柳宗元集·与顾十郎书》卷三十,中华书局,1979 年版,第 805 页。
③④ 《柳宗元集·答周君巢饵药久寿书》卷三十二,中华书局,1979 年版,第 841 页。
⑤ 《柳宗元集·全义县复北门记》卷二十六,中华书局,1990 年版,第 720 页。
⑥ 《柳宗元集·答严厚舆书》卷三十四,中华书局,1990 年版,第 878 页。

的古代哲人无法回避的命题,柳宗元当然也不例外。宗元论天持天道自然论,曾明确地说:"庄周言天曰自然,吾取之。"而在其天人关系中,人与天仍然有其共性,如曰:"明离为天之用,恒久为天之道,举斯二者,人伦之要尽是焉。故善言天爵者,不必在道德忠信,明与志而已矣。"①天爵的概念由孟子提出,《孟子·告子上》谓:"仁义忠信,乐善不倦,此天爵也;公卿大夫,此人爵也。"②人之能具有仁义忠信的品质,乃是天所赋予,而公卿大夫的职位,则是人所赐予。孟子认为人只要修其天爵,人爵就会随之而来。但柳宗元认为其意未尽,故引庄生自然之论作进一步发挥,以成其新说。他认为,天道赋予天以光明照耀的作用和恒久持续的性质;人道之有道德,犹如天道之有阴阳;人道之有仁义忠信,犹如天道之有春秋冬夏。天道"举明离之用,运恒久之道,所以成四时而行阴阳也";人道与之相对应,则是"宣无隐之明,著不息之志,所以备四美而富道德也"。③不息之志是指自强不息的刚健之德;"无隐",语出《礼记·檀弓》:"事君有犯而无隐。"④竟以人之犯君无隐的明烈之德,与天之辉光彻照的明离之用;以及君子自强不息之志,与天行运斡恒久之道相对等,认为两者皆出自于自然。与孟子的"天爵"论不同的是,宗元认为天爵所赐予人的只是理性(明)和意志,"人伦之要"一尽于此,是说只要有此天赋的理性与意志,具体的道德,如"仁义忠信,乐善不倦"等,就会派生出来。但这已是人为,而非天爵了。应该说宗元的天人之辨比孟子的天爵说更为深入细微,但并没有否定孟子对天人之爵的区分。

柳宗元的天人之辨,集中在《天对》、《天说》两文中。《天对》是对屈原《天问》的回答,屈原"信而见疑,忠而被谤"⑤,满怀悲愤地就宇宙鸿荒,人伦本始等问题提出一系列追本究原的诘问,大意是宇宙有没

---

①③ 《柳宗元集·天爵论》卷三,中华书局,1979年版,第80页。
② 《孟子集注·告子上》卷十一,《四书章句集注》,中华书局,1983年版,第336页。
④ 《礼记集解·檀弓上第三之一》卷七,中华书局,1989年版,第165页。
⑤ 《史记·屈原贾生列传》卷八十四,中华书局,1959年版,第2482页。

有造始者？最初的造物者是谁？又是由谁来传道的？一切变化从哪里考究？又是谁在那里主宰造化呢？这些问题对贬谪楚地的柳宗元引发了强烈的共鸣，境同心同意同，遂顺其语势直截地回答了屈原的追诘：

> 本始之茫，诞者传焉。鸿灵幽纷，曷可言焉？曶黑（黑夜）晰眇（白昼），往来屯屯，庞昧革化，惟元气存，而何为焉？①

认为宇宙的本原即是元气，是由一元混沌之气冲荡变化而成，昼夜、明暗的交替，万物从混沌蒙昧中产生，发展变化，又复归于息灭，都是元气的运动所致，哪里是什么造物主所为！只有元气才是唯一的存在。至于元气与阴阳二气的关系，柳宗元说："合焉者三，一以统同，吁炎吹冷，交错而功。"②元气及其中的阴阳二气相反相成交错运动而造就了宇宙万物。

同时，柳宗元还认为万事万物的变化都是物质性元气的自己运动，他进一步探讨元气自身运动的性状与规律说：

> 山川者，特天地之物也。阴与阳者，气而游乎其间者也。自动自休，自峙自流，是恶乎与我谋？自斗自竭，自崩自缺，是恶乎为我设？或会或离，或吸或吹，如轮如机，其孰能知之？③

元气分成阴阳二气，自行运转、休止、分合、凝结、吸引、冲荡，决不以人类的意志为转移。他还说："天地之无倪（无边），阴阳之无穷。夫何顽洞谬辕乎其中？"④天地无限广大，阴阳不可穷尽。又说："无极之极，漭弥非垠，或形之加，孰取大焉？""东西南北，其极无方，夫何谬洞，而课校修长！"⑤宇宙、自然广大无极没有边界，无法衡量其短长。"辟启以通，兹气之元。"这又是对《天问》"西北辟启，何气通焉"而作的回答，

---

①② 《柳宗元集·天对》卷十四，中华书局，1990年版，第365页。
③④ 《柳宗元集·非国语上·三川震》卷四十四，中华书局，1990年版，第1269页。
⑤ 《柳宗元集·天对》卷十四，中华书局，1990年版，第372页。

宇宙自然辟启于元气,没有方所没有起点和终端,将天地自然之形成之运行都归结为元气自为的结果,并进而指出宇宙的无限性。

《天问》提出的问题还有:"圜(天)则九重,孰营度之?""惟兹何功,孰初作之?"柳宗元作答曰:"无营以成,沓阳(今按:积累阳气)而九,转辕(今按:转动回旋)浑沦,蒙以圜号(今按:加以天的称号)","冥凝玄厘,无功无作"。浑沌自然没有谁来营造,天地日星也没有谁来创制,所以说"无功无作",自足自立,其间的一切变化也完全是元气的自为自化。只有天体自然而然地存在与运行,根本不可能有外来的创造者。天地既然皆属自然,没有神性,这就为其天人不相预论奠定了基础。如屈原问:"天命反侧,何罚何佑?"天命反侧无常,到底应该何所罚又何所佑?是其对《易传》赏善罚恶说提出的怀疑。宗元则对曰:"天邈以蒙,人么以离。胡克合厥道,而诘彼尤违。"①蒙、离悉指卦名兼取卦义,意谓上天邈远而蒙昧无知(蒙训昧),人类渺小但才智聪明(离象明),其道不同,以人事而责备于天则,尤其有违天人不同之道。

经过柳宗元对《天问》穷究遂古以来的天地人事一一作答,遂使《天问》、《天对》浑然一体,成为一部天人之辨的煌煌巨制。王夫之认为《天问》"非徒渫愤舒愁已也","要归之旨"在于言明"废兴存亡之本","以尽人事纲维之实用"。② 这一阐释亦可移作对《天对》的评价,因为这是两文共同的作意。

柳宗元天人之辨的核心理念是天人不相预,其说主要集中体现在《天说》之中。《天说》之成篇,是因为对韩愈有关论点的"有激而作"。先是,韩愈有《答刘秀才论史书》,并移书转寄柳宗元,文中历举自孔子以迄当代史官的遭遇之后,做出结论曰:"夫为史者,不有人祸,则有天刑,岂可不畏惧而轻为之哉!"③这一观点,被柳宗元在《与韩愈论史官

---

① 《柳宗元集·天对》卷十四,中华书局,1990年版,第391页。
② 《楚辞通释》卷三,《续修四库全书》第1302册,上海古籍出版社,2002年版,第213页
③ 《韩昌黎文集校注·答刘秀才论史书》卷八,上海古籍出版社,1986年版,第667页。

书》中给予批评：

> 获书言史事,云:"具《与刘秀才书》"。及今乃见书藁,私心甚不喜。又言"不有人祸,则有天刑",若以罪夫前古之为史者,然亦甚惑。又凡鬼神事,渺茫荒惑无可准,明者所不道,退之之智而犹惧于此? 此大惑已。①

柳宗元认为,明哲之士不言鬼神之事,只有愚昧无知的人才对"天"感到困惑。韩愈来书还责备柳宗元"不知天",说"天"能"赏功罚祸","吾意天闻其呼且怨,则有功者受赏必大矣,其祸焉者受罚亦大矣"②。并以"物坏虫生"作类比,认为人类向自然界的过度索取,也是对"元气阴阳"的破坏,因而遭到天的惩罚是理所当然的。在韩愈把争论从"论史"延伸到"说天"的情况下,柳宗元撰写了《天说》,反驳韩愈鼓吹天有意志,能赏功罚祸的论调:

> 彼上而玄者,世谓之天;下而黄者,世谓之地;浑然而中处者,世谓之元气;寒而暑者,世谓之阴阳。是虽大,无异果蓏、痈痔、草木也。

这是说天和地都是自然物,和瓜果草木在性质上是一样的,不过它的体积比较大罢了。所以他接着说:

> 天地,大果蓏也;元气,大痈痔也;阴阳,大草木也。其乌能赏功而罚祸乎? 功者自功,祸者自祸,欲望其赏罚者大谬;呼而怨,欲望其哀且仁者,愈大谬矣。③

天地、元气、阴阳和果蓏痈痔草木无异,都是客观存在的自然现象,其对人事的"存亡得丧"并没有赏罚的功能。人们求天、怨天都是荒谬徒劳的。由此他提出了天与人"不相预"的观念,认为人事的功过、祸福

---

① 《柳宗元集·与韩愈论史官书》卷三十一,中华书局,1990年版,第807—809页。
② 《柳宗元集·天说》卷十六,中华书局,1990年版,第442页。
③ 《柳宗元集·天说》卷十六,中华书局,1990年版,第443页。

都是由人自己造成,"非天预乎人也。"并进而区分自然与人类社会的不同曰:"生植与灾荒,皆天也;法制与悖乱,皆人也。二之而已,其事各行不相预。"①就是说,生植、灾荒都是自然现象,而法制、悖乱则是社会现象,这是两个不同领域,各有自己的发展变化规律,因而两者之间不能互相干预。这就把人类社会从自然界中划分出来,并且进一步否认了超自然的天命、神权的存在。这在认识史上是对董仲舒以来"天人感应"论的一个突破,是对荀况"明于天人之分"思想的继承和发展。

柳宗元还以天人"不相预"的理论,针对历代帝王大讲"祥瑞"、"符命"、"受命之符"等说教,作《贞符》、《非国语》篇,指出帝王君临天下并非受命于天,而是受命于人。国家兴盛的依据不是祥瑞,而是帝王的德性。"受命不于天,于其人;休符不于祥,于其仁。"所以,"惟人不仁,匪祥于天"。"未有丧仁而久者也,未有恃祥而寿者也"②。就是说,从来没有谁丧失了仁德而能长治久安,也从来没有谁凭借祥瑞而能保住自己的统治地位。

柳宗元还认为"人力"能胜过所谓的"神力",指出:"力足者取乎人,力不足者取乎神。"历代凡是足于道而能治理国家者,就在于相信人自身的力量,反之则只能借助于神。并说:"圣人之道,不穷异以为神,不引天以为高,利于人,备于事,如斯而已矣。"③即是说,圣人之道,既不须寻求怪异予以神化,也不须引用天命来显示高贵,而在于施行德治仁政。所以他说:"变祸为福,易曲成直,宁关天命,在我人力。"④柳宗元继承并发展了自荀况以来的"天人相分"思想,肯定了人在天地间的独立作用与力量,以《天说》批驳韩愈的有神论,以《天问》探讨并回答古人在天人关系上的一系列疑问,从而肯定了人类改造自然、治理社会的合理性与必要性。

---

① 《柳宗元集·答刘禹锡天论书》卷三十一,中华书局,1990年版,第817页。
② 《柳宗元集·贞符》卷一,中华书局,1990年版,第35页。
③ 《柳宗元集·时令论上》卷三,中华书局,1990年版,第85页。
④ 《柳宗元集·愈时膏肓疾赋》卷二,中华书局,1990年版,第67页。

第三节 刘禹锡的天人之辨

刘禹锡论道的观点散见于其与友人论学、论政书中，其所遵奉的"道"，亦即圣人之道或曰中道。他曾表示"吾姑欲求中道耳"①，又尝论史曰："盖三代之尚未尝无弊。由野以至靡，岂一日之为？渐靡使之然也。嫉其弊而救之，以归于中道，以俟乎荐绅先生德与位并者，揭然建明之，斯易也。"②其论道的特点，不仅欲将中道思想付诸政术之用，而且主张将道之用贯穿于众术百艺之中，具有以道充位、以道致用的思想特色。如在《答道州薛郎中论方书书》中说："君子受乾阳之气，不可以息。苟吾位不足以充吾道，是宜寄余术百艺以泄神用，其无暇日，与得位同。"③其意盖谓所居政治地位若不足以使"道"得以施展，也要在其他领域使道体之用得到体现。并在《论废楚州营田表》中提出"道存致用，义在随时"的观点，看来他以道为本体，以致用为目的的倾向至为明显，而且具有"随时"应变的思想。如曰"据经析理，审时度势"，"酌古御今"以区分政务"非必变"和"审所当救"的不同。因而在《答饶州元使君书》中提出"明体以及用，通经以知权"的通变思想，这里的体即是指道而言。体与用，经与权，是中国古代哲学中的基本范畴。体用指本体及其作用之展现，经权指原则及其实现之途径，意谓只有明白了道体方可知其如何发挥作用，只有精通法则才可知道如何灵活运用，并从而实现既定的目标。

刘禹锡关于道之体用最精彩的论述，体现在他的《天论》之中。学究天人之际，一直是古代学人关注的重大哲学命题，韩柳天人之争，触

---

① 《刘禹锡集·论书》卷二十，中华书局，1990年版，第249页。
② 《刘禹锡集·答道州薛郎中论书仪书》卷十，中华书局，1990年版，第132—133页。
③ 《刘禹锡集·答道州薛郎中论方书书》卷十，中华书局，1990年版，第128—129页。

发了刘禹锡对天人之道的思考。他赞成柳宗元的天人"不相预"说,分析了韩愈说的错误所在。但又认为《天说》"盖有激而云,非所以尽天人之际",因此写《天论》"以极其辩",进一步补充发挥《天说》的观点,深入详尽地揭释了"天人之际"的奥蕴。他首先陈述了当世关于天人之辨的两种观点:

> 世之言天者二道焉。拘于昭昭者则曰:"天与人实影响:祸必以罪降,福必以善徕,穷阨而呼必可闻,隐痛而祈必可答,如有物的然以宰者。"故阴骘之说胜焉。泥于冥冥者则曰:"天与人实刺异:霆震于畜木,未尝在罪;春滋乎堇荼,未尝择善。跖、蹻焉而遂,孔、颜焉而厄,是茫乎无有宰者。"故自然之说胜焉。①

一派认为天有意识灵明,能赏善罚恶,主宰人事。另一派则曰天与人实相异,天道自然无为,不能干预和主宰人事。刘禹锡则认为,这两派都有其片面性,于是在肯定"天人相分"的前提下,提出"天与人交胜"的论点。

首先须要在此辨明的是,刘禹锡天人交相胜的"胜",并非战胜、胜利意,而是优胜之胜,是胜过、胜于之胜。是说天与人,各有优长之处,在某些方面天的优势胜过于人,某些方面人的优长又胜过于天,还有些方面天人的优长交互为用,相形而长,因而使天、人的优长,都获得最大的优势互补。此即所谓"交相胜",岂是交互战胜意! 以战胜说解读荀子和刘禹锡的"人定胜天",是斗争思维模式的误导。既已承认天人"不相预",而又曰天人相战胜,岂非自相矛盾? 所以此处之"胜",只能是优胜意,别无他解。正确地训释"胜"在《天论》中的含义,是解读刘禹锡天人之辨的前提。

刘禹锡与柳宗元相同,认为天与人,即自然与社会既相联系又相区别,各有其特殊的规律,不能相互替代。汉代王充曾以自然现象来

---

① 《刘禹锡集·天论上》卷五,中华书局,1990年版,第67页。

说明社会状况,把社会治乱的终极原因归诸上天,认为"世之治乱,在时不在政;国之安危,在数不在教"①,从而陷入宿命论。有鉴于此,刘禹锡主张应区别自然规律与社会规律的本质不同。他首先从道器的角度,把天确定为"形器";道是无处不在,而"大凡入形器者,皆有能有不能"。天当然不能例外,其文曰:

> 天,有形之大者也;人,动物之尤者也。天之能,人固不能也;人之能,天亦有所不能也。故余曰:天与人交相胜耳。其说曰:天之道在生植,其用在强弱;人之道在法制,其用在是非。②

在自然界中发挥作用的是优胜劣汰、弱肉强食的生存竞争,没有善恶是非可言。人类社会则不然,它有一整套与道德和法制相适应的善恶是非准则。基于此,刘禹锡认为,天之道即是生殖万物,春夏生长,秋冬衰亡;少壮老衰,任运自然。这就是天(自然界)的功能。人之道则可以利用自然规律,春夏耕种,秋冬收获;既能防水、火之患,又能利用水、火之利;用"义"制强御暴,用"礼"序次长幼;尊重贤达,崇尚功臣;建立法制,防止邪恶。这就是人类社会的职能。因而得出结论曰"天之所能者,生万物也;人之所能者,治万物也"③。

既然天与人各有所能,因此,自然界的功能是人道无法胜任的,同样,人类社会的功能,也是天道无法胜任的。但是"天"可以提供资源,人可以利用自然资源及其规律加以再创造。所以刘禹锡说:"万物之所以为无穷者,交相胜而已矣,还相用而已矣。"④"天"与"人"都是万物中最优异者,天为有形之大;人为动物之尤,但二者必须相互依存又彼此制约。比如天不预人事,然而人既欲治理万物,因此,人还是要干预"天"的。"天"与"人"之间,只是这样一种既相互对立又相互依存的关系。

---

① 《论衡校释·治期篇》卷十七,中华书局,1990年版,第771页。
②③ 《刘禹锡集·天论上》卷五,中华书局,1990年版,第68页。
④ 《刘禹锡集·天论中》卷五,中华书局,1990年版,第71页。

正是基于这样的认识,刘禹锡继承荀子"明于天人之分(今按:分,不是分别,是职分)"、"制(今按:裁制、掌握)天命[今按:天赋(之物及其规律)]而用之"的观点,提出人能胜天(胜过天)的思想,他说:"天非预胜乎人者也。何哉?人不宰则归乎天也。人诚务胜乎天者也。何哉?天无私,故人可务乎胜也。"①意思是说,天没有务要胜过人的意识,当人不去支配、主宰自然时,自然界就作为自在的存在物自发地起作用。然而,人作为有情感、意志和思想的存在者,却有着超越甚至征服自然的强烈愿望,因此,人可以有意识地利用规律改造自然、超脱自然对人的限制。

那么,"人之能胜天之实"何在?凭什么能够优胜于自然的作用呢?对此刘禹锡从两个方面做出了回答。

首先,就人与自然的主体关系而言,人虽产生于自然,天也赋予人以智慧,人之对于自然,若能发挥自己的智慧优长,"以智而视"、"以理揆之",就可以发现自然和社会的规律。所以他说:人为"倮虫之长,为智最大。能执人理,与天交胜。用天之利,立人之纪"②。自然资源的利用,社会纲纪的实施,从而使人类社会能够胜于天地自然的安排。

人之所以能优胜于天,还在于人具有社会属性,有伦理道德和刑政法律观念。他举例说:"夫旅者,群适乎茫苍,求休乎茂木,饮乎水泉,必强有力者先焉;否则虽圣贤莫能竞也,斯非天胜乎?"③意谓:旅行者群赴于郊野,无不欲到茂树下去休凉,到甘泉边去饮水,而此时必是身强力壮者占先。之所以出现这种情形,是由于人们群适于郊外,并没有事先约定的礼义法度约束,因而,在这里起支配作用的,只能是人之秉赋的强弱,一种与动物无异的自然属性。但是,人之所以为人,是由于人在自然属性的基础上,具有了社会属性。所以,他又说:"群次

---

① 《刘禹锡集·天论中》卷五,中华书局,1990年版,第70页。
② 《刘禹锡集·天论下》卷五,中华书局,1990年版,第72页。
③ 《刘禹锡集·天论中》卷五,中华书局,1990年版,第69页。

乎邑郭,求荫于华榱,饱于饩牢,必圣且贤者先焉;否则强有力莫能竞也。斯非人胜乎?"意谓,人们来到都市,进入华丽的房舍,饱餐精美的肴馔,这时一定是圣贤为先。因为在这里支配人们行为的是是非观念和礼让规范等社会属性。基于此,刘禹锡进一步指出:"是非存焉,虽在野,人理胜也;是非亡焉,虽在邦,天理胜也。"可见,"人理"能胜"天理"(此处之天理指自然律)的本意,只不过说人能超过天的,是人根据人的社会属性,制定了礼仪法制。"人能胜乎天者,法也"。

其次,就人与自然的客体关系而言,天或曰自然本身,存在着可为人知的客观规律和必然趋势。如曰"夫物之合并,必有数存乎其间焉。数存,然后势形乎其间焉","彼势之附乎物而生,犹影响也"①。意思是说,任何事物的存在、遇合(如水行舟)、发展和变化,都有一定的规律(数)存在于其中。有规律存在,也就一定会形成无可避免的客观必然性(势)。这种客观必然性是随着事物而发生的,就如同形之于影、声之于响一样。其举例云:"天形恒圆而色恒青,周回可以度得,昼夜可以表候,非数之存乎?恒高而不卑,恒动而不已,非势之乘乎?"②意谓:天的形色永远保持不变,其周回斡转之角度,以及昼夜替换之长短都可以预先测算出来,这不就是其规律吗?正是因为有其"数"的存在,才造成天永远居高而不落,运动而不息的"势",这不就是其所固有的客观必然性吗?以此推而广之,天下万物"又恶能逃乎数而越乎势邪?"既然天下万物皆有其"理"、"数"、"势",因此,人类即可据其规律,掌控和改造自然以为我用,此所以人能胜乎天也。

刘禹锡认为世界之所以存在千差万别的事物,皆是由"数"和"势"所造成。比如天,"今夫苍苍然者,一受其形于高大而不能自还于卑小,一乘其气于动用而不能自休于俄顷"③。如此看来,其所谓"数"含有轨道之意,所谓"势"又含有定势之意。事物一旦运行于自己的轨道

---

①② 《刘禹锡集·天论中》卷五,中华书局,1990年版,第70页。
③ 《刘禹锡集·天论中》卷五,中华书局,1990年版,第71页。

之上,就具有了一种不可改变的定势,这也是禹锡所谓两物合并,"当其数,乘其势",而产生不同结果的原因。可贵的是,并未因为论证天人相胜,而忘记世界的统一性。他说:

> 大凡入乎数者,由小而推大必合,由人而推天亦合。以理揆之,万物一贯也。①

世界上千差万别的事物,都有"数"存乎其间,循其数,则其形虽殊,而其理可知;不惟可知,而且可以相区别而相依存而更相为用。如曰:"两位既仪,还相为庸"。仪是位置适当的意思,用今语言之即是:摆正各自位置,才能相互为用。说明充满矛盾的世界还是可以和谐共处的。

刘禹锡还分析人们迷信上天赏罚思想的流行,是由于社会原因引起的,具体地说就是由于"人道不明"、法制不行所造成。他说:"生乎治者人道明,咸知其所自,故德与怨不归乎天。生乎乱者人道昧,不可知,故由人者举归乎天。"人道明与人道昧,即是指法制规范的正常实施或紊乱败坏,这又分为三种不同情况:一是"法大行,则是为公是,非为公非。天下之人,蹈道必赏,违之必罚"②。在这种情况下,是非清楚,赏罚分明,人们当然不会把祸福归之于天。二是"法小弛,则是非驳。赏不必尽善,罚不必尽恶","福或可以诈取,而祸或可以苟免。人道驳,故天命之说亦驳焉"。在法制小有松弛情况下,为善未必行赏,为恶未必受罚,人们中就容易产生信天的思想。三是"法大弛,则是非易位。赏恒在佞,而罚恒在直。义不足以制其强,刑不足以胜其非,人之能胜天之具尽丧矣"③。在这种情况下,社会混乱,善恶赏罚完全颠倒,人们自然就会把祸福归之于天。

其次,刘禹锡还进一步探讨了迷信产生的认识论根源。他举操舟

---

① 《刘禹锡集·天论下》卷五,中华书局,1990年版,第72页。
②③ 《刘禹锡集·天论上》卷五,中华书局,1990年版,第68页。

为例;船在小河里划行,快、慢、停、行都在人的掌握之中。舟行平稳、搁浅甚或翻船,都是人的因素造成。因此,"舟中之人未尝有言天者,何哉?理明故也"。就是说当人们认识并能掌握自然时,就容易产生自信观念。反之,船在大江湖海里航行,人们自知快、慢、停、行都不能完全由人支配。当此之时,即使看到微小的风云变化,就足以令人产生疑惧恐慌。"舟中之人未尝有不言天者,何哉?理昧故也。"[1]就是说,人之所以迷信天和鬼神,就是因为"理昧"的缘故。

　　中国古老的天人之辨,至中唐刘禹锡"能执人理,与天交胜"的思想一出,遂又将其推向新的高峰。虽然其已认识到万物存在一贯之理,但实际上尚没能把天道和人道统一起来,这一问题的解决是由宋代理学完成的。韩愈的天论,沿袭董仲舒的天人合一说,柳宗元的天说,与荀子"天人相分"论出于一系,而刘禹锡对两派都有所超越。当近代由西方传入"戡天役物"的思想,遂有人以其说诠释荀、刘的天论,而实际上荀子的"天人相分"说,刘禹锡的"天人交胜"说,目的都在于"明天人之(职)分",确定人在天人关系中的恰当地位及其作用,以更好地利用自然,改善社会。与"戡天役物"的旨意大异其趣,毋宁说"天人交胜"论所追求的才是真正的天人和谐。天人合一的前提必须是天人相分,正如和谐的前提必须是不同一样。有人认为,诸子皆主天人和谐,并不尽然。如墨家之主张尚同,是要求人与上同;道家之主张法天,是主张人与天同,之所立法;法家之所立法,是要求人与我同,"同"则不存在"和"的问题,因而道、墨、法家思想不是和谐,只是同一而已。刘禹锡"天人交胜"说的意义,在于以天人各有优胜的不同为前提,因此才有优势的互补,也因而才会有天人"交胜"和谐局面的出现。"交胜"者,犹如今语之"共赢"也。

---

[1] 《刘禹锡集·天论中》卷五,中华书局,1990年版,第70页。

第四节　柳、刘融佛入儒及其在儒学史上的意义

唐代统治者兼重儒、释、道的政策，对学术界影响很大。柳宗元、刘禹锡在兼融儒、释、道方面，都表现出一种自觉的姿态，并对三家合流的必要和可能作出阐述。

柳宗元在《送元十八山人南游序》中说：

> 太史公没，其后有释氏，固学者之所怪骇舛逆其尤者也。今有河南元生者，其人闳旷而质直，物无以挫其志；其为学恢博而贯统，数无以踬其道。悉取向之所以异者，通而同之，搜择融液，与大道适，咸伸其所长，而黜其奇斜，要之与孔子同道，皆有以会其趣。①

柳宗元在这里所说元生的为学态度，其实也就是他自己的为学态度。主张"为学恢博而贯统"，将包括佛学在内而异于儒家的各派学说进行筛选融合，皆会归其旨趣，使之与"大道"相适应，或"与孔子同道"。由此我们可以看到，柳宗元具有明确融合佛学的思想倾向。韩愈就曾因此责备他为何不斥佛，柳宗元在《送僧浩初序》中解释说：

> 浮图诚有不可斥者，往往与《易》、《论语》合，诚乐之，其于性情奭然，不与孔子异道。
>
> 与其人游者，未必能通其言也。且凡为其道者，不爱官，不争能，乐山水而嗜闲安者为多。吾病世之逐逐然，唯印组为务以相轧也，则舍是其焉从？吾之好与浮图游以此。②

---

① 《柳宗元集·送元十八山人南游序》卷二十五，中华书局，1990年版，第663页。
② 《柳宗元集·送僧浩初序》卷二十五，中华书局，1990年版，第673、674页。

首先肯定地认为佛学"往往与《易》、《论语》合","不与孔子异道",这是其好佛的主要依据,其次则是厌倦了世间争逐名利互相倾轧的险恶,而欲寻求精神上的解脱和慰藉。他说:"佛之道,大而多容,凡有志乎物外而耻制于世者,则思入焉。"①宗元既以贬谪为耻,与"耻制于世"的僧徒产生共鸣,是很自然的事情。

刘禹锡在《送元暠南游序》中也说:"予策名二十年,百虑而无一得。然后知世所谓道,无非畏途,唯出世间法可尽心尔。"②这里柳、刘所论颇近,由于直道而行,在世间到处碰壁,于是视儒道为畏途,转而置身"物外",躲避到出世间法中。但是,"物外"也好,"出世"也好,只能是一种精神寄托,人们实际上是离不开世间法的。

柳宗元尊儒而好佛,除了上述精神慰藉和思想解脱的原因外,还有一个很重要的原因是他有志于"统合儒释",融汇百家。柳宗元不像韩愈那样独尊儒术并以继承"道统"自居,而是主张以儒为主,对佛老和诸子百家采取兼容并蓄的宽容态度,认为把佛教视为怪骇舛逆而笼统地加以排斥是不对的,认为韩愈之反佛是"忿其外而遗其中,是知石而不知韫玉也"。子厚所乐者,是佛教"与《易》、《论语》合","不与孔子异道"的义理。"退之所罪者,其迹也。曰:'髡而缁,无夫妇父子,不为耕农桑蚕而活乎人。'若是,虽吾亦不乐也。"③意思是说,韩愈反佛只注意到了佛教的外在形迹,并没有具体分析佛学的本质。如韩愈指责佛教不讲礼教、不事生产,这是正确的。但是,韩愈反佛只知道搬走石头,却不知石中还蕴藏着"玉"。这石中所藏之"玉",即是"往往与《易》、《论语》合","不与孔子异道"的那些思想内容。具体而言,又主要是指儒教的人性论和中道思想。《论语》的核心内容是仁学。在柳宗元看来,佛家讲"慈悲为怀"、"普渡众生",同《论语》讲"仁"是相通

---

① 《柳宗元集·送玄举归幽泉寺序》卷二十五,中华书局,1990年版,第682页。
② 《刘禹锡集·送僧元暠南游诗序》卷二十九,中华书局,1990年版,第392页。
③ 《柳宗元集·送僧浩初序》卷二十五,中华书局,1990年版,第674页。

的。柳宗元在《曹溪第六祖赐谥大鉴禅师碑》中说："孔子无大位,没以余言持世,更杨、墨、黄、老益杂,其术分裂,而吾浮屠说后出,推离还源,合所谓生而静者。"六祖禅师认为"人性善,生而静,以空洞为实,以广大不荡为归。其教人,始以性善,终以性善,不假耘锄,本其静矣"①。人性本善及"人生而静",都是儒家论性之言。佛学虽然后出,但却在这一基本点上与儒教相合,柳宗元因此证明儒、佛相通。在《送元暠师序》中,柳宗元又讲到人们往往以为佛不讲孝道,不讲亲情,其实不然。他说:"余观世之为释者,或不知其道,则去孝以为达,遗情以贵虚"。"释之书有《大报恩》十篇,咸言由孝而及其业,世之荡诞慢施者,虽为其道而好违其书,于元暠师,吾见其不违且与儒合也。"②总之,柳宗元认为儒家的人性论同佛家的佛性论多有相合处。

儒、佛除上述相通之处外,两家还都倡导"中道"。《周易》尚"中",《易·象传》说:"中以为志也","得中而应乎刚,是以元亨"。③ 孔子也说:"中庸之为德,其至矣乎!"④ 按"中"的原则处理问题,就是"中道"。

佛教的中道是指离两边,不执空有,把世界本质视为真空,把现象视为假有,但又不执著于空、有,是非双遣,此即中道。从方法论上看,佛家的中道观确与儒家的中道思想有相通之处。柳宗元赞赏僧法照"凡化人,立中道而教之权"⑤,肯定天台大师"绍承本统,以顺中道,凡受教者不失其宗"⑥,说云峰和尚"维大中以告"⑦都是对佛家中道思想的肯定。目的是从儒家思想出发来吸收、融汇佛家的思想方法。

同柳宗元一样,刘禹锡以对佛学也采取了开放的心态,他自称"事佛而佞",认为儒、佛可以互补。他说:儒、佛"犹水火异气,成味也同

---

① 《柳宗元集·曹溪第六祖赐谥大鉴禅师碑》卷六,中华书局,1990年版,第150页。
② 《柳宗元集·送元暠诗序》卷二十五,中华书局,1990年版,第678页。
③ 《周易集解纂疏》卷五,《损》、《睽》两卦象传,中华书局,1994年版,第377、356页。
④ 《论语集注·雍也》卷三,《四书章句集注》,中华书局,1983年版,第91页。
⑤ 《柳宗元集·南岳弥陀和尚碑》卷六,中华书局,1990年版,第153页。
⑥ 《柳宗元集·岳州圣安寺无姓和尚碑》卷六,中华书局,1990年版,第156页。
⑦ 《柳宗元集·南岳云峰寺和尚碑》卷七,中华书局,1990年版,第164页。

德；轮辕异象，致远也同功。然则儒以中道御群生，罕言性命，故世衰而寝息；佛以大悲救诸苦，广启因业，故劫浊而益尊。"他认为儒、佛从表面看来，好像势如水火、形同轮辕，但就其功效、结果来看，则是殊途同归。儒家以中庸之道治世，"罕言性命"，适合于治世而不宜于乱世。佛教讲"心性"，以大悲救诸苦，适合于乱世不宜于治世。他认为，佛教于乱世之中，可以"革盗心于冥昧之间，泯爱缘于死生之际。阴助教化，维持人天"，可谓"别有陶冶，刑政不及"。因此，刘禹锡认为对佛教不能采取简单否定和排斥的态度，而应因势利导加以利用，如利用得好，就可收到"乘天工之隙以补其化，释王者之位以迁其人"[1]的功效。

值得注意的是，刘禹锡虽然主张儒、佛互补，但对佛学的世界观却持否定态度，是其不同于柳宗元的地方。他在《天论》中曾对佛学空无本体论进行批判，试图对无形之"空"做出新的解释。他说："若所谓无形者，非空乎？空者，形之希微者也。为体也不妨乎物，而为用也恒资乎有，必依于物而后形焉。今为室庐，而高厚之形藏于内也；为器用而规矩之形起乎内也。音之作也，有大小，而响不能逾；表之立也有曲直，而影不能逾。非空之数欤？"意思是说，所谓空，并不是超越于"器用"、"常形"以外的孤立概念，并非真的一无所有，而是一种极稀薄细微的物质形态。其存在并不妨碍其他有形物质的空间，其作用其形状则要通过有形物体表现出来。如建造房屋，高厚之形就包含在房屋之中；制成器具，空间就会以圆或方的形状现于其内。所以刘禹锡认为：所谓无形只不过是"无常形"，即没有可被感官所直接感知的物质特性。他继续论证说："以目而视，得形之粗者也；以智而视，得形之微者也。乌有天地之内有无形者邪？古所谓无形，盖无常形耳，必因物而后见耳。"[2]用视觉看世界，只能看到有形粗大之物；用心智来看世界，就能够觉察到稀微物质的存在。在这一意义上，可以说天地间不存在

---

[1] 《刘禹锡集·袁州萍乡县杨岐山故广禅师碑》卷四，中华书局，1990年版，第57页。
[2] 《刘禹锡集·天论中》卷五，中华书局，1990年版，第71页。

真正的空无。古人所讲的"无形",也只是没有固定的形态而已。柳宗元评价刘禹锡的这一思想说:"独所谓无形为无常形者,甚善!"①

对于佛学把"有"、"无"对立起来,视"无"(空)为真无的思想,刘禹锡在《牛头山第一祖融大师新塔记》中,给予了批评。他说:"夫上士解空而离相,中士著空而嫉有。不因相何以示觉?不因有何以悟无?彼达真谛而得中道者,当知为而不有,贤乎以不修为无为也。"②刘禹锡认为,不能离"相"而解"空",不能离"有"而释"无"。这一思想同他在《天论》中视"空"为"形之希微者也"、"谓无形为无常形"的思想是完全一致的。

由于刘禹锡在自然观上坚持元气论,认为天下万物"皆乘气而生","其本在乎山川五行"③,由此便决定了其对佛学虽取兼容并蓄的态度,却不可能像佛教徒那样"以心法起灭天地","以山河大地为见病","诬世界乾坤为幻化",④从而视精神意识为世界唯一本原。即是说,在涉及世界本原这一哲学根本问题上,刘禹锡还是同佛教万法唯心的世界观划清了界限。因此,如果说柳宗元好佛,主要是看到了儒、佛的相通之处,着意于二者的异中之同,从而强调"统合儒释",那么,刘禹锡好佛则主要有见于儒、佛的同中之异,从而强调儒、佛互补。这也可以算作是柳、刘在好佛问题上的一点同中之异。柳、刘作为唐代儒学思想家,其杰出的思想,是熔铸百家,改造儒学的成果,在中国儒学史上一向具有特殊的重要意义。

唐朝儒、释、道三教并重的政策,对学术的影响甚巨。柳宗元、刘禹锡在兼融儒、释、道方面,更表现出一种自觉的姿态。他们基本上是以儒学为本位,吸收佛、道思想及其方法之长,以济儒学之不足。柳宗元还认为诸子百家思想皆有其所长,可融会之用以佐世之治。如在

---

① 《柳宗元集·答刘禹锡天论书》卷三十一,中华书局,1990年版,第817页。
② 《刘禹锡集·牛头山第一祖融大师新塔记》卷四,中华书局,1990年版,第56页。
③ 《刘禹锡集·天论下》卷五,中华书局,1990年版,第67页。
④ 《张载集·正蒙·太和篇第一》,中华书局,1978年版,第8页。

《送元十八山人南游序》中说:"太史公尝言:'世之学孔氏者则黜老子,学老子者则黜孔氏,道不同不相为谋。'余观老子,亦孔氏之异流也,不得以相抗。又况杨、墨、申、商、刑名、纵横之说,其迭相訾毁、抵捂而不合者,可胜言耶?然皆有以佐世。"①这种对诸子百家所采取的兼容并蓄态度,是柳、刘儒学的一个重要特点。柳、刘虽然自谓"好求尧、舜、孔子之志,唯恐不得"②。但对于儒学典籍的观点,也曾提出严厉的批评。如柳宗元在《非国语》中批评《国语》中的许多"诬淫"之说;在《时令论》中指斥《礼记·月令》"苟以合五事配五行,而施其政令,离圣人之道,不亦远乎"③!在《六逆论》中分析了《左传》的"六逆"说后,直斥其"罕有知圣人之道,则固为书者之罪也"④。正因为柳、刘不宗一家,以开放的心态对待诸子之学,吸收诸家学说中"皆有以佐世"的因素,同儒学结合起来,使得儒学在唐代得到进一步的丰富和发展,从而开启了融汇百家、博采众长的儒家子学发展时期。

柳宗元的道论、刘禹锡的天论对儒家之道和天人之辨,都达到了汉唐以来的哲学高峰,其所提出的一些哲学观点和问题,对后世儒学的发展也产生了深远的影响。刘、柳提出的天理、人理对宋明理学的天理、人欲之辨有重要的启发意义,其元气"自动自休,自峙自流"、"自斗自竭,自崩自缺"的思想,为张载所继承和发展,明确地提出"太虚即气"、"动非自外"的命题。刘禹锡"无形乃无常形"的思想和他对佛学空无本体论的批判,对张载、王夫之思想的形成也有积极的启发意义。当然,柳宗元、刘禹锡思想对自然规律和人的主观能动性的理解尚有其肤浅、粗糙之处,他们只讲政治昏乱、赏罚不明为宗教迷信产生的原因,还只是表面、抽象的观察,尚未接触到问题的实质。由于受当时社会历史条件等复杂因素的影响,他们虽然在涉及世界本原这一哲学根

---

① 《柳宗元集·送元十八山人南游序》卷二十五,中华书局,1990年版,第662页。
② 《柳宗元集·送娄图南秀才游淮南将入道序》卷二十五,中华书局,1990年版,第656页。
③ 《柳宗元集·时令论上》卷三,中华书局,1990年版,第85页。
④ 《柳宗元集·六逆论》卷三,中华书局,1990年版,第97页。

本问题上同佛学划清了界限,但对佛教在社会生活中的消极影响并未认识清楚,因而,在现实生活中他们仍具有明显的佞佛倾向。然而,所有这一切都无碍于柳、刘作为儒学改革者和唐代新儒学奠基者的历史地位。

第十章

晚唐五代的儒学改革

第一节　林慎思、张弧的儒学思想

一、林慎思与《续孟子》和《伸蒙子》

林慎思(844—880),字虔中,自号伸蒙子,长乐(今福建长乐)人。《林子家传》称其"少倜傥有大志,力学好修"①咸通十年中进士,十一年又中鸿词拔萃魁首。授秘书省校书郎,兴平尉,寻除尚书水部郎中。乾符中,群盗蜂起,百姓流殍,僖宗日与宦者燕嬉,慎思曾累疏切谏,不纳,出为万年县令。广明元年十二月黄巢起义军攻入长安,林慎思率兵抵抗,兵败被俘,抗节不屈而死。年仅三十七岁。

《续孟子》和《伸蒙子》两书是林慎思中试前,寓居长安附近的槐里时所著,以抒发其复兴儒学,拯救危亡,兴邦经国之志。当时的朝廷

---

① 《伸蒙子》卷首,《丛书集成初编》1877册,商务印书馆,1940年版,第1页。

"方奉释氏、宠乐工、耽游宴、怠政事、侈靡无度、兵祸未已。而堂老杨收、路岩辈皆以贿败,温璋至有'生不逢时'之叹"。①思想与政局的混乱已达于极点。他首先考虑到以重振儒家思想与佛、老对抗的方略,作为挽救危局的基础。

林慎思采用续作经典的形式著《续孟子》,实是受王通《续六经》的影响与启发,继王通之后,除魏征的《类礼》及元行冲的《义疏》可说是对经典的改订和续作外,这一学术倾向和著作形式至晚唐之前再也没有人尝试。儒家经籍虽可为真理之一源,但脱离现实的经学,只能对盛世起点缀作用,却不能对衰世有所补益。经学的衰落,儒家子学却受到重视。《孟子》是最令人瞩目的一部,《孟子》终唐一代未被列为经典,但经过中唐韩愈的称扬,并尊为道统代表;晚唐时皮日休又上书请列《孟子》为国子学科;林慎思又复起而续《孟》,至五代和宋初《孟子》遂被提高到经典的地位。从王通到林慎思续作经典的目的,就在于针对学术和社会的现实问题,借助续作的形式,以阐发他们对经典义理的新见解,纠正时人似是而非的观念。这一传统一直影响到宋代,宋初柳开的续补经籍、宋儒的订正经文和以意说经,实由此开其先河。

宋代的《崇文总目》于《续孟子》书题下,记有林慎思之言称:"《孟子》七篇,非轲自著书,而弟子共记其言,不能尽轲意,因传其说,演而续之。"与今本《续孟子》卷首林慎思简短的题记大同小异。《四库全书总目提要》评价其书说:"今观其书十四篇,大抵因孟子之言,推阐以尽其义。独其不自立论,而必假借姓氏,类乎《庄》、《列》之寓言。"认为林慎思借用这种形式,对儒家义理"委曲发明,亦时有至理,不可废也"。②

《伸蒙子》是林慎思直接由己立论的一部书,从其《自序》中知道,他还著有《儒范》七篇,今佚。其序称:"旧著《儒范》七篇,辞艰理僻,不为时人所知。复研精覃,一旦斋沐祷心灵,是宵梦有异焉。明日召著

---

① 刘希江:《伸蒙子跋》,《百子全书·伸蒙子》卷末,浙江人民出版社,1984年版,第1页。
② 《四库全书总目·子部·儒家类·续孟子》卷九一,中华书局,1956年版,第774页下。

祝之,得《蒙》之《观》,曰:伸蒙入观,通明之象也,因自号伸蒙子。"①此即其自号与书名的来历。《易·蒙卦》,正义曰:"蒙者,微昧闇弱之名"。即蒙是蒙昧、昏懦的意思。林慎思在此是以卦象解易,从卦体上看,蒙上卦为艮☶,一阳已出地上,下卦为坎☵,一阳尚在地中,阴阳交错,时属将明未明之象,故曰蒙。由蒙之观,观䷓卦由蒙之九二升五而来,二阳俱出地上,阳爻象征光明,故曰"通明之象也"。由蒙而观,这一开启伸张光明之途的过程即谓之"伸蒙",另外,"观"还有"王者道德之美而可观也"意,适以见志,因以伸蒙子为号焉。

《伸蒙子》其书的内容,则是其与"二三子辩论兴亡,敷陈古今,或引事以明理,或摛才以润辞"。就所涉及的问题,引古证今,以申明自己的见解。全书共三卷,分别题以《槐里辨》、《泽国纪》和《时喻》。"《槐里辨》三篇,象三才,叙天地人之事;《泽国纪》三篇,象三人,叙君、臣、人(即民)之事;《时喻》二篇,象二教,叙文武之事。"《四库全书总目提要》评价说:"惟上卷《喻时》一篇,释仲尼小天下之义,词不尽理,其余皆持论醇正,非唐时《天隐子》、《无能子》所可仿佛。《崇文总目》列之儒家,盖为不忝。"认为其价值超过《无能子》等道家著作,无愧为儒门佳作。元代学者陈留孙为其书所作序云:"伸蒙子著书于槐里,其自序曰:'如有用我,吾言其施,我学其行'。其自负之重乃如此。设使终身不达,抱空言而死槐里。伸蒙子不终于蒙也哉。及其出万年为宰,其言亦既施矣,然而终不能救唐之亡者,所施不遐也。"②认为他在万年县作宰,其言其学已得施行,只惜未居高位,所施未能及远,故未能挽救唐朝的衰亡。陈留孙视林慎思为唐末"奇士","其骂巢而死,是以平昔之言皆足以取信于天下后世,而其重若泰山。"与《续孟子》相较,《伸蒙子》多直抒己说,现实针对性也更为强烈。兹据二书所论,择其荦荦大端,分二题综叙。

---

① 《四库全书总目·子部·儒家类·伸蒙子》卷九一,中华书局,1965年版,第775页上。
② 《百子全书·伸蒙子·原序》卷首,浙江人民出版社,1984年版,第1页a。

王道刑政论

王道论是古代儒家关于国家统一、政权授受、君臣修德、制礼作乐、施政化民、富国强兵、安内和外等方面的政治理论。王道理想是儒学理论的总纲,一到政治危亡、纲纪先坠之时,就会有人提出来重新讨论。《伸蒙子》开宗明义,于上篇第一章就提出了这个问题。"干禄先生问:'王道兴衰,由天之历数,有诸?'伸蒙子曰:'非天也,人也。'"他认为日星的祥瑞灾异,固然由天,这种现象在兴衰治乱时都会出现。比如乡里有良吏,也有暴吏,对百姓来说自有损益之不同。这并不能由州牧长官的心意来决定。但只要政令不混乱,"不使罚及忠信、赏归苛酷",就能保持政治的公正。这其中起关键作用的是君主,"则知化妖祥者由乎天,变兴衰者由乎人。故曰非天也,人也"①。这就驳斥了汉魏以来,谶纬之学政治废兴由天决定的思想。这样就使统治者于兴衰的责任无所推诿。只有尽心力于仁政,设礼以待士,薄赋敛以待民,使天下归心,国祚自然就会长久。林慎思又一再以亡秦为鉴说:"秦以山西之习起而驰驱中原,惟知干戈弓矢之为利也,恶识仁义哉。天厌六国之乱,而使秦并之。天又厌秦之乱,而汉得之。"②当然,这里所谓天厌秦乱之天,还是指民而言。

在《伸蒙子·合天》章中,他又设为宏文先生的对话说:"'秦人焚书坑儒,以愚黔首,意其帝万世矣。而亡不旋踵,何邪?'伸蒙子曰:'天亡之也。吾闻顺天者存,逆天者亡。天生羲、农、黄帝、尧、舜,为道之宗;又生禹、汤、文、武、周公、孔子,为道之主。其言式万代,其政训百王,譬日月不可掩,山川不可迁也。秦人姗笑先王,绝弃礼法,悉举而燔之。秦焚书,是自焚矣。秦坑儒,是自坑矣。世未有合天而亡,逆天而存者也。故曰秦之亡,天也。'"③在这里,林慎思再次提出秦之灭亡由

---

① 《百子全书·伸蒙子·彰变》卷上,浙江人民出版社,1984年版,第1页a。
② 《百子全书·伸蒙子·去乱》卷中,浙江人民出版社,1984年版,第1页b。
③ 《百子全书·伸蒙子·合天》卷中,浙江人民出版社,1984年版,第1页a、b。

天亡之的命题,岂不是与前所说兴衰由人非天的说法相矛盾吗?实际并不矛盾。儒家认为圣人所奉行的王道即是代表天道的,违背王道仁政,就是违逆天道。尧、舜、禹、汤、文、武、周公、孔子即是王道或曰天道的宗主,礼法经籍是王道或天道的载体,焚之坑之,自然会招致天怒人怨。既然合于天的是王道,逆于天的是霸道,所以秦奉行霸道而亡,也就是天亡之了。在这里,天亡之只是人亡之的不同说法而已。与兴亡由"天之历数"决定论的谶纬说绝不相同。

王道的具体表现就是施行仁政,林慎思在《续孟子》中,借孟子与梁大夫的答问,阐述了他的观点:"梁大夫见孟子,问曰:'吾闻夫子教王远利而易以仁义,有诸?'孟子曰:'然。'大夫曰:'吾家有民,见冻饥于路者,非其亲而救之,脱衣以衣之,辍食以食之,及已冻饿几死,是其亲而不救之而何?'孟子曰:'噫!是大夫从王厚利而薄仁义故也。厚利率民,民争贪欲,苟有独持仁义者,宜乎不得全其身矣。'"①他将这种举国趋利的现象比作全家为盗,如有一人存有恻隐之心,则己身难保,又怎能救民于冻馁呢?所以他劝大夫说:"苟能与王移厚利之心而在仁义,移薄仁义之心而在利则上下移矣。"②孟子曾将"与民同乐"作为仁政的一项内容,竟被后世君主所误解,乐正子以孟子所教此言谏君,于是鲁君以自己所嗜的酒食宴乐,召民同乐。而政俗益坏。乐正子复问于孟子,孟子答曰:"吾所谓与民同者,均役于民,使民力不乏;均赋于民,使民用常足。然后君有余而宴乐,民有余而歌咏,夫若此岂不谓与民同邪?"③同是同于民,为民创造有利于生产生活的政治条件,这就是仁政。

王道的另一重要内容是重视礼乐制度的制订与奉行。主要是用以约束君主,化民美俗。《续孟子·梁襄王》章载:"梁襄王仪服不整而见孟子,孟子曰:'《诗》云:敬慎威仪,维民之则。王每见轲若此,何以

---

①② 《百子全书·续孟子·梁大夫》卷上,浙江人民出版社,1984年版,第1页a。
③ 《百子全书·续孟子·乐正子》卷上,浙江人民出版社,1984年版,第1页b。

则民乎?'""王苟能恩信来其民,必先以容仪正其身","不遑以容仪为务,使上下无仪矣。君臣父子,何以则乎?"①礼仪是稳定政治和社会秩序的重要因素。"乐"也是如此,他认为有道之邦应重视雅乐,而摒弃靡靡之音,齐王始重雅乐,后闻靡靡之音而不能舍,"持雅乐之器者,王虽不弃,王终不能用矣。"林慎思在这里也含有感叹唐王朝重佛老之教,虽有儒家的礼乐刑政在,但已不予重视的用意。

在林慎思的王道思想里,还含有礼法并重的主张。德主刑辅,是儒家普遍接受的观念。而林慎思则认为刑法应重于恩德。他于《伸蒙子·利用》章设问:说:"治民之用恩、刑,恩、刑之利孰最?"回答为:"刑最"。他认为对安分的百姓,"恩不加于民,民自化也"。对于不安分的百姓,就必须加之以刑罚,"下之良者,虽恩赏不至,且未失于良也。下之恶者,苟刑责不及,孰可制其恶哉?是知治民用刑为最"。② 在《辨刑》章,他以水火喻有道之君的刑法,以虎狼喻无道之君的刑法,认为"有道之君"的刑法应比"无道之君"的刑法更为严峻。他说:"水火不暴于虎狼也,然水火之为峻也,必能滔涌天地,焚燎山川,而人不蹈也。""所以水火于人,而人赖之,不见其峻也;狼虎害于人,而人畏之,故见其峻也。有道之君犹水火然,无道之君犹狼虎然。狼虎不及水火之大,岂不明乎?"③水火虽大,但人能望而避之,不蹈其害,甚可以挢而用之,尽得其利。虎狼则不然,其对人的攻击防不胜防,对民人安全构成严重的威胁和危害。因而赞成有道之君的水火之法,而反对无道之君的虎狼之法。关于礼法刑德的不同作用,《唐律疏议》的观点是:"礼禁未然之先,法禁已然之后。"而林慎思的峻法主张,经他用"无类比附"的逻辑方法论证后,也具有了"禁未然之先"的意义。虽然如此,他还是认为应将那些充耳不闻"雷霆之震"的"叛民盗吏",置诸刑法。说

---

① 《百子全书·续孟子·梁襄王》卷上,浙江人民出版社,1984年版,第1页a。
② 《百子全书·伸蒙子·利用》卷上,浙江人民出版社,1984年版,第3页b。
③ 《百子全书·伸蒙子·辨刑》卷中,浙江人民出版社,1984年版,第1页a。

是"刑法系人,岂得默于天下乎?"①他还认为峻法严刑,是"用邪扶正",目的在于扶持如大厦之将倾的末代王朝。

心性善恶论

林慎思对心性问题的认识,虽未提升到哲学的高度,只是作为修养和教化的基础依据来分析的,但却很有其特色。他认为性是人的本质,心是性的表现。性只有刚柔之分。并无所谓善恶;心于善恶有很强的指向性,是善恶的决定因素。人性之刚柔虽不决定善恶之有无,却可影响善恶的性质。因此,从原则上讲,人性既可以迁而向善,也可以化而成恶。如果加上心的引导,善恶也可以互相转化。但刚烈的本性与恶的结合,再加以心意的固持,则是不可移易的。在《伸蒙子》卷上,副题为《随其材性而化》的《明化》章,设求己先生问:"人之善恶能化而迁乎?"伸蒙子说:"迁矣。"又说:"性有刚柔,天然也。犹火可迁于水邪?"还说:"善不在柔,恶不在刚也。火能炮燔,亦能为灾;水能润泽,亦能为沴。及其迁也,化灾为炮燔,化沴为润泽。岂在化火为水乎? 人之善恶随化而迁也,必能反善为恶,反恶为善矣。"②人的天然本性只有刚柔之别,化而迁之则是人心的作用,人的心意让人性迁化的目的,就像人们对待水火一样,只让其向着有利于人的方向发展,并非使柔易刚,水迁为火,善恶于人性,就像水火的利、害功用于水火的关系一样,是可随人心意的指向而化迁的。他举例说:孟母之教孟轲,是反恶为善;竖刁引导齐桓公,就是反善为恶。但是也有不能迁恶为善的例证,那就是恶与刚猛之性相结合,又持意不改的缘故,这些人一是古代的暴君,一是不肯改悔的盗匪。他在《迁善》章里解释"伊尹放太甲于桐宫"终使太甲悔过迁善,复登于君位。而解释龙逄和比干不能改变桀和纣的暴虐原因时说:"先生闻良马有害人者乎? 良御必能维

---

① 《百子全书·伸蒙子·远化》卷下,浙江人民出版社,1984年版,第2页a。
② 《百子全书·伸蒙子·明化》卷上,浙江人民出版社,1984年版,第2页b。

鞚以驯伏其性也,闻猛虎有啖人者乎? 武士安能囚拘以驯伏其性邪?"①太甲的确不肖,但其性如马,还是可以维鞚以使其就善的。桀、纣的暴虐,犹如虎一样猛烈,也就无法使之迁善了。他认为人的善恶取决于人的心愿,也就是主观愿望。"三代衰亡,垂鉴千古。"愿意取以为鉴,就可以迁善,否则就是怙恶不悛。伸蒙子在《鉴旨》篇中曰:"三代之季,鉴于吾道,不鉴于无道也。"实际上,无道更具有值得引以为鉴的意义。历代君王"居起欲奢,鉴之而反俭;威刑于暴,鉴之而反仁;畋游欲纵,鉴之而反礼;声色欲荒,鉴之而反德。""反是,犹盗贼之类。昼观刑戮于市,暮行诛劫于衢。刑戮能使之鉴邪? 盖盗贼之心不可移也。"②他还认为知识开化是人迁善的重要条件。

他在比较"古今化民难易"的《喻民》、《演喻》二章中,用进化的观点,论证了今民较古民易化的原理。干禄先生说:"古民性朴,今民性诈。安得诈易于朴邪?"他回答说:古民好比婴儿,"婴儿未有知也,性无朴乎?"今民好比卯儿,"卯儿已有知也,性无诈乎?""化已有知,孰与化未有知之难乎。"③又说:"古民难化,性犹土也,土地不移,移则垚堁生矣;今民易化,性犹水也,水可导,导则其源清矣。""故今民易化也。"④这一思想无论在理论上还是实践上,都有其现实的进步意义。

林慎思认为人心皆具有"喜公疾私"的本能,倘能行公去私就可达到很高的道德境界。他说人对虎狼"咸有惧心",而对珠玉"咸有嗜心"。"一有能杀狼虎者,众闻之莫不喜;一有能得珠玉者,众闻之莫不嫉。盖杀者去众害,公其利也;得者夺众好,私其利也。且人心皆知喜公而嫉私也。使能得是公,去是私,而与众人喜而不嫉者,几人乎?"⑤在这里,林慎思丝毫没有空谈心性,而是找到了心性修养的现实基础,

---

① 《百子全书·伸蒙子·迁善》卷上,浙江人民出版社,1984年版,第2页b。
② 《百子全书·伸蒙子·鉴旨》卷中,浙江人民出版社,1984年版,第2页a。
③ 《百子全书·伸蒙子·喻民》卷上,浙江人民出版社,1984年版,第1页b。
④ 《百子全书·伸蒙子·演喻》卷上,浙江人民出版社,1984年版,第1页b。
⑤ 《百子全书·伸蒙子·指公》卷下,浙江人民出版社,1984年版,第3页a。

因之敢更具有说服力。

　　林慎思还以公私之论,解决了一个类似孟子所设瞽叟杀人,舜负之而逃的两难命题。这一命题的难点在于如何平衡孝与法两者孰重的问题。在儒家传统观念中,孝与法皆为其所重,然两相比较,则孝应重于法。但其中蕴含着一个前提,即这仅是就个人而言;如果作为一个执法的君主,废法尽孝,则绝对是错误的。所以孟子的解决方案是舜弃天子之位,然后负瞽叟而逃。林慎思则将这一问题置于公与私的框架中予以审视,设为庄暴之问曰:"鲧遭舜殛,禹受舜禅,其为孝乎?"林慎思代孟子答曰:"禹之孝在乎天下,不在乎一家也,夫鲧遭舜殛,公也;禹受舜禅,亦公也。舜不以禹德可立而不殛鲧,是无私于禹也;禹不以父雠可报而不受禅,是无私于舜也。且舜哀天下之民于垫溺也,命禹治之;禹能不私一家之雠而出天下之患也。此非禹之孝在乎天下而不在乎一家欤?苟私一家之雠而忘天下之患,则何以为禹之孝?!"① 舜禹皆以天下水患为忧,殛鲧禅禹,皆同于公心。禹弃私仇而受禅的行为,亦出于公心,不但不是不孝,反而被评价为孝在天下的大孝。遂使这一千古难题得到较为合理的解决。慎思此论实开宋儒公私之辨的先河。

二、《素履子》的儒学特色

　　《素履子》的作者张弧,生平、籍贯俱不得其详。《素履子》的书名实际也是作者字号,虽然颇带道家的色彩,而实际上出自于儒家经典《周易》之《履卦》。连他的名字,也怀疑出自《易·睽》卦上九爻辞:"见豕负涂,载鬼一车。先张之弧,后说之弧",②"睽"代表着天地或社会的乖违亦即不和,所以他很可能生于唐世后期的动乱时代,而家人对其寄托有平定动乱的期望。又,《礼记·射义》篇有:"故男子生,桑弧蓬

---

① 《百子全书·续孟子·庄暴》卷下,浙江人民出版社,1984年版,第1页b。
② 《周易正义·睽》卷四,十三经注疏整理本,北京大学出版社,2000年版,191页。

矢六，以射天地四方，天地四方者，男子之所有事也。"①表示男儿要有志在四方的高远志向，故名为张弧。

据李调元《序》，知其官阶为唐将仕郎、试大理评事。今观其书大致是晚唐时人。据《四库全书总目提要·素履子》条下称："其书《新唐书·艺文志》、晁公武《读书志》、陈振孙《书录解题》、尤袤《遂初堂书目》，皆未著录。惟郑樵《艺文略》、《宋史·艺文志》有之。盖其词义平近，出于后代，不能与汉魏诸子抗衡，故自宋以来，不甚显于世。宋濂作《诸子辨》亦未之及。然其援引经史，根据理道，要皆圣贤垂训之旨，而归之于正。盖亦儒家者流也。张弧，《唐书》无传，宋晁说之《学易堂记》谓：世所传《子夏易传》仍弧伪作，旧题其官为大理评事，而里贯已不可考。《艺文志》、《宋志》皆作一卷，今本三卷，殆后人所分析欤。"其书共十四篇，以履道、履德、履忠、履平、履危等名分目。强调忠孝、仁义、戒慎、危惧，正是唐末藩镇坐大，纲常失坠，"风雨如晦，鸡鸣不已"那样一个衰乱时代的写照。

《全唐文》录有张弧《素履子序》一篇，今书不载，其文曰：

> 夫素履子者，取《周易》履卦初九"素履往无咎"。素以纯素为本，履以履行为先。虽布衣，素须履先王之政教。故取天地之始，乾坤之初，圣人设教之规，贤哲行道之迹。夫祸福之端，生於所履。是以圣人以德履帝位，而不疚光明者也。士庶履能辨上下，定民志，辄修一十四篇，号曰《素履子》，以为箴诫而已。②

今按：《周易·履卦》初九："素履往，无咎。象曰：素履之往，独行愿也"。王弼注曰："履道恶华，故素乃无咎。处履以素，何往不从？必独行其愿，物无犯也。"孔疏释曰："它人尚华，已独质素，则何咎也！"《履》九二有云："履道尚谦，不喜处盈，务在致诚，恶夫处饰者也"。又有"居

---

① 《礼记集解·射义》卷六十，中华书局，1989年版，1447页。
② 《全唐文·张弧·素履子序》卷八二八，中华书局，1983年版，8722页。

内履中,隐显同也。履道之美,於斯为盛"语。正义疏曰:"履道尚谦"者,言履践之道,贵尚谦退,然后乃能践物。"履"又为礼,故"尚谦"也。在这里,素是质朴意,履是践行意。履道即指践行之道或精神,整个卦意都是在讲践履之道,谦则无咎,亢则有悔,"祸福之端,生於所履"。所以弧要把这一精神推广到内外整个实践的领域,用以"辨上下,定民志",以为箴诫。

然观《素履子》其书内容,确也多受道家思想的影响,是一部儒家学者融会道家学术、针对现实、思欲挽救的著作。道家学派汉代即已转化为道教,将老庄的思想转而指导内外丹术,但是儒、道思想的融合却始终没有间断,魏晋南北朝是其辉煌的时代。有唐一代,道教的发展并不亚于佛教,丹术盛行,对政治和社会造成许多危害。所以韩愈起而辟之,严格区分了佛老之道与儒道的不同,但这种区分仅限于社会哲学的层面,没有上升到宇宙论的高度。而相反的,道家学者如开宝年间的处士王士元,著《亢仓子》一书,却力图全面地融会儒、道之道。其书以全道、明道、政道、君道、臣道、贤道、训道、农道、兵道名篇,将作为道家最高范畴的抽象的道,引入到经国济民的领域,与各个不同的、具体的道结合起来。《四库全书总目》考察其融合儒道的轨迹说:"剽《老子》、《庄子》、《孔子》、《文子》、《商君书》、《吕氏春秋》、刘向《说苑》《新序》之词,联络贯通,亦殊亹亹有理致。"①除卷首两篇带有过多的道家痕迹,其余各篇完全可以视为对儒家思想的阐释,只是未能与儒家的一些核心观念很好地衔接在一起而已。

而站在儒家立场,首次尝试将道家最高范畴之道,移植为儒家的本体范畴,并进而使之与儒家的一系列核心概念贯穿在一起的,是张弧。虽然张弧《素履子》所谓之道,还带有生硬的道家痕迹,但至少在形式上,还是成功的。自中唐以来,经李翱的融会佛学,又经张弧的融会道家,至北宋周敦颐统合综会释、道二家,才最终建立起较为完善的

---

① 《四库全书总目提要·子部·亢仓子》卷一四六,中华书局,1965年版,第1251页中。

儒家本体论哲学。兹将《素履子》融合儒家之道的特点和意义,及对道的具体践履,分述于下:

《素履子》对"道"的改塑。张弧将原本是道家最高范畴的道移植为儒家哲学的最高范畴,并以此为核心,融合了二家的宇宙观,展示了其在不同领域、不同层面、不同环境、不同时间中,万变不离其宗的表现。

《素履子》开宗明义提出了"履道"的问题,作为全书的总纲。"素履子曰:道本无名,无名,居天地之始。天地之始,号曰混元。混元之初,无形无象。既分二仪,能生万象,故云之为道。"①他在这里将儒、道二家之道融合为一,这个道既来自于道家《老子》,又同于儒家《易传》。道家认为"道"是先于天地而生的世界本原。《老子》载:"有物混成,先天地生,寂兮寥兮,独立而不改,周行而不殆,可以为天下母,吾未知其名,字之曰道。""道冲而用之或不盈,渊兮似万物之宗。"而儒家认为"道"即是一阴一阳之易道,与天地相等而贯穿于天地之中。《易·系辞传》载:"形而上者谓之道,形而下者谓之器。""易与天地准,故能弥纶天地之道。""《易》之为书也,广大悉备,有天道焉,有人道焉,有地道焉。"这一"阴阳之道"或称"三极之道",也是"范围天地之化而不不过,曲成万物而不遗"的,"道"即是儒学易理的最高范畴,易的最高范畴又表述为"太极"。然"太极"侧重表现为本源意义,而"道"则是兼体用而为言。"《易》有太极,是生两仪,二仪生四象",也即生成"两仪"、"三极"之道的是太极,而在太极乃至两仪(即阴阳或天地)、四象、三才背后起支配作用的仍然是道。

汉代郑玄最早以"道"释太极,说是"极中之道,淳和未分之气。"②王弼则以老子之道比况太极,他说:"太极者,无称之称,不可得而名,

---

① 《素履子》卷上,《丛书集成初编》,商务印书馆,1940年版,第1页。
② 《文选·励志一首》注引,卷十九,中华书局,1977年版,第275页下。

取有之所极,况之太极者也。"①道与太极相等的观念都已形成,但都还没有明确地说出太极即是最高范畴的道。至张弧可说是第一次用道代替了太极,从此,儒家的太极、道家的"道"就成为意义完全相等的、先于天地、化生万物的本体概念。然后,张弧开始区分儒、道两家对道的不同应用与表现。其云:"上古圣人履之,无言无教,无心于物,物来归之,不教于民,民皆仰之,此则履淳朴皇道也;画卦之主,尝草之君,皆履之而化成。至于服牛乘马,履之而去强暴,用之而除民害","唐尧履谦顺之道而垂裳,虞舜履孝弟之道而授让,此履帝道也"。② 皇帝之于道的实践,都还是儒、道共同承认和尊重的事实。但其中服牛乘马似乎不为老庄所赞同。至于后面说到"圣人以王道设教",则纯是儒家的主张。张弧认为《礼记·礼运篇》所描绘的儒家治世理想,便是"以道治世之化"。这与道家小国寡民,老死不相往来的理想社会是大异其趣的。所以张弧指出:"至于黄老,只唯尚朴而不文。"但他接着说:"素王亦归之纯素,莫不去华饰而作教","不尚贤使人不争,不贵难得之货,使人不盗",就又全是道家的主张,与所谓的儒家素王之教全不相干。这样,就又有以道家形象改铸孔子的意向了。张弧认为保持道家老子所提出的三宝,"一曰慈、二曰俭、三曰未敢为天下先",便是把握了"履道之原"。也即是实践道的原则。在隋唐之际,道家之"三宝"即为儒家的王通学派所认可,但他们还没有将其置于这么高的地位。他还认为"至道者亡身"的道家主张,所根据的是"象外之理"。"而餐霞食气,塞兑转丸"的道教徒,则是在实践"离尘之道"。道教也曾教人民"持生之道"和"忠孝之道",但那不是其终极追求,他们最终追求的仍是"象外"、"离尘"的境界。这种"大道不器"的高致,虽然令人景慕,但并非履道之本。张弧认为"立身行道之本,未若君睦臣忠、父慈子孝、兄友弟恭,夫顺妻贞,勤俭于家,忠良于国"。其中儒家的五伦观念、家

---

① 《王弼集校释·周易注》附,中华书局,1980年版,第553页。
② 《素履子·履道》卷上,《丛书集成初编》1877册,商务印书馆,1940年版,第1页。

国之道,才是"居天地之始","始终一化"之道的最根本、顺畅的体现。

《履道》篇还论述了道与器、与物、与人的关系。"大道不器,在物皆有。知道不虚行,物有元应。不在高台广厦之间,东林西域之内。"认为道虽然不是器物,但又体现于所有的器物之中。道并非可以凭借虚空运行,而是与事物联系在一起,与事物的生成毁灭始终相适应。但道又是可以独立存在的,不黏着于任何具体的事物之内。至于道与人的关系,除了不易履行的道家离尘之想外,他认为人立身行道之本,在于奉行儒家的五常和治国安邦之道。他说:"昔夏、殷、文、武得道而昌。桀、纣、幽、厉失道而亡。夫如是,道不可舍,得之则昌,失之则亡。故圣人爱人惠俗,施德保位者也。人之于道,如鱼之在水,鱼失水则亡,人失道则丧。牢笼万象,以道治之,谓之大道,欲昌其身,宜履而行之,明矣。"①要想"牢笼万象",就必须把握其本质规律,圣人之所以爱人惠俗,施行仁德之政,既要符合"大道"的规范,也有其功利的目的和现实意义。这样便把德行和功利统一起来,有其实践的价值。

《素履子》一书通过对道的分析,侧重于本体之道与具体之道的关系,从更高层面论证儒家伦理规范的合理性。严格地履行忠孝仁义等伦理规范,正确对待富贵、贫贱、太平、危乱等境遇,也就是所谓的"履道"了。把对"道"的认识与把握落实在实践,是其书的主要特点。张弧把道、德、忠、孝、仁、义、礼、智、信、乐、富贵、贫贱、平与危等十四个方面,作为实践道的范围加以强调。虽然"词义平近",但也不乏警省之句和辩证精神,并非贫乏枯燥地说教。如其《履平》篇说:"称之用也,取之于衡;车之行也,通之于辙。衡平则毫厘不差;辙通则辕毂无滞"。"欲称之平,则慎之于毫厘;欲辙之通,宜治之于辕毂。毫厘不失,辕毂无亏,则谓天平地成。乃取易象,上天下泽,君子以辨上下,定民志。履之时用:居安虑危,履平虑蹶。"②认为保持人世的公平、社会

---

① 《素履子·履道》卷上,《丛书集成初编》1877册,商务印书馆,1940年版,第2页。
② 《素履子·履平》卷下,《丛书集成初编》1877册,商务印书馆,1940年版,第11页。

的周通,是与天地之道相契合的。履行其职者,不能有所偏颇和疏忽,不然将要引起动乱。当然也不可谨小慎微,无所作为,而应该"积而能散,安而能迁,此君子履平而思进也"。国家有所积蓄了,要考虑如何用之于社会,社会安定了要引导人民提高道德水平,这是君子在太平盛世还要继续作的事情。在《履信》篇将五常之德归结为"信",其云:"信之为大,人所重焉。天失信,三光不明;地失信,四时不成;人失信,五德不行"。信是五常之德赖以落实的根本。张弧认为,人而无信,虽智者易为诈,虽勇者易致怒,虽仁者易成贪,因而指出"诈害民信,怒害民恩,贪害民财,三害乱之原也"。斯则皆因不守诚信而导致。若能始终坚守诚信,则"用智者之谋,勇者之断,仁者之施,足以成治矣"。"是知可终身而守约,不可斯须而失信"。"君子仗忠信而为甲胄,履之无爽矣"。① 具有五常之德相须并用,而以诚信为重的思想。

在《履危》篇,则认为身涉危难之世,正是对一个人德行的考验之时。一个有信念的人,应该是"福至不喜,祸至不惧。不缁不磷,洁白之德益彰;不凋不衰,清贞之操弥盛"。在任何情况下,"进退不失其正者,其唯圣人乎,履道亨矣。"② 这里所谓的"履道"是说实践本身之规律或法则。进退不失其所据之道(作为最高范畴的道与体现为伦理精神的具体之道),这即是履之道或曰实践的法则。这样《素履子》从论述最高本体之道,经践行具体的伦理之道,到实践本身之道,全面提示了人生、社会与道(自然规律和正义原则)的依存关系。

在张弧作《素履子》之前,儒、道两家各有其道,张弧袭取了道家最高范畴之"道",与儒家的"太极"作了置换,这确是《素履子》在儒学发展上的一大贡献。前已述及,老子之"道"与《易传》之太极,本是同等意义上的概念,但认识到这一点并不容易。道、儒两家的区别,在于对此本体之道的引申和运用,尤其在践行方面,两家确是大异其趣。继

---

① 《素履子·履信》卷中,《丛书集成初编》1877册,商务印书馆,1940年版,第7页。
② 《素履子·履危》卷下,《丛书集成初编》1877册,商务印书馆,1940年版,第12页。

张弧之后,北宋周敦颐作《太极图说》和《通书》,遂建立起完整的儒家本体论学说,更进一步吸取了道家和佛家的思想成就。道家思想确有其高超的理论价值,但其脱离现实的倾向也是不可否认的。及至道教,一方面发展了道家哲学,另一方面又将道家哲学引向歧途,其在唐代对社会和政治造成的危害,已暴露无遗。是儒家在反对道教的过程中,拯救了道家的理论宝库,将其引向健康发展的道路。宋代理学亦称道学,以道为标识,做出了融会释、道二家,又高出释、道二家的思想成就,这是理论发展的正常途径和必然规律。在中国文化的历史上,儒、释、道三家并立格局形成后,三家学术一直都在发展变化。但是这种变化发展的特点和层次却是大不相同的,简要地说,即是释、道二家一直是在改变自己,以适应他人;而儒学则一直在吸取他人而丰富自己。儒家吸取了道家之"道",儒学并不因之而成为道家之学。可是古今总有一些学者固持两家的区别,断断于儒、道两家的先后、主次、高下之分。大有将这一公有之"道"讨回之势。这些观点,都不如《四库全书总目提要》的作者所见通达。清初学者毛奇龄撰《太极图说遗议》,极力证明周敦颐抄袭道家,《太极图说》所言"皆非儒书所有"。而纪昀认为毛奇龄"立议原不为无因,惟是一元化为二气,二气分为五行,而万物生息于其间,此理终古不易。儒与道共此天地,则所言之天地,儒不能异于道,道不能异于儒","苟其说不悖于理,何必定究其所从出?"认为毛奇龄不论所言之是非,但争其原出于道家,是"所谓舍本而争末者也。"①而张弧著《素履子》,在儒家吸取道家思想成就的过程中,立于儒学之本,袭用改造道家观念,与儒融合无间,其对道的认识,实亦高出一代,而又对道的认识,在在落实于践履之上,则尤其是对儒学的特殊贡献。

　　过去学术界总认为晚唐是儒学的衰落期,没有什么重要人物值得重视,主要是因为不了解经学之外,还有一个儒家的子学系统。虽然

---

① 《四库全书总目提要·子部七·太极图说遗议》卷九七,中华书局,1965年版,第827页。

林慎思、张弧等人的著作和思想,并没有达到一代大家的水准和影响,但是由其所代表之唐代子学系统的发展趋向,却是值得深切注意的。

第二节 皮日休及其儒学思想

皮日休(约833—883)初字逸少,后改字袭美。襄阳竟陵(今湖北襄阳境内)人。家居鹿门山,因自号鹿门子,又尝自称间气布衣、醉吟先生等。间气系指天地间的灵秀之气,旧时借以喻杰出人才。又《春秋演孔图》有"正气为帝,间气为臣"的话。① 所以皮日休未第前用以为号,表现了他虽身为布衣,而仍以扶持正气为己任的抱负。由此也可见其为人。

皮日休家世务农,少时读书鹿门,及壮出外游历,以广见闻。于唐僖宗咸通七年(866),进赴长安应试,不中,遂前往寿州,借居友人别墅,将历年所作诗文编为"行卷",题作《皮子文薮》,以便投献在朝公卿,作再次应试的准备。第二年,皮日休登进士第,任著作郎,迁国子博士、太常博士,后出为毗陵副使。黄巢起义时,避居江南。乾符末年,黄巢军入浙,被劫从军,及入长安,授职翰林学士,并曾为大齐政权巡视都邑。《全唐文》载皮日休《题同官县壁》一文,末署"中和三年三月望日"字样,据肖涤非先生考定,当为"金统三年"。是后人因其为黄巢年号而改。唐乾宁三年(886)黄巢败退长安,皮日休此后下落不明。一说黄巢"谮为谶文,疑其讥己,遂害之"。② 因有他接受翰林学士和《题同官县壁》的事实,此说已难信从。二是"巢败被诛"说③。因无史

---

① 《纬书集成·春秋演孔图》,河北人民出版社,1994年版,第573页。
② 晁公武:《郡斋读书志校证·别集类》卷十八,上海古籍出版社,1990年版,第925页。《北梦琐言·皮日休献书》卷二,中华书局,2002年版,第32页。
③ 陆游:《老学庵笔记》卷十,引《该闻录》,中华书局,1979年版,第134页。

传佐证,也多系推测之言。三是"遁于吴越,死焉"(陆游《跋松陵唱和集》,又于《笔记》引尹师鲁《皮子良墓志》证成之)。① 此说较近情理,然亦有疑点。由于史籍失载,皮日休晚期著作《滑台集》七卷、《皮氏鹿门家钞》九十卷,元代以后散佚,无从考证,此事只好存疑了。皮日休的著作流传至今的,除《皮子文薮》外尚有文七篇,诗三百余首,均载《全唐文》和《全唐诗》中。

皮日休生当唐末"懿、僖戎马之代,道隐榛芜而学竟声律"的时代。② 目睹政治的腐败和民生的艰辛,立志要"救时补教,匡正皇符",再造一个太平治世。皮日休在其《皮子文薮·序》中自称他的各种文章,"皆上剥远非,下补近失,非空言也";③《悼贾》一文的序中又说:"圣贤之文与道也,求知与用,苟不在于一时,而在于百世之后者乎?"④他首先用其犀利的文笔,抨击了那个"虎狼放纵"的时代,指出:"古之置吏也,将以逐盗;今之置吏也,将以为盗"。"古之杀人也,怒;今之杀人也,笑。""古之官人也,以天下为己累,故己忧之;今之官人也,以己为天下累,故人忧之。"⑤"古之取天下也,以民心;今之取天下也,以民命。"⑥列举了大量事例,证明"当今不如往古",他所谓的往古,系指儒家一向推崇的夏商周三代之治。他在《请行周典》一文中说:"周公,圣人也;《周典》,圣人之制也。未有依圣制而天下不治者。"因此,只有按儒家"正俗"的原则,"返当今为往古"⑦,才能"化其邪而为正","返其戾而为义","转其亡而为兴","易其乱而为治"⑧。借古讽今,成为他手中抨击时政的有力武器。他还以此为人民的反抗暴政,寻找到理论根

---

① 陆游:《老学庵笔记》卷十,引《该闻录》,中华书局,1979年版,第134页。
② 李松寿:《重刊宋本文薮序》,《皮子文薮》附录二,上海古籍出版社,1981年版,第246页。
③ 《皮子文薮·文薮序》卷首,上海古籍出版社,1981年版,第2页。
④ 《皮子文薮·悼贾并序》卷二,上海古籍出版社,1981年版,第17页。
⑤ 《皮子文薮·鹿门隐书篇》卷九,上海古籍出版社,1981年版,第99、94页。
⑥ 《皮子文薮·读司马法》卷七,上海古籍出版社,1981年版,第62页。
⑦ 《皮子文薮·讽悼·正俗》卷二,上海古籍出版社,1981年版,第12页。
⑧ 《皮子文薮·讽悼·纪祀》卷二,上海古籍出版社,1981年版,第16页。

据:"呜呼! 尧舜,大圣也,民且谤之;后之王天下者,有不为尧舜之行者,则民扼其吭,捽其首,辱而逐之,折而族之,不为甚矣。"①确如鲁迅所说,他的文章是"没有忘记天下"的"抗争愤激之谈"。② 其实支持顺天应人的革命和诛除暴君的主张,并未超出儒家思想的范围。皮日休有此思想,那么他参加起义军,也就不难理解了。但他认为无论是挽救还是重建一个政权,都必须依靠儒家思想的指导。

皮日休具有尊孔崇儒的思想。他认为唐朝曾经有过的盛世,是因为周孔之道得行的原故,而目前的衰乱局势,则是由于佛道盛行,仁义道丧所造成。所以要拨乱反正,就必须复兴儒道。他说:"吾欲以明哲之性辨君臣之分兮,定文物之数。吾欲以正讦之道兮,进忠贤而退奸竖。吾欲以醇酿之化兮,反当今为往古。"明哲之性也即是圣人之道,只有借助圣人之道才能使政治复归于清明,民风复归于淳朴,"天有造化,圣人以教化神之;地有生育,圣人以养育神之;四时有信,圣人以诚信神之;两曜有明,圣人以文明神之"③。所以他要继承王通、韩愈的事业,"裨造化,补时政","蹴杨、墨于不毛之地,躁释、老于无人之境,故得孔道巍然而自正"④。他认为杨墨、佛老与儒学相比,犹如斜径与坦途之别。"圣人之道犹坦途,诸子之道犹斜径,坦途无不之也,斜径亦无不之也。然适坦途者有津梁,之斜径者苦荆棘。"当世的遍地荆棘,就是遵奉佛老之道的苦果。所以不能以言拒杨墨、抑佛老者,就是"圣徒之罪人"⑤。他认为孔子之道术,超迈释老,孔子之功德,也逾越尧禹。他在《襄州孔子庙学记》中写道:

> 伟哉! 夫子。后天地而生,知天地之始;先天地而没,知天地之终。非日非月,光之所及者远;不江不海,浸之所及者溥。三代

---

① 《皮子文薮·原谤》卷三,上海古籍出版社,1981年版,第26页。
② 《鲁迅全集·南腔北调集·小品文的危机》第五卷,人民文学出版社,1973年版,第171页。
③ 《皮子文薮·鹿门隐书篇》卷九,上海古籍出版社,1981年版,第94页。
④ 《皮子文薮·请韩文公配享太学书》卷九,上海古籍出版社,1981年版,第88页。
⑤ 《皮子文薮·题后魏书释老志》卷八,上海古籍出版社,1981年版,第77页。

> 札乐,吾知其损益,百王宪章,吾知其消息。君臣以位,父子以亲,家国以肥,鬼神以享。道未可诠其有物,释未可证其无生;一以贯之。我先师夫子圣人也。帝之圣者曰尧,王之圣者曰禹,师之圣者曰夫子。尧之德有时而息,禹之功有时而穷,夫子之道久而弥芳,远而弥光,用之则昌,舍之则亡。①

他认为尊崇儒术达成圣人至治的要务就是兴学。他说:"夫居而愧道者,上则荒其业,下则偷其言。业而可荒,文蔽也;言而可偷,训薄也。故圣人惧是寖移其化,上自天子,下至子男,须立庠以化之,设序以教之。""士有业高训深,必诎礼以延之,越爵以贵之",在位者若能如此,则"非惟大发于儒风,抑亦不苟于禄位"。②他还主张列《孟子》为学科,请韩愈配飨太学。他说:"夫《孟子》之文,粲若经传。""继乎六艺,光乎百氏,真圣人之微旨也。""汲汲以救时补教为志,""伏请命有司,去庄、列之书,以《孟子》为主。"③这些建议,不仅为应当世之用,也为今后社会的长治久安。因他坚信"圣人之道,不过乎求用。用于生前,则一时可知也;用于死后,则百世可知也。"④救时补教,可以说是皮日休尊崇儒术汲汲求用的根本目的。

皮日休具有强烈的民本意识,甚至发出"一切从民欲"⑤的呼声。生当"王道不宣,皇纲不维,元恶作矣,大盗乘之"的末世,目睹"天下征发,民力将敝"和蝗旱连岁,弃妇抛子的天灾人祸,皮日休不禁发出"天地诚不仁耶"的浩叹。奉劝当朝统治者效法尧禹,"以道为水,以贤为黎""济民于万方"。他说:"圣人务安民,不先置不仁,以见其仁焉;不先用不德,以见其德焉。"⑥在《读司马法》一文中,谴责后世的帝王说:

---

① 《皮子文薮·襄为孔子庙学论》附录一,上海古籍出版社,1981年版,第239页。
② 《皮子文薮·移成均博士书》卷九,上海古籍出版社,1981年版,第90、91页。
③ 《皮子文薮·请孟子为学科书》卷九,上海古籍出版社,1981年版,第89页。
④ 《皮子文薮·请韩文公配享太学书》卷九,上海古籍出版社,1981年版,第88页。
⑤ 《皮子文薮·皮日休诗文·吴中苦雨因为一百韵寄鲁望》附录一,上海古籍出版社,1981年版,第136页。
⑥ 《皮子文薮·秦穆谥缪论》卷五,上海古籍出版社,1981年版,第48页。

"古之取天下也,以民心;今之取天下也,以民命"。① 倘若立国的君主能够"逆取而顺守之",奉行仁义之道,也还是可取的。但可惜的是"自汉氏革嬴,高祖得于矢石,不暇延儒生",以至于使负"经济之道,真命世王佐之才"的贾谊,②不得见用,是非常令人惋惜的。

皮日休认为治国理政的要务,就在于利民导民。"古之圣贤无不欲有意于民也","或名欲遗千载,利欲及当今。"③应"知国之利病,民之休戚。"④⑤他认为求利是民天赋的权利,统治者只能顺应而无权剥夺。他说:"天之利下民,其仁甚矣。未有美于味而民不知者;便于用而民不由者;厚于生而民不求者。然而暑雨亦怨之,祁寒亦怨之。""民事天其不仁甚矣。天尚如此况于君乎?""有帝天下,王一国者,可不慎欤"若不为尧舜之行,被民"辱而逐之,折而族之,不为甚矣"⑥。而为尧舜之行,不仅要利民,还要使民"知生"、"知化"、"知德",也就是要推行礼乐教化。他说:"所谓圣人之化者,不曰化民乎? 三王之世,民知生而不知化,五帝之世,民知化而不知德。"他认为施行教化的方法,是化导,而非强制。他说:"民之性多暴,圣人导之以其仁;民性多逆,圣人导之以其义;民性多纵,圣人导之以其礼;民性多愚,圣人导之以其智;民性多妄,圣人导之以其信。若然者,圣人导之于天下,贤人导之于国,众人导之于家。"若能如此,则教化兴而儒风振,国可泰而民可安。但遗憾的是:"后之人反导为取,反取为夺,故取天下以仁,得天下而不仁矣;取国以义,得国而不义矣;取名位以礼,得名位而不礼矣;取权势以智,得权势而不智矣;取朋友以信,得朋友而不信矣。"⑦这番议论确

---

① 《皮子文薮·读司马法》卷七,上海古籍出版社,1981年版,第62页。
② 《皮子文薮·悼贾》卷二,上海古籍出版社,1981年版,第17页。
③ 《皮子文薮·移元征君书》卷九,上海古籍出版社,1981年版,第85页。
④ 《皮子文薮·皮日休诗文·吴中苦雨因为一首韵寄鲁望》附录一,上海古籍出版社,1981年版,第136页。
⑤ 《皮子文薮·正乐府序》卷十,上海古籍出版社,1981年版,第107页。
⑥ 《皮子文薮·原谤》卷三,上海古籍出版社,1981年版,第26页。
⑦ 《皮子文薮·鹿门隐书篇》卷九,上海古籍出版社,1981年版,第92页。

足以发人深省,他认为尧舜的天下,是导民而得,殷周的天下,是取民而得,还都不失其为仁。自新莽、曹魏以后的天下,都是夺民而得,它们不仅强取豪夺民财,而且连仁义道德的美名一并窃取之。当然也就谈不上以仁、义、礼、智、信化导人民了。这些王朝的迅速覆亡,原因正在于此。而唐朝要衰而复兴,就一定要以此为鉴。

皮日休关于穷理原情的儒学理论。他继承从王通开始的儒家子学路线,继续致力于儒学的理论构建。将阐发揭示儒学的本质和思想核心,作为一项使命对待。他认为"儒术之道,其奥藏天地,其明烛鬼神"。意欲"广圣深道",得"圣人之微旨",就必须"穷理尽性,通幽洞微"。于是,他在《文薮序》中提出了"文贵穷理,理贵原情"说。《十原》篇即专为此而作。"夫原者何也?原其所自始也。穷大圣之始性,根古人之终义,其在十原乎?谁能穷理尽性,通幽洞微,为吾补三坟之逸篇,修五典之坠策,重为圣人之一经哉!"①自王通重新重视"穷理尽性",这一古代命题逐渐引起学者的关注,韩愈作《原性》、李翱作《复性书》作了进一步探讨,并开始注意吸取佛教的理论方法。皮日休继承了韩愈的性三品说,如说:"尧之有仁义礼智信,性也。如生者必能用手足,任耳目者矣。"②五常之善出于圣人的本性,一切都是自然而然的,中庸之人的或善或恶,则必须经过教化的引导。"上善出于性,大恶亦出于性,中庸之人善恶在其化者也。"③所以最重视后天的教化,他在《原化》一文中说:"圣人之化,出于三皇,成于五帝,定于周、孔。其质也,道德仁义;其文也,《诗》、《书》、《礼》、《乐》。此万代王者未有易是而能理者也。"④但至唐代,圣人之化何反不如佛教之盛?他认为"有周孔,必有杨墨,要在有孟子而已矣"。"古者杨墨塞路,孟子辞而辟之,廓如也。"对于佛教,只有韩愈极力反对,"其言虽行,其道不胜"。

---

① 《皮子文薮·十原系述》卷三,上海古籍出版社,1981年版,第21页。
② 《皮子文薮·原弈》卷三,上海古籍出版社,1981年版,第25页。
③ 《皮子文薮·相解》卷七,上海古籍出版社,1981年版,第64页。
④ 《皮子文薮·原化》卷三,上海古籍出版社,1981年版,第21页。

要有更多地人效法孟子、韩愈,坚持不懈地大兴文教,才能改变这一状况。所以皮日休提出每个人都应尊重自己的作用。他在《原己》篇中说:"能以心求道者,不曰己乎?能以心为天子、为诸侯、为圣贤者,不曰己乎?是己之重,不独重于人,抑亦重于道也。尝试论之;能厚己者,必能厚于人;能轻己者,必能轻于人;能苦己者,必能苦于人。为孔颜者非他,宝乎己者也;为盗蹠者非他,残乎己者也。"①所以尊己所以尊道,爱己方能爱人。只有圣人为"安天下"、"安万世"而苦己劳形,才是应该肯定的。儒家提倡孝道,但是为了表示孝心而"割己之肉"、"吮父之癰",则是不近人情的行为。所以他作《鄙孝议》,鄙视那些过情逾制的孝行。谴责子贡庐墓六年,废弃世务,"口受圣人之言,身违圣人之礼",是一个坏榜样,"罪大矣"。他认为礼的制定,是根据人心的不齐,"非所以惩其不足,抑亦戒其有余。""此由民之心,必有嗜欲,必知饥渴,自开辟而至于今,未能改也。"②不能苛求于民。如前已述,他认为百姓对利益的追求乃出自天赋的本性,是天赋的权利。化之导之,是为了使其公平合理的得到满足。若受损害侵犯,则"怨訾恨謗",毁尧谤舜,也情有可原,对桀纣之君,放逐诛杀,也不过分。这是他"理贵原情"说较前人进步的地方。

三、皮日休的道统新说

儒家的道统论首先由韩愈明确提出。他所开列的儒家道统是:"尧以是传之舜,舜以是传之禹,禹以是传之汤,汤以是传之文、武、周公,文、武、周公传之孔子;孔子传之孟轲,轲之死,不得其传也。"③这个道统自"汉氏已来,群儒区区修补,百孔千疮,随乱随失,其危如一发引千钧,绵绵延延,寖以微灭"。"虽然使其道由愈而粗传,虽灭死万万无

---

① 《皮子文薮·原己》卷三,上海古籍出版社,1981年版,第24页。
② 《皮子文薮·鄙孝议下》卷八,上海古籍出版社,1981年版,第81,82页。
③④ 《韩昌黎文集·原道》卷一,上海古籍出版社,1986年版,第18页。

恨。"④除将自己列为孟子之后唯一的道统代表外,他还将道统的传人分为二类:"由周公而上,上而为君,故其事行;由周公而下,下而为臣,故其说长"①。这一论点基本上为皮日休和柳开所接受,但皮、柳又给予补充,并开列出新的传道统绪。

皮日休于儒家道统的传人,更加尊崇的是孔子及其后"下而为臣,故其说长"的圣人。他说:"圣人之道,德与命符,是为尧、舜。性与命乖,是为孔、颜。噫!仲尼之化,不及于一国,而被于天下,不治于一时,而沛于万世。"②又说:"帝之圣者曰尧,王之圣者曰禹,师之圣者曰夫子。尧之德有时而息,禹之功有时而穷,夫子之道久而弥芳,远而弥光,用之则昌,舍之则亡。"③道之用舍在于势位,但在"势"与"道"之间,皮日休更重视道,也即是人文理性的力量。并以此为标准,审察了孟子道统传人的资格。他说:"圣人之道,不过乎经。经之降者,不过乎史,史之降者,不过乎子。子不异乎道者,《孟子》也。舍是子者,必戾乎经、史,又率于子者,则圣人之盗也,夫《孟子》之文,灿若经传。""其文继乎六艺,光乎百氏,真圣人之微旨也。"孟子既得圣人之微旨,又"能汲汲以救时补教为志,"④当然是道统的传人。孟子之后,他认为应列入王通。他说:"孟子叠踵孔圣,而赞其道,夐乎千世,而可继孟氏者,复何人哉?文中子王氏,讳通,生于陈、隋之间,以乱世不仕,退于汾晋,序述六经,敷为《中说》,以行教于门人。""孟子之门人,郁郁于乱世;先生之门人,赫赫于盛时。较其道与孔、孟,岂徒然哉?设先生生于孔圣之世,余恐不在游、夏之亚,况七十子欤?"⑤王通所代表的儒家子学,至中晚唐开始受到重视,皮日休是称扬最力的一个,他既为王通树碑立传,当然认为他有资格成为道统的传人。但据后文所引,他又在王通之前,孟子之后,列上荀况的大名。这就不仅与韩愈不同,也与

---

① 《韩昌黎文集·与孟尚书书》卷三,上海古籍出版社,1986年版,第215页。
②⑤ 《皮子文薮·文中子碑》卷四,上海古籍出版社,1981年版,第35页。
③ 《皮子文薮·襄州孔子庙学记》附录,上海古籍出版社,第239页。
④ 《皮子文薮·请孟子为学科书》卷九,上海古籍出版社,1981年版,第89页。

宋以后的道统谱系不同,这是皮日休独具的见解。皮日休的道统新谱系是这样开列的:"夫孟子、荀卿翼传孔道,以至文中子。文中子之末,降及贞观、开元,其传者醨,其继者浅,或引刑名以为文,或援纵横以为理,或作词赋以为雅,文中之道,旷百祀而得室授者,惟昌黎文公焉,文公之文,蹴扬、墨于不毛之地,蹂释、老于无人之境,故得孔道巍然而自正。""身行其道,口传其文,吾唐以来,一人而已。"①他认为孔子之后,圣人之道几度郁而不明,历代道统传人的意义,就在于使儒道不坠于地,他们的功绩是无可比拟的,正如他在《文中子碑铭》中所说:"大道不明,天地沦精,俟圣畅教,乃出先生","先生之功,莫之与京"。而他自己则是服膺儒道,向往诸人,"嗜先生道,业先生文"而已,是道统的维护者,并未把自己列入道统传人之中。

第三节　罗隐的思想及其特色

一、罗隐的生平

罗隐(833—909),浙江新登(今富阳)人,生于唐文宗大和七年,卒于吴越钱镠天宝二年。原名横,字昭谏,后因屡试不第改名为隐。罗隐出身贫寒,祖父知微曾任福州福唐县令,父亲修古应开元礼试,授贵池尉。罗隐自幼刻苦好学,沈崧说其"龆年凤慧,稚齿能文",且"才了十人,学殚百氏,名宣寓县,誉播寰区","立言而克当《典》、《谟》,属思而尽成《风》、《雅》"。②《唐才子传》则说他"少英敏,善属文,诗笔尤俊拔,养浩然之气"③。罗隐读书时,"偶蒙郭泰之言,欻尔厉苏秦之

---

① 《皮子文薮·请韩文公配享太学书》卷九,上海古籍出版社,1981年版,第88页。
② 《罗隐集·附录·罗给事墓志》,中华书局,1983年版,第339页。
③ 《唐才子传校笺·罗隐》卷九,中华书局,1990年版,第114页。

志"①。励志跻身仕途,直取卿相,一偿"执大柄以定是非"②,"佐国是而惠残黎"③的夙愿。《旧五代史·罗隐传》谓其"诗名于天下,尤长于咏史,然多所讥讽,以故不中第"。但颇为宰相郑畋、李蔚所知重。④《五代史补》亦云:"罗隐在科场,恃才傲物,尤为公卿所恶,故六举不第。"⑤实则自唐宣宗大中六年(852)至僖宗光启三年(887),三十五年间,十次参加进士科举试,均为"有司以'公道'落去"⑥。最后一次,"昭宗欲以甲科处之,有大臣奏曰:'隐虽有才,然多轻易,明皇圣德,犹遭讥谤,将相臣僚,岂能免乎凌轹?'其事随寝。"⑦罗隐尝自述云:"隐,大中末即在贡籍中,自己卯至于庚寅,一十二年,看人变化。"⑧而自己则怀才不遇,落拓江湖,将以布衣终身。因省悟到君子"无其位,则著私书而疏善恶。斯所以警当世而诫将来也"⑨。《谗书》和《两同书》即是其作为干谒的行卷,又用以警诫当世的文章结集。

据《吴越备史·罗隐传》载:罗隐科场失意之际,也曾游幕四方,"初从事湖南,历淮、润,皆不得意,乃归新登"⑩。在湖南佐幕期间,曾被委任衡阳县主簿,竟被新任大员"谓隐不宜佐属邑"为名而黜退。既然屡"为要路不容"⑪,难能伸其志意,乃于十次不第之后,决意"东归霸国以求用"⑫。于是投书往访"服膺儒术,好招延文士"的魏博节度使罗绍威,受到极高的礼遇,并移书向镇海军节度使钱镠推荐罗隐。钱镠遂辟罗隐为从事,表为钱塘令。旋迁著作郎,辟掌书记。后梁开平初,太祖以右谏议大夫征,不应。时钱镠得两浙之地,封吴越王,使罗隐典军中书檄,迁给事中,终以其才略辅佐钱镠成就一方霸业。开平三年镠

---

① 《罗隐集·杂著·投同州杨尚书启》,浙江古籍出版社,1995年版,第575页。
②⑥⑨ 《罗隐集校注·谗书·重序》卷五,浙江古籍出版社,1995年版,第499页。
③ 《罗隐集·附录·重刻罗昭谏集跋言》,中华书局,1983年,第344页。
④ 《旧五代史·罗隐传》卷二十四,中华书局,1976年版,第326页。
⑤⑫ 《旧五代史·罗隐传》卷二十四,中华书局,1976年版,第327页。
⑦ 《唐诗纪事》卷六十九,上海古籍出版社,1987年版,第1033页。
⑧ 《罗隐集校注·杂著·湘南应用集序》,浙江古籍出版社,1995年版,第555页。
⑩ 《唐人佚事汇编》第三册,上海古籍出版社,1995年版,第1546页。
⑪ 《罗隐集·杂著·上太常房博士启》,浙江古籍出版社,1995年版,第570页。

以隐为运发使。是年七十七岁卒于钱塘,金部郎中沈崧为其作墓铭。其著作今有《罗隐集》存世。

二、罗隐的思想

唐至中晚时期,儒释道三教思想进入大融合的阶段,儒家士子在批判当时社会风气的同时,一方面也在寻求澄清政治摆脱困境的解决之道,罗隐的思想,集中地反映了这一思潮特征。

罗隐为学为文的旨趣,主要还在于弘扬儒家圣道,从而达到扶持教化,敦厚人心的目的。如在《答贺兰友书》中自述曰:

> 然仆之所学者,不徒以竞科级于今之人,盖将以窥昔贤之行止,望作者之堂奥,期以方寸广圣人之道。可则垂于后代,不可则庶几致身于无愧之地,宁复虞时人之罪仆者欤?夫礼貌之于人,去就流俗,不可以不时。其进乎秉笔立言,扶植教化,当使前无所避,后无所逊,岂以吾道沉浮于流俗者乎?①

表明自己为学不仅为了科举竞名,而是"将以窥昔贤之行止,望作者之堂奥,以方寸广圣人之道"。企慕先贤,以自己的心得开拓推广圣人之道,并认为秉笔立言,扶植教化,是自己当仁不让的职责,既不肯沉浮于流俗,亦不畏时人之怪罪,表现了一种"虽千万人吾往矣"②的大丈夫气概。他还深知自己绍述圣贤之志的文章,不能见容于世,是因击中了权贵的要害。他说"仲尼之于《春秋》,惧之者,乱臣贼子耳,未闻有不乱不贼者,疑仲尼于笔削之间"③。

罗隐认为欲行圣人之道,还必须据天下之位,借天下之势,如曰:

> 周公之生也,天下理;仲尼之生也,天下乱。周公,圣人也;仲尼,亦圣人也。岂圣人出,天下有济不济者乎?夫周公席文、武之

---

① ③ 《罗隐集校注·逸书·答贺兰友书》卷五,浙江古籍出版社,1995年版,第478页。
② 《孟子集注·公孙丑上》卷三,《四书章句集注》,中华书局,1983年版,第230页。

教,居叔父之尊,而天下又以圣人之道属之,是位胜其道,天下不得不理也。仲尼之生也,源流梗绝,周室衰替,而天下以圣人之道属之旅人,是位不胜其道,天下不得不乱也。①

道势之辨,又称理势之辨,最早是由刘向提出,罗隐重加论述,是因为天下逆乱,非世无圣人之道,全在有位有势者不行其道的缘故。所以欲使"天下理",必先使"位胜其道"。罗隐进一步阐释君子之道与权位的关系曰:

> 禄于道,任于位,权也。食于智,爵于用,职也。禄不在道,任不在立,虽圣人不能阐至明。智不得食,用不及爵,虽忠烈不能蹈汤火。先王所以张轩冕之位者,行其道耳,不以为贵。大舜不得位,则历山一耕夫耳。吕望不得位,则棘津一穷叟耳。不闻一穷叟能取独夫而王周业。②

道不及权位,智不得爵禄,虽圣贤以及忠烈之士皆无以有所作为。所以罗隐要效法孔子栖栖以求的精神,执著于考举入仕,又效法孟子养其浩然之气,屡试屡挫,犹不肯降身辱志的原因。

罗隐论道之与天下的关系,亦有其深到之处,其言曰:

> 道所以达天下,亦所以穷天下,虽昆虫草木,皆被之矣。故天知道不能自作,然后授之以时。时也者机也,在天为四气,在地为五行,在人为宠辱,忧惧通陁之数。故穷不可以去道,文王拘也,王于周。道不可以无时,仲尼毁也,垂其教。彼圣人者,岂违道而戾物乎?在乎时与不时耳。是以道为人困,而时夺天功。③

其意盖谓道达而天下达,道穷而天下穷。道之穷达,不在人而在时。人指个人,时指时运、时势。虽然孔子说过"人能弘道",但个人的

---

① 《罗隐集校注·谗书·圣人理乱》卷二,浙江古籍出版社,1995年版,第412页。
② 《罗隐集校注·谗书·君子之位》卷三,浙江古籍出版社,1995年版,第431页。
③ 《罗隐集校注·谗书·道不在人》卷三,浙江古籍出版社,1995年版,第429页。

力量终究无法和时势相抗,此道之所以穷也。即使如此,人亦不可因时穷而须臾去道,更何况圣人岂能违道而庋物。文王、仲尼一成一毁者,非道之在人与否,而在逢时与不逢时而已。反之,人只要有志于弘道,虽暂为时为人所困,倘遇有利时势或时机来临之际,即使天功造成的局面,亦会随之彻底改变。生不逢时而又守道不渝的罗隐,十分注重"时"的作用,他说"时也者机也",时来必将带来新的机运。然而"机"并非皆是生机,还有危机在。所以罗隐又撰《天机》一文专论"机"曰:

> 善而福,不善而灾,天之道也。用则行,不用则否,人之道也。天道之反,有水旱残贼之事。人道之反,有诡谲权诈之事。是八者谓之机也。机者,盖天道人道一变耳,非所以悠久也。苟天无机也,则当善而福,不善而灾,又安得饥夷齐而饱盗跖?苟人无机也,则当用则行,不用则否,又何必拜阳货而劫卫使?是圣人之变合于其天者,不得已而有也。故曰机。[1]

罗隐持天道能赏罚、人道乃正直论,而将天人与之相反的表现,谓之"机"。但"机"不过是天人之道一种暂时或反常的变化,并非长久之道。这种"机"的出现,使天道赏罚之善恶产生背反,而人直道而行之路也被堵塞。因此,圣人不得已只有采取变通的办法或途径,以合于天道,这种应对措施即谓之机变。这是一个很深刻的思想,是既欲守道不同于流俗,又欲使正道免于沉沦的唯一可行之道。亦即其所竭力维护的五常之一,所谓"识机知变者谓之智"[2]是也。

罗隐此类思想在《谗书》中屡见不鲜,如《风雨对》通过天地失权而委任鬼神,残害生灵的比喻,以阐明大道不可旁出的道理云:

> 风雨雪霜,天地之权也;山川薮泽,鬼神之所伏也。故风雨不

---

[1] 《罗隐集校注·谗书·天机》卷三,浙江古籍出版社,1995年版,第429页。
[2] 《罗隐集校注·谗书·庄周氏弟子》卷二,浙江古籍出版社,1995年版,第414页。

时,祷山川薮泽以致之,则风雨雪霜果为鬼神所有也,明矣!

苟祭祀不时则饥馑作,报应不至则疾病生,是鬼神用天地之权也。复何岁时为,复何人民为?是以大道不旁出,惧其弄也。大政不问下,惧其偷也。①

风雨雪霜,本是天道的职权,今逢风雨不时,不求之于天地,而反求之于隐伏于山川薮泽的鬼神,"得非天之高不可以周理,而寄之山川;地之厚不可以自运,而凭之鬼神?"②任由鬼神盗用天地的职权,将置岁时丰欠、人民安危于何地?既以影射唐室大权旁落宦寺、藩镇的黑暗现实,又于文末明确提出"大道不旁出","大政不问下",从而防止重臣窃弄职权的主张。

对于政权取得之合法性问题,罗隐也提出新的见解。如传统认为:秦失其鹿,天下可以共逐之。罗隐则在《秦之鹿》一文中剖析秦与鹿之关系云:

世言秦鹿去而天下逐,是鹿为圣人器也,信焉。夫周德东耗,秦以力取诸侯,虽百姓欲从,而秦未尝有意。故为秦者,反天下之归。则五十年旷其数以逐人,而秦不得与,其下复焉谓逐其鹿。③

按世言系蒯彻说韩信语,鹿指政权或曰疆土,罗隐则认为秦以力取天下,并非顺百姓之所欲,实则是"反天下(人心)之归"。本不具有合法性(旷其历数),所以,所谓"逐鹿"者,并非争逐政权,而实则是"逐秦",其说曰:

鹿不在圣人器,而逐之者逐秦耳,秦实鹿焉。六都倾溃,睥睨无已,奔劲足践我黔庶,觡利颖觝我《诗》、《书》,彼非鹿而何?呜呼,去道与德也,兽焉,不独秦。④

罗隐在这里偷换了"逐"字的概念,且以鹿喻秦,亦有些不伦。但

---

①② 《罗隐集校注·谗书·风雨对》卷一,浙江古籍出版社,1995年版,第392页。
③④ 《罗隐集·谗书·秦之鹿》卷四,浙江古籍出版社,1995年版,第455页。

其云"去道与德也,兽焉"。却是对祸国殃民者的痛切谴责。

罗隐在《丹商非不肖》一文中,借为丹商翻案为名,阐述了他的社会理想:

> 盖唐、虞欲推大器于公共,故先以不肖之名废之,然后俾家不自我而家,而子不自我而子。不在丹、商之肖与不肖矣。其肖也,我既废之矣;其不肖也,不凌逼于人。①

认为尧、舜废除丹朱、商均的帝位继承,并非因为两人不够贤良,实为欲"推大器于公共",俾使家天下不自我而始,与二子之贤不肖没有任何联系。至于尧舜能否预见家天下的出现,则另当别论,但罗隐向往公天下政治制度的愿望,却是真实的。

罗隐早年即立志兴复儒学,曾有诗云:"倘使小儒名稍立,岂教吾道受栖迟!"②认为"三教之中儒最尊,止戈为武武尊文"③。所以其《谗书》排击异端,扶持正道,立论的观点都还是儒家的思想。然而作为考取功名而投献的行卷,"他人用是以为荣,而予用是以为辱;他人用是以为富贵,而予用是以为困穷"。遂使一部阐扬儒道之书,竟然成为一部"自谗"之书,因命之曰《谗书》。其书固多谴责与愤激之言,然亦不乏冷静之思考。嗣后,其继续反思与寻觅的结果,遂有《两同书》的问世。《四库全书总目》将其归为杂家类,并释"两同"之意云:"《两同书》二卷,上卷五篇,皆终之以老氏之言;下卷五篇皆终之以孔子之言。《崇文总目》谓以老子修身之说为内、孔子治世之道为外,会其旨而同原。然则'两同'之名,盖取晋人'将无同'之义。晁公武以为取两者同出而异名,非其旨矣。"④其书《道藏》所收本题为《太平两同书》,盖因其所阐发之君人南面术能致"太平"之故。

---

① 《罗隐集校注·谗书·丹商非不肖》卷二,浙江古籍出版社,1995年版,409页。
② 《罗隐集校注·甲乙集·谒文宣王庙》卷三,浙江古籍出版社,1995年版,第90页。
③ 《罗隐集校注·甲乙集·代文宣王答》卷三,浙江古籍出版社,1995年版,第91页。
④ 《四库全书总目·子部·杂家类一》卷一一七,中华书局,1965年版,第1011页。

《两同书》将老子和孔子学说会归为一,分为内外两篇,前五篇引《易》、《老》之言述贵贱、强弱、损益、敬慢、厚薄之理;后五篇据孔子之言论理乱、得失、真伪、同异、爱憎之道。遂有人认为《两同书》上篇专言修身养性之道家哲学,下篇则专论治国训世的儒家准则。其实《两同书》是一部思想贯通、体例统一的著述,其内外含义只是按照"内圣外王"的模式划分,上篇以道为主矫之以儒以治其内,下篇以儒为主济之以道以治其外,有先后之次第,无轻重之分别。罗隐试图将道家的自然哲学与儒家的仁礼政治有效地结合起来,以道家的自然学说陶冶内圣,以儒家的礼义学说融铸外王,从修身以至治国平天下,全方位地将儒、道思想架接起来。《两同书》首篇论《贵贱》,首先确定人为天地间所最贵,而人之贵贱不在地位,而在道德,其言曰:

> 贵贱之理、著之于自然也。是故时之所贤者,则贵之以为君长,才不应代者,则贱之以为黎庶。然处君长之位非不贵矣,虽苂力有余而无德可称,则其贵不足贵也。居黎庶之内非不贱矣,虽贫弱不足而有道可采,则其贱未为贱也。是以贵贱之途,未可以穷达论也。①

按自然律划分,贵往往属之有力者,贱则归于贫弱者。但按人道标准划分,高贵须与贤德品行密切相联。若处君长之尊位,力有余而无德,则虽贵犹贱,居黎庶之内,有道可采,则虽贱而实贵。所以罗隐又说:"盖不患无位,而患德之不修也;不忧其贱,而忧道之不笃也。"②不仅认同孔孟所言的贵贱应与道德密切相关联,更复赋予贵贱以精神境界的内涵。

罗隐继以《强弱》为题,论述强弱与德力的关系,也是从自然和社会两方面加以区分的。从自然角度论,"弱为强者所伏,强为弱者所

---

① 《罗隐集·两同书·贵贱第一》卷上,浙江古籍出版社,1995年版,第503页。
② 《罗隐集·两同书·贵贱第一》卷上,浙江古籍出版社,1995年版,第504页。

宗,上下相制,自然之理也。"但从社会的角度看,"其所谓强者,岂壮勇之谓耶?所谓弱岂怯懦之谓耶?盖在乎有德,不在乎多力也"。有德者强,无德者弱。罗隐进而解释德与力曰:

> 夫所谓德者何?唯仁唯慈矣。所谓力者何?且暴且武耳。苟以仁慈,则天地所不违,鬼神将来舍,而况于迩乎?苟以暴武,则九族所离心,六亲所侧目,而况于远乎?是故德者,兆庶之所赖也。力者,一夫之所持也。矜一夫之用,故不能得其强;乘兆庶之恩,故不可得其弱。①

《强弱》篇针对施政问题,指出强与弱的衡量标准不是"力"而是"德":"所谓强者,岂壮勇之谓邪?所谓弱者,岂怯懦之谓邪?盖在乎有德,不在乎多力也"。他举例论证:

> 晏婴身短不过人,此非不懦矣;甘罗年未弱冠,此非不幼矣;侨如大可专车,此非不壮矣;长万力能抉革,此非不勇矣。然则侨如、长万,智不足以全身;晏婴、甘罗,谋可以制一国。岂非德力有异、强弱不同者欤。②

从而建议将强弱之理用于治国,规劝君王应重德轻力,推行仁政。明君应该"盛德以自修,柔仁以御下",如唐尧弱"不胜衣,天下亲之如父母";③而暴君则"骄酷天下,舍德而任力,忘己而责人"。崇尚武力施行暴政,即使"壮可行舟,不能自制其嗜欲;材堪举鼎,不足自全其性灵",结果难免"社稷为墟,宗庙无主,永为后代所笑"。④

国之治乱,是为政首要关注的问题,罗隐在《两同书》下篇首章《理乱》中指出,国家理乱关键在于君主是否谙习文武之道。所谓文武之道,本指周文、武两王所奉行之宽猛合度的"一张一弛"之道。而此处

---

① 《罗隐集·两同书·强弱第二》卷上,浙江古籍出版社,1995年版,第505、506页。
② 《罗隐集·两同书·强弱第二》卷上,浙江古籍出版社,1995年版,第506页。
③④ 《罗隐集·两同书·强弱第二》卷上,浙江古籍出版社,1995年版,第91页。

之文武,罗隐乃实其所指,即谓文武两事。文指礼仪制度和道德规范,武即兵威远被的军事实力。其论曰:

> 夫国家之理乱,在乎文武之道也。昔者圣人之造书契以通隐情,剡弓矢以威不服,二者古今之所存焉。然则文以致理,武以定乱。文虽致理,不必止其乱;武虽定乱,不必适其理。故防乱在乎用武,勒理在乎用文,若手足之递使,舟车之更载也。①

然而并非具备了文事武备即可天下大吉,还有一个如何识其大体,具体把握的问题,罗隐继论之曰:

> 然夫文者道之以德,德在乎内诚,不在乎夸饰者也。武者示之以威,威在乎自全,不在乎强名也。苟以强名,则吴虽多利兵,适足彰其败也。苟以夸饰,则鲁虽尽儒服,不足救其弱也。②

复举始皇"用武于天下",筑长城,修战伐,而使陈涉坐乘其弊,说明祸起于强名;王莽"用文于天下",构灵台,兴礼乐,而使刘玄行收其利,说明败始于虚饰。此皆"未得其大体也"。然则,天下如何才能臻于至治(理)呢?他说:

> 夫文者示人有章,必存乎简易。简易则易从,将有耻且格。武者示人有备,必在乎恬淡。恬淡则自守,恒以逸而代劳。恒以逸而代劳,则攻战无不利。有耻且格,则教化无不行。

但是嬴政和王莽"不求之于内,而索之于外,不抚之以性,而纵之以情,烦文以黩下,暴武以困众,此不可以得意于天下也"③。然则,求之于内,不索之于外,抚之以性,不纵之以情,文简武备,是否即可达于至治呢?也不尽然。罗隐更转进一层曰:

> 虽然,犹有其弊。何者?文武者,理国之利器也。而盗窃者,

---

① ② 《罗隐集·两同书·理乱第六》卷下,浙江古籍出版社,1995年版,第517页。
③ 《罗隐集·两同书·理乱第六》卷下,浙江古籍出版社,1995年版,第518页。

亦何尝不以文武之道乱天下乎？

他举章邯以军旅分秦，田常以仁礼篡齐为例，说明"有其理不能无其乱，唯人主之所制也"的道理。复举牧马驱羊之例，必能去其害、鞭其后，方可避免马羊的亡失。治国亦然。"苟亦不能，则虽有简易之文、恬淡之武，适足助其乱也，安可得其理乎？""非文武有去就之私，盖人主失其柄，故孔子曰：'天下有道，礼乐征伐自天子出。'其是之谓乎？"①这不单是维护君主专制的问题，实则是告诫君主，兵权旁落，固然会造成分裂，而自己不去施行仁礼之政，民心失散，为人取代，则是迟早的事情。

《两同书》之宗旨，乃在力图糅合道、儒两家思想，从而整合出一套内外贯通、行之有效的"太平匡济术"。道家是以自然性论证人类之社会关系，儒家是从社会性规范人类之自然属性，两者致思的方向相反，各自所理解的道与德则歧异更甚，但并不妨碍其存在着共性，罗隐所做的正是在两者中寻找这种共同性。其做法是，将仁义理智等道德注入到道家任运自然的主张之中，使之适应社会现实的需求；又参照道家思想调整儒家的仁礼学说，使之亦能合乎自然法则。总的趋向是援道入儒。而对道家之根本观念依然持批判与摒弃的态度。如在《逸书·庄周氏弟子》中，说庄周诫其弟子之言："视物如伤者谓之仁，极时而行者谓之义，尊上爱下者谓之礼，识机知变者谓之智，风雨不渝者谓之信。苟去是五者，则吾之堂可跻，室可窥矣。"然后加以批判曰："今周之教，舍五常以成其名，弃骨肉而崇其术。苟吾复从之，殆绝人伦之法矣。"②所以其所谓"两同"，还是以儒学为主，而对道家之思辨方法及合理成分，取而同之于儒。如其《两同书》之篇名及论述方法，无不是就正反两面立论并反复论证，此即得益于道家之思辨方法。罗隐特别注重对概念的梳理，他意识到对特定概念的错误理解与应用，将在现

---

① 《罗隐集·两同书·理乱第六》卷下，浙江古籍出版社，1995年版，第518页。
② 《罗隐集校注·逸书·庄周氏弟子》卷二，浙江古籍出版社，1995年版，第414页。

实中造成适得其反的结果。如前揭强弱、贵贱、理乱等,理解失误处理不当,都会导致其相反方向的转化,致使理国之利器亦将轻易地转变为乱国之具。《两同书》之论内圣外王,涉及十大论域,如论《厚薄》篇,即专论性命与人欲问题,虽然尚未提出天理的概念,但其深度已经接近宋明理学的水平。此类尚多,限于篇幅,兹不具论。

罗隐生不逢时,屡试不第,对晚唐那种腐败污浊之世,既有愤激的谴责与抗争,也不乏冷静的思考与论辨,愚以为作为思想家,只作"抗争和愤激之谈"是没有太大意义的,可贵的是,罗隐对社会政治提出了许多总结性的反思与前瞻性的探索,点明理乱有自的原委同时也指明了发展的方向,这是他的主要贡献。

第四节 陆龟蒙的思想及其特点

一、陆龟蒙的生平

陆龟蒙(836—882),字鲁望,姑苏(今江苏吴县)人。生于唐文宗开成元年,卒于唐僖宗中和二年。出身名门世族,六世祖元方、五世祖象先曾任武后、玄宗朝宰相。"父宾虞,以文历侍御史。龟蒙少高放,通《六经》大义,尤明《春秋》。"①咸通元年举进士,未及第。为寻求事亲养拙之资,"往从湖州刺史张抟游,抟历湖、苏二州,辟以自佐",随任二州从事。咸通十年,曾再度入京应试,此次贡科举因兵乱取消,不得已而中途返回。时皮日休来苏州任郡从事,陆龟蒙以行卷拜谒。日休读其所作,叹曰:"其才之变,真天地之气也。"②从此结为诗文唱和,道义相投的莫逆之交,世称"皮陆"。又与颜荛、罗隐、吴融为益友。未忘天

---

① 《新唐书·隐逸·陆龟蒙传》卷一百九十六,中华书局,1975年版,第5612页。
② 《皮子文薮·附录一·松陵集序》,上海古籍出版社,1981年版,第236页。

下的陆龟蒙此后亦曾外出游历,寻求出仕机会。但不久便绝意仕进,归隐于松江甫里,过起"躬负畚锸,率耕夫以为具"的田园生活。人或讥其劳苦,龟蒙答曰:"尧、舜黴瘠,禹胼胝。彼圣人也,吾一褐衣,敢不勤乎?"但也时于夏秋佳日,"放扁舟,挂蓬席,赍束书茶灶笔床钓具"等,纵情于山水之间。因以自号天随子、江湖散人、甫里先生。但仍以读书撰述为主要生涯,"虽幽忧疾痛,赀无十日计,不少辍也"。而且"乐闻人学,讲论不倦"①。既作隐士,"自比涪翁、渔父、江上丈人"。朝廷"后以高士召,不至"②。《新唐书》本传还说"李蔚、卢携素与善,及当国,召拜左拾遗。诏方下,龟蒙卒"。南宋时,林希逸为《甫里集》作序,考证李、卢作相在乾符元年至五年,而斯时龟蒙健在。卢携六年底依附田令孜再相,"使先生犹在,亦岂斯人可致哉!史氏之云若以此为先生惜者,误矣"③!然据《唐语林·栖逸》所载:"丞相李公蔚、卢公携景重之。罗给事寄陆诗云:'龙楼李丞相,昔岁仰高文;黄阁今无主,青山竟不焚。'盖尝有征聘之意。"④龟蒙一代高文,罗诗以黄阁给事中相期,当不无据(按:唐门下省称黄阁,而主持文书者为给事中)。既有罗隐诗为证,则当时应有斯议无疑,只是或未果行罢了。嗣后另有征召,而龟蒙已卒。王定保《唐摭言》则说龟蒙"名振江左。居于姑苏,藏书万余卷;诗篇清丽,与皮日休为唱和之友;有集十卷,号曰《松陵集》。中和初,遘疾而终"⑤,年仅四十六岁。昭宗时,韦庄表请龟蒙、罗隐及孟郊等十人,皆赠右补阙。⑥ 也算是时代对其才学人品的褒扬与肯定。

陆龟蒙著作今有《笠泽丛书》、《甫里集》和《松陵集》,以及农学著作《耒耜经》传世。

---

①② 《新唐书·隐逸·陆龟蒙传》卷一百九十六,中华书局,1975 年版,第 5613 页。
③ 《甫里集·原序》卷首,《影印文渊阁四库全书》1083 册,台湾商务印书馆,1986 年版,第 282 页。
④ 《唐语林校证·栖逸》卷四,中华书局,1987 年版,第 399 页。
⑤ 《唐摭言·韦庄奏请追赠不及第人》卷十,中华书局,1959 年版,第 117、119 页。
⑥ 《新唐书·隐逸·陆龟蒙传》卷一百九十六,中华书局,1975 年版,第 5613 页。

二、陆龟蒙的崇儒精神

陆龟蒙少时即醉心于儒家六籍,而且求学的目的十分明确,就是为了求"道",而非文章诗赋等博取功名之具。其自述云:

> 况仆少不攻文章,止读古圣人书,诵其言思其道而未得者也。每涵咀义味,独坐日昃,案上有一杯藜羹,如五鼎七牢馈于左右。①

由于执著于对道的追求,虽生活在清苦的环境中,仍然能自得其乐。又尝以甫里先生自况而述其治学经历云:

> 好读古圣人书。探六籍,识大义,就中乐《春秋》,抉摘微旨。见有文中子王仲淹所为书,云"三《传》作而《春秋》散",深以为然。贞元中,韩晋公尝著《春秋通例》,刻之于石,竟以是学为己任,而颠倒漫漶,翳塞无一通者。殆将百年,人不敢指斥疵颣。先生恐疑误后学,乃著书摭而辨之。②

陆龟蒙于六籍之中,尤喜《春秋》,而且意在抉摘微旨。并表示赞同王通所云"三《传》作而《春秋》散"的观点,可见其倾向打通三《传》,一以贯之的新《春秋》学。在这里,龟蒙还提及代宗朝权臣韩滉任苏州刺史时,将其所著《春秋通例》刊石立于州学,至此已及百年,"颠倒漫漶,翳塞无一通者",不仅是说字迹漫漶翳塞难辨,而且也是说其义理颇有颠倒不通之处,时人不敢指斥者,亦即此等瑕疵。我们甚至可以推测说,韩滉之春秋学既名之《春秋通例》,也是意欲贯通三《传》的著述,但是其学术观点极可能与已形成气候的啖赵新春秋学相对立。当永贞革新之际,陆淳所传之新春秋学即是改革的指导思想,而滉子韩皋却是新政第一个也是最力的反对派,恐怕与其学派主张不无关系。至此而经陆龟蒙著书,对《通例》之误,一一"摭而辨之",以免"疑误后

---

① 《全唐文·陆龟蒙·复友生论文书》卷八〇〇,中华书局,1983年版,第8397页。
② 《全唐文·陆龟蒙·甫里先生传》卷八〇一,中华书局,1983年版,第8420页。

学"。可惜其书早佚,难知其详,然其学术志趣倾向于新春秋学派是没有疑义的。

陆龟蒙嗜古的目的在于求道,因见孔子有言曰:"吾志在《春秋》。"所以他认为欲"求圣人之志,莫尚乎《春秋》"。后又"得文通陆先生所纂之书,伏而诵之"①,完全接受了新春秋学的学术观点。并因而作《求志赋》云:

> 余之生也,百无一厚者,惟古学庶几乎可媚。呜呼!师道之不存,安能尽识乎疑义。乐夫夫子之《春秋》,病三家之若仇。得啖赵疏凿之与损益,然后知微旨之可求。乃服膺而诵之,见圣人之远猷。②

自谓平生所长,惟有古学可传,师道不存之后,疑义难以辨识,幸有啖赵之新春秋学出,而后《春秋》之"微旨可求",从而得见"圣人之远猷"。然后用五对俪偶形容新春秋学所揭示的春秋大义。足以"酌大中于万古,伟圣心之独断"。其贡献可比之于伊尹和五鼎,箕子论九畴。可见其对大中之道的评价之高。认为春秋微旨,是"千载之遗法",经过啖赵的"指归",《春秋》诸学流派的优劣,遂亦判然可别。并说自己"虽戆昧而不开,亦思之而过半"。最后引范宁之言自勉:"君子之于《春秋》也,没身而已矣"。可见其所云"我慕圣道,我耽古书"③之语,绝非虚言。

晚唐时代,朝政与官学已衰敝至极,然而自古以来,由并无大位者自动承当兴衰起敝的文化重任,早已成为儒士的传统。至中唐而有韩愈,至晚唐而有皮日休,这就是所谓的道统之传。作为皮日休的盟友,陆龟蒙深切地了解皮日休遵奉儒道的学术意义,其在诗中赞扬皮日休曰:"先祟周孔室,大惧隳结构。次补荀孟垣,所贵无罅漏。仰瞻三皇

---

① 《全唐文·陆龟蒙·求志赋并序》卷八〇〇,中华书局,1983年版,第8394页。
② 《全唐文·陆龟蒙·求志赋并序》卷八〇〇,中华书局,1983年版,第8395页。
③ 《全唐诗·陆龟蒙·读襄阳耆旧传,因寄皮袭美》卷六一七,中华书局,1960年版,第7108页。

道,虮虱在宇宙"。① 陆龟蒙推崇皮日休对儒道能张皇幽眇,补苴罅漏。甚而将皮日休等同于韩愈:

> 孔圣铸颜事,垂之千载余。其间王道乖,化作荆榛墟。天必授贤哲,为时攻蔪除。轲雄骨已朽,百代徒赵趄。近者韩文公,首为闲辟锄。夫子又继起,阴霾终廓如。搜得万古遗,裁成十编书。②

孔子、孟柯、扬雄、韩愈以至皮日休,这就是陆龟蒙心目中的"道统"与"文统"。陆龟蒙是严格遵循古文运动的"文以载道"主张的,他流传至今的诗文,几乎无不是载道之具。如在《苔赋》序中说:

> 江文通尝著《青苔赋》,尽苔之状则有之,惩劝之道,雅未闻也。如此则化下风上之旨废,因复为之,以嗣其声云。③

所谓惩劝之道化下风上之旨,就是"文以载道"的具体呈现,从而反对单纯地状物写景。陆龟蒙标举"劝惩"和"化下风上"的创作原则,这和白居易所谓:"文章合为时而著,歌诗合为事而作"④,皮日休的"上剥远非,下补近失"⑤的主张,实质是一致的。不同的是,"惩劝"和"化下风上"本是儒家诗论传统,陆龟蒙则将之扩充到所有的诗文形式中,如所作《蚕赋》径直把诗论"美刺"的手法用之于文,其《序》云:

> 荀卿子有《蚕赋》,杨泉亦为之,皆言蚕有功于世,不斥其祸于民也。余激而赋之,极言其不可,能无意乎?诗人《硕鼠》之刺,于是乎在。⑥

---

① 《全唐诗·陆龟蒙·彼农二章》卷六三〇,中华书局,1960年版,第7227页。
② 《全唐诗·陆龟蒙·奉和袭美酬前进士崔潞盛制见寄因赠至一百四十言》卷六一八,第7118页。
③ 《全唐文·陆龟蒙·招谏科》卷八〇〇,中华书局,1983年版,第8397页。
④ 《全唐文·杜牧·上安州崔相公启》卷七五二,中华书局,1983年版,第7801页。
⑤ 《全唐文·皮日休·文薮序》卷七九六,中华书局,1983年版,第8352页。
⑥ 《全唐文·陆龟蒙·蚕赋(并序)》卷八〇〇,中华书局,1983年版,第8397页。

其文赋蚕而意在刺政,将农民养蚕织绣,非但不得其利,反而招致繁重赋税,民不堪命的原因,归罪于桑蚕。正言若反,其言愈痛,不斥酷政而其刺愈深。

又如在一篇志蟹的杂文中,详细地描述蟹的习性之后,却笔锋一转,论述起今之学者反不如蟹之聪明近智。他称赏蟹之"舍沮洳而之江海",是"自微而务著,不近于智耶?"而批评今之求学者反不如鳞介之蟹有智慧。其文曰:

> 今之学者,始得百家小说,而不知孟轲荀杨氏之道。或知之,又不汲汲于圣人之言,求大中之要,何也?百家小说,沮洳也。孟轲荀杨氏,圣人之渎也。六籍者,圣人之海也。苟不能舍沮洳而求渎,由渎而至于海,是人之智反出水虫下,能不悲夫?吾是以志夫蟹。①

所谓百家小说,显然是指诸子百家学说,认为其说不过各得"道"之一偏,未能窥道之全体。其说浅近,正如湿地上的小溪流;而不知世有孟轲、荀卿、扬雄之道论,其书已是阐述圣人之道的大江大河;至如六经,那可更是圣人之道的汪洋大海了。为学的目的就在于汲汲以求圣人之言,把握大中之道的要点。那为什么不能舍小溪流而至大江河,再由大河而通于大海呢。

陆龟蒙有《复友生论文书》,实则亦是论学,他说:

> 六籍中独《诗》、《书》、《易象》与鲁《春秋》经圣人之手耳。《礼》、《乐》二记,虽载圣人之法,近出二戴,未能通一纯实,故时有龃龉不安者。②

又说:"按(《礼记》)《经解》则(六籍)悉谓之经,区而别之,则《诗》、《易》为经,《书》与《春秋》实史耳,学者不当浑而言之。"认为"六籍之内,有

---

① 《全唐文·陆龟蒙·蟹志》卷八〇一,中华书局,1983年版,第8408页。
② 《全唐文·陆龟蒙·复友生论文书》卷八〇〇,中华书局,1983年版,第8397页。

经有史,何必下及子长孟坚,然后谓之史乎"?即以《尚书》和《春秋》为亦经亦史,或以史为经。这与后世只重记事记言的所谓史具有很大不同,他说:

> 《春秋》大典也,举凡例而褒贬之。非周公之法所及者,酌在夫子之心,故游夏不能措一词。若区区于叙事,则鲁国之史官耳,孰谓之《春秋》哉?

以《春秋》作为"史"的标准,则不徒是叙事记言而已,所重在褒贬善恶,而褒贬的标准则是圣人的大中之道。龟蒙还认为在孔子时,六籍"未尝称经,称经非圣人之旨也。盖出于周公谥法'经纬天地曰文'故也。有经书必有纬书。圣人既作经,亦当作纬。譬犹织也,经而不纬,可成幅乎"①?这也与传统的说法大相径庭,龟蒙没有说明何者堪为"经纬"之纬,似仍指两汉之际的"谶纬"之《纬》,如说:"纬者且非圣人之书,则经亦后人强名之耳,非圣人之旨明矣。""经书"之称虽非圣人旨意,但并不妨碍后人如此界定。按照龟蒙的上述逻辑,本应得出圣贤解经之作即可称纬的结论,但是他没有这样作。而是在提出"经而不纬,可成幅乎"的问题后,戛然而止,当然我们也不好予以妄测。但其惟道是从,不迷信经典的疑经倾向是显而易见的。

由于对天人之道有透晰的理解,所以能够不为礼文所拘,敢于不同流俗,更不肯相信鬼神及道教的迷信,即使《周礼》在列的祭祀,因为不合义理,也要坚决予以驳斥,如其《祀灶解》云:

> "灶鬼以时录人功过,上白于天。当祀之以祈福祥。"此仅出汉武帝时方士之言耳。行之惑也。苟行君子之道,养老而慈幼,寒同而饱均,丧有哀,祭有敬,不忘礼而约己,不忘乐以和心,室闇不欺,屋漏不愧,虽岁不一祀,灶其诬我乎?苟为小人之道,尽反君子之行,父子兄弟夫妇,人执一爨,以自糊口,专利以饰诈,崇奸

---

① 《全唐文·陆龟蒙·复友生论文书》卷八○○,中华书局,1983年版,第8397页。

> 而树非,虽一岁百祀,灶其私我乎?

龟蒙认为,人之行有君子、小人之别,灶以祭与不祭为准,上见天帝,"果能欺而告之,是不忠也。听而受之,是不明也。下不忠,上不明,又果何以为天帝乎"①? 不仅疑及灶神,甚而将批判的矛头指向了天帝。

陆龟蒙有两个颇具特色的雅号:一曰"江湖散人",一曰"甫里先生"。并各为之作传以自况:"甫里先生",是为洁身自好的儒家士子;"江湖散人",是为放浪形骸的山野"怪民"。两个迥异其趣截然相反的形象,却又并无龃龉浑然如一地聚于人之一身,这就不由不令人感到困惑不解。我们先看甫里先生的形象,除前引其"好读古圣人书。探六籍,识大义,就中乐《春秋》"之外,开篇即说"先生性野逸无羁检"。② 可见甫里先生,绝非拘于礼法的规规小儒。"先生平居以文章自怡,虽幽忧疾痛中,落然无旬日生计,未尝暂辍。"极喜校书,每"得一书详熟"③,"值本即校,不以再三为限。朱黄二毫,未尝一日去于手"④。写诗则"欲与造物者争柄",千变万化,"卒造平淡而后已"。实为置穷愁疾痛于度外,专心体道的文儒;同时还是"乐闻人为学,讲评通论不倦"的师儒;"先生贫而不言利。问之,对曰:'利者,商也,今既士矣,奈何乱四人之业乎?'"又是一位以耕读为生,不与民争利的纯儒;"性不喜与俗人交,虽诣门不得见"。又实为耿介之儒;或寒暑闲暇,则乘舟出游,"所诣小不会意,径还不留",则又是率性不羁,逍遥自在的旷达之儒,因此"人谓之江湖散人,先生乃著《江湖散人传》而歌咏之"。读陆龟蒙《甫里先生传》,看到的是一位躬亲劳苦,雅好诗书,率真旷达,脱屣名利的儒者形象。

再看《江湖散人传》的解说:"散人者,散诞之人也,心散、意散、形散、神散。既无羁限,为时之怪民。"被束于礼乐者称曰:"此散人也。"

---

① 《全唐文》陆龟蒙《祀灶解》卷八〇一,中华书局,1983年版,第8413页。
②③④ 《全唐文》陆龟蒙《甫里先生传》卷八〇一,中华书局,1983年版,第8420页。

散人不知其讪,反以为号。并借散人之口论之曰:

> 天地,大者也,在太虚中一物耳。劳乎覆载,劳乎运行,差之晷度,寒暑错乱。望斯须之散,其可得耶?

天地虽大,亦不过太虚之一物,但其覆载、运行,不能差之毫厘,不然将会寒暑错乱。因为负有如此重任,所以望斯须之散诞,亦不可得。但是水土之散却另有其用,如"水之散为雨、为露、为霜雪;水之局(今按:局定,限定、固定意)则成为积聚的水塘或湿地。土之散,可以垒高,可以挖深,资生可以种植,送死可以埋葬;而土之局则不可以为陶冶、砌墙、做器皿。"得非散能通于变化,局不能耶?"看来,其所谓散,实即彻里彻外的风神消散,人若能洒脱闲逸,即能不执著于名利,故可应对万事而有余。所以其作结曰:

> 退若不散,守名之筌。进若不散,执时之权。筌可守耶?权可执耶?①

退居而不能散淡,则成为名筌的猎物;进取而不能散逸,则固执而不知随时变通。牢笼是不可执守的,权衡是不可执定的。

如此看来,龟蒙形迹的消散闲逸,乃是其根据时之进退所作出的权变之举,在这里,耿介拔俗,守道不渝的"甫里先生"与放浪形骸的"江湖散人",就是如此谐和无隙地造就了陆龟蒙的君子风神与人格。融合儒、道的处世哲学,是自魏晋时即已开始的趋势,龟蒙在其《幽居赋》中说:"乐令有名教之乐,必以仁行;庄生乃道家者流,咸从达起。彼既得矣,余何谢焉?"②名教之乐与旷达之趣,经过唐代特别是中晚唐哲人的努力,至陆龟蒙而达到完美的统一。恪守礼法与率性天真的矛盾,在道与世的冲突之中反而成功地达至交融,从而使儒、道哲学的融合进入一个新的境界。

---

① 《笠泽丛书·江湖散人传》卷一,《影印文渊阁四库全书》1083册,台湾商务印书馆,第231页。
② 《全唐文·陆龟蒙·幽居赋并序》卷八○○,中华书局,1983年版,第8401页

陆龟蒙生当唐季末世,"世德将衰","虽家风未泯",不"敢违仁于一日",又"尝逞志于四方"。但始终未能获得兼济天下的机会,只能穷则独善其身。但其退隐田园,只是权宜之计,龟蒙并未因此而消沉,如云"何惭尺蠖之屈,未损丈夫之志"。也不曾一日废学,"夫动以劳吾身,静以休吾神。苟能推其用舍,自足究乎天人"。①向往"不怀志于将没,适乎道而无颇"②,一生都在求道明道适道中不断追索。

北宋朱衮在《笠泽丛书后序》认为,陆龟蒙于"进退取舍君子之大节","无愧于圣人之门"。是因为其"所养者厚,故其为文气完而志直,言辩而意深,一归于尊君爱民崇善沮恶,兹非所谓循于道而不悖者耶?"③循于道而不悖,正是陆龟蒙能够统一儒道的基点。陆龟蒙的诗文宗旨要以儒家道统为归趋,"仰咏尧舜言,俯遵周孔辙"④,"谏讽怨谲,时与六义相左右"⑤。其所愤激抗争者,亦是为捍卫此一原则而发,即对与周孔之辙背道而驰之社会现实进行抗争。而能够系统反映陆龟蒙经术思想的《春秋》学著作久佚,已经无从考索,然而诚如元代陆德厚所言,仍可"因《丛书》以推见先生之所学,则其卓然有见于道","夫岂区区一隐沦之士而已哉"。⑥

元遗山对陆龟蒙也曾有过全面评价,其于《校〈笠泽丛书〉后记》曰:

> 龟蒙,高士也。学既博赡,而才亦峻洁。故其成就卓然为一家。然识者尚恨其多愤激之辞而少敦厚之义。

批评他"标置太高,分别太甚,镂刻太苦,讥骂太过"。有失于儒家

---

① 《全唐文·陆龟蒙·幽居赋并序》卷八〇〇,中华书局,1983年版,第8400页。
② 《全唐文·陆龟蒙·祭梁鸿墓文》卷八〇一,中华书局,1983年版,第8421页。
③⑥ 《笠泽丛书·后序》卷五,《影印文渊阁四库全书》1083册,台湾商务印书馆,1986年版,第271页。
④ 《全唐诗·陆龟蒙·奉和袭美先辈吴中苦雨一百韵》卷六一七,中华书局,1960年版,第7111页。
⑤ 《全唐诗·陆龟蒙·和过张祜处士丹阳故居序》六二六,中华书局,1960年版,第7194页。

的温柔敦厚之道。分析其原因是"唯其无所遇合,至穷悴无聊赖,故郁郁之气不能自掩"。如果按其这一刚介风格推导下去,"推是道也,使之有君、有民、有政、有位,不面折庭争、埋轮叩马,则奋髯抵几,以柱后惠文从事矣,何中和之治之望哉?这一句式中之"何"是何但意,正如"敢"是不敢的意思。意谓设使其有君、有民、有政、有位,一定会对朝廷不合于道义的人和事,进行面折庭诤,不惜性命,倘能为君主接受,则实现中和之治并非无望。但他似乎认为龟蒙昧于闻道,如云:"宋儒谓唐人工于文章而昧于闻道,其大较然,非独一龟蒙也。"①虽然是引述宋儒论唐人之缺陷,且仅就大较而言,但将龟蒙等的激愤之言,说成是昧于闻道,不惟有欠公允,也并不符合事实。

中晚唐是儒家士子普遍论道重道的时代,也是对安史之乱共同进行反省反思的结果。论道思潮的兴起,固然是因时势使然,这其间亦有其学术发展的内在理路。自初唐太宗确定立国宏规,三教并行,惟经术是求;至盛唐而有儒家礼法思想的制度化,但礼法社会的确立,并未阻遏住动乱的发生。安史乱后,中唐诸儒意欲挽回颓势,戮力中兴,反思与追寻的结果,便是重道思辨的盛兴。啖助至柳宗元的新春秋学,已有越周礼以直追尧舜之道的倾向,白居易则认为"致人于敦厚,莫大于道"。致治的程序应是"修刑以复礼,修礼以复道",因之提出"杀礼而任道"②的主张。陆龟蒙亦向往"尧舜之道",甚至"太古结绳之前"的"三皇之道"③,这与杜甫"致君尧舜上,再使风俗淳"④的用意别无二致,而与道家的蔑弃礼法复归淳朴之世的主张并不相同。中晚唐诸儒的共识是:迷失了"道"的根本,徒有虚文的礼法,都不足以致治。"道"遂成为中唐以后挽救世运之儒学复古运动的社会思想基础。时

---

① 《元好问全集·校〈笠泽丛书〉后记》卷三十四,山西人民出版社,1990年版,第769页。
② 《白居易集·策林·刑礼道》卷六十四,中华书局,1979年版,第1353页。
③ 《全唐文·陆龟蒙·书铭》卷八〇一,中华书局,1983年版,第8411页。
④ 《全唐诗·杜甫·奉赠韦左丞丈二十二韵》卷二一六,中华书局,1960年版,第2252页。

至晚唐,除却本书论及的诸儒,尚有如杜牧、孙樵、司空图等大批文儒之士,一方面致力于大唐中兴,一方面致力于援道佛以入儒的努力,侧重点主要集中于"道论"的层面,这是唐代儒学的主要创获,也是对宋代道学的率先开启。

当大唐帝国的夜幕即将垂落的时刻,大唐思想的天空,依然布满了耿光四射的群星。其光明虽不足以驱散阴霾,但毕竟昭示着一个儒道大明于天下时代的到来。唐代对我历史传统的贡献,不仅仅局限于物质文明和艺术创造,我国家之所以成为重礼循法的社会,我民族之所以成为讲道论理的民族,都与唐儒的学术贡献有着不可分割的必然联系。

后　记

在本卷书稿杀青之际,我并没有通常写就一篇文章后的如释重负感。

我素来服膺"少而习学,壮而议论,老而著述"的古训,然我却是少而失学,壮无傥论,转瞬已届花甲之年。区区这部著作,还是因为先师张岱老的嘱托。距今已十阅春秋,今日书稿草成,而先师墓木已拱,再也不能得到先生的指正与首肯,是我终生的遗憾。先生在世之日,每借看望先生之机,汇报我不成熟的读书心得,总是会得到先生循循善诱的点拨与勉励。引领我进入学术之门的是家兄启伟,而指导我登上学术殿堂的是先师岱老——我是怀着不敢辱没师门的心愿,撰写这部书稿的。

但是这部书稿的终底于成,还得感激和仰赖北大诸位师友的始终信任与敦促。汤先生不惟设定了宽松的写作方针,并且从国家教委争取到丰厚的科研基金。这后一点十分重要。试想一个人公事之暇,尚尔为人子为人父为人兄弟为人友,百忧感其心,万事劳其形,方此之时,虽拥有万卷书城,又岂能安坐乎其中?没有充足的经费,就难能换取充足的时间。此理至显,不待我言而后明。书稿虽然告成,但我自知,除了明显的不足与可能存在的错误,尚有许多应写而未写的内容。任重而道远,才短而识浅,又如何而能让人有轻松之感!

中国的学术文化,自尧舜禹汤文武周公,以迄春秋,积二千五百余年,经孔子的继承、总结、发扬而有儒学,根基正大而深固。又经战国诸子百家争鸣的攻驳陶冶,思孟荀卿的光畅弘扬,遂至拔地撑天,秀出于群伦之表。虽经秦政焚坑之祸,终能颠扑不灭,浴火重生者,端赖其在民间有此深根固蒂。儒家经典隐于人心,藏于屋壁,至汉初而纷至迭出,家诵而师传之,遂有经学之名;汉武帝采纳董仲舒贤良三策,罢黜百家,独尊儒术,百家之学遂亦融汇于儒学之中,霸王道杂之,而有汉代的长久统一与强盛。佛道二教兴起于东汉,魏晋六朝玄学聿兴,几乎移易一世,而最终仍然成为隋唐儒学再度复兴发展的滋养与条件。

隋唐同为大一统的朝代,而国祚有长短之不同,与其立国的宗教文化政策有绝大关系。隋代在文化上崇佛道甚于重儒,政治上奉行法家的严刑峻罚,国富民困,竟于国力强盛之际,土崩瓦解;继起的唐朝,承隋之制,惩隋之弊,虽亦三教并重,而属意于儒,治世之隆,光前裕后,遂有汉唐并列盛世之称。

纵览历史,以知儒学之所以成为中国传统学术文化之核心与主流者,非无由也。首要即因其有一纵贯而旁通的"道"。这一形而上的道,亦称之天道(天理),可以下贯于形而下的自然万物与社会人事之中,且可以旁通于人事的所有领域,从而展现为真善美慧的追求——此所以儒学不限于哲学而已。用之为学,如五经为载道之书,而经学之训诂为求真,义理为求善,其求索的过程与结论,则往往为慧而美之呈现;用之为政,如刘晏的"养民理财"之道,体察民瘼认清敝政是求真,施行改革用纾民困是求善,"敛不及民而用度足",岂非慧而美也哉;用之为人,如陆龟蒙之散淡是率性之真,"室阕不欺,屋漏不愧",斯非善乎？名教之乐与旷达之趣融合为一，斯非美乎？解决恪守礼法与率性天真的矛盾，斯非慧乎？这些都体现了唐儒循道而行关注生命价值的人文情怀。道器不离，体用一如，融铸百家，与时偕行，斯其所以可大可久也。

唐代儒学发展的大势，显著特征即以实现外王（政治）理想为目标：首先，是初唐对传统学术的清理与整合，以及科举制度的完善；其次，是盛唐致力于礼法与政治制度的设计与立法。这两点，不仅对后世，也对西方文官制度和民主制度的形成产生了绝大影响，且久已为中西所公认。但自唐以来，中国固有的政治智慧却历为中西学者所忽略。比如，三权分立的宰相制度至唐而立为国法，著为国典。而学者一方面承认有此事实，一方面却又否定其历史价值。又比如，军国大计乃至礼法疑难都须交由五品以上官员参议的廷议制度，其取舍的标准不是少数服从多数，而是看谁的持论更为合乎义理（道理），然后借君相一言而决。这就是中国式民主，其合理之处，甚至优胜于西式民主。儒家思想在盛唐的制度化，说明唐儒致力于外王的努力是成功的，但也造成外王强而内圣弱的局面。中唐儒者出于对安史之乱的反省，以及与佛道抗衡的需要，开始对道和心性问题的探究，亦即是对内圣阙失的弥补与追索，遂开启了宋代道学的先河。但是嗣后的两宋，人言是内圣强而外王弱，然其弱不在制度的阙失，乃是惩于藩镇割据之弊，矫枉过正，遂造成保障外王实现之军事实力虚弱不振的结果。

隋唐儒学几乎涵盖中古学术的所有领域。自愧才疏学浅，欲予全面揭示，无异于以蠡测海。遂采取古代学术与现代学科相结合的方式，将隋唐儒学分为五个阶段，以时间为经，人物为纬，捡取处于学术核心部位的经学、哲学、政治、史学、经济、礼法思想予以论列，力图厘清并构筑隋唐儒学发展的脉络及其概貌。所采取的方法，则抱定忠实于古人本意为主，参酌后世评价为辅，不作随意发挥定性的原则。以为惟有如此，方能揭示出其真正的思想价值，并给予恰当的历史定位。

对隋唐儒学进行梳理,除须反复研读原著之外,还须了解当代研究的现状。为汲取当代成就和发现问题,也为避免"智慧的碰撞",本人对有关论著,几乎用竭泽而渔的方式展开披阅。之所以能够如此,首先要拜现代资讯所赐,更应感谢"联合参考咨询与文献传递网"。在名利至上的时风下,该网免费且不辞昼夜地为读者服务,泱泱大国之风于是乎仅存。其意义又岂简单的一语感激所可尽。

北大出版社对这部儒学史的要求是,"出一套真正意义上的精品";而编辑对待书稿的认真程度,亦几近严苛。本卷书稿曾经两任编辑审阅,对拙稿提出不少合理建议,且润色良多,纠正许多令我愧汗的疏失,实为作者之诤友,读者之护法。此外,在写作过程中,还有帮我查找资料、与我讨论问题的诸位朋友,在此一并表示由衷的感谢!

今书稿行将面世,特述原委及感想如上以志之。是为后记。

陈启智
二〇一〇年春于济南